中国
当代文学
编年史

第三卷

1960.1~1965.12

主　编　张　健
本卷主编　张　柠

山东文艺出版社

本书编委会成员

总主编
张　健
本卷主编
张　柠

本卷编撰人员（按姓氏笔画排列）：
马　林　马丽平　马青春　吕海波　刘晓桦
李　梅　邱玉芳　张　玉　唐璐璐　阚秋莎

本书编委会成员

总主编

张　健

本卷主编

张　柠

本卷编撰人员（按姓氏笔画排列）：

马　林　马丽平　马青春　吕海波　刘晓桦

李　梅　邱玉芳　张　玉　唐璐璐　阚秋莎

总 序

20世纪90年代以降,一方面是唐弢、施蛰存诸先生"当代文学不宜写史"的劝诫言犹在耳,有关当代文学学科内涵和属性的讨论众说纷纭,另一方面则是中国当代文学史研究所取得的实质性进展。据不完全统计,1990－1999年,学界共出版了"中国当代文学史"著作44部,2000－2006年则为15部。[①] 这类著作不仅出版数量越来越多,而且其中包含了一批可圈可点的精品力作。

洪子诚的《中国当代文学史》(1999)作为"当代文学史"著述中最早出现的个人著作,以20世纪中国文学"一体化"的形成及其解体为内在逻辑,为中国当代文学史的总体叙述提供了基本依据,并因其严谨的治学风范和简洁准确的史家语言而影响深远。陈思和主编的《中国当代文学史教程》(1999)作为十年"重写文学史"的思想总结和实际操练,以其"潜在写作"等体系化的新型话语,为当代文学的研究和学习另辟了新径。

---

① 参见王春荣、吴玉杰主编:《文学史话语权威的确立与发展》,第160－164页,辽宁人民出版社2007年版。

王庆生主编的《中国当代文学史》(2003)作为几代学人的成果集成，兼容并包，稳中求变，很可能是目前最适合于大学本科教学的教材之一。董健、丁帆、王彬彬的《中国当代文学史新稿》(2005)对于五四启蒙主义精神的守望，以及在这一守望过程中所体现出的思想锋芒、道德力量和批判勇气，在这个消费主义盛行的时代，令人感佩和警醒。陈晓明最近出版的个人专著《中国当代文学主潮》(2009)，孟繁华、程光炜的《中国当代文学发展史》(2005)，共同的特点是治史者高屋建瓴的驾驭能力，正是这种难能可贵的理论整合、穿透、评价的能力，使得这两部著作在当代文学史研究中匠心独运、别具一格。以这些作品为代表的一大批当代文学史著作，对当代文学的研究与教学已经和正在产生重要的实际影响。它们的出版，表明中国当代文学史的写作已经进入了一个人们期待已久的"百家争鸣，百花齐放"的时代。

中国文学史研究的体系化始于西学东渐的20世纪初。在当时，"文学史"还带有舶来品的新鲜印记，中国学界开始并未清楚地意识到文学史观在文学史叙述中隐秘的支配作用。经过了大约一个世纪的探索，中国当代的文学史研究者的"文学史观"意识逐步凸显且日趋成熟。文学历史的原生态往往是"混沌"的，而每一种文学史观都会给研究者和学习者提供一种组织"混沌"历史的方法或工具，人们依之形成一定的标准，建构起逻辑清晰的文学史叙事，变"混沌"为"澄明"，变"杂乱"为"有序"。文学史观在文学历史叙事中能动地位的确立，结束了"历史真实"唯一性的神话，从而极大激发了撰史者"重写文学史"的热情。20世纪90年代以来，中国当代文学史书写领域的新气象，在很大程度上是伴随着中国当代学界在"文学史观"问题上知识的增长与转换而来的。这种"知识的增长与转换"一方面有力地推动了当代文学史研究的发展，另一方面也提出了如何进一步深化这种多元互补局面的问题。

越来越多的研究者已经认识到，那些貌似"客观"的历史叙事背后往往隐含着特定的知识谱系、权力政治和现实意识形态的功利性。因此，我们以前认为不证自明的文学史叙述实际上是研究者从现代某些观念出发对于文学历史的当下理解和建构。这一发现，在当代文学史研究领域结束了"独断论"一统天下的局面，为文学史观和文学史书写的多样互补提供了包容的学术环境和一定程度上的合法性，是当代文学研究中的历史性进步。但它并不意味着历史真实的客观性与确定性可以被悬置。事实上，任何有效的文学史叙述，都只能是主体和客体、主观和客观之间相互依存而又相互制约的互渗互动的极为复杂的认识过程。新的文学史观可以不断"烛照"出新的历史事实，而不断丰富的历史事实又会反转过来不断地去校正和丰富已有的文学史观，并逐渐孕育出更新的文学史观，从而构成了文学史有效写作必须给予高度重视的"张力场"。这就意味着，在一个"文学史观"已经被激活，文学史的"重写"已经产生广泛影响的时代，对于当代文学"历史事实"进一步系统地发掘、清理、整理、考辨、阐释，显得尤为重要和紧迫。

以一种文学史观统制当代文学史，虽然能够使"混沌"的原生态历史呈现清晰的面貌，然而很可能却是以部分牺牲其自身客观存在着的复杂性和丰富性为代价的。当年，陈寅恪先生在《冯友兰中国哲学史上册审查报告》中曾提醒："其言论愈有条理统系，则去古人学说之真相愈远"[①]，即是表达了对按照某种确定的观念和规则形构历史的忧虑。台湾学者龚鹏程说大陆的某些文学史写作是"画歪了的脸谱"，也是指大陆的部分文学史家往往短于对方法论的认识，不知每一种理论或方法都有自身适用的边界，热衷于主体"精湛"的史识，而忽视文学现象的常识，疏于历史文献的考辨，给文学史强构

---

① 陈寅恪：《金明馆丛稿二编》，第247页，上海古籍出版社1980年版。

出一个自己想象的脸谱。意见固然尖刻,但检视我们的文学史编纂现状,并非全无道理。

还有一点也是当代文学史写作可以关注的,即叙史体例和方式的多样化。表面看,这只是个技术性的形式问题,但实际上它与文学史所要表述的思想内容、所要记载的史料情况息息相关。不同的文学史观在叙史体例和方式上的需求很可能是不同的或不尽相同的。撰写体例和叙史方式上的多样化同样也应该被视为当代文学史写作的"多元互补"当中的题中之义。

正是在这种情况下,编年体作为章节体文学史的一种有益的补充,开始引起一些当代学者的注意。

无论中外,编年史都是一种传统的历史著述体制。西人的《罗马自建城以来的历史》(李维)、《编年史》(塔西佗),我国的《左传》、《汉纪》(荀悦)、《后汉纪》(袁宏)、《资治通鉴》(司马光)等,都是人类古典时期重要的编年史著作。古人选择编年体的原因,或许是因为"历史"究其原意,首先应该是一种时间的概念,从这个意义上说,编年体似乎最适合历史著作的品格。再者,编年体追求历史史料的梳理和辑录,不重撰史者主体判断的过度侵入,尽量显示历史复杂、多元的本相,或许更符合历史著作对于"信史"的追求。到了近现代的中国,编年体随着史学新思潮的兴起,逐渐受人冷落。从19世纪末20世纪初开始,中国的史学思想发生了越来越明显的变化。梁启超的"新史学"和美国鲁滨逊等人的"新史学"在这一过程中先后对其产生过重要影响。尽管这两者在其现实的针对性、具体内涵和对于中国史学现代生成所产生实际影响的直接与重要程度上明显有别,但它们在治史的总体原则上又同时具有着某些相通之处,即不约而同地都在强调为了"现在"而研究"过去",强调观念和立场对于历史写作的关键作用。这种预设的目的论固然有其科学合理的一面,但它同时也必然会使现代史学更偏重撰史者史识的逻辑理性。在这种大的背景之下,重历史史实辑录的编年体自然会被视为一种基础性的"初等"体裁而退居偏隅。

在我国，文学史编年体著述的倡导始于现代时期，陈寅恪先生即是当时的积极倡导者之一。陆侃如先生在1937－1947年间耗时十载编纂了现代编年体文学史的前驱之作《中古文学系年》，后经多年修订，于1985年出版。同年，刘知渐出版了《建安文学编年史》。这两部史著在体例上尽管不尽相同，但都在史料的考订上花费了大量的心力和精力，对后来的研究有着较高的参考价值。20世纪90年代中期以后，一批古代文学界的学者陆续跟进，取得了进一步的研究实绩。傅璇琮主编的《唐五代文学编年史》（1998），曹道衡、刘跃进著的《南北朝文学编年史》（2000），刘跃进著的《秦汉文学编年史》（2006）等都是其中的代表作。当代文学编年史的出现是十分晚近的事情。2006年由陈文新主编的十八卷本的《中国文学编年史》，内容涵括古今，是第一部编年体制的文学通史。其潜在的目的是要反驳近代以来西方殖民理论话语对中国文学理论和文学研究的压迫，打破由某种文学史观宰制文学史写作而产生的文学等级化现象，注重文献的考辨和体例的安排，试图恢复中国传统的"文学"叙事和"文学"原貌。这部中国文学编年史，包含了於可训主编的"现代卷"和"当代卷"。於可训除遵循《中国文学编年史》总的编纂方针外，又根据现当代文学的自身特点进行了符合本学科实际的改进，既注重史料的钩沉，又注意"论从史出"，成为迄今最完备的现当代文学编年体史著。於可训的《中国文学编年史·当代卷》给了我们重要的启示，遂有编撰这部中国当代文学大型编年史的创意和后来付诸实施的可能。

多年来，撰写当代文学史，基本上是根据某种文学史观念，预设一个文学史框架，采取"以论带史"甚或"以论代史"的方法，以"经典"的名义择取"自洽"的材料，填充在一个顺时序的线索上。撰史者秉持新民主主义文学史观，当代文学史便是一部无产阶级文学日渐昌进的文学地理；撰史者秉持启蒙主义文学史观，当代文学史便是一部知识分子启蒙叙事受到压抑和逐渐复苏的文学图志。这种注重逻辑理性的做法虽然能够满足烛照历史的雄心，但也有可能造成剪裁历史的连带效果。相对完整地展示文学发展的历程，在这类文学史中似乎只能是一种真诚的期盼。本书作为一部中国当代文学的大型编年史，勉力勾画的是一幅眉目清晰、行貌完整的当代文学的"清明上河图"。为了显示这幅全息的动态图景，有时用的是浓墨，有时取的是淡彩，但不管浓墨还是淡彩，均无意强调其间的等级差别。浓有浓的用意，淡有淡的意味，本色依然，无关笔墨。经由细部出发，追求的却是全景，却是整体。至于是醉心小桥流水的清幽，还是喜欢勾栏瓦肆的热闹，那是读者的雅好，并非我等的赠予。本书想要建构的是一个可以共用的文学地理图志，供研究者在其间展开对话，而力避在自己的方域之地内自说自话。一个完整的、共同的当代文学言说对象（或者说当代文学的"地理图志"）的成功确立，必然会加强人们对当代文学的整体印象，既有助于当代文学的深入研究，同时又有利于当代文学学科地位的巩固。

文学编年史同样也是一种文学历史的叙事方式，只不过与流行的章节体文学史叙事相比，显得有些"另类"。它以文学史实发生的年、月、日的先后为叙述顺序，同时收入文学运动、文学思潮、文艺争鸣、社团流派、文学交往、文学会议、作家生平、作品发表、理论批评、文学报刊沿革、文化和文学政策的制定与沿革，以及与文学发展相关的社会、政治、经济、军事和文化事件等背景材料，主体的意志可以得到有效的抑制。这些史料没有传统文学史的语言逻辑为之勾连，只是以一天、一月和一年为统制编排在一起，看上去琐碎杂乱，但其特有的叙史方式就暗藏在这种特定的时间安排之中。表面看，文学编年史虽然也像传统文学史一样，按照历时性的原则铺排材料，但是，编年史的时间力量，不仅在于历史纵向渐进过程的呈示，而且更多地表现在共时态的叙述上。"某年"、"某年的某月"、

"某年某月的某日"等,不仅仅是同一、匀质的时间能指,琐碎散乱的史实共时态地铺排在这些时间段里,而且还形成了一个文学时代的多维空间,它使"复现"历史语境成为可能,并且可以帮助人们形成一种研究者必须具备的整体意义上的历史感。这种共时态和历时态相互交织的、琐碎散乱的"堆积",正是编年史特殊的历史叙事方式,一种"静默的呈现"。传统文学史往往告诉接受者历史"应当是什么",它的叙史方式是教诲,是启蒙,是对于接受者自上而下的"灌输"。而"静默的呈现"则是谦恭,是对话,它暗示历史的"事实是什么",把解释那些"地理现象"之间关系的权力交给了接受者。接受者不再被动地视文学史为布道者传递的福音,而如置身于一片由材料构成的风景,游目四望,那些看似"琐碎散乱"的材料间原来存在着"相依为命"的多重关联。本书努力完成的,就是这样一部由一个个被"复现"的历史场景勾连而成的当代文学史。我们希望这部《中国当代文学编年史》能够接近陈寅恪先生当年的要求:"苟今世之编著文学史者,能尽取当时诸文人之作品,考定时间先后,空间离合,而总汇于一书,如史家长编之所为,则其间必有启发,而得以知当时诸文士之各竭其才智,竞造胜境,为不可及也。"①

  写好这样一部大型的当代文学编年史,首先需要有扎扎实实的史料建设。傅斯年曾经强调过:"史学就是史料学","史学的对象是史料,不是文词,不是伦理,不是神学,并且不是社会学"。② 近些年,现当代文学界的不少学者以基本的史料为依据,采用案例分析的方法,对历史对象进行"知识考古"式的动态考察,给人的启发良多。不过,这些研究大都围绕经典文本进行,以点状的形态出现,尚缺少面上的延展。刘增杰先生曾经呼吁建立现代文学

---

① 陈寅恪:《元白诗笺证稿》,第9页,上海古籍出版社1978年版。
② 傅斯年:《史学方法导论》,《傅斯年全集》第2册,第6页,台湾联经出版公司1980年版。

史料学，即是不满足于史料学的建设只作边边角角的敲打，认为它应该更具规模和更加规范。① 当代文学已经经历了60年的风风雨雨，随着中国社会开放程度的不断提高，当代文学的史料学建设亦应明确地提上日程。在一定意义上，十卷本《中国当代文学编年史》正是这方面的自觉尝试。

编纂当代文学编年史的一个基础性任务，就是进行大规模的资料搜集、考辨、钩沉、整理和编排，这本身就包含着史料学的工作。当代文学史料学的建设，可以为当代文学编年史打下坚实的基础，使"千千万万"个点聚合成面，从而形成一个状貌相对完整的、内容相对丰腴的文学地理图志。我们在这个文学地图上不仅可以比较准确地找到作为研究对象的具体之点的坐标，而且还能够看到周边的环境及其相互的勾连。当然，文学编年史毕竟不能等同于专题研究本身，它不必对那些"地理现象"之间的关系进行直接的解释，而只能是"静默的呈现"。它给研修者提供的帮助是基础性的，同时也是有限的。应当说，本书取胜之际，才是真正问题的开始之时。

像其他类型的文学史一样，文学编年史同样有着自己的局限，这也正是我们主张当代文学史写作一定要多样互补的原因。为了同一般意义上的文献索引、资料汇编和大事纪年划清界限，我们在整个编纂过程中，一再申说着"编年史也是史"的写作理念。既然是写史，就不可能没有学术上的要求。撰史者同样需要"史胆"、"史识"和"史笔"。因此我们要求材料的筛选、编排，结构的设计，文字的表述，均要能够体现出撰写者"历史的眼光"和"良苦的用心"，希望以此在一定程度上来抑制材料的"散与乱"。这当然也是一种"主体性"，不过它应该是一种懂得自律的主体性，目的是让文学的"历史事实"尽其可能得以"客观地呈现"。

本书共分六大部分，总计10卷。第一部分为"十七年文学"（1949.07 –

---

① 刘增杰：《建立现代文学的史料学》，《中国现代文学研究丛刊》2004年第3期。

1965.12），下辖3卷；第二部分1卷，为"文革文学"（1966.01－1976.09）；第三部分是"八十年代文学"（1976.10－1989.12），下辖2卷；第四部分是"九十年代文学"（1990.01－2000.12），下辖2卷；第五部分1卷，为"新世纪文学"（2001.01－2009.06）；第六部分1卷，为"台港澳文学"（1949.07－2007.12）。每部分的首卷均设有有关该时期文学发展路径及其特点的绪论，6篇绪论表达了我们对中国当代文学进程的整体认识。每卷的末尾均附有主要作家的人名索引。此外，尚需说明的是，在本书当中，作家的传记性材料一般会出现在其建国后首次发表作品或参与重大活动之时，表述采用写实性文字，不求文采飞扬；建国后已逝的重要或比较重要的作家，去世之时会有集中的评价，但以史料（观点摘编）的形式出现；重要的文学作品、重要的文学现象和重大的文学事件，均有专题性的集中评说，评说仍采取史料摘编的形式。

所有这些"以类相从"的技术性安排，都为着一个共同的目的，即帮助读者在"散乱"中建立"秩序"，在"琐碎"中提供"线索"，扬编年体之长，避编年体之短，借以更好地满足不同人群阅读、学习和研究的需要。

从接受编纂任务到现在，业已两年有余，诸位同仁为之付出了巨大的辛劳，其间的甘苦自知，恐怕不是我一句简单的"谢谢"所能表达得了的。但是，我仍然要对各位分卷主编和编纂组的全体成员送上真诚的谢意，感谢他们对于北京师范大学文学院当代文学学科的关爱，感谢他们对于学术事业的责任感，感谢他们的团队意识与合作精神！

尽管我们是以一种极为认真的态度来对待这次编纂工作的，但是由于经验和能力所限，加之一些客观条件的制约，这部有近百人参与编纂的《当代文学编年史》必然还会存有缺憾，对此给各位读者带来的不便，在此一并表达诚挚的歉意。同时，也欢迎各位同行给以批评、补充和订正。

最后，我要感谢山东文艺出版社。在一个浮躁喧嚣、急功近利的时代，这家出版社一直恪守着支持几乎无利可图的学术著作出版的可贵传统。这一次是他们把十卷本的《中国当代文学编年史》列为重点出版项目，付出了大量的人力和财力。正是在他们的大力支持下，才有了本书最终的面世。

张　健

2009 年 6 月 25 日

目录

总序 \ 1

1960 年

一月	3
二月	16
三月	27
四月	35
五月	44
六月	52
七月	61
八月	71
九月	80
十月	86
十一月	93
十二月	101
本年	107

1961 年

一月	115
二月	124

三月 …………………………………………………… 134
四月 …………………………………………………… 144
五月 …………………………………………………… 155
六月 …………………………………………………… 163
七月 …………………………………………………… 174
八月 …………………………………………………… 185
九月 …………………………………………………… 193
十月 …………………………………………………… 200
十一月 ………………………………………………… 210
十二月 ………………………………………………… 219
本年 …………………………………………………… 226

1962 年

一月 …………………………………………………… 233
二月 …………………………………………………… 240
三月 …………………………………………………… 247
四月 …………………………………………………… 256
五月 …………………………………………………… 263
六月 …………………………………………………… 275
七月 …………………………………………………… 281
八月 …………………………………………………… 290
九月 …………………………………………………… 301
十月 …………………………………………………… 309
十一月 ………………………………………………… 318
十二月 ………………………………………………… 325
本年 …………………………………………………… 334

1963 年

一月	339
二月	351
三月	363
四月	375
五月	382
六月	389
七月	396
八月	406
九月	415
十月	423
十一月	431
十二月	437
本年	444

1964 年

一月	449
二月	455
三月	460
四月	465
五月	470
六月	475
七月	484
八月	489
九月	500
十月	509
十一月	516

十二月 ··· 523

本年 ·· 532

1965 年

一月 ·· 547
二月 ·· 557
三月 ·· 566
四月 ·· 572
五月 ·· 579
六月 ·· 583
七月 ·· 588
八月 ·· 598
九月 ·· 604
十月 ·· 610
十一月 ··· 616
十二月 ··· 623
本年 ·· 634

本卷主要作家人名索引 \ 641

本卷后记 \ 671

本卷主编简介 \ 673

1960.1 – 1965.12

1960 年

1960

一月

1日,《新港》1月号刊登茅盾批判吴雁(王昌定)的《创作,需要才能》一文的文章《从创作和才能的关系说起》。同期发表署名南开大学中文系文艺评论组的文章《论方纪小说创作的倾向》(2月8日《光明日报》、2月27日《读书》第4期转载),该文认为"方纪同志在《老桑树底下的故事》这部小说里,对于党组织和党员形象的描绘是存在着严重的错误的"。该文同时对方纪的其他小说,如《让生活变得更美好吧》、《园中》、《晚餐》等也进行了批判,认为"否认党的领导和对党员形象的歪曲表现,像一根黑线似的贯穿方纪同志的整个小说创作,而且到了1957年反而有了恶性的发展,我们不能不认为,这根黑线就是方纪同志小说创作中一种最危险最严重的错误倾向"。同期载李霁野的《谈群众创作》、李果瑜的《也驳〈创作,需要才能〉》,以及王西彦的《读契诃夫作品札记——为纪念契诃夫诞生一百周年而作》。

《长江文艺》1月号刊登讨论于黑丁和胡青坡文学创作的系列评论,包括黄先的《我们和于黑丁同志分歧在哪里》、雅岚的《〈胡青坡是何等居心〉等四篇批评文章读后》、文军的《为胡青坡同志争辩》,同时刊载工农作者座谈会记录《胡青坡要把文艺引向何处?》。

《文艺红旗》第1期发表杨沫为小说《青春之歌》增写的一章《林道静在北大》。同期刊载草明的短篇小说《姑娘的心事》(《人民文学》2月号转载)。

黎汝清的中篇小说《我守卫在桃花河畔》开始在《萌芽》第1期连载,至3月5日第5期连载完。

《草原》1月号发表纳·赛音朝克图的诗歌《秋夜》、《美丽的闪电河》。

《延河》1月号发表柯蓝的小说《夜修海滩田》、朱定的小说《亚李》。同期刊登《创业史》评论文章:郑伯奇的《〈创业史〉读后随感》、曹树成的《〈创业史〉第一部读后点滴》;另载曾华鹏、潘旭澜的《论杜鹏程短篇小说的人物创造》;老舍和魏金枝分别发表随笔《我怎样投稿》、《从"回叙"谈起》。

《解放军文艺》1月号发表束为的小说《于得水的饭碗》、周崇坡的评论文章《碧血千秋的烈士形象——读峻青同志的〈交通站的故事〉》、曲波的长篇小说《山呼海啸》开始在《解放军文艺》选载,至2月号选载完。同期,李季发表长诗《杨高传》的第三部《玉门儿女出征记》,该书单行本本年5月由作家出版社初版。

《热风》1月号发表陈伯吹的童话《橘灯的故事》、蔡其矫的诗歌《崇高的事业》、郭风的散文《海堤前的造船厂》。

《新观察》第1期发表李若冰的特写《生活的声音》,唐弢的文章《谈所谓"直观能力"》。

《雨花》第1期发表周瘦鹃的诗歌《一九六〇年颂——调寄沁园春敬和毛主席韵》。

《人民日报》发表徐迟的诗歌《迎新曲》。

《解放日报》发表魏金枝的散文《新年论文》。

1960 一月

《文汇报》发表刘大杰的散文《新年胜旧年》。

《羊城晚报》发表秦牧的散文《六十年代的钟声》。

《山花》1月号发表蹇先艾的散文《致保卫总路线的战士——刘绍洲同志》。

3日,《人民日报》发表冰心的散文《十年赛过五千年》。

《剧本》1月号发表河北省话剧团根据梁斌小说集体改编,鲁速、村里、亢克执笔的9场话剧《红旗谱》。同期,发表屠岸的《驳岳野的三个论点》、卞明的《斥"第四种剧本"》和韦启玄的《〈洞箫横吹〉吹的什么调子》。屠岸(1923—),文学翻译家,诗人。原名蒋璧厚,笔名叔牟。江苏常州人。1946年加入中国共产党。曾任《戏剧报》编辑部主任、中国剧协研究室副主任、人民文学出版社总编辑、中国诗歌学会副会长。1941年开始发表作品。著有诗集《萱荫阁诗抄》、《屠岸十四行诗》、《哑歌人的自白》、《深秋有如初春》,评论集《倾听人类灵魂的声音》、《诗论·文论·剧论》,译有《莎士比亚十四行诗集》、惠特曼的《鼓声》、《济慈诗选》、《约翰王》等。

5日,《蜜蜂》1月号发表郭沫若、周扬的《〈红旗歌谣〉编者的话》和田间的文章《欢呼〈红旗歌谣〉》。康濯发表评论文章《同根长出的两根毒草——略谈〈英雄的乐章〉和〈曹金兰〉》,对刘真的《英雄的乐章》和杜河的《曹金兰》作了批判,认为这两部作品"和全国人民三呼万岁的声音恰恰相反,是在宣扬右倾思想,是在泄劲和促退"。束沛德也发表《是英雄的乐章还是私情的哀歌》,批判《英雄的乐章》"是用资产阶级人道主义观点描绘战争生活和人与人之间关系的一株毒草",认为"作者宣扬了革命战争是残酷无情的,它毁灭了个人的爱情和幸福",而这种宣扬"实际上蕴藏着对革命战争的怨恨和愤懑"。张朴发表了《这是什么样的"罕见"品质》,王凌发表了批判《曹金兰》的文章《温情·调和·投降》。同期还刊载了梁斌的《红旗谱》中的几章《朱老忠和他的伙伴们》。束沛德(1931—),文学评论家。笔名缚高、舒霈。江苏丹阳人。1951年加入中国共产党。1952年毕业于复旦大学新闻系。曾任中国作协创联部主任、书记处书记、儿童文学委员会主任委员。1948年开始发表作品。著有评论集《束沛德文学评论集》,《儿童文苑漫步》、《守望与期待》、《为儿童文学鼓与呼》,散文集《龙套情缘》、《岁月风铃》、《追求真善美》、《多彩记忆》等。

《北方文学》1月号刊载专论《反右倾、鼓干劲、掀起群众文艺创作的新高潮》和张克的文章《文学创作的大丰收》。据张文介绍,"目前我省(黑龙江省——编者注)文学创作活动已跳出了少数人的圈子,专业作家与业余作家紧密结合,形成了一个空前壮大的群众性工人阶级文学队伍,群众创作小组已有26400多个。具有一定文学修养并经常发表作品的作者有300余人。在这个基础上,作协黑龙江分会现在已拥有会员115名(其中包括总会会员10名)"。读者论坛栏目载4篇讨论王皎《修理地球》的文章,包括张茂忠的《我们的看法》,宏深、刘离的《应该如何评价〈修理地球〉》,哈尔滨师范学院中文系625班"读书"小组的《我们的一点看法》和挺进的《对〈修理地球〉的一点浅见》。

《作品》1月号发表欧阳山的《迎接第三次创作高潮》、陈残云的《多写人民公社》、秦牧的《和时间老人赛跑》、陈伯吹的《接班人颂》,同期刊登的对《三家巷》的评论文章有：高风的《众山拱扶主山尊——谈〈三家巷〉的民族特色》,郭正元的《关于〈三家巷〉评价的几个问题——与王起同志商榷》,章里、易水的《美中不足的瑕疵——略谈〈三家巷〉存在的几个缺点》。

《上海文学》1月号发表张春桥的专论《踏上新的行程》。开始连载费礼文的小说《不落的太阳》(至3月5日《上海文学》3月号续完)。同期刊载峻青的散文《春江新歌》、靳以的遗作《毛主席来了》。

6日,据《解放日报》报道,上海作协为加强群众文学创作而举办的

1960 一月

"文学创作学习座谈会"结束。参加这次座谈会的有新近参加作家协会和具有一定写作水平的青年作家。作家巴金、以群、任干、魏金枝等在座谈会上作了专题发言。

北京青年京剧团成立。该团以继承和发扬程砚秋派艺术为主。文化部副部长夏衍、中央戏剧学院院长欧阳予倩在成立仪式上讲话。

《文汇报》发表邹荻帆的诗歌《城市开放花朵——北京新建筑颂》。

7日,《人民日报》刊载"学习毛泽东文艺思想,建立无产阶级世界观"系列文章,包括柳青的《永远听党的话》、王安友的《深入群众,加强学习》、关山月的《光荣的使命,英雄的时代》、崔嵬的《高举毛泽东思想的大旗》、茹志鹃的《努力学习毛泽东思想》、冯德英的《创作取得成绩的根本保证》等。

8日,《人民文学》1月号发表吴强的文章《写作〈红日〉的情况和一些体会》、王汶石的小说《夏夜》、萧三的评论《谈〈望星空〉》。萧三的文章指出:"个人幻灭了,人生幻灭了,世界幻灭了,诗人走向了绝望的呻吟……这样的诗怎能鼓舞人民的革命干劲呢?这样消极地抒写个人主义的幻灭情绪的作品,怎么能出自一个共产党员之手呢?"同期还发表雁翼的诗歌《矿区的早晨》和《新来的矿工》,碧野的散文《重访色满》,郭风的散文《琅岐岛散记》,郭光的报告文学《英雄的列车》(本文原题《无敌列车》,曾发表于《解放军文艺》1959年12月号上,《人民文学》征得作者同意,并参照1959年8月5日《工人日报》发表的《被洪水包围的特别快车》一文作了一些修改后重新发表)。

《北京文艺》1月号发表曲波的长篇小说选载《山呼海啸》(至4月号选载完),冰心的散文《像蜜蜂一样劳动的人们》,老舍的山东快书《吓一跳》、创作谈《一点小经验》,浩然的创作谈《〈月照东墙〉的写作经过》。同期刊登两篇评论白刃小说的文章,有龙世辉的《评〈战斗到明天〉修订本》和署名北京师范大学中文系二年级现代作品研究小组的《知识分子思想改造的道路》。艾克斯发表文章《说长道短——评浩然的短篇集〈苹果要熟了〉》。

9日，《解放日报》发表魏金枝的文章《〈旭日东升〉观后感》。

《文汇报》发表柯蓝的文章《充满欢乐的年代——参加〈旭日东升〉集体创作的感想》。

10日，《光明日报》刊登"学习毛泽东文艺思想，贯彻党的文艺方针"系列文章，有杨朔的《应该作为一个阶级战士》和韩罕明的《加强学习毛泽东文艺思想》。杨朔说："党常常教导我们：一个革命作家，特别是共产党员作家，应该首先是一个阶级战士，然后才能是一个好的作家，这个道理是千真万确的。"

《文汇报》发表魏金枝的文章《和英雄们相处是最快乐的——"上海英雄交响曲"观后》。

11日，中国电影艺术研究所在北京成立，袁文殊任所长。

《文艺报》第1期刊发社论《用毛泽东思想武装起来，为争取文艺的更大丰收而奋斗！》，指出"尽管还有些人迷恋于早已过时的资产阶级现实主义，他们对新生活、新时代、新文艺一无理解，他们对任何新事物总要抱怀疑的态度，因而造成了对于生活的歪曲的描写；但是革命的现实主义和浪漫主义相结合的原则、创作方法，肯定是经得起考验的……"本期还发表林默涵的文章《更高地举起毛泽东文艺思想的旗帜》（21日《人民日报》、22日《解放日报》《文汇报》转载）、冯牧的评论《初读〈创业史〉》、叶圣陶的文章《崭新的县志——读〈红色的江南〉》、纳·赛音朝克图的文章《深入生活好处多》、王子野的《评刘真〈英雄的乐章〉》。王文认为，"这篇作品绝不是歌颂革命战争、正义战争，而是宣传了悲观失望的厌战思想，宣传了资产阶级的和平主义"。

同期，李何林的文章《十年来文学理论和批评上的一个小问题》（原载

1960 一月

《河北日报》1960年1月8日,本年《蜜蜂》2月号转载),提出"有思想性和艺术性相一致的作品,也有不相一致的作品","我认为艺术性主要是反映生活的真实性,但也包括描写的技巧","思想性的高低决定于作品'反映生活的真实与否',而'反映生活真实与否'也就是它的艺术性的高低;艺术性不等于描写的技巧,虽然真实地反映生活需要描写的技巧……尤其不能得出一个结论:既然'政治标准第一,艺术标准第二',可见政治性(思想性)和艺术性是不一致的,甚至只要政治性不要艺术性了"。同时刊登的"编者按"指出:"这篇文章,题目上标出的是'一个小问题',实际上提出了一个大问题,一个根本性质问题,就是文艺与政治、文艺批评的政治标准与艺术标准的关系问题。我们不同意这篇文章的观点,但是认为作者提出的问题是值得讨论的。"同期还刊登了作者自我检讨性质的附记文章。之后,《文艺报》和不少报刊陆续刊载批判李何林文艺思想的文章。《新建设》第4期刊载综述文章《文艺界对李何林错误的文艺观点展开批判》。

12日,《解放日报》和《文汇报》分别发表刘大杰的文章《读〈上海大跃进一日〉》、《新时代的脉搏 大跃进的浪花——谈〈上海大跃进的一日〉》。

《读书》第1期发表杨沫的《〈青春之歌〉再版后记》、金梅的《读〈林道静在农村〉》。孟和博彦发表《评〈在茫茫的草原上〉》,指出"关于洪涛这个人物的典型性的问题,差不多读过这部作品的人,都有这样一种感觉,就是洪涛这个人物的典型性是不充分的"。王树舜发表文章《关于〈迎春花〉的创作倾向》(摘自王树舜《评〈迎春花〉》,刊于《解放军文艺》1959年12期)。

13日,《人民日报》发表远千里的文章《谈作家的世界观问题》。

《光明日报》刊登"学习毛泽东文艺思想,贯彻党的文艺方针"系列文章,包括王玉胡的《攀登世界高峰》、刘勇的《在毛泽东旗帜下继续前进》等。同日刊载刘建民的革命回忆录《忆大李庄的地道战》。

15日，《戏剧报》第1期发表社论《迎接六十年代的伟大任务，高举毛泽东文艺思想的红旗前进》。本期至第11期，开辟"关于'推陈出新'问题的讨论"专栏，对张庚1956年以来发表的有关探讨戏曲遗产中"人民性"、"忠孝节义"道德观念等问题的文章进行了批判，认为其中的一些观点是"修正主义"思想。

16日，1959年11月30日座谈记录《关于两篇小说的讨论——作协江苏分会筹委会小说组第二次座谈会记录》刊登在《雨花》第2期上。讨论主要围绕杨苡于1959年在《雨花》杂志第14期和第16期分别发表的两篇小说《在电影院里》、《"成问题"的故事》进行讨论。会议上杨苡对自己的写作和态度进行了检讨，认为自己的生活过于局限，以后会深入生活，接触劳动人民的孩子，少接触小资产阶级的孩子，如实地反映儿童生活。陈瘦竹发言说："有的同志指出，杨苡同志是站在资产阶级立场上用自然主义观点来看待新社会，我完全同意这种看法。杨苡同志只有从世界观问题上来寻找犯错误的根源，加紧自我改造才能进步。"杨苡（1919－），原名杨静如，安徽泗县人。曾先后就读于昆明西南联大外文系、重庆国立中央大学外文系。原民主德国莱比锡卡尔·马克思大学东方语文学院讲师，南京师院外语系教师。1936年开始发表作品。译有长篇小说《呼啸山庄》、《永远不会落的太阳》、《俄罗斯性格》、《伟大的时刻》、《天真与经验之歌》，著有儿童文学《自己的事情自己做》等。

《光明日报》发表冯至的诗歌《读〈红旗歌谣〉》。

《解放日报》发表熊佛西的文章《看话剧青年汇报演出想到的》。

《新观察》第2期刊载柯蓝的特写《托着太阳飞奔》、郭风的特写《写给琅岐岛》、徐迟的评论《请看六十年代的一个伟大工程——评〈万里长江〉》。

17日，《光明日报》发表王健秋的文章《"中间作品"的阶级性》，批判王昌定的"中间作品"。文章中，王健秋认为"中间作品与阶级性问题应该密切联系起来。承认中间作品的存在,并不否认阶级性,绝对不存在没有阶级性的作品,但却存在着既不反动也没有什么人民性的作品。像《水浒传》、《荡寇志》这一类作品,因为题材、形式等原因,你没有理由说它代表反动势力说了反动的话,也很难说它代表人物说了进步的话,这就是所谓的'中间作品'。""文学作品有阶级性,这是我们文艺理论的根本原则问题。不容许动摇,也不能承认任何例外。我们说,反动或进步,这是运用政治第一,艺术第二的批评标准来衡量某些作品。衡量的结果,发现进步和反动都说不上,这个结论,只要不引导到否定阶级性,倒是更符合作品实际的。"

18日,《旅行家》第1期发表冰心的随笔《在河北钢都——邯郸》,吴强的随笔《格丹斯印象——访问波兰散记之一》。

19日,中共中央宣传部召开会议,讨论有计划地出版中外文化遗产问题。会后起草了《关于加强和改进出版中国古籍与翻译出版外国学术和文艺著作问题的意见》(草稿),提出要在10年左右的时间(1960年到1970年)把中外历代有价值的哲学、社会科学和文艺作品,全部整理和翻译出版。

《光明日报》刊登杨沫《〈青春之歌〉再版后记》,文中说:"在党的社会主义建设总路线和"大跃进"的形势鼓舞下,我用了三个月的时间,把《青春之歌》修改出来了。新版本和初版本比较,有许多地方不同。改得究竟如何,我自己还不敢肯定,还有待广大读者的检验。但是,在主观上我曾经极力改正初版中所发现的缺点或错误,并设法弥补某些不足之处。其中变动最大的是增加了林道静在农村的七章和北大学生运动的三章。而这些变动的基本意图是围绕林道静这个主要人物,要使她的成长更加合情合理、脉络清楚,要使她从一个小资产阶级知识分子变成无产阶级战士的过程更加令人信服,更有坚实的基础。"

《人民日报》发表李瑛的诗歌《时代已经变了》。

20日,《人民日报》刊登翦伯赞的文章《历史不会走回头路》。

21日，《人民日报》刊载林默涵的长篇理论文章《更高地举起毛泽东文艺思想的旗帜》，22日续完。该文总结了作者重新学习毛泽东《在延安文艺座谈会上的讲话》的体会，批判了胡风和徐懋庸等人歪曲毛泽东文艺思想的错误观点，并详细讨论了"革命现实主义"与"革命浪漫主义"的概念。文章指出："我认为革命现实主义和革命浪漫主义相结合，主要的包括三个方面：第一，要看到和反映生活中的新生的、革命的、有生命力的事物；第二，作者对这种事物要有高度的热情；第三，因此作品就能具有高度的强烈的鼓舞力量。这三者结合起来，就是革命浪漫主义的表现。根本脱离现实的空洞的幻想，是不能鼓舞人的。要掌握革命浪漫主义之所以困难，正在于它要求作家具有从生活中看到新生的、革命的、有生命力的事物的能力。另一方面是革命浪漫主义的手法。浪漫主义的作品往往采用更多夸张，更多幻想成分，更多神话色彩等等的表现手法。但不是说只有这些才是革命浪漫主义。一个作品如果没有革命浪漫主义的精神，即使怎样夸张，用多少神话，也不算革命浪漫主义。毛泽东同志的诗词，有的有神话，有的没有神话，但每一首都充满了革命浪漫主义的精神。要真正具有革命浪漫主义精神，最根本的问题还是要有革命的世界观，要有和革命人民的密切结合，只有这样，才能够看到人民生活中的革命浪漫主义的精神，并且把这种精神充分地体现到自己的作品中。而要做到这样，根本的方法是学习马克思列宁主义，学习毛泽东同志的著作，同时要到群众中去，同群众结合，这两个方面缺一不可。不到群众中去是不行的。但是，只到群众中去而不学习马克思列宁主义，也是不行的，那样并不可能自然而然地产生马克思列宁主义的世界观。马克思列宁主义是一种科学。从群众的生活中可能获得某些符合马克思主义的个别观点，但不可能得到完整的马克思主义世界观。列宁、毛泽东同志与之坚决作斗争的经验主义者，就是否定理论的。我们必须学习马克思列宁主义的理论，学习毛主席的著作，不学习就可能被各种错误思想所俘虏。总起来说，毛泽东同志对于马克思主义文艺思想多方面的重大发展，是对马克思主义思想宝库的伟大贡献，是我们发展社会主义文学艺术所必须遵循的根本原则。"

22日，《人民日报》转载1960年第1期《文艺报》社论《用毛泽东思想武装起来，为争取文艺的更大丰收而奋斗！》。社论指出："文学艺术工作的伟大任务，就是以社会主义、共产主义精神来武装人民的头脑，帮助他们去掉旧社会遗留下来的资产阶级思想和其他非无产阶级的思想束缚，鼓起群众的冲天干劲，帮助群众同心同德、意气风发地推动历史前进。做到了这一步，就有助于大大地解放生产力，大大地促进我们新的经济基础、新的社会制度的巩固和发展；并且有助于人类的进步。如果要来衡量我们社会主义文学艺术的成绩和贡献，这才是最根本的一条。我们的文学艺术正在经历着一个伟大的革命性的变化；沿着'五四'以来、特别是延安文艺座谈会以来所开辟的道路，在新中国社会主义的土壤上产生了崭新的文学艺术，出现了社会主义文学艺术百花齐放的美景。不论从文艺和群众结合的广度和深度来看，从文艺队伍的改造、壮大和发展来看，从文艺成为各民族的事业、全民的事业、成为工农兵群众自己的事业来看，从文艺各个领域的普遍繁荣、迅速提高来看，从文学、电影、戏剧及其他优秀艺术作品在广大群众心灵中所发生的积极作用来看，可以毫不夸张地说，十年来的成就超过了'五四'以后的三十年。"

23日，《光明日报》发表唐弢的文章《巨人的脚步》、徐迟的诗歌《凯歌》。

24日，《光明日报》发表蔡仪的文章《所谓"中间作品"的问题》。

《羊城晚报》发表欧阳山的文章《党的号召实现了》。

《收获》第1期发表周立波的长篇小说《山乡巨变（续篇）》、吕曰生的短篇小说《锁龙的人》、秦似的短篇小说《太白岭下》、陈伯吹的散文《亲爱的孩子们》、李德复的散文《公社一块田》。吕曰生（1931－　），笔名芳草、鲁阳戈，山东泰安人。历任山东省人民剧团编剧，《山东文艺》、《山东文学》编辑。山东作家协会理事、国家一级作家。著有散文集《战友》、《杨柳青青》、《一个安静的晚上》、《骡子的故事》、《泉城赏泉记》、《雨蒙蒙》等。秦似（1917－1986），原名王缉和，广西博白人。1940年与夏衍等人创办《野草》杂志任主编，与庄寿慈创办《文学译报》任负责人。1947年加入中国共产党。30年代开始发表作品。著有杂文集《感觉的音响》、《时恋集》、《在岗位上》、《秦似杂文集》，专著有《现代诗韵》、《两间居诗词丛话》，译著有《人鼠之间》、《少女与死神》等。李德复（1932－　），湖南新邵人。1957年开始发表作品。著有作品集《鄂北纪事》、《高高的山上》、《高山盛开大寨花》、《蓝色狂想曲》等。

25日，《解放日报》发表胡万春的散文《六十年代的第一个春天》、张扬的诗歌《一声春雷》。

《诗刊》1月号刊出"《红旗歌谣》赞"专栏，载有柯仲平的《祝贺〈红旗歌谣〉的出版》、远千里的《文学新纪元的开始》、李季的《大跃进的颂歌和战歌》等文。同期刊载殷晋培批判郭小川《白雪的赞歌》的文章《唱什么样的赞歌》。

北京人民艺术剧院演出俄罗斯剧作家安东·契诃夫名作《三姐妹》，译者焦菊隐，导演欧阳山尊、陈颙，主演周正、朱琳、舒绣文等。

26日，《文艺报》第2期发表徐迟歌颂"大跃进"的散文《高速度赞》、昭彦的评论《革命春秋的序曲——喜读〈三家巷〉》、黄声孝的文章《鼓起干劲来》、以群的评论《杂谈文艺的思想性和艺术性》。《文艺报》从本期开始刊登批判巴人、钱谷融、蒋孔阳等关于"人性论"的观点的文章，姚文元发表《批判巴人的"人性论"》一文。文章认为"1956年到1957年，王任叔（巴人）写过大量的杂文、论文，露骨地宣扬资产阶级的人性论……他所谓的'人'，拆穿了就是资产阶级个人主义之'人'，资产阶级人性之'人'。"文章指出巴人鼓吹文学作品主要目的就是描写"个人的愿望",作家的立场以"人情"为基础,是资产阶级个人主义思想赤裸裸的表现。对巴人的杂文《论"人情"》、《典型问题随感》、《热情与狂人》文章进行了严厉的批评。黄声笑(1918—1995),又名黄声孝。湖北宜昌人。中共党员。当过码头工人,后为专业作家。曾任武汉市文联副主席。1951年开始发表作品。著有《黄声笑诗选》,长篇叙事诗《站起来了的长江主人》等。

中国铁道艺术剧院在京成立。28日,该院举行建院公演,演出濮思温根据杨朔同名小说改编的4幕话剧《三千里江山》,导演李岩、仲继奎。

27日,《人民日报》发表邹荻帆的诗歌《天马歌》。

《光明日报》发表冰心的文章《新春大吉,万事如意》。

上海人民沪剧团首演沪剧《芦荡火种》,编剧文牧,导演杨文龙。该剧后改编为京剧样板戏《沙家浜》。

28日,《人民日报》发表郭沫若的诗歌《普天同庆·十六字令》,诗前有小序:"在总路线的光辉照耀之下,1959年在1958年的"大跃进"的基础之上又继续大跃进。钢煤粮棉四大指标和其他重要生产品都以两年工夫超额完成了第二个五年计划。爰成'十六字令'四首,以志庆祝。"

《解放日报》发表巴金的散文《春光无限好》。

《解放军报》发表李瑛的诗歌《春之歌》。

《羊城晚报》发表秦牧的散文《花市徜徉录》。

30日,《戏剧报》第2期发表陈刚的《评海默的〈洞箫横吹〉》和《红色演员的责任》两篇文章,开始对《洞箫横吹》等剧本开展批判。

31日,《解放军报》转载陈毅的文章《中苏同盟是世界和平的强大堡垒》(原载《红旗》杂志1960年第3期,同日《文汇报》转载)。

本月,13日和14日的《天津日报》、19日的《河北日报》相继发表批判王昌定(吴雁)"修正主义文艺思想"的文章和相关报道。

中国科学院文学研究所编写的《十年来的新中国文学》，由作家出版社出版。

欧阳山的长篇小说《三家巷》，由作家出版社出版。

柯兰的长篇小说《洋铁桶的故事》，由人民文学出版社出版。

周立波的短篇小说集《禾场上》由上海文艺出版社出版，内收作者1941年到1959年创作的短篇小说16篇。

杨麦的短篇小说集《青翠的山谷》，由百花文艺出版社出版。

雁翼的短篇小说集《战友集》，由重庆出版社出版。

刘澍德的短篇小说集《寒冬集》，由上海文艺出版社出版。

李育才的短篇小说集《侦察队长》，由湖北人民出版社出版。

严阵的长诗《渔女》，由春风文艺出版社出版。

袁鹰的诗集《江湖集》，由作家出版社出版。

张志民的诗集《礼花集》，由作家出版社出版。

藏族诗人饶阶巴桑的诗集《草原集》，由作家出版社出版。

张天民的《七月抒情诗》，由吉林人民出版社出版。

冰心的散文集《我们把春天吵醒了》，由百花文艺出版社出版。

杨朔的散文集《海市》由作家出版社出版，收录《献给中国的诗》、《春雷一声》等作品。

二月

1日，《湖南文学》2月号发表社论《高举毛泽东文艺思想的旗帜乘胜前进——祝省文化系统群英大会胜利闭幕》。

《红旗》第3期发表陈残云的散文《沙田水秀》。

1960 二月

《新港》2月号开辟"批判王昌定的修正主义思想"专栏,"编者按"中说:"他(王昌定)在这些文章中,打着反'教条主义'、反'官僚主义'、反'公式化、概念化'的幌子,实际上在贩卖资产阶级的'人性论',散布了系统的修正主义的思想,针对着毛主席的文艺思想、党的文艺方针、马克思主义的根本原则和社会主义制度,进行了恶毒的攻击。"刊载了张访的《王昌定的修正主义文艺思想必须批判》、黑英的《在伟大的生活现实面前》、艾文会的《在"背后"背后》、署名南开大学中文系文艺评论组的文章《斥〈谈"愁"及其他〉》、袁静的《驳〈如此"爱情"〉》、张学新的《王昌定在保卫什么自由?》、沈思的《方纪创作中的"人性论"倾向》等文章。其中袁静的文章认为,"在这短短一千多字的杂文里,充分暴露了他(指王昌定——编者注)灵魂深处有个资产阶级王国,他在力图按照资产阶级的世界观改造世界"。同时还附载王昌定以罗威为笔名发表的《谈"愁"及其他》(原载于《新港》1956年第11期),以白藻为笔名发表的《凉秋杂感》(原载于《新港》1956年第10期)和《如此"爱情"》(原载于《新港》1956年第9期)。同期刊载梁斌的《战寇图》(《红旗谱》第三部选载)。

《萌芽》第3期发表唐克新的短篇小说《第一课》。

《长江文艺》2月号发表吉学霈的报告文学《杨德胜和他的突击队》;江平的评论《驳武克仁的小品文》,文章认为"武克仁化名茹冰写的小品文《开会》和《意外的恩典》,完全和1957年文艺界出现的右派分子刘宾雁等人写的所谓'干预生活'、'揭露现实生活阴暗面'的反动毒草一样,对我们伟大的党和美好的社会主义制度进行恶毒的攻击"。本期还刊登了孟起的评论《小品文的逆流——批评〈蛋糕的命运〉和〈玲玲的指头〉》、张靖琳的评论《驳胡青坡同志的"阶级斗争熄灭论"》、大波水的评论《坚决驳斥"阶级斗争熄灭论"》、苏者聪的评论《驳赵寻同志的几个论点》。

《草原》2月号发表翟胜健、汪德斌的文章《评〈谈生活真实〉——对吉雅评论乌兰巴干短篇小说的几点意见》，认为"吉雅同志的文章的主要缺点是，忽略了评价作品时应该根据政治标准第一、艺术标准第二的原则出发，对作品实事求是地全面具体地分析，而只是抓住了作品中某些细节描写上的缺点，就简单地全盘否定了整个作品的积极意义"。

《延河》2月号发表柯仲平的文章《高举毛泽东文艺思想的大旗奋勇跃进》，指出"我们当前斗争的主要任务就是：要继续彻底批判修正主义，彻底批判资产阶级思想，继续开展文艺上的两条道路的斗争"。同期还发表了胡采的文章《把毛泽东思想红旗举得更高》，杜鹏程的小说《飞跃》，秦牧的文学随笔《细腻和强烈的地方》，柯仲平、郑伯奇、魏钢焰分别发表的诗歌《六十年代英雄歌》、《水利大军上战场》和《活财神》。

《雨花》第3期发表吕博然的短论《关于"各取所需"》。同期刊载1959年12月27日作协江苏分会筹委会小说组第三次座谈会记录摘要《关于两篇小说的讨论》。

《解放军文艺》2月号发表何左文的评论《是英雄的乐章，还是个人主义的悲歌——评刘真同志的小说〈英雄的乐章〉》，认为这部标明"献给十月"的小说"是和崇高的十月格格不入、完全悖谬的，这是一篇赞扬资产阶级个人主义，歪曲革命战争，丑化革命部队，宣扬资产阶级人道主义和感伤、阴暗、颓废情调的作品"。同期还发表李纪众的评论文章《丁芒的诗在宣扬些什么?》、李瑛的诗歌《友谊颂歌和书束》。

《青海湖》2月号发表呆向真的短篇小说《妈妈割麦去了》。

《新观察》第3期发表杨朔的散文《鹰之国》、郭超人的《西藏一山村》。并开始连载许广平的《鲁迅回忆录》（至7月1日第13期续完）。

2日，《人民日报》刊登夏衍的文章《为电影事业的继续大跃进而奋斗》（3日《文汇报》转载）、陶钝的文章《曲艺艺术的新面貌》。夏衍的文章是对新中国成立10年来新中国电影的总结。文章说："从1949年到大跃进以前

1960 二月

的 1957 年，我国一共只有 10 个电影制片厂（其中故事片厂 6 个），摄影棚 19 座，到现在，全国已经有 33 个电影制片厂（其中故事片厂 11 个），故事片厂的摄影棚 27 座。从放映单位来说，1949 年全国只有 600 多座电影院，放映队一个也没有，到 1957 年底，放映单位发展到 9965 个，到 1959 年底，据初步统计已达到 14500 个左右。由于放映网的发展，人民群众看电影的机会就有了很大的增长，1957 年全国电影观众 17 亿 5 千万人次，1959 年一跃而达到 40 亿 5 千万人次。也就是说，"大跃进"以来的两年时间，达到了过去用 8 年时间才能达到的数字。每年观众 40 亿人次，这已经是一个不小的数字，特别是和西方资本主义国家的电影观众逐年锐减的情况比较起来，我们的增长就显得非常突出（例如英国，1948 年每年电影观众 16 亿 5 千万，1958 年激减到 7 亿 5 千万，去年又降低到 6 亿左右）。当然，按人口比例来说，40 亿这个数字，还是远远不能满足人民群众的要求的。""其次，从电影制片方面来看，"大跃进"以来，我们的确在多快好省这四个方面都获得显著的成绩。多（我只举故事片来做例子），从 1949 年到 1957 年，8 年时间，我们一共生产了艺术片 171 部，但是"大跃进"以后的两年，我们生产的艺术片可达 180 部左右。这也就是说"大跃进"的两年等于乃至超过了过去的 8 年。快，过去一部故事片实际摄制时间最少是四五个月，多到一年或者一年以上。"大跃进"以来，生产速度大大加快了，拿去年国庆献礼的 18 部艺术片来做例子，绝大部分的摄制时间是四个月到五个月，其中有几部只花了三个月的时间。省，由于产量增加，摄制时间缩短，制片成本也大大降低了。1953 年，一部黑白片平均成本 20 万元，一部彩色片平均成本 61 万元。1957 年，黑白片每部平均 19 万元，彩色片平均 35 万元。到了大跃进的 1958 年，一部黑白片的成本降低到 11 万元，彩色片降低到 25 万元，至于纪录性艺术片，1958 年一共拍了 40 多部，每部平均成本仅 57000 元。至于最重要的'好'的方面，去年国庆献礼的 36 部各种样式的影片，不论在思想、艺术、技术各方面来看，都比过去有了显著的进步。"

3日,《光明日报》发表张永枚的诗歌《我们创造未来》。

《剧本》2月号发表杜烽的5幕话剧《英雄万岁》、湖北实验歌舞剧团集体创作的歌剧剧本《洪湖赤卫队》。

4日,《文汇报》刊载采访作家草明的报道《永远在火热的斗争中》。

5日,《蜜蜂》2月号选载梁斌《红旗谱》中的几章,定名为《朱老忠和他的伙伴们》。同期还刊载批判刘真《英雄的乐章》的系列文章,包括:刘流的《不许挂着歌颂的幌子制造悲剧》、署名南京大学中文系文艺评论组的文章《箭头指向哪里》、署名南京大学中文系文艺评论组的批判杜河《曹金兰》的文章《拜倒在富裕中农脚下的懦夫》。其中《箭头指向哪里》一文认为,刘真"通过文学作品形象宣扬了资产阶级没落颓废的感情,宣扬个人第一的资产阶级思想,宣扬了抽象的人道主义思想"。

同期还刊载天津市文联批判王昌定(吴雁)文艺思想的报道《高举毛泽东文艺思想红旗,把两条道路斗争进行到底》。据报道,天津市文联于1959年12月30日下午举行大会,批判王昌定的文艺思想。大会认为,"1956年以来,王昌定曾用吴雁、罗咸、白藻等笔名,在《新港》文学月刊上,先后发表了《谈"愁"及其他》、《长江与"长"》、《如此"爱情"》、《凉秋偶感》、《宁园归来见闻录》等许多篇杂文和散文。这些杂文和散文散布了极其腐朽、反动的资产阶级思想毒素,恶毒攻击了党的文艺为政治、为生产、为工农兵服务的方针"。1959年11月上旬以来,作协天津分会和《新港》编辑部曾连续举行座谈会,对王昌定的修正主义文艺思想进行揭发和批判。

《北方文学》2月号读者论坛栏目刊载5篇讨论小说《修理地球》的文章,包括:左宜的《不能要求作者去机械地模拟生活》、杨志俊的《不能成立的理由》、冯九章的《〈修理地球〉是篇好小说》、王兆明的《略谈〈修理地球〉的真实性》和姜锡敏的《事实不容歪曲》。同期开始连载李延禄讲、骆宾基记的革命回忆录《疾风知劲草——"抗联四军少年时代"的回忆》，至4月5日《北方文学》4月号续完。

《作品》2月号发表高风的文章《洗练而精粹的语言——二谈〈三家巷〉的民族特色》。

《上海文学》2月号发表陈登科的小说《福庚老汉的一家》、唐克新的小说《种子》、魏金枝的散文《五味斋见闻记》，以及张玺、曾文渊、孙雪吟、吴长华的《1959年上海短篇小说创作简评》。

6日，《光明日报》刊载李束为、马烽、西戎、陈志铭联合署名的文章《危险的道路——评孙谦小说的思想倾向》（《文艺报》第3期转载），指出："（《奇异的离婚故事》）这篇小说严重地歪曲和污蔑了共产党员的形象，攻击了党和社会主义。这是一株毒草。"同期还刊载叶圣陶为徐怀中小说《我们播种爱情》新版本写的序《读"我们播种爱情"》。

8日，《文汇报》刊载署名上海工人文化宫书评小组的文章《我们读〈乘风破浪〉》。

《人民文学》2月号发表草明的小说《姑娘的心事》，张志民的组诗《公社的人物》（包括《对对子》、《"志愿军"》和《樱桃李》），梁上泉的四川清音《小小猪儿有了妈》。同期发表徐怀中的报告文学《崭新的人》、周而复的散文《在大西洋上》、胡可的《对待生活的态度》、韦君宜的《谈工厂史》等文章。

《北京文艺》2月号发表林斤澜的短篇小说《铁石山》、鲁军的评论《走向何处？——评海默著〈走出狭窄的江面〉》。同期刊载多篇批判白刃小说《战斗到明天》的文章，包括：端木蕻良的《一部歪曲历史的真实的小说》，认为"《战斗到明天》的修订本和初版本比较，并没有得到根本的改变，仍然重复了歪曲历史的真实，歪曲人民部队和根据地人民群众，歪曲党的领导的严重错误"；王森、赵枫林、周述曾的评论《白刃笔下的党的领导与工农兵形象》，认为"这是一部严重歪曲了革命斗争的历史真实的小说"；北京师范大学中文系黄会林、郭志刚、齐大卫、谭雪莲、蔡清富的评论《这不是知识分子思想改造的道路》，认为"这部作品存在着严重的缺点，在很大程度上歪曲了抗日战争的真相，夸大了人民在斗争中的缺点，宣扬了资产阶级的'个人主义'，歪曲了知识分子思想改造所应当走的正确道路"。

《人民日报》发表阳翰笙的文章《为美术片的成就欢呼》。

9日，首都文联、作协、剧协等文艺界人士1200余人在北京首都剧场集会纪念契诃夫诞生100周年。苏联俄罗斯戏剧家协会副主席什维多夫、丁西林、阳翰笙、田汉、老舍、邵荃麟、欧阳予倩等出席会议，作协主席茅盾作了《伟大的现实主义者契诃夫》的报告。《世界文学》、《新港》、《北京文艺》等陆续刊载多篇纪念和评论契诃夫的文章。

《人民日报》刊登《苏联文艺界关于描写卫国战争的小说〈一寸土〉的讨论》。

10日，《文汇报》发表秦魏、金枝的文章《一个进一步的提议》，姚文元的文章《批判巴人的"人性论"》，同时附载巴人的《论人情》。

《山东文学》2月号发表张扬的短篇小说《战斗进行曲》、张志民的诗歌《公社人物》。

《光明日报》发表杨朔的散文《除夕童话》。

10日-17日，文化部出版事业管理局召开地方出版社座谈会，进一步明确地方出版社今后仍须贯彻执行地方化、群众化、通俗化的方针。

11日，《文艺报》第3期发表冯牧的文章《在生活的激流中前进——谈李准的短篇小说》，认为李准短篇小说"善于在农村日常生活中敏锐地发现新事物并且热情地反映新事物在斗争当中的巩固和发展"；李希凡的《革命农村变迁史——读〈太行风云〉》，老舍对报告文学《英雄的列车》的短评《出色的报道》，张光年的文章《驳李何林同志》。

1960 二月

《文汇报》发表陈伯吹的儿童文学作品《战士和小八路》。

12日,《长江日报》刊载许道琦《对于"文学创作如何反映人民内部矛盾"的讨论的批判》一文(原载《七一》1960年第2期)。

《读书》第3期转载关于欧阳山小说《三家巷》的系列评论,包括金钦俊等的《〈三家巷〉是广州群众革命历史的记录》(摘自金钦俊等《英雄垂青史,名城留佳篇》,原刊于1959年11月27日《羊城晚报》);王起的《〈三家巷〉的艺术魔力》(摘自王起《我们以在文学上出现区桃、周炳这样的英雄人物形象而自豪》,原刊于《作品》1959年11月号);章里等人的《党员与工人阶级形象写得不丰满》(摘自章里等《美中不足的瑕疵》,原刊于《作品》1960年1月号),郭正元的《以臆想代替客观分析》(摘自郭正元《关于〈三家巷〉评价的几个问题》,原刊于《作品》1960年1月号)。

13日,《人民日报》刊登邓拓在人民解放军第二次美术作品展上的感言《给美术创作带来新的生命》。

《光明日报》刊登张光年的文章《驳李何林同志》(原刊11日的《文艺报》第3期)。

14日,《人民日报》、《解放军报》同时刊载杨朔纪念中苏友谊的散文《东风第一枝》。

15日,《戏剧报》第3期发表茅盾在首都各界纪念世界文化名人契诃夫大会上的讲话《伟大的现实主义者契诃夫》。同期推出的"关于正确反映人民内部矛盾问题的讨论"专栏刊载了对熊佛西《上海滩上的春天》的批判文章。

16日,《解放日报》发表胡万春的文章《兴趣、才能和立志——给益范同志的信》。

《红旗》第4期发表王若水的文章《思维和存在没有同一性吗?——和世诚同志商榷》。

《中国青年》第 4 期载周扬在中华全国学生第 17 届代表大会上的报告《目前形势和共产主义教育问题》(2 月 21 日《解放日报》转载),报告指出:"现在我们的主要任务是搞建设,搞技术革命和文化革命,向自然界做斗争,但是,这绝对不是说,今后就不需要进行革命了,就不需要进行阶级斗争了。实际上,现在搞建设,还是要搞革命,要继续进行政治上,经济上,思想上的社会主义改造。建设和革命,和阶级斗争,是分不开的。"

《雨花》第 4 期发表老舍的评论《谈〈武松〉》。

《新观察》第 4 期发表马铁丁的评论《是什么样的人情味?——关于〈青春之歌〉中的余永泽其人》。

《萌芽》第 4 期发表郭风的散文《火车来了》、唐克新的理论文章《略谈思想、生活对创作的决定作用》。

18 日,《人民日报》刊载华君武的《可贵的收获——评我国美术电影中的民族风格》。

20 日,《光明日报》刊登胡采的文章《论艺术的真实性和倾向性的统一》、欧阳予倩的诗歌《欢迎日本前进座诸友》、宗璞的下放干部手记《第七瓶开水》。

《文汇报》刊登欧阳予倩的《一个好戏——天津市越剧团的〈文成公主〉观后》。

20 日 - 3 月 2 日,文化部在京举办话剧观摩演出会。来自北京、上海、解放军等不同单位的 12 个代表队共演出《红旗谱》、《槐树庄》、《降龙伏虎》、《丹凤朝阳》、《比翼双飞》、《枯木逢春》、《东进序曲》、《英雄列车》、《海边青松》、《英雄万岁》、《共产党员》、《革命的一家》等 12 个剧目。

21 日,《光明日报》发表浩然的文章《教戏又教人,师生同进步》。

《解放日报》刊载芦芒的《时代的号角,豪迈的歌唱!——祝〈上海十年诗歌选集〉出版》。

23日，北京人民艺术剧院在京演出四幕话剧《同志，你走错了路》，编剧姚仲明、陈波儿，导演夏淳、李醒，主演童弟、孙安堂、胡宗温等。剧本发表在《剧本》1960年5月号上。

24日，《光明日报》发表碧野的散文《戈壁夜话》。

25日，《文汇报》发表郭沫若的文章《戴着"和平"面具的强盗》、翦伯赞的文章《斩断美帝国主义伸向台湾的黑手》。

《文学评论》第1期刊载唐弢的《在毛泽东文艺思想旗帜下不断学习，永远前进》、郭沫若的《为"拍"字进一解》、何其芳的《欢迎读者对我们的批评》、洁泯的《论"人类本性的人道主义"——批判巴人的〈论人情〉及其他》、冯沅君的《关于中国文学史上两条道路的斗争》等文章。冯文对历史上的文学作了阶级分析，认为"三千多年来有两种文学存在着：一种是为剥削者、压迫者服务的作品，那是反人民的、落后的或反动的，那是糟粕，应该批判；一种是为被剥削者、被压迫者服务的作品，那是为人民的、进步的，那是精华，应该发扬。所谓文学史上的两条道路斗争，也应该是这两种文学的斗争"。从本期开始，该刊陆续刊登批判巴人、钱谷融、蒋孔阳等关于"人性论"的观点的文章。

《诗刊》2月号发表张志民的《公社的人物》等诗。同期刊载肖翔的《蔡其矫的诗歌创作倾向》一文，批评蔡其矫的《回声续集》，指出"蔡其矫同志在诗歌创作上之所以每况愈下，是与他未认真、积极改造自己的资产阶级文艺思想分不开的"。

25日-4月13日，中国作协上海分会召开会员大会。《上海文学》5月号刊发该会议的报道《高举毛泽东思想红旗，批判资产阶级文艺思想》和《高举毛泽东思想红旗，检阅成绩，扫除障碍，大力发展无产阶级文艺！——中国作家协会上海分会会员大会闭幕，并发出战斗的号召》。复旦大学的蒋孔阳、华东师大的钱谷融、上海师院的任钧在这次会议上遭到批判。这次会议史称"49天会议"。会后,姚文元在《上海文学》5月号发表文章《彻底批判资产阶级人道主义——驳钱谷融的修正主义观点》,王道乾发表文章《批判蒋孔阳的修正主义文艺思想——"第三种文艺"论》。

26日,文化部党组、共青团中央书记处向中共中央上报《关于进一步改善少年儿童读物的报告》,提出:尽快建立一支强大的少年儿童读物创作和编辑队伍;加强领导,制定规划,大力提高质量,适当发展数量;有计划地改善纸张质量,逐步做到少年儿童读物,首先是中小学教科书全部使用好纸;做好农村发行工作,城市增添少年儿童的阅读场所。3月15日,中共中央批转文化部和共青团中央书记处的报告。

《文艺报》第4期发表徐迟的文章《共同的志向,共同的理想——关于中苏友谊的几篇散文读后感》,吴伯箫的随笔《读〈沙田水秀〉》,许道琦的批评文章《驳于黑丁等关于文学创作如何反映人民内部矛盾问题的谬论》。许文针对作协武汉分会1959年5月发起"关于文学创作如何反映人民内部矛盾"的讨论时,于黑丁、胡青坡、赵寻分别发表的论文《文学要描写矛盾斗争》、《文学作品正确反映人民内部矛盾的问题》和《站在斗争的前列》(载1959年《长江文艺》第6、7期)作了批评。同期刊登记者报道《关于文学创作如何正确反映人民内部矛盾问题的辩论》。

27日,《读书》第4期刊载沈凝的《读茹志鹃〈高高的白杨树〉》。

28日,《光明日报》刊登阿甲的文章《红旗高举 人杰地灵——评青年艺术剧院的〈降龙伏虎〉》。

《文汇报》发表冰心的文章《和美术片一同跃进》。

《中国青年报》发表王石、房树民的报告文学《为了六十一个阶级弟兄》(29日《人民日报》、《人民文学》4月号转载)。

《电影艺术》第2期发表阳翰笙等人的《座谈美术电影》。

本月,王建富的长篇小说《巨变》,由山西人民出版社出版。

1960

三月

周洁夫的长篇小说《十月的阳光》,由作家出版社出版。

杨朔的短篇小说集《大旗》,由作家出版社出版。

刘澍德的短篇小说集《红云》,由中国青年出版社出版。

雁翼的诗集《雪山红日》和短篇小说《战友集》,由重庆人民出版社出版。

胡正的报告文学集《七月的彩虹》,由山西人民出版社出版。

欧阳予倩的艺术论文集《一得余抄》,由作家出版社出版。

人民交通出版社出版了公路交通建设散文特写集《彩虹万里》。

波玉温、康朗英、康朗甩合著、陈贵培译的诗集《三个傣族歌手唱北京》,由作家出版社出版。该诗集收录了三位诗人50年代末创作的诗歌。

上海新文艺出版社以上海文化出版社的名义出版的《民间文学集刊》在出满10期后停刊。"文革"后,该刊先后改名为《民间文艺季刊》和《民间文学集刊》,由上海民间文艺家协会继续编辑出版。

三月

1日,《长江文艺》3月号发表乔典运的小说《公社的人情》,张永枚的诗歌《桑姆站在柳林里》、《女儿家长到十七八》,黎汝清的诗歌《火把》。

《新港》3月号刊载白桦在天津市第10届职工文艺会演大会闭幕式上的讲话《高举毛泽东文艺思想红旗,为争取职工文艺创作运动的更大跃进而奋斗》,康濯的《方纪短篇小说批判》,天津师大中文系文艺评论小组批判李何林《十年来文学理论和批评上的一个小问题》的文章《一个原则问题的争论》,张知行批判王昌定的文章《在战斗中锻炼》。

《山花》3月号发表蹇先艾的文章《学习毛泽东思想 彻底改造世界观》。

《解放军文艺》3月号发表张扬的小说《春天的歌》、张永枚的长诗《康巴人》,以及陆柱国的自我批评文章《沉痛的教训》。陆柱国对小说《忠贞的心》作了反省:"我这部错误百出的小说写完的时候,正是反右派斗争开始的时候。在这场严重的斗争中,党使我擦亮了眼睛,回顾过去,才知道自己已经离开了党的立场,在危险的歧途上徘徊了很长时间了。"

《草原》3月号发表王志彬的评论《谈乌兰巴干的短篇小说》,认为"吉雅同志这篇文章(《草原》1958年9月号发表的《谈生活真实》)是不正确的,思想方法上是存在问题的。他在认识分析问题时,不是发展的,而是静止的,停滞的!是孤立的,片面的"。本期还发表了纳·赛音朝克图的诗歌《祝辞》。

《延河》3月号发表柳青的小说《深山一家人》(《创业史》第1部第22章)、王汶石的文章《让我们的思想,飞跃再飞跃》、杜鹏程的文章《努力学习毛泽东文艺思想》、胡采的评论《论艺术的真实性和倾向性的统一》。以及对卢平《试论某些艺术作品不含有阶级性以及什么形象是完美的》一文中的观点提出批判的文章:景生泽、岐国英的评论《根本的分歧》、西北大学中文系四年级毛泽东文艺思想研究小组的文章《花言巧语的实质》。

《热风》3月号发表陈伯吹的特写《大海上捞宝的人》。

《萌芽》第5期发表唐克新的特写《共产主义的火花》。

《羊城晚报》发表张永枚的诗歌《欢天喜地六月雪》。

1日-10日,河北省文联在石家庄主持召开河北省小说散文创作会议,专业和业余作家92人参会。

1日-15日,中央广播事业局第七次全国广播工作会议在北京召开。期间制定的三年规划中规定,1960年至1962年电视台要发展到50座,比原有的10座增加4倍。

2日,《文艺报》、《文学评论》编辑部召开中国左翼作家联盟成立30周年座谈会。夏衍、阳翰笙、孟超等发言。魏金枝在《解放日报》发表散文《回忆"左联"》,《文学知识》3月号和《文学评论》第2期也刊登了唐弢、郑伯奇、楼适夷等人的回忆文章。

3日,《光明日报》刊登洁泯文章《"人性论"及其创作理论批判——批判巴人的修正主义文艺思想》。

《羊城晚报》发表张永枚的诗歌《社员们,迎战旱魔》。

《剧本》3月号发表赵寻的四幕话剧《还乡记》。

5日,文化部在京召开话剧工作座谈会。各省、自治区、市的文化主管部门的同志,各地话剧院、团和部分文工团、艺术院校的负责同志共140人参加了座谈会。文化部副部长林默涵在座谈会上讲话。这次话剧工作座谈会充分肯定了几年来话剧事业的进步和成绩,并对今后三年中,如何进一步发展话剧事业,进一步提高话剧的思想、艺术质量,更好地培养新生力量等问题,进行了讨论。

《上海文学》3月号发表姚文元的文章《在斗争中发展——学习〈关于正确处理人民内部矛盾的问题〉的一点体会》、巴金的散文《王林鹤同志》、雁翼的诗歌《民兵赞歌》、艾扬的评论《中国现代作家研究的可喜收获——读叶子铭的〈论茅盾四十年的文学道路〉》。叶子铭(1935-2005),福建泉州人。1957年毕业于南京大学中文系。历任南京大学副教授、教授、中文系主任、研究生院副院长,国务院学位委员会第二届学科评议组成员,中国茅盾研究学会第一、二届副会长,《茅盾全集》编委兼编辑室主任。主要论著有《论茅盾四十年的文学道路》、《茅盾漫评》、《梦回星移》、《叶子铭文学论文集》等,在茅盾研究和中国现代小说史研究方面有国际性影响。

《边疆文艺》3月刊发泥子批评旭升文章的评论《斥〈群众创作有很大的局限性〉》,指出"如果,我们依照旭升所说的这种'专业作家'去'提高',那么,就只有把我们的文艺引到资产阶级文艺的路上去"。同期刊载多篇批判旭升的文章：陶陶的《资产阶级的偏见》、惠若的《滴水与大海》。同时还附载了云南大学中文系旭升的文章《群众创作有极大的局限性》，该文认为，"现在，摆在文艺创作面前最迫切的问题，就是要迅速的提高创作质量。这里，我觉得，要提高质量，就必须培养出一批有才华的专业作家，靠群众创作是不行的。"

《人民日报》发表老舍的随笔《好戏真多》、应必诚的文章《继续鼓励群众的业余文学创作》。

《作品》3月号发表韩北屏的《古城新变记》。

《蜜蜂》3月号发表康濯的文章《在毛泽东的文艺道路上不断革命》、李满天的评论《〈英雄的乐章〉的思想矛盾》、郑士存的评论《读袁静同志的〈红色交通线〉》。

8日，《北京文艺》3月号发表端木蕻良的散文《首都劳动英雄乐章》、浩然的散文《日日夜夜》、杨沫的文章《对思想改造和创作关系的体会》、李英儒的文章《对革命现实主义与革命浪漫主义相结合的点滴感受》、谢逢松的文章《通谁的"情"达谁的"理"——驳巴人的〈人情论〉》。冯牧的评论《谈林斤澜的〈飞筐〉及其他》，认为："不管还存在着多少缺点（如艺术结构上的粗糙和行文当中'急就'的痕迹），这本反映大跃进生活的作品，应当被看做是一个标志了作者在创作上逐渐走向更加健康发展道路的可喜的成果。"歌今、德千的评论《谈渡边的"沉重"和"不安"——揭〈战斗到天明〉中所表现的"人性论"》，认为"白刃在他的《战斗到天明》中，正严重地暴露了他的资产阶级修正主义的'人性论'的文艺观点"。

《人民文学》3月号发表李准的小说《李双双小传》（后由作者改编成电影文学剧本《李双双》。1962年鲁韧导演，海燕电影制片厂摄制，公映后引起巨大反响，1963年荣获第二届中国《大众电影》百花奖最佳故事片、最佳编剧、最佳女演员、最佳配角四项奖）、唐克新的小说《种子》、胡万春的小

1960 三月

说《一点红在高空中》、田间的诗歌《〈红旗歌谣〉之歌》、严阵的诗歌《猎手》。以及未央的《共产主义的诗情画意》、张志明的《〈红旗歌谣〉红旗飘》、沙汀的《漫谈小说创作中的一些问题——在一个业余作者座谈会上的发言》、陈森的《谈〈乘风破浪〉》等文章。李希凡的《在"生活的本质真实"的幌子下》一文，指出李何林《十年来文学理论和批评上的一个小问题》是胡风文艺思想的同流，"这种诡辩的意图，无非是要证明，文艺即政治，混淆作品的思想性和艺术性的区别，抹杀文艺批评的政治标准第一、文艺标准第二的富于战斗性的无产阶级文艺思想的原则"。

《羊城晚报》发表郁茹的《为国际妇女节致远方朋友》。

9日，中国青年艺术剧院、中央戏剧学院实验话剧院分别上演同名话剧《为了六十一个阶级弟兄》，剧本发表在《剧本》4月号上。

《文汇报》刊载夏衍在全国电影发行放映工作会议上的讲话《大力加强电影发行放映工作》。

10日，中国剧协上海分会开始陆续举办戏剧界文艺思想讲座，题目包括"十年来上海戏剧界两条道路的斗争"、"文艺工作者的世界观"、"百花齐放、百家争鸣"等8个。

《人民日报》发表刘心武的散文《丁香花开》。

11日，《文艺报》第5期发表老舍的短评《酒家饭馆有文章》、安旗的评论《沿着和劳动人民结合的道路探索前进——略谈李季的诗歌创作》。

13日–18日，云南省文联召开全省文学艺术工作者第二次代表大会。出席大会的有来自全省各地17个民族的歌手、诗人、作家和专业、业余文艺工作者共675人（包括列席代表232人）。省文联主席徐嘉瑞向大会作题为"高举毛泽东文艺思想的旗帜，争取文学艺术工作更大跃进"的工作报告，中共云南省委宣传部长袁勃作题为"促进云南文学艺术的发展和革新"的总结报告。

15日,《羊城晚报》发表秦牧的散文《一路都是绿灯》。

15日-6月17日,文化部委托中国戏曲学院举办"梅兰芳表演艺术研究班"。研究班调集了部分省、市剧团的中青年演员60余人作为研究生参加学习。梅兰芳、荀慧生、俞振飞、姜妙香、马师曾、萧长华、徐凌云、刘成基等担任教师,进行了示范演出和传授。

16日,《光明日报》刊载欧阳予倩的文章《祁阳戏的新面貌》;同期刊载署名天津师范大学中文系现代文学教研室文艺评论组的评论文章《在王昌定主张写"愁"的背后》,指出:"他(王昌定)通过写'愁'极力歪曲现实生活,把矛头指向社会主义新人、干部、国家机关、党团组织,指向整个社会主义制度,企图按照资产阶级的要求来改造我们的社会主义现实。"

《文汇报》和《羊城晚报》同时刊载秦牧的散文《南国之春》。

《萌芽》第6期发表姚文元的评论《用共产主义精神教育人民》,指出:"文艺为无产阶级的政治服务,这是毛泽东文艺思想中的根本问题之一。坚持或者反对文艺为无产阶级政治服务,贯彻或者拒绝文艺为无产阶级政治服务,是区别革命的无产阶级文艺战士和资产阶级文人及修正主义者的根本界限。"

《新观察》第6期发表秦牧的散文《黄埔港在欢腾》、李季的散文《沧海洱海间的万朵金花》。

18日,《旅行家》第3期发表季羡林的随笔《万塔之城》。

19日,《羊城晚报》发表欧阳山的《〈高乾大〉再版序》。

《光明日报》刊载署名北京大学中文系59级文学评论组的评论《海默的"人性"宣扬了什么?》,认为"海默的短篇小说《人性》……和海默几年来连续发表的《洞箫横吹》、《走出狭窄的江面》、《打狗》、《盐》等一样,这是一篇充满了资产阶级修正主义毒素的作品"。

20日,《光明日报》发表冯至的文章《正确对待欧洲十九世纪的文学作品》。

1960

《解放日报》刊载郭沫若在首都各界人民支援拉丁美洲人民及庆祝中国拉丁美洲友协成立大会上的报告《中国人民和拉丁美洲人民的友谊万岁》。

22日,《人民日报》发表王央乐的文章《拉丁美洲文学在中国》。

《光明日报》发表苏者聪的批评文章《文学上的厚古薄今——〈文学艺术的春天〉读后》,认为何其芳在对待古代文化遗产的继承问题上有不正确的看法,指出何其芳"将古代文化估计过高,对今天的成就肯定不够,而又以抬高了的古代作家作品来贬低今天的文学艺术,就使人有今不如昔的感觉"。

23日,《光明日报》发表李乔的散文《跃进中的锡都——个旧》。

24日,《收获》第2期发表李劼人的长篇小说《大波》(第二部)。《大波》是作者花了近三十年时间写出的百万字长篇巨著。直到新中国成立后的1958年,作者还在重写《大波》,并分成四部,到1962年完成了前三部。第四部只写了12万字,作者便病逝。四部分别于1958年3月、1960年5月、1960年6月、1963年9月由作家出版社出版。同期发表碧野的散文《在冰山河谷里》、周而复的散文《幸福的土地》;徐景贤的评论《评海默的两篇小说》,对海默发表在《收获》上的小说《打狗》和《盐》作了评论,认为小说《打狗》"暴露了作者对于革命战争的极其错误的态度,暴露了作者对于为革命战争而奉献出自己的一切的英雄人民和八路军战士的极为荒谬的看法"。在对《盐》的评论中,徐景贤认为"作者的这种创作方法,完全是自然主义的,他对人们需要食盐的种种生理感觉,不厌其详地作了描写,而根本不考虑这些烦琐的细节描写,是否能表达积极的主题思想,是否能对读者起良好的教育作用"。

《羊城晚报》发表张永枚的诗歌《把一生献给共产主义》。

26日,《光明日报》发表李季的诗歌《心花怒放进茂名》、《湛江歌》。

《解放日报》发表姚文元的文章《伟大的"公"字》。

《文艺报》第6期发表方明的评论《中国工人阶级的革命风格——评

〈乘风破浪〉》，同期刊载该报编辑的两份学习资料：《马克思主义经典作家论批判地继承文化传统》和《高尔基论资产阶级文学遗产》。

29日，《解放军报》发表陈乡的评论《描绘大革命的一幅画卷——介绍长篇小说〈三家巷〉》。

30日，《光明日报》发表张永枚的组诗《高原南胡》，包括《南胡》、《旺堆之歌》、《江边捣衣》、《田野上的天仙》、《荷花——白玛》5首。

31日，《解放日报》载胡万春的学习笔记《毛泽东思想就是伟大的真理》。

《文汇报》发表魏金枝的散文《手表、飞机、链条》。

本月，北京科学教育电影制片厂成立，何文今任厂长。

杨沫的长篇小说《青春之歌》，由人民文学出版社出版。

陈登科的长篇小说《活人塘》，由人民文学出版社出版。

周立波的长篇小说《山乡巨变》（续篇），由作家出版社出版。

焦祖尧的短篇小说集《故事发生在双沟河边》，由上海文艺出版社出版。

公浦等的短篇小说集《歌手》，由上海文艺出版社出版。

苏鹰的短篇小说集《袭击》，由河南人民出版社出版。

浩然的短篇小说集《朝霞红似火》，由中国青年出版社出版。

梁上泉的诗集《我们追赶太阳》，由上海文艺出版社出版。

王世全等的散文特写《步步高升》，由作家出版社出版。

陈盈的《马前谈艺录》，由广东人民出版社出版。

刘云、余凡、雪草、江西省话剧团合作编剧的话剧剧本《八一风暴》，由中国戏剧出版社出版单行本。曾作为新中国成立10周年献礼剧目参加演出。1977年10月，人民文学出版社出版修改后的演出本（由原10场改为9场），署名江西省话剧团。

四月

1日，《湖南文学》4月号发表樊篱的评论《读"〈山乡巨变〉续篇"》，文中说："周立波同志用自己的创作实践，否定了文艺界的修正主义者和右倾机会主义者的这种谬论，在小说《山乡巨变》续篇中，不仅从各个方面反映了人民内部的矛盾，而且反映了敌我之间的尖锐的斗争。"同期还刊载两篇批判铁可文艺观点的文章：韩罕明的《批判铁可同志的修正主义观点》、赵建德的《文艺必须为无产阶级的政治服务——批判铁可同志的〈谈文艺更好地为政治服务〉》。随刊附发了铁可的文章《谈文艺更好地为政治服务——重读〈在延安文艺座谈会上的讲话〉》，文中说："我们认为（为政治）服务的方式也可以称之为'两条腿走路'，即直接服务与间接服务的两种方式……这两种方式是我们从广大劳动人民的目前利益和长远利益统一的出发点的体现，也是作家迅速反映现实与长远创作酝酿统一的精神的体现。我们认为迅速反映当前的中心是配合政治，反映一个革命阶段的作品同样也是配合政治。"

《雨花》第7期发表周瘦鹃、程小青、范烟桥的学习毛泽东思想笔谈《学习毛主席的著作，是我们主要的课程》，指出"我们文艺工作者听着他的话，照着他所指示的方向、路线走，就不犯或少犯错误，这是我们几年来的经验教训"。钱静人的评论文章《在所谓"人类之爱"的背后》，指出："我们无产阶级的文艺战士，都应该充分认识那些现代修正主义者提倡的所谓'人类之爱'背后的反动本质。都应该和那些装腔作势的现代修正主义言论，展开不调和的斗争！"同期还刊载了石林的文章《批判"同中有异"与"异中有同"说——驳吴调公先生的资产阶级文艺观点》、黎汝清的诗歌《野营露宿山村边》。范烟桥（1894 – 1967），字味韶，号烟桥，别署含凉生、鸱夷室主、万年桥、愁城侠客等。吴江同里人。1917 年加入"南社",1922 年与赵眠云组织文学团体"星社",发行三日刊《星报》。新中国成立后历任江苏政协委员、苏州市文化局长、苏州市博物馆馆长。一生著述颇丰,有《烟丝》、《中国小说史》、《范烟桥说集》、《吴江县乡土志》、《唐伯虎的故事》、《林氏之杰》、《离鸾记》等。

《延河》4 月号发表郑伯奇的《永远在毛泽东文艺思想的旗帜下前进》、李若冰的《站在时代的最前列》、朱寨的《读〈创业史〉》、老舍的《谈修改文字》、郭沫若的组诗《访西安杂吟四首》(包括《咏乾隆》2 首、《咏顺陵》、《雨中游华清池》)。朱寨(1923 -),原名朱鸿勋。1943 年毕业于延安鲁艺文学系。新中国成立后,历任中国社会科学院文学研究所研究员、当代文学研究室主任、学术委员会主任等职。著有文学评论集《从生活出发》、《朱寨文学评论集》、《感悟与深思》,散文集《鹿哨集》等,并主编有《中国当代文学思潮史》、《中国新文艺大系·1949 - 1966 中篇小说集》、《中国新文艺大系·1976 - 1982 理论二集》。离休后有评论集《行进中的思辨》出版。

《新港》4 月号发表郭风的散文《女民兵射击演习》、田间的诗歌《赠昌黎》(两首),以及李霁野的《驳"人情味"》、袁静的《批判〈李九九〉》、蒋和森的《真实性、艺术性、思想性——批判李何林同志》等文章。

《热风》4 月号发表蔡其矫的人物特写《战火中的云雀》。

《萌芽》第 7 期发表胡万春的文章《努力创造具有共产主义风格的英雄人物》。

《新观察》第 7 期发表严辰的散文《一百零五岁的青年人》。

2 日,中国人民解放军总政治部文工团话剧团在上海演出六场话剧《三八线上》,编剧高德华,导演丁里。剧本发表在《解放军文艺》1959 年 11 月号。

《光明日报》发表严辰的散文《心儿雪亮——记荣誉军人郭仲》。

1960 四月

3日，《人民日报》发表杨朔的散文《龙马赞》。

《文汇报》发表夏衍的文章《好风格　好影片——赞影片〈为了六十一个阶级弟兄〉》。

《光明日报》载欧阳予倩文章《回顾与展望——庆祝戏剧学院建院十周年》。

《剧本》4月号发表赵起扬、陈中宜、林毂、陈少云创作的5幕话剧剧本《星火燎原》、鲁闻九的文章《〈还乡记〉宣扬了什么》。

4日，《人民日报》发表陈荒煤的随笔《欢迎歌颂共产主义风格的影片》。

5日，《人民日报》刊载文化部部长沈雁冰在二届人大二次会议上发言《为实现文化艺术工作的更大更好的跃进而奋斗》。

《边疆文艺》4月号刊载云南省文学艺术工作者第二次代表大会云南省文联工作报告（摘要）《高举毛泽东文艺思想的旗帜，争取文学艺术工作的更大跃进》，报告中称："有些文艺工作者，由于世界观没有改造，立场不稳，意志不坚定，在修正主义逆流的冲击下，曾对毛泽东文艺思想发生了怀疑和动摇，有的还暴露了他们对社会主义文艺的抵触情绪和严重的资产阶级个人主义面目。晓雪的《生活的牧歌》这本书就是那时候的产物。"同期载4篇工人批判旭升的文章：魏永寿的《资产阶级的幽灵》、翟映和的《站在不同的立场，说不同的话》、钱国忠的《旭升需要什么样的作家》、范萍的《我们不答应》。同时附发署名老勇敢的文章《这是什么态度》为旭升的文章抱不平："旭升最大的特点，就是'敢想敢说'。为了我们整个文艺事业的发展前途负责，他不怕一切地把自己的看法提出来，和大家一起讨论……他是我们文艺事业的希望，是我们未来的文艺创作的尖兵，他所说的是十分正确的。"

《北方文学》4月号发表骆宾基的文章《响应号召，持续跃进》，表示，在创作上，要"本着革命现实主义与革命浪漫主义相结合的原则，不只是要表现今天的群众建设热情，歌颂人民的劳动创造的气概，还要促进今天群众建设热情,影响今天人民劳动的气概"。

《蜜蜂》4月号刊载河北省文联党组书记齐斌在河北省小说散文创作会议上的讲话《高举毛泽东文艺思想的旗帜,争取文艺创作更大的丰收》。同期开始连载梁斌小说《播火记》(《红旗谱》第二部,原名《北方的风暴》),续载至《蜜蜂》第5期。

《上海文学》4月号发表胡万春的小说《明天更辉煌灿烂》、唐克新的小说《"政治委员"》、姚文元的文章《马克思主义的战斗的批评》。

赵丹撰写《林则徐形象的创造》(1961年8月修改,载于中国电影出版社1980年出版的《银幕形象创造》)。

7日,《解放军报》刊载李伟的文章《文艺上的修正主义必须批判》。

8日,《北京戏剧》(月刊)创刊。

《人民文学》4月号发表杜鹏程的小说《飞跃》,唐克新的小说《第一课》,田间的诗歌《列宁颂》,李季的组诗《茂名歌》(《在金塘露天矿》、《新山海经》、《"茂名速度"赞》),柯岩的儿童诗《"小迷糊"阿姨》,袁水拍的讽刺诗《反混淆是非者》,犁青的诗歌《走进人民大会堂》。同期还刊载了唐克新的文章《要深入生活,更要认识生活》,文章指出:"现在,我们更清楚地感觉到,不论任何工作,坚决地遵循毛主席的思想去做,就能获得胜利,如果稍一离开毛主席的思想,就要走弯路和犯错误。在文艺创作上当然也不外。"此外,还刊有俞林的评论《站得要高,看得要深——读唐克新的〈种子〉〈第一课〉》,以及贾芝的评论《共产主义文艺的开端·读〈红旗歌谣〉》。

《北京文艺》4月号发表浩然的短篇小说《金河水》,为纪念列宁诞辰90周年而作的诗歌有郭沫若的《开足马力,奋勇前进!》、田间的《列宁颂》。同期登载的王燎荧的《关于〈战斗到明天〉的讨论》,把1952年对该书第一版的讨论和近期《北京文艺》上对该作第二版的讨论做了一个综述。此外,还刊载了马文兵的《我们与巴人的一个根本分歧——批判〈文学论稿〉中关于文艺与政治的关系的谬误》、师东的《批判海默〈人性〉中的资产阶级人道主义与和平主义》等文章。

9日,《人民日报》发表李瑛以《包兰路上》为标题的三首诗:《包兰路》、《小树》、《三月腊东》。

10日,《山东文学》4月号发表柳之批判巴人"人情论"的文章《谈作家的阶级爱憎》。

中国青年艺术剧院在京首演10场历史剧《文成公主》。编剧田汉,导演金山,主演郑振瑶、吴雪等,剧本发表在《剧本》5月号上。吴晗认为:"田汉同志的剧本抓住当时唐蕃的主要矛盾","斗争贯穿了整个剧本,是符合当时历史实际的,是具有历史的真实性的";"艺术上的真实性和历史上的真实性达到和谐的统一,是历史戏,而且是好戏"。(《喜看话剧〈文成公主〉》,《文汇报》1960年4月14日)陈瘦竹、沈蔚德认为:"田汉善于描写历史题材以为今用,正确处理历史事实和艺术虚构的关系,善于组织戏剧冲突并深入人物的内心世界,突出抒情因素和传奇色彩……他写《文成公主》时,气魄雄健,文思奔放,其中传奇性和抒情性更丰富,人物性格写得更鲜明深刻,因而十分激动人心。"(《论田汉历史剧〈文成公主〉》,《戏剧艺术》1979年3、4月号合刊)

11日,《文艺报》第7期发表郭小川的文章《不值一驳》,写道:"我的作品中发生了错误,在我自己,不能不感到对我们的千万读者的歉疚,不能不对由于这种错误所产生的消极影响而感到深切的不安;但是,我并不气馁。……因为我完全相信,在同志们的又严肃、又热情的批评和帮助下,我的错误能够改正过来。"本期还发表刘白羽的《写在一本非洲小说的前面——序桑·乌斯曼的〈祖国,我可爱的人民〉兼驳"反对作家反殖民主义的倾向"的论调》、宋爽的《努力描绘社会主义的人物——试谈马烽同志十年来的短篇小说》、李希凡的《驳巴人的"人类本性"的典型论》等文章。

12日，中共中央批转文化部党组《关于坚决制止剧团"挖角"行为和取缔所谓"流动演员"办法的报告》，要求各地参照执行。

《读书》第7期发表朱寨的评论《优美的山乡在继续巨变着——读〈山乡巨变〉续篇》，文章从人物形象发展变化、对人民内部矛盾的开掘、方言运用等方面评点了《山乡巨变》续篇的优缺点。同期转载老舍的《谈〈武松〉》一文（原载《雨花》1960年4期）。

13日-29日，文化部在京举行现代题材戏曲观摩演出大会。参加演出的京剧、豫剧等6个剧种共演出10个歌颂"大跃进"的现代剧目，包括黑龙江省齐齐哈尔评剧团的《八贞女》、河北省天津评剧院的《张士珍》、河南省豫剧院三团的《冬去春来》、安徽省沪剧团的《救红梅》、内蒙古昭乌达盟京剧团的《巴林怒火》、上海市人民沪剧团的《星星之火》、中国京剧院的《白云红旗》、中国评剧院的《金沙江畔》、中国戏曲学校实验京剧团的《四川白毛女》和北京市曲剧团的《为了六十一个阶级兄弟》。会上文化部副部长齐燕铭提出"现代戏、传统剧、新编历史剧三者并举"，"大力发展现代剧目，积极地改编、整理和上演传统剧目，提倡编写和演出新观点的历史剧"的方针。《人民日报》、《戏剧报》、《文汇报》等均配发社论。

14日，《文汇报》发表吴晗的评论文章《喜看话剧〈文成公主〉》。

15日，《羊城晚报》发表秦牧的诗歌《访南海小岛》。

16日，《萌芽》第8期发表胡万春的短篇小说《我们正在走向未来》。

《雨花》第8期发表叶子铭等的文章《批判吴调公的资产阶级文艺思想》。

《新观察》第8期发表马铁丁的文章《思想杂谈》。

18日，北京人民艺术剧院演出话剧《巴山红浪》，编剧黄悌，导演欧阳山尊。

《旅行家》第4期发表严文井的散文《阿塞拜疆的抒情》。

20日，《光明日报》发表邹荻帆的散文《在前进中》。

21日，《人民日报》发表郭沫若歌颂古巴的诗歌《献给加勒比海的明珠》（同日《解放日报》、《文汇报》转载）。

《光明日报》发表田汉的诗歌《银鹰护古巴》、肖三的诗歌《古巴，我给你捎句话》。

22日，为纪念列宁诞辰90周年，人民出版社出版中央编译局编选的《列宁选集》（1－4卷）。

23日，《人民日报》发表闻捷的诗歌《遥寄战斗的古巴》。

《民间文学》4月号刊曹靖华翻译的别洛露西亚民间故事《列宁的正义》和俄罗斯民间故事《列宁快醒了》。

《解放日报》和《解放军报》同时刊载陆定一1960年4月22日在列宁诞生90周年纪念大会上的报告《在列宁的革命旗帜下团结起来》。

24日，《人民日报》发表田间的诗歌《致古巴》和郭小川的诗歌《为〈诗歌号〉送行》支持古巴人民。

25日，《文学评论》第2期刊载批判巴人等人文艺思想的系列文章，包括：叶水夫和钱中文的《国际修正主义文艺思想必须彻底批判》、任大心和冯南江的《文艺和政治的关系——批判巴人〈文学论稿〉中的修正主义文艺思想》、王金陵和水建馥的《世界观和创作的关系——批判巴人〈文学论稿〉中的修正主义文艺思想》、张国民和黄炳的《批判王淑明同志的人性论》，同时附载王淑明的《论人情与人性》。

本期《文学评论》刊载了纪念左联成立30周年的系列文章：唐弢的《文化战线上的战斗红旗——纪念"左联"成立三十周年》、楼适夷的《记"左联"的两个刊物》、郑伯奇的《"左联"回忆片段》、艾芜的《回忆我在"左联"的几件往事》、魏金枝的《"左联"杂忆》。本期还刊载了林文浩为姚文元著作《鲁迅——中国文化革命的巨人》作的书评，另载樊骏对两本研究茅盾文学道路的著作《论茅盾四十年的文学道路》（叶子铭著）、《茅盾的文学道路》（邵伯周著）的简评。樊骏（1930－）浙江镇海人。1953年毕业于北京大学中文系。历任中国社科院文学研究所现代文学研究室副主任，研究员。1955年开始发表作品。1979年加入中国作家协会。著有论文《论〈骆驼祥子〉的现实主义》、《关于编写中国现代文学史教材的几点看法》，编辑《中国现代文学史》、《中国现代短篇小说选》等。

《人民日报》发表冰心的诗歌《飞吧，战斗的银燕，飞吧》、林默涵的杂文《从"少管闲事"谈到"爱的天国"》。

《解放日报》开始连载费礼文的文艺特写《王林鹤的故事》（至4月28日载完）。

《羊城晚报》发表秦牧的散文《深山凤凰》。

26日，北京人民艺术剧院演出集体创作的话剧《花开万户遍地香》。于是之、英若诚执笔，导演夏淳、梅阡，主演狄辛、李容、秦在平等。

《文艺报》第8期发表钱俊瑞的文章《坚持文学的党性原则，彻底批判现代修正主义——为纪念列宁诞生九十周年而作》，提出文艺界必须批判"各种各样资产阶级思想和修正主义思潮"，如"资产阶级人道主义"、"和平主义"、"反社会主义的'写真实'"，"借口'创作自由'来反对党的领导"等等。同期发表了冯牧的文章《永远鼓舞人们前进的革命火炬——〈星火燎原〉第三集读后》、马铁丁的评论《读华山的〈远航集〉》、徐迟的评论《壮丽的〈天山赞歌〉》，刊载中国作家协会上海分会会员大会纪要《高举毛泽东思想红旗，批判资产阶级文艺思想》。

《解放日报》发表红兵的文章《驳蒋孔阳的所谓文学要描写"日常生活"》。该文指出："蒋孔阳先生要我们'善于通过日常生活来表现英雄人物'的真正用意，无非是要我们通过资产阶级的自私享乐的生活来表现资产阶级的'英雄人物',从而达到文艺为资产阶级的政治服务的目的罢了。"

《文汇报》发表文效东的文章《批判蒋孔阳的超阶级论和人性论》。

27日,《人民日报》刊发新闻《首都文学艺术界人士集会,纪念比昂森逝世五十周年》。

29日,《人民日报》刊登老舍的小相声《李承晚滚开了》。

30日,《人民日报》发表冰心的散文《春深如海》。

《戏剧报》第8期刊登对张庚的批判文章《要不要马克思主义的文艺批评标准》和《阶级界限不容抹煞——评张庚同志对色情凶杀戏的错误观点》。

本月,《电影艺术》、《电影创作》、《解放军文艺》集中刊登批判徐怀中的电影文学剧本《无情的情人》的文章和报道。

阮章竞任《诗刊》副主编。

《湖南戏剧》停刊。

赵树理的短篇小说集《锻炼锻炼》,由作家出版社出版。

浩然的短篇小说集《新春曲》,由中国青年出版社出版。

沙汀的短篇小说集《过渡》,由人民文学出版社出版。

杨嘉的短篇小说集《鹿影泉声》,由广东人民出版社出版。

蹇先艾的《苗岭集》、刘澍德的《寒冬集》、苏晓星的《彝山春好》、燕平的《脚印》等短篇小说集,由上海文艺出版社出版。

冰心的小说、散文集《小橘灯》、陆地的长篇小说《美丽的南方》、柯岩的儿童文学《"小迷糊"阿姨》,由作家出版社出版。

康朗甩著、陈贵培译的诗集《傣家人之歌》,由上海文艺出版社出版。该诗集收录了康朗甩自1958年至1959年间创作的一首长诗。诗集分七支歌,分别为"森林的黎明"、"勐巴纳西的欢呼"、"土地的主人"、"傣家人的第一个春天"、"曼菲龙水库之歌"、"澜沧江上的宝石"、"赶摆"。

《萧三诗选》,由人民文学出版社出版。

《解放军文艺百期散文选》，由解放军文艺出版社出版。收录作品有西虹的《碧海红心》等。

延河文学月刊编辑部主编的延河丛书的《散文特写选》，由东风文艺出版社出版。收录作品有华山的《山中海路》、王宗元的《高原、风雪、青春》等。

《山花》编辑部编的《红旗儿女》，由贵州人民出版社出版。收入《山花》1959年比较优秀的散文特写16篇。

中国作家协会山西分会筹委会编的《山西散文特写选》（1949－1959），由山西人民出版社出版。

巴金散文集《赞歌集》和张春桥的《龙华集》，由上海文艺出版社出版。

中国民间文艺研究会研究部编的《民歌作者谈民歌创作》，由作家出版社出版。

五月

1日，上海人民艺术剧院演出5幕话剧《春城无处不飞花》，编剧杨村彬等。剧本发表在《收获》第3期上。

《人民日报》发表刘白羽的散文《革命的朝霞》、艾汀的诗歌《高举革命的红旗》。

《红旗》第9期发表曹瑛的文章《胜利进行中的捷克斯洛伐克思想文化革命》。

《长江文艺》5月号发表吉学霈的报告文学《党和生命——记武汉医学院第二附属医院抢救成得保的战斗》。

《萌芽》第9期发表刘征的小叙事诗《县委书记》、何为的散文《两个护路民兵》。

《延河》5月号发表郭沫若的诗歌《访西安杂吟》（续），包括《咏乾陵》、《弔章怀太子墓》。

《热风》5月号发表蔡其矫的特写《猛虎添翼》。

《雨花》第9期发表范烟桥的散文《大浦河巡礼》，刊载王梦云的文章《社会主义文学创作可不可以写真实》。

《解放军文艺》5月号发表杜鹏程的小说《瀚海新歌》、胡万春的小说《工人》，李瑛的诗歌《钢铁大街的清早》，潘旭澜、华鹏的评论《论峻青短篇小说的艺术特点》、尹一之的评论《读〈玉门儿女出征记〉》、何左文的评论《思想的提高和艺术的提高——读陆杜国同志〈沉重的教训〉一文所想到的》。同期刊载潘井执笔的集体讨论纪要：《批判"第四种剧本"的谬论——集体讨论》，指出黎洪批评《布谷鸟又叫了》的文章《第四种剧本》的错误"十分严重"，认为"它实质上是反对毛主席的文艺思想，企图以修正主义的观点，否定文艺的工农兵方向，否定以革命的世界观指导创作实践，否定以阶级观点分析现实生活，从而引导文学艺术事业脱离党和毛主席所指出的正确道路"。

《草原》5月号发表乌兰巴干、孟和博彦的小说《永不残废的心——献给全区文教战线群英大会》，以及乌兰巴干的文章《用毛主席的文艺思想武装起来》。

《新观察》第9期刊载马铁丁的文章《对敌斗争的匕首，共产主义思想的赞歌——新时代的新杂文》，发表唐弢学习毛泽东思想的文章《丛林见树》。

《新港》5月号发表袁静的特写《巧做饭菜十里香》，以及王燎荧的《巴人等的人性论和马克思主义的人性观》、张学新的《评杨润身的创作倾向》等文章。

3日,《羊城晚报》报道,中山大学中文系师生为了纪念毛主席"在延安文艺座谈会上的讲话"发表18周年,集体编写了《广东十年文艺运动与文艺思想斗争》和《广东十年文艺创作研究》两书。

《剧本》5月号发表姚仲明、陈波儿等集体创作的四幕话剧《同志,你走错了路!》,刊载黄佐临、吕复的《组织剧本创作的一些体会》,姚仲明的《关于〈同志,你走错了路!〉创作》和吴晗的《喜看话剧〈文成公主〉》。姚仲明(1914—1999),曾用名姚梦龄,山东东阿人。1932年加入中国共产党。曾任济南市委第一副书记、济南市市长、中国驻缅甸首任大使、驻印度尼西亚大使,文化部副部长,对外文化联络委员会副主任。著有话剧剧本《同志,你走错了路》(合作)、《记忆犹新》、《乌云难遮月》等。

4日,《人民日报》发表郭沫若的诗歌《六亿神州尽舜尧》。

5日,《羊城晚报》发表楼栖的评论《文艺与政治的关系——纪念"在延安文艺座谈会上的讲话"发表十八周年》。

《蜜蜂》5月号发表韩映山的特写《红色的园丁——记人民教师宋桂荣烈士》。

《边疆文艺》5月号发表晓雪的文章《〈生活的牧歌〉的自我批判》。同期刊载批判旭升的系列文章:裕书的《资产阶级的哀鸣》、王松盛的《彻底摧毁资产阶级的文化专制主义》、乌兰图雅的《在"局限性"的背后》、署名南开大学中文系红兵文艺评论小组的文章《毒草必须铲除》、李晓墅的《螳臂岂能挡车》。同期还刊登翟映和、刘灵批判老勇敢的文章《这是一支毒箭》。

《北方文学》5月号发表郭先红的短篇小说《龙腾虎跃》。郭先红(1929—),原名郭善鸿,笔名仙鸿,山东烟台人,中共党员,中国作家协会黑龙江分会专业作家。1950年开始发表作品。著有长篇小说《征途》,短篇小说集《新芽》(合集)等。短篇小说《站起来的人们》获黑龙江省文学创作奖。

《作品》5月号发表楼栖的评论文章《一代风流的开端——评〈三家巷〉》。

6日，《光明日报》发表翦伯赞的评论文章《给文成公主应有的历史地位——看了田汉同志新编的话剧〈文成公主〉和昆曲〈文成公主〉以后》。

7日，北京人民艺术剧院演出5幕话剧《星火燎原》。编剧赵起扬、陈中宣、林戬、陈少云，导演焦菊隐，主演马群、刁光覃、田冲、朱旭等。

8日，《人民文学》5月号发表韦君宜的小说《老华工》，严辰的诗歌《自动化赞》、《旧床新装》、《一〇八天甩掉一〇八年》，郭沫若的五幕历史剧《武则天》（该剧1962年9月由中国戏剧出版社出版。在全国各地上演后，文艺界、史学界围绕武则天形象的塑造展开了讨论）。

中国青年艺术剧院在上海演出集体创作的话剧《红浪滚滚》，导演周来。该剧是青艺在上海巡演期间采风创作、上演的。剧本发表在《北京戏剧》7月号上。

《北京文艺》5月号发表张福胤、赵信民、李曙新的《对"小问题"必须进行大辩论——批判李何林同志的修正主义文艺思想》，文章就李何林在1960年第1期《文艺报》上发表的评论文章《十年来文学理论和批评上的一个小问题》展开批评，认为李何林所谓的"艺术标准第一"的标准是虚假的，他实际上是在用资产阶级的政治标准在评判文学作品，"他的说法实际上与冯雪峰、秦兆阳的修正主义观点没什么特别的不同，只是在不同时期换了一种说法而已。"同期还发表了袁玉伯的评论《驳斥白刃对部队文艺的攻击》，认为白刃在小说《战斗到明天》修改版的后记中，"以极其恶劣的态度和语气，对部队进行了攻击。"

《文汇报》发表姚文元的书评文章《前进的"脚步"》。

《人民日报》发表杨朔的杂文《十手所指》，指陈美帝国主义为朝鲜内战的祸首。

《羊城晚报》发表黄伟宗的《渔家姐妹》。

《北京戏剧》5月号发表黄悌的5场话剧《巴山红浪》。

10日,《人民日报》发表郭沫若的诗歌《反帝斗争的连锁反应》,反对日美军事同盟条约。

11日,《光明日报》发表叶圣陶的评论文章《"老牛筋"的诞生》。

《文艺报》第9期发表杨朔的散文《两洋潮水》、老舍的文章《天山文彩——介绍〈新疆兄弟民族小说选〉》。同期《文艺报》以大量篇幅刊登《马克思主义经典作家论资产阶级人道主义》和《高尔基、鲁迅论人道主义和人性论》。

12日,《人民日报》发表翦伯赞的《"蚂蚁"变成了狮子——写给日本史学家的一封公开信》。

《读书》第9期刊载水建馥、冯南江、王金陵、任大心的评论文章《批判巴人〈文学论稿〉中的修正主义思想》(18日《光明日报》转载),指出:"《文学论稿》是一株彻头彻尾的修正主义毒草。他鼓吹'人性论',反对阶级斗争。他强调'现实主义方法',反对马克思列宁主义世界观对创作的指导作用。他打着'超时代超阶级超政治'的幌子,反对文艺为政治服务。他提倡作家'写真实'(即写社会主义'黑暗'),反对社会主义制度。这就是《文学论稿》中的基本货色。"

13日,《人民日报》发表刘白羽的散文《鼓声像春雷一样震动》、田汉的杂文《为日本日益高涨的革命浪潮欢呼》。

《文汇报》刊登郭沫若在中国科学院学部委员会第三次会议上的报告《高举毛泽东思想红旗,更快地攀登科学高峰》。

14日,《羊城晚报》发表张永枚的长诗《六连岭上现彩云》(原名是《风雨椰子林》)中的第16章《星星之火定燎原》。

15日,《人民日报》刊发社论《戏曲必须不断革命》,提出"我们要大力发展现代题材剧目,同时积极改编、整理和上演优秀的传统剧目,还要提倡以历史唯物主义观点创作新的历史剧目,三者并举"。同期还发表杨朔的散文《蚁山》。

16日,《萌芽》第10期刊载署名扬州师院中文系一(七)班评论小组的文章《让青春为祖国闪光——评〈我守卫在桃花河畔〉》,晓雪发表诗歌《金凤凰》。

《新观察》第10期发表吴晗的散文《老护士》。

18日,《旅行家》第5期发表老舍的散文《公社花开大院红》。

《光明日报》刊载张梦庚的文章《具有新面貌的历史剧——简评"初出茅庐"与"官渡之战"》。

中国人民解放军总政治部文工团话剧团演出5场话剧《幸福桥》。本剧由中国人民解放军总政治部文工团话剧团集体创作,傅铎、鲁威、朱子铮、刘一民、李蒙、李壬林、白云亭执笔。剧本发表在《剧本》7月号上。

20日,《羊城晚报》发表秦牧的讽刺诗《像一只煮熟了的螃蟹》。

21日,《人民日报》发表老舍的诗歌《总统开嗙》,李瑛的诗歌《日本的太阳》、《富士山下》。

22日,《人民日报》发表邹荻帆的诗歌《写在天安门广场上》、刘岚山的诗歌《中国的声音》。

《文汇报》发表胡万春为纪念"在延安文艺座谈会上的讲话"发表18周年而写的文章《永远沿着毛主席指引的方向前进》。

23日,《解放日报》发表姚文元的文章《走狗显原形》。

《民间文学》5月号发表刘魁立的文章《再谈民间文学搜集工作》。

《文汇报》刊载纪念"在延安文艺座谈会上的讲话"发表18周年系列文章:唐克新的《在毛主席的阳光和雨露下成长》,茹志鹃的《我们有一条无比正确的道路》。

24日,《收获》第3期发表吴源植的长篇小说《金色的群山》,揭祥麟的中篇小说《上天桥》,严辰的诗歌《火花灿烂——献给农业战线上的三八红旗手们》,李季的组诗《川中三首》(包括《赠同志》、《车中谈话》、《都在一面红旗下》),李瑛的组诗《三门峡歌》(包括《三门峡人》、《峡谷夜歌》、《潼关》),巴金的散文《个旧的春天》。同期刊载费礼文、艾明之合作的电影文学剧本《风流人物数今朝》,马铁丁的评论《读李季诗歌创作漫笔》。

25日,《人民日报》发表郭沫若"寄到日本去的信"——《争取胜利的明天》。

26日,《文艺报》第10期发表田汉的文章《坚决支援日本人民把正义斗争进行到底》、楼适夷的文章《日本人民的战斗歌声——读两本反映日本人民斗争的诗集》、冯牧的评论《新的性格在蓬勃成长——读〈李双双小传〉》。同期转载陈育德的文章《关于风景诗、山水花鸟画的阶级性问题》(原载《合肥师范学院学报》第1期)。随后本年内在《光明日报》、《文学评论》、《诗刊》、《北京大学学报》等报刊上陆续刊登了这方面的讨论文章,这些文章纷纷以陶渊明的田园诗和谢灵运的山水诗为例讨论了"美感的阶级性"问题。同期,宋爽发表评论《"儿童本位论"的实质——评陈伯吹的〈儿童文学简论〉》,该文认为陈伯吹的儿童文学观"实际上就是资产阶级人性论在儿童文学中的反映,企图以'人性论'代替阶级分析,企图抹杀儿童文学的党性原则,提倡一种超阶级的抽象儿童立场"。这一场对于"童心论"的批判,给中国儿童文学界带来思想混乱,直到70年代末80年代初才得到澄清。

《人民日报》发表秦梨的时事活报剧《东京风暴》。

27日,《人民日报》发表田汉"寄到日本去的信"——《他会思想》。

28日,《人民日报》发表郭沫若的诗歌《喜闻攀上珠穆朗玛峰》,阳翰笙"寄到日本去的信"——《发展我们的战斗友谊》。

1960 五月

《光明日报》刊载翦伯赞的杂文《旧历史的新抄本》、老舍的杂文《致敬致贺》、袁静的叙事散文《白手起家造铁牛》。

《北京晚报》发表冰心的杂感《为了共产主义的幼苗》。

田汉为人民文学出版社出版话剧《关汉卿》单行本写《自序》，谈创作此剧的构思和结尾安排的考虑。

30日，《羊城晚报》刊登史村批判巴人的文章《人、人情味、人情论》。

为了大力提高戏曲表现现代生活的艺术能力，积极的反映伟大的群众时代，反映工农兵生活，《戏剧报》第10期开辟"关于戏剧艺术革新的讨论"专栏，发表了马彦祥的《试论戏曲表现现代生活和继承戏曲艺术传统问题》、红线女的《解放思想，大胆创造，努力演好现代戏》、洛汀的《关于滇剧的进一步革新问题》等文章。

31日，《人民日报》刊发新闻《全国文教群英会代表齐集北京》。同日还发表吴晗"寄到日本去的信"——《所谓日美建交一百周年》，田汉的诗歌《火箭射手赞》和散文《乌克兰所见》。

《文汇报》刊载唐云的《民族绘画新的贡献——水墨动画片》。

本月，中国作家协会青海分会成立。

《安徽戏剧》停刊。

中央广播事业局在哈尔滨召开了全国电视台工作经验交流现场会，推广哈尔滨电视台"土法上马"的经验。

上海美术电影制片厂试制成功水墨动画片《小蝌蚪找妈妈》。

李劼人的《大波》第二部、马加的《红色的果实》等长篇小说，由作家出版社出版。

马烽的短篇小说集《太阳刚刚出生》，由山西人民出版社出版。

靳以的散文遗著《热情的赞歌》（巴金作序），由上海文艺出版社出版。

中国作家协会湖南分会编的《湖南十年散文特写选》，由湖南人民出版社出版。

散文特写集《跨进六十年代的第一天》，由湖南人民出版社编辑出版，收魏杰、胡杏林、杜白等人的作品。

华山的通讯报告文学集《远航集》，由中国青年出版社出版，收《童话的时代》、《尖兵》、《大戈壁之夜》、《远航》、《山中海路》、《神河断流》等文章。

王炼编剧的 7 场话剧《枯木逢春》，由上海文艺出版社出版。

姚文元的文艺评论集《冲霄集》，由作家出版社出版。

郑笃的《文艺散论》，由山西人民出版社出版。

贺宜的《儿童文学散论》，由天津百花文艺出版社出版。

5 月－9 月，中央民族学院组织民间文学工作者赴西藏、四川、云南、甘肃南部的藏族居住区进行藏族民间文学调查和采录。参加这次调查的有中央民族学院藏语系的王尧、佟锦华、耿予芳、陈践践，文学研究所的孙剑冰、祁连休、卓如，中国民间文艺研究会的安民、北京大学中文系的段宝林等。他们的这次采录成果部分发表在《民间文学》杂志上。后编入《藏族民间故事选》（上海文艺出版社 1984 年版）和《藏族民歌选》（民族出版社 1981 年版）中。

六月

1 日－11 日，全国文教群英会在京召开。陆定一代表党中央和国务院向大会致祝词。张际春致闭幕词。6000 多名代表一致通过了向中共中央和毛主席的致敬电。

1 日，《人民日报》发表郭沫若的诗歌《高举起毛泽东思想的红旗前

1960 五月

《光明日报》刊载翦伯赞的杂文《旧历史的新抄本》、老舍的杂文《致敬致贺》、袁静的叙事散文《白手起家造铁牛》。

《北京晚报》发表冰心的杂感《为了共产主义的幼苗》。

田汉为人民文学出版社出版话剧《关汉卿》单行本写《自序》，谈创作此剧的构思和结尾安排的考虑。

30日，《羊城晚报》刊登史村批判巴人的文章《人、人情味、人情论》。

为了大力提高戏曲表现现代生活的艺术能力，积极的反映伟大的群众时代，反映工农兵生活，《戏剧报》第10期开辟"关于戏剧艺术革新的讨论"专栏，发表了马彦祥的《试论戏曲表现现代生活和继承戏曲艺术传统问题》、红线女的《解放思想，大胆创造，努力演好现代戏》、洛汀的《关于滇剧的进一步革新问题》等文章。

31日，《人民日报》刊发新闻《全国文教群英会代表齐集北京》。同日还发表吴晗"寄到日本去的信"——《所谓日美建交一百周年》，田汉的诗歌《火箭射手赞》和散文《乌克兰所见》。

《文汇报》刊载唐云的《民族绘画新的贡献——水墨动画片》。

本月，中国作家协会青海分会成立。

《安徽戏剧》停刊。

中央广播事业局在哈尔滨召开了全国电视台工作经验交流现场会，推广哈尔滨电视台"土法上马"的经验。

上海美术电影制片厂试制成功水墨动画片《小蝌蚪找妈妈》。

李劼人的《大波》第二部、马加的《红色的果实》等长篇小说，由作家出版社出版。

马烽的短篇小说集《太阳刚刚出生》，由山西人民出版社出版。

靳以的散文遗著《热情的赞歌》（巴金作序），由上海文艺出版社出版。

中国作家协会湖南分会编的《湖南十年散文特写选》，由湖南人民出版社出版。

散文特写集《跨进六十年代的第一天》，由湖南人民出版社编辑出版，收魏杰、胡杏林、杜白等人的作品。

华山的通讯报告文学集《远航集》，由中国青年出版社出版，收《童话的时代》、《尖兵》、《大戈壁之夜》、《远航》、《山中海路》、《神河断流》等文章。

王炼编剧的7场话剧《枯木逢春》，由上海文艺出版社出版。

姚文元的文艺评论集《冲霄集》，由作家出版社出版。

郑笃的《文艺散论》，由山西人民出版社出版。

贺宜的《儿童文学散论》，由天津百花文艺出版社出版。

5月－9月，中央民族学院组织民间文学工作者赴西藏、四川、云南、甘肃南部的藏族居住区进行藏族民间文学调查和采录。参加这次调查的有中央民族学院藏语系的王尧、佟锦华、耿予芳、陈践践，文学研究所的孙剑冰、祁连休、卓如，中国民间文艺研究会的安民、北京大学中文系的段宝林等。他们的这次采录成果部分发表在《民间文学》杂志上。后编入《藏族民间故事选》（上海文艺出版社1984年版）和《藏族民歌选》（民族出版社1981年版）中。

六月

1日－11日，全国文教群英会在京召开。陆定一代表党中央和国务院向大会致祝词。张际春致闭幕词。6000多名代表一致通过了向中共中央和毛主席的致敬电。

1日，《人民日报》发表郭沫若的诗歌《高举起毛泽东思想的红旗前进——献给全国文教群英大会》。

《光明日报》发表冰心的随笔《灿烂群星照北京》、叶圣陶的诗歌《赠群英会代表》、袁鹰的散文《太平花》。

《红旗》第11期发表王若水的文章《关于思维和存在的同一性问题》。

《解放军文艺》6月号发表李英儒的小说《金环送信》、老舍的鼓词《活武松》、徐迟的诗歌《革命烽火处处烧》、饶阶巴桑的诗歌《平叛诗抄》，以及刘树勋的评论《喜读战士短诗》。

《萌芽》第11期发表姚文元的评论《群众创作的新花——评上海电机厂职工群众创作选集〈大风暴中的小故事〉》。同期刊载王永生、吴中杰的文章《批判蒋孔阳的修正主义文艺观点》，指出"蒋孔阳先生以资产阶级'人性论'篡改与'修正'了马克思主义文学原理的一系列根本原则"。

《雨花》第11期发表陆文夫的特写《遍考古今编新书——记中药学大辞典的编写》，李文瑞、高阳的特写《颜秀珍的故事》，同期刊载圆可的评论《杨苡笔下的孩子们和他们生活的天地》。

《草原》6月号发表皓洁、翟琴的评论《也谈〈草原烽火〉——和肖平商榷〈评"草原烽火"〉》。

《延河》6月号发表魏钢焰的诗歌《李承晚的铜像》，同期刊载胡采批判卢平《试论某些艺术作品不含有阶级性以及什么形象是完美的》的文章《文艺的阶级性不容抹杀》。

《新港》6月号发表袁静的诗歌《美帝国主义是纸老虎》、浩然的短篇小说《珍珠》。同期刊载李霁野的《巴人的"人情味"的本色》和署名河北省语言文学研究所现代文学组的《不许抹煞世界观对创作的决定作用——批判李何林的〈文学理论常识讲话〉及其他》。

《青海湖》6月号发表郑伯奇的散文《青海颂》。

《新观察》第11期发表马铁丁的《思想杂谈》、冰心的人物特写《用心血浇花的园丁》。

《海燕》6月号发表李军的短篇小说《收猪》，这篇小说引起了该杂志多期讨论和批判。

北京戏曲学校实验京剧团成立，江枫任团长。

2日，《人民日报》刊发《陆定一同志代表中共中央和国务院在全国文教群英大会上的祝词》，该祝辞同时刊登在当日的《文汇报》、《解放日报》、《解放军报》上。

《文汇报》、《解放日报》、《解放军报》、《光明日报》、《长江日报》同时刊载林枫1960年6月1日在全国教育和文化、卫生、体育、新闻方面社会主义建设先进单位和先进工作者代表大会上的报告《大搞文化革命，实现工农群众知识化，知识分子劳动化》。

《文汇报》发表叶圣陶"寄到日本去的信"——《心心相通》。

《羊城晚报》发表郭沫若的诗歌《喜闻攀上珠穆朗玛峰》。

3日，《人民日报》发表冰心"寄到日本去的信"——《致继续前进中的日本朋友》；阳翰笙的影评《以无产阶级应有的态度反映革命战争》，评论了《金玉姬》和《战火中的青春》两部电影。

《剧本》6月号发表姚文元的《论陈恭敏同志的"思想原则"和"美学原则"——答陈恭敏同志》，刘丹、冀焕发、王梦菊、马秋平、陈依群创作的两场话剧《红心巧匠》。

4日，北京市实验话剧团演出江西省话剧团集体创作的7场话剧《井冈山人》，导演舒克、刘闻。

《光明日报》刊登李季和闻捷的诗歌《我们走进群英聚集的会场》。

5日，《边疆文艺》6月号发表李鉴尧、洛汀的文章《晓雪在宣扬什么，反对什么？——批判〈生活的牧歌〉》，指出《生活的牧歌》"狂热地强调主观战斗精神，鼓吹'诗人必须忠于自己，忠于自己的个性，忠于自己的风格，忠于自己的创作道路和艺术事业'，反对诗人'抒人民之情'，从而反对了文艺为工农兵服务的方向。并且还对社会主义现实主义、民族形式、大众化等问题进行了歪曲和攻击"。同期刊载杨仁德的文章《巴人"人情论"的反动实质》。

《北方文学》6月号发表李传龙的文章《批判巴人和王淑明的人性论》，指出"巴人和王淑明所要表现的'人类本性'实际上就是指的资产阶级的人性"。

《作品》6月号刊载署名中山大学中文系56级文学理论组的评论《驳巴人对文艺与政治关系的歪曲》。同期载署名中山大学中文系56级现代文学研究小组文章《驳李何林关于文艺批评标准的修正主义观点》。秦牧发表文艺笔谈《自然科学·文学·儿童读物》。

《上海文学》6月号发表巴金的散文《忆个旧》、柯蓝的散文《旅途短信》、罗荪的论文《坚决反对修正主义文艺思想》。

6日，《解放日报》刊发中共中央统战部副部长徐冰在全国文教群英会上的讲话《加速实现知识分子劳动化》（10日《光明日报》刊发此文）。据该报报道，中共中央统战部副部长徐冰在5日举行的全国文教先进工作者代表大会上作了题目为《关于知识分子的改造问题》的讲话。

北京市实验话剧团演出8场话剧《东进序曲》。编剧顾宝璋、所云平，导演舒克，剧本发表在《解放军文艺》1959年10月号上。

7日，《解放军报》发表徐怀中的特写《奋斗的集体——记"朗卓红"业余美术创作小组》。

8日，《人民文学》6月号发表茹志鹃的小说《静静的产院里》、袁鹰的诗歌《五封信》、邹荻帆的诗歌《鸡鸣不已天下红》、刘岚山的诗歌《日本的火山》、李瑛的诗歌《寄战斗的古巴》、老舍的儿童歌剧《青蛙骑手》。同期刊载为群的评论《新中国妇女的颂歌——谈李准同志的三篇小说》、任文的评论《中国农村合作化初期的史诗——评〈创业史〉》、何思的文章《什么样的翅膀，往哪儿飞？——破陈伯吹童话之"谜"》。

《北京文艺》6月号发表浩然的短篇小说《小树和妈妈》，刊载署名北京师大中文系《战斗到明天》批判小组的评论《批判〈战斗到明天〉中的和平主义倾向》。

《北京戏剧》第3期发表北京人民艺术剧院集体创作、于是之和英若诚执笔的话剧《花开遍地万户香》。

首都各界人民1500多人下午举行盛大集会，欢迎以野间宏为首的日本文学家代表团，坚决支持日本人民反美爱国的正义斗争。

9日，《人民日报》发表柳青的散文《鞍钢，向你敬礼》。

10日，《山东文学》6月号发表王安友的特写《竹藤花开》，冯沅君的诗歌《祝旗手的红旗永远红》，刊载署名山东师范学院中文系一年级文艺评论小组的文章《斥巴人的〈论人情〉》。

11日，《文艺报》第11期刊登《陆定一同志代表中共中央和国务院在全国文教群英大会上的祝词》、阳翰笙的文章《欢迎我们的战友日本文学家代表团》，发表冰心的文艺随笔《黄色的银幕》。同期刊载北京师院中文系批判修正主义小组（廖仲安执笔）的评论文章《谈古典作品的艺术生命力与所谓"普遍人性"》，驳斥巴人的"人性论"。

12日，《解放日报》发表姚文元的随笔《为人民的幸福而思索》。

13日，《羊城晚报》刊登署名华南师院中文系"李何林批判小组"的文章《政治标准第一还是艺术标准第一》，同期刊载彦克的《党的领导是创作的根本保证——从〈五朵红云〉的创作说起》、胡若定的《不要理论的"理论家"——斥巴人在广州的说教》。

14日，中国民间文艺研究会在北京颐和园湖心亭举行座谈会，民间文艺研究会主席郭沫若、副主席周扬、理事阳翰笙、评论家唐弢等参加座谈会。

1960

六月

15日,《光明日报》刊载文化部部长沈雁冰在全国教育和文化、卫生、体育、新闻方面社会主义建设先进单位和先进工作者代表大会上的讲话《不断革命,争取文化艺术工作的持续跃进》(16日《文汇报》转载),发表秦牧的散文《"第三级"上的风格》。

《文汇报》发表姚文元的文章《介绍〈蒙三诗选〉》。

16日,《红旗》第12期刊载柏生的文章《文化革命万岁——全国文教群英大会散记》。

《新观察》第12期发表冯牧的文章《可以使人提高思想境界的作品》。

《雨花》第12期刊载了12篇批判王梦云的群众来信;同期还刊载了其他批判王梦云的文章:姚以静的《批判"写真实"》、南草的《请补充一些论据》;另外也刊登了支持王梦云的文章:佛成的《我同意王梦云的话》。范烟桥发表诗歌《登山英雄赞》。1960年5月1日《雨花》第9期发表王梦云的评论文章《社会主义文学创作可不可以写真实》,认为当前文学批评过于法则性,有一些作品真实地描述了社会生活中的一些落后现象,就被认为是攻击党攻击社会主义的毒草,戴上修正主义的帽子,这造成了我们今天文学创作中一些思想内容贫薄概念公式化及现实性艺术性不强的主要缘由。社会事物的发展总是有着它的两面性,要正确地对待文学创作中的真实问题,要敢于干预那些落后的缺点和错误,将他们真实的积极的暴露出来。该刊编辑在编辑按中称:"这篇文章所提出的问题,我们希望引起讨论。现在照原文发表出来,请读者各抒己见。"其后,《雨花》杂志在12期、13期、14期、15期和17期中发表多篇批判王梦云的文艺思想的文章。

《解放日报》发表姚文元的文章《粉碎美帝国主义这个大阴谋》。

18日,首都文艺界举行反对美帝侵略,坚决解放台湾,保卫世界和平座谈会。文联副主席茅盾、周扬,作家老舍,剧作家田汉等在会上发言。

《诗刊》杂志社、中国音协理论创作委员会、中国人民广播电台、北京市文联、北京图书馆、首都图书馆等在中山公园音乐堂内联合举办支持亚洲、非洲、拉丁美洲人民民主运动的反美帝朗诵会。首都诗人、音乐家以及3000多群众出席活动。

郭沫若的诗歌《艾森豪威尔独白》开始在《人民日报》上分期刊载，本期刊载第1、2章，同月20日、23日分别刊载第3、4和5、6章。

《光明日报》发表欧阳予倩的文章《〈赤胆红心〉观后》。

《旅行家》第6期发表玛拉沁夫的文章《白云鄂博，富饶的宝山》。

19日，《人民日报》发表刘白羽的杂文《血是不会白流的》，袁鹰的诗歌《向瘟神开炮》。

《文汇报》发表巴金的文章《对美帝国主义的警告》，老舍的杂文《狠打瘟神》，丰子恺的文章《纸老虎的狼狈相》。

20日，《人民日报》发表阮章竞的诗歌《日本人民站立起来》、许广平的杂文《给侵略者和挑衅者以最严厉的回击》、马少波的杂文《炮轰瘟神，还我台湾》。

《文汇报》发表魏金枝的杂文《一齐向美帝开炮》，刘大杰的《竹枝词》三首（包括《菲律宾即景》、《望蓬莱》、《炮轰瘟神》）。

21日，《文汇报》发表冰心在支持亚洲、非洲、拉丁美洲人民民族民主运动诗歌朗诵演唱会上的诗歌《迎接胜利的黎明》，柯蓝的短文《炮口对着战争瘟神》，赵树理的诗歌《告艾森豪威尔》。

22日，上海市1000余人举行盛大集会，欢迎以野间宏为首的日本文学家代表团，中国作家协会上海分会主席巴金主持大会并致开幕词。

《光明日报》刊载赵树理的诗歌《微妙的夜半》、高士其的诗歌《斥美帝》。

23日，《民间文学》6月号刊载座谈纪要《斥"群众创作有极大局限性"论——上海达丰第二印染厂创作组座谈群众创作》。

1960 六月

《解放日报》发表巴金批判美帝国主义的文章《把绞索拉得紧些，再紧些!》。

24日，《人民日报》发表许广平的杂文《痛打落水狗，赶走野心狼》，田间的诗歌《火颂——为"六一五"血案的牺牲者桦美智子作》、《致日本》，程光锐的诗歌《血染的旗帜迎风招展——悼日本"六一五"惨案牺牲的烈士》。

《解放军报》发表徐怀中的抗美援朝战争馆参观记《以斗争求和平》。

25日，《人民日报》发表老舍的书评《歌颂朝鲜人民的胜利——介绍〈跨上千里马的人民〉》、杨朔的散文《举起胜利之杯》、张志民的诗歌《"三八线"上的石刻》。

《文学评论》第3期刊载于海洋、李傅龙、柳鸣九、杨汉池的文章《人性与文学——批判巴人、王淑明同志的"人性论"》；同期刊载王淑明的《关于人性问题的笔记》，该篇的"编者按"写道"王淑明同志表示：在巴人的《论人情》被批评的时候，他发表那篇文章支持巴人，这是不对的；但他的基本论点却和巴人不同，并不是人性论，并且提出他写的几则关于人性问题的笔记，要求本刊发表，作为对于他论点的辩解"。编者认为："这几则笔记中贯串着的基本观点，仍然和那篇文章是一致的，仍然是人性论。"此文发表后再次引发了对王淑明"人性论"的激烈批判。同期刊载王任重的《重读毛泽东同志"在延安文艺座谈会上的讲话"》（7月19日《长江日报》转载此文）、樊骏的《批判李何林同志的"唯真实论"》、朱经权的《谈马烽近两年短篇小说的创作特色》等文章。柳鸣九（1934 -），湖南长沙人。现任中国社会科学院外国文学研究所研究员、中国法国文学研究会会长、中国外国文学研究会理事等职。2006年，获中国社会科学院最高学术称号"终身荣誉学部委员"。著有《法国文学史》（三卷本）、《自然主义文学大师左拉》、《论遗产及其他》、《超越荒诞》、《从选择到反抗》、

《法兰西风月谈》、《山上山下》等。

26日，《人民日报》发表沙汀的散文《祝日本人民乘胜前进》。

《文汇报》发表翦伯赞的文章《让亚洲的风暴更大一些》。

《文艺报》第12期刊登专论《以笔当炮，痛剿"瘟神"！》，刊载欧阳予倩的《中日文艺战士心连心》、马文兵的《在"人性"问题上两种世界观的斗争——就"人性的异化"、"人性的复归"同巴人辩论》、黄沫的《初升的太阳照耀着我们——谈几篇反映人民公社的短篇小说》等文章。

27日，《人民日报》发表郭沫若的诗歌《一定要解放台湾》、冰心的散文《穷寇必追》、杨朔的散文《请听听中国人民钢铁的声音吧》。

《解放日报》发表黎汝清的诗歌《还我台湾》。

《羊城晚报》发表陈残云的文章《轰走美国强盗》。

《读书》第12期刊载秦牧的文章《杜国庠〈便桥集〉所体现的学术思想斗争》。

北京人民艺术剧院演出集体创作的四幕六场话剧《怒涛》。梅阡、童超、朱旭、林连昆、黄宗洛执笔，导演焦菊隐、梅阡，主演童超、郑榕、刁光覃、童弟等。

中国青年艺术剧院演出姚仲明、金山等根据姚仲明同名小说改编的六幕话剧《记忆犹新》。导演金山，主演杜澎、王斑等。剧本发表在《剧本》10月号上。

29日，《人民日报》发表郭小川的诗歌《风暴之歌》、严阵的诗歌《麦收新景》。

30日，《人民日报》发表叶浅予的杂文《评日本现代画展并致日本画家》。

本月，《戏剧报》编辑部召开"关于戏曲艺术革新的讨论"座谈会。

李劼人的长篇小说《大波》第三部，由作家出版社出版。

1960

凤章的小说集《传达》，由上海文艺出版社出版。

海笑的小说集《江海边上的春天》，由上海文艺出版社出版。

雁翼的长篇叙事诗《彩桥》，由上海文艺出版社出版。

《诗刊》编辑部、作家出版社选编的《风暴颂——反对美帝斗争诗歌画集》，由作家出版社出版。

袁鹰的散文集《第十个春天》，由北京出版社出版。

师陀的旅行记《保加利亚行记》，由上海文艺出版社出版。

姚仲明等集体创作的话剧《同志，你走出了路》，由中国戏剧出版社出版。

以群的论文《论无产阶级革命文艺的发展方向》，由上海文艺出版社出版。

《红旗飘飘》第14集，由中国青年出版社出版。

七月

1日，《湖南文学》7月号发表文锋的文章《文艺必须为无产阶级政治服务——批判铁可等人的修正主义文艺思想》。同期刊发的《努力学习毛泽东同志的著作，彻底批判现代修正主义和形形色色资产阶级文艺思想》中报道，"从4月以来，省会文艺界先后召开多次大会，批判铁可、周汉平等人的修正主义文艺思想；已写出批判文章数千篇。5月初，湖南省文学艺术界联合会召开主席团扩大会议，对铁可的修正主义文艺思想作进一步地揭露和批判"。

《萌芽》7月号发表姚文元的文章《迅速反映新事物，热情歌颂新事物》，文中说："毫无疑问，我们的文艺作品应当努力反映这个伟大的革命，歌颂在技术革命中创造奇迹的那些英雄人物,创作出能够强烈地表现我们时代特点的优秀作品。"

《雨花》第13期刊载多篇批判王梦云的文章,包括漠雁、西蒙的《可怜的叫喊!》、文苏群的《王梦云的"药方"》、署名南京大学中文系三年级文艺评论组的《"规律性法则"辨》等。

《解放军文艺》7月号发表张扬的小说《冲击前进》、张永枚的诗歌《人民军队永向党》、阮章竞的诗歌《日本人民干得好》、胡诗中的评论《驳巴人"个性即典型"的谬论》。

《海燕》7月号刊登8篇讨论小说《收猪》的文章,包括:陈广群的《一篇有严重错误的作品》、燕平、桃园溪的《一股浓烈的反社会主义毒素》、顾海森的《〈收猪〉宣扬的是什么》、张成槐的《文艺作品应当体现党的政策》、池冰的《〈收猪〉歪曲了今天农村的现实》、飘茵的《扑拉翅膀飞出去》、吴慧的《用什么样的思想教育人民?》,另刊载旅大师范学院6011班集体讨论的文章《〈收猪〉宣扬了个人主义》。

《西安日报》发表王老九的诗歌《歌颂毛主席》。

《延河》7月号发表李若冰的特写《红色的道路——记西安阿房区共青团化工厂》。

2日-10月31日,中央一级机关进行精减刊物的工作。结果104个单位的1254种刊物减为307种,占原有刊物的24.5%。

3日,《人民日报》发表田汉的剧评《谈〈赤胆红心〉》。

《光明日报》发表李希凡的文章《谈谈历史人物和艺术形象的诸葛亮》。

《剧本》7月号发表中国人民解放军政治部文工团话剧团集体创作、白云亭等执笔的3场活报剧《强盗旅行》。同期,发表该刊编辑部文章《为戏剧创作更大的繁荣努力》、颜振奋的《谈党的领导形象的创造》和顾仲彝的《漫谈话剧中新英雄人物的塑造问题》。

1960 七月

4日，《人民日报》发表吴晗的诗歌《纸老虎歌》。

《羊城晚报》发表秦牧的散文《声情激越的影片〈英雄诗篇〉》。

5日，《光明日报》刊载署名南开大学中文系1956级的文章《开拓了一代诗风——略论一九五八年的新民歌》。

《边疆文艺》7月号刊登署名云南大学中文系师生的文章《坚决批判资产阶级文艺思想——驳旭升和老勇敢》，同期刊载蓝华增的文章《在"浪漫主义"和"个性论"的背后——批判晓雪的〈生活的牧歌〉》。

《上海文学》7月号发表楼适夷的诗歌《滚，瘟神！》、胡万春的散记《永远做文化革命的促进派》、柯蓝的散文《旅途短信》、杨如能的评论《驳陈伯吹的"童心论"》。杨文认为陈伯吹所宣扬的"童心论"实际上是资产阶级"人性论"在儿童文学中的另一种表现。

6日，《光明日报》刊载田间的诗歌《金达莱》。

7日，《文汇报》发表徐景贤的文章《儿童文学同样要为无产阶级的政治服务——批判陈伯吹的儿童文学特殊论》。徐景贤（1933－2007），上海奉贤人。"文革"前曾任上海市委宣传部文艺处干事。"文革"中曾任上海市委书记、革委会副主任。1976年10月被捕，1995年刑满释放。晚年著有《十年一梦——徐景贤"文革"回忆录》。

《新建设》7月号刊载综述《〈文学遗产〉讨论"中间作品"和"古代作品"的社会意义问题》。

8日，《人民文学》7月号发表王汶石的小说《新任队长彦三》，冰心的诗歌《我们用满腔的热情来欢迎你》、赵树理的讽刺诗《戏为美国总统献策》、严辰的诗歌《寄到日本去的诗》、梁上泉的组诗《山城处处都是春》（包括《红婴园》、《盲人的心》、《家庭妇女》），冰心的散文《日本人民在战斗》、张沛的散文《伟大的觉醒》。同期刊载老舍的评论《一些可爱的故事》、吴晗的评论《谈武则天》、李英儒的创作谈《关于〈野火春风斗古城〉》、思蒙的评论《光辉生活的画卷——介绍〈新生活的光辉〉》。

《北京文艺》7月号刊载陆元炽、杨金亭、胡晓峙的文章《政治第一？还是艺术第一？——驳李何林同志的〈十六年来文学理论和评论上的一个小问题〉》。文章认为"李何林所提出的小问题"，实际上是"关系到文艺与政治、文艺批评的政治标准和艺术标准的关系等文艺上的根本问题，是长期以来无产阶级和资产阶级在文艺战线上斗争的焦点。"

9日，《解放日报》发表黎汝清的诗歌《对敌人绝不宽恕——写在民兵示威游行的行列里》。

10日，《山东文学》7月号刊载署名山东师范学院中文系四年级三班文艺评论小组的《驳巴人对创造新英雄形象问题的修正主义观点》，该文对巴人《文学论稿》、《遵命集》中的文艺观点给予批判，认为"巴人鼓吹的那种要求作家在描写英雄人物时，一定要写出人物的'与其阶级的杂质相掺和着的复杂的思想感情'，写出'人类本性的弱点和缺点'的谬论，其实质是反对我们在文学艺术创作中塑造共产主义艺术形象，以达到其反对文艺为无产阶级服务的目的"。同期刊载署名山东大学中文系1956级三班学术批判小组的《代表性·个性·人类本性——驳巴人的典型论》、宋垒的《释"通过人情贯彻阶级立场"》。孟浩的评论《创造更高的典型——杂谈王安友小说中的人物创造》，指出王安友的小说"总是那么质朴，饱含着浓厚的生活气息，读时给人一种亲切之感"，不足是"缺乏一种打动人心，发人深省的力量，不那么耐人寻味"。

《人民日报》发表田间的诗歌《劈山人语》和《颂开天斧》。

《光明日报》刊登该报编辑部撰写的《陶渊明讨论集·前言》。

《新港》7、8月合刊开始连载梁斌的小说《播火记》（长篇小说《红旗谱》第二部），至1961年末止。同期发表了田间的诗歌《金娃》（长诗《赶车传》第五部）、老舍的《一点印象》、林如稷的《从巴人近年的文章看修正

1960 七月

主义思想涨落的痕迹》、涂宗涛的《批判李何林在古典文学方面的修正主义观点》等文章。林如稷（1902—1976），生于四川省资中县。1924 年毕业于法国巴黎大学，历任北平中法大学、四川大学、光华大学教授，成都市文化局副局长等职。1920 年开始发表作品。主要作品有小说《伊的母亲》、《死后的忏悔》，诗歌《盼春》等。

《电影创作》7 月号发表康濯和李准合作的电影文学剧本《东方红》。

11 日，《羊城晚报》发表秦牧的散文《千斤力士》。

13 日，《人民日报》发表严阵的组诗《一代新人》（包括《张妈妈》、《银凤》、《芸姐》）。

15 日，文化部发布《关于调整 1960 年新闻出版用纸的通知》，规定压缩报刊、图书的出版。自 6 月份起，地方报刊用纸压缩了 20% 至 50%；图书用纸重点保证马列著作、毛主席著作、大专教材；影印外文科技书、民族文字和外文图书维持去年用纸量，其余各类图书用纸比去年实际用纸削减约 45%，有些门类和品种如文艺书籍削减更多。

《解放日报》发表于伶的文章《从创作〈聂耳〉剧本得到的启发》。

16 日，《人民日报》发表雁翼的散文《中梁山——英雄的故乡》。

《红旗》第 14 期发表陈残云的散文《水乡探胜》。

《中国青年》第 14 期发表魏巍的《死水与巨澜》，费礼文的报告文学《王林鹤和谢文的故事》。

苏联政府单方面撕毁中苏签订的合同和协定，一个月内撤走了全部苏联专家。

17 日，《人民日报》发表柯仲平的诗歌《我们一起准备着》。

18 日，《解放日报》刊载上海海燕电影制片厂演员康泰的文章《从"凤凰之歌"到"青春之歌"》。

《羊城晚报》刊登陶铸的文章《太阳的光辉》。

北京人民艺术剧院演出本溪话剧团集体创作的4幕6场话剧《红心虎胆》。导演刁光覃，主演王志安、韩善续、闫怀礼等。

19日，《人民日报》刊载李希凡的文章《长篇小说创作的新收获——读柳青〈创业史〉第一部》，认为这部小说是一部优秀的作品，其成就首先在于"深邃地、广阔地、有说服力地展示了五亿农民的历史命运和必然走向集体化的生活方向"。同期刊载于伶的文章《从创作〈聂耳〉剧本得到的启发》。

20日，《光明日报》发表徐迟的诗歌《欢迎远来的诗人和艺人》。同期刊载张绰的文章《谈〈三家巷〉》，认为这是一部"值得肯定的好作品"。

21日，严阵在《人民日报》上发表诗歌《在生产第一线》。

《解放日报》发表姚文元的文章《艾森豪威尔的"非暴力论"》。

22日，《人民日报》刊发报道《工农作家队伍日益成长壮大》，称"仅1958年，省市以上出版机构编印的民歌选集就有八百多种，由郭沫若、周扬编选的《红旗歌谣》集中了'大跃进'以来新民歌的杰作"；"在这个时期，群众创作组织有了很大发展，湖北省的业余创作组织由1953年的315个发展到现在的一万多个，创作组员由五千人增加到八万多人"。

《光明日报》刊登社论《更高地举起毛泽东文艺思想的光辉旗帜——祝贺第三次文代会开幕》。

《解放日报》刊载胡万春的文章《小故事是迅速、及时的宣传武器》。

22日-8月13日，中国文学艺术工作者第三次代表大会在北京召开。来自各省、市、自治区和中央直属机关、人民解放军各个文学艺术工作岗位的2444名代表出席大会。陆定一代表中共中央和国务院致祝词，郭沫若致开幕词《为争取我国社会主义文艺事业的更大跃进而奋斗》，他说："几年以来，特别是1958年'大跃进'以来，我国的社会主义文学艺术，在三面红旗的光辉照耀下，遵循着为工农兵服务的方向，贯彻着'百花齐放，百家争鸣'的方针，取得了辉煌的成就。我们文学艺术的各个部门都呈现出了百花盛开、千红万紫，大普及、大提高、大繁荣的新局面。"周扬作了题为《社会主义文学艺术的道路》的报告，提出了文艺工作者今后的任务。

大会期间，毛泽东、刘少奇、宋庆龄、周恩来、朱德、邓小平等接见全体会议代表。周恩来总理在大会上作了当前国内外形势的报告；陈毅副总理作国际形势问题的报告；李富春副总理作关于国家经济建设问题的报告；另有320多位代表在文代大会或各协会代表大会、理事扩大会上作了发言或书面发言。大会8月13日通过了中国文学艺术工作者第三次代表大会决议，郭沫若致闭幕词。全国文联选出新的领导机构：中国文学艺术联合会第三届全国委员会主席：郭沫若；副主席：茅盾、周扬、巴金、老舍、许广平、田汉、欧阳予倩、梅兰芳、夏衍、蔡楚生、何香凝、马思聪、傅钟、赛福鼎、阳翰笙。大会选举作协主席：茅盾；副主席：周扬、巴金、柯仲平、老舍、邵荃麟、刘白羽。中国戏剧家协会主席：田汉；副主席：欧阳予倩、梅兰芳、周信芳、曹禺。巴金在大会上说，他过去在旧社会空有一个年轻人的正义感和一支热情的笔，虽然一心追求光明，但看到的只是一片黑暗。而今天，他却"见到了新社会的光明"，而且有机会用他"那支写惯了痛苦和灾祸的秃笔，来描写人民的胜利和欢乐"。时在黑龙江汤原农场劳动的丁玲，作为16名右派作家代表之一出席了会议并发言。

23日，《人民日报》、《光明日报》、《解放日报》、《解放军报》、《文汇报》都刊载了陆定一在第三次文代会上的祝词、郭沫若的开幕词和周扬所作题为《社会主义文学艺术的道路》的报告（摘要）。《光明日报》同期刊发报道《文学创作百花开——文学书籍期刊展览会参观记》。

24日，茅盾在第三次文代会上作了题为《反映社会主义跃进的时代，推动社会主义时代的跃进》的报告。茅盾在报告中"充分估计了我国文学创作的巨大成就，总结并阐述了民族形式和个人风格问题、革命现实主义和革命浪漫主义相结合的问题，批判了修正主义所谓'写真实'的谬论，提出了今后文学创作的任务"。

25日，《诗刊》7月号发表楼适夷的诗歌《罗马的大火》、徐迟的诗歌《雷声滚过刚果河》、郭沫若的旧体诗《紫竹院观鱼》、闻山的诗歌评论《雷轰电闪击"瘟神"——读〈风暴赞〉（反对美帝斗争诗歌画集）》。《人民日报》发表冰心的诗歌《寄越南》、袁鹰的诗歌《南方的怒火》。

26日，《文艺报》第13、14期合刊推出中国文学艺术工作者第三次代表大会、中国作家协会第三次理事会（扩大）会议专号。专号刊载了《陆定一在第三次文代会上的祝词》（《边疆文艺》8月号、《上海文学》8月号、《草原》8月号、《热风》8月号、《中国青年》第15期、《青海湖》8月号等转载）、郭沫若《为争取我国社会主义文艺事业的更大跃进而奋斗——中国文学艺术工作者第三次代表大会开幕词》、周扬的报告《我国社会主义文学艺术的道路》，同时刊发社论《刻苦努力，争取文艺工作的更大胜利》。同期刊载了部分作家在第三次文代会上的发言，包括：邵荃麟的《在战斗中继续跃进——在中国作家协会第三次理事会（扩大）会议上的报告》、巴金的《文学要跑在时代的前头》、柳青的《谈谈生活和创作的态度》（8月9日《光明日报》等转载）、邓洪的《用文艺形式写出党的光辉历史来》、杜鹏程和王汶石的《新英雄人物鼓舞着我们》（8月3日《人民日报》、《光明日报》，《延河》9月号转载）、李季和闻捷的《诗的时代，时代的诗》（8月3日《人民日报》转载）、李准的《沿着毛主席指引的文艺道路前进》、刘大杰的《兴无灭资，破旧立新》。

中央戏剧学院实验话剧院演出集体创作的四幕六场话剧《龙口夺宝》，导演舒强。

27日，第三次文代大会分组讨论结束。据《解放日报》报道，"在过去的三天中，代表们对陆定一同志代表中共中央和国务院所作的祝词，对周扬同志所作的题为《社会主义文学艺术的道路》的报告，进行了热烈的讨论，并一致表示拥护。"大会将转入各协会、研究会、联谊会、学会的代表大会或理事扩大会。

《人民日报》刊登袁文殊的文章《创作农民喜闻乐见的影片更好地为农民服务》。

29日，《文汇报》刊发采访作家李准的报道文章《应该走这条路》。

30日，中国文学艺术工作者第三次代表大会从当日起转入各协会、研究会、联谊会、学会的代表大会或理事扩大会。中国作家协会第三次扩大理事会、中国戏剧家协会第二次会员代表大会同时开幕。在中国作家协会第三次扩大理事会上，中国作家协会副主席邵荃麟作了题为《在战斗中继续跃进》的报告，论述了我国文学最近一个时期的变化和发展，并且批驳了现代修正主义的各种谬论。副主席老舍作了"关于少数民族文学工作的报告"。

中国戏剧家协会主席田汉在中国戏剧家协会第二次会员代表大会上作"关于建国11年来戏剧战线的斗争和戏剧工作新任务的报告"。报告从"通过工农化劳动化改造和壮大了我们的队伍"、"在优秀传统基础上使一切剧种都得到发展"、"戏曲改革的巨大成就"、"话剧、新歌剧和其他剧种的发展"、"工农兵业余戏剧的蓬勃发展"、"戏剧表演、导演和舞台艺术的大跃进"、"理论批评方面的收获"等方面总结了新中国成立11年来戏剧所取得的成就；阐述了"塑造新的英雄人物"、"如何正确对待和处理戏剧的矛盾冲突"和"如何继承和革新中外戏剧传统"等问题，并对戏剧工作者提出了今后的任务。会上选举田汉、欧阳予倩、曹禺等为剧协会员代表大会理事。大会于8月4日结束。

《人民日报》发表闻捷的诗歌《战斗之歌》、邹荻帆的诗歌《给刚果河的流波》、严辰的诗歌《致刚果》。

《光明日报》刊载蔡松龄的文章《向传统戏曲艺术学习——导演话剧

〈红旗谱〉的体会》、平涛的文章《从传说的刘三姐到舞台的"刘三姐"》。

《解放日报》刊发本报评论员文章《喜看文艺八月潮》。

30日-8月4日，第三次文代会期间中国影联举行第二次会员代表大会，会议决定中国影联更名为"中国电影工作者协会"，并选举蔡楚生为主席，于伶、田方、白杨、亚马为副主席。夏衍在会上发表题为《在银幕上反映我们的时代》的发言，袁文殊发表题为《沿着毛泽东的道路大步前进的电影文学》。

31日，《解放日报》发表何士雄的评论文章《共产主义思想的闪光——读〈明天更辉煌灿烂〉、〈我们正在走向未来〉》。

本月，《北京戏剧》停刊。

《中国青年报》陆续刊登有关司汤达的长篇小说《红与黑》的讨论文章。

李广田重新整理并作序的《阿诗玛》，由人民文学出版社出版。

赵树理的文论集《三复集》，由作家出版社出版。

钟廉芳等的《松毛岭下》、张贤华的《杜鹃花开的时候》等短篇小说集，由上海文艺出版社出版。

7月-11月，文化部直属的人民、人民文学、人民美术、中国电影、文物、作家、中国戏剧出版社7家出版机构开展了以检查出版物政治错误为中心的整顿工作。期间，除中央文件和上级指定的迫切需要的图书外，其余书稿一律停止出版。整顿后，7家出版社合并为人民、人民文学、人民美术、文物、中国电影5家出版社，其中中国电影出版社与中国电影家协会合并并划归影协领导。人民文学出版社在业务上受作协和剧协指导。

1960

八月

1日,《光明日报》刊发文章《十年来我国民间文学工作成绩巨大》。文章指出:"到目前为止,全国各地编选出版的新民歌,已有1300多种,在新民歌创作运动中,涌现了大批工农诗人和歌手。郭沫若、周扬编选的《红旗歌谣》已被公认为社会主义时代的新国风。""近两年来,全国出版的民间文学作品有1700多种,等于1949、1950年的27倍。"

《湖南文学》8月号发表黄起衰的文章《简评湖南十年文艺选集》。据该文介绍,"省文联和各协会在全国第三届文代大会召开的前夕,编了一套选集,现已由湖南人民出版社出版……这套选集,按照不同的文艺形式,分为短篇小说、散文特写、诗歌、曲艺、戏剧、创作歌曲、文艺评论等七个集子,共约150万字"。其中《湖南十年短篇小说选》载38篇作品,周立波的《禾场上》、《腊妹子》、《北京来客》、《山那面人家》等均被载入。本期还发表马焯荣的评论《读〈山乡巨变〉续篇》。

《萌芽》8月号发表唐克新的短篇小说《春雨蒙蒙》,徐景贤的评论《斗争和建设的百科全书——谈工厂史、公社史、里弄史的写作》。徐文认为文艺性的工厂史、公社史、弄堂史是我们文学领域内的独特题材之一,不仅具有文学价值,还具有重大的历史价值。当前工厂史、公社史、弄堂史的写作存在这样几个问题:第一是新中国成立前后的历史的写作比重问题,第二是题材的选择和处理问题,第三是写作工厂史、公社史能不能进行艺术加工和虚构的问题。

《解放军文艺》8月号发表吉悌的评论《战斗热情最可贵——漫谈魏巍同志抗美援朝时期的散文》。

《雨花》第 14 期（本期开始改为月刊）刊登多篇批判王梦云的文章，有署名扬州市文联文艺评论组的评论《谬论必须驳斥》、刘开荣的《又是"写真实"的幌子》、"星星之火"文学社的《我们的回答》、刘国华的《王梦云做的什么梦？》、章炳文的《关于"创作自由"》、苏骚的《为什么反对写党的领导？》、王希杰的《两种真实》。

《延河》8 月号发表郑伯奇的散文《三访三门峡》。

《海燕》8 月号刊载 3 篇讨论小说《收猪》的文章：水晶的《一篇歪曲新社会人和人之间关系的作品》、凌河的《斩断翅膀》、李芳植的《飞向何处》。

《山花》8 月号发表邓群凰的文章《所谓"一致论"的实质——驳李何林》，指出李提出的"一致论"，"实际上是在宣扬艺术即政治"。

《山西戏剧》创刊。

2 日，《光明日报》刊登马烽的文章《谈短篇小说的新、短、通》、张庚的剧评《民间文艺发出了新的思想光辉——〈刘三姐〉观后》。

《解放日报》发表黎汝清的散文《在边疆的深山密林里》。

3 日，《人民日报》刊登杜鹏程、王汶石的联合文章《新英雄人物鼓舞着我们》（同日《光明日报》刊载）；沙汀在《作家的责任》（8 月号《人民文学》、4 日《文汇报》转载）一文中指出："中国革命作家的责任是什么呢？党为我们指得十分明确。这就是通过创作，大力提高全国人民的共产主义思想觉悟和共产主义道德品质。"本期还发表杨朔的时评《生气勃勃，调子昂扬》。

《羊城晚报》发表孟服南的文章《人民创造社会主义伟业的颂歌——读柳青同志的新作〈创业史〉》。

4 日，《光明日报》刊发消息《我国戏剧艺术事业蓬勃发展》。据报道，"十一年来……我国剧种已由 1952 年的 120 种增加到 470 种；专业剧场由 1949 年的 891 座增加到 1959 年 2800 座；艺术表演团体的从业人员在 1949 年为 50920 人，1959 年增加到 26 万人；艺术表演团体也由 1000 个增加到 3513 个。"

《文汇报》发表冰心的文章《把反帝国主义斗争进行到底》。

5日，《人民日报》刊发陶铸的论文《关于过渡时期的规律问题的商榷》，发表金近的散文《同接班人在一起的时候》。

《光明日报》发表冰心的文章《把反帝国主义斗争进行到底》。

《文汇报》发表吴强的文章《一个创作上的战斗任务》。

《北方文学》8月号刊载署名北京大学中文系1958级文学评论组的文章《也谈"人情味"》。文章指出："'人情'作为观念形态的产物是有其明显的时代和阶级色彩的，不同的时代、不同的阶级对人情的看法往往是不一致甚至完全相反。从上面的事例我们不难看出，我们与巴人的根本分歧不是什么'人情味'多少的问题，而是这二者的根本对立"，"巴人所鼓吹的'人情味'，实质上不过是资产阶级的个人主义而已"。

《中国青年报》发表张天翼、严文井联名的文章《我们对当前少年儿童文学的一些意见》。

《上海文学》8月号发表肖木的短篇小说《宽广的世界》、卢福祥的特写《打开黄浦江的大门》，同期刊载本刊评论员文章《革命文艺的战斗纲领》，就陆定一在全国文学艺术工作者第三次代表大会上的祝词进行评论，认为这是我国无产阶级革命文学艺术的战斗纲领，是一个高度地贯彻着马克思列宁主义精神的文件，所有文艺工作者都需要十分认真的学习这个文件，并把它切实贯彻到自己的学习和工作中去。

6日，文联秘书长阳翰笙在文代会上代表文联第二届全国委员会主席团向全体代表作会务工作报告。报告中介绍了1953年召开全国第二次文代会以来全国文联组织的发展情况，总结了6年多来全国文联在推动文艺界开展政治斗争和思想斗争、贯彻执行党的文艺方针、深入工农兵群众、加强政治理论学习和丰富科学文化知识、参加反对帝国主义侵略、保卫世界和平及对外文学艺术交流和组织艺术观摩等方面的工作情况，并提出了今后的任务。在大会上发言的有赵树理、范学朋、赵鼎新、王少堂、康朗甩5位代表。

《内蒙古日报》发表叶剑英的诗作《草原游记》。

《光明日报》刊载郭先红的文章《在党的阳光照耀下成长》（7日《人民日报》、9月号《北方文学》转载）、陈亚丁的文章《斥伪装的社会主义文学》。

《文汇报》发表萧三、杨朔的文章《加强国际团结，积极参加国际反帝斗争》。

《旅大日报》发表方志敏的散文遗著《清贫》。

7日，《光明日报》、《文汇报》同时刊载赵树理在第三次文代会上的发言文章《谈"久"——下乡的一点体会》（《人民文学》8月号刊载此文）。

8日，文化部副部长钱俊瑞在中国文学艺术工作者第三次代表大会上以"文化艺术工作者要为彻底实现党的文化革命纲领而斗争"为题作了书面发言。他号召文化艺术工作者要坚决依靠党的领导，永远做文化革命的促进派，争取意识形态领域内"兴无灭资"斗争的彻底胜利，更好地为发展生产服务，为实现工农群众知识化和知识分子劳动化而斗争。

《人民日报》刊载巴金在7日文代会上的发言《文学要跑在时代的前头》。

《人民文学》8月号刊载茅盾的文章《反映社会主义跃进的时代，推动社会主义时代的跃进!》，同期发表了陈残云的小说《假日》、杜鹏程的小说《年轻的工程师》、唐克新的小说《主人》，张永枚的诗歌《井冈山上采杨梅》和《月夜巡哨》，巴金的散文《朝鲜的梦》、马加的散文《石林之歌》。

《北京文艺》8月号刊载署名北京师范学院（河北）中文系一年级一大班评论组的评论文章《从〈红旗谱〉看革命的英雄形象》，海啸的歌剧《春风杨柳》，旭明的中篇小说《槐花飘香的季节》。

9日，《人民日报》刊发题为《彻底改造思想树立共产主义世界观》的报道，对文代会代表们8日所谈的文艺成就和创作体验作了概括摘要。

《光明日报》刊载柳青的文章《谈谈生活和创作的态度》（同日《文汇报》、10日《人民日报》、9月号《延河》、《文艺报》文代会专号均予刊载），文中说："只有一心一意听毛主席的话，踏踏实实研究社会、研究人，'解剖麻雀'，一手拿着望远镜，一手拿着显微镜，才能找到创造性地解决表现技巧问题的正路。只要你不从个人角度考虑，时刻记着这是党和人民的事业，任何国内外不正确的理论和不负责的空谈，都不能利用你前进中的困难把你诱出轨道。"本期还刊载了刘诗昆的文章《坚持文艺为工农兵服务的方向》、吴白匋的文章《戏剧必须正确地反映正义战争》（11日《文汇报》转载）。

《解放军报》发表徐怀中的散文《指导员回来了》。

10日，古典文学研究工作者刘大杰，就如何对待文学遗产的问题在第三次文代会上作了题为《兴无灭资，破旧立新》的发言。他认为研究文学遗产必须遵循毛主席的教导，要去芜存菁，批判吸收，革旧创新，古为今用。要加强分析批判能力，要从今天的现实意义出发，做到使它们能够真正地为社会主义文学服务。

《光明日报》发表魏金枝的文章《作家也要争取成为英雄》。

《山东文学》8月号刊发多篇批判巴人"人性论"的文章：戈兵的《驳巴人资产阶级的人性论》、萧涤非的《现代修正主义文艺思想的核心——"人性论"批判》、汤建山的《世界观与创作的关系——驳巴人的修正主义观点》。同期刊载署名山东大学中文系三年级文艺评论小组的《驳巴人"人类本性的人道主义"》。

11日，《光明日报》刊发报道《全国文代会十九位代表作家在会上发言，文艺工作者要不断革命不断前进》。

《文汇报》发表欧阳予倩的文章《有关戏剧表演导演艺术的两个问题》，文中提到话剧需要进一步民族化、群众化。

13日，《光明日报》发表欧阳予倩的文章《继承传统并发扬传统》。

《解放日报》发表姚文元的文章《掌握思想斗争的规律，把兴无灭资的斗争进行到底》、黎汝清的散文诗《女游击队员》。

14日，《光明日报》刊载中国文学艺术工作者第三次代表大会《向党中央和毛主席的致敬电》（《解放军报》同日刊载）。全体代表向党中央和毛主席保证："坚决贯彻党的文艺路线，继续深入工农兵，不断改进思想，巩固地树立无产阶级世界观，创造出无愧于这个伟大时代的优秀作品，坚决站在反对帝国主义、反对现代修正主义的斗争前线，并团结全世界一切进步的、革命的文艺家，为保卫世界持久和平和争取人类进步而奋斗。"刊登《全国第三次文代大会决议》（同日《解放日报》刊载）："大会认为，在为工农兵服务、为社会主义事业服务的方向下实行'百花齐放、百家争鸣'和推陈出新，是社会主义文学艺术发展的最正确、最宽广、最富于创造性的道路"，"大会认为，我国文学艺术的首要任务：是通过各种文艺形式，提高全国人民的社会主义和共产主义思想觉悟和道德品质，彻底肃清资产阶级的政治影响和思想影响，积极地为我国的社会主义革命和社会主义建设服务。全国文艺工作者必须加强艺术实践，努力掌握革命现实主义和革命浪漫主义相结合的艺术手法，表现我们的伟大时代，塑造这个伟大时代的英雄形象"。同期刊发《光明日报》社论《站在时代的最前列》、郭沫若在全国第三次文代会上的闭幕词《沿着党的文艺路线，坚定步伐、奋勇前进》。

《解放日报》刊发社论《革命的文学艺术万岁！》、罗荪的文章《关于"写真实"》。

《文汇报》刊登刘大杰的文章《兴无灭资，破旧立新》，同期刊载采访作家胡可的报道《高唱战歌前进》。

1960 八月

《人民日报》发表新华社 13 日讯："中国文学艺术工作者第三次代表大会历时二十三天，今天下午在人民大会堂胜利闭幕。全体代表在闭幕式上表示决心：要更高地举起毛泽东文艺思想的旗帜，坚决地遵循党的文艺工作路线，为实现我国社会主义文学艺术的更大跃进而奋斗。"

15 日，《人民日报》刊发社论《更大地发挥社会主义文艺的革命作用》（8 月 16 日《长江日报》、《长江文艺》8－9 月合刊、《湖南文学》9 月号、《草原》9 月号转载）。社论指出，"这（指第三次文代会——编者注）是一次富于思想性和战斗性的会议，是充满了革命热情、表现了高度团结的会议，是文艺工作者树雄心，立大志的会议"，"革命理想，永远是我们社会主义文学艺术的灵魂，抽去了这个灵魂，文学艺术就会苍白无力，不再成为革命的文艺了。我们今天的最高理想就是共产主义，这是能够实现和正在实现的理想。我们的理想，不但不排斥、而且正是建筑在求实精神的基础之上的，因此，在艺术方法上，我们提倡革命现实主义和革命浪漫主义的结合。我们的革命文艺家们，应当从共产主义这一时代最高理想的峰顶来观察和描写生活，用共产主义思想来教育人民，更多地创造出真实地反映我们的英雄时代和英雄人物、反映新事物和旧事物斗争的优秀作品，引导广大人民不断前进"。本期还刊载巴金的文章《万古长青的友谊》（同日《解放军报》刊载）。

《戏剧报》第 14、15 期合刊发表社论《戏剧战线上新的战斗开始了》，认为"我们戏剧批评的任务就是要灌溉培植社会主义的香花，鼓励艺术上的独创性和各种不同的艺术风格；同时要和一切反社会主义、反马克思列宁主义的毒草进行斗争，把它们锄掉，作为香花的肥料"。

《电影文学》第 8 期发表由乔羽改编的电影文学剧本《刘三姐》。1962 年上半年《大众电影》连续开辟"影片《刘三姐》讨论"专栏展开争鸣。

《长江戏剧》停刊。

16 日，《光明日报》刊发报道《在党的光辉照耀下——访工人作家胡万春》，刊载李进的文章《文艺要为农业生产服务》。

《中国青年》第 16 期发表赵树理的文章《不应该从"差别"中寻找个人名利——与杨一明同志谈理想和志愿》。

17 日，《光明日报》发表安波的报告文学《幸福——记 119 岁老艺人王维林会见毛主席》、高士其的诗歌《光的进行曲》。

《羊城晚报》发表林遐的文章《谈残云的三篇散文》。

18 日，《人民日报》发表雁翼的诗歌《"老不知足"——矿山英雄谱之一》。

20 日，《光明日报》刊发本报综合报道《学术界关于美学问题的讨论》。

21 日，《解放日报》发表以群的文章《如何批判地对待欧洲资产阶级文学遗产》。

《文汇报》发表康濯的文章《深入和提高》。

23 日，《解放军报》发表傅钟的文章《让文代会的精神在部队文艺工作中开花结果》。

24 日，《光明日报》发表李准的随笔《群众是最好的老师》。

25 日，《人民日报》刊发社论《全党动手、全民动手、大办农业、大办粮食》。

《诗刊》8 月号发表田间的发言稿《作为红色的歌手——在中国作家协会第三次扩大理事会上的发言》，从在毛主席的教导下、下乡和创作、对新诗的希望三个方面进行论述，认为作为红色歌手的诗人们应该时刻记住毛主席的教导，记住工农兵群众所写的格言，攀登无产阶级文艺的高峰。

26 日，《文艺报》继续推出中国文学艺术工作者第三次代表大会、中国作家协会第三次理事会（扩大）会议专号（二）。刊载《中国文学艺术工作者第三次代表大会向党中央和毛主席致敬电》、《中国文学艺术工作者第三次代表大会决议》、郭沫若《高唱东风压倒西风的凯歌，创造更多的革命英雄形象》(在中国文学艺术工作者第三次代表大会上的闭幕词)、老舍的《关于少数民族文学工作的报告》(在中国作家协会第三次理事会扩大会议上的报告),以及《关于中国作家协会第三次理事会(扩大)会议的各项报告的决议》、《中国作家协会主席团、书记处书记名单》。本期还刊载了郭沫若的《"现代诗中应有铁"——〈"狱中日记"诗抄〉读后感》、袁勃的《云南各兄弟民族文学的新发展》、李伟的《高举毛泽东思想红旗,写出更多更好的革命斗争回忆录》、韦君宜的《关于工厂史的编写工作》、费振刚的《在战斗中学习,在群众运动中成长!》等文章。

《人民日报》发表浩然的散文《送菜籽》。

28日,北京人民艺术剧院演出6场话剧《凤水东风》。编剧李醒,导演焦菊隐,主演包括童超、郑榕、童弟、郭维彬等。

29日,《解放军报》发表徐怀中的散文《英雄的熔炉》。

30日,《光明日报》发表胡采的文章《作家必须同人民群众密切结合》。

《羊城晚报》刊载陶铸对华南师范学院与暨南大学学生的讲话《理想、情操、精神生活》。

31日,《光明日报》发表陈登科的文章《文学的战斗性》。

《人民日报》发表特伟的文章《创造民族的美术电影》。

本月,《陕西戏剧》停刊。

《雨花》改为月刊,至1964年9月,此后休刊。1975年1月复刊时更名《江苏文艺》,1978年10月恢复原刊名。

艾青调至新疆石河子农垦部生产建设兵团农八师。

美国《主流》杂志8月号出版"中国专号",刊载毛泽东主席的词《念奴娇·昆仑》、邵荃麟的文章《文学十年历程》、巴金的文章《致美国人民》等。专号前言由老舍撰写。

中国作家协会贵阳分会筹委会编的贵州十年文艺创作选(1949—1959)

《散文特写集》，由贵州人民出版社出版。

由中共各省省委宣传部编的《云南歌谣》、《新疆歌谣》、《浙江歌谣》，由人民文学出版社出版，北京市文学艺术工作者联合会、北京市劳动人民文化宫以及北京群众出版社联合编辑的《跃进年唱跃进歌》，由音乐出版社出版。

九月

1日，《长江文艺》8、9月合刊发表吉学霈的小说《棉袄的故事》，吉学霈、洪洋的特写《东风荡漾红旗飘——全国第三次文代会侧记》，张永枚的组诗《塞上短曲》（包括《峡东》、《红柳》、《我是青海人》）。

《边疆文艺》9月号刊发社论《革命的文学艺术万岁》、老舍的评论《读了〈娥并与桑洛〉》、李洛翰的评论《巴人的"人道主义"的实质及其危害性》。

《解放军文艺》9月号发表李瑛的诗歌《朝鲜礼赞》、梁上泉的诗歌《民兵代表回来了》、李伟的《高举毛泽东思想红旗，写出更多更好的革命斗争回忆录——在全国第三次文代大会上的发言》。

《雨花》第15期发表陈瘦竹的文章《努力学习，加紧改造》、陆文夫的短篇小说《准备》、周瘦鹃的诗歌《支援农业热气高》，同期刊载珠玛峰的文章《驳王梦云所谓公式化、概念化》、姚以铮的文章《"真实论"种种》。

《草原》9月号刊发编辑部短论《沿着社会主义文学艺术的道路胜利前进》。

《中国青年》第17期刊载陶铸的《理想·情操·精神生活——对华南师范学院与暨南大学学生的讲话》。

1960 九月

《海燕》9月号刊发两篇讨论《收猪》的文章：王川华的《替〈收猪〉翻案》和杨惟的《应当怎样看待〈收猪〉?》。同期刊载师中青的文章《批判巴人的人性论》。

《新港》9月号发表康濯的文章《深入和提高》、袁静的文章《为接班人写出更多更好的作品》、刘金的评论《评新版〈战斗的青春〉》。

《湖南文学》9月号发表大波水的文章《矛头指向哪里——批判铁可的〈杂谈反映人民内部矛盾〉》。

《延河》9月号发表柯仲平在第三次文代会上的发言文章《我们向党表决心》。

《山花》9月号发表骞先艾的文章《紧密与工农结合，投入新的战斗》。

2日，中国青年艺术剧院集体创作演出独幕剧《第一线上》（段承滨、许淑娥执笔）、《三缸水》（鲍占元执笔）、《人畜两旺》（又名《瑞雪丰年》，安冉、高砺群执笔）、《井》（段承滨执笔）、《新助手》（王冰、王懂执笔），导演周来等。

《人民日报》发表袁鹰的文章《下一次在西贡见面》、田汉的剧评《越南嘲剧给了我们美的享受》。

3日，《人民日报》发表方志敏的散文遗著《这是一间囚室》。

《羊城晚报》发表秦牧的文章《胡志明主席的〈狱中诗〉》。

《剧本》8、9月合刊发表田汉的《建国十一年来戏剧战线的斗争和今后的任务》、阳翰笙的《在战斗中成长的话剧艺术》、梅兰芳的《戏曲艺术大发展的时代》。其中，田汉在文章中详细论述了塑造新的英雄人物、如何正确对待和处理戏剧的矛盾冲突、如何继承和革新中外戏剧传统等问题。同期，发表农垦部牡丹江农垦局话剧团集体创作、小范（范国栋）执笔的5幕话剧《北大荒人》、王命父创作的8场话剧《三八红旗手》以及由柳州《刘三姐》剧本创作小组创编、广西壮族自治区《刘三姐》会演大会改编的大型歌剧

《刘三姐》。

4日，《人民日报》全文刊载周扬7月22日在中国文学艺术工作者第三次代表大会上的报告《我国社会主义文学艺术的道路》。报告分别从文学"为工农兵服务、为社会主义服务"、"百花齐放　百家争鸣"、"革命现实主义和革命浪漫主义的结合"、"驳资产阶级人性论"、"遗产的批判和继承"五个方面论述了今后我国文学的发展方向。报告指出："我们的文艺是为工农兵服务的，为社会主义服务的"，"在社会主义社会建立以后，资产阶级的政治影响和思想影响还将长期存在，即使到了共产主义社会，还会有先进和落后、正确和错误的斗争，这就决定了思想斗争和思想改造是长期的任务。""因此，我们要坚持文艺为工农兵服务、为社会主义事业服务的方向，就必须坚持跟敌视这个方向的修正主义和其他各种资产阶级思想进行斗争。"同期发表陈翔鹤的散文《从越南影片〈同一条江〉谈起》。

5日，首都文艺界集会，纪念美国作家马克·吐温逝世50周年。蔡楚生、萧三、杨朔等参加纪念会。老舍作题为《马克·吐温："金元帝国"的揭露者》的报告（《世界文学》10月号刊载）。

《羊城晚报》发表秦牧的文章《政治方向的一致性和艺术风格多样性的统一》、方亮的文章《杂谈生活和题材——驳巴人关于这方面的一些论点》。

《北方文学》9月号发表严辰的文章《努力创造，奋勇前进！》；骆宾基的文章《争取作红色文艺工作者》，表示"如果说，将近两年我有什么收获的话，那么，就是在于摆脱了19世纪西欧资产阶级文学对我的消极影响，在于新的世界观的树立。我将珍视这一收获，并将在继续深入群众火热的生活斗争中巩固它，结合着毛泽东理论的学习，争取做一个红色的文学艺术工作者"。

《上海文学》9月号发表李劼人的短篇小说《帮林外婆搬家》、黄展人的文章《评〈创业史〉第一部》。齐登山的文章《评〈战斗的青春〉修改本》，认为该作"以生动的斗争的历史事实，有力地说明了毛主席军事思想的伟大威力和无比正确性，只要正确贯彻了这个光辉的思想，就会所向无敌，战无不胜"。

6日，《人民日报》发表管桦的短篇小说《我们的高书记》。

《光明日报》发表夏衍的评论《喜看舞台艺术片〈杨门女将〉》。

8日，《人民文学》9月号发表李准的小说《耕云记》、艾明之的小说《乐红菊》、韦君宜的小说《同伴》，阮章竞的长诗《白云鄂博交响诗》，刘白羽的杂感《灯火》、吴晗的历史小品《况钟和周忱》、杜埃的文艺随笔《同修正主义斗争中发展的社会主义文学》、李定坤的文学评论《革命的赞歌，英雄的史诗！——读〈红色赣粤边〉》。黄树则的《从烈火中产生的艺术》一文，点评了朱道南的三篇革命回忆录。

《北京文艺》9月号发表端木蕻良的短篇小说《同志》。

《文汇报》发表戴厚英评论《青春之歌》的文章《革命知识分子的道路》。

《人民日报》刊载欧阳予倩的文章《又新又美的歌舞剧〈刘三姐〉》、李瑛的组诗《新兵日记》两首（《今天我多么高兴》、《发军装》）。

9日，《人民日报》刊登田汉在中国戏剧家协会第二次会员代表大会上的报告（摘要）《建国十一年来戏剧战线的斗争和今后的任务》，发表袁水拍的诗歌《突破地球尖端——看纪录片〈征服世界最高峰〉》。

10日，《山东文学》9月号刊载郭沫若在全国文学艺术工作者第三次代表大会上的闭幕词《高举毛泽东文艺思想红旗，创造社会主义文学艺术的珠穆朗玛峰》，指出："这是发展社会主义文艺的最正确、最宽广的道路。……这条道路保证了政治方向的一致性和艺术风格的多样性，解决了文学艺术为谁服务和怎样服务的问题。"同期刊发柯仲平在中国作家协会第三次理事（扩大）会议上的闭幕词《永远做革命的战鼓和喇叭》。本期还发表王安友的特写《王文波》。

《人民日报》发表杨朔的散文《在塞古·杜尔总统府里》。

《解放日报》发表茹志鹃的人物特写《"快三腿"宋福裕》。

11日，《人民日报》发表邹荻帆的诗歌《几内亚正当青春》。

13日，《人民日报》发表张志民的诗歌《三口大锅三堆火》。

15日，《人民日报》摘要刊登夏衍1960年7月30日在中国电影工作者协会第二次会员代表大会上的报告《让三面红旗在银幕上迎风招展》。

16日，《解放日报》发表向阳的短篇小说《拆墙》。

《羊城晚报》发表张永枚的文章《力争早日工农化》，开始连载陈残云的小说《堵河记》。

16日—23日，吉林省文学艺术工作者联合会召开全省文艺工作会议。全省各市、州、县文联主任和部分厂矿文化工作者80余人参会。会议主要学习了全国文学艺术工作者第三次代表大会的报告和文件。

16日—10月28日，由东京艺术座、民艺剧团、俳优座、葡萄会、文学座五个团体组成的日本话剧团访华。访问期间演出了《夕鹤》、《女人的一生》、《死海》、《冲绳岛》、《三池煤矿》、《反对日美"安全条约"斗争的记录》等剧目。周恩来、陈毅等领导人接见话剧团成员并观看了演出。

17日，《文汇报》发表陈冀德评论乌兰巴干《草原烽火》的文章《他敲开了人间地狱》。

18日，《光明日报》发表唐弢的文章《略谈历史主义》。

《文汇报》发表郭风的散文特写《森林中的抒情》。

19日，《文汇报》发表何士雄分析草明小说《乘风破浪》的文章《钢铁一样的人》。

20日，《人民日报》发表严阵的诗歌《在火红的云彩下》。

23日，《民间文学》8、9月号合刊刊登林山在中国民间文艺研究会扩大

1960 九月

认为该作"以生动的斗争的历史事实,有力地说明了毛主席军事思想的伟大威力和无比正确性,只要正确贯彻了这个光辉的思想,就会所向无敌,战无不胜"。

6日,《人民日报》发表管桦的短篇小说《我们的高书记》。

《光明日报》发表夏衍的评论《喜看舞台艺术片〈杨门女将〉》。

8日,《人民文学》9月号发表李准的小说《耕云记》、艾明之的小说《乐红菊》、韦君宜的小说《同伴》,阮章竞的长诗《白云鄂博交响诗》,刘白羽的杂感《灯火》、吴晗的历史小品《况钟和周忱》、杜埃的文艺随笔《同修正主义斗争中发展的社会主义文学》、李定坤的文学评论《革命的赞歌,英雄的史诗!——读〈红色赣粤边〉》。黄树则的《从烈火中产生的艺术》一文,点评了朱道南的三篇革命回忆录。

《北京文艺》9月号发表端木蕻良的短篇小说《同志》。

《文汇报》发表戴厚英评论《青春之歌》的文章《革命知识分子的道路》。

《人民日报》刊载欧阳予倩的文章《又新又美的歌舞剧〈刘三姐〉》、李瑛的组诗《新兵日记》两首(《今天我多么高兴》、《发军装》)。

9日,《人民日报》刊登田汉在中国戏剧家协会第二次会员代表大会上的报告(摘要)《建国十一年来戏剧战线的斗争和今后的任务》,发表袁水拍的诗歌《突破地球尖端——看纪录片〈征服世界最高峰〉》。

10日,《山东文学》9月号刊载郭沫若在全国文学艺术工作者第三次代表大会上的闭幕词《高举毛泽东文艺思想红旗,创造社会主义文学艺术的珠穆朗玛峰》,指出:"这是发展社会主义文艺的最正确、最宽广的道路。……这条道路保证了政治方向的一致性和艺术风格的多样性,解决了文学艺术为谁服务和怎样服务的问题。"同期刊发柯仲平在中国作家协会第三次理事(扩大)会议上的闭幕词《永远做革命的战鼓和喇叭》。本期还发表王安友的特写《王文波》。

《人民日报》发表杨朔的散文《在塞古·杜尔总统府里》。

《解放日报》发表茹志鹃的人物特写《"快三腿"宋福裕》。

11日,《人民日报》发表邹荻帆的诗歌《几内亚正当青春》。

13日,《人民日报》发表张志民的诗歌《三口大锅三堆火》。

15日,《人民日报》摘要刊登夏衍1960年7月30日在中国电影工作者协会第二次会员代表大会上的报告《让三面红旗在银幕上迎风招展》。

16日,《解放日报》发表向阳的短篇小说《拆墙》。

《羊城晚报》发表张永枚的文章《力争早日工农化》,开始连载陈残云的小说《堵河记》。

16日—23日,吉林省文学艺术工作者联合会召开全省文艺工作会议。全省各市、州、县文联主任和部分厂矿文化工作者80余人参会。会议主要学习了全国文学艺术工作者第三次代表大会的报告和文件。

16日—10月28日,由东京艺术座、民艺剧团、俳优座、葡萄会、文学座五个团体组成的日本话剧团访华。访问期间演出了《夕鹤》、《女人的一生》、《死海》、《冲绳岛》、《三池煤矿》、《反对日美"安全条约"斗争的记录》等剧目。周恩来、陈毅等领导人接见话剧团成员并观看了演出。

17日,《文汇报》发表陈冀德评论乌兰巴干《草原烽火》的文章《他敲开了人间地狱》。

18日,《光明日报》发表唐弢的文章《略谈历史主义》。

《文汇报》发表郭风的散文特写《森林中的抒情》。

19日,《文汇报》发表何士雄分析草明小说《乘风破浪》的文章《钢铁一样的人》。

20日,《人民日报》发表严阵的诗歌《在火红的云彩下》。

23日,《民间文学》8、9月号合刊刊登林山在中国民间文艺研究会扩大

九月 1960

理事会上的报告《高举毛泽东文艺思想红旗,把民间文学工作推向新的高峰》。同期刊载了其他代表在中国民间文艺研究会扩大理事会上的发言,包括徐嘉瑞的《我们对民族民间文学的搜集、翻译、整理和研究工作的一些体会》、姜彬的《新形势对民间文艺提出的问题》、杨文元的《关于发动群众搜集和创编新民间故事问题》、路工的《在毛泽东文艺旗帜下高歌猛进》、夏曙光的《政治挂帅发动群众全面搜集整理捻军故事》、魏建功的《把党所领导的新的民间文艺工作搞好》。

24日,《人民日报》发表张永枚的诗歌《井冈山颂歌》。

《解放日报》发表黎汝清的散文诗《永不衰老的人》。

《文汇报》刊载戴厚英评论艾芜《百炼成钢》的文章《顶天立地的钢铁工人形象》。

25日,《解放日报》发表刘金的文章《敢于战斗,就能胜利——新版〈战斗的青春〉读后感》。

《文学评论》第4期刊载何其芳8月2日在中国作家协会第三次理事会扩大会议上的发言《正确对待文学遗产,创造新时代文学》、冯至8月1日在中国作家协会第三次理事会扩大会议上的发言《关于批判和继承欧洲批判的现实主义文学问题》。本期还发表蔡仪的文章《人性论批判》、王燎荧的评论《人性论一个"新"标本——评王淑明同志的〈关于人性问题的笔记〉》、李蔷的评论《李何林同志的资产阶级治学态度和治学方法》(针对李何林《十年来文艺理论和批评上的一个小问题》和之后的文章《我对错误的初步认识和批判》)李文指出:"李何林同志今天的错误是有久远的历史根源的。和这种文艺观点相一致,是他的资产阶级主观主义的治学态度和治学方法,这一点也同样突出地表现在他的全部著作中。"

《诗刊》9月号刊载戈壁舟的《宝石宫殿》、丁力的《古巴是枝革命花》、张志民的《公社的人物》等诗歌。

26日,《文艺报》第17、18期合刊刊载李希凡的评论文章《漫谈〈创业史〉的思想和艺术》、姚文元的评论《中国农村的社会主义革命史——读〈创业史〉》。同期刊载田汉的文章《欢迎日本访华话剧团》、邹荻帆的文章《写光辉历史,结战斗友谊》(祝中国古巴建交)、田间的文章《让风暴更大些!——读〈风暴颂〉》、闻捷的文章《〈黄河飞渡〉赞》。

《人民日报》发表老舍的随笔《人的跃进》、李瑛的诗歌《收岗回营的大路上》。

28日,《光明日报》发表徐迟的诗歌《颂歌》。

上海实验话剧团上演三幕七场话剧《全家福》,编剧老舍,导演熊佛西。

29日,《人民日报》发表郭沫若的诗歌《欢迎缅甸胞波》、邹荻帆的诗歌《佳节嘉宾传佳话》。

30日,《羊城晚报》刊载秦牧的诗歌《当我们登上雄伟的山峰》。

本月,《中国文学艺术工作者第三次代表大会文件》,由人民文学出版社出版。

柳青的长篇小说《创业史》第一部,由中国青年出版社出版。

藏族诗人饶阶巴桑的诗集《草原集》,由作家出版社出版。

杜鹏程的散文集《速写集》,由作家出版社出版。

中国作家协会新疆分会编选的《新疆十年散文选》,由新疆人民出版社出版。

石英的文学传记《吉鸿昌》,由天津人民出版社出版。

十月

1日,《人民日报》发表田间的诗歌《吹号人》,郭风的诗歌《北京二理事会上的报告《高举毛泽东文艺思想红旗，把民间文学工作推向新的高峰》。同期刊载了其他代表在中国民间文艺研究会扩大理事会上的发言，包括徐嘉瑞的《我们对民族民间文学的搜集、翻译、整理和研究工作的一些体会》、姜彬的《新形势对民间文艺提出的问题》、杨文元的《关于发动群众搜集和创编新民间故事问题》、路工的《在毛泽东文艺旗帜下高歌猛进》、夏曙光的《政治挂帅发动群众全面搜集整理捻军故事》、魏建功的《把党所领导的新的民间文艺工作搞好》。

24日，《人民日报》发表张永枚的诗歌《井冈山颂歌》。

《解放日报》发表黎汝清的散文诗《永不衰老的人》。

《文汇报》刊载戴厚英评论艾芜《百炼成钢》的文章《顶天立地的钢铁工人形象》。

25日，《解放日报》发表刘金的文章《敢于战斗，就能胜利——新版〈战斗的青春〉读后感》。

《文学评论》第4期刊载何其芳8月2日在中国作家协会第三次理事会扩大会议上的发言《正确对待文学遗产，创造新时代文学》、冯至8月1日在中国作家协会第三次理事会扩大会议上的发言《关于批判和继承欧洲批判的现实主义文学问题》。本期还发表蔡仪的文章《人性论批判》、王燎荧的评论《人性论一个"新"标本——评王淑明同志的〈关于人性问题的笔记〉》、李蕢的评论《李何林同志的资产阶级治学态度和治学方法》（针对李何林《十年来文艺理论和批评上的一个小问题》和之后的文章《我对错误的初步认识和批判》）李文指出："李何林同志今天的错误是有久远的历史根源的。和这种文艺观点相一致，是他的资产阶级主观主义的治学态度和治学方法，这一点也同样突出地表现在他的全部著作中。"

《诗刊》9月号刊载戈壁舟的《宝石宫殿》、丁力的《古巴是枝革命花》、张志民的《公社的人物》等诗歌。

26日,《文艺报》第17、18期合刊刊载李希凡的评论文章《漫谈〈创业史〉的思想和艺术》、姚文元的评论《中国农村的社会主义革命史——读〈创业史〉》。同期刊载田汉的文章《欢迎日本访华话剧团》、邹荻帆的文章《写光辉历史,结战斗友谊》(祝中国古巴建交)、田间的文章《让风暴更大些!——读〈风暴颂〉》、闻捷的文章《〈黄河飞渡〉赞》。

《人民日报》发表老舍的随笔《人的跃进》、李瑛的诗歌《收岗回营的大路上》。

28日,《光明日报》发表徐迟的诗歌《颂歌》。

上海实验话剧团上演三幕七场话剧《全家福》,编剧老舍,导演熊佛西。

29日,《人民日报》发表郭沫若的诗歌《欢迎缅甸胞波》、邹荻帆的诗歌《佳节嘉宾传佳话》。

30日,《羊城晚报》刊载秦牧的诗歌《当我们登上雄伟的山峰》。

本月,《中国文学艺术工作者第三次代表大会文件》,由人民文学出版社出版。

柳青的长篇小说《创业史》第一部,由中国青年出版社出版。

藏族诗人饶阶巴桑的诗集《草原集》,由作家出版社出版。

杜鹏程的散文集《速写集》,由作家出版社出版。

中国作家协会新疆分会编选的《新疆十年散文选》,由新疆人民出版社出版。

石英的文学传记《吉鸿昌》,由天津人民出版社出版。

十月

1日,《人民日报》发表田间的诗歌《吹号人》,郭风的诗歌《北京二

1960 十月

题》(包括《天安门广场上的旗杆》、《长安街的灯柱》)。

《光明日报》、《解放日报》、《解放军报》、《文汇报》、《长江日报》、《湖南文学》10月号同日刊载林彪的《中国人民革命战争的胜利是毛泽东思想的胜利》一文。1960年9月30日的《羊城晚报》曾经刊登过此文。

《湖南文学》10月号刊载湖南省省会文艺界部分同志座谈学习全国第三次文代会文件的发言纪要《社会主义文艺的最正确、最宽广、最富于创造性的道路》。

《边疆文艺》10月号发表郑祖杰、张静江的评论文章《激情的河流——读刘澍德的小说〈同是门前一条河〉》。

《解放军文艺》10月号发表张志民的诗歌《公社的人物》。

《草原》10月号发表纳·赛音朝克图的文章《响应党的号召参加体力劳动彻底工农化》。

《延河》10月号发表柳青《创业史》第二部的第一章。

《热风》10月号发表郭风的散文《北京三试》,蔡其矫的三首诗《钢粮谣》、《唱三秋》、《勤俭歌》。

《海燕》10月号刊载纪鱼的文章《〈收猪〉的案翻不了》。文章认为,《收猪》试图用小资产阶级的思想和个人主义去教育人民,是篇很坏的作品。小说《收猪》,作者李军,最初发表于《海燕》1960年6月号。发表时,该刊在"编者按"中称:"对于李军同志的这篇小说《收猪》,有许多同志读过后,看法各不相同。为了辨明是非,活跃文艺批评,我们把公开发表出来,让广大读者和作者共同参加探讨,希望同志们积极地发表自己的意见。"《海燕》随后在7月号、8月号、9月号和10月号上连续发表了15篇文章,对该小说进行讨论和批判。主要观点有三:其一认为《收猪》是篇好作品,不但政治立场鲜明,而且艺术性很强,题材新颖不落俗套,讲求技巧。其二认为《收猪》歪曲了现实,歪曲了新社会人和人之间关系,通篇充满了小资产阶级的思想情感和个人主义，用资产阶级的"人情论"教育人民，即使艺术技巧再高超，也是一篇"有着严重错误的作品"。持这种观点的文章有12篇，占了多数。其三认为《收猪》虽非好作品，但也没有那样坏，给它戴上歪曲现实生活、宣扬个人主义的大帽子，不恰当：对《收猪》的评价既不能完全肯定，也不可一概否定。

《新港》10月号发表唐弢的文章《鲁迅和他的〈故事新编〉》、许钦文的文章《从〈好的故事〉看〈野草〉》。

《毛泽东选集》第4卷出版发行。

3日，《解放日报》发表胡万春的散文《时代的脚步》。

《剧本》10月号发表了老舍的随笔《温情并茂》，同期转载了李宜山的理论文章《说戏》（原载于1960年《小剧本》的第1、3、4、5、7期上）

5日，《人民日报》发表翦伯赞的文章《亲戚般的友谊》，郭沫若的组诗《赠日本话剧团》六首（包括《赠日本话剧团》、《赠日本话剧团团长村山知义》、《夕鹤》、《死海》、《女人的一生》、《朗诵剧三种》），田汉的文章《为日本话剧团访华演出欢呼》。

《光明日报》发表唐弢的散文《做开路的人》。

《解放日报》发表周天的评论《努力表现农业战线上叱咤风云的英雄人物——读长篇小说〈创业史〉第一部札记》。

6日，中国人民解放军海军政治部文工团话剧团演出8场历史剧《甲午海战》。该剧根据电影剧本《甲午风云》集体改编，朱祖贻、李恍执笔，导演张凤一。剧本发表在《剧本》11月号上。李希凡认为：《甲午海战》"是在近代史题材的戏剧创作中的一次新的尝试"，"它把历史的真实和艺术的想象有机地结合起来了。无论在故事编排和人物创造方面，其中确实有不少是虚拟和想象的补充，或者是对于这次历史事件的广泛的概括，但它们又都基本上是以历史的真实性和必然性为基础的，所以，艺术的想象、补充和概括，并没有损害历史的真实性，反而使它更加深刻，突出起来"。（李希凡：《略论话剧〈甲午海战〉的历史真实和艺术真实》，《戏剧报》1960年第18期）袁水拍认为：《甲午海战》"是最近戏剧创作的突出的成就"，"八场戏场场紧凑（只是觉得开头和结尾两场还不够好），比较精练，结构好，对话速度快，又精简，富于戏剧性，因此有吸引力。在话剧题材方面，它突破了一般的范围，符合题材多样化的要求"；"戏剧矛盾相当丰富、尖锐和生动"。（袁水拍：《谈戏剧矛盾以及关于历史剧的问题——从〈甲午海战〉想到的》，《剧本》1960年12月号）对于作品中的人物形象及其教育意义，林涵表认为："他（邓世昌）的艺术形象体现的是甲午战争时期中国海军中爱国主义者反帝爱国的思想，他的艺术形象概括了近百年中国人民反帝爱国的意志。这样，邓世昌的典型艺术形象就具有伟大的教育意义。"（林涵表：《论〈甲午海战〉中邓世昌的艺术形象》，《文汇报》1961年1月5日）吴晗认为：这个戏"强烈地表现了正面人物邓世昌的耿直、爱国、英勇，和士兵的特别是从头到尾都贯穿着深受苦难的人民群众的爱国英雄气概和一往无前的斗争精神，矛盾突出，对比鲜明，斗志昂扬，意气风发"。（吴晗：《读〈甲午海战〉》，《剧本》1960年11月号）马铁丁也认为："整个戏的演出，气势蓬勃，激动人心，是进行爱国主义教育的良好教材，是对坚持民族气节的硬骨头的颂歌。"（马铁丁：《爱国主义者的光辉形象》，《人民日报》1960年10月27日）

7日，《光明日报》发表李淮春的文章《谈美和美学的任务——兼谈对林禾同志〈试谈美学的任务〉的意见》。

8日，《人民文学》10月号发表沙汀的小说《你追我赶》、陈残云的小说《鸭寮纪事》、吴强的小说《堡垒》（长篇中的一章），张志民的诗歌《当年坦克手》，周而复的散文《印第安人》，马识途的革命回忆录《老三姐》，叶圣陶的评论《〈严重的时刻〉印象谈》、石燕的评论《拿起迅速反映时代风貌的犀利武器——几篇报告文学和特写读后感》、秦牧的评论《朝阳照耀下斗争生活的颂歌——谈刘白羽的散文特写》。秦文认为刘白羽散文特写的出色之处是"一种革命乐观主义的精神,一种为共产主义事业英勇斗争的气概,贯穿于各篇文字之中,使人处处感受到我们这个时代雄浑的气魄"。马识途(1915-),原名马千禾,四川忠县(现重庆)人。1935年参加"一二·九"运动,从事中共地下党革命活动。历任鄂西特委书记、四川省文联主席、省作协主席、中国郭沫若研究学会副会长等职。著有长篇小说《清江壮歌》、《夜谭十记》、《巴蜀女杰》、《雷神传奇》、《魔窟十年》、《沧桑十年》,长篇纪实文学《在地下》,中篇小说《三战华园》、《丹心》,短篇小说集《找红军》,散文集《西游散记》、《景行集》,杂文集《盛世微言》等。另有《马识途文集》(12卷)。

《人民日报》发表张永枚的诗歌《千里马之歌》。

《北京文艺》10月号发表周鉴婉、陈瑞英、曾巴波、林斤澜合作的特写《妈妈的心》。

中国青年艺术剧院上演中国青年艺术剧院集体创作、段承滨执笔的6场话剧《长缨在手》,导演周来。剧本发表在《北京文艺》10月号上。

9日,《上海戏剧》第5期发表沈起炜的《谈谈历史剧古为今用的两个问题》,文中就历史剧题材内容问题与怎样表现群众作用、处理艺术虚构和历史真实的问题发表了看法。在题材方面,认为除了民族英雄之外,"文化科技的创造发明与政治上重大兴革等事件"也应该提倡。

10日,《山东文学》10月号转载《人民日报》社论《毛泽东思想是中国大革命胜利的旗帜》,同期刊载刘天成、李增林、王延晞的文章《批判〈"长生殿"的主题思想究竟是什么?〉一文中的人性论观点》。

《文汇报》发表唐克新的文章《第一代——致浦锦文同志》。

11日,中共中央批转文化部、中国作家协会《关于废除版税制、彻底改革稿酬制度的请示报告》。《报告》建议废除按印数付酬的版税制度,一律按作品的字数和质量付一次稿酬，重印不再付酬；专业作者，由国家按原行政级别发工资，享受国家工作人员的相同待遇。

《文艺报》第 19 期发表叶圣陶的文章《教育革命的源泉》、昭言的《充分发挥报告文学的革命威力》、胡可的《一个剧作家的向往——话剧创作的民族化、群众化问题笔记一则》、秦牧的《晚晴时期反美爱国文学的光辉——谈〈反美华工禁约文学集〉》。

12 日，《光明日报》发表许兆焕的评论《社会主义革命农民的真实形象——谈〈创业史〉中的梁生宝》。

13 日，《人民日报》刊载阿英的两则读书札记《古巴人民不要美国佬》、《中国和古巴的历史关系》。

14 日，《人民日报》发表袁鹰的文章《东海明珠》。

《长江日报》发表王任重的随笔《又读又想——读〈毛泽东选集〉第四卷笔记之一》。

15 日，《人民日报》刊载阿英的读书札记《最早介绍古巴的中国书》。

18 日，《戏剧报》编辑部举办"畅论《甲午海战》"座谈会，田汉主持会议，吴晗、齐燕铭、袁水拍、李健吾、李希凡、凤子等出席座谈会。与会者对该剧的人物、思想内容，都给予了高度评价，并讨论了历史剧历史真实性问题。

19 日，《光明日报》发表艾彤的评论《三支社会主义颂歌——谈周立波同志的短篇小说》。

《长江日报》发表吉学霈的诗歌《到农村去!》。

20 日，《人民日报》发表邹荻帆的诗歌《公社修配厂》、《月光照村庄》。

《光明日报》刊载思慕的杂文《猫头鹰的诅咒——斥赛珍珠的〈北京来信〉》。

21 日，《人民日报》发表雁翼的诗歌《矿山诗传单》、阿英的读书札记

《控诉美帝国主义的粤歌（上）》。

《文汇报》发表欧阳予倩的文章《日本话剧团访华演出的巨大成功》、郭风的散文《刚劲的风从海上吹来——致新生的几内亚》。

22日，《人民日报》刊载阿英读书札记《控诉美帝国主义的粤歌（下）》。

23日，《解放日报》发表华今的文章《驱龙耕云的公社气象员——读李准的小说〈耕云记〉》、方胜的文章《胜利一定是我们的——重读魏巍的朝鲜通讯有感》。

《文汇报》发表师陀的散文《开封散记》。

《民间文学》10月号刊载贵州苗族古歌《洪水滔天歌》、贵州苗族民间长歌《逃婚歌》、贵州省民间文学工作组整理的《嘎百福歌》。据该刊报道，贵州省从1957年开始民间文学调查工作，截至本月已搜集到苗族和其他民族大批民间文学资料，已印成26册资料本，贵州的《苗族文学史》（初稿）即是在这一基础上写成的。

24日，《人民日报》发表邓拓的文章《在农业生产第一线上贯彻实现毛泽东思想》。

25日，《人民日报》发表邓拓的七律《赠抗美援朝诸将士》。

《解放日报》发表黎汝清的散文诗《中朝友谊万年青——一个战士对抗美援朝战争中的回忆》。

《诗刊》10月号发表了田间的诗歌《血衣》。《血衣》选自田间的长诗《赶车传》的第五部分的第四章。

26日，文化部党组发出《关于加强对重点艺术团体的领导管理的初步意见（草案）》文件，同时列出了经中宣部批准的第一批174个重点剧团名单。

《解放军报》刊载郭沫若在首都各界人民纪念中国人民志愿军抗美援朝出国作战10周年大会上的讲话《团结起来坚决斗争的人民是不可战胜的》。

1960

《文艺报》第 20 期刊载黄沫的文学评论《〈耕云记〉的思想意义》(30日《光明日报》转载),指出:"李准同志在创作上最突出的特色,是迅速反映现实斗争和热烈歌颂新生事物,他的作品经常提出生活中新问题,作品的主人公常常是那些在生活中刚刚露面、尚未引起广泛注意的新人物。"本期还发表了川岛的随笔《读许广平的〈鲁迅回忆录〉》、思慕的杂文《猫头鹰的诅咒——斥赛珍珠的〈北京来信〉》。

27 日,《文汇报》发表吴伯箫的诗歌《农村雨中杂咏》。

29 日,《光明日报》发表李准的小说《耕云记》。

《人民日报》发表夏衍的回忆散文《聂耳、冼星海不朽》、田汉的散文《回忆聂耳、星海》。

30 日,《文汇报》发表冰心的评论《祖国海山的颂歌——读郭风的散文集〈山溪和海岛〉》。

31 日,《人民日报》刊载阿英的读书札记《关于天津教案的新材料》。

本月,《福建戏剧》停刊。

郭小川离开中国作协,到《人民日报》当记者。

鲁彦周的短篇小说集《桃花汛前》,由安徽人民出版社出版。

茅盾的《反映社会主义跃进的时代,推动社会主义时代的跃进!》,由人民文学出版社出版。此书是茅盾在 1960 年 7 月 24 日在中国文学艺术工作者第三次代表大会上的报告。

十一月

1 日,《湖南文学》11 月号发表樊篱的随笔《最好的艺术方法——学习全国第三次文代会文件心得之一》。

《世界文学》发表戈宝权的文章《托尔斯泰的作品在中国》。

《解放军文艺》11月号发表巴金的短篇小说《国家》、葛洛的短篇小说《社娃》,张志民的诗歌《一片朝阳洒满心》、阮章竞的诗歌《灯海》,西虹、胡奇坤、张哲明的《南京路上的好八连》,文童伍的评论《壮美动人的革命英雄画卷——重读刘白羽同志的短篇集〈战斗的幸福〉》。同期刊载李准、余昂和中共新县县委通讯组合作的《若干十年——记新县老红军郭继保同志》。

《雨花》第17期刊载吉体来批判王梦云的文章《社会主义文学的真实及其他》、王梦云的文章《决心改正错误,从头学起》。

《延河》11月号发表柯仲平的诗歌《革命长征征不断》、魏钢焰的特写《展翅》。

《海燕》11月号刊载安波在辽宁省文学艺术工作者第一次代表大会上的报告《走毛主席的文艺道路,艰苦奋斗,攀登高峰》(原载《文艺红旗》10月号)。

《山花》11月号发表雁翼的诗歌《路与宝剑——学习毛主席著作有感》(2首)。

《新港》11月号发表田间的文章《春花——〈耿明春诗抄〉序》。

2日,《光明日报》刊登综述文章《〈三家巷〉的人物塑造及其他》,指出:"许多读者和评论家都认为它取得的成就是多方面的,特别是它填补了我国文学作品反映二十年代南方革命斗争这一空白。但也认为尚存在着一些缺点。对这部作品的艺术手法和对正面人物的塑造方面,甚至有针锋相对的不同意见。"这些争论主要针对王起的文章《我们以在文学上出现区桃、周炳这样的英雄人物形象而自豪》(《作品》1959年11月号)展开的。在文中,王起高度评价了周炳、区桃的人物形象塑造,认为"这样写周炳,才是真周炳;这样写区桃,才是真区桃。它从现实中来,又高出现实万万倍,它使向来小说中无数英雄、无数美人，在相形之下，黯然失色。"并认为"反面人物的刻画没有正面人物的成功。"关于区桃的形象，李廷锦在其《谈〈三家巷〉的评价问题》（1959年12月20日《羊城晚报》）中认为对于区桃这一形象，"作者还没有充分展示她的内在美，所以，这个人物形象的意义是不深刻的。"对于周炳的形象问题，争论多认为周炳不够成熟，如昭彦认为他是"一个具有一定的革命倾向、而在政治上还很不成熟的知识青年"，"要成长为一个金刚钻般坚强、明朗的无产阶级战士，当然还得经过一段曲折而艰辛的历程"（《革命春秋的序曲》，《文艺报》1960年第2号）。此外，也有人认为周炳这个人物还没定型，如张绰（《谈〈三家巷〉》，《光明日报》1960年7月20日）、楼栖（《"一代风流的开端"》，《作品》1960年5月号）。对于其他人物形象的看法，一致认为陈文雄的形象刻画得比较成功；有些文章还认为党员形象缺乏光彩，如章里、易水的文章《美中不足的瑕疵》（《作品》1960年1月号）、楼栖的文章《"一代风流的开端"》（《作品》1960年5月号）、昭彦的文章《革命春秋的序曲》（《文艺报》1960年第2号）。对于《三家巷》的艺术成就问题，几篇评论都涉及传统民族风格问题。如昭彦认为，欧阳山在《三家巷》中完全克服了较为"欧化"的笔调，"书中许多塑造人物和写景状物的技巧，都可以看得出来是师承于我国古典文学作品"，"这一经验，如果加以总结提高，不失为丰富我们的文学用语的一条切实可行的途径，而且对于创造民族化、大众化的文艺作品，也将会有所裨益"（《革命春秋的序曲》，《文艺报》1960年第2号）。同期刊载的张天的《也谈〈三家巷〉》一文认为，"作品在主人公周炳这个艺术形象的塑造上，存在着较多的缺陷，其中关于周炳的爱情生活的描写，则是比较严重的缺陷。"

3日，《光明日报》发表李若冰的报告文学《敢在生产上闹革命，也敢在文化上闹革命——记王保京和农民伙伴上大学》。

3日-6日，广东省文学艺术工作者第一次代表大会在广州召开。来自全省各个地区的包括文学、戏剧、电影、音乐、美术、舞蹈、曲艺、摄影、民间文艺9个方面的600多位专业、业余的文学艺术工作者代表出席了大会。广东省文学工作者联合会主席欧阳山致开幕词。大会总结了广东省从1950年召开全省文学艺术工作者第一次代表大会至今10年来文学艺术工作的成就和经验；进一步明确社会主义文学艺术的发展道路，确定今后的任务；同时修改广东省文联的章程、改选机构。4日，杜埃作报告《循着我国社会主义文学艺术的道路奋勇前进》（报告摘要载于12月20日《羊城晚报》）。本月26日，《羊城晚报》刊载广东省委书记区梦觉在广东省第一次文学艺术工作者代表大会上的报告摘要《关于文艺工作的若干问题》。

4日，《人民日报》发表陈残云的散文《南三岛小记》。

5日，《上海文学》10、11月合刊发表巴金的短篇小说《副指导员》、胡万春的小说《红光普照大地》、吴强的小说《堡垒》（长篇小说《堡垒》中的一章）、刘白羽的杂感《血写的书》。

《北方文学》11月号发表谢树的评论文章《新时代的赞歌——〈时代新人〉读后感》。

《边疆文艺》11月号刊载昆明师范学院文史系中国现代文学小组集体讨论稿《论刘澍德同志的小说》，文章说："一个作家会在一两篇作品里表现出自己不健康的思想感情，哪怕只是一闪而过，而对于我们却是应当十分警惕的。例如刘澍德同志在1958年为国庆写的献礼篇之一的《诀别》就是这样。这篇作品企图细致地描绘'大跃进'中先进农民的丰富的内心生活，但在这细致的描写中却流露了极隐蔽的资产阶级人道主义思想。"

《人民日报》发表阿英的读书札记《曾国藩的媚外》。

7日，《人民日报》发表唐弢歌颂中苏友谊的散文《万古长青》、邹荻帆的诗歌《春雷滚滚花怒放——庆祝十月革命四十三周年》。

北京人民艺术剧院演出巴西剧作家吉里耶尔美·菲格莱德的作品《伊索》

1960

（又名《狐狸与葡萄》），译者陈颙，导演陈颙。

8日，《人民文学》11月号发表赵树理的小说《套不住的手》（收入《赵树理文集》四卷本，工人出版社1980年10月出版）、胡万春的小说《在时代的洪流中》、田间的诗歌《非洲我对你说》、严阵的诗歌《歇息》、方纪的报告文学《第一千炉好钢》、子野的文章《必须学会用无产阶级世界观观察问题——学习〈毛泽东选集〉第四卷的一点体会》。同期发表任文的评论文章《〈耕云记〉的成就》，认为"今年发表的《李双双小传》和这篇《耕云记》标志着李准同志的创作突破了过去的水平，又向前大大迈了一步"。周立波的创作谈《关于民族化和群众化》，认为"'从群众中来，到群众中去'这句名言，也适用于文学。文学是从群众生活里来的，因为文学的矿藏石在生活里；文学活动本身又是为群众"。同期刊载该刊记者整理的座谈会纪要《谈革命斗争回忆录的写作问题》。该文综合整理了张爱萍、李立、朱道南、黄良成等几位革命斗争回忆录的作者就回忆录写作问题发表的意见，从写作革命斗争回忆录的目的和动机、如何反映历史的真实和时代精神、艺术加工以及作者对个人如何处理的问题三个方面进行阐述。

《北京文艺》11月号发表宗璞的短篇小说《桃园女儿嫁窝谷》、林斤澜的特写《天下无难事》。

9日，《人民日报》刊载李希凡的评论文章《革命无产阶级和国际主义者的伟大榜样——叶·德拉伯金娜的〈黑面包干〉读后》、李季的诗歌《访苏诗抄》（包括《老人金平山》、《新城赞》、《雨夜吟》）。

《光明日报》发表师陀的随笔《大众化学——旅途随笔》，吴小美、季成家的评论《漫谈〈三家巷〉中周炳形象的塑造——兼评〈也谈"三家巷"〉》。

10日，《山东文学》11月号发表张扬的短篇小说《黄海新歌》、文外的评论《〈红与黑〉和于连——兼驳黄嘉德先生关于〈红与黑〉的资产阶级观点》。

《人民日报》发表袁鹰的散文《茨坪灯火》。

11日，《人民日报》发表杨朔的散文《宝石》。

《文艺报》第21期发表刘白羽的文章《请读〈黑面包干〉》、阎纲的评论《跨进了一步——读沙汀的短篇新作〈你追我赶〉》、李虹的评论《在练兵中写英雄本色——谈峭石的几篇小说》。阎纲（1933－），陕西礼泉人。1956年大学毕业后分配到中国作家协会工作，1986年调中央文化部。先后任《文艺报》、《人民文学》编辑，《小说选刊》常务编委，《当代文学研究丛刊》、《评论选刊》主编，《中国文化报》副总编，《中国热点文学》主编。撰有评论集《文坛徜徉录》、《文学八年》、《阎纲短评集》，随笔杂文散文集《冷落了牡丹》、《一分为三》、《惊叫与诉说》、《我吻女儿的前额》、《三十八朵荷花》等。

12日，《光明日报》刊发新闻报道《〈甲午海战〉是喜剧创作上一个可喜的收获——记海政文工团话剧团对历史剧的改编和创造》，以及新闻《惊涛骇浪 激动人心——首都史学家、文学家、戏剧家畅论〈甲午海战〉》，同期载吕振羽的《甲午战争时代的形势——关于〈甲午海战〉话剧》。

《解放军报》发表张永枚的诗歌《赤胆忠心守海防》。

13日，《文汇报》发表郭风的散文《致古巴》。

14日，《人民日报》发表杨朔的散文《生命在号召——记费利克斯·穆米埃》、阿英的读书札记《从〈讳虎行〉说起》。

15日，《光明日报》刊载署名南开大学中文系现代文学评论组的文章《革命母亲的光辉形象——谈〈苦菜花〉里的母亲》，文章提出质疑："母亲，这只是'一个革命同情者'的形象吗？'自始至终只停留在一个革命同情者水平'的人，难道可以称之为真正的革命母亲吗？既然是'自始至终'，那么母亲的性格就没有发展，特别是质的变化、发展吗？我们认为不是这样的。"

《戏剧报》第 21 期发表朱祖贻、李恍的文章《话剧〈甲午海战〉的编写经过》。

16 日，《文汇报》刊发周诚的《试论喜剧》一文，认为"喜剧可分为两大类，即讽刺型（暴露型）喜剧和歌颂型喜剧"，"歌颂型喜剧是喜剧的新品种"，"突破了喜剧的传统的讽刺框框"。由此文开始，《文汇报》展开关于喜剧创作和理论探讨的讨论。顾仲彝、胡锡涛、秋文等相继发表相关文章。

18 日，香港三联书店、新民主出版社联合主办的"中国图书展览"在香港开幕，这是中国大陆出版物首次在香港举办的大型展览。

17 日，《文汇报》发表费礼文的文章《一个新的创作尝试——影片〈激流〉的创作体会》。

《江西日报》刊载董必武的《董副主席视察江西诗抄》。

19 日，文化部邀请首都一些历史学家和戏剧家在人民大会堂就编演历史剧举行座谈会，落实中央书记处书记邓小平有关"要编一点历史戏，使群众多长一些智慧"的指示。周扬、夏衍、田汉、吴晗、翦伯赞等出席了会议。周扬就历史剧问题发表了意见，号召历史学家编写历史题材的戏剧，并请吴晗负责编辑《中国历史剧拟目》。随后中国剧协也邀请首都文艺界和史学界人士进行座谈，就历史剧问题展开讨论。

《人民日报》发表浩然的短篇小说《冬暖》。

20 日，《人民日报》发表吴晗的杂文《关于朱自清不领美国"救济粮"》、阿英的读书札记《揭露帝国主义的"善意举措"》。

《光明日报》刊发《作家们纷纷创作长篇小说》的报道，很多长篇小说的创作和修改情况被提及，如梁斌的《播火记》（《红旗谱》第二部）、柳青的《创业史》第二部、吴强的《堡垒》等。

《解放日报》发表秦家琪、吴欢章的文章《志大劲粗的社会主义新人的成长——喜读杜鹏程的〈年轻的工程师〉》。

《羊城晚报》发表秦牧的杂文《政治暗杀的黑手》。

22日,《光明日报》刊发本报综合报道《学术界继续对美学问题展开讨论》。

《人民日报》发表李晓辉、谭暄的短篇小说《老贺到了"小耿家"》。

23日,《光明日报》刊登江石芬评论《三家巷》的文章《复杂的艺术形象》。

《民间文学》11月号发表吴晗的文章《论历史的真实性——读〈义和团故事〉、纪念义和团运动六十周年》,指出:"只有从人民口中所传述的历史才是真实的,百年以前记录的历史,由于记录者的阶级立场,是不能轻易相信,要去粗取精,去芜存真,得费很大的努力。"

25日,《文学评论》第5期发表何其芳的剧评《优美的歌剧〈刘三姐〉》、朱寨的评论文章《读〈山乡巨变〉续篇》、柳鸣九的评论《批判人性论者的共鸣说》。柳文指出,"他们所提出的'人类正常本性'并不是普遍抽象的东西,而正是资产阶级和封建阶级的人性"。同期刊载署名为北京师范学院(河北)现代文学教研组的文章《不许把鲁迅歪曲成资产阶级人道主义作家》,认为巴人是"以研究鲁迅为名,在社会主义文学阵线内部鼓吹反动的人性论和'人类之爱',散布腐朽的资产阶级个人主义和改良主义,以图破坏党的文艺路线,瓦解我们的革命事业"。该刊同期还整理综述了对王淑明同志《关于人性问题的笔记》的评论观点,指出:"来稿中一致认为,王淑明同志的《笔记》,虽然在某些具体说法上与他的《论人情与人性》一文有些不同,然而万变不离其宗,贯穿整篇《笔记》的基本观点,仍然是资产阶级人性论。"

26日,《人民日报》发表茅盾纪念列夫·托尔斯泰逝世50周年的文章《激烈的抗议者,愤怒的揭发者,伟大的批判者》(同日《光明日报》刊载),该文批判地介绍了托尔斯泰及其作品。同期刊载田间的诗歌《飞》和《赠红鹰》。

1960

《文艺报》第 22 期刊载老舍的文章《读〈套不住的手〉》、陆耀东的评论《谈农民作者申跃中的短篇小说》，以及马文兵纪念托尔斯泰的文章《批判地继承托尔斯泰的艺术遗产》。

27 日，《人民日报》刊载阿英的读书札记《从"先贤遗训"到"当面撒谎"》。

28 日，《人民日报》发表李季的组诗《在保加利亚》（包括《玫瑰村一工人》、《布加斯电缆厂的女工们》、《喀山烈克的玫瑰》）。

《解放日报》发表吴中杰、高云的文章《中国人民胜利的纪录——读刘白羽〈历史的暴风雨〉》。

29 日，《解放军报》发表文童伍的《诉苦运动之歌——读刘白羽同志的短篇小说集〈战火纷飞〉》。

30 日，《人民日报》刊登姚文元的文章《努力反映农村生活中的新事物——谈李准短篇小说的几个特点》、谢帆的文艺随笔《艺术独创和百花齐放》。

《戏剧报》第 22 期发表评论员文章《既要生活的教科书，也要历史的教科书》，对于历史剧创作的真实性问题，强调要坚持历史性和阶级性的统一。

本月，杜烽的长篇小说《清风店》，由解放军文艺出版社出版。

马忆湘的长篇小说《朝阳花》，由中国青年出版社出版。

吴晗的杂文集《灯下集》，由三联书店出版。

十二月

1 日，《解放军文艺》12 月号发表张扬的小说《红旗飘扬》。同期刊发社论《文学艺术必须成为政治思想工作的有力武器》和何左文的评论《批判海默军事题材小说中的错误倾向》何左文认为海默最近所作的十几篇小说"宣扬资产阶级感伤主义情绪","丑化革命英雄形象","有的还露骨地宣扬了资产阶级'人性论'"。

《雨花》第18期发表范烟桥的《北行杂诗》。

《羊城晚报》刊登楼栖、肖毅、陈残云、韩北屏在广东省第一次文学艺术工作者代表大会上的发言《描绘英雄的时代 刻画时代的英雄》。

《人民日报》发表吴晗的随笔《拍案而起的闻一多》。

3日,《人民日报》发表郭沫若的诗歌《中国的大地在呼唤——欢送支援农业生产第一线的同志们》。

《光明日报》发表吴晗的文章《论历史的真实性——读〈义和团的故事〉、纪念义和团运动六十周年》。

《文汇报》刊登《整旧创新、古为今用、激励斗志——首都史学家与剧作家协作,历史剧目创作有了新进展》的报道。

《剧本》12月号刊载齐燕铭的《历史剧和历史真实性》,该文认为"历史剧的任务不仅仅是反映客观历史的真实,更重要的是要通过历史的真实,从中取得教育和鼓舞的作用,有利于今天的社会主义革命和社会主义建设事业"。本期还发表了春江的秧歌剧《映山红》,袁水拍的评论文章《谈戏剧矛盾以及关于历史剧的问题——从〈甲午海战〉想到的》。袁文认为由海军政治部文工团所演出的《甲午海战》总的来说是一部成功的话剧,但是在艺术技巧上还欠成熟。并就历史的真实与艺术的虚构问题展开了探讨,认为"在一定的历史条件、阶级范围内的夸张和想象是容许的、必要的。同时,个性化也是必要的。应该提倡革命现实主义和革命浪漫主义相结合。"

4日,《人民日报》发表张永枚的诗歌《出征》、阿英的读书札记《来自曾国藩幕内的情报》。

1960 十二月

《文汇报》发表郭风的散文《致阿尔及利亚》。

5日,《上海文学》12月号发表柳青小说《创业史》第二部片断《入党》。同期发表吉学霈的报告文学《李继先的故事》、周而复的散文《全民的节日》、张志民的诗歌《田头短曲》两首(包括《难坏美术家》、《一代新农民》)、甘竞的评论文章《试论鲁迅的人道主义及其他——驳巴人对鲁迅的歪曲》。同期发表李佐的评论文章《农村人民公社的颂歌——谈王汶石的三篇小说》,对王汶石的三篇小说《严重的时刻》、《新任队长彦三》和《夏夜》作了分析,认为它们是"献给如此伟大的农村人民公社化运动的响亮的颂歌"。

《北方文学》发表袁袖的诗歌《到农村去》,绿林的诗歌《革命的红花——致下乡上山的战友》,金锋的短篇小说《一支创业的凯歌》,任蒲的特写《长空展翅》,陈纪元的特写《吴夏默》。

《人民日报》发表李季的组诗《捷克斯洛伐克行》(包括《俄斯特拉发》、《咏玻璃》、《雨帽》三首)。

《中国少年报》发表康濯的儿童小说《杨香梅》。

7日,《人民日报》刊载易征的评论文章《激越的时代凯歌——谈刘白羽的报告文学作品》。

《光明日报》发表赵树理的小说《套不住的手》、马焯荣的评论《也论周炳》。

8日,《人民文学》12月号发表欧阳山的小说《乡下奇人》、梁斌的小说《缘林行》、林斤澜的小说《新生》,陈残云的散文《竹棚佳话》,李季组诗《在国际航线上》三首(《"中华烟"的故事》、《一次无声的谈话》、《飞向北京》)、张永枚的诗歌《金书的传说》、李瑛的诗歌《花店》和《挤奶员》,光群的评论文章《作家的追求——谈短篇〈你追我赶〉》。同期发表葛琴的评论《从"人性论"到"写真实"——评孙谦的三篇小说》,认为从孙谦1954年以来的作品中"看到了孙谦同志创作上一种严重错误的倾向";"作者的根本问题,是一个世界观和立场的问题。这也就是说他是用资产阶级的腐朽的道德观念,来描写我们今天的新生活"。

《北京文艺》12月号发表浩然的短篇小说《贾县长来到第一线》,旭明的短篇小说《"山里红巧助钻山虎"》,费枝的短篇小说《"家"》,李建的革命回忆录《石家庄战役闪烁着毛主席思想的光芒》。

9日,周作人在曹聚仁介绍下开始为香港《新晚报》撰写《药堂谈往》,1962年11月29日写完,易名为《知堂回想录》。1964年8月,香港《新晚报》开始连载此文。1974年由香港三育图书文具公司出版。

《上海戏剧》刊载杨宽的文章《漫谈历史剧如何反映历史真实问题》和顾仲彝的文章《中国传统戏曲的几个特点》。

10日,《长江日报》发表陆定一、贾拓夫、李伯钊等在长征时期的诗作,题为《长征诗抄》。

《山东文学》12月号发表浩然的特写《姊妹情》。

《解放日报》刊载秦家琪、吴欢章的文章《评〈红光普照大地〉》。

11日,《人民日报》发表张永枚的诗歌《战斗的青春放光彩》。

《文汇报》发表晓立的评论文章《〈创业史〉第一部的矛盾冲突和思想意义》。

《文艺报》第23期刊发何其芳的《托尔斯泰的作品仍然活着——1960年11月15日在苏联科学院文学语言学部和高尔基世界文学研究所纪念托尔斯泰逝世五十周年的学术会议上的发言》。同期刊载细言的《谈〈山乡巨变〉续篇的人物创造》、冯牧的《我们的生活列车在奔驰前进——从肖木的几篇短篇小说谈起》、严家炎的《社会主义新春的赞歌——读〈人望幸福树望春〉》、老舍的《谈读书》、曹子西的《兄弟民族新生活的光辉——谈兄弟民族作家短篇小说合集〈新生活的光辉〉》、《关于文学作品民族化问题——梁斌同志访问记》等文章。

1960

14日，中宣部批转文化部《关于书籍中的政治错误和处理意见的报告》。

《人民日报》发表冰心的文学评论《一定要站在前面——读茹志鹃的〈静静的产院里〉》、艾咸的文艺随笔《泥土的芬芳》、李瑛的诗歌《非洲的鼓声》。

16日，《羊城晚报》发表秦牧的散文《活泼灵动的一瞬》。

《河南日报》发表师陀的散文《沙荒中的杰作》。

18日，《解放日报》发表陆行良的文章《人民的军队，无敌于天下！——读刘白羽同志的〈战火纷飞〉》。

19日，《人民日报》发表袁鹰的散文《非洲的血》、阿英的读书札记《帝国主义在旧中国的香烟市场之争》。

20日，《诗刊》11、12月合刊发表纳·赛音朝克图的《东风》、李季的《访苏诗抄》等诗歌，以及谢冕的《论贺敬之的政治抒情诗》、徐迟的《劲儿和味儿》等文章。

21日，《人民日报》发表田间的诗歌《筐和锹》（长诗《赶车传》第六部《金不换》的一章）。

《光明日报》发表钟艺的评论文章《论周炳》，认为"作者在刻画周炳性格时，没有主观地回避他非无产阶级的一面。尽管作者抓住了人物性格上的主要特征，却比较缺乏艺术感染力"。

22日，文化部发出《关于艺术表演团体演员健康情况和劳逸安排意见的通知》。

23日，《人民日报》发表碧野的散文《汉江上游丛山间——初访治山英雄高华堂》。

《民间文学》12月号刊登贾芝8月间在中国民间文艺研究会扩大理事会上的发言《社会主义建设时期民间文学的范围界限和工作任务问题》。

23日－1961年1月26日，以白彦为团长的上海越剧团赴香港演出，剧目有《红楼梦》、《西厢记》、《碧玉簪》、《盘夫》等,主要演员有袁雪芬、徐玉兰、王文娟、张桂凤等。

25日,《文艺评论》6期刊载唐弢的文章《历史长河中的一阵小泡沫——谈所谓"第三条道路"问题,学习〈毛泽东选集〉第四卷笔记》。朱光潜的文章《山水诗与自然美》,指出:"人不感觉到自然美则已,一旦感觉到自然美,那自然美就已具有意识形态性或阶级性。"同期刊载陆侃如的《陶渊明的田园诗》,该文认为:"在当时的历史条件下,这些田园诗的积极作用是主要的,超过了它们的消极作用,但是在今天的历史条件下却恰恰相反,它们的消极作用超过了积极作用。"廖仲安的文章《对陶渊明田园诗的一些理解》,指出:"陶渊明诗中那种借归隐躬耕来对抗当时黑暗现实的理想,在今天只能具有认识历史的价值了。他诗中所反映的中世纪农村的生活面貌,更是和我们今天日新月异地跃进变化着的社会主义农村的生活毫无共同之点了。"本期还刊载了钱中文纪念托尔斯泰的文章《反对修正主义者对托尔斯泰的歪曲》。

《文汇报》发表吴晗的文章《谈历史剧》。文章认为,"历史剧和历史有联系,也有区别。历史剧必须有历史根据,人物、事实都要有根据。""人物、事实都是虚构的,绝对不能算历史剧。""同时,历史剧不同于历史,两者是有区别的。假如历史剧完全和历史一样,没有加以艺术处理,有所突出、夸张、集中,那只能算历史,不能算历史剧。""历史剧要求反映历史实际的真实,也要求对历史事实进行艺术的加工,使之更加强烈、具有高度的感染力量。"吴晗的史剧创作观念强调历史事实对历史剧创作的制约作用。

26日,《文艺报》24期发表荒煤的评论《漫谈〈战火中的青春〉》、汪岁寒的评论《〈战火中的青春〉的性格冲突》。同期刊登老舍的文章《〈新生〉简评》、伍普的文章《读〈桃园女儿嫁窝谷〉》、李希凡的文章《〈水浒〉中宋江的悲剧形象和义军的悲剧结局》。

1960

27日,《光明日报》发表齐燕铭的文章《历史剧和历史真实性》。

28日,《光明日报》发表闻家驷追忆闻一多的文章《做个有骨气的人》。

《电影艺术》第12期刊登袁文殊的文章《沿着毛泽东的道路大步前进的电影文学》。

29日,《人民日报》发表周而复的散文《革命的火炬》。

30日,《人民日报》发表李瑛的诗歌《写在贺年片上的诗》。

《解放日报》发表胡万春的文章《岁末话跃进》。

31日,《光明日报》刊载吴晗12月24日在北京市历史学会成立会上的讲话《一年来北京史学界的学术活动》。

本月,日本《世界儿童文学》杂志出版"现代中国儿童文学特辑",内容有严文井的《致日本的儿童文学作家》、伊藤敬一的《张天翼的小说和童话》、内山嘉吉德的《论童话剧〈马兰花〉》、出泽万纪人译的马烽短篇小说《韩梅梅》、笠原良郎译的贺宜的论文《当前童话创作上的几个问题》、新岛浮良介绍现代中国儿童文学作家的论文、中国和日本儿童文学座谈会的纪录,及小朋友座谈《宝葫芦的秘密》的报道等。

郭超人的长篇通讯报道《红旗插上珠穆朗玛峰》,由人民体育出版社出版。

本月下旬,田汉赴太原,开始调查陕西、山西、四川等省的戏剧工作情况。

本年

《文艺报》于1960年第2期发表姚文元的批判文章《批判巴人的"人性论"》,由此开始了一场关于"人性论"的批判热潮。《文艺报》、《新港》、

《萌芽》、《文学评论》、《读书》、《人民文学》、《海燕》、《解放军文艺》、《北方文学》、《北京文艺》、《山东文学》、《光明日报》等重要报刊都成为了对"人性论"进行批判的阵地。对"人性论"的批判主要针对巴人、孙谦、海默、王淑明、蒋孔阳、陈伯吹、白刃等几位作家和文学评论家展开。

吉林省民间文学工作委员会与吉林大学、吉林师范大学中文系组成一个由120人组成的民间文学普查队,对吉林地区的永吉县、蛟河县和白城地区的白城市、洮南县、前郭罗旗进行了一次民间文学普查。在这个基础上,吉林省编辑出版了《吉林民间故事》(民间文学丛书之一)、《抚松县人参故事》、《长白山人参故事》以及抗联故事等多种书籍。

全国各省市、自治区纷纷编辑出版新中国成立十年来各体文学作品选,其中,《山西散文特写选(1949—1959)》由山西人民出版社出版,《散文特写选》(延河文学丛书)由东风文艺出版社出版。

作家出版社出版了《额并与桑洛》和《召树屯》。这两本书的出版,不仅使更多的读者通过歌颂忠贞纯洁的爱情故事,了解了受到多神教和佛教影响的傣族的传统文化,而且也在文艺界特别是诗歌界产生了一定影响,曾在报刊上展开过热烈的讨论。

中央民族学院的师生在新疆乌恰县根据"玛纳斯奇"铁木尔的演唱记录了《玛纳斯》第二部《赛麦台依》,并发表于《天山》(汉文)和《塔里木》(维文)上。

《四川十年文学论文选》,由四川人民出版社出版。

《"解放军文艺"百期小说选》,由解放军文艺出版社出版。

《短篇小说选》(1950—1959),由春风文艺出版社出版。

《小说散文选》(1949—1959),由福建人民出版社出版。

《工人短篇小说选》,由山东人民出版社出版。

《内蒙古自治区短篇小说集》(1957—1959),由内蒙古人民出版社出版。

1960

《甘肃短篇小说选》（1949－1959），由敦煌文艺出版社出版。

《安徽短篇小说选》（1959年），由安徽人民出版社出版。

《江西十年短篇小说选》，由江西人民出版社出版。

《河南十年短篇小说集》，由河南人民出版社出版。

《新疆十年小说选》，由新疆人民出版社出版。

林予的短篇小说集《我们的政委》，由上海文艺出版社出版。

文秋等的长篇小说《蔺铁头红旗不倒》，由作家出版社出版。

吕铮的长篇小说《战斗在敌人心脏里》，由上海文艺出版社出版。

短篇小说集《英雄时代的人》，由春风文艺出版社出版。

杨佩瑾的长篇小说《银色闪电》，由解放军文艺出版社出版。

延河编辑部编的小说散文集《巨人》，由东风文艺出版社出版。

程造之的长篇小说《黄浦春潮》，由上海文艺出版社出版。

沙汀的短篇小说集《过渡集》，由人民文学出版社出版。

应天士的长篇小说《黑眉》，由江苏文艺出版社出版。

史峭石的短篇小说集《地雷的秘密》，由山西人民出版社出版。

林予的短篇小说集《勐铃河边春来早》，由作家出版社出版。

蹇先艾的小说集《苗岭集》，由上海文艺出版社出版。

高歌的长篇小说《孤坟鬼影》，由江西人民出版社出版。

李逸民的短篇小说集《初春的早晨》，由山西人民出版社出版。

《湖南十年短篇小说选》，由湖南人民出版社出版。

仇智杰的短篇小说集《新雨催春》，由广东人民出版社出版。

戈基等的短篇小说集《新芽》，由解放军文艺出版社出版。

中国作家协会兰州分会主编的《甘肃散文特写选》，由敦煌文艺出版社出版。收录作品有洪流的《我们的政委》、任莫的《风雪乌鞘岭》等。

中国民间文艺研究会研究部编的《民歌作者谈民歌创作》，由北京作家出版社出版。

路工、张紫晨、周正良、钟兆锦的《白茆公社新民歌调查》，由上海文艺出版社出版。

青海民族学院中文系编的《藏族文学史简编》，由青海西宁人民出版社出版。

《上海民间故事选》，由上海文艺出版社出版。

〔苏〕李福清著、马昌仪译《现代中国的民间文艺学》，由中国科学院文学研究所民间文学组油印。

本年上映的影片主要有：

《革命家庭》（夏衍、水华改编，水华导演，北京电影制片厂，1961年获莫斯科国际电影节最佳影片提名，获1962年第一届电影百花奖最佳编剧奖）；

《红旗谱》（胡苏、凌子风、海默、吴坚编剧，凌子风导演，北京电影制片厂）；

《林海雪原》（刘沛然、马吉星编剧，刘沛然导演，八一电影制片厂）；

《奇袭》（黎阳、郑洪编剧，许又新导演，八一电影制片厂）；

《铁道卫士》（沈阳铁路公安集体创作，方荧导演，长春电影制片厂）；

《孙悟空三打白骨精》（浙江省文化局《孙悟空三打白骨精》整理小组编剧，杨小仲、俞仲英导演，天马电影制片厂）；

《杨门女将》（范钧宏、吕瑞明编剧，崔嵬、陈怀恺导演，北京电影制片厂）；

《小蝌蚪找妈妈》（集体改编，上海美术电影制片厂）。

《以革命的名义》（〔苏〕米·沙特洛夫编剧，史大千、李恩杰导演，北京电影制片厂）；

新中国第一部彩色歌舞片《刘三姐》完成，受到观众的热烈欢迎。

纪录片《为了61个阶级兄弟》以宣传共产主义精神的优越性在全国引起

轰动。

电视台、试验台、转播台已达 29 座，中国向 7 个国家寄送了 61 部电视片。北京、上海等地的电视台开办电视大学。北京电视台播出《一家人》、《幸福岭》、《老列兵站岗》、《比翼齐飞》、《孩子们的礼物》、《刘文学》、《少年运动员》、《李大娘》、《青春曲》、《新来的保育员》、《三头黄牛》、《相亲》等 12 部电视剧。

黑龙江电视台和吉林电视台共同制作播出电视剧《三月雪》。

截至本年底，中国大陆共有出版社 79 家，其中中央级 30 家，地方 49 家。出版图书 30797 种，其中新版图书 19670 种，总印数 18.01 亿册。期刊出版 442 种。

1960.1 – 1965.12

1961年

1961

一月

1日，《延河》1月号开辟"座谈短篇小说的创作问题"专栏，刊登王汶石1960年12月9日在《延河》、《陕西日报》、《西安日报》副刊编辑部召开短篇小说创作问题座谈会上的发言《漫谈构思》（2月2日《人民日报》转载）。同期发表柳青的长篇小说《创业史》第二部的第二、三章（"编者按"指出它与《上海文学》1960年12月号上发表的章节相比，做了几处重大修改）。

《新港》1月号发表老舍的文艺笔谈《读王培珍的日记》、梁斌的小说《播火记》（长篇小说《红旗谱》第二部）的第16章、田间的长诗《赶车传》第六部的一章《赛诗会》。

《热风》1月号发表蔡其矫的诗歌《工地现场鼓动诗》四首（《表演赛》、《穆桂英突击队》、《闪电突击队》、《勉尖兵突击队》）。

《火花》1月号发表马烽的电影剧本《我们村里的年轻人》（续集）。

《人民日报》发表多篇报道欧洲"福利国家"（西德、法国、英国）人民悲惨生活（物价上涨、缺少住房等）的文章，以及苏联等社会主义国家欣欣向荣景象的文章。同期发表谢觉哉的旧体诗《致下放农村的干部》、邓拓的诗歌《春风袅娜——迎接1961年》、田间的诗歌《进军号》（长诗《赶车传》第六部《金不换》的一章）。

《光明日报》发表丰子恺的漫画《恭贺新禧》和李希凡的文章《谈〈西游记〉浪漫精神的时代特色》。

《文汇报》刊登唐弢的旧体词《念奴娇·一九六一年元旦书怀寄沪上诸友》、费礼文的散文《时针指着零点……》。

《中国青年报》发表梁上泉的诗歌《祖国满面春风》。

2日，《人民日报》发表袁水拍的诗歌《庄严的一幕——看〈战斗的古巴〉》。

3日－10日，亚非作家会议常设委员会会议在科伦坡召开，会议通过了3月在东京召开紧急会议的决议。

3日，《人民日报》报道刘白羽为团长的中国作家代表团到达科伦坡，参加亚非作家会议常设委员会会议。同日发表王老九的诗《新年颂歌》。

4日，郭沫若、夏衍和赵沨在古巴拜见总统多尔蒂科斯。

《北京文艺》1月号发表浩然的小说《队长的女儿》、林斤澜的小说《绿荫岗》。同期还发表了吴晗的新编历史剧《海瑞罢官》。剧本完稿于1960年11月13日。剧本发表和演出后受到读者和观众的好评。繁星（廖沫沙）称赞这出戏"打破'史'和'戏'这两家的门户"，"很难得"，因此是个"创造性的工作"，提出"研究'史'的人，也要懂得'戏'，甚至写戏；正和写戏的人应该懂得'史'、研究'史'是一样必要的"，还向吴晗提出历史真实与戏剧真实是否应有区别等几个问题。（繁星：《"史"与"戏"——贺吴晗的〈海瑞罢官〉的演出》，《北京晚报》1961年2月16日）邓允建在《评〈海瑞罢官〉》一文中说："吴晗同志从历史主义出发，写出了历史的真实"，"没有牵强附会对今天某些情况的类比或影射，没有反历史主义的描写"，"从目前整个历史剧创作情况中暴露出来的某些违反历史真实的现象，如把今天人们的思想和行为硬塞给历史人物，或者是将某个历史人物的行为、某种历史事件和今天的某些事情生硬类比的情况看，我们指出《海瑞罢官》历史主义地描写了历史的真实，就不是没有意义了。"（邓允建：《评〈海瑞罢官〉》，《北京文艺》1961年3月号）

《人民日报》发表李瑛的诗歌《茶》。

《光明日报》发表综述报道《1960年上海外文学界的学术讨论》，对去年以来上海外国文学研究和翻译界讨论的"翻译文风"、"关于'四会'"、语言与言语等问题进行总结性报道。同日发表秦牧的散文《鹅阵》和草莽史家（孟超）的文章《陈硕真——中国历史上第一个女皇帝》。

《北京晚报》选载梁斌的长篇小说《播火记》（第140节），至1961年9月3日因作者未整理完后续章节而停载。

《北京日报》发表林斤澜的短篇小说《钥匙》。

5日，《上海文学》1月号发表姚文元的论文《从阿Q到梁生宝——从文学作品中的人物看中国农民的历史道路》、茹志鹃的短篇小说《三走严庄》、雁翼的诗歌《赶马人》、巴金的人物特写《无畏战士李大海》。同期开始连载梁信的电影文学剧本《红色娘子军》，分别于1月号、2月号、3月号分三期连载完毕。

《北京日报》发表周而复的散文《加勒比海的明珠》。

6日，《人民日报》发表古巴埃尔内斯托·切·格瓦拉的小说《丽佳》（唐修哲、孙润玉译）、委内瑞拉诗人卡洛斯·奥·列昂的诗歌《在黑人肩上》（王仲年译）和阿英的读书札记《爱国的无名舵工》。

《北京晚报》发表刘心武的儿童小说《园园的新衣裳》。

7日，中央批转安子文《关于中央一级机关精简刊物工作的报告》。要求各地各部门党组必须加强对刊物的领导，使它们成为党在思想政治战线上的锐利武器。各省、市、自治区必须指定一个书记或常委，中央一级各部门必须指定一个副部长或党组成员，负责主管刊物的工作，对刊登的重要稿件应当亲自审查。

8日，《文汇报》刊登老舍的短文《读诗感言》。这篇文章是读阮章竞的长诗《白云鄂博交响诗》（《人民文学》1960年9月号）有感而作："创作需要准备，生活、劳动、文学修养，缺一不可。"

《人民日报》发表郭沫若的诗歌《何塞·马蒂在欢呼——古巴革命二周年纪念会素描》、田间的诗歌《黑妮》（长诗《赶车传》第六部《金不换》中的一章）和杨沫的回忆录《不能忘掉的记忆》。同日，报道根据歌剧《刘三姐》改编的京剧《刘三姐》在京演出消息，以及京剧《满江红》的排练消息。

9日，《文汇报》发表赵景深的文论《谈历史剧的古为今用》。该文针对《上海戏剧》1960年10月号沈起炜《谈谈历史剧的两个问题》一文中涉及的对历史剧的艺术真实、历史人物形象的塑造等提出了自己的看法。

10日，《红旗手》1月号发表李季的诗歌《保加利亚纪行》。

《东海》1月号发表金近的诗歌《可爱的祖国河山》。

《诗刊》第1期发表袁鹰的诗歌《唱支迎春歌》、孙友田的诗歌《矿门口的宣传画》、李瑛的诗歌《塞北春早》以及田间的长诗《赶车传》第6部第12章《红花坡》。从本期起，《诗刊》改为双月刊。

《北京日报》发表端木蕻良的特写《风从草原来》。

11日，《解放军战士》第1期发表老舍的文艺笔谈《选择与鉴别——怎样阅读文艺书籍》。

《人民日报》发表刚果共和国总理卢蒙巴的遗诗《让我们的人民赢得胜利》（根据1960年12月20日苏联《文学报》转译，原作刊于1959年底刚果《独立报》）和阿英的读书札记《邓世昌习战马江》。

《光明日报》发表吴晗的文章《卧薪尝胆的故事》、草莽史家（孟超）的文章《陈硕真（下）》、阿英的短文《〈克雷洛夫寓言〉——最早介绍到中国的俄罗斯文学名著》。

12日-2月25日，民主党派代表和无党派民主人士在京举行多场座谈会，讨论贯彻"双百"方针等问题。

13日，《人民日报》发表袁水拍的文章《滑稽戏这一朵花》，同期对《文汇报》上有关喜剧分类及其性质问题的讨论进行了综合报道。

周作人翻译日本清少纳言的作品《枕草子》全部脱稿，并写作关于清少纳言的短文。

14日，中共中央八届九中全会在北京召开，提出国民经济发展"调整、巩固、充实、提高"八字方针。会议决定在全国范围内分期分批进行整风运动。会议公报指出整风的对象是"党和政府的工作人员"，"鉴于这种种情况，许多地方的党组织，根据中央的指示，已经在农村和城市的工作人员中进行整风运动，并且已经收到成效。全会决定在全国范围内分期分批地进行这一运动，帮助干部提高思想政治水平，改进工作方法和工作作风，并且纯洁组织，把经过认真考察确属混入党内和政府机关内的极少数坏分子清除出去，同时防止和制止坏分子的破坏活动。所有这些工作，全会认为，必须充分发动群众，大鸣大放，大张旗鼓地去进行"（《中国共产党第八届中央委员会第九次全体会议公报》，全文见《人民日报》，1961年1月21日）中共中央随即布置调整出版工作，开始整顿出版社。

《光明日报》发表董必武的旧体诗《游黄州赤壁》、《咏汪华英同志》两首，吴晗的历史知识文章《冼夫人》。

《中国青年报》发表社论《延安作风万岁》。

15日，《上海戏剧》1月号开辟"《甲午海战》笔谈"专栏，发表刘厚生的《怒发冲冠，壮怀激烈——论〈甲午海战〉舞台艺术的气势》和魏金枝的《一出揭露美帝罪恶的好戏》。

《电影文学》1月号发表成荫根据苏里、武兆堤、吴茵原著改编的电影文学剧本《钢铁战士》。

《人民日报》发表潘非的报告文学《泰晤士河》。潘非（1918－1986），浙江平湖人。1938年加入中国共产党。曾任八路军晋西独立支队宣传队队长、一一五师第四旅宣传科副科长、火线报社社长、《晋察冀日报》编辑、大连广播电台编辑科科长。1948年后，历任《东北日报》编辑、总编室副主任、副总编辑，《人民日报》国际新闻编辑部副主任、驻英国首席记者、编委会常委兼国际部主任、副总编辑。著有《美帝国主义的军事危机》、《泰晤士河》、《海外掠影》等。

16日，《光明日报》综合报道1960年《关于传统戏曲人民性问题的讨论》，综述张庚、朱卓群、郭汉城等人的意见，"关于忠、孝、节、义等道德的阶级性问题更引起了较为广泛而深刻的争论"。

《人民日报》发表智利诗人巴勃罗·聂鲁达的诗歌《有刺铁丝的歌》。

《文汇报》发表郭风的散文《再致古巴》。

17日，《文汇报》发表姚文元的文论《论生活中的美与丑——美学笔记之一》。

上海戏剧学院实验话剧团演出8场话剧《战斗的青春》，苏坤、陈加林根据雪克同名小说改编，导演朱端钧。剧本发表在《剧本》4月号上。

18日，《光明日报》发表董必武的旧体诗四首：《访问井冈山》（1960年10月28日）、《由井冈山赴贵州》（1960年10月30日）、《访问瑞金》（1960年11月1日）、《初到景德镇》（1960年11月2日）。

19日，《人民日报》发表袁鹰的文章《湘水龙华一脉通——看影片〈革命家庭〉以后的感想》、李瑛的诗歌《农具修配组》和阿英的读书札记《辽海之战中的邓世昌》。

20日，原《广西文学》、《广西艺术》和《广西群众》杂志合并为《广西文艺》，重新发行。

21日，文化部在上海召开戏剧创作座谈会。上海越剧院、广东粤剧院、重庆川剧院、成都川剧院、武汉汉剧团暨华东各省文化领导部门和上海市京剧、沪剧、淮剧、话剧、评弹五个剧（曲）种的国营院团负责人共56人出席。会上，文化部副部长齐燕铭对戏曲创作问题进行了总结。

《光明日报》发表董必武的旧体诗四首《初到福州》（1960年11月5日）、《游鼓浪屿日光岩》（1960年11月9日）、《宿罗浮山朱明洞忆亡友林伯渠同志》（1960年11月15日）、《游罗浮山》（1960年11月16日）和作家柔石的遗作手稿。

23日，《民间文学》第1期刊登恩格斯的《德国的民间故事书》（曹葆华译），同期还发表了《第一次国内革命战争时期的歌谣》和《抗日战争时期的歌谣》。

《人民日报》发表邓拓的杂文《从借书谈起》。

24日，《人民日报》发表秦牧的散文《赞渔猎能手》。

25日，《诗刊》第1期发表郭沫若的旧体组诗《昆明杂咏》。

《文汇报》发表阿英的短文《"洋将"华尔本相》。

《人民日报》发表李希凡的文章《性格、情节、结构和任务的出场——谈古典小说中几个人物出场的艺术处理》。

《解放军报》发表由编辑部辑录的文章《毛泽东同志论调查研究》。

《光明日报》"书林漫步"专栏发表阿英的文章《关于1862年湖南教案》。

26日，《文艺报》由半月刊改为月刊，同期刊载胡万春的《给唐克新同志的一封信》、朱光潜的文章《莱辛的〈拉奥孔〉》及《亚非作家会议常设委员会会议公报》。

《人民日报》发表金近的诗歌《天目山上好猎手》。

27日,《人民日报》发表阿英的文章《回忆杜国庠同志的文学活动》。

《光明日报》转载《解放军报》辑录的《毛泽东同志论调查研究》并加"编者按"。

28日,周恩来、陈毅分别接见西德作家亨特尔·貌曾博恩,老舍等陪同出席。

《光明日报》发表陈毅的旧体诗《题高松图》并配图。

《人民日报》发表老舍的短文《散文重要》。

29日,《人民日报》发表吉学霈的小说《进城》、陈残云的散文《老挝姑娘》。

《文汇报》发表郭风的散文《我们和古巴站在一起》。

《北京晚报》发表邓拓的旧体诗《漠上》。

30日,《戏剧报》第1、2期合刊发表老舍的文艺笔谈《贺新年》。

《人民日报》发表吴晗的杂文《再谈人和鬼》、李健吾的《竹简精神——一封公开信》。

《文汇报》发表老舍的文艺笔谈《喜剧的语言》。

31日,以郭沫若为首的中国友好代表团从古巴回国,首都1000多人集会迎接。陈毅、老舍、夏衍、许广平等出席集会。

上海《文汇报》发表细言(王西彦)的文章《关于悲剧》,认为悲剧"在我们的文学艺术的园地里,应该是已经死亡或即将死亡的东西"。该报接下来展开了关于悲剧问题的讨论。《戏剧报》本年第9、10期合刊上发表综述《关于悲剧问题的讨论——有关论文综述》,报道了悲剧问题讨论的情况。文章总结了讨论中出现的什么是悲剧、社会主义社会有无悲剧、悲剧的主角和悲剧题材、人民内部矛盾能否产生悲剧、社会主义时代悲剧的特征等问题。

《光明日报》发表综述报道《上海戏剧界自由论辩空气活跃》,对1960年以来上海戏剧界怎样塑造英雄形象、怎样表现历史题材、怎样理解喜剧样式的讨论进行了报道。

《人民日报》发表王亚凡的遗作《到农业第一线去》和阮章竞的诗歌《悼亚凡》。

本月，中共中央宣传部文艺处、文化部艺术局、中国戏剧家协会、中共北京市委宣传部、北京市文化局联合组成调查组，了解艺术表演团体执行"双百"方针、知识分子政策、掌握艺术规律和领导作风等方面的问题，为中宣部召开文艺工作座谈会做准备。

为纪念《农村调查》出版20周年，《人民日报》、《光明日报》、《中国青年报》、《红旗》等报刊相继发表社论和毛泽东的文章《〈农村调查〉的序言》（1941年3月17日），提倡"大兴调查研究之风"。

《文汇报》于8日、26日、30日相继发表未风的文章《从莎士比亚的喜剧谈起》、赵景深的文章《中国戏剧传统简述》、老舍的文章《喜剧的语言》等文章，就喜剧的特征及其分类、喜剧如何反映敌我矛盾和人民内部矛盾、喜剧的戏剧冲突和表现手法等问题展开讨论。从《文汇报》1960年11月16日发表的周诚的《试论喜剧》一文起，《文汇报》及《上海戏剧》等报刊上开始关于喜剧创作和理论探讨的讨论。顾仲彝、胡锡涛、秋文、戴厚英等相继发表相关文章。《人民日报》1月13日发表了题为《〈文汇报〉对喜剧问题展开讨论》的综合报道。

老舍、李健吾、冰心、吴伯箫、秦牧、凤子等先后在《人民日报》、《文汇报》等报刊上发表文章"笔谈散文"，讨论持续两个月。凤子（1912－1996），女，原名封凤子。广西容县人。1949年前，在武汉、上海、重庆、桂林、香港等地参加话剧和电影演出。曾任《中央日报》副刊编辑、桂林《人世间》月刊编辑、重庆《新民晚报》特约撰稿、上海《人世间》月刊主编、北京市文联《说说唱唱》和《北京文艺》编委、北京人民艺术剧院艺术处副处长兼文学组组长、中国剧协《剧本》月刊主编等职。著有长篇小说《无声的歌女》，散文小说集《废墟上的花朵》、《八年》等。

李准的小说《耕云记》改编拍摄为电视剧。

田间的《赶车传》（上）、《英雄战歌》，臧克家的《李大钊》，李季的《五月端阳》、《当红军的哥哥要回来了》、《玉门儿女出征记》，闻捷的《复仇的火焰（一）》等长诗，由作家出版社出版。

晓凡的诗集《铁匠抒情曲》、徐光夫等著的特写小说集《巨人播种》，由春风文艺出版社出版。

特写集《英雄村》，由解放军文艺社编辑出版。

《红旗飘飘》编辑部重新编辑的《解放战争回忆录》，由中国青年出版社出版。

丁景唐、瞿光熙编的《左联五烈士研究资料编目》，由上海文艺出版社出版。

郭沫若的《文史论集》，由人民出版社出版。

郑其木的《谈谈写剧本》，由吉林人民出版社出版。

二月

1日，《红旗》3、4期合刊发表何其芳的文章《不怕鬼的故事·序》（5日的《人民日报》、《中国青年报》，6日的《解放军报》，《边疆文艺》3月号等报刊纷纷转载）。同期还刊登了《中国共产党八届九中全会关于各国共产党和工人党代表会议的决议》、《中国共产党第八届中央委员会第九次全体会议公报》，发表社论《大兴调查研究之风，一切从实际出发》。

《延河》2月号发表杜鹏程的小说《难忘的摩天岭》、商文健搜集整理的藏族新民歌《颂歌向着北京唱》等10首。

1961 二月

《新港》2月号发表浩然的小说《信》、康濯的小说《刘成旺找党》（长篇小说《东方红》中的节选）、张永枚的诗歌《海边新唱》（包括《捡海菜》、《生字和鲜鱼》、《海上炊》、《螺号响了》4首，均作于1960年6月，南澳岛）。

《解放军文艺》2月号发表唐弢的文章《关于杂文写作的几个问题》、浩然的小说《人强马壮》。

《海燕》在出版了1、2月号合刊后停刊。

《人民日报》发表吴伯箫的文章《多写些散文》。

《文汇报》发表秦牧的散文《在仙人掌丛生的地方》。

《光明日报》发表郭沫若的旧体诗《游黑龙潭》（作于1961年1月23日，昆明）。

《北京晚报》发表阿英的短文《云阳滩的故事》。

《羊城晚报》与《广州日报》合并，仍称《羊城晚报》；同日开始连载欧阳山的"一代风流"系列小说第二卷《苦斗》。

2日，《人民日报》发表朱光潜的文章《狄德罗的〈谈演员的矛盾〉》和王秀英的报告文学《亚得里亚海上的英雄（英勇不屈的船员）》。针对朱光潜的文章，《人民日报》8日发表司徒冰的评论《论演员的矛盾》并加按语，引起戏剧界广泛注意和讨论。中国戏剧家协会于3月16日、17日召开两次相关座谈会，就演员在创造角色的过程中是否有矛盾、狄德罗文章的翻译等诸多问题进行了讨论。

《北京日报》发表浩然的短篇小说《收山》。

3日，中国人民解放军总政宣传部召开驻京部队作家、艺术家座谈会，提出以优质的文学艺术作品为部队政治思想建设服务。

《羊城晚报》发表老舍作于1月的"欢庆新春百花齐放，大办农业五谷丰登"等4副春联。

4日，《北京文艺》2月号发表浩然的小说《瑞雪丰年》、田间的诗歌《海棠树下》（长诗《赶车传》第六部《金不换》第九章）和张永枚的诗歌《红灯》。

《光明日报》发表吕曰生的散文《夜捕石鳞》、冯其庸的杂文《季生治鬼》。冯其庸（1924—），原名冯迟，字其庸，号宽堂，江苏无锡人。毕业于无锡国专，历任中国人民大学教授、中国艺术研究院副院长、中国红楼梦学会会长等职。著有散文集《秋风集》，学术随笔《落叶集》，《脂砚斋重评石头记汇校》等。

《北京晚报》发表叶君健的短文《观〈觉醒〉》。

5日，《边疆文艺》2月号开始连载刘澍德的长篇小说《归家》上部（至1962年11月号载完，上海文艺出版社1963年出版小说单行本）。小说发表不久，《文艺报》、《文学报》、《边疆文艺》、《文汇报》、《光明日报》等10多种报刊先后发表了40多篇评论文章，对这部作品展开了热烈的讨论。刘金在《〈归家〉——一部富有特色的新作》一文中认为："不把人物的性格和关系简单化，正是《归家》的一个显著的特色，是它形象丰满和引人入胜的原因之一"，"作者把细腻的、热烈的、曲折复杂的爱情描写和深刻的、尖锐的社会斗争融合在一起，使作品获得了深刻的社会意义和动人的艺术魅力"，"在艺术表现上是含蓄的，它不给你一览无余的方便"，"潜台词是异常丰富的"。（刘金：《〈归家〉——一部富有特色的新作》，1963年《文艺报》第1期）而《文汇报》相继发表的三篇文章却认为："由于作家过分着力于发挥两个人颇为'奇妙'的感情，矛盾和脱节的现象是大量存在的。"（孙光萱：《评刘金同志对〈归家〉的评论》，《文汇报》，1963年7月8日）"作者在处理他们的爱情纠葛时，不少地方企图写出他们如何从工作出发，用理智来战胜感情；但是，这些描写与人物性格逻辑不相符，因而显得不真实，不可信"，人物菊英心理的"这种复杂显然不是社会主义农村青年人的丰富的健康的精神状态，而是道道地地的小资产阶级知识分子的卑微心理的曲折反映"，认为作者"在表现新人物精神面貌时，硬把小资产阶级和小资产阶级知识分子那种陈旧而曲折的感情，那种所谓内心世界的矛盾和斗争，加在无产阶级新人物身上"，"这种作品表面上看来是歌颂新人物，实际上是把小资产阶级知识分子当成英雄人物了"，"实质上是作家把阴暗的心理硬加到无产阶级新人的身上"。（曾文渊、吴立昌、戴厚英：《〈归家〉主要人物形象评析——兼谈人物精神面貌的丰富性、复杂性问题》，《文汇报》，1963年7月29日）"作品中的新英雄形象应当比生活中的新英雄人物更理想、更完美"，作者"把我们时代先进人物的本质特点及其社会生活中的地位、意义远远抛在了一边"。（陈国华、田本相：《塑造新英雄人物是社会主义文学的光荣任务》，《文汇报》，1963年12月13日）

《边疆文艺》2月号还发表陈毅的旧体诗《昆明新年》，郭沫若的旧体诗《游凤鸣岭》、《咏茶花》等10首。

《上海文学》2月号发表沙汀的小说《假日》、鲁彦周的小说《妈妈》和李乔的小说《早来的春天》。同期刊登周天的文章《学习和继承"左联"五烈士的革命精神——纪念五烈士被难三十周年》。

《人民日报》刊登玛拉沁夫的散文《大青山的颂歌》。

6日，中华全国文学艺术界联合会、中国作家协会、中国戏剧家协会等8个团体联合组成中国纪念印度诗人泰戈尔诞生100周年筹备委员会。田汉、夏衍、老舍、丁西林、阳翰笙、冰心、杨朔、欧阳予倩等20人被推举为筹备委员会委员，茅盾任主任。

《人民日报》发表郭沫若的诗词《访问古巴》5首（《哈瓦那郊外即景》、《游松树河谷有怀》、《游马汤热斯省所见》、《古美绝交前后所见》、《飞渡大西洋》）。

7日，《人民日报》发表阿英的文章《重读殷夫遗稿〈写给一个哥哥的回信〉》。

《电影文学》改为双月刊,逢双月 7 号出版。

8 日,《人民日报》开始连载曹葆华、渠建明翻译的《高尔基文艺书简》。

《北京晚报》发表陈毅的旧体诗《昆明新年》(作于 1 月 2 日)、浩然的散文《小事》。

9 日,《人民日报》发表杨朔的散文《非洲的心脏在喷火》。

《北京晚报》发表冰心的杂感《"轻不着纸"和"力透纸背"》。

《文汇报》发表沙叶新、李振潼的文章《艺术史上的喜剧》。沙叶新(1939—),回族,剧作家。江苏南京人。中国戏剧家协会常务理事、中国戏剧家协会创作委员会副主任、上海戏剧家协会副主席。曾任上海人民艺术剧院院长。主要作品有话剧《假如我是真的》、《陈毅市长》(获 1980–1981 年"全国优秀剧本创作奖"、"全国少数民族文学创作奖")、《马克思"秘史"》、《寻找男子汉》、《耶稣·孔子·披头士列侬》、《太阳·雪·人》、《东京的月亮》、《尊严》等。

10 日,《重庆日报》发表郭沫若的旧体诗《较场口事件十五周年》。

11 日,《人民日报》发表郭沫若的旧体诗词《在归途中闻古巴解严》、繁星的杂文《从一篇古文看调查研究》。

《文汇报》发表孟超的文章《历史与历史剧》。

北京京剧团在北京工人俱乐部演出吴晗的新编历史京剧《海瑞罢官》,主演马连良、裘盛戎。

12 日,《人民文学》1、2 月号合刊发表李季的小说《马兰》、刘澍德的小说《拔旗》、巴金的小说《军长的心》、陆文夫的小说《葛师傅》、未央的诗歌《故乡的路》、饶阶巴桑的诗歌《采茶献给毛主席》、袁鹰的散文《井冈山记》、叶君健的散文《花》、秦牧的散文《土地》和郭风的散文《地方志三章》、余林的报告文学《铁姑娘》。同期还发表了电影文学剧本《鲁迅传》

（上集），作者陈白尘、叶以群、唐弢、柯灵、杜宣、陈鲤庭，由陈白尘执笔。《鲁迅传》的第 6 稿，1963 年 3 月由上海文艺出版社出版。初版时改名为《鲁迅》（上集）。

《人民日报》发表高士其的科学小品文《庄稼的朋友和敌人》。

《文汇报》发表袁鹰的散文《风帆小记》（包括《题解》、《叮咛》、《香雪》、《江水》4 篇）。

《北京晚报》发表老舍的杂谈《勤俭持家》、邓拓的旧体诗《万年红》。

13 日，《人民日报》发表梅兰芳的文章《厚谊深情廿五年》、阿英的文章《高尔基和中国济难会》。

14 日，《文学评论》第 1 期开辟 "关于文学上的共鸣问题和山水诗问题的讨论" 专栏。讨论持续了一年，先后发表洁泯的《共鸣的基础是什么？》、宗白华的《关于山水诗画的点滴感想》等文章 20 余篇，全国其他报刊、主要是高等院校学报也发表了 60 余篇讨论文章。这些文章主要讨论了不同阶级的人在欣赏文艺作品时是否有共鸣现象及共鸣与阶级性的关系、山水诗是否有阶级性及阶级性如何表现等问题。文学上的共鸣问题的讨论是由柳鸣九的文章《批判人性论者的共鸣说》（《文学评论》1960 年第 5 期）引发的。《文学评论》编辑部在这场讨论的年终综述中说，"尽管分歧仍然存在"，但在一些 "关键性问题" 上是 "有进展的、有收获的"。这次讨论 "是在互相尊重、互相都采取说理态度的气氛中展开的"，出现了学术上的 "良好的风气"，"是讨论学术问题的比较正常的办法"。同期发表李希凡的文论《革命英雄典型的巡礼》。

《人民日报》开辟 "纪念中苏友好同盟互助条约签订十一周年专号"，刊载李季的诗歌《白桦与青松——寄一个苏联同志》。

《光明日报》发表李季的组诗《访苏诗抄》（包括《巴库人问候玉门人》、《难忘库巴水果园》、《赠彼德洛夫》三首）。

《中国青年报》发表曲波的文章《人民英雄浑身是胆——影片〈林海雪原〉上映前忆子荣同志》。

15日，《戏剧报》第3期发表社论《积累保留剧目，建立剧目轮换上演制度》。

《电影艺术》第1期发表罗艺军的文章《电影样式的多样化》和老舍的文章《对话浅论》。

《人民日报》发表金近的诗歌《给小燕子的信——代幼儿园里的小朋友们写的》。

上海人民艺术剧院学馆教研组演出根据川剧传统喜剧《借亲案》改编的7场话剧《借妻》，导演黄佐临。

北京人民艺术剧院演出根据草明小说改编的6场话剧《乘风破浪》，改编朱琳、蓝天野、梅阡、梁秉坤，导演欧阳山尊、夏淳，主演刁光覃、蓝天野、田冲、蓝荫海等。

16日，《北京晚报》发表繁星（廖沫沙）的文章《"史"与"戏"》。

18日，北京50万人集会，强烈谴责美帝国主义及其代理人杀害刚果总理卢蒙巴及其战友的罪行。为悼念刚果总理卢蒙巴，北京、上海等地的文艺界纷纷创作并演出诗歌、戏剧等作品。

《北京晚报》发表吴晗的文章《关于历史剧的一些问题》。此文是回应繁星16日发表在《北京晚报》上的文章。

《光明日报》开始陆续选刊李六如的长篇革命历史小说《六十年的变迁》第二卷的第十章《有了指路明灯》并加"编者按"，分为18日、19日、20日三次载完。

19日，《北京晚报》发表董必武1960年3月观看《洪湖赤卫队》演出后的题诗手迹："仿佛当年作斗争，韩英刘闯造型真。一篇诗史流传出，音乐悠扬更动人。"

1961 二月

20日,《世界文学》2月号发表袁鹰的散文《春天的种子——悼非洲人民英雄卢蒙巴》。

《文汇报》发表郭风的散文《致刚果》。

21日,《人民日报》发表老舍的散文《敬悼卢蒙巴总理》、阿英的短文《清末的反帝年画》。

《光明日报》发表吴晗的文章《夫人城》、秦牧的散文《古战场春晓》和老舍的散文《吐了一口气》(同日发表于《羊城晚报》,《剧本》2、3月号合刊转载)。老舍的散文说明了作者撰写《义和团》(后名《神拳》)话剧剧本的意图,后作为《神拳》的序言收入剧本单行本。

还珠楼主病逝,终年59岁。还珠楼主的创作是民国时代荒诞怪异武侠小说的代表,融神话、志怪、剑仙、武侠为一体,具有想象性与哲理性合而为一的特点,对后来的武侠小说有很大影响。其作品自诞生之日就备受争论,在新中国成立后很长一段时期内被批判为"封建迷信流毒"。直到80年代后,还珠楼主作品的审美价值才得到研究。邓绍基认为还珠楼主"对传统文化所作的艺术采撷,具有不偏执不迷信不拘泥的现代眼光。能用高度综合的现代人眼光,有容乃大地阐发传统文化"。(张炯、邓绍基、樊骏:《中华文学通史·近现代文学编》(第6卷),第316页,北京华艺出版社1997年版)钱理群等人评价"还珠楼主首先直接作用于40年代北派武侠四大家白羽、郑证因、王度庐、朱贞木,带动北派武侠超过南派。在观念和技术上给后人以启示,一直影响到港台新武侠的出现"。(钱理群、温儒敏、吴福辉:《中国现代文学三十年》,第348页,北京大学出版社1997年版)唐金海更是高度评价还珠楼主"构建的超现实的世界,从哲学、文化的角度,对'武侠'作出了新鲜而深邃的阐释,使30年代的武侠小说开始具有了'现代'气派。这种创作方法给后来的港台武侠小说创作以很大的启发,他们创造的意境,或多或少留有《蜀山剑侠传》的影子"。(唐金海、周斌:《二十世纪中国文学通

史》，第 413 页，上海东方出版中心 2003 年版）

22 日，《人民日报》发表阮章竞的诗歌《刚果，踏着血泪前进!》。

23 日，《民间文学》2 月号发表包括《毛主席领我们上天堂》在内的 19 首西藏新民歌。

《人民日报》发表秦牧的诗歌《瞧，那面滴血的联合国旗》、李季的诗歌《夜过莫斯科》和冯其庸的散文《怕鬼的故事》。

《光明日报》发表洁珉的文章《略谈〈三家巷〉的艺术风格》。

《北京晚报》发表浩然的散文《钟声美妙》。

《解放日报》发表巴金的杂文《卢蒙巴总理的血绝不会白流》。

25 日，文化部发布《关于分配 1961 年图书出版用纸的通知》。《通知》说，由于造纸原料、电力不足等困难，经中央批准，1961 年全国报纸和刊物用纸数量压缩 35%，一般书籍压缩 40%。

《光明日报》发表吴晗的文章《神仙会和百家争鸣》、林斤澜的特写《铁疙瘩》。

《中国青年报》发表陈白尘执笔的电影文学剧本《鲁迅传》并加"编者按"。

26 日，《文艺报》第 2 期发表茅盾的文章《兄弟友谊万古长青——庆祝中苏友好同盟互助条约签订十一周年》及《茅盾致费定贺电》、冰心的文艺笔谈《玉工的启发》、唐弢的文章《艺术家和"道德家"——读〈琉森〉》、孟超的文章《谈〈李笠翁曲话〉》。

《人民日报》发表张永枚的诗歌《播种人》。

《文汇报》发表徐迟的诗歌《长江为刚果河志哀，长江向刚果河致敬》、杜宣的诗歌《刚果风暴》、冰心的笔谈《谈散文》、王道乾的散文《两个军人——旅途散记》。

27 日，《新建设》编辑部邀请朱光潜、王家声、宗白华等北京部分美学、艺术工作者座谈，就美学研究的对象问题、从实际出发研究美学的问题、艺术和现实的关系问题、美学的民族特色问题等进行了讨论座谈。《光明日报》3月23日头版头条予以报道并刊发座谈会纪要全文。

《人民日报》发表师陀的文章《散文忌"散"》、凤子的文章《也谈散文》。

28日，《人民日报》、《北京日报》发表陈毅的诗词《访缅诗章》、柯灵的文章《散文——文学的轻骑队》。

《北京日报》发表端木蕻良的散文《抓春》。

《戏剧报》第4期发表吴雪的《坚持剧目轮换上演制度》、薛恩厚的《要积极做好保留剧目的工作》和欧阳山尊的《巩固剧目轮换上演制》等文章。

本月，《人民日报》、《光明日报》、《文汇报》、《上海文学》、《新民晚报》等报刊先后发表阿英、以群等人的文章，纪念"左联五烈士"遇难30周年。

《人民日报》、《中国青年报》等报刊纷纷发表革命回忆录、社论，提倡发扬延安精神。其中，《中国青年报》2月2日、3日开辟"把延安作风变成我们时代青年的风尚"专栏，发表多篇文章。

中国儿童艺术剧院的朱漪、白珊等三人拜访老舍并约稿，之后老舍应邀写成《宝船》。

人民文学出版社出版由中国科学院文学研究所选编的《不怕鬼的故事》。

丁山的《中国古代宗教与神话考》，由北京龙门联合书局作为"内部资料"出版。

中央戏剧学院实验话剧院编的八场话剧《英雄列车》，由北京出版社出版。

中国铁路文工团集体创作的话剧《12次列车》，由上海文艺出版社出版。

杨沫的长篇小说《青春之歌》（第2版），由作家出版社出版。

《山西戏剧》停刊。

三月

1日,《红旗》第5期发表社论《在学术研究中坚持百花齐放百家争鸣的方针》,提出"近年来,国内学术界中,提出问题,发表不同意见,进行自由讨论的风气有了发展,这是一种很好的现象",认为"在政治上承认社会主义道路和党的领导,是一件事;在学术上承认马克思列宁主义的指导,是另一件事。这两件事显然是互相有关的,但又并不就是同一件事";"马克思列宁主义者应当团结一切在政治上承认社会主义道路和党的领导的学术工作者,并且在'百花齐放,百家争鸣'的方针下和他们一起为我们的科学事业的发展而努力"。《人民日报》(3月1日)、《光明日报》(3月1日)、《北京日报》(3月1日)、《边疆文艺》4、5月号合刊等报刊全文转载这篇社论。

《解放军文艺》3月号发表杜鹏的小说《难忘的摩天岭》、李瑛的诗歌《血在燃烧》、饶阶巴桑的诗歌《二月江水向远方》。

《雨花》3月号开辟"关于戏剧冲突问题的讨论"专栏,发表陈瘦竹的《论戏剧冲突》、白坚的《怎样理解戏剧冲突》以及讨论综述《关于戏剧冲突问题讨论的若干情况》。同期发表程小青的历史小说《高士驴》、周瘦鹃的诗歌《参观延安时代革命生活展览会有感》及陆文夫的特写《金钥匙》。

《延河》3月号发表王汶石的小说《沙滩上》、魏钢焰的散文《秋收散记》。其中王汶石的小说被《人民日报》转载,于4月16日、17日分两次载完。《人民日报》为这篇小说开辟了小说评论专栏。阎纲认为"作家在更高的思想水平上,运用更巧妙的艺术手法提出了农村生活新的问题,并给予它以明确深刻的答案的作品"。(阎纲:《小说〈沙滩上〉的思想和艺术》,《人民日报》,1961年5月17日)

1961

三月

《新港》3月号的发表康濯的小说《四季迎春》(1961年2月4日作于保定)、老舍的文论《人物不打折扣》。同期还刊登戈宝权为纪念谢甫琴柯逝世100周年而翻译的谢甫琴柯诗作8首。

《文艺红旗》2、3月号合刊发表田间的诗歌《雷和电》(《赶车传》第六部中的一章)、李希凡的文章《"列宁论高尔基"启示着我们》。

《热风》3月号发表郭风的散文《岛上的三八畜牧场》(1961年2月3日晚作于福州)。

《火花》3月号开始连载胡正的小说《汾水长流》,至8月号连载完毕。

《人民日报》发表塞先艾的文章《崭新的散文》。

《北京晚报》发表袁鹰的影评《江水滔滔五十年》。

2日,《人民日报》发表李准的文章《我怎样写〈老兵新传〉》、秦牧的散文《面包和盐》。

《光明日报》发表邹荻帆的影评《谈〈革命家庭〉的几个细节》。

《北京日报》发表洁泯的文章《人不怕鬼,鬼就怕人——读"不怕鬼的故事"》。

《文汇报》发表陈瘦竹的文章《关于喜剧问题》,对《戏剧报》去年以来有关喜剧问题的讨论进行综述性论述。

3日,《人民日报》发表阿英介绍方志敏短篇小说《谋事》的文章《方志敏同志早年写的小说》。

4日,《中国青年报》发表吴晗的杂文《谈骨气》。

《光明日报》发表草莽史家(孟超)的文章《岳飞与赵构——兼谈怎样评价历史人物,怎样依史作剧》,针对戴不凡的"岳飞是赵构爱将"的说法进行反驳。文章于4日、7日、9日、11日分四次连载完毕。

《北京文艺》3月号发表宗璞的诗歌《黄昏》。

5日,《上海文学》3月号发表唐克新的小说《旗手》、吕曰生的小说

《夜宿舞凤岭》和师陀的散文《红旗渠》。

《边疆文艺》3月号发表郭沫若为《边疆文艺》题词的手迹："普及为基础，提高做指针，百花齐放蕊，万众一条心"。

《人民日报》发表宗璞乡村题材的散文《无处不在》。

《文汇报》发表聂鲁达（智利）的诗歌3首《想起一个人》、《死神在萨尔多瓦徘徊……》、《致加勒比海的青年们》（于纪翻译），吕曰生的散文《泉城早知春》。

《光明日报》发表张炯的文章《也论我国文学史上现实主义和浪漫主义的相结合》。张炯（1933 – ），笔名东方亮、方惠，福建福安人。1948年参加革命，当过游击队政委。1960年北京大学毕业。中国社科院文学研究所研究员、中国当代文学研究会会长。曾任《文学评论》主编、《作品与争鸣》主编、中国作家协会副主席。著有评论集《文学真实与作家职责》、《张炯文学评论选》、《新时期文学论评》、《文学的回眸与思考》、《评论与对话》等。出版有《张炯文集》。

6日，文化部和民族事务委员会在民族文化宫举行座谈会，讨论关于新设立的民族文化工作指导委员会和民族历史研究工作指导委员会的工作问题。老舍、齐燕铭、吴晗、欧阳予倩、侯外庐等人出席座谈会。

6日–10日，中国民间文艺研究会派出丛书编辑部主任陶建基带领《民间文学》编辑部的吴超和研究部的刘锡诚到阜阳，召开"捻军传说座谈会"，研讨捻军传说记录整理中遇到的学术问题和实际问题。

7日，中国文学艺术界联合会、中国作家协会等机构联合举行纪念世界文化名人、阿根廷作家多明戈·富思蒂诺·萨米恩托诞辰150周年大会，老舍作有关萨米恩托生平的报告。3月8日《光明日报》刊登老舍的报告《阿根廷的伟大作家和民主战士》全文。

《人民日报》发表陈毅的旧体诗词《读卢蒙巴遗书》、吴组缃的文章《打虎的故事》。

8日，《人民日报》发表司徒冰的文章《论演员的矛盾》、浩然的小说《半夜敲门》。

9日，亚非作家会议中国联络委员会举行会议，巴金、老舍、冰心、刘白羽等出席会议，茅盾主持。会议通过派巴金率中国代表团参加3月底亚非作家会议常设委员会东京紧急会议等事项。

《人民日报》发表繁星（廖沫沙）的杂文《孔子和〈周易〉作者是怎样观察"变革"的》。

《光明日报》发表戈宝权的文章《伟大的乌克兰人民诗人谢甫琴柯》及其翻译的谢甫琴柯诗作《我的歌呀，我的歌》、《梦》两首。

《北京日报》发表林斤澜的短篇小说《三十个孩子的妈妈》、冯其庸的杂文《勇可习也》。

10日，首都文化界在民族宫礼堂举行集会纪念谢甫琴柯逝世100周年，茅盾、丁西林、阳翰笙、老舍、刘白羽、曹禺、曹靖华、严文井等出席集会。茅盾致开幕词。

《诗刊》第2期发表臧克家的诗歌《望中原》、郭小川的诗歌《婚期问题》、金近的诗歌《妈妈给了我任务》（三首）、李瑛的诗歌《友谊之歌》、孙友田的诗歌《友谊灯》、严辰的诗歌《卡托维兹的灯火》（两首），同期发表郭风的散文诗《致荣宝斋》、冰心的散文诗《像一声爆竹》和谢冕的文章《一个舞步，一朵鲜花》。

《剧本》2、3月号合刊发表马少波的6场话剧《岳云》，老舍的四幕七场历史话剧剧本《义和团》（后改名《神拳》）及其创作谈《吐了一口气》、文艺笔谈《习写喜剧增本领》。

《光明日报》发表陈白尘的影评《〈革命家庭〉的风格及其他》。

《人民日报》发表戈宝权翻译的谢甫琴柯诗歌《当我死了的时候》、《我的歌呀，我的歌呀!》、《哦，人们！可怜的人们!》三首。

11日，《人民日报》发表秦牧的文章《园林·扇画·散文》。

《文汇报》开辟"关于历史剧的正名问题"讨论专版。

12日，《人民文学》3月号发表马识途的短篇小说《找红军》、浩然的小说《车轮飞转》、胡万春的小说《过年》、臧克家的诗歌《凯旋》、李瑛的诗歌《卢蒙巴的故事》、张志民的诗歌《哲学大院》、杨朔的散文《茶花赋》、魏钢焰的散文《船夫曲》（作于1961年2月）、刘白羽的散文《长江三日》（收入散文集《红玛瑙集》，作家出版社1962年5月初版）、冰心的散文《古战场变成了大果园》、老舍的三幕五场儿童剧剧本《宝船》。

闻捷的诗歌《草原上的婚礼》（长诗《复仇的火焰》第二部第三章）发表在《人民日报》上。

13日，《人民日报》发表严辰的诗歌《琴弦——访波兰诗抄》。

15日，《光明日报》发表社论《广泛地用"神仙会"进行自我教育和自我改造》，认为经验证明，"神仙会""一定会有助于自由讨论的风气得到进一步发展，有助于在学术研究园地里出现一个繁荣昌盛的局面，更有效地贯彻'百花齐放，百家争鸣'的方针"。

《戏剧报》第5期发表田汉的文章《关于繁荣戏剧创作的一些问题》。

《中国青年》第5期开始连载杨植霖执笔的革命回忆录《王若飞在狱中》，在第5期、第6期、第7期分三次连载完。

《人民日报》发表袁鹰的散文《湄公河的黎明》。

16日，周作人将鲁迅旧手迹数件寄给绍兴鲁迅纪念馆。

《北京日报》发表浩然的短篇小说《新春的田野》。

《光明日报》发表袁水拍的文章《愤怒的笑声——读阿根廷剧本〈中锋在黎明前死去〉》、余冠英译意的文言短文《不怕鬼的故事》和周谷城的文章《史学与美学》。周谷城（1898－1996），湖南省益阳人，历史学家、社会活动家。其教学和研究涉及史学、哲学、美学、逻辑学、政治学、社会学、教育学等学科，主要著作有：《生活系统》、《中国通史》（两卷）、《中国政治史》、《世界通史》（三卷）、《形式逻辑与辩证法》、《史学与美学》等。

17日，《文汇报》发表朱光潜的文章《从姚文元同志的美学观点谈到美学中理论与现实的结合》，对姚文元就"美"这一概念的界定、艺术美和现实美的关系做了反驳。

《人民日报》发表袁水拍的影评《出污泥而不染——〈社会中坚〉观后》。

《中国青年报》发表闻捷的诗歌《真正的战士》，这是长诗《复仇的火焰》第二部《战斗的草原》中第二章的三小节。

18日，为纪念巴黎公社成立90周年，《人民日报》、《中国青年报》等发表纪念专文，有萧三的文章《公社的歌声响遍全世界——漫谈巴黎公社的诗歌》、季洛的文章《无产阶级的战歌》（《中国青年报》）等。《世界文学》3月号也译载了《巴黎公社诗文抄》。人民文学出版社本月出版《巴黎公社诗选》。

《光明日报》发表郭风的散文《记福州民间工艺美术门市部》。

《曲艺》第2期发表老舍的笔谈《健康的笑声》（3月25日《人民日报》转载）。

《羊城晚报》发表老舍的相声《乱形容》。

19日，邓拓以马南邨的笔名在《北京晚报》上开辟《燕山夜话》专栏，本日发表杂文《生命的三分之一》。直至1962年9月2日止，邓拓共为专栏撰写杂文153篇。其中著名的篇目包括《欢迎"杂家"》、《爱护劳动力的学说》、《堵塞不如开导》、《一个鸡蛋的家当》、《主观和虚心》、《王道和霸道》、《马后炮》等。北京出版社自1961年起，陆续将这些文章结集出版，第一集出版于1961年，第二、三、四、五集均在1962年出版，1963年出版了《燕山夜话》合集。邓拓在合集自序中写道："《燕山夜话》合集问世，本拟重行修改。然而工程颇大,远非零篇写作那么容易,所以只在个别地方略加补正付印。由此得一经验,凡事必须在当时认真抓紧,事后想要改变就很难了。有人说,零篇写作也很费工夫,你难道不怕耽误了工作吗?讲一句老实话,我觉得写短文章并不费事,只要有观点、有材料,顺手牵羊就来了,有一点业余时间的都能办到。这又证明,一般的文章越短越好,写得短就不至于因为忙而不动笔。我们生在这样伟大的时代,活动在祖先血汗洒遍的燕山地区,我们一时一刻也不应该放松努力,要学得更好,做得更好,以期无愧于古人,亦无愧于后人。""文革"初期,邓拓及其《燕山夜话》受到林彪、"四人帮"的批判。1966年4月16日,《北京日报》以三个版的篇幅刊登关于《燕山夜话》和《三家村札记》的批判材料,邓拓的工作被停止。5月8日,江青在《解放日报》发表《向反党反社会主义的黑线开火》,恶意攻击《三家村札记》和《燕山夜话》;5月10日,姚文元在《文汇报》和《解放日报》同时发表《评"三家村"——〈燕山夜话〉、〈三家村札记〉的反动本质》,对邓拓、吴晗、廖沫沙直接进行恶毒攻击,将邓拓打入所谓的"三家村集团"。5月16日中央发出《五一六通知号召向反党反社会主义的黑线猛烈开火》。1966年5月18日,作者去世。"文革"结束后,中共北京市委正式决定为"三家村反党集团冤案"彻底平反。邓拓及其杂文得以昭雪。1979年4月该书由北京出版社再版,再版时补充了1963年未收入的《陈绛和王耿的案件》、《鸽子就叫做鸽子》和《今年的春节》3篇,加进了丁一岚的序《不单是为了纪念》,印数1-150000册。邓拓夫人丁一岚在《不单是为了纪念——写在〈燕山夜话〉再版的时候》中说:"这些杂文旗帜鲜明、爱憎分明、切中时弊而又短小精练、趣妙横生、富有寓意,博得了广大读者的欢迎和支持。全国许多报刊、杂志效仿这一做法,开设了类似的杂文专栏,为当时'百花齐放、百家争鸣'的文苑增添了生气。"据人回忆,当年老舍曾向相关编辑称赞邓拓是"大手笔写小文章,别开生面、独具一格"(顾行、刘孟洪:

《邓拓同志和他的〈燕山夜话〉》,《忆邓拓》,第 31、32 页,福建人民出版社 1980 年版)。

20 日,《人民日报》发表凤子的文章《川剧新人新演技》、周而复的报告文学《草原上的春光》。

21 日,《光明日报》发表郭沫若的旧体诗《诗二首》。

22 日,文化部在中南海紫光阁召开戏曲编、导工作座谈会。首都戏曲界的领导、编剧、导演和来京演出的四川省重庆市川剧院的主要演员参加了座谈。会议由齐燕铭主持,陈毅副总理出席会议,并就"局限性问题"、"写历史剧问题"、"抢救遗产问题"发表了讲话。

《北京晚报》发表浩然的散文《小事续篇》。

23 日,《民间文学》3 月号发表何其芳的文章《〈大跃进工人歌谣选〉序》、柯尔克孜族民歌 19 首。

《人民日报》发表曹靖华的散文《花》。

《光明日报》发表李准的散文《金桥早春》。

《北京晚报》发表袁鹰的杂感《看到了真正的美国》、马南邨的杂文《不怕天》。

24 日,以巴金为团长的中国作家代表团飞抵日本东京,参加亚非作家会议委员会东京紧急会议。

《解放日报》发表姚文元的文章《用阶级斗争的历史经验教育人民》,就陈白尘等人的剧本《鲁迅传》谈历史剧题材问题。

25 日,《诗刊》第 3 期发表郭小川的诗歌《煤都的回声》。

《文汇报》发表细言的文章《做新宅子的新主人——重温鲁迅对创造民族形式的意见》。

《中国青年报》发表唐弢的杂文《谈鬼》。

26 日,《文艺报》第 3 期发表侯金镜的评论《创作个性和艺术特色——

读茹志鹃小说有感》、由张光年执笔的专论《题材问题》。张光年在文章中指出:"为了表现促进社会主义文艺的百花齐放,必须破除题材问题上的清规戒律。"认为"有一些文艺评论文章……以是否处理了重大题材,作为衡量作品价值的首要的或主要的标准","散播了或者助长了题材问题上的简单化倾向"。并指出"题材问题上的狭隘化的理解,是因为有些同志把文艺和政治的关系,理解得过于狭隘了"。(《人民日报》5月10日对这一专题进行了摘要转载)该刊6月号和7月号开辟"题材问题论"专栏,先后发表了周立波的《略论题材》、胡可的《对题材的浅见》、冯其庸的《题材与思想》、夏衍的《题材、主题》、田汉的《题材的处理》、老舍的《题材与生活》。1963年,唐弢在《文学评论》第1期上发表的《关于题材》一文,对本次讨论作了理论回顾和补充。同期还发表陈默的文章《话剧创作中几个问题质疑》,对戏剧冲突、人物形象和创作方式等几个问题提出了疑问。

《人民日报》发表胡万春的小说《过桥》。

《光明日报》发表田汉的旧体诗《悼陈赓同志》。

《北京晚报》发表马南邨的杂文《欢迎"杂家"》。

27日,《人民日报》开始连载许广平的回忆录《鲁迅先生怎样对待写作和编辑工作》,分27日、28日、29日三次连载完。同日还发表了秦牧的随笔《"曲突徙薪"的思想艺术》。

27日–30日,亚非作家会议常设委员会紧急会议在东京召开,18个亚非国家的作家代表与会。巴金任中国代表团团长,杨朔任代表团秘书长,成员包括冰心、沙汀、叶君健等人。巴金在会上致词。会后发表《亚非作家会议常设委员会东京紧急会议公报》(3月31日《人民日报》和《解放日报》刊载公报全文)。

28日,《人民日报》发表郭风的散文诗《北京二章》。

《光明日报》发表臧克家的诗歌《交浅情深》、《一面大旗——卢蒙巴之死》二首，吕曰生的散文《杨柳青青——农会即景》。

《北京日报》发表老舍的散文《春暖花开宾客来》。

29日，《人民日报》发表臧克家的诗歌《果园集》。

30日，《光明日报》发表郭沫若的旧体诗《颂湛江》（包括《堵海工程》、《港口》、《雷州青年运河》、《看演〈寸金桥〉》四首）。

《北京晚报》发表马南邨的杂文《粮食能长在树上吗?》。

31日，文化部党组向中央宣传部报送《关于提高书籍质量、改进出版工作的意见》，提出改进出版工作的五项原则和正确制定长远选题、健全编辑审稿制度等13项措施。

《人民日报》发表未央的诗歌《一碗饭》、秦牧的随笔《蛇与庄稼》。

本月，解放军总政治部宣传部召集部分驻京部队作家、文艺家召开座谈会，讨论文艺创作问题。

北京市作协召开数次关于曹禺新剧《卧薪尝胆》的座谈会。经袁水拍建议，曹禺最终将剧本定名为《胆剑篇》。

上海人民艺术剧院、中国福利会儿童艺术剧院等国内话剧演出团体开始采取剧目轮流上演制。

赵树理在山西沁水、长治等地访问潘永福，写成小说《实干家潘永福》。

《解放战争时期歌谣》，由上海文艺出版社编辑出版。

《毛主席著作放金光》，由春风文艺出版社编辑出版。

马威的短篇小说集《青春的火焰》，由河南人民出版社出版。

杨植霖、乔明甫的革命回忆录《王若飞在狱中》，由中国青年出版社出版。

革命回忆录《平津战役回忆录》、《冲破黎明前的黑暗》，由北京出版社编辑出版。

〔阿根廷〕奥古斯丁·库赛尼的三幕讽刺剧《中锋在黎明前死去》，陈军译,由中国戏剧出版社出版。

本月下旬,巴金在日本参加亚非作家会议东京紧急会议期间,前往日本作家井上靖寓所访问。结识日本著名评论家中岛健藏。

《红旗手》杂志休刊。

春季,诗人郭小川到鞍山、抚顺等地参观访问,创作诗歌《出钢的时候》、《煤都的回声》等作品,后收入诗集《两都颂》。

3月-6月间,北京市文联组织召开三次座谈会,讨论挖掘、整理、改编传统剧目的问题。

四月

1日,《山花》4月号发表蹇先艾的短篇小说《楚江春色》。

《新港》4月号发表李瑛的诗歌《野营抒情》(3首)、蹇先艾的散文《新媳妇》(1961年3月8日作于贵阳)、碧野的散文《汉江礼赞》、郭风的散文《山区三题》(包括《霜晨》、《大队化肥厂》、《林产化工厂》3篇,1961年2月14日至18日作于福州)。同期开始连载曹葆华、渠建明翻译的《高尔基文艺书简》,年内未连载完。

《四川文学》和《星星》合刊,继续出版《四川文学》。巴金的短篇小说《再会》、梁上泉的诗歌《通江歌》发表在《四川文学》4月号上。

《解放军文艺》4月号发表梁斌的小说《播火记》第25章至29章《锁井风云》,分4月号、5月号两期载完。同期发表李希凡的文章《典型、个性和群象》和严辰的组诗《奥斯威辛集中营》。

《雨花》4月号发表范烟桥的旧体诗《苏州新咏》(8首)和艾煊的报告文学《碧螺春汛》。艾煊(1922-2001),原名光道,安徽舒城人。历任《新华日报》编委、副刊主编、江苏省文联副主席、江苏省作家协会主席等职。著有小说《战斗在长江三角洲》、《秋收以后》、《大江风雷》、《山雨欲来》、《乡关何处》、《仓颉之过》，散文集《碧螺春汛》、《太湖漫游》、《金陵·秣陵》，电影文学剧本《风雨下钟山》等。

《民族团结》4月号发表郭小川的诗歌《别煤都》、严辰的诗歌《石竹花》（2首）。

《儿童时代》第7号发表袁鹰的诗歌《永远记住刘文学——刘文学像赞》和康濯的散文《代县风暴》。

《人民日报》发表郭沫若的旧体诗《海南纪行》（包括《颂海南岛》、《赠崖县歌舞团》、《咏五指山》、《咏油棕》、《鹿回头》、《游天涯海角》、《过通什》、《访海瑞墓》、《访那大》共10首）。

2日，《人民日报》在"新民歌选"栏目中刊登藏族民歌《献给毛主席》、田间的关于新民歌的评论《路——随感录》和闻捷的随笔《我爱民歌》。

《北京晚报》发表马南邨的杂文《最现代的思想》。

3日，《人民日报》发表夏衍的科学小品文《蓖麻赞》。

4日，《人民日报》发表周洁夫的散文《山村春夜》。

《北京文艺》4月号发表刘厚明的文章《谈谈儿童心理活动的描写——儿童文学札记》。

5日，《解放》月刊第5期发表社论《提倡和发扬马克思列宁主义的学风》，提出以实事求是的学风促进"百花齐放、百家争鸣"。《文汇报》等报刊转载。

《北方文学》4月号发表严辰的诗歌《海港》、白薇的诗歌《钢铁歌唱金色海》。

《上海文学》4月号发表胡万春的小说《权利》，同期开始连载秦牧的文艺随笔《艺海拾贝》,至1961年12月号仍未结束。

《人民日报》发表舒楠的综述《关于历史剧问题的讨论》,对自1960年10月以来的历史剧讨论问题做了综述:从1960年10月开始,《上海戏剧》、《戏剧报》、《剧本》、《文汇报》、《光明日报》、《北京晚报》等报刊,陆续发表了三十多篇关于历史剧问题的讨论文章,讨论集中在什么叫历史剧和历史剧的古为今用两个问题上。"应该以历史唯物主义的观点,以历史为题材来进行历史剧的创作。历史剧的任务不仅仅是反映客观历史的真实,更重要的是要通过历史的真实,从中取得教育和鼓舞的作用,有利于今天的社会主义革命和社会主义建设。对于这两个根本性的问题,人家的看法是一致的,但是根据什么历史材料?根据历史材料是不是就等于历史真实,历史真实和艺术真实的关系,以及怎样古为今用?怎样正确估价历史人物(历史上的英雄人物包括帝王将相以及人民群众)的作用等问题,却有着不同的意见。"

关于"什么叫历史剧",吴晗的《谈历史剧》(1960年12月25日《文汇报》)认为,"历史剧必须有历史根据,人物、事实都要有根据"、"历史剧的任务是反映历史的实际情况,吸取其中某些有益经验,对广大人民进行历史主义爱国主义教育"。宁富根的《塑造人民群众的形象突出人民群众的作用》(《上海戏剧》1960年第2期)认为,"艺术真实必须高于历史真实,有不受历史真实束缚的一面","剧作家在历史真实的基础上,具有宽广的艺术创造的道路"。齐燕铭的《历史剧和历史真实性》(《剧本》1960年第12期)认为,历史剧的作家必须注意历史的真实性,尊重历史的时代、事件和人物的真实,特别是时代的思想的真实。

关于"古为今用的问题",马少波的《浅谈历史剧的古为今用》(《剧本》1961年第12期)认为,"正确的古为今用必须是历史真实性和现实教育作用的高度统一"。钱英郁的《也谈谈历史剧的古为今用》(《上海戏剧》1960年第11期)认为,历史剧创作成败的首要关键,"在于作者要具有马克思列宁主义的立场、观点、方法，正确地取舍历史素材"。

对于历史人物究竟应怎样正确估价的问题，齐虹在《帝王将相及其他》（《上海戏剧》1961年第2期）认为，"对帝王将相进步性的肯定，应当是有分寸的，不能因为他们有一点进步性，便盲目地进行歌颂，甚至过分美化他们"。孙杰的《历史剧的古为今用及其他》（《上海戏剧》1961年第1期）认为，"历史剧的人物性格的塑造，必须历史主义地对待，既要注意到时代特点，也要注意人物的阶级性"。齐燕铭也认为"对历史人物的正确评价，只能把历史人物放在历史的地位给以估计"。

关于怎样描写人民群众的作用的问题，首先接触到的是怎样描写中国农民战争的问题。杨宽《漫谈历史剧如何反映历史真实问题》（《上海戏剧》1960年第12期）认为，"不但要写出农民战争的一般发展规律，更重要的，要写出中国农民战争的特点，写出中国人民的光荣的革命传统。同时，也还要写出每次农民战争的主要特点。"在谈到能不能写农民战争失败的问题，他认为，"对于个别的农民战争的失败，不是不能写的，要看我们如何写法，要看我们能不能写出他们继续不断的坚持斗争精神，能不能写出广大人民对革命前景充满着信心。"徐进的《历史剧写作中的几点体会》（《上海戏剧》1961年第1期）认为，在创作中不能把人民是历史的创造者这一总的概念简单化运用，"决不能规定一种公式，说既然历史是人民创造的，凡是历史戏就非出几个人民群众不可，而写出这些人民群众的目的在于教育民族英雄，使之在人民的力量下坚定起来，以显示人民力量的决定因素云云"。

6日，《民族团结》4月号发表敖德斯尔的小说《草原上》。敖德斯尔（1924—），蒙古族，原名阿·敖德斯尔，内蒙古昭乌达盟巴林右旗人。1945年参加革命。历任《草原》、《花的原野》杂志主编，内蒙古文联副主席、名誉主席，内蒙古作协主席等职。著有长篇小说《骑兵之歌》、中篇小说集《草原之子》、中短篇小说集《撒满珍珠的草原》等。

《北京晚报》发表董必武的旧体诗《从化温泉》（作于3月2日）、马南邨的杂文《交友待客之道》。

《北京日报》发表老舍的短文《三多》。

《美术》第2期发表老舍的文艺评论《迎春画展》。

7日，《人民日报》"笔谈散文"专栏发表马铁丁的散文《群芳竞丽、各显神通》。

《中国青年报》发表韩映山的小说《淀上雁翎队》。

8日，《文艺报》编辑部召开"批判地继承中国文艺理论遗产"座谈会。茅盾、林默涵、田汉、孟超等人与会并发言。《文艺报》在第5期和第7期分别开辟专栏，陆续刊登这方面的笔谈文章。参加这次笔谈讨论的著名古典文学研究专家和理论家包括宗白华、俞平伯、孟超、唐弢、王朝闻、王瑶、游国恩、朱光潜、陈翔鹤、郭绍虞、王季思等。

为纪念王若飞、叶挺等"四八"烈士殉难15周年，《人民日报》、《中国青年报》等报刊相继发表董必武旧体诗《五君咏——纪念"四八"烈士遇难十五周年》、郭沫若等人的纪念诗词和文章。

《解放军日报》发表董必武的旧体诗手迹《读〈王若飞在狱中〉》。

《北京晚报》发表臧克家的诗歌《春风吹得朋友来——电视机前看乒乓》。

9日，《人民日报》发表郭小川的诗歌《老矿工的爱情》、徐迟的报告文学《鱼的神话》。

《解放日报》头版发表董必武的旧体诗《五君咏——纪念"四八"烈士遇难十五周年》，并加编者附注。

《北京晚报》发表马南邨的杂文《评"三十镇神头图"》。

10日，《山东文学》4月号发表吕曰生的散文《春日登岱》。

《剧本》4月号发表上海戏剧学院试验话剧院集体创作的话剧剧本《战斗

的青春》。

11日-24日，中共中央宣传部召开高等学校文科教材编选计划会议，陆定一、周扬到会讲话，开始筹划大专院校文科教材的编选工作。

12日，《人民文学》4月号发表赵树理的短篇小说《实干家潘永福》、李六如的小说《睡狮怒吼了》（长篇小说《六十年的变迁》第二卷片段）、郭小川的小说《下山》、玛拉沁夫的小说《六月的第一个早晨》、田间的诗歌《海棠》、严辰的诗歌《密茨凯维支象》和《为了你们和我们的自由》、吴伯箫的散文《记一辆纺车》（作于1961年2月15日，1963年4月收入《北极星》，作家出版社出版。1980年8月收入《散文特写选1949－1979》第二册，人民文学出版社出版）、夏衍的散文《古巴纪行》、秦牧的散文《年宵花市》、马加的散文《记广州农民运动讲习所》。

《解放军文艺》4月号发表梁斌的长篇小说《播火记》的第25至29章《锁井风云》。

《人民日报》发表秦牧的诗歌《伟大的平凡》。

13日，苏联成功发射载人宇宙飞船。

文化部发布《关于对历年出版的图书进行重点清理的通知》。要求对新中国成立以来出版的15万种图书，有重点地进行清理，摸清数量、质量、品种门类三方面的基本情况。

广州《羊城晚报》"文艺评论"双周刊专栏刊登关于于逢长篇小说《金沙洲》的评论文章，引发了一场关于文学典型问题的讨论，讨论从4月中旬一直持续到8月，共发表相关讨论文章220余篇。蔡仪的《文学艺术中的典型问题》（《文学评论》1962年第6期）认为这次讨论首先涉及的问题是关于典型是什么的问题，多数论者赞同"典型是共性和个性的统一，或普遍性和个别性的统一"。此外还主要讨论了关于阶级社会中典型人物的普遍性和阶级性的关系问题，大体可分为三种不同的意见：第一种意见认为典型的普遍性就是阶级性，如孙之龙的《典型是什么》（《羊城晚报》6月13日）；第二种意见认为典型的普遍性不限于阶级性，还包括更广的社会性，如陈则光的《论典型的社会性》（《羊城晚报》12月21日）；第三种意见认为典型的普遍性是阶级性和类型性，如吴文辉的《论典型的普遍意义》（《羊城晚报》1962年1月18日）。此外，1961年8月3日《羊城晚报》还刊登了署名中国作家协会广东分会理论研究组的文章《典型形象——熟悉的陌生人》，通过援引别林斯基的"熟悉的陌生人"的观点，文章对这场讨论中逐步出现的"绝对主义"的思想方法和"典型即代表"论进行了批评，说前者"会导致性格、环境、题材的划一化"，后者"与以个别反映一般的艺术规律毫无共同之处"，结论认为对艺术典型的批评，只有"尊重生活的辩证法，尊重艺术的辩证法、尊重以个别反映一般的艺术规律，既承认一般，又承认个别，既承认共性，又承认个性，严格从作品的具体实际出发，对具体人物进行具体的分析，才能克服文艺批评上的简单化、绝对化的倾向"。

《人民日报》发表郭沫若的诗歌《歌颂东方号》、田汉的诗歌《贺苏联载人宇宙飞船归航》、臧克家的诗歌《向地球告别》（外一章）。

《文汇报》发表袁鹰的诗歌《球场内外》。

《北京晚报》发表马南邨的杂文《堵塞不如开导》。

14日，《光明日报》发表田间的诗歌《寄第一个宇宙飞行员——并贺第一个载人宇宙飞船》。

《北京晚报》发表田汉的旧体诗《再贺苏联载人宇宙飞船归航之喜三绝——用董老韵》。

15日，《电影艺术》第2期发表陈荒煤的文章《创造无愧于时代的新英雄人物》、罗艺军的文章《试谈社会主义的电影戏剧》、老舍的文艺笔谈《风格和局限》。

《人民日报》发表邓拓的文章《天仙子·祝贺尤·阿·加加林同志》。

1961 四月

《光明日报》发表郭沫若的诗歌《再歌颂〈东方号〉》。

16日，《儿童时代》第8号发表袁鹰的散文《从井冈山寄出的一封信》。

《文汇报》开始选载李六如的长篇小说《六十年的变迁》的部分章节，名为《南昌城下》并加编者按，于16日、20日、23日分三次连载完。

《北京晚报》发表臧克家的诗歌《双庆功——贺中国乒乓球选手获得团体赛世界冠军及男女单打世界冠军》、马南邨的杂文《宇宙航行的最古传说》。

17日，美国雇佣军入侵古巴，19日古巴军队击退美军。北京、上海等地举行了声势浩大的游行活动，文艺界开始创作、发表、演出大量作品。

18日，《光明日报》开始陆续刊载曹葆华、渠建明翻译的《高尔基文艺书简》。

《中国青年报》发表李六如的小说《民众运动的新方向》（长篇小说《六十年的变迁》第二部中的一节）。

19日，《人民日报》发表袁鹰的诗歌《我们必胜！》。

20日，《人民日报》发表闻捷的《红装素裹——漫谈〈刘三姐〉歌词的语言和表现手法》、徐迟的《劳动号子是源泉——略论工人诗人黄声孝的诗》、臧克家的诗歌《把敌人消灭在革命的大门前——向古巴致意》、李瑛的诗歌《古巴，我看见了你》（外一首）、郭沫若的杂文《打断侵略古巴的魔手》。

《光明日报》发表邓拓的文章《丑奴儿·斥美帝武装侵入古巴》。

《北京晚报》发表马南邨的杂文《植物中的钢铁》。

21日，茅盾接见印度尼西亚作家访华代表团。

《文艺报》编辑部召开少年儿童文学创作问题座谈会，提出"更多更全面地满足少年儿童的要求"。座谈会纪要刊登在《文艺报》第5期上。

文化部、对外文化联络委员会联合发布《关于翻译外国书籍致送原作者稿酬办法的通知》）。

《人民日报》发表田间的诗歌《自由古巴万岁！》。

《北京日报》发表田间的诗歌《号角和砍刀——献给英勇的古巴战士》。

22日，《人民日报》发表郭沫若的诗歌《祝贺古巴胜利——闻美帝雇佣军队侵入古巴，已被击溃》。

《光明日报》发表田汉的诗歌《为古巴的胜利欢呼！》、臧克家的诗歌《四气歌——庆祝古巴大胜利》，两首诗均注明作于4月21日。

23日，《民间文学》4月号开始连载云南大学中文系1956级学生搜集整理的傣族叙事长诗《郎鲸布》（至5月号连载完）。

《人民日报》发表李乔的小说《金古阿略》（长篇小说《早来的春天》中的一章）和臧克家的诗歌《女瓦工》。

《文汇报》发表田汉的旧体诗《喜闻古巴革命军民消灭美帝雇佣军之捷》（3首）。

《光明日报》发表吴晗的散文《清华杂忆——在黑暗的岁月里》，分23、24日两日续完。文章作于4月11日，是为纪念清华大学建校50周年而发。

《北京晚报》发表马南邨的杂文《烂柯山故事新解》。

25日，《诗刊》第4期发表朱德的诗作23首、老舍的文艺笔谈《看宽一点》。

《人民日报》、《文汇报》、《北京日报》、《解放军报》等发表周而复的报道《在古巴前线》。

《人民日报》发表高士其的科学小品《访问月宫的前夜》。

《光明日报》发表郭沫若的诗歌《肯尼迪自白》、秦牧的散文《人与宝藏》。

《北京日报》发表田间的诗歌《红鹰》（长诗《赶车传》第七部《乐园歌》第14章）。

1961 四月

26日，《文艺报》第4期发表茅盾的文论《一九六〇年短篇小说漫评》，于第4、5、6期上分三期刊载完。茅盾评价1960年短篇小说"在数量上稍逊于往年，而在质量上却有所提高"。同期刊发黄秋耘的文艺笔谈《张与弛》、陈瘦竹的文章《论戏剧冲突》、巴金的文章《在亚非作家会议常设委员会东京紧急会议上致词》。

中国青年剧院在京演出话剧《中锋在黎明时死去》。编剧是阿根廷作家奥古斯丁·库赛尼，翻译陈军，导演吴雪、肖崎。剧本发表在《剧本》1月号上。剧本译者陈军认为："作家通过带有寓言色彩的情节尖锐有力地讽刺了资本主义生活方式的丑恶本质，无情地揭露了资产阶级贪得无厌的占有欲和资本主义社会中支配一切的金钱势力。"（《〈中锋在黎明前死去〉译后附记》，《剧本》1961年1月号）

《人民日报》发表周瘦鹃的文章《探梅香雪海》。

《北京晚报》发表邓拓的诗《双鸽》。

27日，《文汇报》发表王老九的诗歌《加加林看到的我也看见》。

《北京晚报》发表马南邨的杂文《杨大眼的耳读法》。

28日，茅盾接见缅甸作家协会主席吴登等人。

《人民日报》发表周洁夫的散文《播种的时候》。

29日，《人民日报》发表杨朔的散文《樱花雨》。

《光明日报》发表郭沫若的旧体诗《游览北京动物园》（作于4月25日）、洁珉的文章《喜听评弹新韵》。

30日，《戏剧报》第7、8期合刊发表《关于戏剧冲突问题的讨论——有关论文和来稿综述》和《关于历史剧的争鸣》两篇综述。《关于戏剧冲突问题的讨论——有关论文和来稿综述》详细介绍了自1960年以来戏剧界关于戏剧冲突问题讨论的情况，认为讨论主要包括戏剧冲突是内容还是形式，戏剧冲突与生活矛盾以及戏剧冲突、人物塑造、性格冲突和反映人与自然的矛盾等问题。《关于历史剧的争鸣》一文则总结了仍在进行中的历史剧讨论，对讨论中涉及的历史剧的古为今用、历史真实与艺术真实的关系、如何评价封建统治阶级中的英雄人物、如何表现人民群众在历史上的作用等问题进行了总结。

《文汇报》发表端木蕻良的散文《石钢的春天》。

《北京晚报》发表马南邨的杂文《爱护劳动力的学说》。

本月，全国各地举行集会抗议美国侵略古巴，文艺界创作大量相关作品。

沈从文为曹禺剧作《胆剑篇》所用器物、道具做了实物参考目录，并注明藏所。

李月润等著、赵明远插图的短篇小说集《幸福的暖流》（公安文艺小丛书），由群众出版社出版。

贺敬之等的诗集《社会主义祖国颂》（汉字、拼音文字对照），由文字改革出版社出版。

上海民歌编辑委员会编的《稻花钢水谱新歌》（1960年上海民歌选本），由上海文艺出版社出版。

宋祝平的散文、特写集《访朝散记》，由福建人民出版社出版。

吴玉章等的《毛主席在重庆》、袁学凯等的《英明的预见》、唐平铸等的《千里跃进逐鹿中原》、叶剑英等的《伟人的战略决战》、王进轩的《我们的连队》等革命斗争回忆录，由解放军文艺社出版。

田汉的话剧《关汉卿》（最初发表在《剧本》1958年5月号），由人民文学出版社出版修订本。在此之前的1958年6月，中国戏剧出版社曾出版过单行本。

广西僮族自治区"刘三姐"会演大会改编的8场歌舞剧《刘三姐》，由中国戏剧出版社出版。

〔苏〕马雅可夫斯基的长诗《列宁》，飞白译，由上海文艺出版社出版。

1961

国务院任命陈荒煤为文化部电影局局长,司徒慧敏、季洪为副局长。

4月—6月初,叶圣陶在四川、南京、苏州等地考察教育工作,旅行中所做日记分别题为《旅川日记》、《颇有回味的旅行》等篇收入《我与四川》(四川人民出版社1984年1月出版)、《叶圣陶集》第23卷。(《叶圣陶集》共25卷,由叶至善等人编集,江苏教育出版社1987年到1994年9月出版完。)

五月

1日,中国作家协会与来访的印度尼西亚全国作家代表团签订共同声明。仪式后举行酒会,欢送印度尼西亚代表团回国。茅盾、老舍、何其芳、张光年、郭小川等出席了签字仪式和酒会。

《延河》4、5月号合刊发表柳青的长篇小说《创业史》第二部第四、五章,"座谈短篇小说的创作问题"专栏发表杜鹏程的文章《关于情节》。本期开始,《延河》由纯文学刊物改为综合性文艺刊物,以文学创作作品为主,增加音乐、戏剧、美术等内容。

《新港》5月号开辟诗歌专辑,发表田间的长诗《赶车传》第七部《乐园歌》中的两章《山顶花园》和《天池》、郭小川的诗歌《追随着老孟泰的脚步》、严辰的诗歌《华沙》、王老九的诗歌《春到人间山河笑》、张永枚的诗歌《革命故乡》,同期还刊登了冰心翻译的泰戈尔的诗歌《孟加拉风光》、戈宝权译里利尼尤·米凯亚的诗歌《怀念祖国》(外三章)。

《四川文学》5月号发表雁翼的短篇小说《雕像》、梁上泉的诗歌《飞天赞》、邓均吾的诗歌《送人回玉树》,同期开辟了"关于古为今用的讨论"专栏。邓均吾(1898—1969),笔名默声、微中,四川古蔺人。1921年参加创造社,与郭沫若、郁达夫、成仿吾同编《创造》,1922年开始发表作品。曾任《创造季刊》编辑、中共古蔺县委书记、中华文艺界抗敌协会理事,1949年后历任重庆市文联副主席、重庆市作家协会副主席、《红岩》杂志主编。代表作品有新诗《白鸥》等。另译有《希腊神话》等。

《热风》第4期发表郭风的散文《海岛散记》、林群英的散文《水乡的春天》。从本期开始,《热风》由月刊改为双月刊,逢单月1日出版。

《解放军文艺》5月号发表浩然的小说《太阳当空照》、李瑛的诗歌《关于人、星球和宇宙》及田间的长诗《赶车传》中《乐园歌》两章《笑吧!》和《火树》。同期发表报道《积极提高部队艺术创作的水平——总政宣传部召开的歌曲、舞蹈、美术创作座谈会纪要》。

《山花》5月号发表骞先艾的诗歌《喜闻古巴革命军击溃美国雇佣军口占二绝》。

2日,《文汇报》发表姚文元的文论《关于美学讨论的几个问题——答朱光潜先生》。

《北京日报》发表邹荻帆的诗歌《五月之献》、风子的《新形式、新风格、新型的讽刺剧——〈中锋在黎明前死去〉观后》。

3日,《文汇报》发表吴晗的文章《再谈历史剧》,针对一段时间以来就《杨门女将》一剧进行历史剧讨论的问题发表了看法,认为"剧作家的自由也是有限度的,浪漫主义不是一味万灵药"。

叶圣陶在四川拜访李劼人,二人同游昭觉寺。

4日,《北京文艺》5月号发表田间的诗歌《乐园歌》(《赶车传》中的《瓜和藤》、《歌声》)、林斤澜的特写《千方百计的后勤兵》。

《文汇报》发表魏金枝的短文《使我永远年轻》。

《光明日报》发表郭沫若的论文《〈再生缘〉前十七卷和它的作者陈端生》。

《北京晚报》发表马南邨的杂文《"初生之犊不怕虎"》。

《工人日报》发表邓洪的革命回忆录《红色交通线》。

5日，《上海文学》5月号发表田间的诗歌《一千梦》、师陀的散文《南湾》、郭风的散文《闽江木运》。

《边疆文艺》4、5月号合刊发表晓雪的诗歌《青春颂》，紫晖、泥蒭的文章《民族民间文学为什么有宗教色彩》，陈戈华的文章《泛谈宗教和哲学》。《边疆文艺》后来又在11月号上发表孟流的文章《关于文学和宗教的关系》，12月号上发表周天恒、龙朝江文章《也谈宗教与文艺的关系——与陈戈华同志商榷》，开展了宗教与文学艺术关系的讨论。紫晖、泥蒭的文章认为："宗教总是对某些民族民间文学起了消极作用。宗教总是与民间文学的发展是对立的。民族民间文学与宗教总是展开了斗争，它是民族民间文学发展中两种文化的斗争的一种形式。"（紫晖、泥蒭：《民族民间文学为什么有宗教色彩》，《边疆文艺》1961年4、5月号合刊）孟流的文章则提出不同意见："原始宗教对文学有积极的作用，也有消极的作用"，"夸大宗教的作用，夸大宗教对文学的影响，是十分有害、十分错误的"。（孟流：《关于文学和宗教的关系》，《边疆文艺》1961年11月号）

6日，《人民日报》发表秦牧的散文《古巴四农妇》。

《光明日报》发表吴晗的文章《谈烧香》。

《解放日报》发表孙瑜的文章《第三次见到毛主席》。

7日，《文汇报》发表王道乾的散文《箱子岙——嵊泗随笔》。

《北京晚报》发表马南邨的杂文《不要秘诀的秘诀》。

8日，《人民日报》发表陈毅的旧体诗《中缅友好诗章》。

《解放日报》发表郭风的散文诗《江南写意》一组（包括《无锡》、《运河灯火》、《江南写意》三篇）。

9日，老舍为赵清阁生日题赠对联一副："清流笛韵微添醉，翠阁花香勤著书",横幅"健笔纵横写青山"。

10日,《诗刊》第3期发表郭小川的组诗《煤都的回声》、雁翼的诗歌《山城抒情》(包括《重钢晚霞》、《朝天门码头》、《龙隐路上》、《山城的山》、《解放碑》5首)、张志民的诗歌《共产主义的金翅》、李瑛的诗歌《欢呼第四号公报》(2首)、陈敬容的诗歌《芭蕾舞素描》(作于1959年国庆期间)、晓雪的诗歌《玉湖》。

《人民日报》发表魏风的诗歌《访缅诗抄》、秦牧的散文《胞波》。

《解放日报》发表选录自上海文艺出版社出版的《送瘟神》一书中部分民歌,并加编者按。

11日,巴金接到香港南国出版社主编余思牧来信,就写作《作家巴金》一书恳请支持和帮助。巴金从信中获悉,自1952年以来南国出版社一直通过三联书店租用开明书店战前版巴金文集来印行旧作。

《解放日报》发表白危的散文《滩浒岛拾零》。

《光明日报》发表郭风的散文《天坛及其他》。

《北京晚报》发表马南邨的杂文《三分诗七分读》。

12日,《人民文学》5月号发表李準的小说《春笋》,林斤澜的小说《山里红》,端木蕻良的小说《江河涨满了春潮》,曲波的小说《不速之客》(长篇小说《山呼海啸》一章),臧克家的诗歌《第一人》、《海滨看跳伞》、《探望》,师陀的散文《山川·历史·人物》,邹荻帆的散文《星汉灿烂——第二十六届世界乒乓球锦标赛即景》,陈残云的散文《春暖家乡》,高士其的科学小品文《地球的帐幕》。

13日,《青海湖》月刊、青海作家协会、音乐家协会等联合召开座谈会,就如何学习民歌"花儿"和"花儿"的发展提高问题展开讨论。

《光明日报》发表顾仲彝的《漫谈悲剧问题》,分13日、16日两次刊完。

14日,《人民日报》发表菡子的小说《羊奶奶》、茹志鹃的散文《在那东海边上》。

《北京晚报》发表马南邨的杂文《"批判"正解》。

《文汇报》发表田间的诗歌《金中舞——一个新的故事》（长诗《赶车传》第七部中的一章）。

《中国青年报》发表秦牧的散文《奇树》。

15日，中国文联等团体联合举办纪念世界文化名人——印度诗人泰戈尔诞生100周年纪念会。茅盾、老舍、田汉、欧阳予倩、夏衍、丁西林、阳翰笙、赵朴初、吴作人、季羡林、冰心、周巍峙等出席。茅盾主持大会并致开幕词，季羡林作题为《泰戈尔——印度伟大的诗人》的报告。人民文学出版社出版了《泰戈尔作品集》10卷，北京同期还举办了泰戈尔展览会等活动。

《人民日报》发表高士其的诗歌《海南岛颂》。

16日，《解放日报》发表魏金枝的文章《读"皮大王"有感》、戴厚英的文章《关于"歌颂性喜剧"的矛盾冲突》。

18日，中国作家协会召开报告会，听取刘白羽关于亚非作家会议东京紧急会议情况的报告。茅盾主持会议。

《曲艺》第3期发表老舍的散文《好友春风携手来》。

《文汇报》发表田间的诗歌《乐园歌》、川岛的文章《散文既须有时代风格，也要有个人风格》。

《北京晚报》发表马南邨的杂文《两座庙的兴废》。

《北京日报》发表冯其庸的杂文《疑心生暗鬼》。

19日，《人民日报》发表吴言的报告文学《钟》。

20日，《世界文学》5月号发表茅盾的文章《欢呼亚非作家会议东京紧急会议的胜利！》、刘白羽的文章《三月春风》、冰心的文章《忆日本的女作家们》。

21日,《人民日报》发表徐迟的游记《访杜甫夔州故居》、曹靖华的散文《凭吊"新处女"》、郭风的散文《海岛素描小集》。

《北京晚报》发表马南邨的杂文《少少许胜多多许》。

《文汇报》发表李广田的文章《读〈拔旗〉》。

22日,《人民日报》发表菡子的随笔《诗意和风格》。

23日,《民间文学》对少数民族文学史讨论会作专题报导,刊发会议中袁家骅的《少数民族人民口头创作中的语言问题》、傅懋勣的《关于记录和翻译少数民族文学的几点意见》两篇发言。

文化部党组向中央宣传部报送《编刊〈知识丛书〉方案修正稿》。6月8日,中宣部批准这一方案。《知识丛书》由胡愈之倡议,是为了提高具有中等文化程度的干部的文化科学知识水平而编印的一套中级普及读物,初步计划在两三年内出书三四百种,由人民、人民文学、中华、商务、世界知识、科学普及等出版社承担编辑出版任务。《知识丛书》从1962年5月开始出书,到1965年止,共出版83种。

《光明日报》发表朱德的旧体诗《游闽诗草》(包括《游鼓山》、《游闽江》、《咏古田水库》3首,作于1961年2月8日)。

25日,《文汇报》"笔会"专栏与《光明日报》"东风"专栏合编,发表唐弢的文章《谈诗贵创造——关于长诗〈于立鹤〉的一封通信》、丰子恺的散文《黄山松》并配画、邹荻帆的散文《沙城南郊》。

《北京晚报》发表马南邨的杂文《起死回生》。

26日,《文艺报》第5期开辟"批判地继承中国文艺理论遗产"专栏,发表宗白华的《中国艺术表现里的虚与实》、俞平伯的《谈谈古为今用》、孟超的《一项基本建设工作》、唐弢的《"中国作风和中国气派"》和王朝闻的《有益的启发和借鉴》等文章。俞平伯在《谈谈古为今用》中认为,"创作和理论批评相结合很重要,这样才能抓着痒处,有说服力量,这样,将更有利于百家争鸣"。同期发表季羡林的《纪念泰戈尔诞辰一百周年》和王子野的《和姚文元同志商榷美学上的几个问题》。

《内蒙古日报》发表老舍的旧体诗9首《大好春光》。

27日，巴金在写给香港南国出版社主编余思牧的书信《致余思牧》中，表示"放弃版权"，但"《第四病室》、《海行杂记》、《旅途随笔》、《点滴》等书希望暂时不要重印"。巴金还对余思牧信中问题一一作答："一、您记错了，我并没有在茅盾先生主办的文艺讲座上讲过课，我从来就不会讲课"；"二、您为南洋读者写"，"只要没有故意的歪曲，我不会介意"；"三、对书名我无意见"。余思牧（1925－2008），企业家，华裔加拿大籍中国文学研究者，巴金研究专家。生前创办西太平洋集团机构，任该集团总裁。在从事教育和商业活动的同时，不忘研究和著述，其主要著作有《中西300作家评传》、《唐诗杰作论析》、《作家巴金》、《作家冰心》、《作家茅盾》等。其中，1964年1月由香港南国出版社出版的《作家巴金》是巴金研究中具有开拓性质的著作，曾印行20余版。长期以来，余思牧身体力行推行巴金研究，并且与巴金结下真诚友谊，是巴金研究界的重要学者。

《北京晚报》发表叶君健的游记《生意经》。

《解放军报》发表顾工的诗歌《海岛短歌》（包括《小岛》、《合影》、《茶》、《奶瓶》4首）。

28日，《人民日报》发表敖德斯尔的小说《草原童话》、臧克家的诗歌《毛主席戴上了红领巾》、金近的诗歌《庆祝"六一"唱个歌》。

《文汇报》发表任溶溶的散文《孩子读书》。

《光明日报》发表郭沫若的论文《武则天生在广元的根据》，后收入《武则天》单行本。

《解放日报》发表丰子恺的散文《黄山印象》并配作者画的《会当凌绝顶，一览众山小》。

《北京晚报》发表马南邨的杂文《说志气》。

30日，俄国民主主义革命家和文艺理论家别林斯基诞辰150周年，《文汇报》等报刊刊登纪念文章。

《文汇报》和《前线》第11期分别以《最近美学讨论中的几个问题》和《关于美学问题的讨论》为题，就当前美学问题讨论做了综合报道。这场讨论的缘起是1958年5月3日《文汇报》刊载的姚文元《照相馆里出美学》一文，朱光潜、王子野等都参与了这场讨论。

《东海》第5、6月号合刊发表金近的小说《在农忙假期里》。

《戏剧报》9、10期合刊发表评论员文章《论整理戏曲遗产的工作》、鲁煤的《吴晗同志谈历史剧》、综合报道《关于悲剧问题的讨论——有关论文综述》。

31日，《解放日报》发表任大霖的文章《从小驹子学划船谈起——读〈微山湖上〉随笔》。

《北京晚报》发表臧克家的诗歌《节日的礼物》。

《中国青年报》发表秦牧的历史小品文《三元里不灭的火焰》。

梅兰芳在中国科学院礼堂为中国科学家演出《穆桂英挂帅》。演出后，中国科学院院长郭沫若上台代表科学家向梅兰芳致谢并合影留念，这是梅兰芳56年舞台生涯的最后一次演出。

本月，中国戏剧家协会戏剧创作委员会与《剧本》编辑部举行儿童剧创作座谈会，贺敬之、孙福田、刘厚明、柯岩、乔羽、白珊等儿童戏剧工作者参加了座谈会。

《北京日报》开辟"笔谈《林海雪原》"专栏，就曲波的长篇小说和据此改编的同名影片展开一次群众性讨论。讨论从5月持续到8月。

郭沫若、周扬主编的《红旗歌谣》，由作家出版社出版。

史峭石的诗集《驰骋集》，由山西人民出版社出版。

1961

李欣的诗集《大跃进交响乐》，由内蒙古人民出版社出版。

乌兰巴干的小说、特写选集《草原新史》、张英的短篇小说集《上海的浪花》，由上海文艺出版社出版。

王敏的四幕六场话剧《女民兵》，由群众出版社出版。

六月

1日—28日，中宣部在新侨饭店召开文艺工作座谈会，主要讨论《关于当前文学艺术工作的意见》（草案）（即《文艺十条》的初稿）。《文艺十条》初稿由周扬、林默涵负责，黎之、吕骥、蔡若虹、张光年、袁水拍、郭小川、伊兵7人执笔起草，论及政治和文艺的关系、题材风格多样化、普及与提高、中外遗产的继承、加强艺术实践、保证创作时间、加强文艺评论、重视培养人才、精神鼓励和物质鼓励、加强团结调动一切积极因素、改进领导等10个方面。《文艺十条》经过修改后，于本年8月1日印发各地征求意见，1962年4月"广州会议"后由中宣部正式定稿为《文艺八条》，30日正式经文化部党组、文联党组批准下发全国各地文化艺术单位贯彻执行。这八条是：一、进一步贯彻百花齐放、百家争鸣的方针；二、努力提高创作质量；三、批判地继承民族遗产和吸收外国文化；四、正确地开展文艺批评；五、保证创作实践，注意劳逸结合；六、培养优秀人才，奖励优秀人才；七、加强团结，继续改造；八、改进领导方法和领导作风。

由于本次会议和全国故事片创作会议都是在新侨饭店召开，两个会议有时又合并召开大会，故简称为"新侨会议"。新侨会议分两阶段进行，第一阶段参加会议的是各个省、市、自治区党委的文化宣传部长、省文化局长及主管文艺的负责人，会议中心是谈文艺领导和讨论"十条"，陆定一、周扬、林默涵等出席会议,讨论并未取得较大进展。会议第二阶段同时召开文艺座谈会与故事片创作会议,主要讨论"文艺十条"与《关于当前电影工作的意见〈草案〉》。著名文艺工作者大多参与了第二阶段会议,会议讨论十分热烈。周恩来和周扬分别在两个会议上做重要讲话。

周恩来19日在大会上作《在文艺座谈会和故事片创作会议上的讲话》。他在引言中以影片《达吉和她的父亲》为例,对近年来文艺界出现"五子登科"("套框子、抓辫子、挖根子、戴帽子、打棍子")的不正常现象提出了批评,随后就物质生产与精神生产、阶级斗争与统一战线、为谁服务、文艺规律、遗产与创造等问题进行了讲话。周扬在28日的总结会上作报告指出:过去有的人"把政治了解得很狭隘",这是不对的。文艺为政治服务,"不仅应该有表现社会时代的作品",并且还要"整理过去的文艺遗产";"在有的时候,有的场合,后者起的作用还更大"。他说,"政治挂帅,政治就不能太多,太多,就削弱了政治,政治不是帅,而变成了兵……政治是灵魂,灵魂要依附在肉体上。业务、艺术就是肉体;没有肉体,灵魂就无所依附了,不知道它到底在哪里。"他强调说:"我们的文艺队伍是最可爱的队伍","同党是一条心的"。又说:"不注意文学特点,庸俗社会学就出来了。胡风对我们做了很多恶毒的攻击,他是反革命。但是,经常记得他攻击我们什么,对我们也有好处。他有两句话是我不能忘记的。一句:'20年的机械论统治'。如果算到现在,就是30年了。他所攻击的'机械论'就是马克思主义。我们是马克思主义领导文艺,而不是'统治'。然而,我们也可以认真考虑一下,在我们这里有没有教条主义……胡风还有一句:反胡风以后中国文坛就要进入中世纪。我们当然不是中世纪。但是我们搞成大大小小的'红衣大主教''修女''修士',思想僵化,言必称马列主义,言必称毛泽东思想,也是够叫人恼火的就是了。我一直记着胡风的这两句话。"田汉在会上作题为《要总结一下民主革命阶段的戏剧经验》的发言,认为建国"十一年来我们也积累了一定的经验",但"还没有充分摸出建设社会主义戏剧的客观规律","我们应该认真总结一下民主革命阶段的经验,来改正我们当前的工作","好好继承中国戏剧的革命传统"。(《戏剧报》1961年第11、12期合刊)新侨会议结束后,全国各报刊上减少工农兵文学作品的发表数量,专业作家作品数量相应增加。

1日,《红旗》第11期刊登黎庶之的文章《关于百家争鸣的一个问题》。

《文艺红旗》第5、6期合刊发表郭小川的诗歌《鞍钢一瞥》。

《雨花》6月号发表周瘦鹃的科普小品《三春花木事》,刘川、杨履方的文章《喜听新声唱〈窦娥〉》。

《延河》6月号开辟"笔谈'百花齐放,百家争鸣'"专栏。

《新港》6月号开辟"献给'祖国的花朵'"专栏,发表金近的散文《写字》、凤子的散文《风筝》、乌兰巴干的散文《桃花村》。

《四川文学》6月号发表蹇先艾的散文《挖薯记》,这是作家系列散文《在我们队里》中的一篇。同期发表李累、之光的报告文学《从水牢里活出来的人们——四川大邑县地主庄园陈列馆调查记》。李累(1924-1995),原名陶晓卒,重庆人。中共党员。1944年毕业于江安国立戏剧专科学校话剧科。历任《反攻》、《挺进报》编辑,《草地》、《峨遢》、《四川文学》及《戏剧与电影》副主编、主编,剧协四川分会主席等职。1942年开始发表作品。著有报告文学集《从水牢里活出来的人们》、《没有名字的烧盐工人》,电影小说《姗姗的独白》等。

《河北文学》创刊。第1期发表康濯的小说《第一户社员》、田间的诗歌《金桥》(长诗《赶车传》第六部《金不换》第十章)、梁斌的诗歌《宋洛曙之歌》、南开大学中文系1956级的评论文章《阶级的民族的时代的英雄——论朱老忠的形象》。同期开始连载袁静的长篇小说《红色少年夺粮记》(年内未连载完)。

《北京文艺》6月号发表浩然的小说《笑声》、邹荻帆的诗歌《农村即景》。

《解放军文艺》6月号发表魏钢焰的小说《晨笛》。

《火花》6月号发表陈伯吹的小说《学赶帮的故事》。

《大众电影》第6期发表马铁丁的文章《琼岛英雄花——〈红色娘子军〉观后感》。

《人民日报》编辑部邀请一部分儿童文学工作者召开座谈,发表题为《希望作家们创作更多更好的儿童文学作品》的座谈纪要。同日,《人民日报》发表宋庆龄的文章《孩子们要永远听毛主席的话》、曹禺的诗歌《谁活在我们心当中——"六一"儿童节,小学生方子、元元、乃华朗诵的一首诗》、冰心的散文《中野绿子和小慧》。

《文汇报》发表金近的短文《孩子们的意见》、陈伯吹的小说《小哥俩儿》。

《光明日报》发表陈伯吹的散文《一份心意》。

《北京晚报》发表马南邨的杂文《珍爱幼小的心灵》。

《北京日报》发表刘厚明的短篇小故事《光辉的一天》,张志民的诗歌《爷爷的礼物》、《那双小眼睛》。

《草原》杂志经过半年的休刊,于本月复刊。

2日,中国作家协会上海分会、中国戏剧家协会上海分会、中国电影工作者协会上海分会、中国美术家协会上海分会、中国音乐家协会上海分会联合召开儿童文艺工作者座谈会,魏金枝、熊佛西、张乐平等出席会议。

《人民日报》发表郭预衡的杂文《专门与博识》。

3日,《解放日报》发表任大霖的小说《最愉快的节日》。

《北京晚报》发表臧克家的诗歌《为了纪念儿童节》、《小球迷》,叶君健的游记《"一六银行"》。

1961 六月

《北京日报》发表叶君健的游记散文《渔人——日本散记》。

4日,《北京晚报》发表马南邨的杂文《"一无所有"的艺术》。

5日,《上海文学》6月号发表茹志鹃的短篇小说《同志之间》、林斤澜的小说《家信》、李瑛的诗歌《拾海菜》。

《边疆文艺》6月号发表贺绿汀的散文《美丽富饶的云南》(1961年4月7日作于上海)。

6日,《人民日报》发表叶圣陶的诗歌《天气》。

《光明日报》发表冰心的散文《谈虎》。

《北京日报》发表袁鹰的配画诗《龙市》。

8日,《人民日报》发表张永枚的诗歌《胜利的旗帜》、巴金的散文《我们永远站在一起》、刘白羽的散文《樱花漫记》、曹靖华的散文《好似春燕第一只》(作于1961年6月5日)。

《文汇报》发表周洁夫的散文《"穷山"的话》。

《光明日报》发表郭沫若的文章《再谈〈再生缘〉的作者陈端生》、陆文夫的小说《修车记》和周瘦鹃的散文《苏州盆景一席谈》。

《北京晚报》发表马南邨的杂文《从三到万》。

《北京日报》发表老舍的短文《乍看舞剑忙提笔》。

中宣部批准文化部党组的报告,同意在人民出版社内设立通俗读物编辑部,以加强通俗读物的出版工作。

8日-7月2日,文化部在北京新侨饭店召开全国故事片创作会议。会议主要审议文化部提交的《关于当前电影工作的意见〈草案〉》,总结近年来电影工作方面的经验教训。会议由夏衍主持。会议期间,周扬就有关创作的问题作报告,齐燕铭、夏衍、林默涵也先后到会讲话。7月14日,《人民日报》报道称,全国故事片创作会议决定进一步贯彻"百花齐放,百家争鸣"的方针,扩大题材范围,提高艺术质量。

9日，中央戏剧学院实验话剧院演出欧阳予倩根据美国斯托夫人小说《汤姆叔叔的小屋》改编的10场古典剧《黑奴恨》，导演孙维世。剧本发表在《剧本》1959年11月号上。田汉指出此次由欧阳予倩改编的"《黑奴恨》比起半个世纪前的《黑奴吁天录》有了质的飞跃"（《谈〈黑奴恨〉》，《人民日报》1961年7月12日）。

9日-16日，巴金创作散文《富士山和樱花》。

10日，中国剧协艺委会召开欧阳予倩《黑奴恨》座谈会，田汉主持会议并发言。与会人士对此剧的剧本和表演都给予很高评价。田汉认为话剧比原著小说思想上"有所提高和丰富"，"从这个戏看，当初春柳社甚至表现了一定的社会觉悟"。

中国科学院文学研究所召开少数民族文学史编写问题座谈会，交流少数民族的文学史编写经验，确定了编写的部分原则。至会议召开时，我国已经有16个少数民族的文学史或概况已编写完成。《人民日报》6月28日刊登了会议纪要。

《山东文学》5、6月合刊发表刘知侠的小说《沂蒙山的故事》和吕曰生的散文《青岛散记》。

《剧本》5、6月号合刊开辟"题材问题"专栏，发表夏衍的文章《题材、主题》、老舍的文章《题材与生活》和乔羽的文章《从普希金和果戈里说起》等。同期发表朱琳、梅阡、蓝天野、梁秉堃改编的6场话剧《乘风破浪》。

《人民日报》发表袁鹰的诗歌《如胶似漆——欢迎范文同总理和其他越南贵宾》和蹇先艾的散文《夏收小记》。

11日，《文汇报》发表何为的散文《樱花之忆》。

《人民日报》发表周瘦鹃的散文《访古虎丘山》。

《北京晚报》发表马南邨的杂文《说大话的故事》。

12日，《人民文学》6月号发表茹志鹃的短篇小说《阿舒》、菡子的短篇小说《万妞》、李乔的小说《觉悟》（长篇小说《早来的春天》一章）、晓雪的诗歌《花朵》、冰心的散文《樱花赞》、吴伯箫的散文《菜园小记》、叶君健的散文《日本杂记》、丰子恺的散文《上天都》、吴晗的文章《杰出的学者玄奘》、金近的童话《小白鹅在这里》、柯蓝的报告文学《鱼鹰》。

13日—18日，上海举行京昆剧传统剧目会串，演出了建国后较少上演或从未上演的剧目，如京剧《十八扯》、《雅观楼》、《盘丝洞》、《武文华》、《斩经堂》、二本《侠义江湖》、《盗银壶》、头二本《虹霓关》和昆剧《活捉》、《痴梦》等。

14日，《文学评论》第3期发表胡可的文章《情节·结构——习剧笔记一则》、吴晗的文章《谈历史剧》、朱寨的文章《谈〈乘风破浪〉中宋紫峰的形象及其他》、刘澍德的文章《编写少数民族文学史的几个问题》和严家炎的文章《谈〈创业史〉中梁三老汉的形象》。严家炎"不能同意""《创业史》的最大成就在于塑造了梁生宝这个崭新的青年农民形象"，而是认为"梁三老汉虽然不属于正面英雄形象之列，但却有巨大的社会意义和特有的艺术价值"，是"《创业史》里最成功的"。

15日，《人民日报》发表安波的散文《梦过睦南关》。

《电影艺术》第3期发表席珍的文章《延安电影团的放映队与观众》，回顾了苏联影片在根据地的放映及被观众接受的过程。

《北京晚报》发表马南邨的杂文《一个鸡蛋的家当》。

《文汇报》发表明朗的报告文学《巫溪连大江》。

16日，茅盾接见以江口涣为首的日本作家访问团。次日中国人民对外文化协会等单位举行欢迎晚宴，田汉、夏衍、老舍、许广平、梅兰芳等出席，茅盾致欢迎词。

17日，《光明日报》发表叶圣陶的旧体诗《成都杂诗》。

《北京晚报》发表叶君健的游记《农人》。

《解放军报》发表顾工的诗歌《鱼水新篇》（包括《联欢》、《送别》、《重逢》3首）。

18日，中苏友好协会总会、中国作家协会和北京市中苏友好协会联合举办高尔基逝世25周年纪念会。首都文艺界1400多人参加集会，萧三、张致祥、丁西林、曹靖华、许广平、何其芳、严文井等出席纪念会。茅盾致大会开幕词，刘白羽作题为《高尔基——伟大的无产阶级文学的奠基人》的报告。刘白羽在报告中指出，"高尔基在世界文学史上开创了一个新的时代——无产阶级社会主义革命文学的时代"，"创立了一种在本质上和过去时代所有的一切文学都根本不同的新型的文学"。

《文汇报》发表叶君健的散文《内滩》。

《人民日报》发表冯牧的散文《澜沧江边的蝴蝶会》和刘白羽的文章《高尔基——伟大的无产阶级文学的奠基人》。

《北京晚报》发表马南邨的杂文《贾岛的创作态度》。

20日，日本作家访华团与在京著名作家会面，老舍、林默涵、刘白羽、田汉、曹禺、冰心、杨朔、贺敬之等出席。

《人民日报》发表许广平的游记散文《仙台漫笔》。

《光明日报》发表郭小川的诗歌《出钢的时候》。

22日，《光明日报》发表魏金枝的散文《欢乐的荒滩》。

《北京晚报》发表马南邨的杂文《陈绛和王耿的案件》。

23日，《民间文学》6月号发表商文健搜集整理的藏族民歌《颂歌向着北京唱》等15首、冰心的散文《一寸法师》。

24日，巴金再次致信余思牧，托其"转告南国出版社，以后千万不要再用开明书店的纸型重版我的任何一本旧作"，因为"那些纸型错字多，不妥当的字句也多"。

《中国青年报》开辟"革命烈士诗抄"专版，刊登夏明翰的《就义诗》、陈然的《我的"自白"书》等革命烈士遗作。

《光明日报》发表叶圣陶的文章《改变"字风"》。

《北京晚报》发表叶君健的游记《旧交》。

25日,《人民日报》发表徐迟的诗歌《三峡组诗》、宗璞的童话《湖底山村》和乌兰汗的报告文学《访高尔基故居》。乌兰汗(1926—),原名高莽。长期从事俄苏文学研究、翻译、编辑工作和对外文化交流活动,曾任《世界文学》杂志主编。代表作品有《久违了,莫斯科!》、《画译中的纪念》、《圣山行》、《俄罗斯大师故居》、《俄罗斯美术随笔》等随笔集和长篇传记《帕斯捷尔纳克》等,同时译有大量现当代俄苏小说家和诗人的作品。

《北京晚报》发表冰心的杂感《共同的文字和语言》。

26日,《文艺报》第6期发表川岛的文章《漫谈〈人民文学〉上的几篇散文》、叶圣陶的散文《樱花精神》、臧克家的文章《给吴伯箫同志》、冰心的文章《〈海市〉打动了我的心》和老舍的文章《谈〈阴阳五行〉》。

27日,《人民日报》发表陈毅的旧体诗《游卢梭岛》和叶君健的散文《干杯——日本杂记》。

《光明日报》发表林斤澜的小说《和事老》和黄秋耘的散文《中秋节的晚餐》。

北京人民艺术剧院演出经典剧目《群猴》、《三块钱国币》、《名优之死》。其中《群猴》是宋之的的遗作,导演欧阳山尊、柏森,主演梁菁、杨宝琮等。《三块钱国币》编剧丁西林,导演焦菊隐,主演朱旭、金雅琴、赵恕、葛崇娴、黄宗洛等。《名优之死》编剧田汉,导演夏淳,主演于是之、秦在平、金昭、刁光覃等。

28日,《中国青年报》发表李瑛的诗歌《浩然正气——赞银幕上的共产党员形象》。

《羊城晚报》开始连载陈残云的中篇小说《香飘四季》,至8月26日连载完。

《北京晚报》发表郭沫若为荣宝斋画册题词手迹《十六字令》三道："花,歌颂东风遍天涯。春永在,亿载斗芳华。花,赤县齐开一刹那。红旗下,飞入百工家。花,傲视冰霜与石砂。天不怕,畅饮一杯茶。"其后还附有郭沫若诗集《百花齐放》中一首《荷包牡丹》手迹。

《北京日报》发表柯蓝的散文《至高无上的情操》。

29日,《人民日报》发表吴伯箫的散文《延安——北极星》。

《文汇报》发表陈伯吹的文论《试谈"新童话"》。

《光明日报》发表郭沫若的文章《陈云贞〈寄外书〉之谜》。

《解放日报》发表秦牧的散文《怀念一位老共产党员》。

《工人日报》发表陈毅的旧体诗词《赣南游击词》。

《北京晚报》发表马南邨的杂文《黄金和宝剑的骗局》和董必武的旧体诗《七十自寿——用东坡"我似老牛鞭不动"韵》。

作家出版社出版秦牧的散文集《花城》,印数1—7000册。该书收录《古战场春晓》(作于1961年)、《土地》(作于1960年)、《社稷坛抒情》(作于1956年)、《花城》(作于1961年)、《园林、扇画、散文》(作于1961年)等名篇。

30日,北京人民大会堂举行纪念中国共产党成立40周年大会,毛泽东、刘少奇、周恩来、朱德、邓小平、宋庆龄、董必武等出席大会。刘少奇作大会发言。《人民日报》(7月1日)发表社论《光荣伟大的四十年》,《红旗》第13期发表社论《发扬党的优良传统》。

《人民日报》发表臧克家的诗歌《毛主席飞到了重庆》和秦牧的散文《中国的太阳》。

本月,巴金创作散文《向着祖国的心》。

新疆文化部门组建的民间文学研究小组采集了锡伯族民间文学作品,其中包括民歌 800 多首，故事、寓言等 46 篇。

欧阳山的长篇小说《三家巷》（"一代风流"第一卷）、李准的短篇小说集《李双双小传》、峻青的短篇小说集《海燕》、田间的长诗《赶车传》（下），由作家出版社出版。

郭小川的诗集《两都颂》，由春风文艺出版社出版。

符加雷的诗集《海防哨兵之歌》，由山东人民出版社出版。

严阵的诗集《江南曲》，由上海文艺出版社出版。该诗集收录诗人 1959、1960 年的诗作，分为三辑：第一辑《啊，六十年代》，欢呼国际国内的新胜利；第二辑《江南曲》，歌唱人民公社化后的江南农村；第三辑《琴泉》，主要赞颂革命历史和社会主义的建设。

《中国人民解放军三十年》征文编辑部编选的散文集《星火燎原》（四），由人民文学出版社出版。

春风文艺出版社编的辽宁抗洪斗争特写集《抗洪凯歌》，由春风文艺出版社出版。

湖北省实验歌剧团编的六场歌剧《洪湖赤卫队》，由中国戏剧出版社出版。

田汉主编的《1949－1959 年建国十年文学创作选·戏剧卷》，由中国青年出版社出版。田汉在《序言》中提出："我们的戏剧负有以共产主义思想教育人民的责任，应该努力塑造具有共产主义风格的正面人物和英雄人物的形象。"同时田汉指出："'无冲突便无戏剧'是戏剧创作的客观规律。我们反对无冲突论，但也反对为冲突而冲突。"

古典文艺理论译丛编辑委员会编的《古典文艺理论译丛》，由人民文学出版社出版。

老舍为越南文译本《老舍剧作选》作《序》。

6 月－8 月，沈从文在青岛休养期间写作散文《青岛游记》及文艺笔谈

《抽象的抒情》。两篇文章均未发表,后分别收入《沈从文全集》第 27 卷、第 16 卷。

七月

1 日,以龟井胜一郎为首的日本文学代表团抵京访华,茅盾出席欢迎晚宴并于月初接见代表团成员。

《人民日报》发表刘少奇《在庆祝中国共产党成立四十周年大会上的讲话》、朱德的旧体诗词《纪念党的四十周年》(包括《纪念党的四十周年》、《纪念广州起义》、《纪念秋收起义》、《红军会师井冈山》、《遵义会议》、《党的群众路线》、《延安整风运动》、《党的统一战线成功》、《十二年的建设》、《党诞生前的政治情况》、《十月革命》、《亚非拉美民主革命大起》13 首)、谢觉哉的旧体诗词《庆祝党庆》、郭沫若的旧体诗词《颂党庆》、欧阳予倩的旧体诗词《中国共产党建党四十周年诵》和陈残云的散文《光辉的一页》。

《四川文学》7 月号发表沙汀的短篇小说《夏夜》、雁翼的诗歌《山城的怀念》(外一首)、梁上泉的诗歌《地下党校》(外一首)和徐迟的游记《直薄峨眉金顶记》。同期开始连载马识途的长篇小说《清江壮歌》,至 1962 年 7 月号连载完。

《雨花》7 月号发表陆文夫的小说《龙》、叶圣陶的词作《水龙吟》和范烟桥的知识性短文《轰天雷》。

《新港》7 月号发表玛拉沁夫的小说《采金者》、叶君健的《短篇小说二篇》(《小林信三郎》、《老朋友》)、田间的诗歌《红羊角小集》(4 首)、李瑛的长诗《颂歌》第八章、王老九的诗歌《歌唱共产党》。同期开辟"题材问题"专栏,刊登了天津作家协会于 6 月 2 日、9 日、20 日召开三次座谈会的会议纪要。

《安徽文学》7月号发表菡子的小说《早》、陈登科的小说《写不完的日记》和严阵的报告文学《牡丹园记》。

《河北文学》7月号发表田间的文章《花——关于诗的通信。为越南文艺杂志作》和玛拉沁夫的报告文学《在一个飘舞雪花的冬夜》、《鹿的故事》。

《火花》7月号发表西戎的小说《一头骡子的故事》。

《解放军文艺》7月号发表刘澍德的小说《目标——正前方》、饶阶巴桑（藏族）的诗歌《十三个朗生唱的歌》和中国人民解放军战士话剧团编导组集体创作、赵寰执笔的五幕9场话剧《红缨歌》。

《草原》7月号发表玛拉沁夫的短篇小说《诗的波浪》。

《文艺红旗》7月号发表郭小川的诗歌《钢铁是怎样炼成的》。

《儿童时代》第13号发表任大星的小说《一道算术题》。

《长春》7月号发表秦牧的文艺随笔《散文小识》。

《青海湖》7月号发表未央的诗歌《韶山》。

《山花》7月号发表雁翼的组诗《在两千公尺的高处》（包括《我们播种、我们插秧》、《瀑布峰》、《写在养蚕房》三首）和晓雪的诗歌《金沙江边》（两首）。

《热风》第5期发表蔡其矫的诗歌《韶山之歌》、《长汀》，郭风的散文《竹林里》，张扬的散文《出海》。

《光明日报》发表臧克家的诗歌《围绕》（作于6月10日）、《看榜——一九五〇年出版总署党组织公开有感》（作于5月27日）。

《北京日报》发表浩然的散文《甜水》、田汉的文章《谒党的女儿刘胡兰墓》。

2日，《人民日报》发表田间的诗歌《秋罗寨》（外二首）和刘白羽的散文《红玛瑙》。

《北京日报》发表马南邨的杂文《北京劳动群众最早的游行》。

《羊城晚报》发表黄向青的报告文学《椰风海韵》。

3日,郭沫若接见以龟井胜一郎为首的日本文学代表团,老舍、杨朔等陪同出席。

《陕西日报》发表柳青的短论《三愿》。

4日,《北京文艺》7月号发表林斤澜的小说《云花锄板》、李瑛的诗歌《颂歌》(长诗《颂歌》的前四章)、邹荻帆的散文《天安门赋》以及老舍的创作笔谈《赵旺与荷珠》(该文作为序言收入话剧《荷珠配》单行本)。

《人民日报》发表叶君健的游记《一个拟古的"胜地"——日本杂记》。

《光明日报》发表叶圣陶的旧体诗《重庆南温泉》、《出峡》、《庐山植物园》3首及洛汀的散文《五百里滇池》。

5日,中国人民解放军总政治部宣传部文艺处和《解放军文艺》杂志编辑部共同召集在京部分部队文艺工作者、报刊编辑及宣教干部30余人,就小说《林海雪原》、同名电影及近期对其的讨论进行座谈。座谈会由总政宣传部文艺处处长虞棘主持,陈其通等出席。这场讨论是由5月9日《北京日报》发表的冯仲云文章《评电影〈林海雪原〉及同名小说》引起,《北京日报》随后开辟"笔谈《林海雪原》"专栏,讨论历时三个月,问题主要集中在小说的教育意义、作品的真实性、人物的塑造、敌人描写的脸谱化、作品的艺术形式和表现手法是继承了古典小说传统还是违背革命现实主义精神等问题上。8月2日,《北京日报》刊登了座谈会纪要全文及李希凡的文章《关于〈林海雪原〉的评价问题》。李希凡认为:"《林海雪原》的富有传奇性的革命浪漫主义的艺术特点,在这些章节里更得到了发扬,这种浪漫主义的艺术传统,并不像有的同志所指责的那样,是'脱离了当时的现实情况,在军事上也是传奇式、武侠式,不真实的。'《林海雪原》对于生活和人物的反映和刻画,虽然有现实主义描写不够充分的地方,而就它的艺术形象的整体创造来看，它的富有传奇特色的革命浪漫主义基本上还是渗透在革命现实主义的描写里，而它的传奇性的色彩，归根结底，是突出了人民战士的英雄形象，描绘了人民战士的丰富多彩的侦察战斗生活。"他特别评价了"智取威虎山""这个占据全书四分之一篇幅的情节，在《林海雪原》里，确实也是最富有传奇性艺术特色的情节，它同时也是丰富地表现了杨子荣性格的情节。传奇性和故事的适度夸张，并没有损害杨子荣的性格，相反地，是烘托了它，强化了它。因为传奇性的浪漫主义色调，在这里并没有离开过在特定环境里的人物性格、人物心理表现的真实刻画"，"都从生活真实和性格真实里表现出了它的合理性"。李希凡认为："《林海雪原》是一本富有传奇特色的小说，作者所提炼的特殊的题材内容，决定着它所反映的斗争生活的容量，也决定着作品的思想艺术特点，因而在评论它的时候，也就不能离开这样的作品实际做分外的要求。"随后8月9日的《北京日报》"文化生活"副刊发表了编者综述《"笔谈〈林海雪原〉"小结》，认为"这是一场群众性的讨论"，"普及和补充了专家已有的论点"。

《上海文学》7月号发表刘澍德的小说《新居》、郭沫若的诗歌《颂党庆》、老舍的文艺笔谈《文章别怕改》、魏巍的散文《七月献辞》、碧野的散文《山川小记》、胡万春的散文《在科伦坡的见闻》、巴金的报告文学《从镰仓带回的照片》（作于6月15日，杭州）。

《边疆文艺》7月号发表冯牧的报告文学《沿着澜沧江的激流——西双版纳漫记之一》。

《解放日报》发表郭风的散文诗《我们的支部书记》。

6日，《文汇报》发表郭风的散文《旅途两篇》。

《光明日报》发表洁珉的短文《非洲的火光》、《诗与创新》两篇。

《北京晚报》发表马南邨的杂文《从三不知到三知》。

《北京日报》发表刘厚明的特写《红螺夏绿》、阿英的文章《六十年前的相声》。

7日,《人民日报》发表董必武的旧体诗《中国革命博物馆于中国共产党四十年生日开幕为诗纪之》。

《北京晚报》发表凤子的文章《形象生动的教材——看人艺的〈名优之死〉等三个话剧》。

9日,《人民日报》发表玛拉沁夫的散文《阿拉坦布拉格之忆》。

《解放日报》发表周瘦鹃的散文《恰夏果杨梅万紫稠》。

《北京晚报》发表马南邨的杂文《磨光了的金币》。

10日,《东海》7月号发表金近的诗歌《我最亲的妈妈》(两首)。

《前线》杂志第13期发表繁星的杂文《亲闻,亲见,亲知》。

《诗刊》第4期发表朱德的旧体诗《纪念党的四十周年》等23首并部分手迹、刘白羽的诗歌《皖南即事》(7首)和《游日杂诗》(两首)、雁翼的诗歌《告别山城》(长诗《江兰》第二、三章)、梁上泉的诗歌《踏遍青山人未老》、田间的诗歌《颂诗六首》、徐迟的诗歌《乐山,凌晨,听大渡河涛音》、张永枚的诗歌《井冈山月》、冰心的诗歌《访堀田善卫先生山居并赠》。

11日,北京人民艺术剧院演出13场喜剧《女店员》,编剧老舍,导演梅阡,主演胡宗温、葛崇娴、陈国荣、梁菁等。

12日,《人民日报》发表田汉的文章《谈〈黑奴恨〉》。

《北京日报》发表林斤澜、江岁寒的电影短片剧本《姑娘的家信》,分12日、14日两日载完。

13日,《文汇报》发表叶圣陶的旧体诗词《记游词四首》。

14日,《人民日报》发表贺敬之的诗歌《回延安》。

《北京晚报》发表马南邨的杂文《鸽子就叫做鸽子》。

15日,《解放日报》、《文汇报》等报刊纷纷刊登文章,纪念闻一多牺牲15周年。

1961

《北方文学》7、8月号合刊发表严辰的诗歌《延水》（诗两首）。

《新华月报》第7号对历史剧问题、喜剧问题和悲剧问题的讨论分别做了综合报道。

《天山》7月号全文转载《文艺报》第3期上的《题材问题》专论，并发布刊物将在1962年更名为《新疆文学》的公告。

《光明日报》发表胡万春的散文《大象——锡兰游记》和范烟桥的散文《江南鱼》。

上海人民艺术剧院话剧一团演出三幕话剧《珠穆朗玛》，编剧杨村彬（执笔）、周丰年、洪宝堃，导演黄佐临、杨村彬。

16日，《人民日报》发表林斤澜的小说《假小子》。

《北京晚报》发表马南邨的杂文《新的"三上文章"》。

《大公报》发表曹懋唐的文章《富有民族色彩的动画、木偶电影艺术》。

17日，《人民日报》发表邹荻帆的文章《长江的画廊——读散文〈长江三日〉》。

《解放日报》发表黄宗英的报告文学《上海姑娘在井冈山》。

19日，《人民日报》发表叶君健的散文《大使——日本杂记》。

20日，《人民文学》7、8月号合刊发表骆宾基的小说《在山区收购站》、周立波的短篇小说《爱嫂子》、西戎的短篇小说《灯芯绒》、康濯的短篇小说《三面宝镜》、胡万春的小说《干部》、严辰的诗歌《七月抒情》（包括《南湖》、《木棉树下——广州农民运动讲习所》、《龙华》、《井冈山》）、臧克家的诗歌《忠烈篇》（包括《木本水源想从前——追忆恽代英同志》、《梦——丁行，地下党员，一九四八年在南京壮烈牺牲，墓在雨花台》）、田间的诗歌《颂诗二首》、魏巍的诗歌《橄榄树——一组访问希腊的诗》（包括《最古老的橄榄树》、《最美好的晚餐》、《青青的草地》、《海边》、《给一个希腊孩子》、《登雅典卫城》、《礼物》）、刘白羽的散文《海》、杨朔的散文《鹤首》、叶圣陶的知识散文《刺绣和缂丝》、金近的散文《旅途记》、冯牧的散文《湖光山色之间》以及曹禺、梅阡、于是之合著的历史话剧《胆剑篇》（1962年10月中国戏剧出版社出版单行本）。李希凡在评价《胆剑篇》时认为：“历史剧必须以历史唯物主义精神反映历史时代的生活，创造历史形象以表达作者对历史认识的新思想，通过借鉴作用唤起观众的思索。”他认为《胆剑篇》之所以成功，在思想上是"作者的思想照亮了这个题材，使这个故事得到了独创的艺术处理的成果"，"是艺术上的新创造"；在艺术上"首先在于它是戏，而不是历史的图解——富于戏剧性，有情节，有成功的人物形象，有生动的语言"，"通过戏剧情节的精心构造，展示了他所要反映的历史生活的尖锐的冲突"。李希凡认为《胆剑篇》"所给予读者和观众的东西，却毫无疑问是目前戏剧创作中很少能达到的，就从历史剧创作的这种角度看，它也是取得了独创的成就"。（李希凡：《〈胆剑篇〉和历史剧——漫谈〈胆剑篇〉的艺术处理和形象创造》，《人民日报》1961年9月6日）颜振奋认为《胆剑篇》"在创造人物上的一个特点是从多方面表现人物的性格和人物之间的关系，剧中人物之间对立的性格产生复杂的纠葛和尖锐的冲突，因此人物始终是行动着的，活跃着的，有着活生生的个性和独立的生命的"；这个剧本艺术上的另一个特色是"善于用简练的语言描写人物的内心活动。言简意赅、语言性格化和富有动作性"；"《胆剑篇》的言语不但简短而深刻地挖掘了人物的内心生活，也准确地表现了人物的复杂关系"；"《胆剑篇》不但表现了一个有深刻思想意义的主题"，而且"情节是生动的、丰富的"，"在人物创造、语言、结构等艺术处理上也是成功的，有特色的"。（颜振奋：《谈〈胆剑篇〉的艺术成就》，《剧本》1961年10月号）张光年认为，剧作"通过历史真实的艺术描写，表现了尖锐的、重大的政治主题，从而为历史剧的创作提供了新的经验"。（张光年：《〈胆剑篇〉的思想性》，《文艺报》1962年第1期）北京市文联艺术工作委员会于1961年10月11日召开《胆剑篇》座谈会，欧阳山尊、段承滨、曹禺、梅阡、焦菊隐等出席了会议，《北京文艺》1961年11月号刊登了会议纪要全文。《文艺报》于1962年第1期开辟了"笔谈《胆剑篇》"专栏。

《广西文学》7月号发表秦似的诗歌《桂林颂》。

《人民日报》发表袁鹰的杂文《奴役和奴役不了的》。

《北京晚报》发表马南邨的杂文《薑够本》。

21日，《文艺报》第7期发表细言的文章《有关茹志鹃作品的几个问题——在一个座谈会上的发言》、叶圣陶的文章《〈绚烂的文锦〉——读〈没有织完的筒裙〉》和冯牧的文章《〈达吉和她的父亲〉——从小说到电影》。冯牧认为《达吉和她的父亲》小说作品"具有深沉的感染力量"，小说中的人物"不但有着高度的生产积极性，而且还有高度的阶级情感和优美的人性和人情"；同时，冯牧认为电影"根据某种不尽恰当的理论或概念上的要求，而促使作者从根本上修改作品的主题思想和人物性格"，"把作品导向简单化和概念化的道路上"。随后《文艺报》就此问题展开讨论，并在第10期上刊登了讨论综述。讨论一直持续到1962年7月。

《人民日报》发表臧克家的读书随笔《说服力与说服方式——重读〈触詟说赵太后〉》。

《北京晚报》发表冰心的随笔《不是"山穷水尽"》。

22日，《人民日报》发表曹靖华的散文《哪有闲情话年月》。

23日，《人民日报》发表朱德的旧体诗词《看七星岩洞》、《登南高峰》、《飞过泰山》、《登西北湖高峰》、《看西湖茶区》、《三明新市》、《经闽西感怀》、《南昌过春节》、《游越秀公园》9首和杨朔的散文《荔枝蜜》（1961年12月收入作家散文集《东风第一枝》，由作家出版社出版。1978年1月收入《杨朔散文选》，由人民文学出版社出版。1980年8月收入《散文特写选1949－1979》第2册，由人民文学出版社出版，印数1－55000册）。

25 日，《北京日报》发表李瑛的诗歌《颂歌》（长诗《颂歌》的第 9 章）。

26 日，《中国青年报》发表刘心武的小短文《唤起看影片的欲望——小谈电影海报》。

27 日，《人民日报》发表贾霁的文章《〈红色娘子军〉的奇、趣、真、美》。

《文汇报》发表秦牧的散文《沙面晨眺》及秋耘的文艺笔谈《诗话四题》。

《北京晚报》发表马南邨的杂文《"胡说八道"的命题》。

29 日，应内蒙古自治区主席乌兰夫邀请，全国文联组织的作家、艺术家代表团离京去内蒙古自治区参观访问，为期 56 天。访问期间，老舍作了关于文艺创作的专题报告。参观途中各作家的作品陆续发表在各文艺报刊。10 月上旬，民族文化工作指导委员会邀请访问归来的作家、艺术家、教授等召开座谈会，听取访问内蒙古的经过。老舍在报告会上朗诵了自己作的诗。

《北京日报》发表老舍的短文《两个花鸟画展览》。

《中国青年报》发表郭超人的报告文学《卓波》。

30 日，《戏剧报》第 14 期发表老舍的文艺评论《从盖老的〈打店〉说起》。

《人民日报》发表李瑛的诗歌《海防战士抒情诗》。

31 日，《人民日报》发表臧克家的诗歌《回声》。

本月，文化部党组起草《剧院（团）工作条例（十条）》。《条例》规定，剧团可以根据本身的特点、主要演员专长，确定以演什么为主，并指出不得规定上演剧目的比例。创作上"应当允许作者在选择剧本题材、形式、体裁方面有广泛的自由"，"不要勉强他们写他们不熟悉的东西"。此条例没有形成正式文件，只作为草案于 1961 年 8 月 8 日印发各省、市、自治区文化局及有关艺术单位征求意见并先予试行。

上海、北京两地就茹志鹃小说创作的题材、风格问题先后举行四次座谈会。讨论主要涉及三个问题:"茹志鹃的创作特色"、"怎样保持和发展风格"、"不同的风格和反映时代"。

关于"茹志鹃的创作特色"大家的看法比较一致。欧阳文彬的《试论茹志鹃的艺术风格》(《上海文学》1959年10月号)通过对作品的分析指出四点:一、在取材方面,"善于从生活中截取一些富有特征性的横断面",并且"精心雕刻,仔细描绘,使它突出,使它发光"。二、结构上,"既没有曲折离奇的情节,也没有惊心动魄的冲突",但"由于艺术构思精巧,剪裁组织严密","能把平凡的事件处理得枝叶扶疏,灿然客观"。三、人物塑造上,"从小处着眼,通过一点显示全身","喜欢的是从侧面烘托,有含蓄、有余地的手法。"四、"语言精练,流畅,委婉,而又饱含着感情","文体与其说是小说,还不如说是散文诗"。侯金镜的《创作个性和艺术特色——读茹志鹃的小说有感》(《文艺报》1961年第3期)在分析《里程》、《春暖时节》、《静静的产院》这类作品时指出了茹志鹃创作的三个特色:一、"选取的素材,大都是时代激流中的一朵浪花,社会主义建设大合奏中的一支插曲";二、"针脚绵密、细致入微的心理刻画",善于"向人物内心活动的纵深方面去挖掘,在读者面前展开的是主人公的精神生活的宽广世界"。三、"豪迈奔放、粗犷不羁"的色彩很少,"委婉柔和细腻而优美的抒情"是茹志鹃作品的基调。侯金镜认为这些是茹志鹃作品的长处。在分析《澄河边上》、《关大妈》、《三走严庄》这类作品时,指出"选取大题材,把人物放在尖锐斗争中,并用强烈色彩烘托,用粗线条勾勒,恰恰是(至少目前是)作者的短处,她的能力不能运用自如地发挥出来"。

关于"怎样保持和发展风格",大家的意见是分歧的。欧阳文彬认为作者的"路子还不够宽广",她说"作家完全有权利按照自己的个性和特长选择写作对象，并从不同的角度加以描写，但作家有责任通过作品反映生活中的矛盾"。侯金镜不同意这样的见解。他认为"问题不在于欧阳文彬同志对作者提出了创造英雄人物的期望，而是把衡量作品思想价值的标准看得狭窄了，首先不是着重在主题思想的深度和完美（或比较完美）的艺术形式的统一上，而是夸大了题材对于作品社会价值的影响和作用"，认为作家应该"扬其所长，避其所短"。细言的《有关茹志鹃作品的几个问题》（《文艺报》1961年第7期）一文认为对作家提出要求应依具体情况。他认为，要求作者"更扩大自己的生活范围、更深入生活去发掘现实的重大矛盾、站在更高的思想水平上去描绘具有共产主义品质的英雄人物"，"这对无论哪个作家都是必要的，有益的"，"但这并不是说她就可以不顾自己现有的条件，急于求成，去攀援不熟悉或不能胜任的所谓'尖端题材'"。魏金枝在《也来谈谈茹志鹃的小说》（《文艺报》1961年第12期）一文认为"作家总是在他所最熟悉的生活里摄取和提炼题材，也总是在他生活中提炼那些经过深思熟虑的最周密的主题"。他认为作者不能以保持原有的风格为满足，应该在原有的基础上发展她的风格。

关于"不同的风格和反映时代"问题，大家的意见也不尽一致。侯金镜认为，描写重大题材、创造英雄人物和多样化、从多方面反映生活的关系是：如果失去了前者，"必定听不到时代的主调，失去了最能概括和突出时代风貌的坚实深厚的作品"；如果失去了后者，"时代的面貌就得不到色彩缤纷的反映"；"前者不能包括也代替不了后者，相反地，前者却需要后者来补充"。细言认为"补充"两个字是"刺眼"的，是"一方面赞赏"，"一方面却又在贬低它的价值"。认为"她完全可以用自己的艺术风格来反映我们的时代，根本不存在所长所短的问题"。"我们不能把英雄人物和普通人物放在对立的地位"，"英雄人物都是来自普通的人，是普通的人成长、改造起来的。"魏金枝认为作品的社会效果是有轻重之分的。他认为细言过分强调了茹志鹃创作的特殊风格和特殊作用,"片面地强调了百花齐放的一面,而无视了百花齐放中的主花作用,也就是抹杀了文学上的所谓典型性的强弱问题。"洁泯的《有没有区别?》(《文艺报》1961年第12期)一文认为细言批评某些人把英雄人物和普通人物对立起来的见解是正确的,但他却把高大的英雄人物与正在成长的普通劳动人民的形象不加区别地等同起来,这"可能会导致忽略时代要求于我们的创造光芒四射的英雄人物的任务"。

宗璞创作散文《西湖漫笔》。

《文艺红旗》7月号发表于敏的报告文学《西湖即景》。

中国评剧院在京演出新编历史剧《钟离剑》,编剧安西、高琛,导演张玮。

碧野的散文集《边疆风貌》,由作家出版社出版。

吴天如等人的散文集《亲人》,由群众出版社出版。

潘天寿等的诗《红旗颂》(精装本),由上海人民美术出版社出版。

吉林大学中文系编的吉林民间故事《金凤》,由上海文艺出版社出版。

中华书局上海编辑所编的《左传故事选译》(古典文学普及读物),由中华书局出版。

〔英〕约翰·高尔斯华绥的长篇小说《钥匙》(《现代喜剧》第2部),汪倜然译,由上海文艺出版社出版。

〔苏〕谢·奥布拉兹卓夫的论著《中国人民的戏剧》,林耘译,由中国戏剧出版社出版。

八月

1日,《雨花》8月号发表程小青的历史小说《画网巾先生》和周瘦鹃的旧体诗词《诗词两首》(《写怀》、《西江月》)。

《长江文艺》创刊。第 1 期发表浩然的小说《中秋佳节》、俞林的小说《比如登山》、吉学霈的小说《风雨夜》、李瑛的诗歌《历史的秘密》(外一首)、秦牧的诗歌《小城名医》、徐迟的散文《三峡试笔》、碧野的散文《大江流水》、方志敏的散文遗作《谋事》、毛正三的散文《我爱你，边疆》。

《延河》8 月号发表雁翼的诗歌《故乡行》(包括《黄河寄语》、《一代新人》、《凤凰岭上》、《妈妈》4 首)。

《新港》8 月号发表顾工的诗歌《军营——村庄》、韩映山的散文《看庄稼》、朱寨的散文《黑龙江上》。

《四川文学》8 月号发表高缨的诗歌《心的歌》和邓均吾的旧体诗《南温泉》(4 首)。

《河北文学》8 月号发表犁青的诗歌《初入国门》和康濯的散文《第一棵树》。

《电影文学》发表赵树理的戏曲剧本《三关排宴》。

《儿童时代》第 15、16 号合刊发表杜宣的散文《南昌——英雄的城市》。

2 日，《人民日报》发表马铁丁的剧评《扼杀雄鸡，阻止不了天明——评剧本〈中锋在黎明前死去〉》。

田汉为京剧剧本《谢瑶环》撰写《小序》，针对"有些同志赞成喜剧结尾"的意见，田汉认为"按目前这样处理教育意义较为深刻"。(田汉:《谢瑶环——小序》,《剧本》1961 年 7、8 月号合刊)

3 日，《人民日报》发表朱光潜的文章《典型性格说在欧洲美学思想中的发展》。

《北京晚报》发表马南邨的杂文《不求甚解》。

4 日，《北京文艺》8 月号发表浩然的小说《铁锁头》和臧克家的诗歌《爝火熄了出太阳》(6 首)。

1961 八月

《人民日报》发表李季的诗歌《歌——记访日所感并欢迎日本中央合唱团》。

5日，《上海文学》8月号发表茅盾《六〇年少年儿童文学漫谈》（写于6月23日）、巴金的短篇小说《团圆》（作于7月20日）、知侠的短篇小说《红嫂》、玛拉沁夫的短篇小说《山大王》、陆文夫的短篇小说《没有想到》、周而复的散文《在古巴前线》。其中巴金的小说《团圆》于1963年被改编为电影文学剧本，1964年摄制，改名为《英雄儿女》。茅盾在《六〇年少年儿童文学漫谈》中指出："一九六〇年是少年儿童文学理论斗争最热烈的一年"，"也是少年儿童文学歉收的一年"。他又用五句话来概括那时的现象："政治挂了帅，艺术脱了班；故事公式化，任务概念化，文字干巴巴。""看起来政治挂帅，思想性强，实质上却是说教过多，文采不足，是'填鸭'式的灌输。"在批判"童心论"的浪潮中，茅盾对当时儿童文学中不良的创作倾向，提出了尖锐的批评，是中国当代儿童文学发展史上有重要意义的论文。

《解放日报》选录周瘦鹃的旧体词《望江南百首》中的一部分。

《光明日报》发表郑莹的报告文学《谷穗串成的诗篇》。郑莹（1925–），广东阳江人。民盟成员。1953年毕业于华南人民文学艺术学院文学系。1949年后历任广州《新文艺》月刊主编、广东省文化局《广东文艺》编辑组长、《广东作家》主编、中外散文诗研究会副会长、广东散文诗学会名誉会长。1944年开始发表作品。1986年加入中国作家协会。著有散文诗集《跃出去》、《爱的花果》、《明天的呼唤》、《踏进春天的门槛》，报告文学《雇农伍松桂》、《海上红旗》等。

6日，《人民日报》发表周瘦鹃的知识小品文《盆景》。

7日，《北京晚报》发表马南邨的杂文《非礼勿》。

8日，京剧表演艺术家梅兰芳逝世，终年68岁。文化部、中国剧协于8月底成立"梅兰芳同志纪念活动委员会"，齐燕铭、田汉、马彦祥分别任委员会正副主任委员。田汉曾这样评价梅兰芳:"作为中国戏曲艺术家,梅兰芳同志是一位祖国优秀传统勤奋的继承者,但同时又是一位天才的创造者,他在传统的基础上创造了精美空前的表演艺术,他的到苏联、到美国、到日本充分代表了中国戏曲当时的最高水平。梅兰芳同志在抗日战争中八年没有演戏,蓄须明志,表现了很高的民族气节,其后参加反对美蒋的爱国民主运动,直到新中国成立后参加党,参加社会主义建设,真是一根红线贯到底。"(田汉:《和梅兰芳同志最后几次见面》,《人民日报》1961年8月10日)郭沫若在梅兰芳去世后这样写道:"你的一生是艺术活动的一生,是艰苦奋斗的一生,是为人民服务的一生,是美化社会的一生","你的优美的歌声,你的庄静的姿态,你的娴雅的动作,你的一举手、一投足、一扬眉、一吐气,都塑造了美的典型……你就是艺术的化身,舞台艺术的美的化身。你的美育活动超越了空间,超越了时间,将永远感染着中国人民和中国人民的世世代代。"(郭沫若:《在梅兰芳同志长眠榻畔的一刹那》,《人民日报》1961年8月10日)

《人民日报》发表臧克家的随笔《诗人之赋——重读〈阿房宫赋〉》。

《解放军报》发表饶阶巴桑的诗歌《鹰》。

10日,北京各界3000余人在首都剧场举行梅兰芳追悼会。国务院副总理陈毅主祭并代表中共中央和国务院表示哀悼,对梅兰芳的家属表示慰问。文化部副部长齐燕铭致悼词。

《山东文学》8月号发表张扬的小说《海歌》。

《解放军文艺》8、9月号合刊发表马识途的小说《接关系》、董必武的旧体诗《访问井冈山》以及田间的诗歌《颂党》。

《光明日报》发表邓拓的诗《桃源忆故人——悼梅兰芳同志》。

《北京晚报》发表凤子的散文《战斗的歌声——听日本合唱团演唱》以及马南邨的杂文《艺术的魅力》。

《剧本》7、8月号合刊发表田汉的京剧剧本《谢瑶环》、孟超的昆曲剧本

《李慧娘》、丁西林的历史剧《孟丽君》、宋之的的话剧遗作《群猴》，以及苏联作家阿·托尔斯泰的文章《论戏剧创作》。《李慧娘》是由孟超根据明代周朝俊的《红梅记》（又名《红梅阁》）改编而成。孟超认为《红梅记》中裴舜卿"反复地纠缠于男女的柔情欲障，格调不高"，觉得"如果以时代背景为经，李、裴情事为纬，而着重于正义豪情、拯人为怀、斗奸复仇之志，虽幽明异境，更足以动人心魄"。（孟超：《跋〈李慧娘〉》，《文学评论》1962年第3期）繁星（廖沫沙）认为《李慧娘》是"一出好戏"，虽然"戏台上出现鬼神"，但宣传了"反抗压迫的斗争"，"是个好鬼，能鼓舞人民的斗志"，所以这出戏"有鬼无害"。（繁星：《有鬼无害论》，《北京晚报》1961年8月31日）《李慧娘》写前曾经得到康生的支持，演出后康生也大加赞扬，并特地邀请作者及主要演员表示祝贺。但1963年《李慧娘》和繁星的《有鬼无害论》受到江青授意的批判。梁壁辉在《文汇报》1963年5月6日、7日上撰文《"有鬼无害"论》，李希凡在《戏剧报》1963年第9期上撰文《非常有害的"有鬼无害"论》，大批"鬼戏"。1964年京剧现代戏会演闭幕会上，康生把孟超的《李慧娘》当作"坏戏"典型进行批判，说这出戏是"利用鬼来推翻无产阶级专政"，是"阶级斗争"。

11日，陈毅接见英国作家阿尔德里奇及其夫人，对外文化协会副主席周而复等陪同出席。

《人民日报》发表张庚的文章《悼念梅兰芳同志》。

12日，《中国青年报》发表胡万春的游记《访问锡兰印象记》。

13日，《北京晚报》发表马南邨的杂文《收藏家的功绩》。

14日，文化部发出《文化部关于剧院（团）工作条例（修改草案）》，提出"剧院（团）必须贯彻执行党的建设社会主义的总路线和文艺为工农兵服务，百花齐放、百家争鸣、推陈出新的方针。剧院（团）的任务，是运用戏剧艺术，通过舞台演出，对人民进行爱国主义的教育，鼓舞人民群众的劳动热情和革命热情"。

《文学评论》第 4 期发表李健吾的文章《巴尔扎克是一个什么样的正统派？——读书笔记》。

15 日，《上海戏剧》7、8 月号合刊发表姚文元的文章《艺术的辩证法——美学笔记之四》。

16 日，《大公报》开始连载冰心的散文《日本归来》，分 3 次连载完。

17 日，茅盾与郭沫若联名致电古巴作家艺术家代表大会，祝贺大会成功举行。

《光明日报》发表吴晗的文章《〈海瑞罢官〉序》。吴晗在文章中说："前后一共改写了七次"，"从酝酿到第七次定稿用了一年的时间"。吴晗阐明自己在写作《海瑞罢官》时"决定了两条基本原则：第一，不写海瑞的一生，只写海瑞斗争生活中的一段"；"第二，已经有过的剧本不再重复"，"经过再三考虑，决定写公元 1569 年夏到 1570 年春这半年多中，海瑞任应天巡抚除霸退田的事迹"。吴晗认为"外行内行的界限不是不可逾越的，是可以打破的，从我的经验来说，不但可以，而且必须打破"。

《文汇报》发表顾工的诗歌《西湖》。

《北京晚报》发表马南邨的杂文《中国古代的妇女节》。

18 日，《人民日报》发表臧克家的诗歌《对话——和苏联"东方二号"宇宙飞行员季托夫和美国"水星号"谢泼德的对话》。

20 日，《广西文艺》8 月号发表欧阳若修的评论《批判与继承必须"同时并行"》，针对该刊 1、2 月号合刊上刊登的蓝少成的文章《同时并行》，主张以"同时并行"的观点来评价文学作品。随后姚正康、穆映、欧阳若修等陆续发表文章，讨论"同时并行"的观点是否适用于评价一切文学作品。本场讨论持续到 9 月。

《人民日报》发表阮章竞的诗歌《阿托埃依祭》、何为的散文《小城大街》和叶君健的散文《桃子熟了》。

《解放日报》发表程小青的旧体诗《旅途见闻》两首（《风车》、《双季稻》）。

《北京晚报》发表马南邨的杂文《吴汉何尝杀妻》。

《中国青年报》发表刘心武的杂感《从独木成林说起》。

21日,《文艺报》第8期发表臧克家的文章《古典诗歌中的自然景物描写》、罗荪的文章《探索真理的伟大战士——别林斯基》、川岛的文艺笔谈《江山如此多娇》、菡子的文艺笔谈《由小见大》以及邹荻帆的诗歌《逍遥游——给"东方二号"》。

《人民日报》发表陈毅的旧体诗《访杭州梅花坞即兴》。

22日,《人民日报》发表康濯的散文《海上明珠红似火》。

《北京日报》发表浩然的短篇小说《八月的清晨》。

23日,《人民日报》发表谢晋的文章《从导演的感受到观众的感受——〈红色娘子军〉导演散记》。

《解放日报》发表郭风的散文《江两题》,分别是《钱塘江》、《富屯溪》。

23日-9月16日,中共中央工作会议在庐山举行,讨论了工业、粮食、贸易及教育问题,并要求所有工业部门切实贯彻"调整、巩固、充实、提高"的方针。

24日,《北京晚报》发表马南邨的杂文《多学少评》。

25日,《人民日报》发表袁鹰的文章《信念》。

27日,《人民日报》发表范烟桥的文章《苏州的碑刻》。

《解放日报》发表周瘦鹃的文章《欲写龙湫难下笔》。

《北京晚报》发表马南邨的杂文《"颜苦孔之卓"》。

28日,文化部针对一些出版社在处理稿酬时有偏低支付的倾向发布通知,要求各出版社领导人员应随时检查稿酬制度执行的情况,正确贯彻多劳多得的精神，反对平均主义，坚决纠正偏低掌握标准的偏差；同时，也要反对用高稿酬去挖稿、抢稿的不良倾向。

《人民日报》发表金波的诗歌《湖》（外一首）。

29日，《人民日报》发表叶君健的散文《卖"中华面条"的人——日本杂记》。

30日，《人民日报》发表马铁丁的杂文《读报偶感》、秦牧的杂文《槛栅里的大力士》。

《文汇报》发表魏金枝的文章《略论我国短篇小说的头尾问题》。

31日，北京市文联召开关于新编昆曲《李慧娘》座谈会，对《李慧娘》给予了较为正面的评价。讨论会没有涉及正在热烈争论的"鬼戏"问题。

《人民日报》发表马铁丁的杂文《赌棍》。

《光明日报》发表叶圣陶的旧体诗《东蒙呼伦贝尔盟记游》一组，包括《自牙克石至甘和林区》、《访陈巴尔虎旗牧区》、《采桑子·扎兰屯即景》、《玉楼春·呼伦理》等。

《北京晚报》发表马南邨的杂文《你知道"弹棋"吗?》、繁星（廖沫沙）的文章《有鬼无害论》。繁星在文中认为《李慧娘》剧本"不但思想好，而且剧本编写得不枝不蔓，干净利落，比原来的《红梅记》精练，是难得看到的一出改编戏"，"戏台上的鬼魂，不过是一种反抗思想的形象。我们要查问的，不是李慧娘是人是鬼，而是她代表谁和反抗谁"。

浩然从《友好报》（俄文）调往《红旗》杂志社当编辑，随后调往北京作家协会任专职作家。

本月，人民出版社出版《鲁迅全集》。

张扬的小说《红旗飘扬》，由山东人民出版社出版。

周而复的报告文学集《火炬》，由作家出版社出版。收录作品包括《永恒的光辉》、《瑞士秋色》、《历史的镜子》、《绿色的金子》、《南极和北极》、

《印第安人》等。

〔法〕儒勒·凡尔纳著、解人译，《海底两万里》（第1、2部），由中国青年出版社出版。

九月

1日，中宣部批转《作家协会党组关于安排作家创作问题的请示报告》。

丰子恺随上海政协参观团去江西，游南昌、赣州、瑞金、井冈山、抚州、景德镇等地，历时三周，行程五千里，创作了《赤栏杆外柳千条》、《饮水思源》、《化作春泥更护花》等文学作品，还创作了大量的绘画作品。这些作品陆续发表在国内知名报刊上。

戏剧教育家沙可夫病逝青岛，享年58岁。沙可夫在中央苏区时起，就是革命艺术教育的奠基人之一。在延安筹建鲁迅艺术学院时，对办学方针、教学计划、组织创作和演出活动等，都卓有贡献。50年代，为建设正规化的戏剧教育、培养专门戏剧人才开拓了道路。周巍峙评价他说："青年时受五四思想影响，具有反封建的进步思想，他于1926年在法国留学时加入中国共产党，是我们党的教育事业的最早的拓荒者、创业者；是党的文艺工作，尤其是大众文艺运动的组织者、领导者；是革命艺术创作的开拓者、实践者；还是进步文艺理论翻译工作的先行者。"（《默默耕耘终一生——纪念沙可夫百年诞辰》，《中国艺术报》2003年11月7日）

《四川文学》9月号发表艾芜新中国成立前旧作、小说《南行记》续篇之一《月夜》、高缨的小说《我和廖大妈的一段趣事》、邓均吾的旧体诗《鹅岭公园》（外一章）和钟树梁的报告文学《映日荷花别样红——新都桂湖游记》。

《河北文学》9月号发表浩然的小说《茁壮的幼苗》、李季的诗歌《"和歌"三篇》和李瑛的诗歌《北行二首》。

《安徽文学》9月号发表鲁彦周的小说《风雪下》、浩然的小说《山洞》、顾工的诗歌《长江渡口》和《路》、雁翼的诗歌《烟雾》(外一首)、秦牧的散文《秘方》。

《湖南文学》8、9月号合刊发表萧伯崇的报告文学《炉边夜话》。

《青海湖》9月号发表张永枚的诗歌《盆地战士》(3首)、梁上泉的诗歌《万里飘香》(外一首)。

《雨花》9月号发表黎汝清的诗歌《青凤岩》、周瘦鹃的散文《观光玄妙观》和余冠英的文艺笔谈《枚乘》。

《长春》9月号发表高士其的诗歌《科尔沁草原》。

《热风》第6期发表犁青的诗歌《巴阿末到海边送行》、郭风的诗歌《诗钞》一组,其中包括《致季托夫》、《秋天及其他》(包括《秋天》、《林边磨坊》、《骤雨》、《森林中的树》、《林区民兵》)。

《红旗》第17期发表唐弢的文章《向社会学习》。

2日,《光明日报》发表周瘦鹃的散文《听风听雨入雁山》。

《中国青年报》发表陈毅的文章《对北京市高等院校应届毕业学生的讲话》。

3日,《人民日报》发表杨朔的散文《秋风萧瑟》。

4日,《北京文艺》9月号发表梁上泉的诗歌《云顶牧场》、老舍的悼念文章《梅兰芳同志千古》、东川的文章《忆梅兰芳同志》、端木蕻良的散文《我们心中在歌唱——北京》、陈敬容的散文《海棠篇》、林斤澜的文艺随笔《有关题材的零星感想》、洁珉的文艺随笔《风格问题杂谈》。

《民间文学》9月号开辟"关于如何评价民间文学作品问题"的专栏,并开展关于《娥井与桑洛》的讨论。

1961 九月

《文汇报》发表顾工的诗歌《硝筒——1927年秋收起义时曾装过火药》。

《北京晚报》发表马南邨的杂文《广阳学派》。

5日,《上海文学》9月号开辟纪念鲁迅诞生80周年特辑,刊登鲁迅佚文3篇(《未名丛刊》广告、《书斋生活与其危险》译者附记、《俄罗斯的童话》广告)、未发表书信两封(《给西谛》),以及郭沫若等为鲁迅作品所作序文及评论。

《文汇报》发表杜宣的旧体诗《玉屏晚眺》、《北海吟》两首。

6日,《人民日报》发表李希凡的文章《〈胆剑篇〉和历史剧——漫谈〈胆剑篇〉的艺术处理和形象创造》、臧克家的文章《学诗断想》。

《北京晚报》开始连载马识途的小说《接关系》,至1961年10月7日连载完。

《中国青年报》发表根据吴晗谈话记录整理的《怎样看历史剧》。吴晗就青年人为什么要看历史剧、历史剧和历史故事剧的区别、怎样看待历史剧中的帝王将相和怎样看历史剧中劳动人民的形象四个问题发表看法,认为"好的历史剧把历史演活了,是形象化了的历史,更容易为人们,特别为青年所接受,喜爱","历史剧的作用,要比历史教科书大得多,广泛得多"。

《解放军报》发表李瑛的诗歌《颂歌》(长诗《颂歌》的第三章)。

7日,《光明日报》发表郭风的散文《杉树王》和《涧水》。

《北京晚报》发表马南邨的杂文《"平龙认"》和冰心的杂感《"人难再得始为佳"》。

《内蒙古日报》发表老舍的旧体诗《哲盟展览馆》、《莫力庙水库》、《水库赏莲》和《游红山公园》4首及新诗《扎兰屯的夏天》。

9日,《人民日报》发表曹靖华的散文《忆当年,穿着细事且莫等闲看》和马铁丁的讽刺短文《全武行》。

10日,《山东文学》9月号发表吕曰生的散文《月下走青州》。

《诗刊》第 5 期发表张志民的诗歌《北京诗笺》（包括《每当我从这儿走过……》、《一根金色的芦苇》2 首）、李瑛的诗歌《戈壁笛声》（包括《戈壁笛声》、《疏勒河》2 首）、邹荻帆的文章《含英咀华》、秋耘的文章《门外诗谈》、徐迟的文章《三峡诗话》。

《北京晚报》发表马南邨的杂文《谈"养生学"》。

12 日，老舍在山西省大同市文艺报告会上就贯彻"百花齐放、百家争鸣"方针作了讲话，讲话全文刊登在《火花》1962 年 1 月号上。

《人民文学》9 月号发表刘澍德的小说《甸海春秋》（1961 年 5 月 1 日作，6 月 18 日修改）、马识途的小说《最有办法的人》、李瑛的诗歌《来了战士演出队》、陈敬容的诗歌《假日后送女儿返学》（作于 1961 年 7 月 14 日）、曹靖华的散文《素笺寄深情》、唐弢的散文《琐忆》、季羡林的散文《塔什干的一个男孩子》（作于 1961 年 7 月 5 日）、菡子的散文《乡村小曲》、周瘦鹃的散文《一双花布小鞋》和徐迟的报告文学《踏遍青山人未老》。

《文汇报》发表郭沫若的文章《〈鲁迅诗稿〉序》、顾工的诗歌《普陀山》和茹志鹃的文艺笔谈《水珠和世界》（学习鲁迅作品札记）。

《光明日报》发表丰子恺的文章《告初学日本文者》。

13 日，《光明日报》开辟"笔谈《胆剑篇》"专栏。

14 日，《光明日报》发表洁珉的文艺随笔《谈偏爱》。

《解放日报》发表周瘦鹃为江苏省昆剧院演员张继青所作的旧体诗《青君赞》。

《北京晚报》发表马南邨的杂文《创作新词牌》。

15 日，《文汇报》发表臧克家的诗歌《西山小诗》和顾工的诗歌《盐篓》、《叠垒》。

16 日，《人民日报》发表何为的散文《石匠》。

17 日，《北京晚报》发表马南邨的杂文《谁最早发现美洲》。

1961 九月

《内蒙古日报》发表老舍寄赠曹禺的七律《参观内蒙古博物馆》,叶圣陶的旧体诗《浣溪沙·哲盟安代舞》、《通辽大林公社保安屯》、《题赠昭盟宾馆》。

中国儿童剧院演出6场历史话剧《岳云》,编剧马少波,导演陈颙。剧本发表在《剧本》2、3月号合刊上。

18日,《人民日报》发表郭沫若的文章《〈鲁迅诗稿〉序》和马铁丁的杂文《黑店里面开黑店》。

19日,文化部发出《关于加强戏曲、曲艺传统剧目的挖掘工作的通知》,肯定了新中国成立以来挖掘、整理传统戏曲、曲艺的成绩,强调要做好这项工作,要求对传统剧目、曲目以及有特点的唱腔、曲牌、各种表演技术、脸谱、服装、道具、老艺人的表演技术和表演经验的记录,老艺人所知的有关史料,各种手抄秘本、孤本等,都要注意搜集,努力"抢救遗产"。

《人民日报》发表白危回忆鲁迅的文章《不平常的展览会》和周瘦鹃的文章《观莲拙政园》。

《光明日报》发表范烟桥的知识性散文《盲女弹词琐谈》。

《北京日报》发表老舍的文章《对曲剧的发展说几句话》。

20日,《世界文学》8、9月号合刊发表曹靖华的文章《采得百花酿蜜后——纪念鲁迅八十诞辰》及译载阿·托尔斯泰的文章《向工人作家谈谈我的创作经验》。

《人民日报》发表林志浩的文章《鲁迅——伟大的反帝国主义战士》,并刊发鲁迅生前未公开发表的书信《致西谛》两封。

《光明日报》发表王瑶的文章《从鲁迅先生所开的一张书单说起》。

21日,《文艺报》第9期发表马铁丁的文章《伟大的共产主义人格力量——评〈王若飞在狱中〉》。

《人民日报》发表鲁迅生前未公开发表的书信《致王熙之》两封。

《北京晚报》发表马南邨的杂文《"扶桑"小考》。

23日,《人民日报》发表阮章竞的诗歌《自由古巴诞生地》和马铁丁的文章《灾难》。

《光明日报》开辟纪念鲁迅专版,发表鲁迅未发表书信手迹《致章廷谦》(1930年)。

《广西日报》发表《鲁迅搜集的民间歌谣》。

24日,《人民日报》发表敖德斯尔(蒙古族)的散文《鄂尔多斯高原雄鹰》。

《文汇报》发表以群的文论《论鲁迅的杂文——纪念鲁迅诞生八十周年》。

《北京晚报》发表马南邨的杂文《由慧深的国籍说起》。

《内蒙古日报》发表老舍的旧体诗5首《包头颂》(10月15日《北京日报》转载)。

25日,首都文艺界和其他各界1400多人在政协礼堂举行鲁迅诞辰80周年纪念会。由陈毅、陆定一、宋庆龄、胡乔木、徐特立、郭沫若、邓颖超、茅盾、周扬、夏衍、林默涵、许广平等98人组成会议主席团。周恩来出席大会,郭沫若主持并致开幕词《继续发扬鲁迅的精神和本领》,茅盾作题为《鲁迅,中国人民的伟大战士和伟大作家》的大会报告,号召学习鲁迅精神。茅盾在报告中指出鲁迅"对于文艺和政治的关系、文艺如何服务于政治的见解,在今天,对于我们也还有深刻的启发作用";"而他的作品,则提供了文艺如何服务革命的政治的典范","或直接或间接,都为革命服务,都为文化革命之扩大和深入累积了资源,都给年轻的革命的一代提供了丰富的营养"。《人民日报》、《光明日报》、《解放日报》、《北京日报》等报纸刊载郭沫若、茅盾的报告全文。

《北京日报》发表鲁迅生前未公开发表的书信《致章矛尘》两封和曹靖

华的散文《智慧花开灿如锦》。

26日,《光明日报》全文发表郭沫若的《继续发扬鲁迅的精神和本领——在鲁迅先生诞生八十周年纪念大会上的开幕词》、茅盾的《在鲁迅先生诞生八十周年纪念大会上的报告》。

27日,纪念辛亥革命50周年筹备委员会成立,巴金、茅盾等任委员。

《解放日报》发表巴金写于1961年9月25日的文章《鲁迅先生仍然同我们在一起》。

28日,《人民日报》发表郭沫若的诗作《蜀道奇》。

《光明日报》发表俞平伯的知识短文《谈扬州的二十四桥》。

《北京晚报》发表马南邨的杂文《你赞成用笔名吗?》。

29日,《文汇报》发表郭风的散文《散文两题》(包括《致黄浦江》、《山区气象站》)。

本月,《文汇报》北京编辑部邀请华君武、陈白尘、侯宝林、谢添讨论内部讽刺与喜剧处理的问题,谈话全文发表在1961年9月27日《文汇报》上。

巴金写完中篇小说《三同志》的尾声部分,因嫌过于粗糙,该小说一直未发表。

北方昆曲剧院上演新编昆曲《李慧娘》,编剧孟超,导演白云生,作曲陆放,主演李淑君、丛肇桓、周万江。

李乔的长篇小说《醒了的土地》(《欢笑的金沙江》第1部),由作家出版社出版。

刘澍德的短篇小说集《老牛筋》,由云南人民出版社出版。

春风文艺出版社编的短篇小说集《登高老头》、韶华的短篇小说集《巨人的故事》,由春风文艺出版社出版。

汪承栋的诗集《高原放歌》,由上海文艺出版社出版。

安林的诗集《时间在前进》,由山东人民出版社出版。

上海鲁迅纪念馆编的《鲁迅诗稿》（线装本），由上海人民美术出版社出版。

北京鲁迅博物馆编的《鲁迅手稿选集》（普及本），由文物出版社出版。

丁景唐的《学习鲁迅和瞿秋白作品的札记》（增订本），由上海文艺出版社出版。

蒋风编的《鲁迅论儿童教育和儿童文学》，由少年儿童出版社出版。

田汉的历史剧《文成公主》，由中国戏剧出版社出版。

河北省民间文学研究会编的《义和团的志气永不灭》，由百花文艺出版社出版。

〔苏〕康·费定的长篇小说《早年的欢乐》（左海译）、《不平凡的夏天》（主方译）、〔智利〕巴勃罗·聂鲁达的诗《英雄事业的赞歌》（王央乐译），由作家出版社出版。

十月

1日，《红旗》第19期发表夏衍的文章《把我国电影艺术提高到一个更新的水平》，指出每个剧本都必须描写特定的时间、特定的社会里的特定的人物，也就是典型环境中的典型性格。

《新港》9、10月合刊开辟纪念鲁迅专辑，发表《鲁迅文集》第三卷"附录"未收入的三篇后记（《自己发现的欢喜》的译后附记、《有限中的无限》的译后附记、《文艺鉴赏的四阶段》的译后附记）及多篇怀念、评论文章。同期发表李劼人的小说《在汇为洪流的道路上》（《大波》第三部第四章下半部分）、袁静的小说《水》（《红色少年夺粮记》第九章）、朱寨的散文《大兴安岭里》以及冯牧的文章《略论万国儒的创作》。

十月

《四川文学》10月号开始连载罗广斌、杨益言的长篇小说《红岩》中的一章《兄妹》、李劼人的小说《大波》的第三卷第五章《重庆在反正前后》,同期还发表雁翼的诗歌《川江行》(5首)、邓均吾的旧体诗《重庆风光组诗》(七律5首)。

《延河》10月号发表柳青的长篇小说《创业史》第二部第六、七章。

《河北文学》10月号发表巴金的小说《"飞罢,英雄的小嘎嘶!"》(作于8月15日)、韩映山的散文《渡口》及茅盾的文章《五个问题——一九六一年八月三十日在一次座谈会上的讲话》。茅盾认为:"如果说,在中国古代作品中,现实主义和浪漫主义同时存在的话,但它与我们现在所说的'革命的''两结合'的方法根本是两回事。"

《甘肃文艺》10月号开辟纪念鲁迅专辑。

《长江文艺》第2期发表管桦的小说《雁池》、浩然的小说《高升一级》、张永枚的诗歌《雄镇关》、杨平的散文《三峡的诗情画意》、碧野的散文《高山深峡出画图》以及李季的儿童诗剧《奈良川的大石桥》。

《解放军文艺》10月号发表李瑛的诗歌《玉门三首》和郭风的散文《我们的海军和渔民》。

《青海湖》10月号选刊了李瑛的长诗《颂歌》的一部分。

《草原》9、10月号合刊发表叶圣陶的旧体诗《莫力庙沙坝水库》、《通辽大林公社保安屯》,老舍的旧体诗《内蒙风光》(包括《访问呼和浩特新城》、《看二人台》、《哲盟安代舞》、《昭旗苹果》、《大兴安岭原始森林》共5首)和《谈谈文艺创作的提高问题》。

《儿童时代》第19号发表任大霖的小说《船》和魏金枝《鲁迅战斗的一生》。

《文汇报》发表冰心的散文《每逢佳节》和王西彦的散文《莲藕季节》。

《光明日报》发表吴伯箫的散文《延安的歌声》(1963年4月收进散文集

《北极星》，作家出版社出版）。

《北京晚报》发表马南邨的杂文《华封三祝》和吴伯箫的散文《贺佳节》。

2日，《北京日报》发表臧克家的散文诗《节日，在岗位上》。

3日，《光明日报》发表冰心的散文《人民坐在罗圈椅上》。

北京人民艺术剧院演出五幕历史话剧《胆剑篇》，编剧曹禺（执笔）、梅阡、于是之，导演焦菊隐、梅阡。主演刁光覃、田冲、童超、苏民等。剧本发表在《人民文学》7、8月号合刊上。

4日，《北京文艺》10月号开辟纪念鲁迅诞生80周年专辑，发表包括洁珉《略谈鲁迅散文诗的艺术特色》在内的数篇文章，同期还发表浩然的小说《晌午》、邹荻帆的诗歌《写在街头巷尾》、叶圣陶的旧体词《浣溪沙·安代舞》。

《人民日报》发表臧克家的诗歌《"十一"抒情》、梁上泉的诗歌《大巴山月》和雁翼的诗歌《矿工的眼睛》。

《文汇报》发表夏衍的文章《艺术性技巧》。

5日，《上海文学》10月号发表欧阳山的短篇小说《骄傲的姑娘》、雁翼的诗歌《在工业区》（诗两首）。同期开辟了纪念鲁迅逝世25周年专辑，发表了叶圣陶、茅盾等人撰写的怀念文章。

《北方文学》10月号发表秦牧的散文《南国风物画》（1961年8月30日作于广州）。

《人民日报》发表邹荻帆的散文《秋高气爽》。

《文汇报》发表邹荻帆的诗歌《广场上的誓言》。

《北京晚报》发表马南邨的杂文《事事关心》。

6日，《人民日报》发表何香凝的回忆文章《我的回忆》，于6日、7日分两次刊载完。

7日，《光明日报》发表毛泽东手迹《清平乐·六盘山》。

《解放日报》译载苏联诗人马雅可夫斯基的长诗《好！》。

8日，《人民日报》发表李劼人的小说《龙泉驿兵变了——〈大波〉中的一朵浪花》（长篇小说《大波》片段）和袁水拍的诗歌《世界语》。

《解放日报》发表丰子恺的旧体诗词《江西道中作》5首，分别是《南昌》（调寄望江南）、《赣州》（调寄菩萨蛮）、《瑞金》、《井冈山》、《中秋宿抚州吊汤显祖墓》。

《光明日报》发表毛泽东录鲁迅诗《无题·万家墨面没蒿莱》的手迹。这是7日毛泽东接见访问中国的日本代表团时赠送的礼物。郭沫若将此诗翻译成白话文并和韵作诗一首，赠送日本代表团。

9日，北京举行隆重集会纪念辛亥革命50周年，刘少奇、宋庆龄、朱德等出席会议，周恩来致开会辞，董必武、何香凝等发表讲话。

《人民日报》发表阿英的文章《辛亥革命文谈》。

《文汇报》发表周瘦鹃的知识性短文《情鸟》。

《北京晚报》发表马南邨的杂文《航海与造船》。

10日，吴晗、邓拓、廖沫沙三人在《前线》（半月刊）上以"吴南星"为笔名开设《三家村札记》专栏，发表《古人的业余学习》一文。该专栏一直持续到1964年7月，共发表杂文65篇，其中邓拓作品18篇、吴晗作品21篇、繁星（廖沫沙）作品21篇。1966年4月16日，《前线》发表《关于"三家村"和〈燕山夜话〉的批判》并加编者按，检讨"本刊过去发表了这些文章又没有及时的批判，这是错误的"，"以致在这一场严重的斗争中丧失了立场或者丧失警惕。"1966年5月10日，姚文元同时在《解放日报》和《文汇报》发表《评"三家村"——〈燕山夜话〉〈三家村札记〉的反动本质》一文，诬蔑邓拓、吴晗、繁星等三人"十分恶毒地诬蔑党中央和毛主席、支持右倾机会主义分子攻击总路线和社会主义事业"，"邓拓、吴晗、廖沫沙这个时期所写的大批向党进攻的文章并不是各不相关的'单干',而是从'三家村'的合伙公司里抛出来的,有智慧,有计划,异常鲜明地相互配合着。吴晗是一位急先锋,廖沫沙紧紧跟上,而三将之中真正的'主将',即'三家村'黑店的掌柜和总管,则是邓拓。"姚文元将《燕山夜话》和《三家村札记》形容为"一条黑线,几股妖风","经过精心策划的、有目的、有计划、有组织的一场反党反社会主义的大进攻"。该文章由《人民日报》在5月11日转载后,在全国引起批判"三家村"的高潮。1979年2月,北京市党委作出为"三家村"反党集团案平反的决定。同年,北京出版社将《三家村札记》结集出版。林默涵在该书《序》中说:"从围剿《海瑞罢官》和'三家村'开始,黑暗就笼罩了整个文坛,林彪、'四人帮'制造的文字狱遍于国中,正直的作家和进步的作品几乎无一幸免地被打进了他们所张设的网罗。"

《山东文学》10月号发表李健吾的散文《曲阜游记》。

《剧本》10月号发表杜烽的11场话剧《决胜千里之外》。

《人民日报》发表社论《一次伟大的民主革命——纪念辛亥革命五十周年》,同期还发表朱德的旧体诗《辛亥革命杂咏》共8首及回忆文章《辛亥革命回忆》、阿英的文章《辛亥革命文谈(二)》。

《文汇报》发表茹志鹃的文艺笔谈《语言拾零》(学习鲁迅作品札记)。

《光明日报》、《解放日报》全文刊载9日辛亥革命50周年纪念会上周恩来、董必武、何香凝的讲话,发表宋庆龄写于1961年9月9日的《〈辛亥革命回忆录〉序言》及朱德1961年10月7日为《辛亥革命回忆录》所题《辛亥革命杂咏》(8首)手迹、董必武1961年8月31日为《辛亥革命回忆录》所题诗《写在辛亥革命回忆录前面》。《光明日报》还发表社论《辛亥革命的历史意义》。

11日,北京市文学艺术工作者联合会召开话剧《胆剑篇》座谈会,曹禺、焦菊隐、欧阳山尊等出席。座谈会纪要以《〈胆剑篇〉座谈会纪要》为题发表在《北京文艺》11月号上。

《人民日报》发表袁水拍的诗歌《无巧不成诗》和细言的文章《关于鲁迅小说的艺术技巧的札记》。

12日，《人民文学》10月号发表李劼人的小说《端方的打算》（《大波》第三部一章）、欧阳山的小说《在软席卧车里》（1961年8月13日作于广州红花岗）、玛拉沁夫的小说《暴风在草原上呼啸》、何其芳的诗歌《诗十首》（包括《听歌》、《赠杨吉甫》、《赠范海亮》、《夜过万县》、《在越南的第一个早晨》、《走向越南的中部》、《三个越南南方的女青年》、《贤良江》、《参观一个展览会后》、《从永灵赴东海途中》等）、贺敬之的诗歌《桂林山水歌》（1959年7月作初稿，1961年8月整理于北戴河，1979年12月收入《贺敬之诗选》，山东人民出版社出版）、方纪的散文《挥手之间》（作于1960年10月，1961年7月改定）、碧野的散文《武当山记》、程小青的散文《赖债庙》、俞林的报告文学《任成水的道路》。

《人民日报》发表马铁丁的文章《天天向上——〈追怀往事〉读后记》。

《文汇报》发表姚文元的散文《蟹的杂感》。

《光明日报》发表高缨的散文《桃之赞》。

13日，首都文艺界集会纪念阿尔巴尼亚革命诗人米吉安尼诞生50周年，老舍致开幕词。

《人民日报》发表老舍的散文《内蒙风光》和臧克家的文章《毛主席亲题鲁迅诗》。

14日，《文学评论》第5期发表唐弢的文章《论鲁迅的美学思想》、茅盾的文章《关于历史和历史剧——从〈卧薪尝胆〉的许多不同剧本说起》和何其芳的文章《少数民族文学史编写中的问题》。其中，茅盾的文章于第5期、第6期分两期连载完。

《人民日报》发表郭沫若的诗歌《再出夔门》（作于10月1日，包括《过万县》、《奉节阻沙》、《过瞿塘峡》、《过巫峡》、《巴东即事》、《过西陵峡（二首）》共7首）。

《解放日报》发表丰子恺的散文《饮水思源——参观江西革命根据地随笔》。

《光明日报》发表叶圣陶的散文《荒沙的改造》。

《北京日报》发表老舍的短文《团结颂》。

15日，《天山》10月号发表李瑛的诗歌《献给新疆》（包括《献给新疆》、《九月，果子沟的山路上》、《给天山上的班道工》3首）。

《人民日报》发表张志民的组诗《首都风情》（包括《景山晨眺》、《拖拉机上的姑娘》、《"昆明"桨唱》、《矿工的语言》、《礼品门市部》、《公园摄影员》共6首）、杨朔的散文《渔笛》、吴强的散文《春雨之夜——访问阿尔巴尼亚散记》以及周立波的特写《张满贞》。

16日，《红旗》第20期发表杨朔的散文《雪浪花》（1960年1月曾收入散文集《海市》，作家出版社出版。1961年12月收入作家散文集《东风第一枝》，作家出版社出版。1978年1月收入《杨朔散文选》，人民文学出版社出版）、周洁夫的散文《白云深处》。

《儿童时代》第20号发表白危的《鲁迅和木刻》。第21号同日出版，发表季羡林的散文《我想念着你，谢尼亚》。

《人民日报》发表马铁丁的文章《地球与地狱》、阿英的文章《辛亥革命杂谈（三）》。

《解放日报》发表茹志鹃的散文《莫厘峰下》。

《北京晚报》发表老舍的旧体诗《包头颂》和马南邨的杂文《不要空喊读书》。

17日，《人民日报》发表雁翼的诗歌《写在运煤场》和冰心的文章《黄河流到了人民的时代》。

18日，《人民日报》发表韩少华的报告文学《序曲》。韩少华（1933－2010），浙江杭州人。60年代初发表的报告文学《序曲》被认为是其成名作，70年代后期以来的创作以散文为主。著有散文集《韩少华散文选》、《暖晴》、《碧水悠悠》、《遛弯儿》，报告文学《勇士，历史的新时期需要你——记陈爱武同志》、《继母》等。

19日，鲁迅先生逝世25周年纪念日，巴金等前往虹口公园鲁迅墓献花。当天上海有6000多人前往献花、谒墓。

《人民日报》发表叶圣陶的旧体诗《鲁迅先生逝世二十五周年祭》。

《北京晚报》发表马南邨的杂文《形而上学的没落》。

《解放军报》发表叶永烈的知识短文《叶落知秋——漫话叶绿素》。叶永烈（1940－ ），笔名萧勇、叶扬等，浙江温州人。1963年毕业于北京大学化学系。上海作协专业作家。香港文联名誉主席。早期以儿童文学、科幻、科普文学及纪实文学为主要创作内容，后转向纪实文学创作。著有长篇纪实文学《1978：中国命运大转折》、《陈云之路》、《胡乔木传》、《马思聪传》、《傅雷与傅聪》、《梁实秋的黄昏恋》、《红色的起点》、《江青传》、《反右派始末》、《历史选择了毛泽东》等。出版有《叶永烈文集》（50卷）、《叶永烈自选集》（7卷）。

20日，《广西文艺》10月号发表张永枚的诗歌《桂林断章》、秦似的短论《热爱鲁迅的著作》。

《人民日报》发表刘厚明的影评《给小观众留些余地——看苏联儿童故事片〈活着的英雄〉有感》。

21日，《光明日报》发表马铁丁的杂文《文化的敌人》和沈从文的知识短文《从文物谈谈古人的胡子问题》。沈从文的文章于21日、24日分两次载完。

《中国青年报》发表哈华的报告文学《养蜂老爹》。

22日,《光明日报》发表郭沫若的文论《关于陈云贞〈寄外书〉的一项新资料》。

《中国青年报》发表秦牧的散文《变化万千的鸡》。

《北京晚报》发表马南邨的杂文《八股余孽》。

23日,《人民日报》发表马铁丁的短文《日本人民的眼睛是雪亮的》。

《解放日报》开始连载费礼文的小说《少年行》,于23日、25日、26日、28日分四次连载完。这篇小说于1961年4月完成初稿,10月改成。

24日,《人民日报》发表陈残云的散文《偶感二则》和冯德英的散文《满腔热情壮歌烈——观〈历史歌曲表演唱〉》。

《光明日报》发表马铁丁的杂文《"活得不耐烦"论》。

25日,巴金写作文艺笔谈《谈〈第四病室〉》,后收入《巴金文集》第14卷。

《人民日报》发表郭沫若的诗歌《昆明七首》(包括《回昆明》、《在昆明看话剧〈武则天〉》、《赠关肃霜同志》、《题赠云南省农业展览馆(二首)》、《宿楚雄(二首)》)和梁信的文章《从生活到创作——吴琼花形象的塑造过程》。

《前线》第19期发表吴南星的杂文《从走路和摔跤学起》。

《解放军报》发表李瑛的诗歌《寄朝鲜战友》。

26日,《人民日报》发表马铁丁的文章《"听从我的鞭子"》、许广平的文章《读〈永不磨灭的印象〉》。

《光明日报》发表细言的文章《漫话文艺批评》。

《北京晚报》发表马南邨的杂文《养牛好处多》和丰子恺的散文《赤栏杆外柳千条——参观景德镇随笔》。

《北京日报》发表邹荻帆的诗歌《新月集》。

1961 十月

27日,《人民日报》发表李瑛的诗歌《戈壁三首》(包括《雨》、《戈壁兵站》、《红柳、沙枣、白茨——给支援边疆建设的青年同志们》)。

28日,《中国青年报》发表陆文夫的散文《苏州漫步》。

日本共产党中央委员会决定出版《毛泽东选集》日文译本。

29日,《人民日报》发表唐克新的散文《游湖》。

《光明日报》发表唐弢的文章《毛主席亲书鲁迅诗》。

《北京晚报》发表马南邨的杂文《甘薯的来历》和冰心的杂感《谈信封信纸》。

30日,《人民日报》发表马铁丁的文章《"热情"的收买》。

31日,《北京日报》发表端木蕻良的散文《在内兴安岭原始森林里》。

本月,大型文艺月刊《红旗手》杂志经过半年多休刊,更名为《甘肃文艺》重新发行。

沙汀、艾芜、林斤澜、刘真等在贵州、云南等地参观访问。途中沙汀开始构思以《困兽记》为基础创作长篇小说三部曲。

黄秋耘创作杂文《史笔》。

周非的长篇小说《多浪河边》,由上海文艺出版社出版。

刘勇的小说、散文集《春花》,由湖南人民出版社出版。

李季的诗《王贵与李香香》(精装本,彦涵插图),由人民文学出版社出版。

方冰的诗《战斗的乡村》(增订本)、许广平的《鲁迅回忆录》、秦牧的散文集《花城》、周而复的散文集《火炬》等,由作家出版社出版。

《茅盾文集》第9卷,《巴金文集》第10、11卷,《鲁迅日记》(上下册)精装本,由人民文学出版社出版。

文菲的文论《谈文艺为政治服务》,由春风文艺出版社出版。

伍律的科普作品《蛇岛的秘密》,由中国少年儿童出版社出版。

儿童文学资料丛书开始由少年儿童出版社陆续出版，包括《1921－1937儿童文学选集》、《1911－1960儿童文学论文目录索引》、《1913－1949儿童文学论文集》、《古代儿歌资料》等。

〔英〕马尔加丽塔·哈克纳斯的中篇小说《城市姑娘》，秦水译，由人民文学出版社出版。

〔英〕约翰·高尔斯华绥的长篇小说《骑虎》（《福尔赛世家》第2部），周煦良译，由上海文艺出版社出版。

〔苏〕符·阿扎罗夫著、侯华甫译的《维什涅夫斯基》，〔苏〕伊·谢尔吉耶夫斯基著、黄成来译的《高尔基》，〔苏〕符·杜瓦金著、汪文琦译的《马雅可夫斯基》，〔苏〕阿·沃尔柯夫著、裘因译的《绥拉菲摩维奇》，〔苏〕符·谢尔宾纳著、金坚译的《阿·托尔斯泰》，〔苏〕季·罗曼宁柯著，韦之译的《法捷耶夫》，〔苏〕叶·纳乌莫夫著、梅子译的《富曼诺夫》等作家研究著作，由上海文艺出版社出版。

十一月

1日，《新港》11月号发表韩映山的小说《下放前夕》。

《山花》11月号开辟"诗专号"，发表骞先艾的旧体诗《黔东南诗抄》、雁翼的诗歌《遵义行》、李瑛的诗歌《河西行》和顾工的诗歌《大地》（外二首）。

《文艺红旗》11月号发表邓拓的旧体诗《咏鸽》和《慰农》、严阵的诗歌《红山茶》（外二首）。

《热风》第7期发表蔡其矫的诗歌《宁化》。

1961

十一月

《人民日报》发表邹荻帆的诗歌《黑白铁修补站》和郭沫若的旧体诗《看"孙悟空三打白骨精"书赠浙江省绍剧团》。毛泽东于11月17日与郭沫若唱和此诗,作《七律·和郭沫若同志》。

《雨花》11月号发表程小青的游记散文《雁荡纪胜》、范烟桥的文章《校书如扫落叶》。

《安徽文学》11月号发表严阵的散文《竹叶信》。

《草原》11、12月号合刊发表老舍的二人转剧本《走西口》和曹禺的文章《杂谈文艺工作》。

2日,《人民日报》发表杨朔的文章《东风第一枝·小跋》和老舍的小相声剧本《读书》。

《光明日报》发表马铁丁的杂文《被牵着鼻子走的人》、《狮王言扬出征》。

《文汇报》发表顾工的诗歌《马灯》、《竹钉》两首。

《北京晚报》发表马南邨的杂文《古代的漫画》。

3日,《重庆日报》发表唐程的报告文学《蜜桃》。

4日,《北京文艺》11月号发表老舍的诗歌《内蒙即景》(6首)、郑振铎的遗作《西谛日记钞》。

《人民日报》发表秦牧的杂文《缺陷者的鲜花》。

《北京晚报》发表端木蕻良的歌词《呼伦贝尔草原上》。

5日,《上海文学》11月号刊登姚文元的文章《论艺术作品对人民的作用——美学笔记之五》(前四篇分别刊于《文汇报》1月17日和5月2日,《学术月刊》6月号、《上海戏剧》7、8月号合刊),于11月号、12月号分两期刊完。同期发表刘白羽的散文《秋窗偶记》和任大霖的散文《我的朋友容容》。

《北方文学》11月号发表骆宾基的散文《富饶迷人的黑河》。

《解放日报》发表郭沫若的旧体诗手迹《一九六一年秋观上海京昆实验剧团建团公演纪念》。

6日,《北京晚报》发表马南邨的杂文《"放下即实地"》。

《民族团结》10、11月号合刊发表老舍的散文《新城喜见百花新》、叶圣陶的旧体诗词一组(包括《菩萨蛮·毛织厂观织地毯》、《忆秦娥·包头印象》、《三姝媚·访包钢》)。

7日,《光明日报》发表李瑛的诗歌《白杨林——河西走廊路上问答》。

《解放日报》发表飞白翻译的马雅可夫斯基长诗《好!》的第六章。

8日,《人民日报》发表袁鹰的文章《地拉那的怀念——寄阿尔巴尼亚诗人阿列克斯·恰奇同志》。

9日,《人民日报》发表冯其庸的文章《谈京剧〈青梅煮酒论英雄〉》和臧克家的文章《再谈毛主席亲题鲁迅的诗》。

《光明日报》发表马铁丁的杂文《香与臭》。

《北京晚报》发表马南邨的杂文《宛平大小米》。

10日,《中国青年报》开始连载罗广斌、杨益言的长篇小说《红岩》并加编者按。《红岩》12月由中国青年出版社出版单行本,印数1—50000册。后多次重印。并被改编成歌剧《江姐》、电影《烈火中永生》等。据马识途在《且说〈红岩〉》中介绍:"作者罗广斌、杨益言同志并不是作家,甚至据我所知,他们在写作过程中,一直也没有准备以创作为职业。就是他们在新中国成立前有那么一段在'中美合作所'坐牢的生活经历,有那么多共产主义英雄形象在他们的记忆中冲撞欲出,有那么多同志和朋友们鼓励他们、催促他们,以致压迫他们写出来。他们写出了《在烈火中永生》还不算,还要写小说,使这些英雄人物长留天地之间。于是他们就写起小说来了,当作一个义不容辞的政治任务写起来了。""《红岩》初稿写成后,在请人看稿、开会讨论中,曾经受到过一些同志的严厉批评,甚至近乎挑剔的指责。我就曾这样指责过,

十一月 1961

由于他们把初稿调子定得低了一些,把监狱里残酷的气氛和惨烈的牺牲写得多一点,把监狱写得似乎是革命英雄的受苦受难之地和革命的屠场,'禁锢的世界'(该书曾拟用书名),而监狱是我们地下党进行革命斗争的第二战场和共产主义学校写得不足。"(《中国青年》1962年第11期)阎纲指出:"《红岩》,人们称它为'共产主义的奇书'。据我体会,'奇'的含义有以下两个方面:事奇——事情发生在中国(也是世界上)最秘密、最残酷的监狱里,而且事件的发生、发展,常常是意料中的意外;悲剧中的喜剧,喜剧中的悲剧;绝大的残酷和绝妙的斗争。人奇——被捆住手脚的人面对武装到牙齿的敌人,在死亡的边沿上进行不怕死的斗争;在被包围的情况下进行反包围的突破;在烈火中牺牲,又在烈火中永生。"(阎纲:《悲壮的〈红岩〉》,第1页,上海文艺出版社1963年版)"江姐和许云峰是《红岩》正面人物中写得最动人的两个人物形象"(第38页),"他们身上集中地体现着作者热烈赞美的、共产主义者坚定果敢而纯净无瑕的品质和操守。"(第39页)"此外,像埋头为党工作到最后一滴血的成岗,像资产阶级出身而在烈火般革命斗争中逐渐成长起来的知识分子刘思扬,以及我在前面曾比较详细介绍过的华子良,都是《红岩》中值得尊敬的人物。他们在与江姐、许云峰彼此对比、彼此衬托中,产生了相映生辉的艺术效果。"(第57页)他认为《红岩》一书"动人的魅力"在于"毋庸置疑的真实感;鲜明形象的说服性;激越、强烈、惊心动魄的感人力量;作者溢于言表的炽热感情和脚踏实地的革命理性主义始终高扬。"(第2页)"《红岩》描写的狱中斗争生活是既复杂,而又丰富的","作者对于共产主义者以及他们在敌人监狱特殊环境下作特殊斗争的政治生活、精神生活的理解是全面的,合乎实际的,而作者对它们的描写,也是真实的,丰富的。"(第35页)"在思想深度上,在现实主义与浪漫主义创作方法的掌握运用上,达到一个相当的水平。这就不但是形象地表现了中国新民主主义革命史上共产主义者艰苦奋斗、可歌可泣的一段历史,更重要的是通过这段历史的一角的具体深入的描写，发掘和发扬了中国共产党人的革命精神和崇高气节，并且把它充分地、动人心魄地表现出来。"（第36页）

《红旗》第21、22期合刊发表管桦的小说《葛梅》和臧克家的文章《精炼·大体整齐·押韵——学诗断想》。

《人民日报》发表郭沫若的短文《翻译鲁迅的诗》、马铁丁的文章《以自己的丑相画世界的面貌》、阿英的文章《传记文学的发展——辛亥革命文谈之五》和叶圣陶的散文《林区二日记》。

《文汇报》发表姚文元的散文《大跃进的果实》。

《光明日报》发表翦伯赞的旧体诗《游昭君墓》。

《前线》第21期发表吴南星的杂文《"伟大的空话"》。

《诗刊》第6期发表孙友田的组诗《汽车开进煤矿区》、梁上泉的诗歌《花桥》（包括《花桥》、《彩色的河流》、《桃源观鱼》、《阳春燕子来》）、郭沫若的旧体诗词《在邯郸》（包括《谒晋冀鲁豫烈士陵园》、《登赵武灵王丛台》两首）、李瑛的诗歌《列宁的故事》（三首）、晓雪的诗歌《花甸坝诗草》（两首）、臧克家的文章《鲜果色初露》、秋耘的文章《"高吟肺腑走风雷"》、邹荻帆的文章《春风里的笑声——读〈北大荒的姑娘〉》。

11日，《人民日报》发表叶圣陶的散文《林区二日记》。

12日，《人民文学》11月号发表艾芜的小说《高原上》、陈翔鹤的小说《陶渊明写〈挽歌〉》、老舍的旧体诗《内蒙东部纪游》（4首）、臧克家的诗歌《翠微山歌》（13首）、严辰的诗歌《鄂伦春的歌》和《东方红》、邹荻帆的诗歌《都门的抒情》（包括《歌》、《槐荫胡同》、《北海桥上》、《一张小菜园的速写》、《荣宝斋的艺术家》）、张志民的诗歌《首都风情》（包括《卖茶姑娘》、《运输队女司机》、《推菜车的人》）、林庚的诗歌《新秋之歌》、李健吾的散文《雨中登泰山》、端木蕻良的散文《在草原上》、任大霖的散文《在灿烂的星空下》、马铁丁的杂文《读报偶感》和高源的报告文学《灯塔风雨》。

1961 十一月

《北京晚报》发表马南邨的杂文《"无声音乐"及其他》。

巴金写作文艺笔谈《谈〈憩园〉》,收入《巴金文集》第14卷《谈自己的创作》。着重介绍了《憩园》里人物的来历,说明杨老三是以作者五叔作为模特。

14日,《人民日报》发表马铁丁的文章《骨气》。

《文汇报》发表姚文元的杂文《另一种毒药》。

《解放军报》发表顾工的组诗《南昌吟》(包括《南昌》、《旅社》、《钟楼》、《窗台》、《八一大道》)。

15日,《人民日报》发表吴晗的文章《写给少年作者——〈今天我喂鸡〉序》。

16日,《儿童时代》第22期发表老舍的散文《可爱的内蒙古》和刘厚明的小说《一个钢笔套》。

《光明日报》发表秦牧的散文《热情的果子》。

《北京晚报》发表马南邨的杂文《"推事"种种》。

17日,《文汇报》发表顾工的诗歌《归来》。

《羊城晚报》发表郭沫若的旧体诗《诗三首》(包括《流溪水电站即景》、《游凤院果树园》、《从化温泉》)。

18日,《人民日报》发表马铁丁的文章《响尾蛇》。

《中国青年报》发表臧克家的文章《鲁迅〈无题〉试译》。

《解放日报》发表秦牧的文章《热带人买皮衣》。

《北京晚报》发表浩然的小说《秋兰明天出嫁》。

19日,《人民日报》发表菡子的小说《赠予》、郭沫若的诗歌《游大理》(包括《洱海月》、《望夫云》、《大理石场》、《万人冢》、《天生桥》、《大理温泉》、《蝴蝶泉》、《朝珠花》、《负石观音》、《天子庙坡》10首,其中前8首为旧体诗,后两首为现代诗)和袁鹰的散文《城在白杨深处》。

《北京晚报》发表马南邨的杂文《人穷志不穷》和冰心的杂感《我看见了陶渊明》。

20日,巴金写作文艺笔谈《谈〈寒夜〉》,收入《巴金文集》第14卷。

《广西文艺》11月号发表晓雪的诗歌《场长》。

21日,《文艺报》第11期开辟"讨论《达吉和她的父亲》"专栏,发表履冰的文章《人物形象与时代精神——试谈小说〈达吉和她的父亲〉中的人物塑造》、谭霈生的文章《性格冲突、思想意义及其他》。

《人民日报》发表马铁丁的文章《上下同好,上有甚焉》。

《北京日报》发表端木蕻良的散文《好客的主人》。

22日,中国作家协会举行宴会,欢迎以堀田善卫为团长的日本文学家代表团,廖承志、老舍、茅盾、周而复等出席宴会。

《人民日报》发表臧克家的诗歌《国宝——咏毛主席1929年在闽西用的公文箱》、柯蓝的散文诗《写在纪念册上——早霞短笛》和阿英的文章《觉醒的戏剧界——辛亥革命文谈之六》(此系列完结)。

23日,《民间文学》11月号发表傣族民歌《逃婚调》和僮族民歌《勒脚歌》。

《人民日报》发表李瑛的诗歌《在牧场上——写在特克斯草原的诗》。同期发表报道:全国戏曲界经过多年的努力,大量挖掘、整理和继承了祖国珍贵的戏曲艺术遗产,从今年春季开始,全国各剧种表演艺术团体普遍上演优秀传统剧目,从而扩大了上演节目的范围。

《北京晚报》发表马南邨的杂文《北京的古海港》。

24日,《人民日报》发表马铁丁的文章《惯窃、骗子手的悲哀》。

25日,《前线》第22期发表吴南星的杂文《怕鬼的"雅谑"》。

《光明日报》发表周瘦鹃的散文《苏州唐伯虎》和马铁丁的短文《也是一种真实》。

1961

26日，《北京晚报》发表马南邨的杂文《两则外国寓言》。

27日，巴金写作文艺笔谈《谈〈新生〉及其他》，收入《巴金文集》第14卷。

28日，《光明日报》发表洁珉的文艺随笔《谈含蓄》和马铁丁的短文《招魂》。

29日，巴金写作文艺笔谈《〈谈自己的创作〉小序》，收入《巴金文集》第14卷。

30日，《人民日报》发表老舍的文章《敬悼郝寿臣老先生》。

《光明日报》发表浩然的短篇小说《车厢里》、张永枚的组诗《山的胸怀》（包括《我走进山的胸怀》、《催促铁马》、《不怕》、《情操》4首）。

《北京晚报》发表马南邨的杂文《青山不改》。

本月，曾卓在武汉市郊劳动改造期间作诗《有赠》。

《茅盾文集》第10卷、《巴金文集》第12卷、茅盾的长篇小说《霜叶红于二月花》、孙犁的中短篇小说集《村歌》，由人民文学出版社出版。

马忆湘著、王盛烈插图的长篇小说《朝阳花》，由中国青年出版社出版。

鲁荻的《黎明时刻》（《十年》第1部）、汉水的《勇往直前》等长篇小说，由百花文艺出版社出版。

胡万春的小说《红光普照大地》、李季的诗集《海誓》，由作家出版社出版。

李六如的长篇小说《六十年的变迁》（第2卷），由作家出版社出版，印数1－50000册；1956年曾连载于《北京日报》。《六十年的变迁》是一部长篇革命历史小说。作家以独特的艺术技巧，生动细致的笔触，描写出近60年来（从清末戊戌变法维新前后到1949年全国解放），中国政治、社会的巨大变化。全书共分三卷。第1卷描写从戊戌变法维新到辛亥革命失败这一历史时期我国社会的演变，于1958年由作家出版社初版，印数1－30000册。第2

卷，从北洋军阀统治时期写起，到1927年第一次大革命失败为止，着重描写了中国共产党诞生以后，我国革命群众在党所提出的反帝反封建的政治纲领和工农联盟、联合战线等正确政策指导下掀起的大革命浪潮。作品形象地阐释了由于帝国主义和封建势力的破坏、资产阶级的叛变、陈独秀路线的错误等原因，导致了第一次大革命的失败。第2卷对毛泽东青年时代的革命活动，也有亲切而真实的叙述，并且塑造了中国共产党的早期优秀党员何叔衡、陈延年、方维夏等人的形象。同时对蒋介石、谭延闿、张辉瓒之流的真实面目，作品也作了深刻的揭露。第3卷因十年动乱，作者仅写了不到10万字，即与世长辞，遗稿于1982年1月由作家出版社出版。

柯原的诗集《椰寨歌》，张永枚的诗集《雪白的哈达》，郭风的散文集《英雄和花朵》，肖木的小说、特写集《宽广的世界》，由上海文艺出版社出版。

吴晗的历史剧《海瑞罢官》单行本，由北京出版社出版。

赵忠等人集体创作的歌剧《红珊瑚》，由解放军文艺出版社出版。

胡奇光等的《新民歌的语言艺术》，由上海教育出版社出版。

〔古希腊〕索福克勒斯的《索福克勒斯悲剧二种》（罗念生译）、〔古希腊〕埃斯库罗斯的《埃斯库罗斯悲剧二种》（罗念生译），由人民文学出版社出版。

〔苏〕康·费定的长篇小说《弟兄们》（沈立中等译）、〔法〕巴尔扎克的长篇小说《农民》（陈占元译），由上海文艺出版社出版。

《大众电影》举办第一届电影百花奖；翌年五月召开发奖大会。《大众电影》为中国影协主办的电影刊物。百花奖由观众投选，每年一次，1964年中断，1980年恢复。

本月下旬，曹靖华创作散文《雪雾迷蒙访书画》。

十二月

1日,《人民日报》发表李准的诗歌《致杜波伊斯》和袁鹰的散文《岁寒然后知松柏之后雕》。

《新港》12月号发表浩然的小说《蜜月》和茅盾的文章《〈力原〉读后感》。

《河北文学》11、12月号合刊发表徐光耀的小说《小兵张嘎》和玛拉沁夫的散文《鄂伦春组曲》。

《延河》11、12月号合刊发表李劼人的小说《垂死时候的勾心斗角》(长篇小说《大波》第三部第七章)。

《儿童时代》第23、24号合刊发表刘心武的小说《邮包的故事》。

《四川文学》12月号发表雁翼的诗歌《凉山行》(6首)、陈伯吹的散文《孩子们》和化石的报告文学《"沃瓦"传奇》。

《雨花》12月号发表周瘦鹃的旧体诗词《宜兴张公洞二首》和范烟桥的旧体诗《阳羡纪游》(4首)。

《长江文艺》第3期发表董必武的旧体诗《七十自寿》(7首)和未央的诗歌《汉金里》。

3日,《北京晚报》发表马南邨的杂文《涵养》和老舍的文章《〈郝寿臣脸谱集〉序》(作于9月4日)。

4日,《民间文学》12月号发表叶圣陶的诗歌《听蒙古族歌手哈扎布歌唱》和端木蕻良的散文《草原放歌》。

《北京文艺》发表端木蕻良的散文《雨后》和宗璞的散文《秋色赋》。

5日，《上海文学》12月号发表蹇先艾的短篇小说《重来》。

《人民日报》发表徐特立的文章《对青年人的几点希望》。

《光明日报》发表李瑛的诗歌《牧场气候站》、《桥——一个旧日的故事》和吴晗的文章《有关历史人物评价和历史知识普及的问题》。

《解放军报》发表顾工的诗歌《文家市》、《母亲》、《问路》3首。

6日，《新疆日报》发表叶圣陶的评论《〈塔里木行〉——一篇情文并茂的游记》。

7日，《电影创作》发表电影文学剧本《鲁迅传》（上），作者陈白尘、叶以群、唐弢、柯灵、杜宣、陈鲤庭，由陈白尘执笔。该剧本末尾标注：于1961年11月25日北京西郊完稿。

《北京晚报》发表马南邨的杂文《保护文物》。

秦似创作散文《碧水青峰九十里》。

9日，文化部发出《关于在进行挖掘戏曲、曲艺传统剧目、曲目工作中要注意老艺人的身体健康的通知》。

《人民日报》发表董必武的旧体诗手迹《读〈一二·九回忆录〉》、凤子的剧评《〈胆剑篇〉演出浅谈》、臧克家的文章《学诗断想》。

《光明日报》发表阿英民间传说故事改写《黄将军虎门擒义律——鸦片战争传说》。

《北京晚报》发表邓拓的旧体诗《画意歌声——诗六首题周怀民画稿》。

10日，《前线》第23期发表吴南星的杂文《谈读书》。

《剧本》12月号发表老舍改编自川剧的6场话剧《荷珠配》和曹禺的随笔《谈读书》。

《人民日报》发表尹叔聪的报告文学《明亮的眼睛》。

《北京晚报》发表马南邨的杂文《米氏三园》。

11日，文化部和中国剧协举办"周信芳演剧生活六十年纪念"集会，周恩来、陆定一出席会议。周信芳演出了《海瑞上疏》、《义责王魁》、《四进士》等剧目。

12日，《人民文学》12月号发表菡子的小说《前方》、韦君宜的小说《十五年后》、阮章竟的诗歌《四月的哈瓦那》（包括《清晨的哈瓦那》、《在空对地导弹下》、《埃杜阿罗多·加罗卡》、《火的天罗》、《四月十六日》6首，1961年4月16日作于哈瓦那，9月改于北京）、李瑛的诗歌《伊犁行》（包括《伊宁八月》、《野马渡》、《霍尔果斯河上的月亮》3首，1961年9月作于伊宁）、杨朔的散文《画山绣水》、丰子恺的散文《头有尾——参观江西革命根据地随笔》（1961年10月9日于上海）、范烟桥的散文《花之社》、季羡林的散文《一双长满老茧的手》（作于1961年9月25日）、陈伯吹的散文《青年战士与小八路》（1961年7月重改）、秦牧的杂文《李逵与李鬼》（1961年10月作于广州）、丘扬根据同名芗剧改编的话剧剧本《三家福》和谢雪畴的报告文学《"老虎团"的结局》。谢雪畴（1920— ），湖南宁乡人。1938年参加新四军，同年加入中国共产党。曾任华东野战军团政委、第三野战军师政治部主任、军区空军副政委等职。1943年开始发表作品。1954年加入中国作家协会。著有中篇小说《团指导员》、《白云深处有人家》，电影文学剧本《青云曲》，散文集《"老虎团"的结局》、《古塔的神话及其他》等。

《文汇报》发表姚文元的短文《诗的警语》。

《光明日报》发表秦似的文艺随笔《获益篇》。

13日，《人民日报》发表田汉的旧体诗《贺周信芳同志演剧生活六十年》（4首）、翦伯赞的散文《内蒙访古》。

14日，《文学评论》第6期发表编辑部对文学共鸣问题和山水诗问题讨论所进行的综述报道《关于文学上的共鸣问题和山水诗问题的讨论》。文章认为："文学上的共鸣问题和山水诗问题，都涉及文学艺术的阶级性这一根本问题"，"又都牵涉到正确理解、评价和批判继承过去文艺遗产问题，牵涉到正确认识基础和上层建筑的关系问题","牵涉到文学艺术的特性"。文学上的共鸣问题的讨论,是从1960年《文学评论》第5期柳鸣九的《批判人性论者的共鸣论》引起的,"批判修正主义否定文学的阶级性、宣传人性论,是大家一致同意的。这次讨论中争论的中心也就是产生共鸣现象的阶级基础问题"。争论的焦点是:是不是只有阶级思想感情一致才能成为共鸣的基础?一种意见认为"共鸣不一定非要相同的阶级思想感情为基础不可,属于不同阶级的人在一定条件下,在某个方面,或某个点上,由于存在某些相同或相似的思想感情,彼此间也可以产生共鸣"。另一种意见认为"共鸣只能在相同的阶级思想感情的基础上才能产生"。这两种意见在共鸣的概念、产生共鸣的条件和基础、共鸣的作用范围等一系列问题上,都存在着分歧。山水诗问题的讨论,争论的焦点主要集中在阶级性问题上。争论的是"如何看待、判断和解释山水诗这类作品的阶级性,是否所有的山水诗全都有阶级性","主要的争论和分歧是集中在那些歌咏、赞美山水景物之美而又不抒发和流露作者对社会、对人生的见解和感慨这样一些作品上面"。一种看法认为这类作品"不能从它们本身看出阶级性的",对它们的"欣赏也是没有阶级性的";另一种看法认为"山水诗所反映的自然景物本身就有着客观存在的自然美,这种自然美同社会美一样,也是有客观存在的阶级性的,因此,应该说一切山水诗都具有阶级性"。关于山水诗的评价问题,在艺术方面的评价比较一致,但是对"它们的思想方面,却随着讨论中对它们的阶级性、产生和发展等看法的不同而有所不同"。同期发表柳鸣九《再论共鸣现象的实质及其原因——关于共鸣问题的答复》和茅盾的《关于历史和历史剧——从〈卧薪尝胆〉的许多不同剧本谈起》。

《北京晚报》发表马南邨的杂文《从鲁赤水的墨菊说起》。

15日,《电影艺术》第6期发表韩尚义与徐苏灵合作的《戏曲艺术片——两种不同艺术形式的结晶》和颜可风(瞿白音)的《喜剧电影讨论中的一个问题》。颜可风在文中充分肯定了"讽刺"这一艺术手段在喜剧中的作用。

1961

16日，中共国家机关和各民主党派中央机关摘掉一批右派分子的帽子，包括冯雪峰、黄药眠、吴祖光、艾青、白朗等。

《红旗》第24期发表周立波的短篇小说《在一个星期天里》。

《光明日报》发表阿英的短文《澳门两义士》和顾仲彝的文章《什么是英雄喜剧》。

17日，《人民日报》发表田间的组诗《塔里木之章》（包括《塔里木》、《将军》、《雁讯》等共5首）、程小青散文《一片飞云掩洞门》。

《北京晚报》发表马南邨的杂文《金龟子身上有黄金》。

19日，《人民日报》发表臧克家的诗歌《铜匠担》。

《光明日报》发表马铁丁的短文《"死要钱"与"要死钱"》。

20日，文化部党组召开会议，研究加强文化艺术、电影、出版、文物等事业的领导管理工作。

《广西文艺》12月号发表浩然的小说《灵芝草》。

21日，《文艺报》第12期继续"讨论《达吉和她的父亲》"专栏，发表谢晋、黄宗英等人有关文章14篇，同期发表秋耘的评论《陶渊明写〈挽歌〉》、冰心的评论《葛梅》、曹禺的评论《雪浪花》、洁珉的评论《有没有区别？》、魏金枝的评论《也来谈谈茹志鹃的小说》。

《北京晚报》发表马南邨的杂文《南陈和北崔》。

21日-1962年1月21日，以孟波为团长的上海青年京昆剧团赴香港访问演出，艺术指导俞振飞。

22日，《人民日报》发表郭沫若的旧体诗《流溪河即事》（包括《流溪河水库观渔》、《观百丈瀑》等共4首）。

23日，《人民日报》发表周瘦鹃的散文《赏菊狮子林》。

《光明日报》发表臧克家的文艺随笔《小谈"评论"》。

《中国青年报》发表浩然的短篇小说《小河流水》。

24日，《北京晚报》发表马南邨的杂文《错在"目不识丁"吗?》。

25日，《前线》第24期发表吴南星的杂文《"电子音乐剧"原来如此》。

26日，《人民日报》发表叶剑英的旧体诗《敬赠胡主席湘妃扇》、曹靖华的文章《〈花〉小跋》。

28日，《戏剧报》第23、24期合刊发表茅盾的《为周信芳演剧六十年纪念题词》一则、老舍的讲话《舞台花甲》。

《人民日报》发表陶君起、李大珂的《一朵鲜艳的"红梅"——从〈红梅记〉的改编，谈到昆曲〈李慧娘〉》。该文对《李慧娘》一剧作出正面评价。

《北京晚报》发表马南邨的杂文《自顾不暇》。

巴金写作散文《青野季吉先生》，收入作品集《倾吐不尽的感情》。

31日，《人民日报》发表郭小川的诗歌《三门峡》。

《北京晚报》发表马南邨的杂文《守岁饮屠苏》和端木蕻良的散文《除夕解》。

《羊城晚报》发表郭沫若的旧体诗《诗三首》（包括《题桂花轩》、《游鼎湖山》、《登阅江楼怀叶挺及独立团诸同志》）。

本月，文化部党组向中央宣传部报送《关于设立出版工作者协会的报告》。

总政治部召开文化工作会议，讨论在部队文艺工作中贯彻"百花齐放百家争鸣"方针。全军文艺工作者170多人参加会议，陈毅、罗荣桓会后接见了到会人员并作讲话。

沈从文准备"复出"文坛，在王震安排下与阮章竞、戈壁舟等一行九人前往江西井冈山地区参观访问，收集写作素材。沈从文在与阮章竞、华山同游井冈山、庐山等地期间，作有旧体诗《井冈山清晨》（外四章），并随后发表在1962年的《人民文学》2月号。

《巴金文集》第13卷，由人民文学出版社出版，包括中篇小说《憩园》、

1961

《第四病室》及小引、后记。

巴金的中短篇小说集《李大海》和吉学霈的短篇小说集《农村纪事》，由作家出版社出版。

刘勇的短篇小说集《金色的秋天》，由上海文艺出版社出版。

敬信的短篇小说集《风雨旗》，由春风文艺出版社出版。

杨苏的短篇小说集《没有织完的统裙》，由云南人民出版社出版。

北京市文学艺术工作者联合会编的短篇小说集《旷野上》，由北京出版社出版。

贺敬之的《放歌集》和张志民的《村风》等诗集，由人民文学出版社出版。

李代生、刘镇等的《满天飞霞》（工人作者诗选），霍满生等的《田野新歌》（农民作者诗选），由春风文艺出版社出版。

郭小川的叙事长诗《将军三部曲》、方纪的诗集《大江东去》、赵朴初的诗集《滴水集》、《诗刊》编辑部编的诗论集《新诗歌的发展问题》（第四集）、杨朔的散文集《东风第一枝》、吴晗的散文集《春天集》、由作家出版社出版。

张岐的散文集《螺号》、丹丁的杂文集《瓜豆篇》，由山东人民出版社出版。

王任重的散文集《谈心集》，由上海文艺出版社出版。

中国人民解放军海军政治部文工团话剧团改编的话剧《甲午海战》、铁道部乌鲁木齐铁路局文工团集体创作的四幕歌剧《两代人》，由中国戏剧出版社出版。

张扬、郭祖培著的两场话剧《中秋节的故事》，由云南人民出版社出版。

《中国人民解放军三十年》征文编辑部编选的《星火燎原》（六），由人民文学出版社出版。

刘志著、谭霈生整理的革命回忆录《在北京地下斗争的日子里》,由北京出版社出版。

范乃仲的评书《敌后英雄》,由河南人民出版社出版。

天津群众艺术馆编的《群众文艺演唱材料》,由百花文艺出版社出版。

田野红编的革命歌谣《雨过天晴出太阳》,由江苏人民出版社出版。

广西僮族自治区民间文学研究会筹备委员会、广西师范学院中文系合编的《太平天国故事歌谣选》(刘锡永插图),由广西人民出版社出版。

老舍的儿童剧《宝船》、孙幼军的童话《小布头奇遇记》,由中国少年儿童出版社出版。

贾芝与孙剑冰编选《中国民间故事选》(第二辑),由作家出版社出版。

中华书局上海编辑所编、于在春选译、程十发绘图的《聊斋故事选译》(古典文学普及读物),由中华书局出版。

〔苏〕马雅可夫斯基的《马雅可夫斯基选集》(第5卷:论文、讲演、特写),余振等译,由人民文学出版社出版。

〔日〕秋山浩的《731细菌部队》,北京编译社编译,由群众出版社出版。

冬季,诗人郭小川在南方各地参观访问,搜集创作素材。

冯雪峰摘掉右派帽子后继续担任人民文学出版社编辑,但完成长征题材小说的要求被拒绝。冯雪峰将以前的积稿焚毁。

在京郊经过了三年半的"劳动改造"之后,王蒙被摘掉右派帽子,次年9月,被安排到北京师范学院中文系教书。

本年

路翎在北京秦城监狱中因精神上刺激过大而失常,住进了医院。出院后

1961

保外就医回到家中一年多，随后因写信给党中央发泄不满情绪，又被关进监狱。

吴宓由重庆赴武汉，游三峡，访旧友，后又转赴广州，访陈寅恪。

秦牧从《羊城晚报》副总编一职调离。

昌耀在青海西部荒原流放地作《踏着蚀洞斑驳的岩原》、《这是赭黄色的土地》、《荒甸》、《夜行在西部高原》等诗4首。

《新体育报》记者的《为国增光——记第二十六届世界乒乓球锦标赛中的中国代表队》发表在《新体育》第8期。

徐迟创作散文《直薄峨眉金顶记》。

柯蓝创作散文《鱼鹰》。

曹靖华创作"云南抒情"系列，后收入《飞花集》中。

丰子恺开始翻译日本文学名著《源氏物语》。

周作人写作《药堂谈往》（后定名《知堂谈往录》），共20余万字。

夏秋之交，姚雪垠完成《李自成》第一卷书稿修改工作，并寄给中国作家协会，希望找人审阅。

自1961年始，秦牧创作《缺陷者的鲜花》、《赞渔猎能手》、《面包和盐》、《蛇与庄稼》、《榕树的美髯》、《巡堤者的眼睛》等杂文。这些杂文后选入《长河浪花集》，1978年由人民文学出版社出版。

中国民间文艺研究会、新疆文联、新疆文学研究所、克孜勒苏柯尔克孜自治州州委和中央民族学院，抽调人员组成史诗《玛纳斯》工作组，记录了25万行（其中朱素甫·玛玛依演唱117000行，曾印为《玛纳斯》上下两册）。

四川人民出版社出版"文艺小丛书"，包括沙汀的《你追我赶》、黄谋远的《永不凋谢的花朵》、马识途的《找红军》、邹仲平等的《银杏和"拖拉机手"》等短篇小说集。

上海文艺出版社出版"文学作品分析小丛书",包括振甫的《毛主席诗词浅释》、周天的《小谈"创业史"第一部》、易征和张绰的《谈谈"三家巷"》、汪曾培的《"山乡巨变"变得好》、胡采的《谈峻青的"胶东纪事"》。

《沫若选集》(4卷)、《沫若文集》(第13、14卷)、《茅盾选集》(精装本)、《夏衍选集》(精装本)、《田汉选集》(精装本)、《曹禺选集》(精装本)等,由人民文学出版社出版。

郭沫若诗、于非阁画《百花齐放》(锦缎套装本),由荣宝斋出版。

长篇报告文学《运输兵苏长福》,作者艾青,署名新疆军区生产建设兵团机运处文艺创作组,由新疆青年出版社出版。

吴源植的长篇小说《金色的群山》、革命回忆录《红旗飘飘》(第15－16集),由中国青年出版社出版。

中国戏剧家协会编的《梅兰芳演出剧本选集》(精装本)、《周信芳演出剧本选集》(精装本)、《周信芳演出剧本新编》(精装本),李少春编剧的《野猪林》(京剧,精装本),范钧宏编剧的《猎虎记》(京剧,精装本),由中国戏剧出版社出版。

明楼等改编的评剧《茶瓶记》(修订本),由春风文艺出版社出版。

中华书局上海编辑所编的《水浒传》(全三册,精装本)、阿英编的《晚清文学从钞》(章回小说),由中华书局出版。

夏志清的《中国现代小说史》,由美国耶鲁大学出版社出版。中译本由刘绍铭、李欧梵翻译,香港友联出版社有限公司1979年7月出版。

年底至1962年,老舍创作长篇自传体小说《正红旗下》,写成11章,约8万字,未完。1979年首次发表在《人民文学》3月号,人民文学出版社1980年6月出版。

北京电视台播出13部电视剧,包括《养猪姑娘》、《耕耘记》、《桃园女儿嫁窝谷》、《窝车》、《球迷》、《回声》、《韩梅梅》、《荣誉》、《暴风雨中》、

《扣子》，以及儿童题材电视剧《红缨枪》、《小明为什么算不出算数》和根据民间传说改编的电视剧《长发妹》。

本年上映的影片主要有：

《暴风骤雨》（林兰编剧，谢铁骊导演，北京电影制片厂）；

《达吉和她的父亲》（高缨编剧，王家乙导演，峨嵋电影制片厂、长春电影制片厂）；

《风雪大别山》（陈登科、鲁彦周编剧，黄祖模导演，安徽电影制片厂）；

《红色娘子军》（梁信编剧，谢晋导演，天马电影制片厂，该片获第一届"百花奖"最佳故事片奖、最佳导演奖、最佳女演员奖、最佳男配角奖，1964年第三届亚非电影节"万隆奖"，1995年"中国电影世纪奖"）；

《枯木逢春》（王炼、郑君里编剧　郑君里导演　海燕电影制片厂）；

《突破乌江》（朱欣编剧，李舒田、李昂导演，八一电影制片厂）；

《51号兵站》（张渭清、梁心、刘泉编剧，刘琼导演，海燕电影制片厂）；

《大闹天宫（上）》（李克弱、万籁鸣编剧，万籁鸣、唐澄导演，上海美术电影制片厂）；

《冬梅》（林杉编剧，王炎导演，长春电影制片厂）；

《洪湖赤卫队》（梅少山、张敬安编剧，谢添、陈方千、徐枫导演，北京电影制片厂、武汉电影制片厂，1961年上映，本片于1962年获第一届电影百花奖最佳音乐奖）。

本年度受到观众欢迎的影片有《暴风骤雨》、《红色娘子军》、《51号兵站》、《洪湖赤卫队》、《红珊瑚》。后两部影片的插曲被广泛传唱。

天津人民艺术剧院上演古巴三幕话剧《甘蔗田》，原作〔古巴〕巴格·阿尔丰索，翻译英若诚，导演方沉。剧本发表在《剧本》7、8月号合刊上。

中国评剧院整理改编排演传统剧目《花为媒》，原作成兆才，改编陈怀平、吕子英，导演吴坚、吕子英，主要演员新凤霞、李忆兰、张德福、赵丽蓉。

　　截至本年底，中国大陆共有出版社80家，其中中央级30家，地方50家。出版图书13529种，其中新版图书8310种，总印数10.16亿册。期刊出版410种。

1960.1 – 1965.12

1962年

一月

1日,《中国青年》第1期发表浩然的小说《喜期》。

《湖南文学》1月号开始连载柯蓝、文秋的长篇小说《秋收起义》。

《延河》1月号发表罗广斌、杨益言的小说《江姐》,雁翼的诗《重访工地》。

《河北文学》1月号发表梁斌的小说《战寇图三章》、田间的诗《诗》(千里诗抄题记)。

《新港》1月号开始连载梁斌的小说《播火记》(长篇小说《红旗谱》第2部),至9月号连载完毕,10月号发表《播火记》后记。本期还发表方敬的诗《我们的北京》、苗得雨的诗《乡情小集》(4首)、李瑛的诗《新兵日记》(2首)、吴伯箫的散文《难老泉》、吴烟痕的散文《飞斩神门滔天浪》,译载苏联作家阿·托尔斯泰的文章《我们怎样写作》。

《文艺红旗》1月号发表张长弓、郑士谦的小说《猎人轶事》,袁静的中篇选载《红色少年夺粮记》及袁鹰的散文《风雨狮子岩》。

《解放军文艺》1月号发表周立波的短篇小说《调皮角色》、张志民的诗《西行剪影》(两首)、张永枚的诗《在没有军营的深山》(两首)、臧克家的随笔《佳作不厌百回读》以及叶圣陶的新作短评《〈塔里木行〉——一篇情文并茂的游记》。

《长春》1月号发表张天民的诗歌《彩虹集》(6首)。

《草原》1月号发表纳·赛音朝克图的诗歌《选举大会纪实》、张长弓的小说《钟声》。

《甘肃文艺》1月号发表田间的诗《白雪舞曲》(3首)、张志民的诗《西行剪影》（3首）以及严辰的诗《红岩》（外一首）。

《人民日报》发表阳翰笙的诗歌《咏都勒斯》。

4日，中华书局在北京举行成立50周年纪念会。

《光明日报》发表吴晗的文章《如何学习历史》。文章分为4个部分：1. 史论结合的问题；2. 如何学习理论和运用理论；3. 如何搜集史料和掌握史料；4. 加强基础知识和基本技能的问题。

《北京文艺》1月号发表楼适夷的诗《延安曲》（8首）、李瑛的诗《石河子风景线》（两首）、老舍的文章《多练基本功》及刘厚明的《给宋汎同志的一封信》。

《羊城晚报》发表秦牧的文艺随笔《艺林漫想录》。

5日，《边疆文艺》1月号刊载文章《生活、学习、创作——袁水拍、沙汀、郭小川座谈创作问题摘要》，发表傣族民间叙事长诗《线秀》（云南民族民间文学调查队搜集，李广田整理）、李广田的《序傣族叙事长诗〈线秀〉》。

《羊城晚报》发表武克仁的历史小说《柳宗元被贬》。

《上海文学》第1期发表茹志鹃的小说《第一步》、谢璞的小说《喜乐的山窝》、韩映山的小说《串亲》、张永枚的诗《一同欢喜》（外一首）、骆宾基的散文《航行在黑龙江上》、周瘦鹃的散文《雁荡奇峰怪石多》、魏金枝的诗话《怎样使用我们的财富》以及秦牧的文艺随笔《艺海拾贝》。谢璞（1932— ），笔名春晖，湖南洞口人。1956年毕业于中国作家协会文学讲习所，1959年加入中国作家协会。著有长篇小说《海哥和"狐狸精"》、《从摆子寨逃出的孩子》，长篇童话《小狗狗要当大市长》，中短篇小说集《二月兰》、《姊妹情》，寓言童话集《屋檐下的大世界》，散文集《珍珠赋·谢璞散文选》等。

《新疆文学》1月号发表田间的诗《天山诗草》（5首）、严辰的诗《山鹰》（外两首）、张志民的诗《西行剪影》（4首）以及田间的文章《关于诗的内容和技巧》、严辰的评论《高、深、精》、张志民的文章《漫谈读书和创作》。

1962 一月

6日，《羊城晚报》发表郭沫若的诗歌《游七星岩》。

7日，《羊城晚报》发表秦牧的散文《血腥门第的风雅之士》。

《人民日报》发表徐迟的诗歌《如画江山》（《长江组歌》第一部。《长江组歌》共分四部，第二部为《洪涛赤岸》，第三部为《雄师飞渡》，第四部为《高峡平湖》），王冶秋的故事《"神宫"变异记》，吉学沛的小说《两个队长》。

《解放日报》发表范烟桥的散文《苏州玉刻》。

9日，《人民日报》发表马铁丁的书评《真情实感——读〈第一个风浪〉》，对革命回忆录《第一个风浪》（邓洪）予以好评，认为"作者并没有着力去虚构情节，而动人的情节，自然地流露于作者的笔下；作者并没有着力塑造人物，而动人的人物形象，自然地跃然纸上"，富有真情实感。

《羊城晚报》发表周瘦鹃的杂谈《美的诗和美的文》。

《文汇报》发表郭沫若的文章《序〈杜国庠文集〉》。

10日，《文汇报》编辑部和中国戏剧家协会共同在京举办话剧语言艺术座谈会。田汉、老舍、丁西林、曹禺、陈其通、陈白尘、李健吾、张光年等出席会议，田汉主持会议。与会者对话剧的语言艺术、创作基础、青年剧作家的培养等问题展开了讨论。同日，《文汇报》开辟"话剧语言问题"专版。

《山东文学》1月号发表浩然的小说《妻子》以及臧克家的诗《寄》（外一首）。

《四川文学》1月号发表陈伯吹的散文《将军和小孩》。

《诗刊》第1期发表田间的诗歌《日出》、张志民的诗歌《西行剪影》。

《剧本》1月号发表白文、所云平的6场话剧《我是一个兵》。

《东海》1月号发表金近的诗歌《种蓖麻的孩子》。

11日，《文艺报》第1期开辟"笔谈《胆剑篇》"专栏，发表何其芳的文章《〈胆剑篇〉印象》、张庚的文章《〈胆剑篇〉随想》、张光年的文章《〈胆剑篇〉的思想性》。《胆剑篇》是曹禺等人合作创作的历史剧，原刊《人民文学》1961年7、8月号，刊出后广受好评。本期还发表袁鹰的诗《九州生气恃风雷》、茅盾的文章《力原》（原载《新港》1961年12月号）以及柯灵的评论《真实、想象和虚构——艺术概括谈片之一》。

《解放日报》发表张永枚的诗歌《月夜宴将军》。

《人民日报》发表冯牧的评论《珍贵的传统——〈星火燎原〉第6集读后》。

12日，《人民文学》1月号发表刘白羽的小说《王智辉与陈金绣》（长篇小说《风雪赞歌》两章）、骆宾基的小说《大车轱辘与家具》、田间的诗《白雪的画册》（5首）、张志民的诗《西行剪影》（3首）、梁上泉的诗《望红台》（两首）、袁鹰的散文《戈壁水长流》、郭风的散文《海堤上》以及何为的游记《白鹭与日光岩》。

13日，《人民日报》发表张志民的诗歌《西行剪影》。

《光明日报》发表叶君健的散文《玫瑰》与范烟桥的诗歌《洞庭红》。

北京人民艺术剧院演出五幕现代话剧《英雄万岁》，编剧杜烽，导演梅阡，主演马群、刁光覃、童超等。剧本发表在《剧本》1960年2月号上。

14日，《人民日报》发表袁水拍的诗歌《云南礼赞》。

《文汇报》发表张永枚的诗歌《过山瑶》。

《文学评论》第1期发表钱钟书的论文《通感》及钱谷融的评论《〈雷雨〉人物谈》。

上海戏剧学院表演系藏族班毕业公演藏语话剧《文成公主》，编剧田汉，导演田稼。

15日，《新华月报》第1号发表翦伯赞的散文《内蒙访古》（原载于1961年7月25日《内蒙古日报》，本文转载时略有删节）、田汉的文章《向周信芳同志的战斗精神学习！——在周信芳演剧生活60年纪念会上的致词》

及刘厚生文章《战斗的表演艺术家周信芳》。

《作品》新 1 卷 1 期发表陈残云的小说《广州之夜》、张永枚的诗歌《诗三篇》(《赤卫军传说》、《西山颂》、《谒库里申科墓》)、秦牧的散文《潮汐和船》、欧阳山的文艺书简《横眉和俯首》。

《羊城晚报》发表茅盾的散文《海南之行》。

《解放日报》发表姚文元的随笔《夜读偶感》。

16 日，国务院文教办公室批转文化部《关于组织城市一部分专业剧团到农村和专、县进行较长期演出的请示报告》，并提出"适当控制演出场次，以免剧团过度疲劳"和"目前灾区粮食供应困难可暂不下去"等意见。

《羊城晚报》发表郭沫若的散文《我的故乡——乐山》。

17 日，《解放日报》开始连载胡万春的小说《闪光》。

17 日、18 日、25 日，中国作家协会广东分会诗歌组和《羊城晚报》编辑部特邀了广州文艺界部分同志，连续举行了 3 次座谈，就新诗如何继承古典诗歌传统的问题展开讨论和探讨。主要讨论的问题包括：1.学习古典诗歌的战斗传统；2.创新意，辟新境；3.精炼，大体整齐，押韵；4."楼梯式"问题；5.存在的问题。

18 日，首都文艺界人士集会，严厉谴责美国政府迫害美国共产党和进步人士的新暴行。他们指出，肯尼迪政府的无耻行动，是向全世界人民的挑战，文艺界人士要拿起自己的文艺武器，彻底揭露肯尼迪政府的丑恶面目。本次集会由中国文学艺术界联合会副主席茅盾主持，中国文学艺术界联合会副主席阳翰笙在发言中列举了美国一些著名的作家和评论家揭露美国政府迫害作家和剧作家的事实。中国文联副主席、戏剧家协会主席田汉在会上说，文艺界是代表广大人民的声音的，我们要通过文艺武器进一步展开反对美帝国主义的斗争。美术家协会副主席叶浅予新中国成立前曾经去过美国，他揭露说，美国的进步美术家不仅会受到非美活动调查委员会和法西斯分子的迫害，甚至连最起码的展览工作和居住权利也遭受到破坏。中国电影工作者协会书记处第一书记袁文殊在发言中着重揭露了美国反动集团一方面对美国进步电影事业加紧迫害,一方面通过电影鼓吹法西斯精神,露骨地进行战争宣传。在会上发言的还有著名的作家、戏剧家、美术家、书法家、演员以及舞蹈、摄影、曲艺等文艺界人士许广平、冰心、吴晓邦、溥雪斋、焦菊隐、贾芝、马连良、古元、胡可、张印泉、侯宝林、杜近芳等,他们同声谴责美国政府的反共暴行,坚决声援美国共产党的正义斗争。

《人民日报》发表马铁丁的杂文《正义必胜》。

《光明日报》发表田间的诗歌《天山诗草》(《白雪的画册》、《雪人》、《火焰山的传说》3首)。

《文汇报》发表严独鹤的随笔《回忆文明戏》。

《羊城晚报》发表秦牧的文艺随笔《艺林漫想录》。

《戏剧报》由半月刊正式改为月刊,每月18日出版。

20日,《光明日报》发表韩映山的散文《割苇——白洋淀散记》。

21日,《人民日报》发表吴晗的生活知识杂谈《从幞头说起》。

《光明日报》发表黄秋耘的散文《寒夜话〈聊斋〉》。

22日,中国作家举行抗议美国政府反共暴行的集会,中国作家协会副主席老舍在会上首先发言,臧克家、陈白尘、萧三、郑效洵、叶君健、严文井、张光年、楼适夷、杜宣、王汶石、安波等先后在会上发言。

23日,《光明日报》发表严阵的诗《金鸟、神笛——大别山的两个传说》与菡子的诗《冬有春色》。

24日,北京人民艺术剧院演出苏联三幕十四场革命历史话剧《带枪的人》,编剧Н·包哥廷,翻译葛一虹,导演欧阳山尊、夏淳,主演田冲、刁光覃等。

25日,《星火》第1期发表沈从文的诗歌《井冈山诗草》与阮章竞的诗歌《井冈山》。

《诗刊》1月号刊登臧克家的文章《谈贺敬之同志的几首诗》，主要谈论了贺敬之的《放声歌唱》、《回延安》、《三门峡歌》和《桂林山水歌》。文章认为这些诗代表了贺敬之的艺术风格和成就。在上述作品中，作者认为自己最喜欢的还是《回延安》。"《放声歌唱》热情奔放，稍欠凝练；《三门峡歌》、《桂林山水歌》，意境虽美，但有点刻意求精的感觉。《回延安》情感浓烈，但深切动人，字句美丽、朴素，而又自然。"

26日，《文汇报》发表田间的杂文《豺狼和"自由神"》。

中国作家协会书记处和亚非作家会议中国联络委员会召开联席会议，组成16人中国作家代表团，准备出席第二届亚非作家会议。联席会议由茅盾主持，出席会议的有老舍、曹禺、严文井、张光年、陈白尘、冰心、赵树理等。

27日，《人民日报》发表光未然的诗《乌云遮不住太阳（为声讨肯尼迪反共暴行而作）》（3首）。

《光明日报》发表方赫关于藏族艺术家索郎甲措的人物纪实《十五的月亮》。

30日，《光明日报》发表臧克家的议论《"心潮逐浪高"》。

《人民日报》发表马铁丁的杂文《人民的答案》。

本月，《剧本》编辑部邀请部分戏剧界人士座谈发展话剧创作的问题。田汉在座谈会上发言，认为"应切实使话剧更群众化、民族化"，"发展话剧创作可以有不同的风格、样式，也可以运用新的、独特的表现手法"，"我们一方面应当创造当代生龙活虎的英雄形象"，"另一方面也应当通过历史上传说上各种不同的人物典型来教育今天的观众"。（《大力发展话剧创作》，《剧本》1962年1月号）

中宣部、文化部发出恢复上演话剧《洞箫横吹》的通知。

巴金的长篇小说《家》（《激流》第一部），由人民文学出版社出版（1953年6月初版，1962年1月第2版）。

胡万春的短篇集《谁是奇迹的创造者》，由上海文艺出版社出版（1958年12月初版，1962年1月第2版）。

何为的散文集《织锦集》，由上海文艺出版社出版。

北京大学、北京师范大学中文系师生合编的《陶渊明研究资料汇编》，由中华书局出版。

二月

1日，《解放军文艺》2月号发表赵树理的小说《"杨老太爷"》、李瑛的诗《天山上下》（3首）、黎汝清的诗《大别山诗草》（两首）、吴组缃的散文《生活·写作·读书》、陈残云的散文《拖渡风光》。

《延河》2月号发表吴烟痕的小说《女炮工》、严阵的诗歌《世笔》、李瑛的诗歌《北行二首》、梁上泉的诗歌《火龙飞舞》及秦牧的文艺随笔《艺林漫想录》。

《新港》2月号开始连载梁斌的小说《播火记》（长篇小说《红旗谱》第2部）、韩映山的小小说《放鸭》、曹靖华的散文《叹往昔，独木桥头徘徊无终期》。

《河北文学》2月号发表孙犁的小说《女保管》、严辰的诗歌《虎毛毯》。

《甘肃文艺》2月号发表雁翼的诗《故乡行》（《写在工厂路上》、《战友会》）、李瑛的诗《河西二章》（《夜光杯》、《千佛洞》）。

《人民文学》2月号发表徐迟的散文《祁连山下》。

《长江文艺》2月号发表徐迟的散文《记井冈山的一日》。

1962 二月

《文艺红旗》2月号发表巴牧的散文《海边三章》、李瑛的诗《在北疆》(4首)。

《四川文学》2月号发表榴红的小说《映山红》、张秀熟的小说《包谷》。

3日,《文汇报》发表陈瘦竹的论文《〈孟丽君〉的喜剧风情》。该文对丁西林新作《孟丽君》给予了高度评价,认为"丁西林在《孟丽君》中,不仅创造了新的人物,而且在学习传统戏曲的基础上使自己的艺术风格具有较显著的民族特色","所表现出的新风格。主要在于运用戏曲宾白以塑造人物性格","比现代口语更精炼而有节奏,而又无陈词滥调,比地方戏曲宾白更能表现性格,这是丁西林在戏剧语言方面的一个贡献"。同期发表林庚的文章《"边塞诗"随笔》。

《光明日报》发表吴晗的议论《谈框框》、陈残云的随笔《新春消息》、蔡其矫的《咏福建花木》(南曲歌词)。

4日,《人民日报》发表赵树理的散文《挤三十——农村旧话之一》、秦牧的散文《春天的色彩和声音》、浩然的小小说《水车叮咚响》。

《北京文艺》2月号发表老舍的随笔《谈传述与描写》。

5日,《上海文学》第2期发表唐克新的小说《沙桂英》、吴强的散文《科尔察三天》、柯灵的散文《红》、秦牧的文艺随笔《艺海拾贝》。

《边疆文艺》2月号发表林斤澜的小说《草》、刘澍德的小说《归家》、袁水拍的诗《昆明及其他》(11首)。

《人民日报》发表李季的诗《石油诗——给一个石油工人祝贺春节的信》。

《解放日报》发表袁鹰的散文《江南一枝春》与柯蓝的文章《迎春畅想》。

6日,《人民日报》发表田汉的文章《谈话剧该着重写哪样的人》。田汉认为"从五六十年前到今天,中国话剧有它一贯的好处。那就是它从来就跟政治结合得很紧。从来就把它自己跟革命斗争结合起来","中国话剧的主流一直是沿着现实主义的、革命的河床发展的,正因为这个缘故,它常常以一种新锐的力量推动着它的兄弟剧种",提出"塑造英雄形象来教育人民、鼓舞人民,一直是中国话剧艺术的不可动摇的传统。我们一定要保持这个光荣传统!剧作家们一方面固然需要塑造出各阶级、各阶层的各色各样的动人的人物形象,而另一方面,则特别需要塑造出追求光明、追求进步、追求革命的英雄人物形象"。

《人民日报》发表臧克家的诗歌《春回大地》。

7日,《人民日报》发表老舍的文章《祝话剧丰收》。他在文章中指出"全国戏曲有三四百种之多,剧目不如海,也如长江大河。相形之下,话剧的力量可就薄弱的多了,所以必须力争丰产,干劲冲天。""我个人希望,今年话剧丰产,特别是现代题材的话剧五谷丰登!话剧善于表演现代生活,义不容辞,责无旁贷!"应该着重解决剧本的问题,鼓励剧作家写更多的剧本,让新剧有上演的机会。"我们遭受了连续三年的严重自然灾害,可是英明的党与勇敢的人民克服了困难,并得到宝贵的新经验。三年来,可写的,值得写的,新人新事又到处皆是,而在舞台上歌颂这些人物与事实的责任首先落在话剧作家的肩上。"

8日,《羊城晚报》发表郭沫若的诗歌《东风吟》。

中国作家协会福建分会成立。

9日,《人民日报》发表邹荻帆的诗歌《船和桥梁——献给春节副食品售货员》。

《文汇报》发表老舍的诗歌《迎春钱友》、戴厚英的评论《诗情画意与"辣味"和"野味"——电影〈刘三姐〉观后》。

10日,《剧本》2月号发表包尔汉的五幕七场话剧《战斗中血的友谊》。

《羊城晚报》发表周瘦鹃的散文《迎春时节在羊城》、武克仁的小说《写传》。

《广西文艺》2月号发表秦牧的散文《中国的吉卜赛》。

《人民日报》发表老舍的旧体诗《春节饯友》。

《解放日报》发表茹志娟的散文《托你，春风》。

11日，《文艺报》2月号发表严文井的文章《迎接第二届亚非作家会议》、巴金的电影评论《看了〈松川事件〉之后》（原载《上海电影》1962年第1期）、楼适夷的文章《于无声处听惊雷——〈惊雷集〉前言》。本期还刊登关于重庆市文艺界讨论《达吉和她的父亲》的报道——《讨论〈达吉和她的父亲〉》。据报道称，为深入展开关于《达吉和她的父亲》（从小说到电影）的讨论，重庆市文联最近曾邀本市文艺工作者20余人，举行了为时两天的座谈会。会上，大家对这两个同名作品和对它的评论，对《电影文学》、《文艺报》、《四川日报》、《四川文学》在讨论中涉及的一些文艺理论问题（典型问题、作品的思想性问题、文艺作品如何反映时代精神问题），提出了自己的看法。会议主要围绕以下几个问题进行讨论：1. 小说的思想和艺术；2. 电影的成就和不足；3. 对某些批评的看法。

12日，《人民文学》2月号发表玛拉沁夫的小说《歌声》、浩然的小说《彩霞》、马识途的小说《两个第一》、沈从文的诗5首《井冈山清晨》、吴晗的历史小品《伟大的历史学家司马迁》、魏钢焰的散文《行军》、徐迟的特写《祁连山下》（连载至3月，1978年收入《哥德巴赫猜想》，后又收入《中国新文学大系（1949–1976）·报告文学集》）。

《人民日报》发表梁上泉的诗歌《巴山雨雾》。

13日，《人民日报》发表范烟桥的散文《浏河渔港一瞥》；冯至的文章《人间要好诗》，指出"我们这丰富而伟大的时代，人民进行着旷古未有的斗争和建设，需要有好诗来歌颂和反映；作为后代的人，回顾过去的历史，我们也需要通过不嫌其多的好诗把它认识得更清楚、更生动。关于前者，当代的诗人要互相勉励,做更多的努力;关于后者,古人的确给我们留下了大量优秀的诗篇,把过去人民的现实生活和精神面貌描绘得有声有色。"文章主要评论了杜甫的诗,认为杜甫诗里常常使人感到的一种乐观主义精神。"他的诗尽管悲哀沉痛,可是读者在深受感动的同时,并不意气消沉,而反倒兴起昂扬振奋之感。另一方面,杜甫对于自然界优美的景物也善于体贴入微,对它们怀有衷心的热爱。流露这类感情的诗多半是在他生活比较安定的时期写的,但是它们和一般消极的田园诗或山水诗不同,这里也体现出作者深刻的乐观主义精神。"

《解放日报》发表姚文元的评论《在前进的道路上——评胡万春短篇小说集〈红光普照大地〉》。

14日,《人民日报》发表作家代表团团长茅盾的文章《在亚非作家会议上的发言(摘要)》、《为风云变色时代的亚非文学的灿烂前景而祝福》,阿英的文章《哀悼李克农同志》。

15日,《新华月报》2月号发表陈毅1962年1月5日在招待首都科学技术工作者宴会上的讲话《发愤图强,向科学技术堡垒进攻》、翦伯赞的文章《对处理若干历史问题的初步意见》、茅盾的文章《关于历史和历史剧——从〈卧薪尝胆〉的许多不同剧本说起》。

《光明日报》发表李瑛的诗歌《给美国的母亲们》。

《羊城晚报》发表秦牧的文艺随笔《艺林漫想录》。

《作品》新1卷第2期发表叶灵凤的读书随笔《拉封丹的寓言》、《哈尔桑伊的望星者》及《〈最后的晚餐〉的异闻》。叶灵凤(1905－1975),原名叶蕴璞,江苏南京人。1925年加入创造社,主编过《洪水》半月刊。1926年与潘汉年合办过《幻洲》。1928年《幻洲》被禁后改出《戈壁》,年底又被禁又改出《现代小说》。1929年创造社被封,一度被捕。1937年抗日战争爆发,参加《救亡日报》工作,后随《救亡日报》到广州。1938年广州失守后到香港，从此在香港定居。作品有小说《菊子夫人》、《女娲氏的遗孽》、《鸠绿媚》、《处女的梦》、《红的天使》、《我的生活》等；散文随笔《天竹》、《白叶什记》、《忘忧草》、《读书随笔》、《文艺随笔》等；有关香港的著述《香港方物志》、《张保仔的传说和真相》、《香港的失落》、《香岛沧桑录》、《香海浮现录》等。

16日，《人民日报》发表秦牧的散文《衰老》。

17日，周恩来在中南海紫光阁召开在京剧作家会议，并对在京的话剧、歌剧、儿童剧作家讲话。指出"自新中国成立以来……文艺运动的成绩是第一位的，缺点是第二位的，文艺运动有很大发展，是螺旋式的上升"。主要讲了6个问题：1.破除迷信，解放思想；2.党如何领导戏剧电影工作；3.时代精神；4.典型人物；5.关于写人民内部矛盾；6.生活真实、历史真实与艺术真实。这是"广州会议"的预备会议。

18日，《戏剧报》第2期发表综述文章《茅盾同志论历史剧》，以及李希凡的评论《"史实"和"虚构"——漫谈历史剧创作中的历史真实与艺术真实的统一》。

19日，《人民日报》发表臧克家的读书随笔《韩愈的〈师说〉》。

20日，《人民日报》发表李希凡的文章《题材思想艺术——谈谈1961年的几个短篇》。"从题材方面来看，短篇小说的创作，就出现了多样化的新景象。象多年来比较冷落的历史小说，1961年就有人开始动笔了"，"过去一贯反映较少的社会主义商业工作者的生活的作品，也很受读者欢迎"，"有些接近练兵生活善于发掘和提炼素材的作者，也依然能写出较好的短篇"，"描写革命斗争历史的作品，在1961年的优秀短篇中，仍然占有光辉的地位"。总之，1961年，不仅仅是"散文年"，短篇小说也有很大的收获。1961年的短篇题材在人们的反映里，大致上有两种情况：一、题材的多样化。人们对于1961年短篇小说扩展出来的新的题材内容的作品，表现出极大的兴趣。二、题材又并不是决定作品成功与否的关键,提倡题材多样化的目的,也不是要求作家去寻找所谓"冷门"的东西,而是为了破除某些误解,为了更好地适应艺术创作的规律,发挥作家的特长。另外文章还讨论了1961年的短篇小说体现了思想性与艺术性合而为一,在写作技巧上也表现出了特色。

21日,《人民日报》发表韩映山的小说《"笤帚王"》。

22日,《人民日报》发表张志民的诗歌《西行剪影》(7首)、郭沫若的诗歌《咏海南诗四首》。

24日,胡适在台湾去世。胡适在新文学运动中作出的贡献是有目共睹的,正如有的学者所言,"胡适在中国新文学的萌芽和建设过程中,有筚路蓝缕之功。白话文、白话诗歌、现代小说和戏剧的倡导和实践等等,胡适都走在了同代人的前列……对于中国文学观念的变革,文体的建设,胡适则是绝对地引领了时代潮流。他不但在观念上居于领袖地位,而且为新文体的创造与建设提供了参照系统、理论体系和试验方法。总体来说,胡适用自己的理论和实践为新文学立下了首役之功,无疑堪称新文学的宗师"。(钱振纲、冯玉文、郎学初:《鲁迅与胡适——双悬日月照文坛》,第158页,吉林人民出版社2005年版)。"胡适的毕生事业就可归纳为二:一是开创了现代新文化运动,这场运动是中国人文传统的变革,胡适称之为'中国文艺复兴运动',他早期围绕这一运动在诸多文化领域留下的著述,都是前无古人的;二是在中国传播自由主义的真谛,它是近世西方文明菁华的吸收引进,胡适认定为'世界文化的趋势'和'中国应采取的方向'。胡适一生,特别是在晚期为实现这一目标,不遗余力地奔走呼号,成为中国自由民主运动的精神脊梁。"(欧阳哲生:《自由主义之累——胡适思想之现代意义阐释》,见子通主编的《胡适评说八十年》,第414页,中国华侨出版社2003年版)中外学者对胡适的评价不尽相同,在台湾与香港的学者,对胡适的评价一向很高。这正如李敖所说:"胡适之不是轻易被了解的人,所以他也不容易被论断。"(李敖:

《胡适评传》，第6页，中国友谊出版社2000年版）。

《人民日报》发表李健吾的随笔《社会主义是一首最美丽的诗》。

《光明日报》发表了萧三的文章《一朵放着异彩的花——略谈革命诗人鲁拉夫拉·木塔里甫的诗》、俞平伯的文章《吴梅村绝笔词质疑》。

26日，《解放日报》发表姚文元的随笔《看花漫笔》。

27日，《光明日报》发表孟超的随笔《杨小楼演黄天霸》。

28日，《人民日报》开始连载郭沫若的文艺随笔《读〈随园诗话〉札记》。

本月，周而复的长篇小说《上海的早晨》，由作家出版社出版。

西戎的长篇小说《灯芯绒》，由山西人民出版社出版，收入通俗文艺小丛书。

李心田的小说《两个小八路》，由中国少年儿童出版社出版。李心田（1929— ），江苏睢宁人。1950年毕业于华东军政大学。曾任前卫话剧团创作室主任、副团长。主要作品有长篇小说《寻梦三千年》、《结婚三十年》、《梦中的桥》、《跳动的火焰》、《屋顶上的蓝星》、《银后》，中篇小说《两个小八路》、《闪闪的红星》、《沙场春点兵》、《蓝军发起冲击》、《潜移》、《老方的秋天》，话剧《风卷残云》、《广阔天地》，叙事诗《金色的花环》等。

马南邨的散文集《燕山夜话》（第2集），由北京出版社出版。

三月

1日，《延河》3月号发表张庚的文章《回忆延安文艺座谈会前后鲁艺的戏剧活动》、柳青的评论《关于〈创业史〉复读者的两封信》、李若冰的小说《未完的旅程》、魏钢焰的诗歌《绿色的诞辰》。

《新港》3月号发表叶君健的小说《旅伴》、张知行的小说《宝石花》，连载梁斌的小说《播火记》（长篇小说《红旗谱》第2部），发表陈翔鹤的民间故事《张黑七上西天》、丁力的诗《送行》、孙友田的诗《金色的星》、张长弓的诗《春早人勤》、臧克家的文章《〈大江东去〉序》、林如稷的文章《新春试笔谈杜甫》及黄秋耘的文章《谈谈细节的真实》。丁一三（1931－1996），剧作家，天津宁河人。原名薄殿辅，笔名黑雁男、丁力。1948年参军。曾任空政文工团创作室主任、中国剧协常务理事、中国戏剧文学学会总干事。1951年开始发表作品。著有电影文学剧本《英雄虎胆》、《山穷水复》（合作），话剧《"九一三"事件》、《甘巴拉》、《陈毅出山》，歌舞剧本《世界在她们手中》，长篇纪实小说《十年动乱》，电视连续剧剧本《老子》等。

《长春》3月号发表李瑛的诗《在昭苏草原》（3首）。

《山花》3月号发表蹇先艾的游记《鼓台山游记》、梁上泉的诗《望铁山》（外一首）及1961年10月沙汀、艾芜在作协贵州分会筹委会组织的文学创作座谈会上的座谈纪要《沙汀、艾芜同志谈文学创作》。

《文艺红旗》3月号发表严辰的诗《和阗》（4首）及梁上泉的诗《花丛》。

《解放军文艺》3月号发表茹志鹃的小说《给我一支枪》、雁翼的诗《矿区行》（2首）。

《河北文学》3月号发表刘真的散文《秋天的旅行》、孙犁的评论《勤学苦练》。

《羊城晚报》发表秦牧的文艺随笔《艺林漫想录》。

2日，《人民日报》发表曹靖华的散文《点苍山下金花娇——云南抒情》、臧克家的随笔《文不在长》、郭沫若的文艺随笔《读〈随园诗话〉札记》、阎纲的评论《共产党人的"正气歌"——长篇小说〈红岩〉的思想力量和艺术特色》。阎文指出："罗广斌、杨益言同志以他们高亢的革命音调和现实主义

1962 三月

真切动人的力量，讴歌马克思主义者震惊古今的博大胸襟，伸张了共产党人的浩然正气，激发起人们向一切反动派作殊死斗争的意志，而使他们的这部作品成为1961年长篇小说中十分突出的一部佳作。"文章指出《红岩》在思想上表现了真正的共产党员，不畏艰险、不畏利诱、不畏威胁，更不畏牺牲的精神，在解放战争临近尾声、蒋介石集团反动统治最黑暗日子里的山城重庆，我们的同志运用了一系列巧妙、机动、灵活的战略战术，既表现了共产党人誓死革命到底的大无畏精神，也表现了马克思主义者敏锐的眼力和惊人的智慧。文章指出，在描写上，《红岩》坚持了现实主义原则，它所反映的斗争生活异常丰富。"它没有把最容易追求离奇的情节惊险化，没有把最特殊、最尖锐的斗争一般化，没有把人物神化或丑化。它忠实于生活真实的描写，忠实于人物形象以及人物与环境关系的真实描写，把这作为自己作品的命意和艺术创造的基础和出发点。《红岩》里描写的生活和人物，原来在作者的心里就是活生生的，因而才可能有作品里一系列的具体描写：具体的环境、具体的人物、具体的关系与具体的矛盾。最后，用具体的斗争方式解决了集中营里具体的（一连串的、大大小小的、此时此刻的）冲突，既不同于战场、工厂、学校，又不同于其他时刻、其他地方的集中营。这样，我们从《红岩》里看到了一幅又一幅生动而可信的图景。"文章指出作品中刻画的几个革命者的形象，大都深沉感人，主人公使人印象深刻。"作品这一切深刻动人的描写，是现实主义的胜利，也是浪漫主义的胜利。作者罗广斌、杨益言同志，就是当时集中营里切身的受害者，他们实际的斗争，细致的观察，真实丰富的生活素材，从长期艰苦斗争中磨炼出来的对反动派刻骨的仇恨，对患难与共的烈士们深切的痛悼，以及作者向四川青年关于集中营烈士英勇斗争数百次的发言报告、革命回忆录的写作和创作小说时反复的构思修改，都早已为他们刻画人物性格和选择情节细节，提供了丰富大量的现实生活的宝贵素材，为作者自己写作时的思想和情绪，做了必要的准备，从而也为作品的旋律酝酿好激越慷慨、深沉悲壮的基调。正因为这一切都是从实际生活出发的，从作者的真情实感出发的，所以细节描写、人物描写不但真实，而且作者的风格和气质能够和人物的风格和气质协调地糅合在一起。从作品中可以感触到作者内心无法抑制的激动，或者说简直看见了作者。思想上和艺术上的成就，将会使小说《红岩》很快在读者中流传开来。这是部艺术品，更是部进行革命传统教育的有力工具。"

3日，《文汇报》发表姚文元的文章《革命志气和踏实作风的力量——1961年短篇小说选评之一》。

《人民日报》发表叶君健的小小说《葡萄》。

《光明日报》发表秦牧的散文《茶风纪事》。

3日—26日，文化部、剧协在广州召开话剧、歌剧、儿童剧创作座谈会（亦称"广州会议"）。田汉、老舍、曹禺、阳翰笙、熊佛西、陈白尘、李伯钊、李健吾、塞克、黄佐临、焦菊隐、金山、张庚、胡可、贺敬之等160多位剧作家、导演、戏剧理论家和戏剧工作者参加了会议，田汉主持开幕式并发言。周恩来、陈毅专程赴会并作了重要讲话。周恩来在2日作了《关于知识分子问题报告》，重申了我国知识分子是劳动人民的一部分的观点。他首先说，过去的两年，知识分子的工作条件受到限制，甚至精神上也有一些不愉快，但在"戏剧写作方面，仍取得显著成绩，值得庆贺"。他的报告分5个部分：1.关于知识分子与知识界的定义与地位；2.关于中国现代知识分子的发展过程；3.关于如何团结知识分子的问题；4.关于知识分子的自我改造问题；5.几点希望。希望大家发扬民主，上下通气，改进关系、通力合作，团结一致、搞好工作。陈毅在6日作了报告，报告中对新中国成立十三年，特别是三年困难时期中国知识分子、戏剧工作者在党的领导下取得的成就，所作出的贡献给予了很高的评价。他表示，经过了十三年的改造、考验，应该取消"资产阶级知识分子"的帽子，给他们行"脱帽礼"。他还就艺术创作的题

1962 三月

材、写悲剧、作家的民主权利、戏剧批评、党如何领导创作等问题谈了重要意见。文化部长沈雁冰（茅盾）、副部长齐燕铭也先后在会上作报告。田汉、阳翰笙、老舍、曹禺、林默涵、张庚等发了言。会议在党中央政策精神鼓舞下，贯彻《文艺八条》精神，热烈讨论了繁荣创作，百花齐放，积极表现人民的新时代和鼓励题材风格的多样化问题，关于戏剧冲突的表现人们内部矛盾的问题，生活真实和艺术真实的问题，话剧、歌剧的民族化的问题，以及戏剧语言、结构、艺术技巧等问题。会议还对《同甘共苦》、《洞箫横吹》、《布谷鸟又叫了》等几个受过批判的话剧作了新的、肯定的评价。《人民日报》31日报道了这次会议的精神和过程。本次会议在整个文艺界、知识界发生了极大影响，大大调动了积极性，一个新的活跃的局面很快出现。但在"文革"中被"四人帮"诬陷为"黑会"，许多参加过会议的著名戏剧家受到迫害，直到"文革"后才得以平反。

4日，《文汇报》发表沈从文的散文《游赣州通天岩》。

5日，《上海文学》第3期发表周而复的小说《汉口路上》（《上海的早晨》第2部中6章）、叶圣陶的诗《观剧二题》、李瑛的诗《葡萄上集》（两首）、姚文元的评论《评〈摇鼓集〉》及秦牧的文艺随笔《艺海拾贝》。

《边疆文艺》3月号发表艾芜小说的《玛米——南行记续篇之一》。

6日，柯蓝创作散文《雾雨》。

7日，《中国青年》第3、4期合期发表李尔重的杂文《谈谈做老实人》。

《文汇报》发表钱钟书的文论《灵感》。

8日，《解放日报》发表黎汝清的散文诗《给山村女邮递员》。

《文汇报》发表魏金枝的杂文《从跳绳说起》。

《光明日报》发表范烟桥的散文《热爱苏州的白居易》。

9日，《人民日报》发表巴牧的诗《辽南春》（3首）。

《文汇报》发表沈从文的诗歌《游赣州八境台》、陈伯吹的散文《春光曲》。

10 日,《解放军报》发表罗广斌、杨益言的小说节选《晶亮的红星》(从长篇小说《红岩》第 11 章至第 13 章中摘出来,由报纸加的标题)。

《四川文学》3 月号发表梁上泉的诗《琵琶滩》(外一首)。

《人民日报》发表郭沫若的游记《儋耳行》、周瘦鹃的游记《举目南溟万象新》。

《光明日报》发表沈从文的诗《井冈山诗草》。

《剧本》3 月号发表刘厚明 5 场儿童剧《小雁齐飞》和赵羽翔的独幕剧《学犁记》。

中国剧协编辑的《外国戏剧资料》出版,该刊主要介绍外国戏剧动态、现状和史料等资料。

11 日,《文艺报》第 3 期刊载茅盾的《为风云变色时代的亚非文学的灿烂前景而祝福》。文章认为:"亚非两洲是世界文字和文学最早的发祥之地,中国人民一向喜爱和重视亚非作家的优秀作品,亚非人民的风起云涌,惊雷骇电般的争取民族独立、自由和民主的斗争,为亚非各国的作家提供了深厚的创作源泉,启发了亚非作家的创作灵感。"而且"亚非作家现在正面临着一个文化复兴的伟大时代,我们不仅是这种古文化的继承者,我们也是当代最先进文化和文学的创造者,应该说,今天也正在不断地出现具有高度思想性和艺术性的光辉作品。"本期还发表《第二届亚非作家会议总决议》、《第二届亚非会议致全世界作家呼吁书》,提议"亚非作家会议,在会议参加者的团结一致的精神下,重新强调了在两大洲从各个方面铲除帝国主义的一切崇高的愿望"同期发表李希凡的《一部冲击、涤荡灵魂的好作品》、侯金镜的《从〈烈火中永生〉到〈红岩〉》、臧克家的《陈毅同志的诗词》等评论。侯金镜的文章认为,"《在烈火中永生》和《红岩》不是袖珍本与扩充本的关系。在两种不同的文学体裁中,作者们致力的目标不同:前者是对经过挑选了的史实的忠实纪述,又倾注了作者们的浓郁感情;后者对人物事件都经过一番艺术的想象、提炼、概括的功夫,作者们企图达到的是另一个目的——完成一幅革命英雄们崇高的精神世界的图画。"作者认为,小说《红岩》时代背景突出,主要人物的思想感情比《在烈火中永生》更加深化。

12日,《人民文学》第3期发表玛拉沁夫的小说《琴声》、胡万春的小说《晚年》、徐光耀的小说《齐又昌》、严辰的诗《伊帕尔汗》、邵燕祥的诗《夜耕》(外一首)、刘白羽的散文《珍珠》、雷加的散文《碧罗雪山》、吴伯箫的散文《跳女吊》、徐迟的特写《祁连山下》(下)、朱光潜的文艺随笔《漫谈说理文》。

14日,《人民日报》发表华山的诗《井冈山四首》。

《文汇报》发表冯沅君的诗歌《题李清照纪念堂》。

15日,《作品》第3期发表秦牧的随笔《在词汇的海洋中》与郭沫若的《诗歌漫谈》(作家书简)。

《人民日报》发表季康的诗《边寨夜歌》、高士其的诗《湛江行》(外一首)。

《光明日报》发表韩映山的散文《马苇田——白洋淀散记》。

16日,《人民日报》发表〔日本〕大岛博光的诗《呼唤二百五十基地的名字》(沉英译)、〔土耳其〕法赫里·珍良里艾金的小说节选《袭击》(丁岐江节译)。

《羊城晚报》发表萧三的诗歌《元宵流溪荡舟记》(外二首)。

《光明日报》发表郭沫若的散文《李德裕在海南岛山》。

16日-5月3日,全国图书发行工作会议在北京召开。主要议题是总结缓和供需矛盾的经验。文化部为缓和图书供需矛盾,决定增拨7000吨纸张,重印一批当前读者急需的图书。会后,出版局和新华书店总店开始重印工作,重印书目250种,共计1618万册,其中102种图书指定专门供应农村。

17日,《文汇报》发表姚文元的评论《社会主义建设中的新人形象——1961年短篇小说选评之二》。

18日,《戏剧报》第3期发表伊兵的评论《漫话〈谢瑶环〉》,文章认为此剧"揭开了武则天时代生活的本质,把原作中大量的浪漫主义的素质加以选择提炼",是"一出具有独特风格的历史悲剧","历史剧的概念不必囿于描写历史上的真人真事的范围"。

19日,《人民日报》发表刘真的散文《阿昌少女》、严阵的诗《红雨》(2首)。

21日,《人民日报》发表李瑛的诗《光荣属于战斗的阿尔及利亚》、刘真的散文《美丽的户拉撒》。

22日,《文汇报》发表《巴金著书谈创作》,以及田间的诗歌《火把》。

23日,《人民日报》发表吴晗的评论《论历史人物评价》,认为我们应该用马克思主义的方法给以历史人物重新批判总结,而不应该割断历史的评价。并阐述了如何评价历史人物的几点建议:1.评价历史人物是依据今时今地的标准呢,还是依据当时当地的标准?应该用后者;2.评价历史人物要从生产斗争和阶级斗争出发,归结为阶级的活动;3.评价历史人物要从整个历史发展出发,从几千年来多民族国家的具体事实出发;4.评价历史人物应从政治措施,政治作用出发,而不应该从私人生活方面出发,也就是政治第一,以政治为衡量历史人物的尺度;5.要注意阶级关系,运用阶级分析的方法来研究历史人物,但是不可以绝对化,把阶级成分作为评价历史人物的唯一尺度;6.评价历史人物,决不可以拿今天的意识形态强加于古人。把古人现代化了,不但歪曲了历史,是非历史主义的,而且也失去了对今人的教育意义。同期发表曹靖华的散文《天涯处处皆芳草——西双版纳散记》、韩映山散文《织席——白洋淀散记》。

25日,文化部党组向中央报送《建议恢复1959年颁发施行的稿酬办法的请示报告》，建议恢复1959年文化部颁布的基本稿酬和印数稿酬相结合，而以基本稿酬为主的稿酬办法。5月4日，中央批转文化部党组的这个报告，同意报告所提的建议。

27日，《文汇报》发表吴晗的论文《论历史知识的普及》。

《光明日报》发表吴晗的文章《说争论》。

28日，《人民日报》发表冯文炳（废名）的论文《杜甫的价值和杜诗的成就》。

29日，中国作家协会书记处和亚非作家会议中国联络委员会在京举行联席会议。会议由亚非作家会议中国联络委员会副主席、中国作家协会副主席刘白羽主持，巴金、臧克家、严文井、张光年、萧三、袁水拍、冰心、田间、叶君健、戈宝权等出席了这次会议。出席第二届亚非作家会议的中国作家代表团团长、中国作家协会主席茅盾在会上作了《团结互助友谊的基础加强了》的报告，报道了在开罗召开的亚非作家会议的情况。

《人民日报》发表张永枚的诗《南海三首》，王尔龄的书评《一本学习鲁迅作品的参考书》，评价了许钦文的《语文课中鲁迅作品的教学》一书。

《文汇报》发表《郭沫若谈诗》。

《光明日报》发表秦牧的散文《鼓声》、严阵的诗《桃花汛》（外一首）。

《羊城晚报》发表秦牧的文艺随笔《艺林漫想录》。

30日，《人民日报》发表郭沫若的诗词《访孙中山先生故乡》、季羡林的散文《发橼》。

31日，《人民日报》发表王西彦的散文《富饶的花果山》、野坂参三的散文《延安杂忆》（方纪生译，原题《延安事情等》，是作者在1958年所写）。

《羊城晚报》发表马识途的诗歌《羊城杂诗》。

本月，《电影艺术》第3期发表瞿白音的文章《关于电影创新问题的独白》。文章批评了电影创作中的公式化、概念化以及主题先行、庸俗社会学等积弊，提出破除"陈言"，从思想、形象、构思三个方面创新。

李乔的长篇小说《早来的春天》（《欢乐的金沙江》第 2 部），由北京作家出版社出版。

浩然的短篇小说集《蜜月》，由北京出版社出版。

孙犁的小说、散文合集《白洋淀纪事》出版。收小说、散文 54 篇，编者"篇后说明"1 篇，增加《张秋阁》等 6 篇、"再版附记"1 篇，中国青年出版社再版，精装本 5000 册。1978 年 4 月，中国青年出版社重印，增加《女保管》，抽去《钟》、《懒马的故事》和《一别十年同口镇》等 3 篇，加作者"重版后记"1 篇。

李准的小说合集《春笋集》，由河南人民出版社出版。

张志民的诗集《公社一家人》，由上海文艺出版社出版。该诗集收录了作者 1960 年左右创作的抒情短诗，分为"公社人物"、"生活散歌"、"首都风情"3 辑。"公社人物"主要是反映农村人民公社的新人新事，可以说是作者另一本诗集《社里的人物》的续篇。其余两辑，从不同的角度，描绘了首都北京的美丽风景，抒发了诗人对祖国、生活的热爱之情。

何其芳的论著《诗歌欣赏》，由作家出版社初版，印数 1－10000 册。1978 年 5 月，人民文学出版社重印。1983 年 9 月又收入《何其芳文集》第 5 卷，人民文学出版社出版。

高缨的电影文学剧本《达吉和她的父亲》，由上海文艺出版社出版。

四月

1 日，《河北文学》4 月号开始连载康濯的长篇小说《东方红》。同期发表孙犁的散文《津门小集》（3 篇）并附后记、浩然的小说《杏花雨》、严阵的诗《摇篮·晨钟》（两首）、康濯的评论《在毛主席思想的教导下——二十年简单回顾》。

《文艺红旗》4月号发表刘澍德的小说《卖梨》、严阵的诗二首《茶花雪》。

《中国青年》第7期发表浩然的小说《拜年》。

《延河》4月号发表张长弓的小说《投师》、秦牧的文艺随笔《艺林漫想录》。

《四川文学》4月号发表雁翼的诗《灯》。

《山花》4月号发表林斤澜的文章《魏文学》。

《解放军文艺》4月号发表袁鹰的散文《莫索湾夜话》、柯蓝的散文《山林里的人》、未央的诗《进韶山》（两首）、梁上泉的诗《青林红缨》（两首）。

《雨花》4月号发表周瘦鹃的散文两篇《双洞江南第一奇》与《暗香疏影共钻研》、黎汝清的散文诗《给一位女教师》。

《长江文艺》4月号发表徐迟的散文《说散文》、秦牧的文艺随笔《象鼻子为什么举了起来》。

《新港》4月号发表梁斌就《红旗谱》创作的一些问题而写的《致读者》。对青年作者来信，问到创作经验问题给出一些意见。他认为"一个学习写作的人，打好生活基础是一生的大事，要体验各种生活：农村生活、工厂生活、兵营生活、学校生活等等，至少要熟悉一种生活。要有雄心与各个战线上的英雄们并肩作战，体会他们在社会主义革命和建设中的无上忠心，体验他们的日常生活，要敢于在时代生活的海洋中游泳。""要多读书，提高自己的欣赏能力和艺术水平。""写长篇小说，要运用各种技巧。写日记是练习写作的好方法。"

2日，《人民日报》发表田汉的散文《送〈文成公主〉入藏》。

3日，《人民日报》发表范烟桥的散文《铲板船之颂》。

4日，《民间文学》第2期发表柯仲平的文章《向生活学习，向民歌学习》、田间的诗歌《路》、魏巍的文章《新诗如何在民歌和古典诗歌的基础上发展》、张志民的文章《向民歌学习》。

《北京文艺》4月号发表李瑛的诗《北京三首》、浩然的创作心得《勤学苦练》。发表黄秋耘的小说《杜子美还家》。郑公盾后来在《〈北京文艺〉在为谁服务》一文中指现这篇小说是"借古讽今的大毒草"，说"它借诗人杜甫的故事，别有用心地影射现实，恶毒地反对党和社会主义制度。还把杜甫回家的一路情景，写成'民不聊生，哀鸿遍野'。作家含沙射影地借一个老头之口对杜甫说：'你当官受禄的，可真要给我们老百姓想办法啊？……可真要叨念我们老百姓的痛苦啊！'说什么'这些年来……吏治腐化，皇帝深居宫中，蔽塞聪明，杜绝言路，人民的痛苦一天比一天加深，生产力一天比一天衰落，他老人家蒙在鼓里，一点儿也不知道，终于闹出'安史之乱'来"。(1966年5月20日《人民日报》)

《文汇报》发表文章《朱光潜谈说理文》。

5日，《上海文学》第4期发表柯原的诗二首《西沙人》、刘白羽的散文《冬日草》、徐迟的散文《我们工地的农场》、秦牧的杂文《说狼》。

《文汇报》发表田汉的诗《诗两首》。

《人民日报》发表李瑛的诗《天山下》（两首）、李立三的读后感《读〈访秋瑾故居〉一文以后》。

《光明日报》发表端木蕻良的散文《"鸽子"》、秦似的散文《过杨妃村》、吴晗的文章《影印〈明经世文编〉序》。

7日，《文汇报》发表黄佐临的《漫谈"戏剧观"》。这是作者在全国话剧、歌剧创作座谈会上的发言。全文就世界三大戏剧表演体系（即斯坦尼斯拉夫斯基体系、布莱希特体系和梅兰芳体系）各自的戏剧观进行了讨论，"目的是想找出他们的共同点和根本差别，探索一下三者之间的相互影响、相互借鉴、推陈出新的作用，以便打开我们目前话剧创作只认定一种戏剧观的狭隘局面"。文章还提出"写意戏剧观"的概念，基本内容为结构上强调衔接性、灵活性，不受时间、空间的限制；在人物形象塑造方面，强调雕塑性和立体感；在表现方式上强调写意性和程式性。文章认为话剧特别是历史剧的表演应当向戏曲借鉴，有所突破。这篇文章于4月25日在《人民日报》全文刊登后，迅速引起戏剧界的重视，但很快被政治运动的浪潮盖过。直到80年代，戏剧界才重新发现黄佐临这篇文章的价值。

《光明日报》发表李希凡的文章《答吴晗同志——〈说争论〉读后》。

《人民日报》发表严阵的诗《红色守望台——大别山随想》、菡子的小小说《小醉翁》。

《电影创作》第2期发表于伶、叶明、谢晋、梁延靖、伍黎、姜荣泉的电影文学剧本《大李、小李和老李》。

《文汇报》发表吴伯箫的文章《基础知识与基本训练要结合》。

8日，《文汇报》发表冰心的文章《亚非作家的战斗友谊》、茹志鹃的散文《访战友》。

9日，《羊城晚报》发表武克仁的小说《毒虫》。

《人民日报》发表臧克家的随笔《读"书"》。

《解放日报》发表姚文元的文章《想起了国歌》。

10日，《人民日报》刊登老舍的文章《戏剧语言——在全国话剧、歌剧、儿童剧创作座谈会上的发言》（原载《剧本》4月号）同期发表熊佛西的《需要更多好剧本》，文章期待剧作家写出多种多样题材的特别是反映毛泽东光辉时代的剧本。指出，剧作家写出好剧本的基础是生活。在毛主席的文艺为工农兵服务的正确方针指导下，我们的剧作家都积极地深入火热的斗争生活。文章认为："对于一个剧作家来说，要掌握技巧首先还是要把握动作，怎样运用动作准确地表现人物的思想感情"。"我们的剧作家要好好地学习马克思列宁主义。这是最基本的。但同时也应该学习戏剧理论……我们的剧作家、导演还应该很好地向姊妹艺术学习,这对于丰富我们的意境,提高想象,有很大的好处。"

《文汇报》发表叶圣陶的文章《阅读是写作的基础》。

《四川文学》4月号发表田汉、王治秋等的诗歌《草堂诗抄》,刘开扬的文章《杜甫在四川的诗歌创作活动》,朱丹南的文章《努力学习,不断提高》,路由的文章《回忆在延安"鲁艺"参加整风学习》,曾克的文章《参加延安文艺座谈会前后》。

《广西文艺》4月号发表林斤澜的小说《石匠》。

11日,《文艺报》第4期发表中国作家协会书记处、亚非作家会议中国联络委员会会联席会议《关于第二届亚非作家会议的决议书》,以及李厚基的文章《讨论〈达吉和她的父亲〉——重话马赫及其他》、柯岩的文艺笔谈《必须学习,必须提高》。

《人民日报》发表季康的散文《情侣》、郭沫若的随笔《说儋耳》。

12日,《光明日报》发表孟超的文章《跋梅兰芳同志画佛立轴》。

《人民文学》4月号发表冯至的小说《白发生黑丝》、方之的小说《岁交春》、严阵的诗《射虎》、雁翼的诗《蓉城咏》、张永枚的诗四首《军中谣》、邢野的诗《给诗人》、孟超的昆曲剧本《红拂夜奔》、冰心的散文《尼罗河上的春天》、曹靖华的散文《洱海一枝春》、蹇先艾的散文《节目欢歌》、碧野的特写《在晨花灿烂的山崖上》、杨石的革命回忆录《老马》。

14日,《解放军报》发表赵树理的小说《"杨老太爷"》。

《人民日报》发表孟超的评论《叶茂半在树根深——看高盛麟戏有感》。

15日,《新华月报》第4期刊载吴晗的《论历史人物评价》、茅盾的《为风云变色时代的亚非作家会议的贺电》与《团结和友谊的基础加强了——关于第二届亚非作家会议的报告》。

17日，首都文艺界举行唐代诗人杜甫诞辰1250周年纪念会，郭沫若致开幕词，冯至作长篇报告介绍杜甫生平和创作。

《羊城晚报》发表老舍的诗歌《汕头行》、阳翰笙的诗《诗三首》（《汕头忆旧》、《清明前二日拜扫杜老墓》、《重来流沙有感》）。

《人民日报》发表袁鹰的历史小品《江湖秋水多》、阿英的文章《〈浣花草堂八景题略〉跋》。

18日，《人民日报》发表冯至的文章《纪念伟大的诗人杜甫》（在世界文化名人——中国伟大诗人杜甫诞生1250周年纪念大会上的报告）。

《羊城晚报》发表杨朔的诗《诗岛拾诗》、田间的诗《担花人》（外一首）。

19日，中国亚非学会在北京成立。陈毅副总理在成立大会上讲话，周扬当选为会长，胡愈之为副会长。该学会旨在推动亚非各国的研究，促进文化学术交流。

《诗刊》编辑部召开诗歌座谈会。诗歌座谈会是由中国作家协会《诗刊》编辑部召集的，旨在探讨现代诗歌创作问题。参加座谈会的有柯仲平、臧克家、萧三、常任侠、袁水拍、冰心、冯至、饶孟侃、卞之琳、田间、张光年、阮章竞、李季、魏巍、闻捷、纳·赛音朝克图等。诗人们就诗歌的内容、形式、韵律问题，以及继承诗歌优秀传统、诗歌与生活的关系等问题进行了探讨。

《人民日报》发表方纪的《谈端溪》、郭沫若的诗歌《玉兰和红杏》。

20日，《人民日报》发表田间的诗《非洲游记》。

《世界文学》4月号发表冰心的书简选译《孟加拉风光》（译泰戈尔）、阿英的散文《赫尔岑在中国——翻译文学史话》。

《羊城晚报》发表郭沫若的随笔《关于"古莲子"》。

22 日，《文汇报》发表老舍的诗《春游小诗》。

《湖北日报》发表徐迟的随笔《说散文》。

24 日，《光明日报》发表端木蕻良的小小说《蓖麻》。

26 日，《光明日报》发表阿英的文章《袁世凯的反革命文艺宣传》。

28 日，《光明日报》发表吴晗的文章《并非争论的"争论"》。

29 日，《四川日报》发表高缨的散文《西昌月》。

《人民日报》发表谭文瑞的散文《赤道国的地下火》。

30 日，中共中央批准中央宣传部定稿的《关于当前文学艺术工作若干问题的意见（草案）》（简称"文艺八条"）。"文艺八条"是在 1961 年 8 月 1 日印发各地征求意见的"文艺十条"的基础上修改而成的。内容为：1. 进一步贯彻执行"百花齐放，百家争鸣"的方针；2. 努力提高创作质量；3. 批判地继承民族文化遗产和吸收外国文化；4. 正确地开展文艺批评；5. 保证创作时间，注意劳逸结合；6. 培养优秀人才，奖励优秀创作；7. 加强团结，继续改造；8. 改进领导方法和领导作风。

本月，作家出版社编辑部编辑文论合集《谈小说创作》，由作家出版社出版。（内含：唐弢的《人物创造杂谈》、王愿坚的《结结实实的英雄形象》、艾芜的《生活·人物·故事》、王汶石的《漫谈构思》、杜鹏程的《关于情节》、李希凡的《性格、情节、结构和人物的出场》、吴组缃的《谈〈红楼梦〉里几个陪衬人物的安排》、魏金枝的《漫谈鲁迅小说中的创作手法》、梁斌的《漫谈〈红旗谱〉的创作》、侯金镜的《创造个性和艺术特色》、唐弢的《学习社会，描写社会》、王汶石的《答〈文学知识〉编辑部问》、何其芳的《诗歌欣赏》）。

杜鹏程的短篇小说集《年轻的朋友》，由中国青年出版社出版。

玛拉沁夫的短篇小说集《花的草原》，由人民文学出版社出版。

梁上泉的诗歌集《大巴山月》，由重庆人民出版社出版。

1962

五月

严辰的诗歌集《红霞集》，由上海文艺出版社出版。

冯牧的散文集《激流小集》，由上海文艺出版社出版。

李希凡的散文集《寸心集》，由作家出版社出版。

陈残云的散文集《珠江岸边》，由作家出版社出版。

马南邨的散文集《燕山夜话》（第3集），由北京出版社出版。

李准的电影剧本《李双双》，由上海文艺出版社出版。

何其芳的诗论集《诗歌欣赏》，由作家出版社出版。

刘厚明的长篇小说《小雁齐飞》，由中国少年儿童出版社出版。

五月

1日，《草原》5月号发表郭沫若的文章《内蒙古自治区成立十五周年纪念》、叶圣陶的文章《水调歌头——内蒙古自治区成立十五周年纪念》、老舍的诗歌《辉煌十五春——内蒙古自治区成立十五周年献诗》、纳·赛音朝克图的诗歌《举杯》与《主席著作使我的作品获得了新生》。

《延河》5月号发表社论《历史长河开新篇——纪念〈在延安文艺座谈会上的讲话〉发表20周年》、柯仲平的诗《火的森林火的花——纪念毛主席在延安文艺座谈会讲话20周年》、郑伯奇的文章《灯塔永远照耀着我们——毛主席〈在延安文艺座谈会上的讲话〉发表20周年》、王汶石的散文《责任》、田间的诗《玫瑰二题》、张志民的诗三首《西行剪影》。

《解放军文艺》5月号发表社论《深入斗争生活，提高创作质量——纪念毛泽东同志〈在延安文艺座谈会上的讲话〉发表20周年》、李瑛的《在生活的激流中锻炼成长》与《革命文艺工作者的乳浆》（记驻京部队作家艺术家纪念《在延安文艺座谈会上的讲话》发表20周年座谈会）、张永枚的诗《军中谣》（3首）、高缨的诗《柳笛》。

《湖南文学》5月号发表专论《进一步贯彻在工农兵方向下的百花齐放、百家争鸣》、周立波的文章《纪念一个伟大文献诞生的20周年》、魏东明的文章《回忆延安文艺座谈会》。

《雨花》5月号发表江河的诗《起飞线》、范烟桥的诗《娄东新咏》（3首）、陈登科的散文《盐阜大众》。

《长江文艺》5月号发表碧野的小说《情满青山》、姚雪垠的长篇小说连载《谷城起义》、毛泽东的《诗六首》、郭沫若的《喜读毛主席的〈诗六首〉》、徐迟的散文《重庆回忆》。

《河北文学》5月号发表李瑛的诗歌《三门峡歌》、田间的诗《学习毛主席文艺讲话札记》（三题）、刘真的散文《边疆来信》、钟玲的评论《〈赶车传〉读后小记》、韩映山的短篇小说笔谈《谈"凸"》。

《长春》5月号发表冯文炳（废名）学习《在延安文艺座谈会上的讲话》的心得《仰之弥高，赞之弥坚》。

《新港》5月号发表袁静的文章《创作与生活——学习〈在延安文艺座谈会上的讲话〉的一点体会》、孙犁的小说《河源》、叶君健的小说《新同学》，连载梁斌的小说《播火记》（长篇小说《红旗谱》第2部），发表田间的诗《海燕行》（外二首）、张永枚的诗《团结战斗的旗帜》、雁翼的诗《矿区抒情》（4首）、曲波的散文《散观平武》、刘真的散文《旅行日记》。

《山花》5月号发表李劼人的小说节选《举棋不定》（《大波》第3部第6章）、蹇先艾的文章《学习、实践、再学习》。

《文艺红旗》5月号发表张志民的诗《西行剪影》（3首）、苗得雨的诗《思念集》。

2日，《羊城晚报》开始连载秦牧的长篇历史演义《愤怒的海》，至12月26日结束，此处刊出的是小说前面的10章。

1962 五月

3日，《光明日报》发表田汉的游记《肇庆游》、纳·赛音朝克图的诗《举杯》。

4日，《北京文艺》5月号发表林斤澜的小说《赶摆》、浩然的小说《队长做媒》、张志民的诗《西行剪影》。

4日-13日，河北省文联邀集本省部分青年业余作者，共同探讨了如何提高短篇小说写作技巧的问题。会上，结合分析孙一、申跃中、任文祥、郭澄清、青林等青年作者的作品，对短篇小说的主题思想、情节、结构、人物描写及语言等问题，展开了热烈的讨论。作家艾芜、康濯、魏巍、李满天、评论家侯金镜等应邀在会上作了发言。康濯在会上作了题为《试论近年间的短篇小说创作》发言（后发表在《文学评论》第5期）。

5日，《边疆文艺》5月号发表社论《毛泽东文艺思想永远是我们胜利的保证》、刘澍德的文章《精浅的体会》与小说《归家》。

《上海文学》第5期发表巴金的讲话《作家的勇气和责任心——在上海市文学艺术工作者第二次代表大会上的发言》、雁翼的诗《炉火熊熊》、王辛笛的诗《在延安枣园》、魏金枝的散文《我为我们的工人作者祝福》、柯蓝的文章《学习人民群众的语言》、茹志鹃的散文《回顾》、周瘦鹃的散文《浔阳江畔》。

《热风》第3期发表周而复的小说《春夜》（《上海的早晨》第2部中第5章）。

《新疆文艺》5月号发表田间的诗《天山诗草》（5首）。

《解放军报》发表魏巍的文章《生活再深些，赞得再多些》。

6日，《人民日报》发表廖沫沙署名为文益谦的杂文《郑板桥的两封家书》。

7日，《人民日报》发表梁上泉的诗《车向秦岭》（外一首）

8日，《光明日报》发表马铁丁的杂文《蔷薇》。

9日-17日，上海市文学艺术工作者第二次代表大会召开。委员会推选巴金为主席，于伶、丰子恺、叶以群、刘天韵、沈浮、沈尹默、李俊民、张骏祥、陈其五、孟波、周信芳、赵丹、赵超构、郭绍虞、袁雪芬、贺绿汀、熊佛西为副主席，孔罗荪为秘书长，刘厚生、沈知白、沈柔坚、李伯龙、周煦良、洪林、杨村彬、谢稚柳为副秘书长。大会选举了上海市文学艺术界联合会第2届委员会委员222人。大会通过了上海市文学艺术界联合会章程和大会决议。在14日的上海市作协第三次会员大会上，巴金当选上海市作协主席，以群、刘大杰、吴强等当选副主席。巴金在上海市第二次文代会上作了题为《作家的勇气和责任心》的发言，刊登在《上海文学》5月号上。他说："我觉得作为作家，我没有尽到自己的责任，作为新中国的文艺工作者，我没有好好地运用文艺武器为人民服务。这些年来，我不断地叫：全心全意地献身于人民文学事业，写出更多更好的作品。可是我一直把时间花在各种各样的事情上面，我仍然讲得多，写得少，而且写得很差。有时我也为这个着急，我还感到惭愧，甚至坐立不安。但有时我也会因为想到自己留下的东西不多，反而有一种放心的感觉。我常常责备自己缺乏勇气，责任心不强，但有时我又会替自己辩解，因为像我这样不求有功、但求无过的人并不太少。然而我觉得自己再这样写下去是不行的。既然打着作家的招牌，就必须认真写作，必须重视作家的勇气和责任心。新中国的作家更不应该有但求无过的顾虑。不过我又得承认，要去掉顾虑并不是容易的事。说实话，我不怕挨骂，我受得住严厉的批评，有时给批评打中了要害，在痛过一阵以后，我反而感到心情舒畅。但请允许我讲出我的缺点和秘密：我害怕'言多必失'，招来麻烦。自己的白头发越来越多，记忆力也逐渐衰退，我不能不着急。我总想好好地利用这有限的时间，多写作品。我有点害怕那些一手拿框框、一手捏棍子到处找毛病的人，固然我不会看见棍子就缩头，但是棍子挨多了，脑筋会给震坏的。碰上了他们，麻烦就多了。我不是在开玩笑。"又说："要一个作家负担过多的责任，使人感到不写文章反而两肩轻松，不发表作品叫别人抓不住辫子，倒可以安安静静地过日子，这绝不是好办法。"丰子恺也在会上发言，积极拥护文艺"双百"方针，对于强求一律的做法，斥之为"剪冬青树的大剪刀"。他呼吁应该让小花、无名花也好好开放。17日大会闭幕，熊佛西致闭幕词《更加紧密地团结起来，为进一步繁荣文学艺术而努力》。

10日，《羊城晚报》发表欧阳山的文章《生活无边——纪念〈在延安文艺座谈会上的讲话〉发表20周年》。

《四川文学》5月号连载马识途的长篇小说《清江壮歌》（至7月号连载完）、姚文元的评论《黑牢中的红鹰——赞〈红岩〉》。

《山东文学》5月号发表冯沅君的文章《在继承文学遗产的道路上》、姚文元的文章《"第一位的工作"》。

《广西文艺》5月号发表秦兆阳的小说《一封拾到的信》、韦其麟的诗《歌手》、艾芜的散文《深夜的鸟》、秦似的文章《伟大诗人杜甫及其创作》。

《东海》第5期发表金近的童话歌舞剧《蝴蝶有一面小镜子》。

《光明日报》发表范烟桥的文章《〈三笑〉弹词的由来》。

11日，《文汇报》发表梁上泉的诗歌《锦城花会》。

《人民日报》发表季羡林的散文《春满燕园》。

12日，首都文化界集会隆重纪念世界文化名人赫尔岑诞生150周年，沈雁冰、夏衍、楚图南、胡愈之、吴茂荪、肖三、曹靖华、郑昕、陈冰夷参加了会议。

《人民文学》5月号发表艾芜的小说《野牛寨》、欧阳山的小说《金牛与笑女》、魏金枝的小说《礼物》、毛泽东的诗《诗六首》、郭沫若的文章《喜读毛主席的〈诗六首〉》、纳·赛音朝克图的诗《褐色的沙岗》、饶阶巴桑的诗《雪山之歌》、凤章的诗《水港桥畔》、茅盾的文章《学然后知不足》、周立波的文章《二十年前》、田间的散文《爱》、李广田的散文《山色及其他》、叶君健的散文《在苏伊士运河上来去》。

《人民日报》、《光明日报》同时刊载毛泽东的《词六首》（13日《解放日报》、《文汇报》、《羊城晚报》转载）、郭沫若的《喜读毛主席〈词六首〉》（13日《文汇报》、《羊城晚报》转载）。《光明日报》还刊载了臧克家的《读毛主席〈词六首〉》（13日《文汇报》转载）。

13日，《文汇报》发表姚文元的杂文《两个编辑同志的想法》。

14日，中国作家协会上海分会举行了第三次会员大会。周煦良、蒋孔阳、徐俊杰、梅林、朱雯、李根宝、任钧、钱谷融、朱东润、陈伯吹、王辛笛、唐克新等在大会上分别就诗歌、外国文学翻译、儿童文学、业余创作等各个方面的工作作了发言，对如何正确开展文艺理论批评工作提出了很多建议。最近自非洲返国的作家杜宣，在大会上报告了他参加第二届亚非作家会议以后访问非洲国家的观感。

15日，《剧本》5月号发表王蓓的三幕5场话剧《杜十娘》。同期，发表王朝闻的《透与隔——谈戏剧怎样表达思想》、胡可的《性格与性格冲突——在全国话剧、歌剧、儿童剧创作座谈会上的发言》和陈白尘的《喜剧杂谈——在全国话剧、歌剧、儿童剧创作座谈会上的发言》。其中，陈白尘认为，"一般地说，喜剧的戏剧冲突可以反映一切社会矛盾。但是喜剧的特点在以笑为武器，它的局限性也在这里。它可以反映社会重大矛盾，但它究竟不适于像正剧或悲剧那样直接地反映、正面地反映，而更多地采取间接地、侧面地、反面地、曲折地甚至变形地反映。因此，较之正剧或悲剧，喜剧的戏剧冲突作为手段来使用时，尤其变化多端。"

《新华月报》5月号发表冯至的文章《纪念伟大的诗人杜甫》、老舍的文章《戏剧语言》。

《光明日报》发表沈从文的散文《观〈西域行〉》。

16日，《人民日报》发表李英儒的讲话《生活·语言·技巧——纪念毛主席〈在延安文艺座谈会上的讲话〉发表20周年》、马加的文章《谈创作的感受——学习毛主席〈在延安文艺座谈会上的讲话〉20周年杂记》、臧克家的散文《景行行止》。

《羊城晚报》发表张永枚的散文《〈红旗歌谣〉的启示》。

《光明日报》、《解放军报》转载《红旗》杂志的社论《知识分子前进的道路——纪念〈在延安文艺座谈会上的讲话〉发表20周年》(《红旗》1962年第10期)。

《解放日报》发表茹志鹃的散文《今年春天》。

18日,《戏剧报》第5期发表焦菊隐的文章《导演·作家·作品》、吴晗的文章《历史剧是艺术也是历史》、李希凡的文章《"历史知识"及其他——再答吴晗同志》和郦青云的文章《谈谈李慧娘的"提高"》。此前,《光明日报》曾于1962年3月27日、4月7日和4月28日相继登载吴晗的文章《说争论》,李希凡的文章《答吴晗同志——〈说争论〉读后》,以及吴晗的文章《并非争论的"争论"》,在以上几篇文章中,两人就历史剧的真实性问题展开了笔战。

《人民日报》发表马铁丁的杂文《一只鞋及其他》。

19日,文化部艺术局组织首都艺术表演团体举办"纪念毛泽东《在延安文艺座谈会上的讲话》发表20周年"的演出活动。

《人民日报》发表柯仲平的文章《火的森林火的花——纪念毛主席〈在延安文艺座谈会上的讲话〉发表20周年》、赵树理的小说《张来兴》、马可的文章《〈白毛女〉的创作回顾与体会》。

20日,《光明日报》发表阿英的散文《关于〈三州诗钞〉》。

《世界文学》5月号发表卞之琳的评论《布莱希特戏剧印象记(上)》

《文汇报》发表茅盾的文章《致胡万春》与胡万春的文章《衷心的感谢》。

22日，中国文学艺术界联合会及各协会连日分别举行座谈会，纪念毛主席在《延安文艺座谈会上的讲话》发表20周年，作协的会议由茅盾主持，参加会议的有老舍、邵荃麟、臧克家、冰心、肖三、周立波、吴组湘、艾芜、何其芳、曹靖华、李季、魏巍、阮章竞、石凌鹤、严文井、陈白尘、汝龙等60多位作家与诗人。作家、艺术家们在座谈会上热烈发言，介绍自己学习《讲话》的心得，并一致认为《讲话》给文艺工作者指出了明确的方向，为我国革命文艺制定了一条马克思列宁主义的路线，对我们革命文学艺术事业的繁荣和发展，起了极其重要的作用。

《羊城晚报》发表文章《化雨春风二十年——欧阳山谈文艺为工农兵服务的感受》。

《解放日报》发表胡万春的文章《观察生活的问题——学习毛主席〈在延安文艺座谈会上的讲话〉的一点体会》。

《光明日报》发表郭沫若为纪念毛泽东《在延安文艺座谈会上的讲话》发表20周年的《诗一首》、臧克家的诗《心里怀念着一个人——在一个座谈会上的朗诵诗》。

23日，为纪念毛泽东《在延安文艺座谈会上的讲话》发表20周年，首都文艺界举行盛大联欢晚会。这个晚会是文化部和中国文学艺术界联合会联合主办的，中共中央政治局候补委员陆定一，中国文学艺术界联合会主席郭沫若，副主席茅盾、周扬、老舍、许广平，文化部副部长齐燕铭、胡念之、林默涵、徐光霄，以及各协会负责人和文艺界著名人士出席了联欢晚会。首都文艺界同时还举办了座谈会、学术报告会、摄影艺术展览和美术展览会。

中国戏剧家协会举行座谈会纪念毛泽东《在延安文艺座谈会上的讲话》发表20周年，曹禺主持，郭沫若、老舍等发言。

第一届电影"百花奖"在政协礼堂举行授奖大会。影片《红色娘子军》获最佳故事片奖，该片导演谢晋获最佳电影导演奖，该片女主人公吴琼花的扮演者祝希鹃获最佳电影女演员奖，南霸天的扮演者陈强获最佳电影配角奖；影片《革命家庭》的编剧夏衍和水华获最佳电影编剧奖；影片《红旗谱》中朱老忠的扮演者崔嵬获最佳男演员奖，该片摄影吴印咸获最佳电影摄影奖；影片《洪湖赤卫队》的作曲张敬安和欧阳谦获最佳电影音乐奖；影片《马兰花》的美工丁辰获最佳电影美工奖；《两种命运的决战》获最佳长纪录片奖；《亚洲风暴》获最佳短纪录片奖；《征服世界最高峰》获最佳纪录片摄影奖；《没有"外祖父"的癞蛤蟆》获最佳科教片奖；《小蝌蚪找妈妈》获最佳美术片奖；《杨门女将》获最佳戏曲片奖。

《人民日报》发表社论《为最广大的人民群众服务——纪念毛泽东同志〈在延安文艺座谈会上的讲话〉发表20周年》（《文艺报》5－6期合刊、24日的《解放军报》和《光明日报》转载）。社论主要分析了《讲话》的理论意义："毛泽东同志创造性地运用马克思列宁主义原则，解决了我国革命文艺工作中长期存在的一系列重大问题；最根本的是提出了文艺为工农兵、为广大的人民群众服务的方向，并且指明了文艺为群众服务的途径。"《讲话》的实践意义："文艺工作者在实际斗争和思想斗争中受到锻炼，思想感情发生了根本变化，形成了一支坚强的劳动人民的文艺队伍，产生了许多为广大人民群众所喜爱的优秀作品。"《讲话》在今天的指导意义："我们的文艺应当努力反映伟大的社会主义时代，表现人民在社会主义建设各个战线上的劳动热忱和克服困难的毅力。增强人民建设新生活的勇气和信心。"以及今天文艺与文艺工作者的社会作用："文学艺术在培养共产主义新人、用高度的爱国主义和国际主义精神教育青年一代的工作上，负有特别重要的使命"，"广大人民对于文学艺术的需要是多种多样的。我们的文艺既要担负着用社会主义、共产主义精神教育人民的任务，又要通过各种方式多方面地满足人民文化生活上的广泛需要"。同期还发表王朝开的文章《喜闻乐见——纪念毛泽东同志〈在延安文艺座谈会上的讲话〉发表20周年》。

《文艺报》5-6期合刊发表老舍的文章《五十而知使命》、叶圣陶的文章《艺苑炳日星——在〈延安文艺座谈会上的讲话〉发表20周年纪念》、欧阳山的文章《生活无边——纪念〈在延安文艺座谈会上的讲话〉发表20周年》、李准的文章《更深刻地熟悉生活——纪念毛主席〈在延安文艺座谈会上的讲话〉发表20周年》,转载了魏巍的文章《生活再深些,站得再高些》(原载《解放军文艺》1962年5月号)、纳·赛音朝克图的文章《主席著作使我的创作获得了新生》(原载《草原》1962年第5期)。同时转载了郭沫若的文艺随笔《诗歌漫谈》(原载《作品》新1卷3期),发表了臧克家的文章《新诗旧诗我都爱——新诗,照着毛主席指示的方向前进!》、陈荒煤的《关于创造人物的几个问题——〈在延安文艺座谈会上的讲话〉学习笔记》、张庚的《关于〈剧诗〉——根据在全国话剧、歌剧创作座谈会上的发言改写》。

《文汇报》副刊发表郭沫若的诗歌《为百花奖赠给最佳电影女演员祝希娟同志》、茅盾的诗歌《祝贺〈小蝌蚪找妈妈〉获得〈大众电影〉百花奖之最佳美术片奖》。

《解放军报》发表社论《充分发挥文艺工作的战斗作用——纪念毛主席〈在延安文艺座谈会上的讲话〉发表20周年》。

24日,文化部发布《关于恢复1959年颁发施行的稿酬暂行规定的通知》,规定自本年5月1日起,各出版社初版的哲学、社会科学和文学著作,一律按照1959年10月文化部《关于文学和社会科学书籍稿酬的暂行规定》付给基本稿酬和印数稿酬,重版书按照累计印数支付印数稿酬。同时宣布文化部1961年3月21日和5月5日的有关通知即作废。

《人民日报》发表吴强的文章《我的第一位的工作》、张永枚的诗《我们是幸福的一代》、马戎的文章《系缆——一个传说和一首真实的诗》。

《文汇报》发表茹志鹃的文章《追求更高的境界》。

《解放日报》发表黄宗英的散文《友情》。

1962年五月

25日，为纪念《讲话》发表20周年，剧协上海分会举行座谈会，许多演员谈了深入生活、改造思想与提高业务相结合的体会。

26日，《人民日报》发表李广田的散文《花潮》、马铁丁的杂文《趣味洋溢——艺丛评点》。

《中国青年报》发表浩然致周立波的一封信《读两种好书》，同时也发表了周立波的回信。

《光明日报》发表沈从文的散文《题〈寄虎图〉后》。

28日，《人民日报》发表杨朔的散文《孤儿行》。

《解放日报》发表姚文元的诗《咏物杂感》（3首）。

29日，中国人民解放军南京部队政治部前线话剧团在上海演出话剧《霓虹灯下的哨兵》，编剧沈西蒙、漠雁、吕兴臣，导演漠雁，主演马学士、陶玉玲、刘鸿声堂等。剧本发表在《剧本》1963年2月号、《解放军文艺》1963年3月号上。这出戏一经演出便引起热烈讨论，总政文化部在1963年3月召开话剧《霓虹灯下的哨兵》座谈会，《剧本》1963年3月号刊登了座谈会纪要全文。座谈会上，袁水拍认为"这个戏主要写思想斗争，对话容易写成'赤裸裸的思想'，容易'说教'，但这个戏并不使人感到有说教的味道"，"恐怕是因为语言好，来自生活而非书本，是因为成功地塑造了几个平凡而英雄的战士"，"这个戏的动人之处，在于又有思想力量，又有艺术的真实，有生活逻辑的说服力"。赵寻认为《霓虹灯下的哨兵》一剧"用新的艺术构思，反映了新的生活内容，描写了新的正面人物，表现了新的主题思想"，"剧本所反映的矛盾冲突如同生活中一样真实而丰富"。在随后关于这场话剧的讨论中，陈默认为"它打开了人们的思路，扩展了戏剧创作反映当代火热斗争的途径"。（《引人入胜，发人深思——看话剧〈霓虹灯下的哨兵〉》，《文艺报》1963年第3期）陈亚丁指出"我们说《霓虹灯下的哨兵》是一出又新又美的好戏，绝不只是指它的艺术形式，更根本的倒是指它的思想内容"，"把握住本质的矛盾找到打开当前部队生活秘密的钥匙"。(《一出又新又美的好戏——赞话剧〈霓虹灯下的哨兵〉》,《解放军文艺》1963年4月号) 冯牧认为"它能够通过真实的戏剧冲突和鲜明的人物形象,生动有力地、令人信服地体现了一个深刻的、居于普遍意义的主题思想","通过了对于人民解放军的一些貌似平凡的生活场景的描写,采用了一种别出心裁的艺术构思"。(《永远站在革命的最前哨——看〈霓虹灯下的哨兵〉》,《解放军文艺》1963年4月号)

《人民日报》发表阮章竞的评论《遗音三日绕屋梁——看赣居青阳腔〈西厢记〉》、马铁丁杂文《构思精巧——艺丛评点》。

30日,《人民日报》发表陈其通的文章《在毛泽东思想哺育下的部队文艺工作》、康濯的文章《金光闪闪》。

上海越剧院在人民大舞台开始演出经过修改后的越剧《祥林嫂》,主演袁雪芬。

31日,《人民日报》发表马铁丁的评论《公今寿及其战友们——艺丛评点》。

《光明日报》发表孟超的文章《看赣剧致凌鹤兄》、黄永玉的文章《教子篇》。

本月,《人民日报》开辟"长短录"杂文专栏,至12月止。章自(吴晗)、文益谦(廖沫沙)、黄似(夏衍)、方一羽(唐弢)、陈波(孟超)、张毕来等先后发表37篇杂文。该专栏的方针为:"希望这个专栏在配合进一步贯彻'百花齐放、百家争鸣'方针方面,在表彰先进、匡正时弊、活跃思维、增加知识方面,起更大的作用。"1979年,人民文学出版社将该批杂文结集出版。

中央戏剧学院实验话剧院独立建制,更名为中央实验话剧院,公演《火焰山的怒吼》。编剧包尔汉,剧作原名《战斗中血的友谊》,初次发表在1961年10月《天山》上,后发表在《剧本》1962年3月号上。

袁静的长篇小说《红色少年夺粮记》,由天津百花文艺出版社出版。

宋汛的长篇小说《永路和他的小叫驴》，由天津人民出版社出版。

叶君健的散文集《樱花的国度》、童话集《旅伴》和徐光耀的中篇小说《小兵张嘎》，由少年儿童出版社出版。

张志民的短篇小说集《埋在心底的仇恨》，由群众出版社出版。

唐克新的短篇小说、特写、散文合集《种子》，由上海文艺出版社出版。

雁翼的诗歌集《抒情诗草》，由重庆人民出版社出版。

刘白羽的散文集《红玛瑙集》，由作家出版社出版。

菡子的散文集《初晴集》，由上海文艺出版社出版。

郭风的散文集《曙》，由福建人民出版社出版。

姚文元的杂文集《新松集》，由上海文艺出版社出版。

《前线》半月刊发表廖沫沙的杂文《科学话同科学事》。

六月

1日，文化部和北京市文化局召开"首都话剧工作座谈会"。会议讨论了话剧工作的当前任务、首都几个话剧院的方针和长远建设目标、各单位的协作互助等问题。会议形成了《关于话剧院（团）艺术生产问题的几点意见（草案）》，发首都各话剧院参照执行，并发各地话剧院（团）参考。

《人民日报》发表冰心的评论《〈春秋故事〉读后》、柯岩的儿童游戏诗《红灯、绿灯和警察叔叔》、张永枚的诗《在遥远的地方》。

《新港》6月号发表郭风的散文《潮汕风情》、陈伯吹的散文《山里头的红领巾》、金近的诗《我画图，给你瞧》（3首）、苗得雨的诗《怀念一种声音》（外一首）。

《甘肃文艺》6月号发表未央的诗《一个胜利的黎明》。

《延河》6月号发表朱定的小说《阿肯的孙女》、张蒙的小说《公社电影队》、李若冰的小说《沙漠之鹰》、柯蓝的革命文艺回忆录《难忘的第一课——回忆延安文艺座谈会后,边区文协大众化工作委员会的活动》。

《河北文学》6月号发表刘真的小说《密密的大森林》、康濯的长篇小说连载《东方红》、浩然的散文《永远歌颂》、金近的小说《可爱的接班人》。

《青海湖》5、6号合刊发表雁翼的诗《成昆路上》(3首)。

《文艺红旗》6月号发表巴牧、郭煌的组诗《北方的山水》。

《解放军文艺》6月号发表李瑛的诗《海防战士抒情诗》(4首)。

《雨花》6月号发表周瘦鹃的散文《"花布小鞋"上北京》、房树民的千字文《痛哉,嗟来之食!》。

《山花》6月号发表陈伯吹的散文《三千八百坎》。

《中国青年》第11期发表臧克家的文章《和青年同志谈毛主席的〈词六首〉》、马识途的文章《且说〈红岩〉》。

2日,文化部发出《贯彻执行〈关于当前文学艺术工作若干问题的意见(草案)〉的通知》。

《文汇报》发表老舍的文章《儿童剧的语言》、许广平的文章《〈鲁迅回忆录〉的一个订正》。

《光明日报》发表范烟桥的散文《黄梅时节》。

3日,《文汇报》发表萧三的散文《给诗集〈奔腾的马蹄〉》。

《河北日报》发表康濯的文章《让短篇小说花开更美》。

4日,《人民日报》发表浩然的小说《果树里园》。

《解放日报》发表罗广斌、杨益言的小说节选《"地窖里的同志"——选自〈红岩〉的一个片断》。

《北京文艺》6月号发表宗璞的小说《两场"大战"》、叶圣陶的词《内蒙游踪》。

1962

5日,《人民日报》发表马铁丁的评论《空竹和抢椅——艺丛评点》。

《边疆文艺》6月号发表梁上泉的诗《蝴蝶会》(3首)、刘澍德的小说《归家》、浩然的随笔《从画得到的联想》。

《上海文学》第6期发表茹志鹃的小说《逝去的夜》、邵燕祥的小说《小闹闹》、李瑛的诗《海防战士抒情诗》(3首)、于之的诗《发亮的小分币》、师陀的独幕喜剧《伐竹记》、金近的童话《老鼠帮小猫的故事》、魏金枝的寓言《宋濂的寓言五则》、李希凡的文章《生活真实和理想威力的高度融合漫话〈红岩〉之一》、姚文元反驳陈辽《美学的革命,革命的美学》的文章《一点辩正》。

《羊城晚报》发表张永枚的诗《军中谣》。

《北方文学》6月号发表骆宾基的诗歌《高举毛泽东旗帜前进》。

7日,《解放日报》发表黄宗英的散文《夜里、风里、雨里、水里》。

8日,《人民日报》发表郭沫若的文章《"枯木朽株"解》、马铁丁的评论《人物与环境——艺丛评点》。

9日,《光明日报》发表郭沫若评论李白、杜甫的文章《诗歌史中的双子星座》。

10日,《四川文学》6月号发表陈伯吹的小说《小玲养鸭》、梁上泉的诗歌《将军与孩子》。

《广西文艺》6月号发表刘真的小说《对,我是景颇族》。

《山东文学》6月号发表张志民的诗《西行剪影》(3首)、知侠的论文《更高地举起毛泽东文艺思想的红旗》、金近的诗歌《他们都热爱劳动》与《儿童文学创作杂谈》。

《人民日报》发表高士其的文章《让孩子们获得丰富的科学知识的滋养》、刘厚明的文章《关于儿童剧的三点建议》。

11日,《人民日报》发表冰心的散文《斗争中的日本妇女》。

12 日，《人民文学》6 月号发表汪曾祺的小说《羊舍一夕》（又名《四个孩子和一个夜晚》）、鲁彦周的小说《灵犀》、田间的诗《非洲游记》（5 首）、李瑛的诗《敦煌的早晨》（外一首）、高缨的诗《登城楼》（外一首）、杨朔的散文《野茫茫》、魏钢焰的散文《没出唇的歌》、何为的散文《武夷山水》、范烟桥的散文《灯》。

13 日，《解放日报》发表范烟桥的散文《渔之乡》。

《光明日报》发表茅盾的文章《关于小学生学会拼音字母又回生的问题》。

14 日，《文学评论》第 3 期发表何其芳的文章《战斗的胜利的二十年》、唐弢的文章《论作家与群众结合》、田间的文章《〈赶车传〉下卷后记——学习毛主席文艺思想札记》、孟超的文章《跋〈李慧娘〉》。

15 日，《剧本》6 月号发表茅盾的文章《祝愿——在全国话剧、歌剧、儿童剧创作座谈会上的发言》和夏衍的文章《生活、题材、创作——和几位青年剧作家的谈话》。

《作品》第 56 期发表张永枚的诗歌《进军森林》，田间的诗歌《非洲游记》，柯原的诗歌《鹦鹉杯》，杨朔、梁宗岱的诗《旧体诗六题》，巴金的文章《谈〈寒夜〉》，柯原的文章《作人民忠实的歌手》，秦牧的散文《远方来信》。梁宗岱（1903－1983），广东新会人，笔名岳泰，诗人、翻译家。1923 年入岭南大学学习，1924 年游学欧洲。历任复旦大学、南开大学、中山大学、广州外语学院教授。翻译过莎士比亚的诗歌和歌德的《浮士德》等名著。作有《梁宗岱文集》、诗集《晚涛》、词集《芦笛风》、论文集《诗与真》等。

《人民日报》发表马铁丁的评论《传神——艺丛评点》。

《文汇报》发表马铁丁的杂文《开头》。

16 日，《中国青年》第 12 期发表郭沫若的评论《天才与勤奋》。

17 日，《人民日报》发表汪原、袁定中、王思治的文章《关于历史人物评价的意见——同吴晗同志商榷一个问题》，论述了关于阶级和阶级斗争以及"阶级道德标准"对历史人物的支配作用的问题。文章指出，"吴晗同志认为历史人物无不受其阶级道德支配。这在表面上看来只不过是把历史人物无不受其阶级和阶级斗争的支配，缩小到无不受其阶级道德的支配，而在实质上却把历史人物受其阶级和阶级斗争支配乃至决定的论点，改变为受阶级道德支配的论点了。这两个论点是应该加以明确地区别的。"文章还指出，"应该从某一社会的阶级状况和阶级斗争来揭示当时道德标准的实质，而不应是相反地，用道德标准来顶替或者混同阶级和阶级斗争"，"历史学家同样受其阶级地位所支配，只能用当时的阶级和阶级斗争状况来揭示其所持的道德标准，而不能用'阶级道德标准'来代替其阶级地位及其在当时阶级斗争中的作用和态度"。文章最后认为，"问题主要不在于列举评价历史人物的标准，而在于如何进一步地领会马克思列宁主义，综合地运用这些标准。"

18日，《羊城晚报》发表吴强的小说选节《金玉香——长篇〈堡垒〉的一节》。

《人民日报》发表郭小川的诗《厦门风姿》、陆定一的诗《中朝友谊赞》。

《戏剧报》第6期发表吴晗的评论《历史剧是艺术，也是历史》。

19日，《羊城晚报》发表吴强的小说节选《范金生——长篇〈堡垒〉的一节》。

《人民日报》发表郭沫若的文章《挽涂长望同志》。

20日，《世界文学》6月号发表傅雷译巴尔扎克的《都尔的本堂神甫》（中篇小说）、卞之琳的评论《布莱希特戏剧印象记（续）》、饶孟侃译苏联谢·巴鲁兹金的诗《雨》。

21日，《人民日报》发表魏金枝的散文《赞打虎英雄》、尚野波的文章《也谈"一只鞋及其他"——兼与马铁丁同志商榷》。

23日，《羊城晚报》发表吴强的小说节选《突袭》——长篇《堡垒》的一节。

《新民晚报》发表辛笛的诗《朝鲜忆游诗草》。

24 日,《羊城晚报》发表秦牧的散文《警惕·愤恨·战斗》、陈残云的散文《一致对敌》、张永枚的散文《台湾春梦》。

25 日,《羊城晚报》发表欧阳山的文章《保卫咱们的胜利果实》。

邵荃麟在《文艺报》的一次讨论重点选题的会议上,明确提出"写中间人物"的主张。他说:"作家为一些清规戒律束缚着,很苦闷。希望评论家能谈谈这些问题。当前作家们不敢接触人民内部矛盾。现实主义基础不够,浪漫主义就是浮泛的。创造英雄人物问题,作家也感到有束缚。陈企霞认为不能分正面人物反面人物,这当然是错误的。但在批判这种观点时,却形成了不是正面人物就是反面人物,忽略了中间人物;其实矛盾往往集中在中间人物身上。"他要求《文艺报》组织文章打破这种束缚,把"写中间人物"列入重点选题计划。(《文艺报》编辑部:《关于"写中间人物"的材料》,《文艺报》1964 年第 8、9 合刊)

26 日,《人民日报》发表马铁丁的评论《含泪的笑——艺丛评点》。

《光明日报》发表秦似的散文《谈奕》。

27 日,《羊城晚报》发表张永枚的诗《我们都是革命人》。

《解放日报》发表闻捷的诗《兄弟!要警惕》。

《人民日报》发表东生的杂文《看愚公怎样移山》。

29 日,经国务院批准,1958 年由文化部下放到北京市的中国京剧院等艺术团体收归文化部领导,中国评剧院、北方昆曲剧院仍留北京市。

北京人民艺术剧院演出四幕七场历史剧《武则天》,编剧郭沫若,导演焦菊隐、梅阡,主演朱琳、童超、郑榕、沈默等。剧本发表在《人民文学》1960 年第 5 期,1962 年由中国戏剧出版社出版单行本。吴晗认为:"郭沫若同志的新作《武则天》5 幕历史剧,替武则天翻了案,我双手赞成、拥护。"

1962 七月

"武则天是历史上伟大的政治家","还是历史上最伟大的妇女!"(吴晗:《谈武则天》,《人民文学》1960年7月号)张颖则从郭沫若的作品特色出发,认为"郭老的戏剧作品,更多地采用了浪漫主义的表现方法;洋溢着诗人饱满的激情,对所爱的人物尽情歌颂。有时是作者抒发诗人般的热情于人物感情之中。""《武则天》剧本结构严谨,对人物思想性格的发展有细致深入的描写,全剧的情节安排富有戏剧性。但同时仍保持着像作者以往的剧本一样饱满的热情,有诗一般的意境。全剧发展的情绪起伏自然,富有感人的艺术魅力。"(张颖:《漫谈话剧〈武则天〉》,《戏剧报》1962年第8期)。

《人民日报》发表郭沫若的文章《凯歌百代》、马铁丁的评论《柯岩的儿童诗——艺丛评点》。

《文汇报》发表臧克家的文章《关于"密州"》。

本月,马连良任北京市戏曲学校校长。

李劼人的长篇小说《大波》(第三部),由作家出版社出版。

李英儒的长篇小说《野火春风斗古城》,由人民文学出版社出版。

陈伯吹的长篇小说《礼花》,由百花文艺出版社出版。

浩然的短篇小说集《珍珠》,由百花文艺出版社出版。

罗荪的散文集《火花集》,由上海文艺出版社出版。

马铁丁的杂文集《不登堂集》,由上海文艺出版社出版。

我国第一部彩色宽银幕立体声故事片《魔术师的奇遇》由上海电影制片厂摄制完成。

七月

1日,《解放军文艺》7月号发表王愿坚的短篇小说《征途上》和郭小川的诗《如鼓的浪声》（两首）。

《甘肃文艺》7月号发表张永枚的长诗《勇士巴桑》。

《河北文学》7月号发表侯金镜的《短篇小说琐谈——在河北省短篇小说座谈会上的讲话》、张志民的诗《西行剪影》（3首）以及张庆田的传记体小说《"老坚决"外传》。康濯的长篇小说《东方红》第4章开始在本期连载，同期还登载了5篇短篇小说创作座谈会的笔谈，其中包括刘真的文章《人物和故事》。

《作品》新1卷7期发表张永枚的诗《军中谣》、黄谷柳的小说《患难朋友》。

《新港》7月号发表黄秋耘的历史小说《顾母绝食》、韩映山的短篇小说《耐冬嫂》、梁上泉的诗《乡情三题》、叶君健的散文《西行记》以及李希凡的论文《开掘灵魂世界的艺术——漫话〈红岩〉之二》。其中，李希凡的论文以《红岩》为例，指出"新时代的人物的内心生活，有着较之旧时代更远为丰富、新鲜的内容，只得作家去探索和开掘。所以问题不在于能不能写，而在于是否写得真实。被称为'人学'的文学，被誉为'心灵巨匠'、'灵魂工程师'的文学家，必须探索新的人物的心灵秘密，描绘新的人物的丰富的内心生活，才能创造出血肉丰满的艺术形象，真实地、深刻地反映新的人物的崇高的精神世界"。同期，孙犁的长篇小说《风云初记》（第三集）开始连载，至本刊11月号载完。

《火花》7月号发表公刘的诗《太原抒情》（6首）。

《雨花》第7期发表程小青的诗《苏州园林》（3首）。

《山花》7月号发表顾工的诗《果林》。

《长春》7月号发表韩映山的散文《瓜园月夜》。

《中国青年》第13期发表魏金枝的文章《从秋瑾烈士想起》，此文是为纪念秋瑾烈士就义55周年而作。

1962 七月

《文汇报》发表胡万春的文章《伟大的革命史诗——大型纪录片〈光辉的历程〉观后》。

《北京晚报》连载徐光耀的小说《小兵张嘎》,至7月19日载完。

2日,《解放日报》发表黄宗英的文章《中国人民的眼睛——看影片〈光辉的历程〉抒感》。

3日,《人民日报》发表顾工的诗《翡翠色的小岛》。

4日,文化部召开全国各省、市、自治区文化厅(局)长会议,讨论各地方戏曲剧团改变所有制的问题,提出了《关于地市县以下戏曲剧团改变所有制问题的报告》。

《北京文艺》7月号发表顾工的诗《烽火中的歌手》。

5日,《上海文学》7月号发表冰心的散文《一只木屐》、巴金的散文《富士山和樱花》以及徐开垒的文章《雕塑家传奇》。

《北方文学》7月号发表李瑛的诗《黄河故事》。

《新疆文学》7月号发表维吾尔族诗人铁衣甫江·艾里耶夫的诗《献给毛主席》。铁衣甫江·艾里耶夫(1930-1989),维吾尔族诗人,新疆霍城人。求学时接触俄国、苏联的许多优秀作品和古典诗作,深受40年代穆塔里甫的革命诗篇的影响,15岁开始创作,曾以"居尔艾提"(勇敢)为笔名发表作品。1962年起为专业作家。1979年当选为中国作家协会副主席,并任民族文学创作委员会主任。著有诗集《东方之歌》、《和平之歌》、《唱不完的歌》、《祖国颂》、《迎接更美丽的春天》和《铁衣甫江诗选》。他的不少诗作,已被谱曲传唱。

《边疆文艺》7月号发表刘澍德的小说《归家》和李瑛的诗《牧场上》(3首)。

《北京晚报》发表浩然的文章《打不通的电话——故乡见闻杂谈之一》。

《解放军报》发表张永枚的《诗传单一束》。

《北京日报》发表孟超的文章《于虚拟中见真美——看豫剧〈抬花轿〉》。

6日,《文汇报》发表李瑛的诗《北京四首》。

《河北日报》发表韩映山的文章《支前——解放战争时期生活回忆》。

7日,《解放军报》发表郭小川的诗歌《甘蔗林——青纱帐》。

《光明日报》发表杨沫的散文《永久的忆念》。

8日,《光明日报》发表郭沫若的文章《我怎样写〈武则天〉》,就剧本写作以及人物处理等问题进行了说明。

10日,《四川文学》7月号发表李伏伽的小说《师道》、梁上泉的诗《红色走廊》(3首)、高缨的诗《攀枝花》(两首)和傅仇的诗《森林抒情》(两首)。李伏伽(1908－2004),四川人。1936年毕业于四川大学外文系。曾任中学教师、校长,报社记者、副刊编辑。1949年后曾任峨眉县副县长,四川乐山地区教育局副局长,四川省政协委员、诗词学会副会长。1934年开始发表作品。著有小说散文集《曲折的道路》,长篇纪实文学《旧话》、《风乍起》,诗集《涓埃集》,散文杂文集《管窥集》等。

《山东文学》7月号发表雁翼的诗《在人民大会堂》(外二首),同期开始选载江源、董均伦的长篇小说《两代婚姻》,至1962年12月号载完,共登载了小说的第4、5、18、20、22、25章。

《诗刊》第4期发表阮章竞的《沿着历史的长河走》(诗8首)、刘征的《寓言诗二首》、柯岩的儿童诗《爸爸的客人》(3首)和吴伯箫的《旅途》(4首),同期还发表了邹荻帆的散文《健儿快马篇》、张志民的《学诗琐记》以及朱光潜的散文《目送归鸿,手挥五弦》。郭小川的诗《乡村大道》也发表于此期,诗歌初稿1961年11月写于昆明,1962年6月改于北京。当时的评论家这样评价:"对于'乡村大道'这种常见的事物,诗人却能敏锐地抓住它的长远宽阔而又坎坷曲折的特点,揭示出一种斗争真谛:革命事业是壮丽而又艰苦的,抒写出一种革命情怀:'不经过这样的山山水水,黄金的世界怎会开拓!'由于诗人在感受中思考，在思考中感受，就使他的许多诗达到了感情强度与思想深度的有机统一。"（吴欢章、孙光萱：《鼓舞革命斗志的诗——评郭小川1962年的诗作》，《上海文学》1963年第3期）

11日，《文艺报》第7期发表张光年的评论《"共工不死"及其他》、魏金枝的评论《为〈沙桂英〉辩护》、秦牧的文艺随笔《艺术魅力和文笔情趣》以及郭小川的《诗如其人——〈王亚凡诗抄〉序言》等文章。冯牧的论文《略谈文学上的"反面教员"》也刊于本期，文章认为"对于敌人的真实而深刻的描写，可以大大增强我们的文学作品对于广大读者的教育作用和认识作用"。并对"采用一种漫画化和脸谱化的手段来描写敌人的习惯做法"进行了指正，"真正的英雄性格，往往是在和丑恶的对手进行短兵相接的斗争时，才会闪现出耀目的异彩。在这个意义上来说，对于正面人物的塑造和对于反面形象的刻画，往往会成为一个不可分割的完整的主题的两个方面。""在那种以壮丽的革命斗争历史为题材的作品中，塑造出真实而非虚假的，鲜明而非粗率的阶级敌人的艺术形象，就不但是需要的，而且是一项重要的课题。"同期，还刊载李希凡的《是提高还是"拔高"？——读〈达吉和她的父亲〉及其讨论》和高缨的《关于〈达吉和她的父亲〉的创作过程》。李希凡的文章针对电影剧本比小说有新的"主题思想的高度"的说法，认为电影剧本的改编"离开了原作基础"，从而"完全取消了作品原有的主题思想的丰富性和深刻性"。并分析导致这种结果的原因，"这种目的在于'提高主题思想'的改变，脱离了原作题材具体生活的土壤，使这个激动人心的'故事'生存在一种不相适应的新环境里，于是，本来是血肉丰满的艺术形象，在这种整体的'改造'里，也就患上了贫血病。"

12日，文化部发出《关于各地不得自动禁演影片的通知》。

《人民文学》7月号发表西戎的短篇小说《赖大嫂》、骆宾基的短篇小说《白桦树荫下》、宗璞的短篇小说《不沉的湖》、费礼文的短篇小说《晨》、俞林的短篇小说《山外青山》、彝族作家李乔的短篇小说《佤佤族的新世纪》、郭小川的诗歌《甘蔗林——青纱帐》、雁翼的诗《战士来到天安门》、戈壁舟的诗《胡杨英雄树》、饶孟侃的诗《夏夜忆亡友闻一多》、傅仇的诗《马尔康诗抄》、公刘的诗《太原的云》、方纪的随笔《桂林山水——从李可染同志的一幅写生画谈起》、秋耘的随笔《鸟兽·虫鱼·草木》、秦牧的散文《在茫茫的金色草原上》以及宋祝平的文章《种花老人》。饶孟侃（1902－1967），诗人、翻译家。江西南昌市人，原名饶子离。1916年入清华学堂学习外语。新月派成员之一。曾任四川大学、中国人民大学、北京外交学院等学校的教授。主要作品有诗集《泥人集》、小说《梧桐雨》，译有《兰姑娘的悲剧》等。宋祝平（1929－2009），河北雄县人。中共党员。1948年肄业于上海民治新闻专科学校。历任《福建日报》记者、编辑、副刊部副主任，厦门大学教师，福建电影制片厂负责人，中共福建省委宣传部新闻出版处处长，福建省记者协会副会长兼秘书长，福建日报社副总编辑、高级记者，闽台文化交流协会常务理事。1943年开始发表作品。著有报告文学、散文集《记朝散记》、《石码渔民战海记》、《海柳歌》、《乡音》、《赤子·山河》、《蓝色之路》，小品集《漫说吃在何方》等。

《人民日报》发表方纪的散文《桂林山水》。

13日，中国戏剧家协会举行座谈会，就话剧《武则天》的剧本创作、表演艺术、舞台美术等方面进行研究和探讨。田汉、焦菊隐、景孤血、高文澜、王戎生、张艾丁、李超、王子野、张季纯、戴不凡等出席了座谈会。

中国作家协会四川分会邀请成都地区部分专业诗人和业余诗作者，举行了诗歌座谈会。诗人戈壁舟主持，傅仇、唐大同、邹绛、刘滨等20余人出席了会议。座谈会中，老一辈的诗人和年轻诗作者对诗歌创作中的一些主要问题进行了交流与讨论。座谈会发言摘要《天高任鸟飞——诗歌座谈会纪要》见《四川文学》1962年8月号。

1962 七月

《山东文学》编辑部邀请济南市部分散文作者,在济南市趵突泉公园漫谈了有关散文创作的若干问题。会议由《山东文学》副主编孔林主持,刘丙南、任远、郭同文、徐北文、赵延吉等作者以及《山东文学》小说散文组的全体编辑出席了这次会议。会议肯定了散文和散文诗的创作,探讨了散文作家刘白羽、杨朔、吴伯箫、秦牧等的作品,研究了散文创作的艺术规律,认为作家的时代感、激情是文学创作中必不可少的重要因素,同时也不能忽视丰富的生活阅历、广博的知识和文字的磨炼。孔林(1928—),笔名白帆,山东荣成人。曾任《山东文学》副主编、主编,山东省文联党组成员、副主席,中国作协山东分会常务理事,《黄河诗报》主编,中国散文诗学会副会长,山东省散文诗学会会长。1950年开始发表作品。著有诗集《一束芙蓉花》、《报春集》(合作)、《百灵》、《山水恋歌》,散文诗集《爱的旅程》、《潮音集》(合作)、《孔林散文诗选》、《孔林诗选》等。

14日,中央歌剧舞剧院为纪念毛主席《在延安文艺座谈会上的讲话》发表20周年,重新排演了歌剧《白毛女》,受到观众的热烈欢迎和戏剧界的重视。中国戏剧家协会戏剧报编辑部同日下午邀请首都文艺、戏剧界人士举行了一次座谈会。座谈会由张庚主持,田汉、萧三、李健吾、金紫光、刘佳、张正宇、乔羽、叶林、任萍、李超、贺敬之、舒强、王昆、郭兰英、李波等出席了座谈会,并畅谈了对歌剧《白毛女》新演出的观感以及歌剧艺术中存在的一些问题。座谈会的发言纪要《座谈歌剧〈白毛女〉的新演出》登载于《戏剧报》1962年第8期上。

15日,《新华月报》第7号转载文章纪念毛泽东《在延安文艺座谈会上的讲话》发表20周年。其中包括1962年第5—6期《文艺报》社论《文艺队伍的团结、锻炼和提高》、胡可的《试谈生活》(原载《解放军文艺》1962年第6期)以及胡万春的《观察生活的问题——学习毛主席〈在延安文艺座谈会上的讲话〉的一点体会》(原载1962年5月22日《解放日报》)等。

《上海戏剧》第7期发表陈瘦竹的《马克思主义以前欧洲戏剧理论介绍（续一）》，至第11期续完。

《电影文学》7月号发表张天民、周予根据芗剧《三家福》改编的剧本《第七十三贤人》，《电影文学》1962年11月号发表文章围绕此剧本展开了讨论。

《河北日报》发表浩然的《邻居——家乡漫笔》以及张庆田的文章《源泉颂——创作杂谈》。

16日，《红旗》第14期发表了曹禺的文章《语言学习杂感》。

《光明日报》发表朱光潜的论文《美感问题》。

17日，《北京日报》发表邹荻帆的散文《四围山色中》。

《人民日报》发表由廖沫沙署名文益谦发表的杂文《跑龙套为先》。

北京人民艺术剧院演出话剧《我是一个兵》，编剧白文、所云平，导演夏淳、刁光覃，主演马群、林兆华、林连昆等。

18日，《文汇报》发表陈伯吹的文章《童话创作的继承与创新》。

《戏剧报》第7期发表杨履方的文章《〈我是一个兵〉杂谈》和田汉的文章《悼秋田雨雀先生》。

《解放日报》发表于伶的散文《摘得山花吊故人》和程小青的诗《七十抒怀三首》。

19日，《北京晚报》发表浩然的文章《地头训练班——故乡见闻杂记之二》。

20日，《剧本》7月号发表郭沫若5月23日在中国剧协纪念毛泽东《在延安文艺座谈会上的讲话》发表20周年座谈会上的谈话《实践·理论·实践》，同期还发表了由四川旅外剧人抗敌演剧队集体创作、吴雪执笔的三幕话剧《抓壮丁》。

《河北日报》开始连载罗广斌、杨益言的小说《红岩》，至1962年10月

17日续完。

《人民日报》发表由廖沫沙署名文益谦发表的杂文《药也会变么?》。

21日,《北京日报》发表袁鹰的散文《你记得越南的树吗?》。

22日,《人民日报》发表李泽厚的论文《虚实隐显之间——艺术形象的直接性与间接性》。

23日,《人民日报》发表臧克家的诗《海防线上》。

25日,《北京晚报》发表冰心的杂谈《感谢我们的语文老师》。

上海人民艺术剧院话剧二团演出四幕七场话剧《海滨激战》,福建军区文工团集体创作,王军、张荣杰执笔,导演王哨平。剧本发表在《剧本》1955年1月号上。

26日,中国剧协艺委会座谈陈其通的话剧《井冈山》。该剧在本月由中国人民解放军总政治部文工团演出,陈其通编剧、导演。剧本发表在《解放军文艺》9月号上,1963年由解放军文艺社出版单行本。鲁易评价"《井冈山》这出戏,有革命浪漫主义的气息",作者"能站在历史的高度,撷取一些足以表现当时历史特征的富有典型意义的情节","基本上概括了那个动荡年代的斗争风貌和气势","具有发人深思、震人心弦的艺术魅力"。(鲁易:《真实、感人的〈井冈山〉》,《文艺报》1962年第8期)

《北京晚报》发表了刘心武的文章《气宇轩昂与柔情一露——谈话剧〈武则天〉中的两个细节》。

27日,《人民日报》发表刘厚明的短篇小说《在音乐课堂上》。

29日,《重庆日报》发表陆棨的散文《桐子花开的时候》。陆棨(1931—),四川成都人。历任西南青年艺术工作队队员,西南军区文化部文艺科干事,西南青年文工团、重庆市文工团团员,重庆市歌舞团、歌剧团编剧,中国剧协重庆分会主席。1953年开始发表作品。著有诗集《灯的河》、《重返杨柳村》,歌剧剧本《火把节》,论著《歌剧创作论》等。

30日,《人民日报》发表陶然的散文《战士怀想》。

本月,中国戏曲学院1959级研究生和1960级理论进修班共51人毕业。这是由中国戏曲高等学校培养出的第一批编剧、导演、音乐等创作人才和理论研究人才。

作家出版社出版胡正的长篇小说《汾水长流》。

江苏人民出版社出版黎汝清的诗歌散文集《青凤岩》。

上海文艺出版社出版邹荻帆的诗集《都门的抒情》。

作家出版社出版臧克家的诗集《凯旋》。本书是作者1961年至1962年初所写的短诗(组诗)的结集,共24首。

赵树理的长篇小说《三里湾》,由作家出版社出版,印数1-30000册。1955年1月7日,该小说开始在《人民文学》1月号上连载,至4月号止。1955年5月,通俗读物出版社初版,印数1-600000册。1958年3月,人民文学出版社重印,印数1-100000册,此后1959年第2版,1962年第3版。这部小说曾被改编成话剧、评剧、豫剧、湖南花鼓戏和题为《花好月圆》的电影上演,并被译成多种文本在国外出版。其中由许在民改编的花鼓戏获得新中国成立30周年献礼演出优秀剧目创作奖。

八月

1日,《文艺红旗》7、8月号,发表刘真的散文《纺纱姑娘》、钱谷融的评论《"夏天里的一个春梦"——谈〈雷雨〉中的周冲》,以及由白刃、洛汀、李树楷集体创作,白刃执笔的剧本《兵临城下》。

《河北文学》8月号为小说专号,发表艾芜的小说《澜沧江边》以及刘真的小说《弟弟》。

1962 八月

《作品》发表了欧阳山为《一代风流》的英译本所写的《〈一代风流〉序》。"《一代风流》是我从1957年开始写作的一部长篇小说。它一共有五卷。它的内容叙述一个名叫周炳的打铁工人出身的知识分子的半生经历，从1919年到1949年，这里面不知包含了多少的悲欢离合，也不知包含了多少苦辣辛酸。""时间虽然只有短短的30年，但是这30年却内容丰富；变化多端。从历史的角度看来，它可以划出整整一个新民主主义运动的时代。"（欧阳山：《〈一代风流〉序》，《作品》新1卷8期）

《长江文艺》8月号发表刘真的散文《山谷里的歌声》。

《解放军文艺》8月号发表吴强的长篇小说《堡垒》第七章的选载《堡垒》、碧野的短篇小说《将军和"报春早"》、阮章竞的诗《不老的樟树》（外一首）、魏钢焰的诗《我甘愿》以及峻青的散文《记威海》。

《火花》8月号发表吉学霈的小说《"王耙子"卖猪》。

《新港》8月号发表李广田的散文《或人日记抄》、季羡林的散文《石林颂》、顾工的散文《壮丽的诗句——登黄洋界》、张志民的诗《西行剪影》（3首）、李瑛的诗《西行三章》以及老舍的文章《本固枝荣——对天津市爱好文学青年的一次讲话摘要》。

《雨花》第8期发表陆文夫的短篇小说《队长的经验》、俞平伯的诗《题顾颉刚藏〈桐桥倚櫂录〉兼感吴门旧惊绝句十八章》以及范烟桥的文章《就写作谈甘苦》。

《山花》8月号发表黄秋耘的历史小说《鲁侉亮摘印》。

《延河》7、8月号发表刘真的散文《过年的一天》、顾工的散文《太阳的诞生地》、魏钢焰的组诗《几年风雨》、李瑛的诗《红柳小集》（3首）、傅仇的诗《森林游记》（4首）、史峭石的诗《中南海颂》以及郑伯奇的回忆《创造社后期的革命文学活动》。同期还发表了杨克忍、黄悌、韩又新的四幕话剧《卧虎镇》，本刊9月号载完。

《文汇报》发表范钧宏、吕瑞明的文章《情节——〈杨门女将〉写作札记》。同版还发表了署名为尧的学术评论《〈红楼梦〉在国外》。范钧宏（1916-1986），剧作家，戏曲理论家。原名范学蠡，祖籍杭州，生于北京。戏剧界首位中国作家协会会员，中国戏剧家协会常务理事。著有京剧剧本《满江红》、《猎虎记》、《杨门女将》、《白毛女》、《九江口》、《强项令》、《望江亭》、《蝶恋花》、《捉水鬼》等。

北京人民艺术剧院演出俄罗斯剧作家Ａ·Н·奥斯特罗夫斯基作品《智者千虑，必有一失》，翻译林陵，导演欧阳山尊、柏森，主演于是之、英若诚、黄宗洛等。

2日，《甘肃文艺》8月号发表刘真的散文《边疆之夜》。

《解放军报》发表顾工的诗《战斗的音符》（4首）。

2日-16日，中国作家协会在辽宁大连举行农村题材短篇小说创作座谈会（即"大连会议"）。会议由作协副主席、党组书记邵荃麟主持。赵树理、周立波、束为（李束为）、康濯、李准、西戎、李满天、马加、韶华、方冰、刘澍德、侯金镜、陈笑雨、胡采等16位作家和评论家参加了会议，茅盾、周扬到会并发表了讲话。会议就如何反映人民内部矛盾及短篇小说创作中的各方面问题进行了探讨。邵荃麟在发言中主张现实主义要深化，扩大创作题材，要重视对中间人物的描写，塑造各种人物。"强调写先进人物、中间人物是应该的。英雄人物是反映我们时代的精神。但整个说来，反映中间状态的人物比较少。两头小，中间大；好的、坏的人都比较少，广大的各阶层是中间的，描写他们是很重要的。矛盾点往往集中在这些人身上……茅公提出'两头小、中间大'，英雄人物与落后人物是两头，中间状态的人物是大多数，文艺主要教育的对象是中间人物，写英雄是树立典范，但也应该注意写中间状态的人物。""如果说，农业是国民经济的基础，现实主义则是我们创作的基础。没有现实主义，就没有浪漫主义。我们的创作应该向现实生活突进一步，扎扎实实地反映现实。茅盾同志说的现实主义的广度、深度和高度，这三者是紧密相连的……现实主义深化，在这个基础上产生强大的革命浪漫主义，从这里去寻求两结合的道路。""如何表现内部矛盾的复杂性，看出思想意识改造的长期性、艰苦性、复杂性；更深地去认识、了解、分析、概括生活中的复杂的斗争，更正确地去反映人民内部矛盾，是我们作家的新的任务。"（邵荃麟：《在大连"农村题材短篇小说创作座谈会"上的讲话》，见冯牧主编《中国新文学大系·文艺理论卷一》，第514-526页，上海文艺出版社1997年版）1964年《文艺报》8、9期合刊上刊登"文艺报编辑部"《"写中间人物"是资产阶级的文学主张》的文章，公布了《关于"写中间人物"的材料》（资料汇编），开始点名批判邵荃麟在"大连会议"上的讲话，指出这"不是一般的文艺理论上的争论，而是文艺上的社会主义道路同资本主义道路之争，是社会主义与反社会主义的文艺路线之争，是大是大非之争。"文章将"写中间人物"和"现实主义深化"概括为邵荃麟讲话的两个互相联系的中心论点，后来《林彪同志委托江青同志召开的部队文艺工作座谈会纪要》正式将它们定为"黑八论"中的两论，邵荃麟也因此遭到残酷的迫害。

2日、24日，中国剧协上海分会两次邀请戏曲界编导、演员、评论工作者和部分老艺人座谈，讨论如何认识和对待出现于舞台的连台本戏和机关布景问题。与会者认为，连台本戏应该在继承传统的基础上推陈出新；机关布景则必须为戏的内容服务，做到内容和形式的统一。

3日，《北京日报》发表邹荻帆的散文《台上水库颂》。

4日，《北京文艺》8月号发表骆宾基的小说《暴雨之后》以及吴伯箫的散文《窑洞风景》。

《人民日报》发表陈毅的诗《西行三首》。

《光明日报》发表郭沫若的文章《望远镜中看故人——序〈郁达夫诗词钞〉》。

《北京日报》发表老舍的随笔《观画短记》。

文化部在上海、杭州分别召开艺术教育工作者会议，修订了戏剧、音乐、美术院校教学方案和教材，在戏剧院校中确立了教学小组带班制度。

5日，《上海文学》8月号发表方之的短篇小说《出山》、周而复的长篇小说《上海的早晨》选载《江边》、峻青的散文《故乡杂忆》、丰子恺的散文《阿咪》、巴金的散文《向着祖国的心》、顾工的诗《呼吸》以及胡万春的论文《放宽生活的视野——读〈沙桂英〉有感》。

《新疆文学》8月号发表朱定的小说《木排上》和张志民的叙事诗《一条残断的锁链》。

《边疆文艺》8月号发表藏族诗人饶阶巴桑的诗《鹰·捕·静·憩》。

《少年文艺》7、8月号发表浩然的小说《买席》和张永枚的诗《小海员》。

《工人日报》发表韩映山的小说《锣声》。

6日，《人民日报》发表吉学霈的小说《三个书记》和魏巍的诗《井冈山漫游》。

7日，《羊城晚报》发表陈毅的诗《西行三首》。

《人民日报》发表文章纪念梅兰芳逝世一周年，其中包括欧阳予倩的文章《追念梅兰芳同志》和郭沫若的诗《咏梅二绝》。

香港文化艺术界知名人士和梅兰芳生前好友举行座谈会，纪念梅兰芳逝世一周年。

8日，戏曲艺术家梅兰芳逝世一周年。上午，首都文艺界人士和梅兰芳的家人及生前好友共300余人前往北京西郊万花山梅兰芳墓地祭扫陵墓。下午，首都戏剧界90多人在文联礼堂隆重举行纪念座谈会，追念卓越的戏曲艺术家梅兰芳光辉灿烂的艺坛一生。中国戏剧家协会主席田汉、文化部副部长齐燕铭、艺术事业管理局副局长马彦祥和梅兰芳生前好友、文艺界著名人士老舍、姜妙香、徐兰沅、马连良、焦菊隐等,以及梅兰芳的子女在会上发了言。齐燕铭的发言《学习梅兰芳同志——在梅兰芳逝世一周年座谈会上的发言》发表在《光明日报》1962年8月23日上。同日下午,上海市戏剧界集会纪念梅兰芳逝世一周年,周信芳、盖叫天、徐凌云、陶雄、杨畹农、魏莲芳等在会上畅谈了梅兰芳生前对戏剧事业的贡献,并对如何继承发扬梅派艺术交换了意见。从8日起,北京和上海、南京、昆明、武汉、太原等地,分别举行梅兰芳逝世周年纪念演出。《北京日报》、《文汇报》等相继发表文章悼念梅兰芳。

9日,曲波的长篇小说《游击队长桥隆飙》在《解放军报》1962年8月9日、12日、14日、16日、18日、21日、23日上连载。

《羊城晚报》发表沈从文的文章《谈广绣》。

《人民日报》发表田汉的文章《追忆他,学习他,发扬他!》,称梅兰芳"实际是中国戏剧学派的代表人"。

10日,《四川文学》8月号发表雁翼的诗《大海行》(3首)、晓雪的诗《风趣的歌》(外一首)、傅仇的诗《森林抒情》(两首)及其论文《学诗得失》。

《山东文学》8月号、9月号连载戈振缨根据清朝孔尚任的《桃花扇》改编的大型戏曲《桃花扇》。戈振缨(1920－2008),原名包干夫,曾用笔名扬帆。山东蓬莱人。中共党员。1938年后曾任蓬莱抗日救国军第三军第二路宣传队员,《胶东大众》编辑组组长,烟台文协主任,胶东文协文工团团长,《山东文学》副主编,山东省文联秘书长、党组副书记、副主席、顾问。1940年开始发表作品。著有长篇小说《春宵谜》,短篇小说集《小徐和老曲》,中篇小说《团圆》、《田野的歌》,诗集《歌唱红旗》,《桃花扇》(戏曲本改编)等。

《东海》8月号发表浩然的小说《万寿》和雪克的文章《谈〈群英会蒋

干中计〉》。

11日,《文艺报》第8期发表冯牧的《新人,在士兵的行列中成长——看话剧〈哥俩好〉》,孟超的《壮歌永彻,松柏常青!——读〈革命烈士诗抄〉(增订本)》以及侯金镜的《短篇小说琐谈——在河北省短篇小说座谈会上的发言》。同期还发表了焦菊隐的《〈武则天〉导演杂记》,文章连载至第9期。在论及历史剧讨论中的"艺术性和真实性"问题时,焦菊隐认为"历史剧的任务,是要写事物的可能性"。其中,侯金镜的发言曾在《河北文学》1962年7月号上发表,此次发表时作者稍作补充和修改。

《文汇报》发表钱谷融的文章《不可无"我"》。后来《文汇报》10月24日又发表苏鸿昌的《艺术活动中的"我"与"非我"的辩证关系问题——就〈不可无"我"〉一文和钱谷融同志商榷》,文章从辩证哲学的角度对钱谷融的论文提出了质疑,认为钱谷融在对艺术创作活动中的"我"与"非我"的关系上值得商榷。苏鸿昌(1931-1983),四川宜宾人。中共党员。历任西南师院中文系总支书记、文艺理论教研室主任、副教授,全国高等学校文艺理论研究学会理事,中国作协四川省分会第二届理事,省文艺理论学会副会长。1956年开始发表作品。著有论文《关于吴敬梓的世界观和创作方法》、《试论目前在现实主义及社会主义现实主义讨论中存在的若干问题》、《形象思维是对世界艺术的掌握》、《〈红楼梦〉对"仁"的揭露和批判》、《试论〈红楼梦〉的总纲》,散文《颂歌献给周总理,匕首投向"四人帮"》等。

《北京日报》发表白峰溪的散文《佛山"秋色"》和史峭石的诗《练兵场诗抄》(2首)。白峰溪(1934—),女,剧作家,演员。河北霸县人,生于天津。曾为中国青年艺术剧院演员,1976年以后主要从事戏剧创作。著有话剧《哪个仙女不下凡》、《撩开你的面纱》(合作)、《明月初照人》、《风雨故人来》、《不知秋思在谁家》等。

12日,《人民文学》8月号发表陈残云的短篇小说《队长之家》、马识途的短篇小说《小交通员》、敖德斯尔的短篇小说《阿力玛斯之歌》、柯岩的短篇小说《岗位》、海默的短篇小说《宝刀和盾牌》、饶阶巴桑的诗《轻骑啼花》（4 首）、梁上泉的诗《我是巴山了望哨》、张永枚的诗《军中谣》、季羡林的散文《西双版纳礼赞》以及叶君键的文化随笔《玉和象牙》。

《人民日报》发表李希凡的论文《一本洋溢着政论热情的小说——读柯切托夫的〈耶尔超夫兄弟〉》。

《光明日报》发表吴晗的文章《他们走到了它的反面——朱自清颂》。

《重庆日报》发表崔英的文章《蝈蝈儿在歌唱》。

13 日，《人民日报》发表刘白羽的散文《阳光灿烂》和田汉的诗《从南昌到瑞金》。

西安市文艺界 1000 多人集会庆祝易俗社成立 50 周年，戏剧家田汉、欧阳予倩、曹禺等发表贺电，邵力子也寄来三首贺词，同天还举办了实物、图画、照片展览会，向观众介绍了易俗社的历史及其发展情况。易俗社创办于 1912 年 8 月 13 日，它的名称是取以移风易俗为宗旨的意思。陕西省西安市文化局文艺研究室整理的《西安易俗社五十年》发表在《戏剧报》1962 年第 9 期，《新华月报》1962 年第 10 期转载。

15 日，《新华月报》第 8 号转载文章讨论吴晗的文章《并非争论的"争论"》（载于 1962 年 4 月 28 日《光明日报》），其中包括李希凡的文章《"历史知识"及其他——再答吴晗通知》（原载《戏剧报》1962 年第 6 期）、吴晗的文章《历史剧是艺术，也是历史》（原载《戏剧报》1962 年第 6 期）以及景孤血的文章《循名责实谈历史剧》（原载 1962 年 7 月 17 日《光明日报》）。

16 日，《中国青年》第 15、16 期登载李建彤的小说《星星之火——长篇小说〈刘志丹〉选载》。李建彤（1919－2005），女，原名韩愈之，笔名秋心、秋茵。河南许昌人。中共党员。1934 年于许昌女子师范学校读书时在河南洛河《警钟日报》副刊上发表处女作诗歌《理解》。1938 年毕业于抗日军政大学。曾任陕甘宁边区政府办公厅秘书、国务院监察部主任监察专员、中国地质科学院党委副书记。1958年开始创作长篇小说《刘志丹》，部分章节于1962年在《工人日报》发表。小说《刘志丹》后被诬为"反党小说"，株连甚广。作者本人因此遭到监禁和劳改长达17年之久，1979年平反。著有长篇小说《刘志丹》，诗《谢了吧，枯草》，故事《刘志丹在桥山》等。

《解放军报》发表张永枚的诗《军中谣》。

《羊城晚报》发表田汉的感想《繁花绮丽从根生》。

16日至9月11日，波兰戏剧家耶日·格罗托夫斯基来华参观访问。

18日，《北京日报》发表夏衍的文章《克农同志二三事》。

19日，《人民日报》发表丁西林的文章《剧本评点——一个中译英文独幕剧的前言》，该评论是针对《十二磅钱的神情》（发表于《剧本》1962年8月号）而作。同期还发表孟超的文章《谈京剧〈强项令〉的剧作和演出》。

浙江省文联在余姚县召开第三次民间文学座谈会，许钦文、唐向青、张烈、刘操南、蒋风、刘耀林等20余人参加了座谈会。会议通过对13篇《四明山革命传说故事》的分析、研究，着重探讨了如何进行革命传说故事的搜集整理加工工作、在革命传说故事中如何运用革命浪漫主义的手法，搜集整理工作与阶级观点和群众观点的关系以及革命回忆录、革命斗争故事、革命传说三者的区别等问题。

20日，邵荃麟、侯金镜邀请大连市业余作者10余人座谈。邵荃麟作了讲话，针对业余作者生活和创作中的问题，着重地谈了在生活中应如何关心人、了解人、熟悉人，如何表现人物的复杂性和生活的复杂性等问题，还谈了青年作者的学习和提高问题。座谈会期间，作家赵树理、康濯、李准等先后给大连青年业余作者谈了创作问题。赵树理的《与青年谈文学——在旅大市文学爱好者会上的讲话》，发表于《鸭绿江》1962年11月号。

诗人、《诗刊》主编臧克家应《鸭绿江》编辑部邀请，和沈阳诗人、业余作者20余人进行座谈,就新、旧诗的关系,新诗如何接受民族传统诸问题发表了见解。他还特别谈了工人诗作者刘镇的诗作的特色,并指出其今后努力的途径。

《人民日报》发表刘真的散文《贵州山中一小城》和顾工的诗《海防之歌》。

为纪念日本老戏剧家秋田雨雀,《剧本》8月号发表了他的4场话剧《国境之夜》,以及田汉的话剧《推荐〈国境之夜〉》。同期还发表了英国杰·马·巴蕾的独幕话剧《十二磅钱的神情》以及丁西林的文章《译批〈十二磅钱的神情〉后记》。"该剧的译批是为了帮助青年剧作家了解一些世界名剧,学习这些剧本的艺术技巧。"

23日,《戏剧报》第7期发表梅兰芳的遗作《童女斩蛇——〈舞台生活四十年〉第三集连载》,遗作在《戏剧报》第7、9、12期上连载,同期还发表了纪念文章,包括张庚的文章《一代宗匠——重读梅兰芳同志遗著的感想》等。

《解放军报》发表徐怀中的散文《浪花碎採》。

24日,《北京日报》发表邹荻帆的散文《青山的纪念碑》。

25日,《文汇报》发表徐迟的文章《三十年——臧克家的诗歌》。

26日,《河北日报》发表史峭石的诗《南行草》。

27日,《光明日报》发表潘吉星的文章《中国戏剧在欧洲的传播》,文章就早期欧洲人对中国戏的欣赏、借鉴、翻译、研究以及欧洲剧作家受中国的影响等问题进行了探讨。

《人民日报》发表韩北屏的散文《非洲夜话》。

30日,《人民日报》发表范烟桥的散文《落梅忆语》。

31日,《人民日报》第发表光未然的诗《边海河畔》,这是作者访问越南民主共和国时所作的《越南组歌》中的一首。全诗发表在《诗刊》1962年第

5期上。

《河北日报》发表韩映山的文章《村里的歌声——抗日时期生活回忆》。

本月，文化部发出《对违反当前政策精神的影片停止发行的通知》，被停止发行的影片有：《柳湖新颂》、《春暖花开》、《十三陵水库畅想曲》、《你追我赶》、《钢花遍地开》、《斗诗亭》、《新的一课》、《快马加鞭》以及美术片《打麻雀》等总达40多部。

西安市文化局和西安市文联共同召开了历史剧创作和整理改编问题座谈会，20多位专业剧作者和戏剧评论工作者应邀出席，座谈会围绕着由当地作者创作或改编的剧目《唐太宗》、《红娘子》、《双锦衣》等剧目，对当前在历史剧的创作和改编中所共同存在而又普遍关心的问题进行了讨论。

广东人民出版社出版吴有恒的长篇小说《山乡风云录》。吴有恒（1913－1994），广东恩平人。曾任中共香港工委书记、中共广东区委南路地区特派员、粤中纵队司令员。新中国成立后，历任中共广州市委书记、中国作协广东分会副主席、省文联副主席、《羊城晚报》总编辑、广东省人大常委会副主任等职。著有长篇小说《山乡风云录》、《北山记》、《滨海传》，粤剧《山乡风云》等。有《吴有恒文集》（3卷）。

作家出版社出版舒群的长篇小说《这一代人》、曹靖华的散文集《花》、谢觉哉的散文集《不惑集》和唐弢的论文集《燕雏集》；

中国青年出版社出版韶华的长篇小说《浪涛滚滚》和茹志鹃的短篇小说集《静静的产院》。

上海文艺出版社出版韩映山的短篇小说集《作画》、唐克新的短篇小说集《种子》、鄂华的小说集《艺术的控诉》、谢璞的小说集《深沉的爱》、冯牧的文学评论集《激流小集》、姚文元的文艺评论集《新松集》以及管桦的小说集《葛梅》。鄂华（1932－2011），原名程庆华。湖北荆门人。北京大学化学系毕业。曾任吉林省文联副主席、省作家协会副主席、省人大常委。1949年开始发表作品。著有长篇小说《在黛色的波涛下》、《水晶洞》、《翼王伞》，中短篇小说集《女皇王冠上的钻石》、《自由神的眼泪》、《艺术的控诉》、《丹凤朝阳》、《祭红》、《幽灵岛》、《归去来兮》、《蝴蝶谷》，儿童文学集《湖上的追逐》、《宝石的地图》、《天空的梦》，散文报告文学集《天池幻想曲》、《黑海的帆》、《域外履痕》，电影文学剧本《祭红》、《丹凤朝阳》等。

九月

1日，《河北文学》9月号发表冰心翻译的泰戈尔的散文《沙乍浦》、邹荻帆的散文《寄傅明嫂》以及姚文元的评论《不可征服的人——谈谈杜鹏程短篇小说集〈年青的朋友〉中的人物形象》。同期还登载了《冀中一日》特辑，其中包括程子华的《题词》、王林的小说《微笑》、李英儒的小说《边沿上的一天》等。《冀中一日》是1941年5月，在冀中区军政负责人程子华、黄敬、吕正操的倡议和中共冀中区委的领导下，在冀中地区开展的一次表现冀中地区抗战运动的、有组织的地方性集体创作。孙犁、王林、远千里、羊朦等都参与了这次写作运动。这次运动因孙犁在《文艺学习》的提及而受到关注，并由百花文艺出版社于1959年7月出版《冀中一日》上集。

《作品》新1卷9、10期上连载阳湖的拟唐人传奇《小忽雷》。

《甘肃文艺》9月号发表浩然的小说《抬头见喜》。

《解放军文艺》9月号发表陈其通的七幕话剧《井冈山》、李英儒的短篇小说《政治委员》、管桦的短篇小说《酒》、雁翼的诗《浪花集》（5首）、公刘的诗《北京三题》、梁上泉的诗《歌》（3首）以及傅仇的诗《密林里有个帐篷》。

《火花》9月号发表胡正的散文《花浮盐池六月天》。

《新港》9月号发表王西彦的小说《三人——长篇小说〈在漫长的路上〉中的三章》、方纪的散文《草原印象》、房树民的散文《月下》、李何林的回忆录《回忆"八一"南昌起义前后》以及雁翼的诗《海河行（诗三首）》，同期还发表朱丹的《画外随笔》。朱丹（1916－1988），笔名天马、未冉，江苏徐州人。1936年加入中国共产党。新中国成立后，曾任《人民画报》第一任总编辑。之后在新闻摄影局、人民美术出版社、中央文化部艺术局、中国美术家协会、美术研究所、中央美术学院担任领导工作，筹备建立了中国画研究院。生前为全国文联委员、中国书法家协会副主席。30年代开始发表作品。编导动画片《瓮中捉鳖》。著有诗集《诅咒之歌》，《朱丹诗文选》和画集等。

《延河》9月号发表李希凡的论文《生活的诗和艺术的诗——读短篇小说集〈年青的朋友〉》。

4日，《北京文艺》9月号发表雁翼的诗《北京二首》。

《文汇报》发表顾工的诗《紫金山下》（外二首）。

5日，中国作家协会《诗刊》编辑部和中央广播电视剧团联合举办的诗歌朗诵吟唱会在首都广播大楼音乐厅举行，朗诵会由《诗刊》主编臧克家主持。会上，诗人和诗歌爱好者朗诵吟唱了中外古今多种体裁和风格的30多首诗歌。14日，针对此次朗诵会开了座谈会。会上除谈了对5日的朗诵吟唱会的意见，同时也谈到了诗歌朗诵的作用、朗诵与诗创作的关系、朗诵的形式、诗与音乐结合等问题。

《上海文学》9月号发表高缨的短篇小说《大河涨水》、秦牧的散文《艺海拾贝（十三）》以及姚文元的评论《蕴藏着无穷潜力的人——谈唐克新小说中的人物形象》。

《新疆文学》9月号发表朱定的小说《一双牛皮窝子》以及邹荻帆的评论《〈西行剪影〉的剪影》。

《北方文学》9月号发表林青的散文《大豆摇铃的时节》。

1962

九月

《边疆文艺》9月号发表藏族诗人饶阶巴桑的诗《轻骑蹄花（4首）》。

《热风》第5期发表了郭风的评论《围垦农场诗草》。

《少年文艺》9月号发表袁鹰的散文《伊犁河上的朝霞》、陈伯吹的散文《英雄山边的小英雄》和茹志鹃的小说《写周记》。

6日，《人民日报》发表沙可夫的遗作《海边抒情（四首）》。

8日，《解放军报》发表藏族诗人饶阶巴桑的诗《流云惊峰》（外一首）。

9日，《河北日报》发表袁静的小说《除害》（长篇小说《朱小星的童年》中的一章）。

10日下午，首都文学界举行集会，纪念朝鲜伟大诗人、思想家和学者丁茶山诞生200周年。纪念会由中国作协副主席、中朝友协副会长老舍主持，中国作协理事杨朔作了长篇报告，详细介绍了丁茶山的生平和著作。纪念会是由中国作协和中朝友协联合举办的。

《四川文学》9月号发表傅仇的文章《毛主席和伐木者》、李伏伽的散文《夏三虫》以及马识途的小说《挑女婿》。

《山东文学》9月号发表王安友的短论《从读者批评谈起》。

《诗刊》第5期发表光未然的诗歌《越南组歌》（6首）、藏族诗人饶阶巴桑的诗《路》（2首）、饶孟侃的《词二首》、公刘的诗《探矿日记》（两首）以及沙鸥的诗《送粮》（3首），同期还发表了邹荻帆的文章《正气歌——〈革命烈士诗抄〉读后》。

《人民日报》发表张庆田的评话《"吴哑吧"记》。

11日，《文艺报》第9期发表叶圣陶的文章《试谈〈小布头奇遇记〉》。同期还发表沐阳（谢永旺）的文章《从邵顺宝、梁三老汉所想到的……》，文章认为"在创造新英雄人物的同时，把生活中大量存在的处于中间状态的多种多样的人物，真实地描绘出来，在这种真实的描绘中自然地流露出作家的评价，帮助群众更全面地认识生活，从而得到思想上的启发，这也是不可忽略的。文艺作品中，所创造的人物性格越多样，对社会生活的多样性、复杂性反映的才会越充分，其帮助群众推动历史前进的作用才会更加有力"，在描写英雄人物和反面人物的同时也应该重视对中间人物的塑造。认为《创业史》和《沙桂英》两部作品"在评论界都未引起足够的重视。《创业史》出版近两年了，人们讨论梁生宝的典型意义，争辩其艺术描写是否丰满；《沙桂英》刚刚出世半年，关于沙桂英的争辩也相当热烈；这当然是必要的，而且有待深入。相比之下，艺术成就不亚于他们的梁三老汉和邵顺宝，不能不说是受到冷漠的待遇了"。他总结说，"我们的评论界在提倡英雄人物的同时，也应该对（梁三老汉、邵顺宝——编者按）这样的人物给以足够的重视，并研究人物的多样性问题。"文章发表后引发了关于《创业史》的新一轮讨论。针对此文，黎之在《文艺报》1962 年 12 月号发表文章《创造我们时代的英雄形象——评〈从邵顺宝、梁三老汉所想到的……〉》，文章认为"文学艺术是反映现实生活的，现实生活中存在着各种各样的人物，文学艺术自然要描写各种各样的人物，其中包括中间状态的人物，"但同时要"看清了社会主义文学艺术典型创造的根本任务：创造带动我们这个时代前进的英雄人物的光辉形象"。谢永旺（1933— ），笔名沐阳。文学评论家。河北三河人。中共党员。历任中国作家协会《文艺报》理论组编辑、副组长，人民文学出版社小说组编辑，《文艺报》编辑部主任，中国作家协会党组成员、创作研究室主任，《文艺报》主编、编审。中国作家协会第四届理事、第五届全国委员会委员。1952 年开始发表作品。撰有评论集《当代小说闻见录》等。

《人民日报》发表刘心武的短篇小说《桂花飘香》。

《羊城晚报》发表张永枚的文章《打碎地狱——长篇诗体故事〈六连岭上现彩云〉第十篇》。

《光明日报》发表饶孟侃的诗《海滨杂诗》。

12 日，《人民文学》9 月号发表舒群的短篇小说《在厂史以外》、刘厚明的短篇小说《摄影记》、陆文夫的短篇小说《介绍》、管桦的短篇小说《雾》、吴晗的《敕勒歌歌唱者家族的命运》、杨朔的散文《广岛十七年祭》、冯牧的《从怒江到片马》、邹荻帆的散文《杏林小记》、杜宣的散文《长相忆》、萧三的《诗四首》、高缨的诗《会理》（外一首）、严阵的诗《战士的眼睛》和李瑛的诗《红柳小集》。

《北京晚报》选载周而复的小说《上海的早晨》第二部，至10月26日载完。

《光明日报》发表刘宓庆的文章《从笑里见真情》，纪念美国作家欧·亨利诞生100周年。

12日—18日，作协安徽分会召集全省诗人和诗作者20余人，在黄山开了七天的诗歌座谈会，就诗歌的时代精神问题，向民歌和古典诗歌学习的问题等，进行了热烈的讨论。诗人徐迟在会上作了两次发言，阐述了生活、学习和创作的问题。

13日—18日，河南省文联召开座谈会，李准、苏鹰、苏金伞等参加了座谈。会议由省文联倪尼主持，李准将部分作家最近在大连所开的座谈会的精神作了传达，大家还学习了文艺政策，讨论了农村形势，交流了创作农村题材的经验、体会，对省文联如何改进工作也提供了若干有益的建议。

14日，《北京晚报》发表冰心的杂谈《〈年华似锦〉和〈似锦年华〉》。

15日，《新华月报》第9号转载唐弢的文章《论作家与群众结合》（原载《文学评论》1962年第3期）、夏衍的文章《生活、题材、创作》（原载《剧本》1962年6月号）、高缨的文章《关于〈达吉和他的父亲〉的创作过程》（原载《文艺报》1962年第7期）以及何为的文章《梅兰芳的歌唱艺术》（原载1962年3月7日《人民日报》）。

《电影文学》9月号发表沈默君、罗静的剧本《自有后来人》（又名《红灯志》）。

16日，杜鹏程在沈阳市辽宁宾馆和10余名青年作者座谈，就反映工业建设方面结合自己的创作经验谈了两个问题：第一，深入生活问题。他谈到作家应该如何对待生活，以及从生活到创作的这一复杂过程。第二，文学作品的作用。主题思想在作品中的重要性，是什么决定作品的高低，作品提出怎样的思想，才能打动我们这个时代的千百万读者等。

17日，郁达夫殉难17周年纪念日。《光明日报》18日发表《郁达夫爱国诗选》，《光明日报》29日发表了冰心的《郁达夫满江红词读后》。

20日，《剧本》9月号发表侣朋根据关汉卿同名原著改编的大型歌剧《窦娥冤》。

《人民日报》发表未央的小说《寻船》。

《解放军报》发表张永枚的诗《班长》。

《光明日报》发表郭沫若的《诗五首》和宗璞的散文《墨城红月》。

21日，欧阳予倩在京逝世，享年74岁。

欧阳予倩是我国著名艺术家和戏剧教育家，他毕生从事戏剧艺术和戏剧教育工作，是我国话剧运动的倡导人之一，在戏曲改革、电影创作和舞蹈艺术研究方面，都有显著成就，对我国文艺事业有卓越贡献。"予倩同志在戏剧艺术上是一位全才，也是一位完人。"（田汉：《谈欧阳予倩同志的话剧创作》，见《剧本》1962年10、11月号合刊）田汉为其题诗："一、病床访后十天多，又对秋风哭倩哥！空自关卿称国手，沉疴莫挽耐君何。二、早把豪情托管弦，雄鸡啼赤晓云天。人民剧史应描写，雨打风吹四十年。三、艰难尝尽不回头，俯首甘为孺子牛。何必栽培计丰歉，芬芳桃李遍神州。四、六十余龄新党员，剧坛佳话继秋田。微躯忽有冲天劲，誓为人民竭滴涓。五、少驰江湖老相依，病里曾无一日离。台上典型台下效，买丝应绣好夫妻。六、诗歌病后亲编定，此约殷殷迄未忘。敢向天涯寻俊语？马鞍山曲断人肠！七、各有精诚翼状图，溪流相答鸟相呼，万花八宝红旗接，千古犹欣德不孤。"

(田汉:《悼予倩同志》,见《光明日报》1962年9月26日)24日,欧阳予倩治丧委员会由陆定一等65人组成,上午10时在北京首都剧场举行公祭。中国文学艺术界联合会副主席老舍介绍欧阳予倩生平事迹,文化部副部长夏衍在公祭仪式上致悼词。陈叔通、廖承志、邵力子等各界著名人士以及林默涵、阿英、曹禺、张庚、焦菊隐等文艺界知名人士参加了公祭仪式。公祭结束后,欧阳予倩的灵柩移八宝山革命烈士公墓安葬。24日《人民日报》发表田汉的文章《悼老战友欧阳予倩同志》,25日《光明日报》发表老舍的文章《敬悼我们的导师》等,纷纷悼念欧阳予倩。

21日-25日,浙江省作协召开一次短篇小说座谈会,参加的有专业和业余作者30余人。会议通过对8篇作品的具体分析,比较集中地讨论了短篇小说的特点、题材意义的开掘、虚构和夸张的真实性等问题。

22日,《文汇报》发表姚文元的文章《草原在歌唱——读短篇小说集〈遥远的戈壁〉》。《遥远的戈壁》是蒙古族作家敖德斯尔的作品。

《解放军报》发表黎汝清的散文《灯》。

《光明日报》发表顾工的诗《虎丘山》(外三首)。

23日,《文汇报》发表熊佛西的文章《悼欧阳予倩同志》。

《河北日报》发表田间的诗《山行三首》。

24日-27日,中共第八届中央委员会第十次全会在北京召开。1962年7、8月,在北戴河召开的中共中央工作会议上,毛泽东开始强调阶级斗争,重提"千万不要忘记阶级斗争"的口号。他在讲话里指出,"利用小说反党,是一大发明。凡是要推翻一个政权,总要先造成舆论,总要先做意识形态方面的工作。革命的阶级是这样,反革命的阶级也是这样。"与八届十中全会相伴的是一件文坛冤案——小说《刘志丹》案,作品写的是陕甘宁根据地的斗争生活,歌颂了刘志丹的英雄事迹。康生却认为它歌颂了陕北革命根据地,而对以毛泽东为代表的江西革命根据地却未置一词,因而,他认为是有意贬低毛泽东的历史地位,是宣扬"陕北救中央",进而"为高岗翻案",从而诬蔑作者李建彤利用其长篇小说《刘志丹》"搞反党活动",并将《刘志丹》定为"习(仲勋)、贾(拓夫)、刘(景范)反党集团"篡党篡国的"纲领"。全会决定成立由康生负责的专案委员会,对习仲勋等人的问题进行审查。会后,还在党内传达了此案。在调查过程中,康生蓄意将事态扩大,矛头直指一大批党和国家领导人及部门负责干部,《刘志丹》一书的作者李建彤,甚至曾转载过小说篇章的《工人日报》、《中国青年》、《光明日报》以及大批关心过此书出版的领导和工作人员也都因此受到连累,遭遇了极不公平的待遇。

26日,《文汇报》发表顾工的诗《出海》。

《光明日报》发表田汉的诗《悼予倩同志》。

27日,《文汇报》发表田汉的诗《悼欧阳予倩同志诗七首》。

《人民日报》发表李季的诗《相见欢——访越诗草》。

《羊城晚报》登载专题"海阔天空说散文",针对当前散文创作中的若干问题,涉及散文的特点与提高问题、散文的群众性以及散文如何表现现实的矛盾斗争问题,发表欧阳山的《应该有浪漫主义精神》、秦牧的《独创一格 大有可为》以及陈残云的《写生活的美 鼓人民之劲》等文章。

《北京日报》发表张庚的文章《欧阳予倩同志,你永远活在我们中间》。

湖南省和长沙市文艺界在长沙举行欧阳予倩的追悼会,胡青坡、刘斐张、曹克勋和话剧、戏曲、舞蹈演员等参加了追悼会。

北京人民艺术剧院演出根据罗广斌、杨益言同名小说改编的12场话剧《红岩》,改编赵起扬、夏淳、邱扬,导演夏淳、石联星,主演于是之、蓝天野、刁光覃等。剧本发表在《北京文艺》9月号上。

29日,上海市文化局、上海市文学艺术界联合会、中国戏剧家协会上海分会、中国电影工作者协会上海分会联合在文艺会堂举行欧阳予倩追悼会。金仲华、巴金、陈其五、周信芳、孟波、熊佛西、吕复和正在上海的中国文学艺术界联合会副主席阳翰笙等400多人参加了追悼会。

《光明日报》发表赵树理的文章《与读者谈〈三里湾〉》（《文艺报》1962年11月号转载），同期还发表端木蕻良的散文《山谷里的笑声》。

《解放日报》发表柯蓝的散文《奇妙的水乡》。

30日，《文汇报》发表胡万春的散文《淀山湖畔收成好》。

《解放军报》发表吴晗的论文《论民族英雄》。

本月，《光明日报》编辑部邀请部分剧作家和戏剧评论家田汉、张庚、李超、郭汉城、范钧宏等就历史剧创作和评论问题举行了座谈会。

百花出版社出版王西彦的长篇小说《在漫长的路上》、孙犁的散文集《津门小集》。

作家出版社出版马铁丁的杂文集《残照录》、黄秋耘的评论集《古今集》。

中国戏剧出版社出版由张庚编的《秧歌剧选》和郭沫若的四幕史剧《武则天》。

秋季，中国民间文艺研究会派李星华、董森、刘锡诚到河北乐亭县沿渤海地区调查搜集渔民的民间故事。

十月

1日，《红旗》第19期发表老舍的随笔《万寿无疆》、赵树理的纪实性评论《地方戏和年景》以及周立波的小说《李大贵观礼》。

《河北文学》10月号发表康濯的《试论近年间的短篇小说——在河北省短篇小说座谈会上的发言》以及丁力的长诗《踏天》节选。

《湖南文学》10月号发表未央的诗《葵扇》。

《甘肃文艺》10月号发表公刘的诗《长城》（两首）。

《长江文艺》10月号发表峻青的小说《狼烟滚滚》、费礼文的小说《两颗心》、姚雪垠的小说《草堂春秋》、俞林的小说《故事》以及公刘的诗歌《镰刀与锄头的歌》（5首）。同期还发表由王国华讲述，张一弓整理的革命回忆录《路》。

《解放军文艺》10月号发表魏巍的短篇小说《江水不尽流》和浩然的短篇小说《红枣林》。同期还发表梁信的电影文学剧本《碧海丹心》，连载至本刊11月号。

《作品》新1卷10期发表司马文森的小说《海外游侠传》。

《火花》10月号发表西戎的小说《老好干部》（《光明日报》10月9日至11日转载）。同期还发表海默的小说《小仆人》和公刘的诗歌《十月的诗》（3首）。

《新港》10月号发表胡万春的短篇小说《金色的梦》、王昌定的小说《不老松——〈海河春浓〉第二部中的一章》、刘真的散文《两姊妹》以及俞林的特写《我们时代的人》。为了纪念鲁迅81周年诞辰和26周年忌辰，同期还发表了有关鲁迅及其著译的文章，其中包括许广平、袁家和的《关于鲁迅集邮的通信》。

《雨花》第10期发表程小青的历史故事《渡僧桥下》。

《山花》10月号发表刘真的小说《豆》以及塞先艾的文章《漫谈几位新人的新作》。

《延河》10月号发表雁翼的诗《北京颂》、史峭石的诗《甘蔗林，你诉说些什么》、顾工的诗《远行集》（3首）、梁上泉的诗《小巫峡》（外二首）、公刘的诗《柳》（外一首）以及秦牧的文章《艺林漫想录》。

《长春》10月号发表胡昭的诗《长白山内外》（4首）。

辽宁省文联主办的《文艺红旗》改名为《鸭绿江》。《鸭绿江》10月号

（总第87期）发表茅盾的文章《读书杂记》、老舍的文章《学生腔》、臧克家的文章《马上读诗题数语》、张天民的诗《爱情的故事》以及白朗的小说《少织了一朵大红花》。

《河北日报》发表梁斌的文章《"十·一"感事》。

《文汇报》发表巴金的回忆散文《倾吐不尽的感情》臧克家的诗《迎"十一"》。

《人民日报》发表郭小川的诗《秋歌》和邹荻帆的散文《序属三秋》。

《光明日报》发表臧克家的诗《当你……》和季羡林的散文《马缨花》。同期还发表老舍的文章《谈现代题材》（《人民日报》12月11日转载）。

杜鹏程在大连创作散文《海与焰火》。

2日，《北京日报》发表老舍的散文《新的香花》。

《北京晚报》发表冰心的文章《从"公社果"谈起》。

峻青在威海市创作散文《秋色赋》。

4日，《北京文艺》10月号发表韦君宜的小说《月夜清歌》、王蒙的小说《眼睛》、汪曾祺的小说《看水》以及郭小川的诗《青纱帐——甘蔗林》。郭诗是《甘蔗林——青纱帐》一诗的姊妹篇。

《光明日报》发表汪静之的长诗《祖国颂》第7章片断《祖国颂》以及孟超的《钢都赋》。

5日，《上海文学》10月号发表艾明之的短篇小说《群众丙》、吴强的长篇小说《堡垒》选载《火光》、袁水拍的诗《只有短短的一行》（外三首）、闻捷的长诗《复仇的火焰》选载《一支古老的哀歌》、李季的诗《眼睛》（3首）、王西彦的散文《湖上》、秦牧的散文《艺海拾贝（十四）》以及天鹰的散文《在闽江边上奔驰》。

《北方文学》10月号发表秦牧的散文《草原和蒙古包》。

《新疆文学》10月号发表维吾尔族诗人铁衣甫江·艾里耶夫的诗《祖国，

我生命的土壤》,原诗是用"格则里"诗体写成的,克里木·霍扎耶夫译。

《边疆文艺》10月号发表端木蕻良的小说《粉碎》以及晓雪的诗《三月街》(两首)。

《少年文艺》10月号发表秦牧的散文《红色少年礼赞》。

《文汇报》发表冰心的诗《卖花声声——为访华日本女作家有吉佐和子书扇》。

6日,《解放军报》刊载郭小川的诗《青纱帐——甘蔗林》。

《解放日报》发表胡万春的散文《巨人在前进!》。

《羊城晚报》发表陈毅的《兰州杂诗》。

6日-16日,中国戏剧家协会辽宁分会在沈阳召集辽宁省直属剧院、团及沈阳市的剧作者、习作者举行创作座谈会,外市的部分作者也参加了会议。座谈会从总结几年来各自的创作经验开始,对于深入生活、选择题材、确定主题和处理戏剧冲突、情节及运用语言等问题进行了讨论;戏曲作者就整理、改编传统剧本当中的保留精华、剔出糟粕等问题作了具体的分析;歌剧作者结合歌剧艺术形式的特点,儿童剧作者则联系观众对象的不同情况进行了探讨。

7日,《人民日报》发表臧克家的散文《镜泊湖》。

《河北日报》发表徐光耀的小说《龙湾端楼——雁翎队的故事》。

9日,《北京日报》发表邹荻帆的诗《沟北秋兴六首——在顺义县李遂公社沟北大队》。

9日、11日和13日,中国科学院哲学社会科学学部文学研究所李健吾应辽宁省文联和辽宁大学的邀请,为沈阳文艺界和辽宁大学中文系师生作了"17世纪法国古典主义文学"、"19世纪法国现实主义文学"和"戏剧特征"等三个专题讲演。他以丰富的材料论证了法国古典主义与19世纪现实主义产生的社会环境和形成过程,并对古典主义和现实主义的艺术特征,进行了扼要的分析。最后他对于戏剧的特点等问题也发表了自己的看法。

10日，文化部党组通过《关于改进和加强剧目工作的报告》。报告总体肯定了几年来戏剧工作的成就，"基本上是好的、健康的"。但同时也指出了其中存在的问题，"主要问题是上演剧目不能适应当前形势的需要。如现代剧目少、外国剧目和历史剧目多。一些有毒素的剧目又重新搬上舞台。"并提出了改进和加强剧目工作的意见。中共中央于11月22日批转了这个报告，同意下发给各地党委"参照执行"，并建议发给剧团领导干部和艺术人员阅读和讨论，共同研究改进工作的办法。

《四川文学》10月号发表高缨的诗《山色四首》以及周晓、郁可的历史小说《李清照》。

《广西文艺》10月号发表秦似的《词二首》，欧阳予倩的文章《百花齐放中的桂戏》以及纪念欧阳予倩的文章。

《东海》10月号发表钦文（许钦文）的散文《四明湖》。

10日-17日，中国作家协会江西分会召开了一次座谈会，就革命回忆录的形式、特点、回忆录的真实性以及如何进一步提高创作质量等问题进行了探讨，并且以学习《红岩》为中心漫谈了怎样在该省开展革命历史题材小说的创作问题。座谈会纪要《为了更好地宣传革命先辈的精神财富》发表在《星火》1962年第6期上。

11日，《文艺报》第10期发表沐阳（谢永旺）的文章《漫评〈红光普照大地〉》，张光年的文章《悼念欧阳予倩同志》。同期还发表社论《反映当前的火热斗争》。社论宣传了八届十中全会精神，针对文学艺术工作者同群众生活和实际斗争脱离的现象，指出"社会主义文艺所以有强大的战斗性和鼓舞力，正是因为他善于深刻地描写生活中的矛盾和困难、特别是善于描写克服这些矛盾和困难的斗争"。号召文艺工作者"深入群众的火热斗争，同群众一起行动，然后正确而深刻地反映群众的斗争，鼓舞群众的斗争"。《火花》、

《四川文学》、《河北文学》、《边疆文艺》、《东海》、《广西文艺》、《山花》、《北方文学》、《文汇报》、《戏剧报》、《奔流》、《新华月报》等多家刊物转载了这篇社论。

12日，中国戏剧家协会上海分会召开座谈会，讨论青岛市话剧团演出的《红岩》。

《人民文学》10月号发表赵树理的短篇小说《互作鉴定》、刘真的短篇小说《长长的流水》、魏钢焰的短篇小说《艳阳漫步》、陈翔鹤的历史小说《广陵散》、巴金的散文《藤森先生的笑容》、冰心的散文《海恋》、吴伯箫的散文《嵯岈山》、李季的文章《中秋书简》、许广平的文章《鲁迅回忆录》、阮章竞的诗歌《科奇诺斯湾颂》、严辰的诗《赫哲人的歌》（两首）以及黎汝清的诗《青春集》（4首）。

14日，《文学评论》第5期发表康濯的《试论近年间的短篇小说——在河北省短篇小说座谈会上的发言》以及艾芜的文章《谈刘真的短篇小说——作品与作家之一》。同期还发表朱寨的文章《关于历史剧问题的争论》，文章针对吴晗和李希凡、王子野等人关于历史剧的争论，认为吴晗"在历史剧的问题上混淆了科学和艺术的界限"，"在有些论点中对历史剧作为文艺作品戏剧作品的共性重视不足"，李希凡和王子野"对历史剧的个性和特性认识不足"，"把历史剧和现代题材的剧相对待，都是把历史剧理解为反映过去生活的戏"，"过分地强调了虚构"。在此基础上，文章认为历史剧既不能过分强调人物、事实要有历史根据，也不能否认和忽视必要的虚构。同时"要求历史剧对历史人物和事件的处理应该符合基本的历史事实。"

《人民日报》发表袁鹰的文章《革命情怀——读诗手札》。

15日，《新华月报》第10号转载"整理和改编传统剧目"专题文章一组，其中包括焦菊隐的《导演·作家·作品》（原载《戏剧报》第9期）以及胡可的《性格、性格冲突》（原载《剧本》第5期）。

1962
十月

《上海戏剧》第 10 期发表文章纪念欧阳予倩。同期刊载田汉的《悼欧阳予倩同志诗七首》，焦菊隐的《连台·本戏·连台本戏》以及戴厚英的文章《漫评话剧〈红岩〉》。

《电影文学》10 月号发表王愿坚的小说《亲人》，并发表郭维取材于此小说的剧本《亲人》。

16 日，《羊城晚报》发表张永枚的诗《一寸土地一寸金——雷州歌》。

17 日，《羊城晚报》发表梁上泉的《南江谣》。

18 日，《戏剧报》第 10 期发表田汉、熊佛西等人悼念欧阳予倩的文章（其中田汉的文章《悼老战友欧阳予倩同志》，原载 9 月 24 日《人民日报》，转载时作者略有修改）。同期还发表郑伯农的论文《浅论歌剧中的戏剧和音乐关系》。

20 日，《解放日报》发表黎汝清的散文《雷雨》。

《世界文学》10 月号发表杨朔的作家评论《朝鲜伟大的作家、思想家和学者丁茶山》。

21 日，《北京晚报》发表蒙古族诗人敖德斯尔的散文《草原歌声》。

22 日，《人民日报》发表峻青的散文《秋色赋》。

22 日-23 日，北京市文联召开业余作者短篇小说创作座谈会。作家赵树理、侯金镜、古立高、林斤澜，业余作者马占俊、夏红等参加了座谈会。会上，作家向青年作者介绍了自己的创作经验。

25 日，为纪念中国人民志愿军赴朝 12 周年，《解放军报》发表了魏巍的散文《我们的心永远在一起》。

中国剧协广西分会在南宁召开欧阳予倩的追悼会，满谦子、郑天健、侯枫、华应申、郭铭等 500 多人参加。

作协沈阳分会组织座谈新近出版的中篇小说《浪涛滚滚》，作家思基、田家、胥树人等参加了座谈，小说作者韶华也应邀出席座谈。会上对小说进行了热烈细致的讨论，韶华最后也作了发言。思基（1920— ），土家族，原名田思基，笔名胡田，贵州印江人。中共党员。辽宁省文联副主席，专业作家。著有长篇小说《昨夜的风雨》，小说集《生长》，评论集《生活与创作论集》、《过渡集》、《论〈李自成〉及其他》，《思基文集》（4卷）等。胥树人（1922—2004），笔名何莫。四川成都人。中共党员。辽宁省社会科学界联合会研究员，中国民间文艺研究会主席。有著作《李白和他的诗歌》、《东北好地方》、《工人大合唱》，论文《从音乐角度看李白乐府诗》等。

《人民日报》发表文章纪念中国志愿军赴朝12周年，其中包括老舍的文章《伟大的友谊》和魏巍的文章《我们的心永远在一起——为朝鲜〈平壤新闻〉而作》。

28日，《人民日报》发表姚文元的论文《生气勃勃的农村图画——谈浩然近年来的短篇小说》。

31日，《文汇报》发表郭风的诗《闽江口三题》。

《北京晚报》开始连载曲波的长篇小说《山呼海啸》的部分章节。

本月，辽宁人民艺术剧院演出6场话剧《第二个春天》，编剧刘川，导演黄佐临、萧汀，主演李默然、辛微、陶淑芝等。剧本发表在《剧本》1963年1月号上。李伯钊认为作者"敢于选取并处理这类比较困难的题材，这种创作上的魄力首先就值得赞扬。作者对题材的提炼和主题的阐发是达到了一定的深度的"。"在艺术风格上不仅保持了剧作者原有的特色，而且从这部新作品可以看出作者在风格上有了新的丰富和发展，作者是在沿着自己风格的道路，向前跨进了一步。作者的进展，主要表现在注意了写人物，注意了从不同角度多方面展示人物的性格和个性。在刻画人物时，注意了细节的描写。其次，抒情的气氛更浓了。作者自己的独特风格不能说已经成熟了，但是在发展"。（李伯钊：《可喜的收获—评刘川的新作〈第二个春天〉》，《上海戏剧》1962年第11期）

1962 十月

中旬，作家曹靖华、赵树理，诗人汪静之，戏剧评论家凤子，戏剧电影艺术家章泯，作曲家马可、瞿希贤，全国文联学习部副部长汪巩，办公室副主任王波云等9人先后分三批到达广西南宁进行参观访问。该团在桂林和南宁停留10余天，自治区文联先后组织了一系列的学术报告会和座谈会。在这些学术活动中，曹靖华作了《关于学习鲁迅》的报告和《关于散文的创作》的讲话，赵树理分别就《关于深入生活》、《关于小说的创作》、《关于曲艺的创作》等问题作了三次讲话，凤子就《戏剧创作中的几个问题》作了讲话，诗人汪静之分别就《关于新诗的发展方向问题》和《提高诗歌艺术技巧问题》作了两次讲话，其他参加者也分别作了讲话。参观团的成员分别于11月15、16日离开了南宁。广西部分文艺工作者在参与这些报告会和座谈会以后的心得和体会《思想·生活·技巧》（笔谈会）发表在《广西文艺》1962年12月号。

《文汇报》邀请上海部分从事或关心儿童戏剧创作的同志，就如何进一步繁荣儿童剧的创作进行了座谈。章力挥、何公超、任德耀、奚里德、陈耘、安利等出席了会议。

陈荒煤撰写《关于创造人物的几个问题——〈在延安文艺座谈会上的讲话〉学习笔记》（载于上海文艺出版社1980年出版的《解放集》）。

北京出版社出版臧克家的随笔集《学诗断想》。

人民文学出版社出版鲁迅的散文集《朝花夕拾》。

上海文艺出版社出版费礼文的小说集《早春》。

解放军文艺社出版史峭石的短篇小说集《沸腾的军营》、胡可的论文集《习剧笔记》。

中国戏剧出版社出版由曹禺、梅阡、于是之编剧，曹禺执笔的话剧《胆剑篇》和洪深的《香稻米》。

少年儿童出版社出版浩然的儿童文学集《小河流水》。

十一月

1日，《河北文学》11月号为小说专号，发表韩映山的小说《日常生活》、张庆田的小说《山路》。同期还发表有茅盾的文章《读书续记》。

《甘肃文艺》11月号发表顾工的叙事诗《海滩上》。

《作品》新1卷11期发表顾工的诗《阵地前唱着革命歌曲》。

《火花》11月号发表束为的小说《迟收的庄禾》。

《雨花》第11期发表杨履方的小说《海誓》、陈瘦竹的散文《黄山小品》以及周瘦鹃的散文《江上三山记》。

《延河》11月号发表魏钢焰的散文《热爱海洋》、张志民的诗《驼铃叮咚》（外一首）以及傅仇的诗《森林抒情》（3首）。

《鸭绿江》11月号发表马加的散文《蒲河草塘》以及赵树理的文章《与青年谈文学》。

《新港》11月号发表袁静的短篇小说《截大车》、邹荻帆的特写《修配厂的老陆》、史峭石的诗《前线诗章》（两首）、李霁野的《旧诗一束》和《〈今昔集〉后记》以及秋耘的文艺随笔《生熟·深浅·正侧》。

《长春》11月号发表李叔权的小说《成功之路》、张天民的《英雄郭海与渔女黄花——长诗〈神灯〉第四章》以及沐阳（谢永旺）的文艺随笔《假日杂写》。

3日，剧协辽宁分会邀请省、市文艺界及沈阳驻军从事戏剧工作的部分人员就青年剧作家刘川的新作《第二个春天》举行了座谈。会上，一致认为该剧以充沛的革命热情歌颂了中国人民发愤图强的精神，深刻展现出我国社会主义革命和社会主义建设不断取得胜利的历史意义及广泛影响，是近年来反映现实生活斗争的优秀剧目。作品在处理工业题材、反映人民内部矛盾、塑造先进人物以及提炼语言等方面的艺术探索和处理，也取得了显著的成就。

《光明日报》发表冰心的诗《遥寄》以及孟超的剧评《赞吕剧的三个喜剧》。

4日，《北京文艺》11月号发表林斤澜的散文《山村三题》、晓雪的诗《北京的秋天》。本期开辟"努力创作反映社会主义革命和建设的新剧目"专栏，发表老舍的《谈现代题材》、张庚的《一点建议》以及胡可的《话剧的现实题材问题》等文章。其中老舍的《谈现代题材》和胡可的《话剧的现实题材问题》被《人民日报》1962年12月11日转载。

5日，《北方文学》11月号发表严辰的诗《北国两首》、沙鸥的诗《松花江边》以及孟超的诗《我来镜泊湖》。

《上海文学》2月号发表巴金的散文《"愤怒的内滩"》。

《边疆文艺》11月号发表社论《沸腾的生活在召唤》、李瑛的诗《高原战士抒情诗》（3首）、高缨的诗《梨树园》（两首）以及刘澍德的小说《归家》（此处刊出的是《归家》上部的末一节）。

《热风》第6期发表郭风的散文《壶江岛笔记》。

《少年文艺》11月号发表峻青的散文《威海风光》。

6日，《诗刊》编辑部和中央人民广播电台文艺部主办的"支援古巴诗歌朗诵大会"在首都剧场举行，《诗刊》主编臧克家主持了此次大会。

《光明日报》发表冯德英的剧评《气壮长空——看话剧〈年青的鹰〉》。

8日，《光明日报》发表朱寨的文章《报告文学的战斗作用》。

10日，《四川文学》11月号发表顾工的诗《小母亲的心》。

《广西文艺》11月号发表陆地的小说《故人》。

雁翼的4场话剧《风雪剑》在《山东文学》11月号至12月号上连载。

《东海》11月号发表阳湖的唐代乐人传奇《长命女》，同期还发表短篇小说笔谈专辑，包括钦文（许钦文）的《略说短篇小说》等。

《诗刊》第6期发表的诗歌有田间的《我问》、阮章竞的《高唱〈国际歌〉挺进》、雁翼的《重访战地》（3首）、郭小川的《秋日谈心》、严辰的《北国三首》、饶阶巴桑的《苍洱之间》（4首）。同期发表阮章竞的《读〈白杨颂〉》以及朱光潜的《谈诗歌朗诵》等文章。

《解放军报》发表郭小川的诗《秋歌（之二）》（《秋歌》之一曾发表在1962年10月1日《人民日报》上）。

11日，《文艺报》第11期发表黄宗英的评论《喜看〈李双双〉》和严家炎的文章《〈多浪河边〉读后》。同期还发表周立波的《战斗和建设的赞歌——1959年至1961年三年散文特写选集序言》，此文后来收入《散文特写选（1959－1961）》时改题为《〈散文特写选（1959－1961）〉序言》。

12日，《人民文学》11月号发表艾明之的短篇小说《同伴》、海默的短篇小说《马》、汪曾祺的短篇小说《王全》、金近的短篇小说《"送信大哥"》、柯灵的短篇小说《岛》、郭小川的诗《秋歌》、柯蓝的诗《奇妙的水乡》（2首）、张天民的诗《在苗圃里》以及郭风的旅行随笔《认亲》。

《人民日报》发表顾工的短篇小说《夫妻》。

13日，《光明日报》发表田间的诗《旅行者之歌》。

14日，秦牧的历史演义长篇小说《愤怒的海》开始在《羊城晚报》上连载，至12月26日结束，刊出的是小说前面的10章。

《文汇报》发表饶孟侃的诗《读〈红岩〉有感》。

15日，文化部党组向中共中央报送《关于艺术表演团体领导体制的请示报告》。

文化部在京召开"京剧创作座谈会"，首都各京剧院、团及北京市属其他戏曲剧团创作人员和部分主要演员共80余人出席会议。会议由齐燕铭主持。

齐燕铭在会上针对传统戏不能和现代戏平起平坐的说法，指出"根本没有什么平起平坐的问题，只要是对人民有益的戏，不论古代的、现代的、传统的还是新编的，都是我们所需要的。"

《湖南文学》11月号发表古华的小说《杏妹》、未央的诗《我听到嘹亮的号角》以及任光椿的文艺笔谈《酝酿》。古华（1942—　），原名罗鸿玉，湖南嘉禾人。1962年开始发表作品。1985年当选为中国作协理事、湖南省作协副主席。现旅居加拿大。著有长篇小说《山川呼啸》、《芙蓉镇》，短篇小说集《莽川歌》，中篇小说《水酒湾纪事》、《仰天湖传奇》、《森林仙子》，短篇小说、散文、歌词《杏妹》、《甜胡子》、《梨园巡逻兵》、《果山风雨》、《红松谷》、《丰收路上》、《白莲江来信》、《快乐菩萨》、《给你一朵玉兰花》、《金叶白兰》、《种春人的歌》、《苏仙岑和三绝碑》、《玉树香甜蕴深情》等。长篇小说《芙蓉镇》获全国第一届茅盾文学奖，《爬满春藤的木屋》获1982年全国短篇小说奖。任光椿（1928—2005），湖北当阳人。曾任《工农兵文艺》、《文艺生活》及大型文学丛刊《芙蓉》编辑部主任，《文学月报》、《湖南文学》、《小溪流》、《楚风》主编，湖南省文联执行主席，湖南省作协副主席、名誉主席。著有长篇历史小说《戊戌喋血记》、《辛亥风云录》、《五四洪波曲》，长篇纪实小说《火城》，长篇传记《谭嗣同》、《黄兴》、《蔡锷》，散文集《生命之恋》、《东瀛纪事》，诗集《蔷薇集》，另译有诗集《迷鸟集》、《当代英美诗选译》等。

《上海戏剧》第11期发表姚文元的文章《革命："红玫瑰花"——读〈甘蔗田〉》。

《电影文学》11月号发表艾明之根据雪克长篇小说《战斗的青春》改编的剧本《许凤》。

《光明日报》发表季羡林的散文《一朵红色石竹花》。

15日—17日，《红旗》第22期发表张庆田的小说《庄稼人》。

16日，新疆维吾尔族诗人鲁特夫拉·木塔里甫诞辰40周年。诗人为祖国的解放和统一进行了英勇的斗争，《诗刊》等期刊发表其遗作以示纪念。木塔里甫（1922-1945）维吾尔族爱国诗人。1937年开始诗歌创作，1945年被国民党杀害于阿克苏。主要诗作有《中国》、《祖国之上，人民至上》，散文诗《她的前途光明远大》等。

《文汇报》开始连载李泽厚的《略论艺术种类》（分上、中、下）。

《人民日报》发表司马文森的文章《一张牛皮——雅加达的故事》。

17日，《解放军报》发表电影故事《槐树庄》。辛冶认为："影片《槐树庄》，是一部反映我国农村社会主义革命的史诗。"（《我们也要记住这笔账——谈影片〈槐树庄〉里的崔老昆》，《解放军报》1962年12月4日）

18日，《人民日报》发表秦牧的散文《南国盆景》以及袁鹰的随笔《忠王府——江南随笔》。

《戏剧报》第11期发表李希凡的文章《漫话革命历史题材的剧作》，范钧宏的文章《选题——京剧反映现代生活写作散笔》以及综述文章《关于〈火烧红莲寺〉的争论》。

19日，《人民日报》发表陈残云的散文《故乡叙旧》和吴伯箫的散文《猎户》。

20日，文化部出版局完成《出版社工作条例试行草案（第一次稿）》。条例包括出版社的方针、任务、质量和数量等共60条。条例历经四年，修改了十余次，但在当时"左"的思想倾向影响下，最终未能正式下达。在"文革"中还被诬蔑为"系统地推行出版工作资产阶级自由化的修正主义路线的纲领性文件"。

《光明日报》发表昭彦（黄秋耘）的文章《报告文学大有用武之地》。文章认为报告文学"最适宜于迅速地反映现实生活中的火热斗争和人民在困难中取得成就，在斗争中赢得有效地、及时地发挥文学作品紧密配合政治斗争和生产斗争的战斗作用"。"我们应当把报告文学创作看作是'巨大的重要的事业',大力加以提倡,充分发挥它的战斗威力。当然报告文学的创作题材还是应当丰富多样,多姿多彩,在艺术形式上也需要独出心裁,推陈出新。不过,它们应当具有一个共同的特点,那就是强烈的革命性、战斗性和鲜明的时代精神,因为这样的作品真正有益于人民,而无愧于时代。""我们报告文学作家还应当更进一步深入到人民生活的深处,和人民群众同呼吸、共患难,直接参与变革现实的斗争"。

《剧本》10、11月号合刊发表于伶的大型话剧《七月流火》及《〈七月流火〉初记》。李健吾曾经评论于伶的戏剧:"剧作者用心考虑性格和事物的关系,因而充满行动的进展,在各方面都取得变化多致的艺术上的协调……《七月流火》显示剧作者掌握巨大实践和众多材料的非凡才能。他创造的每一个人物也都在戏里站稳了脚跟,艺术更成熟了,主题更明朗了,新作使我从心里涌起难以形容的喜悦。"(李健吾:《试论于伶的剧作并〈七月流火〉》,《剧本》1962年12月号)同期还发表王树元的大型话剧《杜鹃山》、田汉的文章《谈欧阳予倩同志的话剧创作》以及范钧宏的评论《虚实照映——浅探〈胆剑篇〉第二幕》。王树元(1932—),剧作家。河北保定人。中共党员。1956年毕业于中央戏剧学院导演系。历任中央戏剧学院教师、中国煤矿文工团编导、中央戏剧学院研究所编剧、中国广播电视学会电视剧创作研究社副社长。1945年开始发表作品。著有电影文学剧本《末代王朝》、《一代妖后》、《嫁到宫里的男人》、《如烟往事》,电视连续剧剧本《楚汉风云》、《末代皇帝》,话剧剧本《妈妈,你听我说》、《杨开慧》、《北上》等。

21日,《河北日报》发表胡可的文章《〈槐树庄〉题材的来历》。

《文汇报》发表许广平的文章《景云深处是吾家——〈鲁迅回忆录〉补遗》。

蒙古史诗《江格尔传》首次译成汉文。

25日,《星火》第6期发表俞林的《漫谈创作上的几个问题——在作协江西分会召开的革命回忆录和革命历史题材小说创作座谈会上的发言》,文章就立意、人物、艺术构思、语言等问题探讨了文学创作。

28日,《解放日报》发表吴强的散文《在阿尔巴尼亚的日子里》。

29日,《人民日报》发表老舍的《〈郝寿臣脸谱集〉序》。

《光明日报》发表陈残云的散文《山鹰的怀念》。

30日晚,中国文联、中国作家协会、中国音乐家协会、中国对外文化协会等单位在北京政协礼堂隆重集会纪念《国际歌》作词者欧仁·鲍狄埃逝世75周年、作曲者比尔·狄盖特逝世30周年。陆定一、康生、林默涵、邵荃麟、齐燕铭、袁水拍、张光年、夏衍等出席了会议。周扬致开幕词,张光年作了报告。周扬的开幕词《〈国际歌〉——号召全世界人民革命的号角》、张光年的报告《无产阶级的天才歌手》发表在12月1日《光明日报》和《人民日报》上,《新华月报》1962年第12期转载。

本月,葛洛任《诗刊》副主编。

宁夏文联组成民族民间文艺调查组,在永宁县进行调查搜集。

北京市文联邀请话剧、戏曲、曲艺等文艺单位的编剧和部分剧作家召开现代题材戏剧创作座谈会,就反映现实生活题材创作中的经验和问题进行了讨论,老舍、胡可、张庚、李之华、薛恩厚、胡丹沸、赵起扬、梅阡、林涵表、范钧宏、关士杰、段承滨、白刃、谢力鸣、刘厚明、高琛、安西、何孝充、于真、张定华等参加了座谈会。座谈会就坚持作品思想性和艺术性的重要意义、作品人物塑造以及如何正确反映现代生活等问题进行了探讨。

少年儿童出版社出版胡万春的小说集《过年》。

广东人民出版社出版张永枚的诗集《六连岭上现彩云》。

作家出版社出版闻捷的长诗《复仇的火焰(第二部)》、茅盾的评论集《鼓吹续集》以及巴·布林贝赫的诗集《生命的礼花》。巴·布林贝赫

1962

(1928－2009），蒙古族，诗人。内蒙古巴林右旗人。中共党员。1948 年参加革命。内蒙古大学教授，中国作协内蒙古分会副主席。1953 年开始发表作品。著有蒙文版诗集《你好？春天》、《凤凰》、《喷泉》、《龙宫的婚礼》、《黄金季节》、《金马驹》，汉文版诗集《星群》、《命运之马》、《生命的礼花》等。出版有《巴布·林贝赫文存》（4 卷）。

中国青年出版社出版黄声孝的长诗《站起来了的长江主人（第一部）》。

百花文艺出版社出版冰心的散文集《樱花赞》。

十二月

1 日，《长江文艺》12 月号发表高缨的小说《白头浪》、陈宪章整理的豫剧《司马貌告状》、张永枚的《军中谣》（3 首）、吉学霈的小说《骨肉情》，同期还发表徐迟为黄声孝的长诗所写的序言《〈站起来了的长江主人〉序》。

《解放军文艺》12 月号发表郭小川的诗《秋歌》、藏族诗人饶阶巴桑的诗《密林鹰歌（3 首）》以及峻青的中篇小说《怒涛》。

《作品》新 1 卷 12 期发表对于欧阳山、杜埃、于黑丁、陈残云等针对作家深入生活、文学创作反映农业、作家与政策的关系以及反映人民内部矛盾等问题的综合报导。

《雨花》第 12 期发表范烟桥的散文《故乡》、黎汝清的诗《边防来信》和程小青的诗《颐和园二首》。

《新港》12 月号发表汪静之的诗《祖国颂——长诗〈祖国颂〉的第七章》、房树民的小说《霜晨月》、碧野的散文《江鸥》以及许钦文的散文《井冈山三日小记》。同期还发表茅盾的《读书杂记》，文章是作者阅读 1959 至

1961年间近百篇优秀短篇小说所作札记的部分。

《山花》12月号发表何士光的小说《卖瓜记》以及黄翔的诗《矿工与报窗》。何士光（1942— ），贵州贵阳人。中共党员。贵州大学中文系毕业。历任琊川中学教师，贵州省作协专业作家、副主席、主席，《山花》杂志主编，省文联党组成员、副主席。全国第六、七届政协委员。1977年开始发表作品。著有长篇小说《似水流年》，散文集《在神秘的茅台》、《雨霖》、《何士光散文选》、《烦恼与菩提》，中篇小说集《草青青》，中短篇小说集《蒿里行》、《相爱在明天》、《梨花屯客店一夜》，短篇小说集《故乡事》，长篇纪实文学《如是我闻》等。黄翔（1941— ），湖南省桂东人。朦胧诗派先驱之一。1958年开始发表作品，其诗作曾选入同年全国诗选，并参加中国作家协会贵州分会，成为最年轻的作协会员。1959年被除名。现为美国匹兹堡荣誉驻市作家。其作品有诗文选集《黄翔——狂饮不醉的兽形》、文论集《锋芒毕露的伤口》、诗化哲学《沉思的雷暴》、散文随笔《梦巢随笔》、纪实性自传《喧嚣与寂寞——黄翔自传·东方叙事》等。自1993年以来，黄翔"文革"前及"文革"年代早期少量作品先后被编入一些选本。

《延河》12月号发表朱定的小说《鸡场二老》以及史峭石的诗《绿色的橄榄》（外一章）。

《鸭绿江》12月号发表海默的小说《云中人》以及安波的文章《海鹰展翅的抒情篇——由话剧〈第二个春天〉引起的思考》。

《长春》12月号发表刘澍德的小说《春雪后》。

《儿童时代》第300、301期合刊号登载宋庆龄的祝贺信《祝〈儿童时代〉创刊三百期》，祝贺由中国福利会创办的《儿童时代》已出版300期，同期还发表叶君健的小说《哥儿们》、袁静的小说《小侦察兵夺枪记》（长篇选载）以及任大霖的小说《两个新队员》。

《光明日报》发表文章纪念《国际歌》词曲作者，其中包括田间的诗

《革命者之歌》。

《人民日报》发表袁鹰的散文《青春路》。

2日,《河北日报》发表张庆田的小说《涌泉记》。

3日,《人民日报》发表峻青的散文《傲霜篇——故乡短简》。

4日,《北京文艺》12月号发表端木蕻良的小说《护秋》、房树民的小说《一言不发》、黎之的散文《村长一家》以及臧克家的书信《给李学鳌同志》。

5日,《上海文学》12月号发表刘白羽的散文《平明小札》(小札的第1—6篇在《人民文学》12月号上发表,这里发表的是第7—12篇)、峻青的散文《烟墩》、郭风的散文《雁星洲上一姑娘》、胡万春的短篇小说《心声》以及梁上泉的诗《雨花台》(外一首)。

《新疆文学》11、12月合刊号发表文章纪念维吾尔族爱国诗人黎·木塔里甫诞辰40周年,刊物登载黎·木塔里甫的诗文辑,同时还发表纪念文章,其中包括田间的诗《纪念黎·木塔里甫》(两首)以及维吾尔族诗人铁衣甫江的诗《缅想》。从7月号至11、12月合刊号,《新疆文学》展开了关于小说《司机的妻子》的讨论。此次讨论共发表15篇讨论稿件,大多数读者认为该小说"虽然存在一些缺点,但比较起来,它的优点是主要的,积极作用是明显的","它符合我国社会主义文学艺术的'百花齐放,百家争鸣'的方针。因此,作者在这方面的探索努力应该予以肯定"。(11、12月合刊,编者《关于〈司机的妻子〉的讨论》)

《边疆文艺》12月号发表高缨的小说《金江放舟》和晓雪的诗《北京三颂》,同期还发表了中国作协昆明分会学习党的八届十中全会的文章数篇。

《文汇报》发表石方禹的《〈李双双〉的文学构思》。

《湖北日报》发表陈东华的散文《我赞美根》。陈东华(1934—),江苏无锡人。中共党员。编审。历任湖北人民出版社编辑、编辑室主任、文艺部副主任,长江文艺出版社副总编,湖北美术出版社社长等。主持编制、出版了湖北省第一套九年义务教育中小学美术课本，出版有《纪念碑前的回忆》、《策马洪山》、《一把大刀的故事》等著作，发表过《我赞美根》、《家乡柳》等多篇散文。

6日，《光明日报》发表袁鹰的文章《姑苏台——江南随笔》。

7日，文化部发出《贯彻执行〈关于改进和加强剧目工作的报告〉的通知》。

《电影创作》第6期发表徐光耀的电影文学剧本《小兵张嘎》。

8日，《人民日报》版发表杨朔的散文《晚潮急》。

10日，《羊城晚报》发表陈绍伟的文章《期望报告文学创作的繁荣》。该文认为报告文学"在战斗中总是处在最前哨，首先立下汗马功劳，而战斗也使它得到了锻炼"。"有人担心报告文学的'艺术生命'问题。报告文学的确多是'急就'之作，较难作仔细的推敲和斟酌，但这也并不意味着它必然缺乏艺术生命或者登不上艺术的大雅之堂。就各种文学体裁本身来说，其实是没有什么'艺术生命'长久与否之分的。"陈绍伟（1941— ），笔名庐冰念、儒父。广东新会人。中共党员。广州市作家协会副主席。1962年开始发表作品。著有《心涛小集》、《一个叛逆女性的心声——萧红诗简析》、《南中国开放世界大写真》、《初探台湾》、《寻找诗的星光》、《台湾爱情诗赏析》、《徐志摩抒情诗赏析》、《陈绍伟自选集》等，编有《中国新诗集序跋选》、《情满山河——中国现代山水新诗选注》、《毛泽东诗词辞典》等。

《广西文艺》12月号发表晓雪的诗《怀念》。

《东海》12月号发表林斤澜的小说《教学日记》和金近的诗《请来喝杯丰收酒》。

10日-11日，访问日本归来的中国戏剧代表团在北京举行报告会，向首都戏剧界谈访日观感。报告会由中国人民对外文化协会和中国戏剧家协会主办，中国人民对外文化协会副会长夏衍、中国戏剧家协会书记处书记李超及

1962

首都著名戏剧界人士李少春、袁世海、任虹、舒强、欧阳山尊、夏淳等1000余人出席了报告会。访日中国戏剧代表团的陈白尘、焦菊隐和张瑞芳在报告会上作了发言。

11日，《文艺报》第12期发表张光年的《无产阶级的天才歌手——在〈国际歌〉作者鲍狄埃逝世75周年、狄盖特逝世30周年纪念大会上的报告》，萧三的《第一支全世界无产阶级的革命之歌——纪念〈国际歌〉的作者鲍狄埃和狄盖特》。同期还发表林志浩的《时代的礼赞 革命的赞歌——谈刘白羽同志的〈红玛瑙集〉》，文章对刘白羽的散文、报告文学作出很高评价。

《光明日报》第4版发表顾工的诗《我在土地上行走……》。

12日，《人民文学》12月号发表艾芜的短篇小说《芒景寨》、束为的短篇小说《玉成老汉》、王蒙的短篇小说《夜雨》、臧克家的诗《松花江上》（13首）、张志民的诗《高原秋色》（外一首）、刘白羽的散文《平明小札》、端木蕻良的散文《花一样的石头》以及邹荻帆的散文《洪湖儿女》。

《解放日报》发表峻青的散文《壮志录——故乡短简》以及姚文元的文章《反映人民伟大的革命英雄主义——读〈傲霜篇〉和〈壮志录〉有感》。

《北京晚报》发表刘心武的散文《银锭观山》。

13日，《北京日报》发表史峭石的诗《不沉的战舰——献给一座小岛》（外一首）。

《天津日报》发表方纪的文章《关于"特写"》。

14日，《文学评论》第6期发表蔡仪的文章《文学艺术中的典型人物问题》以及邵燕祥的文章《毛主席〈沁园春·雪〉结句试解》。

15日，《湖南文学》12月号发表古华的小说《甜胡子》。

《上海戏剧》1962年第12期发表熊佛西的文章《沿着党所指引的方向继续前进！——上海戏剧学院校庆述怀》。

《电影文学》12月号发表李准的剧本《李双双》以及顾工、胡惠玲合著的剧本《女演员》。

上海人民艺术剧院话剧二团演出 6 场话剧《杜鹃山》，编剧王树元，导演王啸平。剧本发表在《剧本》11、12 月号合刊上。

16 日，《人民日报》发表李准的文章《向新人物精神世界学习探索——〈李双双〉创作上的一些感想》。

17 日，《人民日报》发表田间的诗《社歌》（5 首）。

18 日，《解放军报》、《光明日报》发表胡可的文章《〈槐树庄〉题材的来历》。

《戏剧报》第 12 期发表孟超的评论《为反映千里马运动的戏剧新作而欢呼！——试谈朝鲜话剧〈红色宣传员〉》和李健吾的《光荣永远属于人民的号手——纪念世界文化名人洛卜·德·维迦诞生 400 周年大会上的讲话》。

19 日－21 日，胡万春的小说《卖饼》在《解放日报》上连载。

20 日，《文汇报》发表陈瘦竹的文章《关于戏剧冲突——与陈白尘同志商榷》。该文是针对《剧本》5 月号发表的陈白尘的《喜剧杂谈》而作。陈瘦竹认为陈白尘"关于喜剧的戏剧冲突的阐述既不完全又不明确"，提出"剧作家用悲剧、正剧或喜剧等样式来反映生活，决定的关键在于生活矛盾的性质以及他的政治评价，而不是直接、间接或正面、侧面等反映方式"，反映方式"只和剧作家采取的观察点有关，并不能决定悲剧、正剧或喜剧的特征"。

《世界文学》12 月号发表冰心的译诗《加纳诗选》。

《剧本》12 月号发表孟超的 4 场京剧《穆桂英比箭》、武玉笑的三幕五场话剧《远方青年》以及李健吾的评论《试论于伶的剧作并及〈七月流火〉》。武玉笑（1929－　），陕西佳县人。1939 年参加八路军。新中国成立后曾任甘肃省话剧团编导、艺委会主任，甘肃省文联副主席，省作协主席。1956 年开始发表作品。著有话剧剧本《天山脚下》、《远方青年》、《在康布尔草原上》（合作）、《一个快乐的苦命人》、《艾克拜尔和莎丽娅》，短篇小说《快乐的包尔江》、《路友》，散文《哦，阿拉图拜》、《延安寻梦》等。出版有《武玉笑剧作选》。

《人民日报》发表菡子的散文《新庄之晨》和张永枚的诗歌《吹吧，吹吧，小喇叭》。

《北京晚报》发表李健吾的剧评《社会主义的人物抒情诗》，对辽宁人民艺术团上演的黄佐临的《第二个春天》进行了评论。

《解放军报》发表李钧龙的散文《松》。李钧龙（1935— ），彝族。笔名李军农、宰李。云南昆明人。云南作家协会副主席。著有长篇小说《幽谷，盛满爱情》、《野女》、《逃亡的情人》、《五个女人和一个男人的故事》、《摩梭女》，中短篇小说集《飘零的野樱花》、《傣女之恋》、《赶马人的故事》、《无字的情书》等。

21日，毛泽东同华东地区省、市委书记谈话时，对戏剧提出含蓄的批评："对修正主义有办法没有？要有一些人专门研究。宣传部门应多读点书，也包括看戏。"而目前的戏剧"帝王将相、才子佳人多起来，有点西风压倒东风"，提出"东风要占优势"。（见薄一波：《若干重大决策与事件的回顾》，第1225—1226页，中共中央党校出版社1993年版）

《北京晚报》发表冰心的杂谈《谈最新最美的图画》。

22日，《光明日报》发表林斤澜的小说《春秋》。

24日，《人民日报》发表邹荻帆的散文《南国正芳春》。

李劼人在成都逝世，享年72岁。对于李劼人的写作，有人这样评价过："凡读过《死水微澜》、《暴风雨前》、《大波》第一、二部的人都会感到，老作家李劼人的历史社会知识够多丰富，他对具体的、感性的印象的记忆力又多强！正是由于这些，他的作品的细节真实性才这样地使人置信不疑。读过这些作品的人还会感到，这位作家多么善于驾驭纷繁的事件情节，多么善于用提炼了的、绘声绘色的四川语言刻画人物的个性、展开戏剧性的戏剧冲突、描绘四川特有的风物人情、冷静地记述重大的历史事变。这一切，都加强了他的作品的认识作用和教育作用。"（阎纲、沈思：《绘声绘色的〈大波〉》，《文艺报》1962年第10期）郭沫若更称其是"写实的大众文学家用着大众语写着相当伟大的作品的作家"，"似乎是可以成为一位健全的写实主义者"。赞其小说为"'小说的近代史'，至少是'小说的近代《华阳国志》'。"（郭沫若：《中国左拉之待望》，《中国文艺》1937年第1卷第2期）

25日，《人民日报》发表司马文森的《伊碧兄弟——雅加达的故事》。

28日，《光明日报》展开对朝鲜剧本《红色宣传员》的讨论。包括〔朝鲜〕赵白岭的《努力反映朝鲜新农村的巨大变化——〈红色宣传员〉作者的自述》、黄钢的《〈红色宣传员〉的创作经验》和于是之的《在〈红色宣传员〉的故乡》。

29日，北京人民艺术剧院搬演朝鲜话剧《红色宣传员》。编剧〔朝鲜〕赵白岭，译者张琳，导演欧阳山尊、柏森，主演狄辛、于是之、郭维彬等。剧本发表在《剧本》1962年8月号上。

31日，《文汇报》发表费礼文的散文《在这个地方》。

本月，文化部党组向中央宣传部并中央写了请示报告，建议改变中央一级出版社的印数审批办法，今后印数仍可由各出版社自己负责，如总编辑不能决定时，可请示主管机关党组和党委作出决定，文化部只对各类书籍印数进行事后抽查，遇有问题及时给予处理。以上意见，准备先在中央一级出版社中试行。

剧协上海分会举行座谈会，讨论上海人民艺术剧院演出的现代剧《第二个春天》。座谈会由剧协上海分会副主席朱端钧主持，吴强、叶以群、沈浮、瞿白音、黄佐临、柯灵、桑弧、杨村彬、李天济等参加了会议。大家一致认为《第二个春天》一剧反映了我国海防建设中的英雄人物，表现了他们的乐观、热情、豪迈的气概，对鼓舞人们建设社会主义的信心、增强奋发图强的

1962 十二月

力量有很大的教育作用。

广东人民出版社出版欧阳山的5卷本长篇小说《一代风流》的第二部《苦斗》，印数1-51000册。第一部《三家巷》1958年9月初版，1960年1月第三次印刷印数已达170200册。1964年3月9日至4月18日，第三部《柳暗花明》第81至85章在《羊城晚报》连载。由于作者在"文革"中受到冲击，第三部《柳暗花明》以及第四部《圣地》、第五部《万年青》依次由人民文学出版社出版于1981年9月、1983年年11月、1985年9月。印数分别为1-30000册、1-134000册、1-104000册。

作家出版社出版周而复的小说《上海的早晨（第二部）》、欧阳山的长篇小说《苦斗》（《一代风流》第二卷）、安旗的诗论集《论叙事诗》和唐弢的《创作漫谈》。其中，《上海的早晨（第二部）》为第1版，印数1-11500册。第一部由作家出版社于1958年5月出版。人民文学出版社分别于1979年6月、1980年2月、1980年12月重印了第1-4部，印数均为1-2000册。

上海文艺出版社出版赵树理的小说《小二黑结婚》、秦牧的散文集《艺海拾贝》和以群的文论集《今昔文谈》。

四川人民出版社出版马识途的小说《最有办法的人》。

中国戏剧出版社出版欧阳予倩的话剧《黑奴恨》和陈戈等集体创作、吴雪执笔的话剧《抓壮丁》。

北京出版社出版繁星（廖沫沙）的杂文集《分阴集》、邓拓（马南邨）的杂文集《燕山夜话》。此次《燕山夜话》为初版，印数1-15000册。1979年4月再版，再版时补充了1963年未收入的《陈绛和王耿的案件》、《鸽子就叫做鸽子》和《今年的春节》（3篇），加进了丁一岚的序《不单是为了纪念》，印数1-150000册。

冬季，中国民间文艺研究会派陶建基、潜明兹等到湖南江华瑶族自治县进行民间文学调查，调查报告和搜集的作品后发表在《民间文学》杂志上。

本年

《戏剧报》展开了对传统剧目《斩经堂》的思想意义的讨论。一种意见认为该剧是宣扬忠、孝、节、义的毒草；另一种意见认为该剧反王莽、拥刘秀的正统历史观是正确的。

为纪念毛泽东《在延安文艺座谈会上的讲话》发表20周年，北方昆曲剧院上演大型历史剧《逼上梁山》，由金紫光、任桂林根据延安演出本改编，导演李紫贵，主演侯永奎、李淑君。

北京大学《歌谣》周刊创刊40周年，中国民间文艺研究会举办了一系列学术报告会，邀请"五四"时代的老学者到会作报告，并由《民间文学》组织了回顾文章。

中国作家协会上海分会、上海市群众艺术馆、上海文艺出版社组织人员参加的上海第一次民间文学田野调查，由姜彬主持，搜集到了《白杨春》、《哭嫁歌》等民间作品，撰写了《奉贤民歌调查报告》。

中国民间文艺研究会编的《民间文学搜集整理问题》（一），由上海文艺出版社出版。

杨公冀的《唐代民歌考释及变文考论》，由吉林人民出版社出版。

陈鲤庭编著的《电影规范——电影艺术表现技巧概释》（1941年重庆中国电影制片厂出版）由中国电影出版社重版，对中国电影理论批评界开始产生影响。

截至本年底，中国大陆共有出版社79家，其中中央级31家，地方48家。出版图书16548种，其中新版图书8305种，总印数10.85亿册。期刊出版483种。

1962

北京电视台播出18部电视剧，儿童剧占到6部，分别是《蓉生在家里》、《共同进步》、《赵大化》、《虾球》、《小松和小梅》、《烟盒》。此外，本年度电视剧还有《真正的帮助》、《某某某同志》、《莫里生案件》、《白天使》、《明知故犯》、《送盐》、《绿林行》、《海誓》、《白头偕老》、《卫生大演习》、《表》、《羊城一家人》。

喜剧成为本年度的热点，计有《李双双》、《锦上添花》、《女理发师》、《哥俩好》、《大李、老李和小李》5部电影作品问世。此外受到观众欢迎的影片还有《甲午风云》等。

本年上映的影片主要有：

《碧海丹心》（梁信编剧，王冰导演，八一电影制片厂）；

《大李小李和老李》（于伶、叶明、谢晋、梁延靖、伍黎编剧，谢晋导演，天马电影制片厂）；

《东进序曲》（所云平、顾宝璋编剧，苏凡、华纯导演，八一电影制片厂，1963年获总政治部"优秀影片奖"）；

《地雷战》（柳其辉、屈鸿超、陈广生编剧，唐英奇、徐达、吴健海导演，八一电影制片厂）；

《哥俩好》（所云平、白文编剧，严寄洲导演，八一电影制片厂，1963年获第2届电影百花奖最佳男演员奖）；

《槐树庄》（胡可编剧，王苹导演，八一电影制片厂，1963年获第2届电影百花奖荣誉奖，王苹获最佳导演奖。1963年获总政治部"优秀影片奖"）；

《甲午风云》（希侬、叶楠、陈颖、李雄飞、杜梨编剧，林农导演，长春电影制片厂，1983年在葡萄牙获得第12届菲格拉达福兹国际电影节评委奖）；

《锦上添花》（谢添、陈方千、陈其昌、罗国梁编剧，吴国光、谢添、陈方千导演，北京电影制片厂）；

《李双双》（李准编剧，鲁韧导演，海燕电影制片厂，1963年荣获第2届电影百花奖最佳故事片、最佳编剧、最佳女演员、最佳配角四项奖）；

《燎原》（彭永辉、李洪辛编剧，张骏祥、顾而已导演，天马电影制片厂）；

《魔术师的奇遇》（桑弧、王炼、陈恭敏编剧，桑弧导演，天马电影制片厂）；

《南海潮》（蔡楚生、陈残云、王为一编剧，蔡楚生、王为一导演，珠江电影制片厂）；

《女理发师》（钱鼎德、丁然编剧，丁然导演，天马电影制片厂）；

《停战以后》（辛毅编剧，成荫导演，北京电影制片厂）；

《红楼梦》（徐进编剧，岑范导演，香港金声影业公司、海燕电影制片厂、上海越剧团）；

《野猪林》（李少春编剧，崔嵬、陈怀皑导演，北京电影制片厂、香港大鹏影业公司）；

《人参娃娃》（包蕾编剧，万古蟾导演，上海美术电影制片厂，1979年获埃及首届亚历山大国际电影节最佳儿童片银质美人鱼奖）；

《鄂尔多斯风暴》（云照光编剧，郝光导演，八一电影制片厂，1994年获国家民委少数民族"腾龙奖"纪念奖）；

《英雄坦克手》（周建华编剧，李昂导演，八一电影制片厂）。

1960.1 – 1965.12

1963 年

1963 一月

一月

1日，上海文艺界在文艺会堂举行1963年元旦联欢会，中共上海市委第一书记、上海市市长柯庆施在会上讲话，提出"写十三年"的口号，强调只有新中国成立后的13年才是社会主义的文艺应该关注的重要题材。柯庆施号召文艺工作者要创作反映解放13年来现实生活的作品，并特别希望创作能够迅速反映现实、适合群众歌唱和演出的歌曲和短剧。这一讲话使文艺界开始盛行"大写十三年"。

《光明日报》发表赵朴初的《清平乐·迎1963年》、郭沫若的《满江红》等词；林遐的《撑渡阿婷》、韩北屏的《喜新岁，更上一层楼》等散文。

《解放军文艺》1月号发表本刊编辑部专论《描绘人民和军队的战斗风貌，讴歌党和祖国的丰功伟绩》；发表曲波的长篇选载《桥隆飙》、张长弓的《舍丽吉德的婚礼》、任斌武的《开顶风船的角色》等小说；部队"快板诗人"毕革飞的遗作《诗三首》（写于1958年1月9日）、李瑛的《世纪的云》、严阵的《田野上的雷雨》（3首）等诗；李西林的《金色的霞光》、汤泾的《我爱昆仑》等散文；以及冯牧的《战士生活的真实写照——和一位战士作者谈峭石的短篇小说》等评论。史峭石（1931-　），笔名峭石、袁堡屏、庄莽。陕西兴平人。中共党员。曾任北京军区政治部文化部创作员，陕西省咸阳地区文艺创作研究室主任，咸阳市文联副主席。1950年开始发表作品。著有长篇小说《女皇韵事》、《劣根》、《女贞巷》、《丑镇》、《旮旯峪》，诗集《白杨树和战士》、《麦苗青春》、《驰骋集》，短篇小说集《地雷的秘密》、《沸腾的军营》、《欢乐的梦》等。

《四川文学》1月号为"剧本专号"，发表刘沧浪的三幕十场话剧《红岩》（上部），傅仁慧、潘一心、松涛的独幕喜剧《章大娘探亲》，之光的独幕方言剧《就错这一回》，李佩的独幕方言话剧《祝寿》，李明璋的川剧《和亲记》。

《湖南文学》第1、2期合刊发表周立波的创作谈《素材积累及其他》、赵树理的《谈谈花鼓戏〈三里湾〉》，胡英的小说《山里人》、李鸿图的小说《两个大学生》，王以平的散文《盐沙石印象》，胡柯的诗《深谷新镇》，以及高宇的评论《农村阶级斗争的画卷——看省话剧团〈槐树庄〉的演出》。高文认为《槐树庄》十分典型地突出了各个不同革命阶段的时代特点，脉络分明，运用抒情与幽默的笔调，集中而鲜明地表达了全剧的主题。

《安徽文学》第1期发表孙肖平的《摇篮曲》、王余九的《捕象的人》、王有任的《小旦的婚事》、鲁彦周的《风雪茶亭夜》等小说；严阵的《中国的秋天·雪》、阿红的《淮河情思》、宋道德的《纤夫》、苗得雨的《家乡的河流啊》、吴乐森的《夜的长江》等诗；鲁兵的《行军日记》、田士雨的《风雷篇》等散文；周刚的剧本《进山》；"笔谈《还魂草》"栏目有章新建的《〈还魂草〉的思想意义和艺术特色》，严云绶、陈育德的《〈还魂草〉的根本问题在哪里》以及刘先平的《时代的颂歌》。

《青海湖》1月号发表陈士源的《琪美》、高骥的《产羔时节》、王德泉的《马有福》等小说；朱奇的《在班玛原始森林里》等散文；（藏族）桑吉加的《唱一支内心的歌》，歌行的《展开你的银翅，捎去我战斗的诗页》，杨

1963 一月

植霖的《西宁夜咏》、《勇士赞歌》、《垂死的幽灵》,苗得雨的《鸭绿江》,方存弟的《昆仑画页》,王浩的《山·星》,邵祖平的《青海湖放歌》,汪承栋的《波乌赞丹》(长诗选载),李振的《散花船》,王宗仁的《我是巡逻兵》,黄静涛的《内蒙纪行》(组诗)等诗。汪承栋(1930—),土家族,诗人。湖南永顺人。中共党员。1950年参军。西藏文联副主席,西藏作协副主席。1953年开始发表作品。著有诗集《从五指山到天山》、《雅鲁藏布江》、《高原放歌》、《拉萨河的性格》、《边疆颂》、《雪鸿》、《汪承栋诗选》,长诗《昆仑垦荒队》、《黑痣英雄》、《雪莲花》、《雪山风暴》,长诗集《汪承栋叙事诗选》,长篇小说《雪原小云雀》,散文集《昆仑山下的明珠》,电影文学剧本《波乌赞丹》、《唐占拉》,电视连续剧《野火》(合作)等。

《雨花》第1期发表艾煊的《绣娘》、齐明的《秋收秋种之前》等小说;袁鹰的散文《虎丘人》;贺云的《共产党》、杨旭的《曼迪纳,我亲爱的兄弟》、静人的《感时事》、魏毓庆的《哦,巍峨的淮海战役纪念塔》、孙友田的《画廊》、高风的《新秋》、王德安的《一块煤》、朱光第的《钓鱼》等诗;李夏阳的《步步高》、孙友田的《到生活激流中去》、杨秉岩的《也谈〈出山〉》(方之的小说《出山》,发表于《上海文学》1962年8月号)等文艺杂谈。

《火花》1月号发表李逸民的《俩亲家》、权锡康的《恨铁不成钢》、马烽的《刘胡兰传》(长篇连载)等小说;赵向前的《灯光》、公刘的《镰刀和斧头的歌》、王志瑞的《凤凰山下》、李福虎的《爸爸》等诗;郁波的《兄弟情谊》等散文。

《延河》1月号发表赵自的《第二双眼睛》、汤洛的《"飞鸽"迷》、杨友德的《祁才藏》等小说;史峭石《海疆速写》等散文;顾工的《拖拉机站》、王德芳的《启航》、安静与李幼容的《哦,塔里木》、李瑛的《跨出戈壁》、毛锜的《英雄的船》、刘不朽的《小镇即景》、汪玉良的《牧歌》、傅璇的

《牧区抒情》、苏金伞的《家》、敏歧的《笛声》等诗。李幼容(生年不详), 诗人、词作家。山东人。1955年起发表作品。长期在总政歌舞团从事专业创作。出版有诗集《天山进行曲》,歌词集《心灵之约》,作词歌集《会唱歌的星》,朗诵诗集《祝福太阳妈妈》、《升起吧,新世纪的星》、《五环梦圆——奥运随想曲》等。

《长江文艺》第1期发表田凯国的《在养鱼场里》、陈伯吹的《桥那边的海豹》等小说;邹荻帆的《沙湖沔阳州》、张永枚的《边防军》、刘不朽的《题〈苞谷人家〉》、梁上泉的《踏江行》、杨平的《黄声孝在讲台上》、韦其麟的《高山徭寨诗草》、苏金伞的《燕子》等诗歌。

《新港》1月号发表李德复的《"财政部长"》、张士杰的《参家》等小说;未央的《在主席故居》、纪鹏的《草原诗情》、顾工的《号音》、韦野的《葡萄园抒情》、戴砚田的《村边炉火》等诗歌;陈大远的《盘山记游》、白原的《在嘎达梅林的故乡》、韩映山的《水滩上》等散文;方纪、蔺羡璧的《关于"特写"》,程代熙的《谈谈阿·托尔斯泰的创作经验》等评论。

《甘肃文艺》1月号发表李禾的《播种季节》、蔡其康的《月季花开时》、杜河的《风雨里的步伐》(中篇小说连载)等小说;公刘的《空气》、伊丹才让的《达拉加牧歌》、周雨明的《治河站》等诗歌;李季的《祝福随笔》等散文。

《草原》1月号发表玛拉沁夫的小说《茫茫的草原》(长篇小说选载),超克图纳仁的剧本《严峻的岁月》;纳·赛音朝克图的诗《古巴革命万岁》,其木德道尔吉整理、安柯钦夫翻译的《若穆高娃为出征勇士饯行——蒙古族民间史诗〈英雄格斯尔可汗〉第二部第四章》;胡昭衡的文章《致自治区文艺工作者》。胡昭衡(1915—1999),原名李欣,曾用名胡蛮。河南荥阳人。参与组织"一二·九"运动,1937年肄业于北京大学历史系。同年参加八路军。1938年加入中国共产党。曾任内蒙军区政治部第一副主任,内蒙古自治区党委书记处书记,天津市委书记,卫生部副部长,国家医药管理总局党组书记、局长等职。生前长期担任北京市杂文学会会长。1935年开始发表作品。出版著作《老生常谈》、《老声新弹》、《老干新枝》等。

《长春》1月号发表王宗汉的《起雾的早晨》,温小钰、汪浙成的《琐屑的故事》等小说;芦萍的《路之歌》、杨允谦的《林中"剧院"》、戚积广的《春雨》等诗歌;文艺随笔有任彦芳的《关于诗的诗》、冯文炳的《难忘的图画》等。

2日,《人民日报》发表曹靖华的散文《艳艳红豆寄相思——广西抒情》、老舍的散文《贺新年》;郭沫若的诗《公社的前途光芒万丈——看了电影〈槐树庄〉》。

3日,《光明日报》发表邹荻帆的诗歌《春满乾坤祝福门——迎一九六三年》,高缨的散文《兄弟树》,于是之的评论《宝贵的经验》(对朝鲜话剧创作和演出经验的总结)。

《人民日报》发表周而复的散文《自由在这儿诞生》。

4日,人民文学出版社出版反映抗日战争期间八路军军民英勇斗争史实的《星火燎原》(第7集)。这本书中的作者都是抗日战争的参加者,其中收录了如聂荣臻的《中国人民怎样战胜了日本法西斯侵略者》等共59篇革命斗争回忆录。

《文汇报》发表芦芒的《颂歌》、谢其规的《工人文化宫颂》等诗;闻亦步的杂谈《新年看新戏》;戈今的剧评的《绚烂的春天——评话剧〈第二个春天〉》。

《北京文艺》1月号上发表张葵茯的《关大爷》、张葆莘的《除夕》等小说;叶耘的《过秦岭》、周纲的《送前线文艺轻骑队》、王亚平的《西郊散歌》、敏歧的《采菱》等诗;章明的《少年游》、袁鹰的《风帆小集》、西虹的《狩猎记》等散文;肖甲的《戏曲艺术中的神鬼问题》、牧惠的《性格的时代感》等评论。

5日,《红旗》杂志第1期刊发社论《列宁和现代修正主义》。

《人民日报》发表纪鹏的诗《元旦朝阳——为古巴革命胜利四周年作》;马铁丁的杂谈《针锋相对——评电影〈停战以后〉》;邵力子的词《清平乐——1963年元旦喜咏》。

《文汇报》发表罗荪的剧评《遍山杜鹃红似火——话剧〈杜鹃山〉观后》。

《上海文学》1月号发表房树民的《同路》、郭以哲的《秘密》、魏金枝的《跟着他走》、刘耀忠的《阿祥老头和打气筒》等小说;那家伦的《密林散记》等散文;高缨的《山鹰之树》、黎汝清的《路》等诗歌;黄政枢的评论《杨朔的散文艺术》,认为杨朔散文最显著的特点是"着力于诗的意境的创造。"

《北方文学》1月号发表茅盾的书简《给一位青年作者》;苏策的小说《达瓦姑娘》;陈国屏的《征帆》、沙鸥的《在红松的故乡》等诗歌;黄益庸的文艺随笔《凝固的形式和深广的内容——短篇小说创作漫谈》;专论《更充分地发挥文学的战斗作用》。

《新疆文学》1月号发表赛福鼎的《光荣的牺牲》、阿不都热合满的《路上》、刘肖无的《牛说》等小说;尼木希依提的《献给战斗中的古巴人民》、司马古勒的《致一位汉族作家》、萨哈里的《明净的泉水》等诗;袁鹰的《天山路》、王玉胡的《登苏公塔》等散文;铁依甫江·艾里耶夫的随笔《维吾尔传统的娱乐活动》。

《热风》发表苗风浦的《篱笆里外》、曾毓秋的《龙枝草》等小说;黄骏霖的《赶时事》、张传新的《诗传单》、周纲的《战士的心,装满了火焰!》、韩瑞亭的《都门行》、练文修的《农村短曲》等诗;郭风的《闽清和它的六都》、何为的《难忘的时刻》等散文。

1963 一月

6日,《人民日报》发表李希凡的《展翅飞翔的"青山里精神"——谈〈红色宣传员〉中李善子形象的时代意义》。文章认为"它(《红色宣传员》)是中朝艺术家兄弟般合作的劳动成果","《红色宣传员》在我国戏剧舞台演出的更大意义还在于,它是反映了兄弟朝鲜的千里马运动的时代生活。""我国观众将不难从《红色宣传员》里,从李善子的精神品质里,找到自己同时代人的生活榜样。"李希凡分析了"李善子"这一人物形象,"这个普通农村姑娘的形象和品质所以能焕发出夺目的光彩,却是由于她能把自己的生活、理想和党的事业,共产主义的未来那样融洽无间地结合在一起"。"李善子面对着不同类型的落后人物","善子的性格是温厚的",但是她"决不能容忍人们对她所热爱的农村、她所热爱的党的事业进行攻击和侮辱,这正是一个共产主义者应有的节操"。

《文汇报》发表沈仁康的诗《采煤工》;胡万春《在锡兰作客》、赵沨《几个小故事》等散文。

7日,《人民日报》发表徐迟的散文《长江组歌》、潘永德的散文《礼物》。

《羊城晚报》发表贺青(张汉青)的报告文学《种子赞》。

8日,《解放军报》发表柯原的组诗《士兵短歌》;侯明勋的杂文《透视世界的"X"光》。

《人民日报》发表袁水拍的诗《蓝天怎能划一道线——献给英雄的越南人民》;姜德明的《飞》、郑重的《弄堂风》等散文。

《文汇报》发表赵朴初的诗《迎仙客——欢迎锡兰总理》;潘旭澜、曾华鹏的评论《为伟大的党为伟大的祖国放歌——谈贺敬之近年来的诗》。

9日,《人民日报》发表毛泽东的词《满江红·和郭沫若同志》、门海群的散文《巴吐尔》。

上海市文化局、中国戏剧家协会上海分会晚上举行酒会,庆祝朝鲜国立话剧院成立 16 周年。中共上海市委书记、上海市副市长曹荻秋，中共上海市委书记处候补书记、上海市副市长刘述周出席了酒会，并在酒会前会见了正在上海访问的以朝鲜国立话剧院副院长韩镇燮为首的朝鲜文化艺术代表团。上海市文化局局长孟波和朝鲜文化艺术代表团团长韩镇燮在酒会上讲话。北京人民艺术剧院副院长欧阳山尊和剧作家黄钢出席了会议。（《光明日报》1963 年 1 月 11 日第 1 版报道了这则新闻。）

《文汇报》发表戈今的文艺随笔《光辉的"哨兵"形象——话剧〈霓虹灯下的哨兵〉观后》。

10 日，《解放军文艺》编辑部邀请了部分在京的部队青年作家举行座谈会，会议围绕解放军文艺出版社最近出版的史峭石的小说集《沸腾的军营》展开讨论。举办此次座谈会的目的是"为了加强部队文艺创作的革命性、战斗性和现实性，研究反映当前部队生活、塑造战士形象问题"。

《人民日报》发表杜若湘的散文《归帆》。

《光明日报》发表汪承栋的小说《黎明》，朱虹的评论《法国新小说派"新"在哪里?》。

《解放军报》发表孙景瑞的散文"海南岛印象三记"之《仙鹤》。

《山东文学》1 月号发表曲波的《桥隆飚》（长篇小说连载）、峻青的《鸳鸯冢》、牟崇光的《在大路上》、沈仁康的《关山阵阵苍》、蓝翎的《湖中的箔》等小说；严阵的《山中随笔》、符加雷的《泰山日出》、敏歧的《打马青山下》、冰夫的《深夜，我被低吟的歌声惊醒》、公刘的《探矿日记》、陈显荣的《丰收锣鼓》等诗；仁孚先的评论《浅论文艺作品的时代精神》。仁孚先的评论认为文艺作品的时代精神，"就是时代的先进思想和时代的主导精神"，其"在文艺作品中的体现，在我们的时代，就是共产主义思想，以及为了共产主义理想而忘我奋斗的高尚品质，共产主义的道德风尚"。文艺作品对这种时代精神应当予以"形象化地、血肉充盈地表现"。

1963 一月

《鸭绿江》1月号发表苏策的小说《白鹤》；师田手的《古巴——勇敢的海燕》、陈广生的《雷锋》、张长弓的《送粮》等诗；茅盾的《读书杂记》（二）、李准的《情节、性格和语言》等文章。师田手（1911-1995），原名田质成，笔名田手。吉林扶余人。1936年肄业于北京大学中文系，同年参加革命。曾任吉林省文教局长、教育厅长，东北作协副主席、党组副书记。1933年开始发表作品。著有作品集《燃烧》、《活跃在前列》、《爷爷和奶奶的故事》、《歌唱南泥湾》、《螺丝钉之歌》、《红雨集》、《延安》、《田手短篇小说选》等。

《广西文艺》1月号发表邓燕林的小说《小仙雀》；韦其麟的《郁江啊》、金彦华的《吃冬》等诗歌；曹靖华的《艳艳红豆寄相思——广西抒情》、周民震的《花中之花》等散文；安宁的《试谈宋郡的短篇小说创作》、宋郡的《事件·人物·情节》等评论。

《诗刊》第1期发表邹荻帆的《洪湖颂》、汪承栋的《拉萨河的性格》、张万舒的《黄山松·日出》等诗歌。

11日，《文艺报》1月号发表周扬的《在古巴全国文化代表大会闭幕会议上的致辞》、袁鹰的《豪情如火气如虹——读诗札记》、艾芜的《生活基地的深入和扩大》、李准的《关于"源泉"的体会》、柯灵的《给人物以生命——艺术概括谈片之二》、陈翔鹤的《怀念与追悼》（对1962年2月24日逝世的李劼人表示怀念与哀悼）、冯先植的《戏曲评论应当有助于戏曲艺术的推陈出新》等文章。

《文汇报》发表闻亦步的杂谈《刮目相看话昆曲》。

《人民日报》发表王秀英的散文《访李信子》。

12日，《人民文学》1月号发表艾芜的《南行记续编》之《姐哈寨》、谷斯范的《素芬和三婶》、马宁的《落户》、陆文夫的《二遇周泰》、骆宾基的《1962年秋天在苇河》、何为的《壶江新屋》等小说；李瑛的《世纪的云》

（3首）、（维吾尔族）的铁衣甫江·艾里耶夫的《桑巴依》（6首）、傅仇的《新乐府》（两首）、（仫佬族）包玉堂的《丹州寨抒情》等诗；徐怀中的《浪花碎采》、季羡林的《夹竹桃》等散文。张骏祥改编的电影文学剧本《白求恩大夫》在《人民文学》1月号、2月号上连载。

《解放军报》发表孙景瑞的散文"海南岛印象三记"之《婚期》。

《人民日报》发表袁鹰的短评《小冬木在控诉——读儿童诗〈小冬木〉》，钱昌熙的一组诗歌《陕北纪行》（包括《洛川》、《从洛川赶延安途中》、《米脂高西沟水平梯田》、《榆林》、《陕北大雪》）。

《光明日报》发表郭沫若的诗歌《江海行》；韦君宜的《最后的访问——悼念作家李劼人》、许淇的《牧村三题》等散文；李健吾的剧评《社会主义的田园剧——〈红色宣传员〉》。

成都市川剧院在北京演出大型川剧《燕燕》。

13日，诗刊社在北京音乐厅举办诗歌朗诵会。参加朗诵表演的有赵蕴如、朱琳、董行洁、杨启天、殷之光等5位演员。

由中共中央宣传部副部长、中国文学艺术界联合会副主席周扬率领的中国访问古巴文化代表团乘飞机回到北京。全国文联副秘书长阿英、中共中央文化部副部长夏衍等人到机场迎接。

《文汇报》发表严阵的诗歌《乡村的情调》。

14日，《人民日报》发表宫玺的诗歌《晨》，许淇的散文《开会》。

15日，《人民日报》发表凤章的小说《秘密》，戈壁舟的组诗《黄浦江口放歌》。

《光明日报》发表莎红的诗歌《香草姑娘》，白夜的散文《江边》。

《作品》新2卷第1期发表李昌松的《寻牛》、林建征的《伟岸》、江萍的《大佐的军医》等小说；张永枚的《火焰般的年华》等诗；张永枚的《〈螺号〉后记》、萧殷的《形象和构思》、胡南的《艺术作品的热量》、韦轩的《〈苦斗〉简介》等文章。

由严文井率领的中国作家代表团,应锡兰作家协会的邀请到锡兰访问。

16日,《人民日报》发表周纲的诗《红河素描》。

《文汇报》发表樊发家的诗《生活散诗》。

17日,《文汇报》发表倪振雄的小说《静静的河岸》。

18日,文化部和中国非洲人民友好协会举行文艺晚会,观看北京舞蹈学校实验芭蕾舞剧团及该校师生演出的芭蕾舞剧《泪泉》,欢迎以奥弗里·阿塔部长为首的加纳政府友好代表团。陈毅副总理、谢觉哉等陪同,文化部部长沈雁冰、中非友协会长刘长胜、对外文委主任张奚若等出席。

应中国人民对外文化协会邀请,日本花柳德兵舞蹈团学习舞剧《宝莲灯》代表团一行5人抵达北京。中国人民对外文化协会副会长周而复前往机场迎接。

《文汇报》发表陈奇、漠雁《关于〈霓虹灯下的哨兵〉的通信》。

19日,林默涵举行宴会欢迎古巴《革命报》国际部主任贝尼特斯、摄影部主任萨拉斯。

《光明日报》发表严阵的诗《冬之歌》。

《人民日报》发表张大光的《团聚》、纪青山的《邻与壑》、卢祖品的《鹰》等散文。

20日,《文汇报》发表司马文森的散文《诗岛记——沓厘抒情》。

《剧本》1月号发表刘川的6场话剧《第二个春天》、郭沫若的《学习,再学习——在全国话剧、歌剧、儿童剧创作座谈会上的发言》和老舍的《语言·人物·戏剧——与青年剧作者的一次谈话》。

22日,《人民日报》发表李季的小说《脊梁吟》。

《光明日报》发表阿英的《年画的叫卖》、许淇的《列车在我们草原上经过》等散文。

23日,上海戏剧学院实验话剧团改建为上海青年话剧团。

24 日,《解放军报》发表马铁丁的评论《铜墙铁壁——读〈星火燎原〉(7) 后记》。

《人民日报》发表邹荻帆的诗《大年夜的朗诵》。

《光明日报》发表李健吾的评论《〈秀才外传〉剧本分析》。

《文汇报》发表周汝昌的评论《〈红楼梦〉的流行》。

25 日,《山西日报》发表马烽的文学随笔《写出无愧于时代的作品来》。

《人民日报》发表张爱萍的诗《无题》;邵力子的词《1963 年春节祝愿》;冯健男的散文《新春大喜——建明公社散记》;李健吾的剧评《一日春尽长安花——〈费加罗的婚姻〉礼赞》,评论了中国青年艺术剧院演出的博马舍的《费加罗的婚姻》,李健吾认为伯爵在第一幕藏起来是"巧妙安排",分析了"费加罗形象的典型存在",并且指出园丁的女儿芳佘特这一形象"格外难以理解","最难演好的,却是伯爵夫人"。李健吾称赞"我们年轻导演掌握住了这些错综复杂的情况。节奏鲜明,情节优美,倾向性强烈,又是'狂欢的一天'。装置富现实感,又不笨重,喜盈盈的颜色,不让自己成为戏剧的负担"。

《星火》第 1 期发表朱正平的《修梅》、汪自强的《刘火根》、俞林的《在洪水冲击下》等小说;郭蔚球的《人民公社组诗》、文莽彦的《公社短歌行》、苏辑黎的《漫天扬雪》、郑伯权的《梦游井冈山》、周劭馨的《舞剑》等诗;李定坤的《争取社会主义文学艺术的新胜利——在江西省文学艺术工作者第三次代表大会上的报告》。

《文汇报》发表老舍的《迎春》、秦牧的《从哈瓦那带回来的礼品》等诗歌。

27 日,《人民日报》发表郭小川的《刻在北大荒的土地上》、田汉的《海南岛英雄群像》、严阵的《春天正在敲中国的门窗》、李瑛的《边境线上的深情》(两首)、韩笑《她在田野里歌唱》等诗。

29 日,《光明日报》发表田间的《献诗——为西双版纳傣族自治州成立十周年纪念作〉、韩瑞亭的《何塞·马蒂颂歌》等诗;季羡林的《重过仰光》、曾犁的《冬日随笔》等散文。

《人民日报》发表赵朴初的散文《联起来千年的纽带——庆祝中缅友好和互不侵犯条约签订三周年》;阿英的评论《〈义勇军〉——关于描写上海工人义勇军的小说》(《义勇军》为阳翰笙印行于1933年1月的小说)。

30日,《文汇报》发表林遐的散文《春讯》。

31日,《解放军报》发表松鹤年的散文《说戏及"快乐主义"》、张爱萍的诗《颂黄继光烈士》。

《人民日报》发表有司马文森的散文《芝利翁——雅加达的故事》;李学鳌的诗歌《寄北京》。

《光明日报》发表林庚的诗歌《春的脚步》;袁世海《新春展望》、张岐《捕鲨记》等散文。

本月,《电影创作》创刊。

《曲艺》1月号发表老舍在相声座谈会作题目为《多编好相声》的发言。

中国少年儿童出版社出版汪曾祺的短篇小说集《羊舍的夜晚》。

百花文艺出版社出版李瑛的诗集《花的原野》。

安徽人民出版社出版严阵的诗集《长江在我窗前流过》。

作家出版社出版冯至的《诗与遗产》。

解放军文艺出版社出版陈其通的话剧《井冈山》。

中国戏剧出版社出版《少数民族戏剧选》(二)。

二月

1日,《解放军文艺》编辑部在京举行短篇小说创作报告会,并邀请《文艺报》副主编、中国作家协会创作研究室主任侯金镜作了有关短篇小说创作问题的报告。报告对1959到1961年的短篇小说创作情况进行了分析。

《解放军文艺》2月号发表李之熙的《302号防地》、毛英的《司令员的发言权》、卢振国的《杨家虎子》等小说；阮章竞的《马埃斯腊山麓下》（两首）、魏传统的《向伟大亲密的战友致敬》、程光锐的《伟大的普通一兵》、柯原的《练兵谣》（3首）、宫玺的《空军诗页》（3首）、周纲的《昆仑暴雪》（3首）、石英的《冬天的歌》（外一首）等诗；莫孝川的《新长城》、尉立青的《昆仑红花》、王昌定的《山村一瞥》、张庆田的《花》等散文。

《四川文学》2月号发表艾芜的《边疆女教师——〈南行记〉续编之一》、崔桦的《锻炼》、高缨的《山高水远》、李劼人的《难忘的一天——10月18日》（《大波》第四部第三章）等小说；廖公弦的《太阳歌》、雁翼的《山城抒情》、沈重的《他在森林里巡行》、梁上泉的《三峡山、三峡水》、唐大同的《码头相会》等诗歌；李薐的《公平果》、张秀熟的《悼李劼人》、谢扬青的《沉痛的悼念》等散文；苏鸿昌的评论《谈马识途的讽刺小说》，评价了马识途自1961年9月以来发表的三篇短篇小说，认为它们表现出了作家相当高的讽刺、幽默的才能和讽刺文学的一些基本特征。

《安徽文学》第2期发表陈登科的《三省庄的一段插曲》、孙肖平的《高空婚礼》、王庆丰的《四个早晨的故事》、庄新儒的《站柜台》、肖马的《一片蔚蓝》等短篇小说；玛金的《新安江上吟草》等诗；沈仁康的《芦苇》、程克文的《伊雅各的阴魂》等散文；"笔谈《还魂草》"栏目发表的文章有凌代森、时先明的《控诉的诗，礼赞的诗》，王凡的《杨丽鹃就是一株还魂草》，王远鸿的《谈杨丽娟的性格》，徐寿凯的《杨丽娟不是劳动人民的还魂草》。玛金（1913－1996），笔名陈斑沙。安徽怀远人。中共党员。1938年毕业于国立剧专。曾任中国作协文学讲习所教研组组长，《人民文学》编辑部副主任，安徽省文联委员、省作协常务理事，省政协常委。1937年开始发表作品。著有诗集《出发集》、《彩壁集》、《玛金诗选》、《玛金诗存》等。沈仁康（1933— ），江苏常州人。中共党员。1955年毕业于北京大学中文系。曾任《中国青年报》编辑、记者，广东省作家协会《作品》副主编，广东省文学院副院长，广东省文联委员，广东省作家协会理事。1953年开始发表作品。著有长篇小说《记忆里的一片落叶》、《尘世》、《江南小镇》、《黄金大道上的舞步》，诗集《秋天的白桦林》、《延安道上》、《南疆风》，散文集《火把》、《彩贝与山桃花》、《大地记痕》，中短篇小说集《荒原上的少男少女》、《爱情圆舞曲》、《敦煌的晚霞》，评论集《抒情诗的构思》，电视连续剧《南岭情》等。

《雨花》第2期发表丁汗稼的《船》、静人的《古巴颂》、沙白的（李涛）《短笛无腔信口吹》、任红举的《杨梅酒捧给边疆好战友》、章品镇的《咏鹰二题》、白得易的《灌溉渠上》等诗；文艺评论有李亚如、王鸿、汪复昌、谈煊的《从生活中汲取力量——漫谈创作扬剧〈夺印〉》，吴调公的《时代的鼓手，艺术的传真——报告文学的艺术构思与英雄描绘》、陈辽的《广度·深度·高度——评几篇反映农村现实生活的小说》。吴调公的文章认为："作为时代鼓手的艺术构思，是沉浸在火热斗争的艺术再现中的深刻思维。这时，点起时代鼓手思想火花的，是英雄的人，而把构思引向更高更美的诗境的，也是英雄的人。"陈辽的文章主要评论了方之的《岁交春》、李夏阳的《拜年》、杨秉岩的《迟开的花采》、方之的《出山》这几篇小说。认为："一篇反映农村生活的作品是否具有足够的广度和深度，是和作者的是否深入生活有关，是否具有一定的艺术表现力有关，然而和作者在创作时是否具有足够的思想高度尤其有着密切的联系。只有作者能从生活的高处来认识生活，理解生活并对生活具有真知灼见的时候，他才有可能在生活中发现别人所不曾发现过的人物和事件，或者能够透视生活的本质，在生活的某个角落里看到在此以外更多的生活，这样，他才能够在反映生活时达到应有的广度和深度。"

《火花》2月号发表西戎的《平凡的岗位》、陆桑的《老敏子》、马烽的《刘胡兰传》（长篇连载）等小说。

《延河》2月号发表专论《更好地学习和领会党的八届十中全会精神》。认为"革命的现实主义者，革命的作家、艺术家，不应当仅仅承认现实生活中存在阶级斗争和两条道路的斗争。仅仅承认这些是很不够的。他应当积极地参加这种斗争。他应当积极地在自己的作品中反映这种斗争，为这种斗争服务。就是说，他应当而且必须通过自己的生活实践和艺术创作实践，大力宣扬'兴无灭资'的精神，批判资本主义自发势力，反对走资本主义道路，坚持走社会主义道路，坚持以集体主义精神教育人民，引导广大人民向前看"。本期还发表了朱定的《开拓者》、贺抒玉的《晚年新景》、苏鹰的《笙的故事》等小说；侯钺的《铜川吟》、史峭石的《微笑的敌人》、毛锜的《有两个城市》、牧犁的《革命的小天使》、李幼容的《开拓者的歌》、沈仁康的《请您放心》、寒星的《山歌对着青天唱》等诗歌；柳青的《耕畜饲养、管理三字经》、胡采的《读柳青编〈耕畜饲养 管理三字经〉有感》等文章。

《长江文艺》第2期发表碧野的《山高云深处》、楚奇的《山里年轻人》、李德复的《地头知心话》等小说；高缨的《江声》、公刘的《山歌》、纪鹏的《塞北边疆线上》等诗；孟起的《生活的呼唤》、冯健男的《短篇小说创作谈》、牧惠的《用"我"的语言写"我"》等文艺随笔。

《新港》2月号发表宗璞的《林回翠和她母亲》等小说；王绥青的《青城颂》、白金的《不如藏在心间》等诗；冯牧的《虎跳峡探胜》、刘祖培的《海上霞光》、冉淮舟的《长城性格》等散文；黄秋耘的评论《一部诗的小说——漫谈〈风云初记〉的艺术特色》，认为孙犁是"一个善于创造意境和情调的抒情艺术家，是一个诗人型和音乐家型的艺术家"。"一部《风云初记》，几乎可以当作一篇带有强烈的抒情成分的诗歌来读。""把浓郁的、令人神往的诗情和真实的人物性格刻画结合起来，把诗歌和小说结合起来，这恐怕是

《风云初记》一个最显著的艺术特色。"

《甘肃文艺》2月号发表鲁庸的小说《爸爸》；李季的《祝福随笔》、张长弓的《知音》、赵淮清的《青海湖纪游》等散文；王绥青的诗《防霜战歌》；以及本刊评论《发扬革命文学的海燕精神》和高风的论文《时代精神琐议》。

《草原》2月号发表茅盾的《〈花的草原〉——读书杂记之四》（《花的草原》是玛拉沁夫的中短篇小说集，1962年作家出版社出版）；玛拉沁夫的小说《茫茫的草原》（长篇小说选载）；超克图纳仁的剧本《严峻的岁月》（续完）；周雨明的《淡蓝色的甘草花》等诗；其木德道尔吉整理、安柯钦夫译的《三勇士奇袭沙赍河三汗军营——蒙古族民间史诗〈英雄格斯尔可汗〉第二部第五章》。安柯钦夫（1929— ），蒙古族。笔名漠南，内蒙古赤峰人。曾任《内蒙古日报》、《内蒙古文艺》、《草原》月刊编辑，内蒙古人民出版社副总编辑，中国作协内蒙古分会副主席，内蒙古文联常务副主席。中央民族学院教授。1953年开始发表作品。著有短篇小说集《草原之夜》、《黄金季节》、《北国新姿》（蒙文版）、《安柯夫小说散文选》，电视剧本《小活佛》等。另译有大型蒙古族民间史诗《英雄格斯尔可汗》（1—2集）。

《长春》2月号发表丁仁堂的《梨花几时开》、付之凡的《青纱帐里》、师田手的《帆》、李根全的《虎子》（长篇小说《老虎岩》中的一章）等小说；师田手的《灯下杂记》、高风的《艺术的感觉》、冯其庸的《千古高风忆鲁连》等文艺随笔。

2日，《中国青年报》发表郭小川的诗歌《春暖花开》。

《文汇报》发表吴中杰、高云的评论《为大无畏的英雄塑像》（读李季《脊梁吟》有感，《脊梁吟》发表于1963年1月22日《人民日报》）。

3日，《文汇报》发表芦芒的诗《这时候，在东海边一个角上……》。

《人民日报》发表杨扬的评论《长篇小说〈汾水长流〉的艺术特色》，文章认为:"胡正同志的《汾水长流》是一部值得关注的有特色的作品。它给人的印象是朴素、明净的生活画面。虽然只抓住了一个村庄农业合作化运动中巩固和扩大初级社的一段生活,时间也只是从春到夏,却在相当广阔的程度上反映了党的过渡时期总路线公布之后在农村所展开的两条道路间复杂尖锐的斗争。"

4日,《解放军报》发表松鹤年的散文《惜春当早》。

《北京文艺》2月号发表费枝的《吴常泰》、张葆森的《巧糊匠》等小说;阮章竞的《古巴沼地行》、严阵的《瓦兰瓦兰的天空》等诗;顾工的《雪山里的人们》、周竞的《扎西的礼物》等散文;老舍的小相声《新年愉快》;芦笛的评论《蓓蕾初开——读张葆莘的一组短篇小说》。

5日,《人民日报》发表碧野的《黄连架》、刘真的《大雁飞来了》等散文。

《光明日报》发表宗白华的文艺随笔《形与影——罗丹作品学习札记》、凤子的散文《兴坪渔火》。

《文汇报》发表许淇的散文《踪迹》、孙光萱的评论《漫论〈西行剪影〉》(《西行剪影》是张志民的抒情短诗集)。

《上海文学》2月号发表谢璞的《织蓑女》、肖木的《探索》等小说;闻捷的《我们酣战在沙洲之上》、沈仁康的《大雪飘飘》、谢其规的《汽笛,把誓言送向四方》等诗;哈华的《捕鱼的士兵》、以群的《反映当代生活,宣传社会主义》等文章。

《北方文学》2月号发表老舍的创作谈《人、物、语言》。

《新疆文学》2月号发表铁依甫江·艾里耶夫的诗《胜利的乐章》。

6日,首都文艺界集会,纪念古巴民族英雄和文学家何塞·马蒂诞生110周年。

《解放军报》发表刘志坚的文章《伟大的战士,高尚的品德》,号召"发扬雷锋同志高尚的革命精神。"之后，《解放军报》、《人民日报》等报刊陆续刊登学习雷锋、悼念雷锋、颂扬雷锋精神的文章和图片，形式多样，既有散文也有诗歌，还有快书等形式。如2月7日，《人民日报》发表《雷锋日记摘抄》和《毛主席的好战士——雷锋》。2月8日陈广生发表《伟大的战士》，追忆了雷锋的成长历程及先进事迹。2月9日发表社论《像雷锋同志那样做个毛主席的好战士》。《解放军报》2月11日登载《雷锋日记摘抄》，2月19日登载《雷锋日记摘抄（二）》，同期陆续发表侯明勋、松鹤年、园丁等人学习雷锋的系列文章。2月23日发表郭沫若的词《满江红——赞雷锋》，3月5日发表罗瑞卿的文章《学习雷锋——写给〈中国青年〉》，3月5日、3月12日发表了萧向荣的七律《学雷锋日记》。自3月8日始，济南部队前卫话剧团、沈阳部队文工团演出话剧、组歌合唱颂扬雷锋。

7日，《解放军报》发表萧向荣的诗《朝鲜人民军颂》、柯原的组诗《万山群岛诗草》。

《人民日报》发表郭沫若的诗《纪念二七战士》。

《光明日报》发表王广礼《"牛公馆"》、凤子《山村人家——桂林游杂记之二》等散文；曲六乙的文艺随笔《老太婆大双枪——走马观剧》。曲六乙（1930－ ），笔名全前、全上。辽宁瓦房店人。中共党员。曾任中国戏剧出版社副总编辑，中国剧协研究室主任、艺委会副主任，《中国戏剧年鉴》主编，中国少数民族戏剧学会副会长。著有《中国少数民族戏剧》、《艺术——真善美的结晶》、《戏剧舞台的奥秘与自由》、《西藏神舞·戏剧及面具艺术》、《傩戏·少数民族戏剧及其他》、《"三块瓦"集》、《中国傩文化通论》（合作）等。

《文汇报》发表郭沫若的诗《纪念林祥谦烈士》；曲六乙的文艺随笔《关于昆曲表演艺术风格的一些问题——苏、浙、沪三省（市）昆曲观摩演出观后》。

8日，首都文艺界举行元宵联欢会。周恩来、周扬、沈雁冰等人到会。周恩来作了讲话，阐述了"百花齐放、推陈出新"等问题，说："作为社会主义的文学事业，对于贯彻百花齐放、推陈出新的方针，要做的工作多得很，值得我们好好研究。"他要求作家艺术家把加强同人民群众的联系作为"当前的重要课题"，并要求作家艺术家歌颂新人新事，过好"五关"：思想关、政治关、生活关、家庭关、社会关。

9日，北京市文化局根据荀慧生的要求，经向中共北京市委员会、北京市人民委员会和文化部艺术事业管理局请示并得到同意后，正式宣告荀慧生京剧团由国营改为集体所有制剧团。

《人民日报》发表吴映堂的散文《哈蒂曼和红色羊》。

10日，《诗刊》第2期发表郭小川的诗歌《祝酒歌》（《林区三唱》之一）。

《山东文学》2月号发表曲波的《桥隆飚》（长篇小说连载）、萧英的《荞麦花开》等小说；沈仁康的《灯》、宫玺的《五指山》等诗歌；刘真的《家乡的路》、赵鹭的《羽音颂》等散文；孟浩的评论《在生活的道路上——读〈在大路上〉》和艺华的《关于题材的几个问题》。艺华的文章认为"文艺的题材问题，是有关社会主义文艺的繁荣，有关加强文艺战斗作用的重大问题。我们要进一步深入地认识题材的多样化和文艺的战斗作用、一般题材和重大题材、扩大题材和深入生活的辩证关系，正确地贯彻工农兵方向下的百花齐放、百家争鸣的方针，繁荣我们的文艺事业，使社会主义文学艺术在社会主义革命和建设中，发挥更大的战斗作用"。

《鸭绿江》2月号发表方至的小说《向太阳》；李瑛《北京三首》、顾工《远山》等诗。

《广西文艺》2月号发表李路的《一个绰号的来历》、黄飞卿的《还乡》等小说；胡仲实的剧本的《楚汉春秋》；包玉堂的散文的《鱼影仙踪》；刘硕良的评论《喜读〈故人〉》，对陆地的《故人》发表见解，认为"小说中所刻画的三个人物形象，特别是黎尊明的形象是相当鲜明的"，"结构严密，善于编织故事，语言鲜明，富有个性"。

11日，《文艺报》2月号刊载林默涵的《拉丁美洲的先知和旗手——在古巴民族英雄何塞·马蒂诞生110周年纪念大会上的讲话》。本期还刊登中国作家协会创作研究室整理的《记一次"关于小说在农村"的调查谈起》，称赵树理的小说"一直受到农村中广泛的欢迎"，"他较早的作品，如《李有才板话》、《小二黑结婚》以及前几年写的《三里湾》，在农村中影响都很大，可以说历久不衰"；侯金镜的《几点感触和几点建议——从一个调查引起的》（针对《文艺报》本期发表的《记一次"关于小说在农村"的调查谈起》发表看法）；黄秋耘的《初读〈苦斗〉》，认为"《苦斗》在广阔的时代背景下，从多方面反映了大革命失败后革命势力与反革命势力之间尖锐而复杂的斗争"；臧克家的《严阵的诗——〈琴泉〉小序》，对严阵的诗歌给予很高的评价，特别是受到读者激赏的《江南曲》。臧文指出："读《江南曲》，好似自己也到了江南，看到了动人的景象，嗅到了生活的芬芳。""这些江南曲：构思巧，感情新，诗意浓，遣词美。""这一组诗在严阵同志的诗作中占着相当重要的位置。"

12日，《人民文学》2月号发表玛拉沁夫的《女篮6号》、菡子的《亲家公》、谢挺宇的《收获》、未央的《蛉嫂探亲》等小说；袁水拍的《访越纪事诗》（5首）、田间的《贺年信——〈社歌〉中的一首》、阮章竞的《忆松树岛》等诗；袁鹰的《七里山塘》、陈翔鹤的《李劼人同志二三事》、范烟桥的《太湖碎锦》、卢耀武的《碉堡》等散文。

为纪念我国伟大的古典主义现实主义作家曹雪芹逝世200周年，茅盾、何其芳、王昆仑、张天翼等发表纪念文章，文化部、中国文联、中国作协、故宫博物院联合举办纪念曹雪芹逝世200周年展览会，出版了影印的《乾隆抄本百二十回〈红楼梦〉稿》。

《人民日报》发表史峭石的小说《复仇的钢枪》；韩笑的诗《水乡速写》。

《光明日报》发表张克新的诗《边寨小学》。

14日，《解放军报》发表纪鹏的组诗《海疆军歌》、韩笑的诗《水乡速写》。

《文汇报》发表刘志坚的散文《跃进湖畔》，以群的文艺随笔《用喜剧的处理表现严肃的主题》。

《文学评论》第1期发表赵天的评论《从〈出山〉的评论谈起》、唐弢的《关于题材》以及李希凡的《历史剧问题的再商榷——答朱寨同志》。李希凡的文章对朱寨的《关于历史剧问题的争论》（载于1962年第5期《文学评论》）一文提出追问和思考。

《光明日报》发表白夜的小说《和好》。

15日，《作品》新2卷2期发表司马文森的小说《依沙和阿里逊夫人》；阮章竞的《光明灯》、顾工的《礁石上的诗》、欧阳翎的《南岛颂歌》等诗；陶铸《对繁荣创作的意见——1962年3月5日在全国话剧歌剧创作会议上的讲话》；韩笑的文艺随笔《学诗手记》。

16日，《人民日报》发表李瑛的诗歌《世纪的云——在黄埔码头》。

17日，《人民日报》发表王中青的评论《深刻的反映，有力的配合——简谈赵树理同志近年来的几个短篇小说》。

18日，周恩来在大众剧场观看中国评剧院演出的评剧《夺印》。休息室里，周总理对乐队伴奏提出意见，认为"戏曲乐队不应在乐池里，那样会形成音墙，压住演员的唱腔"。剧院当晚召开紧急会议，决定从第二天起，将乐队搬上舞台侧幕里，并减少伴奏人员。次日，周恩来总理召集周扬、吕骥、周巍峙等人开会，提出乐队在乐池伴奏太响，像"铜墙铁壁"一样把演员和观众隔开，使观众无法欣赏演员的演唱艺术。要求文化部抓紧研究改进。

1963 二月

北京部队政治部召开作家和青年作者座谈会，魏巍、杜烽等人到会参加。会议号召努力写出反映我们这一时代伟大军队的作品，更好地为社会主义现代化建设和军队建设服务。

《人民日报》发表纪青山的散文《历史的颜色》。

19日，《解放军报》发表郭小川的诗《祝酒歌》。

《人民日报》发表邹荻帆的散文《洪湖水呀……》；闻捷的诗《航行在粼粼的波光上——〈长江万里〉的第二片段》。

《文汇报》发表倪振雄的散文《一步之差》。

20日，南京前线话剧团在北京演出反映部队现实题材的话剧《霓虹灯下的哨兵》，周恩来、罗瑞卿等党和国家领导人观看了演出。23日的《解放军报》发表评论员文章《撼山易，撼解放军难——祝贺〈霓虹灯下的哨兵〉来京演出》。

中国青年艺术剧院在京演出阳翰笙的话剧《李秀成》。

《文汇报》发表白夜的散文《关于小蚕的联想》。

21日，文化部党组向中宣部提出《关于发展戏剧创作的几项措施的报告》。

《光明日报》发表张知行的散文《守岁》。

《文汇报》发表郑成义的诗歌《长江短曲》。

22日，《解放军报》发表西虹的小说《第三代》。

22日-28日，北京市第三届文代会召开。老舍、骆宾基等人的发言刊登在《北京文艺》3、4月号上。

23日，《光明日报》发表李瑛的诗歌《收割》。

《文汇报》发表草桥《从一批旧"开篇集"看过去的评弹》、秋文《论话剧艺术的哲理性》等文艺随笔。

26日，《光明日报》发表郭沫若的诗《题赠日本文化代表团》、田流的诗

《在牧民家里作客》。

《文汇报》发表闻亦步《糊涂爷娘的糊涂处》、岑桑《美国"文明"的"非礼暴露"》等杂谈。

27日,《文汇报》发表黎之的文艺随笔《火热的斗争,火热的诗》。

28日,中国戏剧家协会北京分会筹委会成立。曹禺任主席,副主席为马连良、韩世昌、张梦庚、小白玉霜、李桂云。委员共35人。

《解放军报》发表陈亚丁的杂文《一出又新又美的好戏——赞话剧〈霓虹灯下的哨兵〉》;南弓的散文《布袜暖 枪油香》。

《人民日报》发表马铁丁的杂文《谁是腐朽的核心?》、司马文森的散文《班芝兰——雅加达的故事》。

本月,中宣部指示在全国暂停上映香港电影。中国第一部大型彩色木偶片《孔雀公主》由上海美术电影制片厂摄制完成。全国广播事业调整,电视台、试验台仅留8座,不到原有36座的四分之一。

李纳的短篇小说集《明净的水》,由百花文艺出版社出版。李纳(1920—),女,彝族。原名李淑源。云南路南人。1940年赴延安,1943年毕业于鲁艺文学系。建国后曾任作协驻会作家,安徽文联专业作家,人民文学出版社编审,作家出版社编审,中国作协理事,少数民族作协常务理事。1945年开始发表作品。著有长篇小说《刺绣者的花》,短篇小说集《煤》、《明净的水》,中短篇小说集《李纳小说选》,散文集《弱光下的留影》等。

河北省文学艺术界联合主编的《河北诗抄》,由百花文艺出版社出版。

吴晗的杂文集《学习集》,由北京出版社出版。

"中国人民解放军三十年"征文编辑委员主编的《星火燎原》(七),由人民文学出版社出版。

人物特写《人民的好儿女》,由群众出版社编辑出版,收录作品有《光明磊落的徐学惠》、《英雄少年刘文学》、《毛主席的好孩子》等。

1963

刘厚明的儿童读物《黑箭》,由人民文学出版社出版。

以群主编的《文学的基本原理》(上册),由上海文艺出版社出版。该书下册于1964年8月出版。

下旬,中国作家协会上海分会为帮助业余作者更好地运用文艺武器,参加当前的火热斗争,邀请上海市的工厂、农村、部队的业余作者共24人,连续举行了9天小说、散文创作座谈会。巴金、魏金枝、唐克新、峻青等作家出席了此次会议,会议着重探讨了社会主义文学工作者应当担负怎样的战斗任务的问题。

三月

1日–7月9日,文化部委托中国戏曲学院举办"戏曲编剧讲习会",帮助戏曲作者提高思想水平和写作能力。讲习会领导小组由任桂林、张庚、马彦祥、赵寻、郭汉城等人组成,来自28个省市自治区的有一定创作经验的戏曲作者共44人参加了学习。

1日,《文汇报》发表闻亦步的杂谈《疾风劲草》。

《解放军文艺》3月号发表罗瑞卿的《学习雷锋——写给〈中国青年〉》、刘志坚的《伟大的战士,高尚的品德》;史峭石的短篇小说《下棋》;张爱萍《赞雷锋同志》、魏传统《紧紧钉在我心上》等诗。此外发表沈西蒙(执笔)、漠雁、吕兴臣创作的话剧《霓虹灯下的哨兵》。该剧创作于1962年,1963年初由南京军区前线话剧团在北京进行了多次汇报演出,受到周恩来、贺龙、叶剑英、郭沫若等党和国家领导人的好评,1963年11月29日,毛泽东在中南海怀仁堂也观看了此剧的演出并与演员握手祝贺。该剧于1964年4月由中国戏剧出版社出版。

《四川文学》3月号发表榴红（王振华）的《尹福金和他的姐夫》、韦翰的《映山红》、克非（刘绍祥）的《月季花》等小说；傅仇的《公社春秋》、沈重的《平原喜迎春》、宫玺的《山头有间小小的木屋》、陈国屏的《姐妹》等诗；肖群的《冰山雪海风光》等散文。

《湖南文学》3月号发表柯蓝的《竹楼夜话》、绿森的《投亲记》等小说；未央的《雷锋赞》、王以平的《永生》、沈仁康的《鹰》、吴明仁的《大犍山诗草》、李昆纯的《洞庭风情》等诗。

《安徽文学》第3期发表刘桐雏的《废品与辫子》、陈登科的《短篇三题》、肖马的《特别奖励》等小说；严阵的《火焰般的年代》、玛金的《最优美和最壮丽的歌》、宫玺的《我心中一片椰树林》、李幼容的《边防哨所》等诗；成绶台的《长江散记》、孙肖平的《合欢团》等散文。

《雨花》第3期发表方之的《看瓜人》、夏良锭的《在我的周围》等小说；闻捷的《一个命名的典礼》、福庚的《开阔的新天地》、周瘦鹃的《迎春吟草》等诗；王若渊、王立信的特写《拔"锈钉"》；艾煊的《指点江山》、魏毓庆的《煤城短简》、海笑的《五里湖》等散文。

《火花》3月号发表孙谦的《元老社员》、王培民的《庄户人家》、李逸民的《三个队长》、马烽的《刘胡兰传》（长篇小说连载）等小说；严阵的《种瓜人》、魏巍的《白杨树下》、戈非的《山野摘花》等诗；高捷的评论《金刚石般的语言——赵树理作品学习笔记》。

《延河》3月号发表李小巴的小说《灯火》；张朴夫的《信鸽》、伊丹才让的《白石崖》、郑成义的《河边》、贾漫的《富春江的鱼苗》等诗；刘贤梓的《要反映生活中的主流》、李正峰的《论诗歌投入斗争》、潘旭澜的《虚中见实》等评论。李正峰的文章认为："'言'时代之'志'，'言'人民之'志'，帮助人民认识生活，改造生活，推动生活的前进，是当代诗人的主要任务。人民批准诗歌存在并喜爱诗歌，原因之一就在于它能够及时地、深刻地、感人地反映人民的生活和斗争，抒发人民的爱憎之情。"

《长江文艺》第 3 期发表李冰的《巫山神女》、俞林的《山洪》等小说；吉学沛的《生活·学习·创作》、徐迟的《江南随笔》、李蕤的《水上邙山》等散文。

《新港》3 月号发表有程代熙的《一个大写字母的人——读高尔基〈文学书简〉札记》；艾芜的《春节》、韦君宜的《访旧》、温小钰与汪浙成《妻子同志》、梁斌的《播火记》（长篇小说《红旗谱》第二部连载）等小说；韩笑的《春在喧闹春在笑》、寒星的《贵州诗草》、陶然的《采药郎》、石英的《山的骏马呵》、张天民的《背邮包的姑娘》等诗；峻青的散文《海娘娘》。

程代熙（1927－1999），笔名弋人、山城客。四川重庆人。曾任中国人民大学教师，人民文学出版社副编审，中国艺术研究院马克思主义文艺理论研究所副所长、研究员，《文艺理论与批评》主编，中国社会主义文艺学学会顾问。1947 年开始发表作品。从 1983 年开始，专门从事马克思主义文艺理论的研究。著有《文艺问题论稿》、《艺术家的眼睛》、《马克思主义与美学中的现实主义》、《海棠集》、《理论风云录——一个文艺理论工作者的手记》、《人·社会·文学》、《时与潮》，译著《阿·托尔斯泰论文学》、《普列汉诺夫美学论文选》、《巴尔扎克论文学》、《现代美学文论选》（合作）；编译《马克思恩格斯论艺术》（4 卷本）、《马克思〈手稿〉中的美学思想讨论集》、《异化问题》、《西方现代派作家谈创作》等。出版有《程代熙文集》（10 卷）。

《甘肃文艺》3 月号发表杨忠的小说《深山里的桃花》；吴辰旭《中南月》、李季《逛"庙会"》等诗；汪钺的六幕历史话剧《岳飞》。

《草原》3 月号发表敖德斯尔的《萨兰花与巴特尔》、朋斯克的《桃泛时节》、杨平的《向东方》等小说；安柯钦夫的《山区行》、公刘的《短歌三章》、寒星的《黔东南行》、王绥青的《大青山——抗日的长城》、敏歧的《太行山歌》等诗；茅盾的评论《读〈遥远的戈壁〉》，对敖德斯尔作品集

《遥远的戈壁》中的《撒满珍珠的草原》、《老班长的故事》、《欢乐的除夕》、《春雨》、《老车夫》等几篇小说进行了分析与评述，认为敖德斯尔这十年来的作品尽管在人物性格刻画上不够深刻，但是故事却是十分动人的，并且很有自己的风格。

2日，《中国青年》第5、6期合刊学习雷锋同志的专辑刊登毛泽东的学习雷锋的题词。并以《用雷锋的学习态度学习雷锋》为题发表社论，同时发表陈广生、崔家俊的报告文学《共产主义战士——雷锋》。本期还发表周恩来的题词，董必武、郭沫若、谢觉哉等人的诗词文章。

《人民日报》发表曹靖华的散文《风物还是东兰好——广西抒情》。

《光明日报》发表钟敬文的诗歌《古巴咏》，曲六乙的文艺随笔《华子良装疯——走马观剧》。

3日，《文汇报》发表闻捷的散文《朝霞满天》。

4日，《北京文艺》3月号辟专栏"北京文学艺术工作者第三次代表大会特辑"，并刊登社论《文艺要为反映社会斗争和社会主义建设而斗争》。刊登老舍在北京市文学艺术工作者第三次代表大会上的报告（摘要）《更好地发挥文学艺术的战斗作用》，指出文学艺术工作者们要"用满腔热血来歌颂我们时代的新人物、新思想、新风尚，充分描写我们时代的英雄人物，表现他们同反动事物和落后事物的斗争，为广大人民树立学习的榜样，使我们的文艺更有力地帮助人民推动历史前进"，并从进一步繁荣文艺创作、大力丰富上演剧目、不断提高创作质量、正确地开展文艺批评、适当地展开群众业余创作和艺术活动、改进文艺团体工作和加强文艺界团结六个方面，对未来文艺创作的任务提出了要求。本期还刊登有骆宾基、林斤澜、管桦、李学鳌、李方立、刘厚民在北京市第三次文代会上的发言摘要《深入生活，认识时代》，薛恩厚的文章《戏曲传统剧目的继承与发展》、冯其庸的文章《提高文艺批评的战斗力》；发表管桦的小说《婚事》，李学鳌《故乡的诗》、史峭石《清漳河行》等诗，司空齐的评论《正确认识戏曲中鬼戏的问题》。

5日，《人民日报》发表毛泽东题词："向雷锋同志学习"。本期还刊登了罗瑞卿的文章《学习雷锋——写给〈中国青年〉》。

《光明日报》发表臧克家的诗《和他一比——向雷锋同志学习》，司马文森的散文《"永恒不灭之火"——默拉比火山侧记》。

《文汇报》发表谢其规的诗《青年人，该怎么生活才好》，赵景深的文艺随笔《谈山歌剧〈采桃〉》

《上海文学》3月号发表张长弓的小说《凌晨三点钟》；峻青的散文《瑞雪图》；阮章竞的《多宝湖边花》、郑成义的《水库山月》等诗；吴欢章、孙光萱的评论《鼓舞革命斗志的诗——评郭小川1962年的诗作》，认为"郭小川善于从当前现实中去发现革命斗争的美和感受战斗生活的诗意，满怀激情地加以抒唱"；范伯群《杜鹏程小说中的青年知识分子形象》，认为杜鹏程塑造青年知识分子的形象时有共同的特色，"侧重于观察他们在工农业劳动战线上的种种行动表现和心理动向"，并侧重于按照自己的理想来褒贬人物，常常将两代人并列于作品之中。范伯群（1931－），浙江湖州人。1955年毕业于复旦大学，后为苏州大学中文系教授。1957年开始发表作品，1980年加入中国作家协会。曾与同窗曾华鹏合撰《鲁迅小说新论》、《郁达夫评传》、《冰心评传》等。主编有《中国近现代通俗文学史》、《中国近现代通俗作家评传丛书》，与朱栋霖合作主编《1898－1949中外文学比较史》，与吴宏聪合作主编《中国现代文学史（1917－1986）》等。

《北方文学》发表刘畅园的诗《一个村庄的印象》。

《新疆文学》3月号发表（维吾尔族）克尤木·吐尔迪的《蚕妈妈》、（哈萨克族）布兰太·都斯加宁的《珍珠河畔》、綦水源的《雪映明月》等小说；（维吾尔族）麦合买提江·沙迪可夫的《和天山对唱》、傅暾的《赠喷花女工》等诗。

《热风》第 2 期发表朱丹红的文章《更高地举起社会主义的鲜明旗帜》。

6 日,《文汇报》发表吴中杰、高云的评论《时代风云和周炳性格的发展——读〈苦斗〉》。

《人民日报》发表杨润身的小说《马字儿镰》。

7 日,《光明日报》发表黄宗英的《火·红·花——探泉小记之一》、扎拉嘎胡的《"艾岩"》、曾成的《学习雷锋》等散文。

《文汇报》发表宫玺的诗歌《唱胶东》。

8 日,《文汇报》发表任大霖的散文《近午的鸡啼声——乡土曲之一》。

9 日,陶铸在广州文艺座谈会上发表题为《关于文艺下乡问题的讲话》（讲话发表在 4 月 19 日的《南方日报》）。

首都文艺界、戏剧界人士在程砚秋逝世 5 周年扫墓。参加扫墓的有文艺、戏剧界著名人士田汉、荀慧生、张庚、张梦庚、曾平、薛恩厚、张东川、冯牧等 40 多人。

《解放军报》发表郭沫若 3 月 6 日观看《霓虹灯下的哨兵》后写就的律诗一首,以及蓝马、李维新、邓敬苏的《满怀革命激情,战士英雄本色——谈〈霓虹灯下的哨兵〉的表演艺术》。

《光明日报》发表黄宗英的散文《妇道人家——探泉小记之二》。

10 日,《电影创作》第 2 期发表郭沫若的电影文学剧本《郑成功》（连载到第 3 期）和葛炎、刘琼等改编的电影文学剧本《阿诗玛》。

《人民日报》发表凤子的评论《话剧舞台上的新收获——推荐话剧〈霓虹灯下的哨兵〉》。

《广西文艺》发表秦兆阳的长篇小说《两辈人》第一卷的开头五节。

《青海湖》第 2 期发表杨植霖的《迎春曲》、高鹏的《迎春令》、王浩的《迎春花儿向阳开》等诗；杨友德的小说《马哈里木》。

《山东文学》3 月号发表曲波的小说的《桥隆飙》（长篇小说连载）；纪

鹏的《草原诗情》、郑成义的《张书记》等诗;宋垒的评论《〈鞍钢一瞥〉中的几点艺术问题》,认为郭小川的这首诗"以钢铁般的语言,塑造了这座钢铁城市的英雄形象。这首二百多行的诗里,作者的感情和所要描绘的客观对象达到了密切的契合,因而情景交融,引人入胜"。

《鸭绿江》3月号发表茅盾的评论《〈渴〉及其他》,对韶华的小说《渴》、《梁上君子》、《他们俩》、《浪涛滚滚》进行了评论。

《广西文艺》3月号发表秦兆阳的《两辈人》、李英敏的《夏朗》、苗延秀的《金项链》、林文烈的《忠诚的战士》等小说;韦其麟的《瑶寨小记》、包玉堂的《美丽的画卷,展开,展开》等诗。

《诗刊》第2期发表郭小川的《祝酒歌》、李冰的《巫山神女》、巴·布林贝赫的《草原纪事》等诗。

11日,《文艺报》3月号发表社论《文艺面向农民,巩固和扩大社会主义新文艺在农村的阵地》,刘白羽的《雷锋形象》,陈克的《从农村中的"讲小说"谈起》,陈默的《引人入胜,发人深思——看话剧〈霓虹灯下的哨兵〉》,张庚、薛恩厚、郭汉城、张真、萧甲、胡沙的讨论《〈夺印〉·评剧·现代戏》,张光年的《李瑛的诗——序〈红柳集〉》,秦牧的《古巴文艺战线一瞥》,楼适夷的《重读〈1928年3月15日〉——纪念小林多喜二殉难30周年》,钱谷融的《管窥蠡测——人物创造探秘》。

12日,《人民文学》3月号发表周立波的《卜春秀》、林斤澜的《惭愧》、张天民的《路考》、刘厚民的《山重山》等小说;闻捷的《流向晨曦、朝霞和太阳》、柯原的《海南山水》、史峭石的《飞跨戴云山——征途纪事》等诗;陈白尘的《春夜漫笔》、蹇先艾的《记阳明洞》等散文和刘白羽的报告文学《大同江》。

《人民日报》发表顾工的散文《孩子,回来了……》,严阵的诗《北京站颂》。

《光明日报》发表有沈仁康的散文《海上明珠》。

13日，《光明日报》发表陈刚的评论《为话剧新成就喝彩——评话剧〈霓虹灯下的哨兵〉》。陈刚（1929— ）回族，笔名白练。新疆伊宁人。中共党员。曾任昌吉回族自治州文化局副局长，州文联主席、名誉主席，新疆自治区文联委员，新疆作协常务理事。1964年开始发表作品。著有长篇小说《悠悠伊犁河》，电影文学剧本《野马渡》，中短篇小说集《黑牡丹·白牡丹》，中篇小说《大户风度》、《复苏》、《孔雀楼》、《飞蛾》等。

14日，《人民日报》发表岑桑的散文《"全家福"》。

《光明日报》发表周嘉俊的散文《渔轮上的一课》。周嘉俊（1934— ），浙江镇海人。历任上海《劳动报》记者，上海电影制片厂文学部编辑，《文汇报》记者。50年代开始发表作品。著有长篇小说《山风》，小说散文集《上海——伦敦》、《包身工的后代》，诗集《我爱美丽的黄浦江》，短篇小说集《初航》，中篇小说集《下马厂长》等。

15日，《作品》新2卷3期发表秦牧《哈瓦那的风格和情调》、程贤章《清明时节》、黄庆云《歌》、罗德祯《金荷兰》、马荫隐《水乡一日》等散文。

16日，文化部党组向中央提出《关于停演"鬼戏"的请示报告》，报告要求全国各地，不论在城市或农村，一律停止演出有鬼魂形象的各种题材。29日中央批复同意，并要求有关的文化部门和艺术团体执行。

八一制片厂剧团在北京演出《霓虹灯下的哨兵》。

《解放军报》发表侯明勋的散文《莫嫌海角天涯远》；扬天对史峭石小说集《沸腾的军营》的评论文章《一本亲切感人的短篇集——推荐峭石的〈沸腾的军营〉》，认为他的小说展示了部队丰富多彩的生活。

《文汇报》发表罗荪的文艺随笔《两种人生观——读雷锋日记有感》。

17日，《文汇报》发表鲁彦周的散文《故乡书简》（一）。

18日，《解放军报》发表朱丹西的文艺随笔《借东风，受教益——看

〈霓虹灯下的哨兵〉所想到的》。

19日，《人民日报》发表郭小川的诗歌《大风雪歌——林区三唱之二》。

《解放军报》发表柯原的朗诵诗《灿烂的星辰》。

《光明日报》发表张长弓的散文《草原》。

《文汇报》发表闻亦步的杂谈《吃力能讨好》，任大霖的散文《牛——乡土曲之二》，倪达的诗歌《故乡行》。

20日，《戏剧报》第3期连载焦菊隐在中国戏剧协会举办的第一期话剧作者学习创作研究会上的讲话《豹头·熊腰·凤尾》，至第4期止。

《人民日报》发表的散文有曹宪文的《壮志豪情》、姜德明的《春山潮白河》；诗歌有白原的《塞外春光》；茅以升"桥话"之《桥的运动》。

《文汇报》发表石岱虚的杂谈《好事不嫌其多》，包玉堂的诗《家乡的笑容》。

21日，《光明日报》发表林遐的小说《故事》；楚平的文章《铺衬——戏曲剧本的基本结构技巧》（上）。

《文汇报》发表白夜《苡蓉》、许淇《上海街头》等散文。

22日，中国作协和《人民日报》编辑部邀请了部分作家与记者召开"报告文学"座谈会，该会历时11天，会上对如何充分发挥报告文学——文学轻骑兵的战斗作用及时地、生动地反映我国人民的革命精神面貌，鼓舞群众建设社会主义热情，如何动员更多的作者参加报告文学等问题，做了广泛的讨论。《文艺报》第4号发表《充分发挥报告文学的战斗作用》的报道。

《文汇报》开辟"关于现代剧创作问题的讨论"专栏，发表刘川的文章《更多更好地反映生活斗争》、白文的文章《写人民内部矛盾的感想》、杨履方的文章《创作中的两个问题》、陈恭敏的文章《战斗性、独创性及其他——漫谈现代题材话剧创作问题》。同时，该报还对《北京文艺》1962年11月号上老舍、胡可等人的现代题材话剧问题笔谈进行了综述报道。

《文汇报》发表《作者和记者要响应沸腾生活的召唤——充分发挥"报告文学"的战斗作用》。

23日,《光明日报》发表田间的诗《非洲谣》;曹宪文的散文《要听革命老人言》;楚平的文章《铺衬——戏曲剧本的基本结构技巧》(下)。

《解放军报》发表肖宗的评论《〈霓虹灯下的哨兵〉的结构和人物——戏剧笔记》,认为"作者没有为'一人一事'的结构要求所束缚,而是大胆地将多人多事交织在一起,会结成有头有尾的多重结构"。还认为《霓虹灯下哨兵》塑造得最鲜明生动的三个角色是班长赵大大、排长陈喜和连长鲁大成,因为这个三个人符合高尔基的观点——"戏剧所要求的是动作,是主人公的主动积极,是强烈的情感、迅速的感受、简洁和鲜明的词句"。

24日,《文汇报》发表唐克新的散文《欣欣向荣的大家庭》。

《人民日报》发表李峰、余辉音的散文《"一厘钱"精神》。

25日,中国作协书记处决定成立农村文艺读物委员会。《人民日报》发表社论《文化艺术工作要更好地为农村服务》,并通报首都首批文艺工作者下乡参加社会主义教育工作,各省的文艺工作者也陆续分批到农村。《文艺报》第3号也发表社论《文艺面向农民、巩固和扩大社会主义新文艺在农村的阵地》,强调文艺要面向广大农民群众。

《解放军报》发表全开的评论《敏锐的洞察力——看话剧〈霓虹灯下的哨兵〉有感》。

《星火》第2期发表顾工的诗《姐妹》。

26日,《光明日报》发表张克新的散文《穆洛山上的金竹》。

《人民日报》发表马铁丁的《诗意盎然——〈昆仑山上一棵草〉观后记》。

27日,《文汇报》发表任大霖《映山红——乡土曲之三》、丁善德《竹楼作客》等散文。

《人民日报》发表凤子的评论《一个动人的英雄形象——〈李秀成〉观后感》。

28日，文化部批复同意湖北省文化局关于停演连台本戏《孟丽君》的报告。

《解放军报》发表史峭石的诗歌《等待》。

《人民日报》发表纪鹏的诗《贺兰山春曲》；曹靖华的散文《红旗在召唤——纪念高尔基诞辰95周年》。

《文汇报》发表罗荪的文章《创造时代的新英雄人物》、萧三的文章《高尔基——党的、革命的、战斗的政论家》。

29日，《解放军报》发表老舍的评论《看了一出好戏》。

《文汇报》发表白夜《秦渠淌水人》、丁善德《土色遗址》等散文。

30日，《人民日报》发表史峭石的诗《湘江帆影》；马铁丁的杂谈《"围墙"》。

《文汇报》发表倪振雄的小说《换种记》；司空齐的文学随笔《音乐之"墙"》。

本月，北京市市长彭真指示：北京市的京剧团仍然过多，应进一步调整精简；同时指出不赞成一个流派成立一个剧团，梅尚荀程的剧团应立即调整合并。

总政文化部召开话剧《霓虹灯下的哨兵》座谈会。座谈会上，袁水拍认为该剧"又有思想力量，又有艺术的真实，有生活逻辑的说服力。"赵寻认为该剧"用新的艺术构思，反映了新的生活内容，描写了新的正面人物，表现了新的主题思想。""剧本所反映的矛盾冲突如同生活中一样真实而丰富。"该剧在评论界也引起了广泛的讨论。例如，陈亚丁指出："作者用马克思列宁主义的阶级与阶级斗争的观点，表现了新的时代"，作品"思想性高，英雄人物的艺术形象塑造得高"，"矛盾揭示得深，人物的思想感情探索得深"，"成功地表现了我们的新时代，成功地表现了新时代中的阶级斗争，也成功地塑造了新时代的新英雄人物"。"我们说《霓虹灯下的哨兵》是一出又新又美的好戏，绝不只是指它的艺术形式，更根本的倒是指它的思想内容"，它"把握住本质的矛盾找到打开当前部队生活秘密的钥匙"（《一出又新又美的好戏——赞话剧〈霓虹灯下的哨兵〉》，《解放军文艺》1963年4月号）。冯牧认为：该剧通过真实的戏剧冲突和鲜明的人物形象，通过对于人民解放军的一些貌似平凡的生活场景的描写，采用别出心裁的艺术构思，生动有力地、令人信服地体现了深刻的、具有普遍意义的主题思想（《永远站在革命的最前哨——看〈霓虹灯下的哨兵〉》，《解放军文艺》1963年4月号）。李希凡认为："《霓虹灯下的哨兵》，基本上取材于上海南京路上'好八连'坚持革命传统的模范事迹，但是，剧作家并不是这些事迹的搬演者，他是从沸腾生活的旋涡里观察和表现这些英雄人物的发展和变化的，他是从那'无仗可打'的'平凡'的生活里，倾听到了新的向时代进军的号角"，"《霓虹灯下的哨兵》虽然取材于解放初期一个连队的斗争生活，却通过'十里洋场'的特殊环境，广泛而细致地概括了这一历史时期复杂的阶级斗争的内容，敏锐地把握住了时代精神的主要特征"（《南京路上的一场新的战斗——话剧〈霓虹灯下的哨兵〉观后感》，5月12日《人民日报》）。《霓虹灯下的哨兵》创作于1962年，编剧沈西蒙、漠雁、吕兴臣。剧本发表于《解放军文艺》1963年3月号，1964年4月由中国戏剧出版社出版。1963年年初由南京军区前线话剧团在北京进行了多次汇报演出，4月8日获中国人民解放军总政治部颁发的优秀剧作奖。此后，北京人民艺术剧院、中国青年艺术剧院、总政话剧团、八一电影制片厂演员话剧团、空政话剧团、海政话剧团、战友话剧团等纷纷排演。上演以来，受到周恩来、贺龙、叶剑英、郭沫若等党和国家领导人的好评。

陈残云的长篇小说《香飘四季》，由作家出版社出版。

白辛的中篇小说《冰山上的来客》，由群众出版社出版。

林斤澜的短篇小说集《山里红》，由北京出版社出版。

1963

李瑛的诗集《静静的哨所》，由解放军文艺出版社出版。

张志民的诗集《西行剪影》，由百花文艺出版社出版。

西虹的散文集《无尽的怀念》，由解放军文艺出版社出版，收《穿云入水话英雄》《绵绵无尽的怀念》等。

中国作家协会黑龙江分会编的《黑龙江散文特写选》，由北方文艺出版社出版，收钟涛的《荒野里响起号角声》，逯斐的《新的起点》《草原春暖》，高瑞林的《雁窝岛》等。

四月

1日，《解放军文艺》4月号发表颂扬雷锋的诗歌有纪鹏的《雷锋，你永远在我们的行列中》、萧向荣的《读雷锋日记》；此外，诗歌还有李瑛的《和新战友谈界碑》（两首）、未央的《挑谷》（两首）、韩笑的《夜老虎之歌》（4首）、邹荻帆的《一个洪湖渔民的梦》。

《四川文学》4月号发表傅仇的《伟大的普通一兵——雷锋之歌》、沈仁康的《春天在大地行走》、陆棨的《夜过重庆长江大桥》等诗；林如稷、尹在勤的评论《如诗如画的〈南行记〉续编》详细解读了具体篇章。

《湖南文学》4月号发表胡柯的《外村人》、彭伦平的《竹鸡坡纪事》等小说；未央的《湖区人的手》、廖代谦的《送娇客》等诗。

《安徽文学》第4期发表高善礼的《在轨道上》、王兴国的《回声》等小说；那沙的《高歌吧，英雄的祖国》、谢其规的《钢城曲》和《铆枪手的歌》、江河的《放筏》等诗。

《雨花》第4期发表陆文夫的《棋高一着》、应天士的《江山小花》、刘振华的《我家表哥》等小说；程小青的《卢沟桥漫步》等散文；静人的《于栀隐处唱黎明——江苏革命歌谣选（第二次国内革命战争时期）前言》；"关于如何创造社会主义新人形象的讨论"栏目有陈辽《关于〈出山〉和对王如海的评价》、秦德林《写"新的人物，新的世界"》等文艺杂谈。

《火花》4月号发表马烽的小说《刘胡兰传》（长篇小说连载）；公刘的诗《雷锋歌》。

《延河》4月号发表苏策的小说《老齐》；魏纲焰的《你，浪花里的第一滴水》、史峭石的《十里海堤》等诗；杜鹏程的《海与焰火》、程小青的《卢沟桥漫步》等散文；阿红的评论《独上高楼，望断天涯路——谈诗断片》。

《长江文艺》第4期发表"纪念高尔基95周年诞辰"的文章有骆文的《海燕高飞》、李力的《战斗中就有快乐》、孟起的《高尔基不要美国佬》；柯原的《海岛诗草》、管用和的《梯田》、苏金伞的《歇畔》、公刘《造林》、王眉的《扎营曲》等诗；莎蕻的《鞭子》、碧野的《神农架之行》、汪承栋《醒狮》等散文；谢冕的评论《从瑶池到巫山——李冰长诗〈巫山神女〉读后》。

《新港》4月号发表叶君健的《画册》、梁斌的《播火记》（长篇小说《红旗谱》第二部连载）等小说；雁翼的《重访鲁西北》、蓝曼的《草叶下的目光》、苗得雨的《丢失了的锣鼓》、任彦芳的《灯光颂》等诗；刊登孙犁1963年2月14日在天津创作座谈会上的发言《三点小意见》，从"作家的思想"、"深入生活"、"艺术修养"三个方面，对作家的文艺创作提出了建议。

《甘肃文艺》4月号发表陆振祥的《李二龙》、王维新的《黑牡丹》、杜河的《风雨里的步伐》（中篇连载）等小说；党永庵的《山歌号子》、闻捷的《端阳节放歌》（《长江万里》第六片段）、史峭石《第一道堑壕》、魏钢焰的《海上信天谣》、谢其规的《时针，闪着金光》等诗；潘旭澜、曾华鹏的评论《谈魏钢焰的报告文学》，认为其特色"雄壮高昂，豪迈热烈，严肃而又亲切，表现上率直明快而思想意境却较为深远"。

《草原》4月号发表张长弓《另一条战线》（长篇选载）、照日格巴图《鱼塘的故事》等小说；纳·赛音朝克图作、霍尔查译的诗《高唱〈国际歌〉》。

《长春》4月号发表朝映山的《花香果熟》、岳奇的《开犁这天》等小说；戚积广的《雷锋和我们的诗》、蓝曼的《重访》、王绥青的《村歌》等诗；冯其庸的文艺随笔《结构描写风格——读〈项羽本纪〉随笔》。

3日，《人民日报》发表柯岩的诗《雷锋》；马铁丁的杂文《再论"围墙"》；韩北屏的《举杯痛饮》、洪洋的《滟滪石》等散文。

《文汇报》发表田间的诗《自由树——抄自〈非洲游记〉》；黄宗英的散文《柳梢青青》；以群的文艺随笔《关于报告文学的通信》。

4日，《北京文艺》4月号设"北京文学艺术工作者第三次代表大会发言摘要"专栏，发表老舍的文章《创作的繁荣与提高》，文章指出：繁荣创作是本会的最主要任务，一方面是指提高作品质量，另一方面是繁荣文学各种不同的形式，做到百花齐放。同期还发表王世阁的《战士的心事》、高延昌的《牧羊人的故事》、刘绍棠的《县报记者》等小说；萧三的《我的宣言》、臧克家的《诗在发言》、顾工的《浪花篇》等诗；康式昭的《漫步鸭绿江边》、郑文光的《潜水英雄》等散文。

《光明日报》发表黄宗英的《在革命摇篮里——探泉杂记之三》、朱寨的《看照片》等散文；杨景辉的文艺随笔《小处着笔，大处着眼——看〈霓虹灯下的哨兵〉一得》，指出"话剧《霓虹灯下的哨兵》的作者们，是用细腻的笔触来描写故事、刻画人物的"。文中还详细分析了"布袜子"和"针线包"两个细节，谈了"作者是怎样运用不被人注意的小道具来表现人物的性格和心理的"。

5日，《人民日报》发表郭小川的诗歌《青松歌》（《林区三唱》之三）。

《文汇报》发表闻亦步的杂谈《新习惯》。

《上海文学》发表胡万春《家庭问题》、魏金枝《义演》等小说；郭小川的诗《青松歌》；史峭石的散文《厦门礼赞》。

《新疆文学》4月号发表邓普的小说《老猎人的见证》。

6日,《人民日报》发表韩笑的诗《听战士朗诵》。

《光明日报》发表包玉堂的散文《僮寨抒情》。

《文汇报》发表戈今的剧评《看〈兵临城下〉》。

7日,上海青年演员剧团和上海青年话剧团联合公演朝鲜话剧《红色宣传员》,编剧〔朝鲜〕赵白岭,翻译张琳,导演田稼。

中国福利会儿童艺术剧院演出四幕活报剧《伟大的战士——雷锋》,中国福利会儿童艺术剧院集体编剧,宋捷文、安利、王镇执笔,导演任德耀、胡德龙、任复。

《人民日报》发表杨朔的散文《赤道雪》。

《文汇报》发表田间的诗《非洲游记》。

8日,中国人民解放军总政治部举行优秀剧目授奖大会,表彰部分部队作家和文艺工作者(4月9日《解放军报》予以报道)。话剧沈西蒙(执笔)、漠雁、吕兴臣的《霓虹灯下的哨兵》,陈其通的《井冈山》,刘川的《第二个春天》,谢力鸣、叶槐青的《年轻的鹰》;电影《槐树庄》、《东进序曲》;歌剧《革命历史歌曲表演唱》;舞剧《狼牙山五壮士》等分别获优秀剧作奖。授奖大会由总政治部文化部部长李逸民主持,周恩来出席了大会,鼓励文艺工作者们创作出更多更好的深入生活的作品。

《文汇报》发表顾仲彝的文学随笔《对话剧反映人民内部矛盾的一点体会》。

9日,《人民日报》发表张永枚的诗《寄往越南南方》。

《光明日报》刊载解放军总政治部肖华副主任在优秀剧目授奖大会上的讲话《高举毛泽东思想红旗,大力地反映现实斗争》。同期发表社论《面向现实,深入生活》,还发表任彦芳的诗《白洋淀春曲》。

10日,《人民日报》、《解放军报》发表刘伯承的革命斗争回忆录《千里跃进大别山》。

《文汇报》发表鲁彦周的散文《故乡书简》(二)。

《山东文学》4月号发表曲波的小说《桥隆飚》(长篇小说连载)。

《广西文艺》4月号发表汪静之的诗《祖国颂》;曹靖华的《风物还是东兰好——广西抒情》、王波云的《优美生动,丰富多彩——广西歌圩散记》等散文;陈白尘的文学评论《作家与生活》,这是陈白尘到广西壮族自治区参观期间,在一次与少数民族作家和工人作家进行交流的座谈会上一次讲话,他认为"作家必须深入、研究、分析生活,参加到火热的斗争中去,这是核心问题",只有这样,才能不断地实践和提升自己。

11日,《中国青年报》发表贺敬之的长篇政治抒情诗《雷锋之歌》。

《人民日报》发表吴伯箫的《〈北极星〉跋》。

《文艺报》4月号发表记者文章《充分发挥文艺的战斗作用——记在北京召开的报告文学座谈会》,称本月《人民日报》编辑部和中国作家协会,邀请了徐迟、菡子、碧野、何为、郭小川、田流、魏钢焰、玛拉沁夫、未央、韶华、林斤澜、白夜等来自各地的30多位作家和记者在北京聚会,召开为期11天的报告文学座谈会,座谈了报告文学的创作问题。交流了创作的经验,对报告文学的特征和作用进行了探讨。会议认为"如何运用报告文学及时地反映现实生活,表现时代精神,是我国作家和广大作者当前的迫切任务之一"。会议期间,周扬、老舍、邵荃麟、夏衍、赵树理、周立波等人先后出席了座谈会作了发言或同与会同志交换了意见。本期还发表了徐迟《一些速记下来的思想》、赵寻《演"鬼戏"没有害处吗?》、萧三《高尔基与青少年》、冰心《1959年-1961年儿童文学选集序言》等文章。

《光明日报》发表曹宪文的散文《螺丝钉·傻子·松——略谈雷锋的三愿》。

12日,《人民文学》4月号发表西戎的小说《丰产记》;李季《那时候在太行山》、未央《湖边的生活》等诗;魏巍《路标》、沈从文《过节和观灯》、方纪《电光在夜空中闪耀》、碧野《月夜青峰》等散文。

14日，《作品》4月号发表马铁丁谈报告文学的《"铁笔御史"》。

《人民日报》发表马铁丁的文学杂谈《时代精神题材及其他——关于报告文学的一些意见》，文章第一部分谈到报告文学的"现实性、时代感或时代精神"，认为"只有与构成时代主体，推动时代前进的阶级同呼吸、共命运的人，只有真正容身投入伟大的革命斗争，亲身参加伟大的社会变革人，才能写出有时代感、时代精神的作品来；也只有努力从自己的作品中，去反映时代感、时代精神，才能真正成为阶级的耳朵，阶级的眼睛，阶级的代言人"。第二部分谈到如何找到"最能体现时代感、时代精神的个别事物、典型事物"，马铁丁指出必须"挖得深，看得远"。第三部分谈到"作者的爱、憎、喜、怒，与时代相适应的心灵之火，通过客观事物的叙述与广大读者一起燃烧！"第四部分中，马铁丁谈到"我们提倡写以工人、农民及其干部的劳动、斗争为题材的作品，但是，并不排斥题材的多样化"。第五部分，强调报告文学中写真人真事的一类不能虚构。最后部分，分析了当下报告文学的重要性，并且发出号召——"这是时代的要求，这是读者的需要，让我们充分运用报告文学这个犀利的武器吧！"

《文学评论》第2期发表朱寨的文章《再谈历史剧问题的争论》，对上一期李希凡提出的问题进行了解答；李健吾的文章《戏剧的特征》，从谈论戏剧的五种制约关系即经济、工具、条件、生活、社会制约方面来探讨戏剧的特征。

《文汇报》发表谷斯范的散文《造林——大高垞散记之一》。

15日，郭沫若、廖承志在京欢宴古巴全国保卫革命委员会主席何塞·马塔。出席宴会的文艺界人士有茅盾、周扬、夏衍、刘志坚、周而复等人。

《作品》新2卷4期发表柯原的《灿烂的士兵星辰》、章明的《老民兵·新嫁娘》、芦荻的《北江春晓》等诗歌；何芷、杨嘉的独幕喜剧《战谷催春》；黄谷柳的《伏恐龙·画长虹——〈粤西散记〉》、岑桑的《京口漫笔等散文；王杏元的文学随笔《"铁笔御史"》。

《电影文学》4月号发表陆柱国、王炎的电影文学剧本《"独立"大队》。

16日，《光明日报》发表散文有魏巍的《路标》、司马文森的《不败的花朵——为中国和印度尼西亚友谊欢呼》。

17日，北京人民艺术剧院在京演出话剧《霓虹灯下的哨兵》，编剧沈西蒙、漠雁、吕兴臣，导演欧阳山尊、夏淳，主演郭维彬、吕齐、田冲、胡宗温等。除北京人艺，首都各话剧团体，如中国青年艺术剧院、总政话剧团、八一电影制片厂演员话剧团、空政话剧团、海政话剧团、战友话剧团等，也纷纷演出《霓虹灯下的哨兵》一剧。

《文汇报》发表唐克新的散文《做革命火车头的司炉工》。

《人民日报》发表方纪的散文《梭罗春水》。

18日《人民日报》发表《在首都各界人民声援古巴和拉丁美洲人民大会上——郭沫若同志的讲话》

19日，周恩来在中宣部召开的文艺工作会议和中国文联三届全委二次扩大会议上作题为《要做一个革命的文艺工作者》讲话。要点是：一、对革命的文艺工作者的五项基本要求（政治立场，思想作风，站稳革命立场，掌握革命思想，培养革命作风；树立共产主义的远大理想；改造自己，学理论、学政治、学技术，进行艺术的基本训练，要有写作实践和艺术实践；要不断考验自己，胜不骄，败不馁；长期奋斗，至死不已）；二、积极参加革命的阶级斗争；三、大力加强革命的文艺战线。

24日，《人民日报》发表骆宾基的报告文学《春天的报告》。

25日，北京市文化局党组向市委呈报《为拟对市属梅剧团、尚剧团及青年京剧团进行整顿的请示报告》并附《整顿梅、尚、青年京剧团的初步方案》。

《光明日报》发表张春桥的散文《南京路上好八连》。

《人民日报》发表宫玺的诗《写在蓝天上的信》。

29日,《文汇报》发表评论员文章《矛盾冲突与影响人物的塑造——关于评论〈霓虹灯下的哨兵〉的两个问题》,对一个时期来对《霓虹灯下的哨兵》一剧的讨论做了综述性报道。

《人民日报》发表邓拓的诗《慰问国防前线指战员——调寄满江红》。

30日,《人民日报》发表李瑛的诗《十万大山一哨所》。

本月,中宣部在新侨饭店召开文艺工作会议。会上就所谓"写十三年"问题展开了激烈的争论。周扬、林默涵、邵荃麟等在发言中都指出"写十三年"这个口号有片面性,妨害文艺创作,不符合党的"百花齐放"的文艺方针,同时,还特别批驳了"只有写社会主义时期的生活才是社会主义文艺"的观点。邵荃麟指出"不能排斥革命历史题材和其他题材"。张春桥则对"写十三年"这一主张极力进行辩护,言说语惊四座的"大写十三年的十大好处"。最后,林默涵在总结发言时说:"社会主义文学,不等于只要反映社会主义生活""凡是作家选定的题材,不要因为提倡现实题材而下马。"他批评有些人总要把主席的思想往"左"拉。认为右会亡国,"左"也会亡国。

《儿童文学研究》停刊。

浩然的短篇小说集《彩霞集》,由中国青年出版社出版。

管桦的儿童文学集《小英雄雨来》,由河北人民出版社出版。

戈壁舟的诗集《登临集》,由作家出版社出版。

禾波的诗集《煤海浪花》,由春风文艺出版社出版。

吴伯箫的散文集《北极星》,由人民文学出版社出版。

五月

1日,《人民日报》发表严阵的诗《中国矿工颂》。

1963 五月

《光明日报》发表季羡林的散文《黄色的军衣》。

《解放军文艺》5月号发表总政治部萧华副主任在优秀剧目授奖大会上的讲话《高举毛泽东思想红旗,大力地反映现实斗争》;史峭石的诗《练兵场诗抄》(3首);碧野的散文《呼渡湾》。萧华(1916－1985),江西兴国人。中国人民解放军高级将领。著有《长征组歌》、《铁流之歌》等。

《四川文学》5月号发表席向的评论《思想·形式·民族形式——也谈剧本〈红岩〉》,对杨田村的评论提出商榷,并从思想、形式、民族形式进行了解读。杨田村在《四川文学》1963年3月号中,发表了文章《新的探索》,认为刘沧浪所改编的剧本《红岩》是在原小说的思想基础上,有"新的开拓",是"更鲜明地突出了美帝国主义是中国人民死敌这一思想",认为剧本在思想上的立意比小说还高。

《湖南文学》5月号发表未央的报告文学《毛田性格》、柯蓝的评论《试谈报告文学的写作》。

《安徽文学》第5期发表专论《坚持文艺面向农村、为农业服务的道路》;庄新儒的报告文学《早上》;诗歌有严阵的《淮河评论》、纪鹏的《海疆军歌》、刘湛秋的《雨中青弋江》、师田手的《海岸雪松》、郑成义的《金黄金黄的卡其》。

《雨花》第5期发表沈仁康的诗《雨花台》。

《火花》5月号发表马烽的小说《刘胡兰传》(长篇小说连载)。

《延河》5月号开始连载王汶石的中篇小说《黑风》(至9月号止)。同期发表汪承栋的小说《黎明》;肖云儒的评论《描写阶级斗争的〈烽火春秋〉》,认为"《烽火春秋》是一部文艺性的公社史,是一部以文学的笔法描写烽火人民公社孕育、诞生、发展、巩固的历史"。

《长江文艺》第5期发表李季《寄南天》、徐迟《春天,穿过江汉平原》等诗。

《新港》5月号梁斌的小说《播火记》（长篇小说《红旗谱》第二部连载）；田间的评论《火把——致亚非歌手们〈非洲游记〉代序》。

《甘肃文艺》5月号发表伊丹才让的诗《献给雷锋》；吴中杰、高云的评论《反映农村生活斗争的诗篇——赵树理创作琐谈》，认为赵树理的作品是"深刻揭示农村生活斗争的诗篇，是农民革命胜利的颂歌"，作品突出之处在于"主题的高度深刻性和真实性"，"充满对于劳动的歌颂"，"在新的观念支配下，作品里形成了强烈讽刺因素"。

《草原》5月号发表纳·赛音朝克图《欢乐的时刻》、任彦芳《汽车城诗笺》等诗；其木德道尔吉整理、安柯钦夫翻译《英雄格斯尔可汗——蒙古族民间史诗第二部第十章和最后一章》。

《长春》5月号发表戚积广的特写《春花怒放》。

3日，《文汇报》发表鲁彦周的散文《故乡书简》（三）。

4日，中国青年话剧院演出8场话剧《雷锋》，编剧段承滨，导演陈颙。段承滨（1924— ），剧作家。江西永新人。曾任中国青年艺术剧院艺术室副主任、编剧。著有《健忘者》、《长缨在手》、《沸腾的人们》、《降龙伏虎》、《雷锋》（合作）等。

《北京文艺》5月号发表西虹的报告文学《盐滩上的列兵》

5日，《上海文学》5月号发表吴强的散文《雷锋赞》；胡万春的散文《生活纪事》。

《新疆文学》5月号发表（维吾尔族）铁依甫江·艾里耶夫的诗《忠告》。

6日，《文汇报》发表华东局宣传部副部长俞铭璜署名梁壁辉的文章《"有鬼无害"论》，分7日载完，这是江青组织的对《李慧娘》大规模批判的肇始，由此揭开大肆批判"鬼戏"的序幕。文章对《剧本》1961年7、8月号合刊上发表的北方昆曲剧院演出、孟超编剧的《李慧娘》和《北京晚报》1961年8月31日发表的繁星（廖沫沙）的《有鬼无害论》进行批判。而刊载于1963年第9期《戏剧报》上的李希凡的《非常有害的"有鬼无害论"》，同样批驳了"有鬼无害论"，认为"把这种可怜的鬼说得那么'可敬可爱'，写得那么有声有色，这比宣传一般的有鬼论更有害"。它所宣传的那种"'反抗压迫的斗争精神'"，是"属于封建朝代的，属于弱者的"。本期，还发表沙叶新的评论《"喜剧中的正面形象"刍议》，文章首先谈到"在喜剧中从艺术类型来分可以而且必须应该有两种正面形象，即'正面喜剧形象'和'喜剧中的正面形象'"。作者认为，"喜剧中的正面形象，是指不具喜剧性格的正面形象亦即上面说的无喜剧性无可笑之处的正面形象"；"喜剧中的正面形象应该在艺术上有一定的位置，他的出现无损于喜剧风格的统一"；"喜剧中的正面形象不但与正面喜剧形象有所区别，同时与正剧中的正面形象也不尽相同，在艺术上有它的独特之处"。

7日，《人民日报》发表郭沫若的诗《古巴谚语集句》。

《文汇报》发表吴中杰、高云的评论《政论、形象、时代精神——谈刘白羽的报告文学》。

8日，毛泽东在制订《关于目前农村工作中若干问题的决定（草案）》的杭州会议期间说："'有鬼无害论'是农村、城市阶级斗争的反映。"

《人民日报》发表郭小川的报告文学《无产阶级战士的高尚风格——南京路上好八连》。

《人民日报》发表张永枚的诗《小灯下的诗》。

9日，《光明日报》发表沈仁康的诗《革命的山水》、碧野的散文《金水银河话南漳》。

10日，《解放军报》发表西虹的小说《风雨故乡》。

《山东文学》5月号发表专论《文化艺术工作面向农民，把为农村服务的任务放在第一位》。

《鸭绿江》5月号发表编辑部短论《更好地为五亿农民服务》。

《广西文艺》5月号刊载陶铸1963年3月9日在广东省、广州市文艺界集会上的讲话《关于文艺下乡》。发表了郭沫若的《诗四首》、敏歧的《首都情怀》、翦伯赞的《诗三首》等诗歌。

《诗刊》第3期发表陆棨以"阶级斗争"为题材的组诗《重返杨柳村》、王石祥《兵之歌》、李瑛《山的主人》等诗；谢冕《黄山顶上的战斗旋律》等评论。

11日，《文艺报》5月号发表本刊记者《更好地利用广播为农民服务——河北省饶阳县、晋县收听文学广播情况的见闻札记》，以及田间的《题张永枚的诗集〈螺号〉》、梁壁辉的《"有鬼无害"论》、冯其庸的《义愤出诗人》等文章。

12日，《人民文学》5月号发表峻青的《苍松志》、玛拉沁夫的《在墨绿色球台旁》、唐克新的《炭——献给教育过我的工人阶级的父辈》、马识途的《回来了》等小说；雁翼的《贺大娘——小型叙事诗》、铁衣甫江·艾里耶夫的《火车经过我们村前》、戚积广的《灯光》、芦芒的《建立第一个生活点》、李幼容的《去葱岭路上》等诗；萧三的《亚、非、拉美团结起来》、秦牧的《在古巴红色的土地上》、冰心的《湛江十日》、曹靖华的《尾尾"没六"洞中来》、西虹的《熔炼》、司马文森的《天堂鸟之歌》等散文。

《人民日报》发表李希凡的评论《南京路上的一场新的战斗——话剧〈霓虹灯下的哨兵〉观后感》。文章认为"《霓虹灯下的哨兵》，基本上取材于上海南京路上好八连坚持革命传统的模范事迹，但是，剧作家并不是这些事迹的扮演者，他是从沸腾生活的漩涡里观察和表现这些英雄人物的发展和变化的，他是从那'无仗可打'的'平凡'的生活里，倾听到了新的向时代进军的号角"。"《霓虹灯下的哨兵》虽然取材于解放初期一个连队的斗争生活，却通过'十里洋场'的特殊环境，广泛而细致地概括了这一历史时期复杂的阶级斗争的内容，敏锐地把握住了时代精神的主要特征"。姚文元的评论《这不仅是家庭问题——读〈家庭问题〉》，认为"胡万春同志的短篇小说《家庭问题》(《上海文学》1963年4月号)，是一篇值得向广大读者介绍的有战斗性的好作品。它通过一个老工人家庭中发生的矛盾和斗争，鲜明地提出了一个十分重要的问题：如何教育工人阶级年轻一代，如何使青年一代真正能继承老一代工人的无产阶级的风格"。姚文元分析了小说主要情节和人物形象，并且指出："反映社会主义革命和社会主义建设时期的革命现实，反映阶级斗争和社会改造中的迫切问题，塑造各种各样在社会主义革命时期立场坚定、思想感情高尚的工人阶级先进人物形象，是社会主义文学艺术的重要任务。"

14日，《光明日报》发表黄宗英的散文《燕子——探泉小记之四》。

15日，《电影文学》发表冯德英的电影文学剧本《苦菜花》

18日，文化部发出《关于黑剧团非法活动的一些情况及制止其非法活动的几点意见》。

《光明日报》发表李季的长诗《剑歌》之一章。

19日，《人民日报》发表史峭石的散文《风雨下》。

20日，《文汇报》发表姚文元的文艺随笔《请看一种"新颖独到的见解"》，借评价音乐家德彪西的著作《克罗士先生》，将笔锋指向该书的编者，认为他们没有"阶级斗争观念"。

21日，《人民日报》发表沈仁康的诗《民兵出动了》。

《光明日报》发表景孤血的文章《鬼戏之害》，至25日续完。

22日，由《大众电影》举办的第二届电影"百花奖"揭晓。《李双双》获最佳故事片奖，该剧编剧李准获得了最佳电影编剧奖，张瑞芳获最佳女演员奖，仲星火获最佳配角奖；《哥俩好》中的张良获最佳男演员奖；《槐树庄》获荣誉奖，王苹获最佳导演奖；《刘三姐》获最佳摄影奖、最佳美工奖。

《人民日报》刊登报道《中国文学艺术界联合会第三届全国委员会扩大

的第二次会议》。报道称：中国文学艺术界联合会主席郭沫若，副主席茅盾、周扬、巴金、老舍、许广平、田汉、夏衍、蔡楚生、马思聪、傅钟、阳韩笙和全国委员会委员以及各地特邀代表等380人出席了这次会议。周恩来总理到会并作了重要讲话。他"号召全国文艺工作者积极参加国内外阶级斗争，作一个革命的文艺工作者"。郭沫若主持，并在开幕词中阐述了这次会议所要讨论的问题。周扬在会上作了题为《加强文艺战线，反对修正主义》的报告。除了分组讨论外，老舍、陈荒煤、茅盾、赵树理、冰心、刘开渠、安波、筱文艳、马思聪、吕骥、戴爱莲、袁雪芬、陈其通、田汉等全国委员先后在大会上作了专题发言。

23日，《人民日报》发表许淇的散文《雨》。

24日，《文汇报》发表唐克新的散文《金扬花》。

25日，《大公报》发表老舍的创作谈《人与话》。

26日，《湖北日报》发表李北桂的散文《攀登》。

28日，《人民日报》发表马铁丁的杂文《虫豸知雄鹰之志》。

30日，第二届大众电影"百花奖"授奖大会在北京举行，周恩来、陈毅等出席并接见全体获奖人员。

《人民日报》发表田汉的剧评《看了一个好喜剧——评福建高甲戏〈连升三级〉》。

31日，《文汇报》发表胡万春《鲁家剪影》、郭沫若《长远保持儿童时代的精神》等散文。

《文艺报》5月号刊出冰心的文章《继续种好这一块园地——祝贺〈少年文艺〉创刊十周年》。

本月，李准的短篇小说集《车轮的辙印》，由人民文学出版社出版。

贺敬之的长诗《雷锋之歌》，由中国青年出版社出版。

包玉堂的诗集《歌唱我的民族》，由上海文艺出版社出版。

1963

张永枚的诗集《螺号》,由作家出版社出版。

迟叔昌著的少年儿童读物《大鲸牧场》和赵世杰编译的《阿凡提的故事》,由中国少年儿童出版社出版。

孟寅编著的河北民间故事《柴郎与皇姑》,由人民文学出版社出版。

中国科学院文学研究所主编的《中国文学史》(全三册),由人民文学出版社出版。

六月

1日,文化部党组向中共中央呈报《关于专(市)县所属国营戏曲剧团改为集体经营剧团的请示报告》,并附《关于集体经营戏曲剧团的若干规定》(草案)。

《光明日报》发表冰心的文艺随笔《〈小铁脑壳遇险记〉观后》,张知行的散文《两封信》。

《中国青年报》发表冰心的散文《有了火车头的列车》。

《解放军文艺》刊发的"学习南京路上好八连"的文章有:臧克家的《借社会主义的东风——歌颂"南京路上好八连"》、萧华的《学习"南京路上好八连"发扬艰苦奋斗的革命传统——写给〈中国青年〉》。本期还发表柯原的《连队快板》(3首)、张永枚的《国门守护人》(4首)、宫玺的《天空,我们的海洋》、沈仁康的《南去的云》、李幼容的《塔里木河的歌》(外一首)等诗;杨朔的《生命泉》、魏钢焰的《列宁的航线》等散文。

《四川文学》6月号发表社论《到农村去,更好地与农民群众结合》;高缨的小说《鱼鹰来归》;艾芜的《艾芜同志谈创作——在成都市部分文学作者座谈会上的发言》,提出"描写斗争,必须写出人物的性格,写出人物之间的性格冲突","必须描写斗争中人的感情。反映火热的斗争,必须表现火热的感情",认为一个写作的人"不但要在工作中,在斗争中和群众发生关系,了解群众,而且要对人物作调查研究;把长期参加群众的斗争和有意识的访问调查,研究生活结合起来",而"认识客观世界,是作者更重要的准备工作","学习艺术,掌握艺术的规律,也是文艺工作者不可缺少的准备。"

《湖南文学》6月号发表周立波的创作谈《为了广大的农民》,汪承栋的小说《雪莲花》。

《青海湖》第3期发表汪承栋的诗《高原诗抄》。刊出本刊暂停的通知。

《延河》6月号发表王汶石的小说《黑风》(中篇连载),至10月号载完。

《新港》6月号梁斌的小说《播火记》(长篇小说《红旗谱》第二部连载);司马文森的散文《竹枪的传奇》;程代熙的论文《时代精神·革命真实·英雄人物——高尔基文艺创作思想初探》。

《草原》6月号发表公刘的诗《收获季》;谢冕的评论《升于草原上空的艺术礼花》,认为巴·布林贝赫的诗"深受蒙古族传统文化的熏陶,特别是蒙古族民歌的滋养"。"他的抒情是充分的","他的诗字斟句酌,颇见锤炼的功夫","长诗言简意赅,诗行之间比较跳荡,有巨大的概括力,写来十分精炼"。

《长江文艺》第6期发表陈伯吹的小说《在喷水池边》。

《甘肃文艺》6月号发表公刘的诗《襁褓》。

2日,部队文艺工作者在京欢迎西藏军区等文工团,周恩来、朱德、贺龙等党和国家领导人出席了联欢会。

《文汇报》发表雁翼的诗《东平湖里的帆》;赵树理《随〈下乡集〉寄给农村读者》、魏金枝《手的好看不好看》等文艺随笔。

3日,上海戏剧学院上演4幕话剧《年青的一代》,编剧陈耘,导演罗森、陈耘。这一剧本后经陈耘、章力挥、徐景贤共同修改后发表在《剧本》1963年8月号上。《收获》1964年第3期也发表了该剧本。陈其通认为"这个戏最大的特点,是有深刻的现实教育意义","它的情节简练而思想深沉","人物不多而各有性格"。(陈其通:《社会主义青年生活的道路——推荐话剧〈年青的一代〉》,《人民日报》1963年10月13日)谭霈生认为:"话剧《年青的一代》所揭示的社会问题是极为深刻的,它给观众的思想启示是十分丰富的。它确实像一声砺世磨钝的警钟,能够帮我们提高革命警觉,增强革命斗志。"(谭霈生:《发人深思的课题——看话剧〈年青的一代〉杂感》,《前线》1963年第20期)姚文元认为:"《年青的一代》是青年人生活道路的一面镜子,是社会主义社会青年走向革命化的一面镜子。""它所深刻地提出和正确地回答了的青年人的生活道路问题,是一个阶级斗争问题,是一个关系到共产主义未来的问题。正因为问题本身具有普遍的、深远的意义,在林坚、萧继业、林岚和林育生、李荣生等人物形象中所展开的两种幸福观、两种世界观、两条生活道路的鲜明对比,才那样强烈地激动了千万人的心灵,激励青年人树立无产阶级世界观,抛弃资产阶级世界观。"(姚文元:《革命的青年一代在成长——谈话剧〈年青的一代〉》,《红旗》1964年第6期)陈耘(1923—),剧作家。福建永春人。上海实验戏剧学校表演科毕业。建国后主要从事戏剧教育工作兼搞创作。著有话剧剧本《生产线上》、《英雄小八路》、《年轻的一代》等。谭霈生(1933—),学者。河北蓟县人。1956年加入中国共产党。中央戏剧学院教授。著有《论戏剧性》、《戏剧艺术的特性》、《电影美学基础》、《论影剧艺术》、《戏剧本体论纲》等。出版有《谭霈生文集》(6卷)。

4日,《北京文艺》6月号发表史峭石的《海疆速写》、沈仁康的《北崙河散记》等散文;浩然的《树上鸟儿叫》、费枝的《明月当空》等小说;郭沫若《赞南京路上好八连》、赵树理的《学雷锋》等诗;本刊记者的《进一步演好当代工农兵英雄人物》、骆宾基的《山区收购站后记》、新华社的《加强革命文艺战线,反对现代修正主义》。

《光明日报》发表李准的《你挥洒出了李双双的忘我劳动——致张瑞芳同志》。

《解放军报》发表南弓的散文《风俗的新花儿》。

5日,《文汇报》发表秦牧的《巡堤者的精神》、姚文元的《奇解一则》等散文。

《人民日报》发表田流的报告文学《银树金花》。

《上海文学》发表沈仁康的《矿长》、郑成义的《除夕》、芦芒的《毛泽东时代的革命战士》等诗；曾华鹏、潘旭澜的评论《报告文学与时代精神——读华山、魏巍的报告文学作品》，认为他们反映战斗的报告文学之所到今天还具有激动人心的力量，一个根本原因是"在作者所描绘的色彩斑斓的艺术图画中闪耀着强烈的时代精神的光辉，在今天能够引导读者回忆或者认识那些已经过去的交织着血与火、艰苦与欢乐的战斗的年月，从而更深刻地理解我们革命所走过的一段历程，并且激励人们奋斗于当前的劳动斗争"。

《北方文学》6月号发表臧克家的诗《诗，站起来了》；钟涛的小说《开心钥匙》（长篇小说《大甸风云录》片断）。

6日,《光明日报》发表李健吾的剧评《充满人民的乐观精神》。

《解放军报》发表侯明勋的散文《两本账》。

8日,《光明日报》发表碧野的散文《天柱晓晴》。

9日,《人民日报》发表李希凡的评论《〈四郎探母〉的由来及其思想倾向》，文章第一部分从历史演变的角度梳理"杨家将戏的基调和《四郎探母》的由来"；第二部分中指出《四郎探母》和"杨四郎"的"人情味"，实质上"竭力用人情味来掩饰政治问题，用伦理之爱来美化叛徒的灵魂"；第三部分作者指出"《四郎探母》丑化了杨家将，美化了叛国投敌的杨四郎"，"在《四郎探母》里，那位丧夫亡子久经风霜的佘太君，也失去了她的英雄气概，完全沉溺在母子之情里"。李希凡还指出《哭堂》一场是对于"杨家将"中的英雄人物最严重的丑化。

10日，《山东文学》6月号发表曲波的小说《桥隆飚》（长篇小说连载）。

《鸭绿江》6月号发表邓友梅的小说《草鞋坪》，冯牧的散文《山杜鹃赞》。

《广西文艺》6月号发表曹靖华的散文《尾尾"没六"洞中来》。

11日，《文艺报》6月号刊发社论《积极参加国内外阶级斗争，做一个彻底革命的文艺战士》，并发表冯牧的《战士作家张勤和他的创作》、冰心的《继续种好这一块园地——祝贺〈少年文艺〉创刊十周年》、高士其的《科学文艺的新收获》、马铁丁的《启示——看电影〈红色宣传员〉有感》、邹荻帆的《非洲人民的战歌》等文艺随笔。

《光明日报》发表高士其的散文《科学知识在银幕上》。

12日，《人民文学》6月号发表周立波的《张闰生夫妇》、谷斯范的《买小猪的故事》、贺抒玉的《红梅》等小说；茅盾的《海南杂忆》、冯牧的《摩梭人的家乡》等散文；田流的报告文学《忠心耿耿》；赵树理的泽州秧歌《开渠》。

《解放军文艺》发表杨朔的散文《生命泉》。

《文汇报》发表芦芒的诗《我们的友谊象长白山的青松》；鲁彦周的散文《故乡书简》（之四）。

《光明日报》发表胡同伦的评论《谈美术电影的民族形式》。

13日，《人民日报》发表韩北屏的小说《不巧的巧遇》；董必武的《挽沈衡山先生》、郭沫若的《挽沈衡山先生》等挽诗。

14日，《解放军报》发表史峭石的小说《行军路》。

《文学评论》第3期上发表陈默的《在舞台和银幕上反映当代火热斗争》一文，认为"进一步加强戏剧、电影创作的现实性和战斗性，为了使我们的舞台和银幕充分发挥时代的镜子的作用，就必须更有力地反映当代的火热斗争，这是生活向我们提出的迫切要求，也是戏剧、电影艺术家们义不容辞的责任"。同期发表严加炎的《关于梁生宝形象》一文，认为梁生宝的形象"虽也不乏若干生动描写，显得可敬可爱，但却总令人有墨穷气短、精神状态刻画嫌浅、欲显高大而反失之平面的感觉"。对于严家炎的意见，《文艺报》、《上海文学》、《北京大学学报》、《文学评论》等刊物纷纷发表文章，提出不同看法。同期还发表了姚文元的《关于加强文艺批评的战斗性》；王正的《从巴金的〈家〉到曹禺的〈家〉》，认为曹禺对巴金的《家》的改编是成功的，他"紧紧地把握住了戏剧冲突，在冲突中尽一切努力地突出地展现原著中的主要形象和指导思想"。

15日，《电影文学》发表白刃、林农根据同名话剧改编的电影文学剧本《兵临城下》。

《新华月报》6月号刊载柯庆施1963年5月5日在"南京路上好八连"命名大会上的讲话《向好八连学习》。

《作品》新2卷6期发表沈仁康的小说《换了人间》。

《光明日报》发表张岐的散文《猎海的人——渔岛纪事》。

16日，《红旗》杂志和《人民日报》发表中共中央对苏共中央1963年3月20日来信的复信《关于国际共产主义运动总路线的建议》，予以评论苏共中央公开信的"九评"的文章，自此陆续发表。

《人民日报》发表马铁丁的杂谈《时代的春天——报告文学〈春天的报告〉一书序言》。

18日，《光明日报》发表邹荻帆长篇小说《心潮逐浪》的一节《海棠林下的一课》。

19日，《文汇报》发表宗璞的散文《果园新景》。

《人民日报》发表玛拉沁夫的散文《两匹白骏马——草原纪事之一》。

20日，《剧本》6月号发表王命夫的6场话剧《皆大欢喜》。

《解放军报》发表西虹的《英雄战友的欢呼——访朝日记（1960年11月

8日)》。

21日,《人民日报》发表郭小川的报告文学《旱天不旱地——记闽南抗旱斗争》。

《北京日报》发表新华社记者李峰、林俊卿的纪实文学《九龙江上的抗天歌》。

22日,《光明日报》发表林斤澜的散文《问号和句点》。

《人民日报》发表陈毅的诗《追悼沈衡山先生》。

23日,《文汇报》发表沈仁康的诗《五好社员群象》。

25日,文化部发出《关于控制戏曲艺人乱收徒弟以免发展个人名利思想的通知》。

《人民日报》发表郭沫若的诗《纪念抗美援朝十三年》。

26日,《人民日报》发表朱德《悼沈衡山先生》、田间《载歌行》等诗。

27日,《光明日报》发表胡可、胡朋的《给北京曲艺团曲剧队的信》。

《文汇报》发表沙叶新的评论《审美的鼻子如何伸向德彪西?——与姚文元同志商榷》,作者在《文汇报》上看到姚文元同志的文章《请看一种"新颖而独到的见解"》,他认为"该文是对德彪西的音乐评论著作《克罗士先生》一书而发的。我拜读之后,竟完全赞同该文作者的立论,并且和姚文元同志一样对他批评的德彪西发生恶感。但读了德彪西的原著《克罗士先生》之后,忽又感到德彪西在音乐与生活、音乐与人民群众等问题上的观点并不完全如姚文元同志所批评的那样'最盲目、最庸俗、最可笑'甚至'反动',即使在文风上亦不尽然像他所认为的那么'晦涩难懂'"。

28日,《文汇报》发表田流的报告文学《一件小事》。

29日,《光明日报》发表林遐《旧中国的一天》、韩北屏《古城·废墟·帝王坟》等散文。

30日,《人民日报》发表曹禺的散文《革命的脊梁骨》,秦犁的评论《文艺工作者要在工农群众中扎根》。

本月,王西彦的长篇小说《春晖地暖》、峻青的散文集《秋色赋》、雁翼的诗集《白杨颂》,由作家出版社出版。

沙汀的短篇小说集《祖父的故事》、李冰的诗集《波涛集》,由上海文艺出版社出版。

严辰的诗集《山丹集》,由北方文艺出版社出版。

纳·赛音朝克图的诗集《红色的瀑布》,由内蒙古人民出版社出版。

巴金的散文集《倾吐不尽的感情》,由百花文艺出版社出版。

魏钢焰的散文集《船夫曲》,由中国青年出版社出版。

伊丹才让翻译整理的藏族民间长歌《婚礼歌》,由上海文艺出版社出版。伊丹才让(1933–2004),藏族,诗人。青海平安人。中共党员。甘肃省文联专业作家、省作协副主席。1955年开始发表作品。著有长篇抒情诗《生命沉浮的韵律》,组诗《山海奏鸣曲》,诗集《金色的骏马》(合集)、《雪山集》、《雪狮集》、《雪域集》、《雪韵集》、《喀瓦冈琼》(藏文版),民歌集《藏族婚礼歌》,文集《雪山狮子吼》等。

七月

1日,上海市青年话剧团演出7场话剧《刘胡兰》,编剧阮若珊、张奇虹、周来,导演关尔佳。阮若珊(1921–2001),女,1939年加入中国共产党,是《沂蒙山小调》词作者,新中国成立后任南京军区前线话剧团团长,1955年授中校军衔,获二级独立自由勋章和二级解放勋章。1958年转业曾任中央戏剧学院教授,副院长,党委副书记。

《文汇报》发表洪林、王世桢、刘景清的评论《血泪斑斑,烈火熊熊

——评〈燎原〉的战斗性和艺术成就》。

《羊城晚报》发表秦牧的散文《羊城新八景·序》。

《解放军文艺》7月号发表抗敌话剧团创作组集体创作、贾六执笔的话剧剧本《雷锋》。该剧于1977年重新编排，获得中国人民解放军总政治部"1977年中国人民解放军全军第四届文艺会演演出奖"，剧本再次发表在《解放军文艺》1977年5月号上。同期还刊有曾志明的《火把节之夜》、贺宝贤的《难忘的微笑》等小说；张昆华的《桥·渡·哨》、姜金城的《医院诗草》、陆地的《烈士没走》、严成志的《苍翠的青山》、王磊的《哲里木散歌》、阎一强的《三月榆钱串串香》等诗；任斌武的《雷锋式的战士——黄崇雕》、杨旭的《在海洋上》等报告文学；刊载《话剧〈雷锋〉座谈纪要》。

《四川文学》7月号发表社论《认真倾听农村读者的意见》；廖代谦的《献给党的颂歌》、陈犀的《诗二首》、陆榮的《盐都行》、蓝疆的《凉山谣》等诗；张展、白路平的6场话剧《苦水甘泉》；曾生的散文《奶泉》；何牧的报告文学《在一个生产队里》。

《湖南文学》7月号发表彭仲夏的《山村激浪》，白景高的《飘雪的峡谷》，彭信理的《新米桥旁》，子蓟、亚中的《我的战友》等小说；方克的《咏毛田》、袁步凡的《老支书回村》、徐广的《老人峰》、吴明仁的《洪家关》、杨里昂的《真理的大海》、廖代谦的《陈然烈士和〈挺进报〉》、王予的《浏阳河》、石太瑞（苗族）的《墙》、郭味农的《登上祁东山》、向中兴的《命令高山让开路》等诗；欧阳正武的《我爱韶山》、陈定国的《逢春同志》等散文；鄢朝祝的童话《绿衣姐姐》。

《长江文艺》第7期发表吉学霈的《这事发生在陈家庄》、孟泽的《老朱下队》、洪洋的《天涯若比邻》、辛勤的《拉锯战中的故事》、段荃法的《骡马店》等小说；胡先焱的《山歌哪里来》、朱林山的《大山里人出了头》、何鸿的《三月漳河》、徐广信的《骑兵》、江柳的《茶山小景》、胡海波的《电焊姑娘的话》、路石的《盲艺人歌》、曾超凡的《送行曲》等诗；郭景星的《公社时代的人》、辛雷的《石总工程师》等报告文学；孟起的论文《站在阶级斗争的前列》。

《延河》7月号开始连载王汶石的中篇小说《黑凤》；蓝曼的《巡逻》、牧犁的《熟悉的情景》、康平的《路遇边防战士》、刘文正的《列车在飞行》等诗；魏钢焰的《党的女儿赵梦桃》，杜鹏程、王拙成的《英雄的三年》，肖晨光的《永不退色的战士》等报告文学；发表本刊记者的《让文学作品在培养革命接班人中发挥更好地作用》。

《甘肃文艺》7月号发表谢昌余的论文《写今日英雄 唱时代战歌——漫谈塑造英雄形象的问题》；徐绍武的《秀妹》、张承智的《红香》等小说；江俊涛的《笛声》、伊丹才让的《红色的征途》、杨文林的《工业篇》、王浩的《园林春谣》、郭歌的《春梦》、傅金城的《绣花》等诗；郑重、孙家玉的《年轻的朋友》，于辛田的《新沟春潮》等报告文学；杨发贵的独幕话剧《韩半片》。

《雨花》第7期发表刘振华的《卖桃记》、赵沛的《幽幽的流水》等小说；朱星的《母亲》、甘谷的《补网呀，补网！》、何晴波的《南京路上好八连》、孙友田的《女车工肖像》、梁上泉的《吴淞口》、宫玺的《海石花》、寒星的《人民革命烈士墓奠基碑》、黄东成的《雨》、张棣华的《人咬狗》、徐世珍的《栽秧小唱》、程小青的《雨花台吊烈士墓》等诗；曹仕恭的报告文学《连环暴》；发表杨秉岩、范伯群的《访农村业余作者的所见所闻所感》；在"关于如何创造社会主义新人形象的讨论"专栏中，发表陆文夫的《致编辑部的一封信》。何晴波（1913－1998），江苏如东人，中共党员。17岁时开始发表作品，1930年成立琴波诗社。长期从事新闻、教育和文化工作。1977年出版诗集《大江边的歌》。

《安徽文学》第7期发表黄瑜的《母子之间》、王继侠的《缩小隔距》、高善礼的《碧绿的灯光》等小说；杨联芳的《在平凡的岗位上》、唐松如的《章贵全二三事》等报告文学；严阵的《双堆集颂》、玛金的《不谢的红花》、刘钦贤的《沙原扎根》、向群的《炉》、袁戈风的《深山初测》、张奇的《刀的歌》等诗歌。

　　的《新港》7月号发表徐慎的《老年兄》、阿凤的《外号引起的》、郭澄清的《篱墙两边》、梁斌的《红旗谱》第二部连载的《播火记》等小说；崔椿蕃的《卸盐》、程存志的《新主任》、张学富的《幕后》等小小说；周而复的散文《面向太阳的战士》；李瑛的《北京二首》、王平凡的《毛主席种过的地》、于工的《汽锤》、魏茂林的《水乡傍晚》、田歌的《五峰山顶》等诗；刊登综述《加强革命文艺战线，反对现代修正主义——全国文联三届全国委员会二次扩大会议讨论当前文学艺术的战斗任务》。

　　《长春》7月号发表董速的专论《适应形势需要，提高文艺工作水平》；张天民的《过客》、孙启秀的《宝刀手》、孙绍基的《刘永庆的故事》、王汪的《家风》等小说；赵羽翔的独幕剧《岭上人家》；任彦芳的《黄河故道放歌》、许汉的《农村新景》等诗；马犁的《竹叶青》、富原的《镜子》等散文。

　　《火花》7月号为小说专号，发表孙谦的《入党介绍人》、刘德怀的《大路宽又长》、杨润身的《公社社员》、韩文洲的《两个媳妇》、李逸民的《马号里的故事》、杜曙波的《娟娟嫂子》、鲁萍的《七月七》、马烽的长篇连载的《刘胡兰传》等小说；丁耀良等的《漫评〈太行风云〉》、杨锐的《细节三题》等评论。

　　《草原》7月号发表布赫的《文化必须更好地为农牧业服务》；张志彤、杨啸的《高高的大青山》，照日格巴图的《二婶》等小说；王绥青的《社旗飘飘》、石英的《麦田神鹰》、戈非的《井蒂花村》、孟河的《一把镰》、许名扬的《第一课》等诗；朝襄的散文《少年克斯嘎》；张长弓等的《农乃扎布》、孟和博彦的《献给财富创造者的诗》、许征学的《十年种树育春风》等报告文学；马白的评论《试论张长弓的短篇小说创作》。

3日，《文汇报》发表王一华《天山脚下创新业——遥寄故乡的青年朋友》，张士敏、王立国《两个乘客和一个三轮车工人》等文章。

4日，《北京文艺》7月号发表杨沫的《房客》、刘葛平的《交代工作》、马占俊的《接班》、张天嘉的《妯娌俩》等小说；李瑛《世纪的云》，商文健的《颂歌向着北京唱》，周鹤、温民法的《拉萨风情》，贾长友的《"老太行"》等诗；周竟的《我骑着马儿过草原》、刘厚明的《节日、及时雨》、园墙的《水仙花开的时候》等散文；陶君起的《剧目的整体和局部》，王昆仑的《贾府的奴仆们》，白坚《须眉历历见精神》，赵宗英、张广桢《谈管桦的新作〈婚事〉》等评论。

5日，《上海文学》7月号发表曾毓秋的《活神仙巧遇菊姐》、河田的《血染的红线》、言西早的《年画》等小说；周纲的《土地，火热的土地呀!》、石英的《海滨绿城》、张及的《小道》、沈祖安的《革命传家宝》、王建国的《铁锥啊，我的伙伴!》、沈国梁的《党的光辉永照心》、陈山的《蚕姑娘》等诗；费礼文的《保天下的大事》、张英的《"海龙王"和卫师傅》、何慢的《欢乐的小城》、王洪珍的《党，我的母亲》、卫吉的《勇闯狗牙滩》等报告文学；刘白羽的《创作我们时代的新散文——在上海一次创作座谈会上的讲话》，方胜的《为工业战线上的新人塑像》，吴立昌、刑庆祥、邓牛顿的《一个深刻的资本家形象》，孙光萱、吴欢章的《评袁水拍的国际时事讽刺诗》等评论。

《北方文学》7月号发表社论《为文艺更好地面向农村而斗争》；屈兴岐的《苹果》、王景维的《威信》等小说；巴波《颂》（外一首）、陈谷音的《双上任》、刘畅园的《拖拉机站的黎明》（外三首）等诗；范连宝的《考试》、王水心的《林间夜宿》、吕中山的《玫瑰呢》、谢树的《艳阳天》等散文；林哨的《农业战线上的文化尖兵》、陈山的《蚂蚁岛精神》、阮北垣的

1963 七月

《桃山春日行》等报告文学；王书怀的《诗歌民族化群众化的一点感想》、江山的《拿起报告文学的武器》、李安恒的《无产阶级的情和理》等评论。

《新疆文学》7月号发表王玉胡的《一只破靴子的故事》、玛哈坦的《养蜂的年轻人》、王莱希的《冠军》等小说；朱定的《革命意志的火花》、吴映堂的《阿尔泰山下》等报告文学；胡剑、丁子人的评论《在斗争生活上落笔》。

《热风》第4期发表姚鼎新的《大队长的记事牌》、黄予的《在冠军的荣誉面前》、叶光炎的《羊》等小说；练文修的《闽江口抒情》、江东流的《在南昌八一起义纪念馆》等诗；曾毓秋的《大韩山上的小青松》，徐明新、陈文和、颜剑飞、阙丰龄的《榜山风格》，张铁民、刘耘之、朱文庭的《路越走越宽》等报告文学；张传兴的《好诗还要印在口上》、李谁良的《小中见大，朴中见秀》、陈侣白的《如火的榴花》等评论。

8日，《文汇报》发表孙光萱的《评刘金同志对〈归家〉的评论》，金坚的《如何看待文艺批评家的偏爱问题》等评论。

9日，中国戏曲学院举办的戏曲编剧讲习会结束。讲习会采取交流经验、研究问题、阅读作品和资料并辅以报告、讲座、观摩等方式，着重讨论了对传统剧目中的封建道德观念如何认识和批判，历史题材剧目创作如何表现时代精神、如何古为今用以及创作方法等问题。曹禺、李健吾、王朝闻、焦菊隐、张庚、老舍、吴晗、王力、阿甲等人陆续为讲习会作了报告。

10日，《文汇报》发表峻青的散文《乡音》。

《山东文学》7月号发表梁兴晨的《两家集》、赵梦霆的《黑姐》、春禾的《站柜台的姑娘》、张其昌的《冬青学艺》等小说；燕遇明的《守山勇士》、张象吉的《写在天福山》、冰夫的《复员军人画像》、宫玺的《空军诗页》、马怀忠的《五月天，在东郭》、李维民的《短歌两首》、飞雪的《岱崮云雨》、赵启龙的《金鸟》等诗；袁风的报告文学《刘劳保》；王浅的《读

〈冬青学艺〉》、艺华的《学习创作与思想改造》、孙光萱、陆继椿、胡川的《读贺敬之的〈雷锋之歌〉》、郭文君、王丽亚的《深刻的启示》等评论。

《广西文艺》7月号发表陆地的长篇小说连载《风雨》；亢进的《毛主席啊，我的亲人》、黄庆云的《笑》、古笛的《红河曲》、莎红的《过山榜》等诗；蓝宗镇的散文《绿海金阳》；剑熏等的《战斗在浓烟烈火中》、武剑青、梁发源的《金色的青春》等报告文学；罗立斌的《深入生活，深入当前复杂尖锐的阶级斗争》、肇涛、骆黎的《谈谈文艺的普及和提高》等评论。

《鸭绿江》7月号发表阳苏的《旭日升起》、刘石林的《三难小青年》、刘朝荣的《礼物》等小说；贾六等的6场话剧《雷锋》；刘德轩的《诗四首》、李代生的《深情》、刘湛秋的《革命博物馆诗抄》等诗。

《诗刊》7月号发表李季的《剑歌》、李瑛的《我们心中的歌》等诗；郭沫若的《关于诗歌的民族化群众化问题——给〈诗刊〉的一封信》，认为"五四"以来的新体诗和我国人民大众仍旧是有距离的，诗歌革命一直到现在都还没有彻底完成，要完成这项革命，就应该使新体诗进一步民族化、群众化。不仅如此，做旧体诗词的人也应该寻求解放，不要再去遵守古韵本，而以北京音为标准的韵本。从这期起《诗刊》改为月刊。

11日，《文艺报》7、8月号合刊发表《来华访问的亚非作家支持毛主席的声明，并谴责三国核骗局》、《亚非作家会议执行委员会呼吁书》、《关于诗歌问题的决议》、杨朔的讲话《亚非作家运动的正确路线不容篡改》；冯牧的《谈高缨反映农村生活的近作》、黄秋耘的《漫谈反映农村斗争生活的几篇作品》、林亚光的《读〈雁飞塞北〉》、林遐的《谈杨石的散文》、谢云的《一部具有特色的公社史——从〈烽火春秋〉看贫农、中下农》、陈亚丁的《革命战士的艺术》、苏琴的《舞台上的雷锋形象》、林涵表的《看京剧〈八一风暴〉有感》、许孝伯与陈奉德的《〈归家〉的矛盾冲突及人物形象》、陈言的《真实的和造作的——谈谈〈高空婚礼〉》、艾克恩的《敌我矛盾不能调和

——评〈白鹤〉》、周谷城《评王子野的艺术论评》等评论;"新收获"有王云缦的《怒潮》、张开达的《雪山朝阳》、李啸仓的《满园春色》、沙均的《特别的姑娘》、应胡的《鼓吹续集》等文章;文艺笔谈有李焕之的《让革命的歌声更高!更响!》、刘金的《从〈故事会〉说起》、胡德培的《从李闯王的胡子样式说起》、王尔龄的《文理不通的唱词和道白》、陶宗义的《一件好事》、欣然的《厚与薄》等文章。

12日,中国福利会儿童艺术剧院在上海演出根据沈默君、罗静电影文学剧本《自有后来人》改编的三幕八场话剧《三代人》,编剧周军,导演罗毅之。

14日,《文汇报》发表吴连增的散文《西湖人》。

15日,《作品》新2卷7期发表张漠青的《送柴》、林遐的《生死》、逯斐的《海螺》等小说;张永枚的《烽火颂》、李野光的《青春》、西中扬的《贴在练兵场上》等诗;李耕的散文《深山短笛》。

16日,《光明日报》发表碧野的散文《水之歌》。

《解放军报》发表易莎的散文《绿色的军营》。

16日-20日,亚非作家会议执行委员会会议在印尼的巴厘举行,杨朔出席会议并发言。

19日,《诗刊》社主办的纪念马雅可夫斯基诞辰70周年的诗歌朗诵会在北京举行。21日的《人民日报》、《诗刊》7月号等发表臧克家等人的评介文章。

20日,《人民文学》第7、8月号合刊发表任斌武的《开顶风船的角色》、牟崇光的《在大路上》、王杏元的《"铁笔御史"》、沙汀的《一场风波》、李若冰《黑风岭风情》、费礼文的《动力》、陈桂珍的《钟声》、毛英的《突破口上》、履冰的《会后》等小说;魏钢焰的《红桃是怎么开的?》、袁鹰的《淮安六记》、张庆田的《钻天杨》、王利滨的《一座油榨房的诞生》等报告文学；杨朔的《海罗杉》、师田手的《马兰花》、林遐的《造林》、逯斐的《椰林喜歌》等散文；田间的《天山顶上放歌》、臧克家的《铁的洪流》（8首）、袁水拍的《"和平队"西非现形记》、苗得雨的《沂蒙山颂》（外一首）、侍继余的《从军行》（5首）、周雨明的《沙原雄鹰》（外一首）、张永枚的《国旗》（外一首）、戚积广的《风姑娘》、吴凯的《栽沙枣》等诗；侯金镜的评论《读新人新作八篇》。

《北京文艺》7月号发表杨沫的小说《房客》。

21日，《文汇报》发表芦芒的诗《革命山歌唱不完》。

《光明日报》刊发《杨朔在亚非作家会议执委会上发言，坚持革命路线把反帝斗争进行到底》、《以革命文学唤起群众投入反帝斗争，亚非作家会议执行委员会充满团结反帝的热烈气氛》等文章；发表季羡林的散文《那提心吊胆的一年》。

22日，《解放军报》发表王宗仁的诗《将军田》。

《文汇报》发表安旗的评论《在民族化群众化道路上探索——评郭小川诗歌近作》。文章写道："1962年前后，诗人郭小川同志接连发表了《三门峡》、《乡村大道》、《厦门风姿》、《如鼓的浪声》、《甘蔗林——青纱帐》、《秋歌》等诗。这些诗在艺术风格上很有特点，显示了诗人在思想内容和艺术形式上一些可贵的探索和创造。"郭小川的近作"显然是在努力通过独特的艺术构思体现出无产阶级的革命精神，体现出我们的时代精神"，"郭小川同志在艺术形式上也是一个辛勤的探索者"。对于郭小川诗歌的不足，作者从思想内容和形式技巧两方面提出了自己的看法："郭小川的某些诗歌的境界还没有达到深入浅出的境界"，有些诗歌"过于铺张，过于冗繁"。

23日，《人民日报》发表黄宗英、张久荣的特写《特别的姑娘》。

《光明日报》发表赵朴初的诗《敬礼，你这"街头的鼓手"——纪念马雅可夫斯基诞生70周年》；林遐的散文《惜别》。

24日,《人民日报》发表曹靖华的散文《话当年,咫尺天涯,见时不易别更难!》。

《文汇报》发表刘厚生的文章《朝鲜民族艺术访问》。

25日,《诗刊》社主办的支持黑人斗争诗歌朗诵会在首都剧场举行。

《星火》第4期发表彭永辉的《"火焰山"》、朱正平的《值日员的一天》、谭喜亮的《烟花三月》等小说;赵相如的散文《堤上看画》;朱礼生的《队长的母亲》、刘延高的《和王叔叔上堤》等小小说;吕云松的《朱军长再上井冈山》、郑伯权的《在机耕路上》、杨传兴的《回乡曲》、王一民的《棉乡诗絮》、苏辑黎的《望苍山》、王贵华的《这座山,他最熟》、陈良运的《红星集》、吴有生的《夜眺桐树岭》、肖宾的《山鹰》等诗;丁慰南的报告文学《为粮而战》;张谨之的《一曲党的颂歌——电影〈燎原〉观后感》、郭蔚球的《阶级斗争的史诗——试谈〈燎原〉的思想意义和几个正面人物的塑造》、剑翎的《诗的时代,时代的诗》、司徒晋真的《深入生活和艺术的概括、提炼》等文章。

28日,《解放军报》发表纪鹏的诗《一张日历的召唤——为朝鲜停战十周年而作》。

29日,《文汇报》发表曾文渊、吴立昌、戴厚英的评论文章《〈归家〉主要人物形象评析——兼谈人物精神面貌的丰富性复杂性问题》,主要谈对刘澎德的《归家》(上部)主要人物菊英和朱彦的形象塑造和对人物精神面貌丰富性和复杂性的理解:"从作品看来,作者对于菊英和朱彦这两个人物的塑造是经过精心设计的:一方面写他们在爱情纠葛中表现出来的不同性格,另一方面写他们参与周围阶级斗争和农业科学试验,以求较全面地显示他们的精神风貌"。但是,"尽管作者把他们作为先进青年去描写,而他们却恰恰缺乏无产阶级的思想感情。"关于爱情题材,作者认为"作家也只有把人物放在重大斗争的旋涡里,才能深刻地、充分地揭示人物丰富复杂的精神面貌"。

本月，各省党报分别报道各省文联贯彻全国文联扩大会议精神，号召广大文艺工作者积极参加阶级斗争。

《新建设》7月号刊登记者综述《历史剧问题讨论近况》。

中国青年出版社出版姚雪垠的长篇历史小说第一卷《李自成》，该书第2卷出版于1977年，第3卷出版于1981年，第4卷和第5卷分别出版于1999年。

作家出版社出版袁鹰的散文集《风帆》和严阵的诗集《琴泉》、梁上泉的诗集《山泉集》。

上海文艺出版社出版姚文元的散文集《想起了国歌》和浩然的短篇小说集《杏花雨》。

《人民日报》报告文学选集《春天的报告》由人民日报出版社出版，收录骆宾基的《春天的报告》、碧野的《黄连架》、玛拉沁夫的《大青山的歌颂》、茹志鹃的《在那东海边上》、郭超人的《草原播种者》等18篇文章。

八月

1日，《光明日报》、《解放军报》同时发表杨成武的革命回忆录《从东渡黄河到平型关大战》。

《解放军文艺》8月号发表竹青的《接旗》、刘祖培的《对手之间》、周立波的《参军这一天》、李钧龙的《胭脂寨》、孟丹的《铃》等小说；杨星火的《天安门前》、沙白的《剑哥》、陈忠干的《将军考射手》、朱鹭的《水兵的诗》等诗；庄朝亨等的《将军传经记》、张永枚的《椰林深处》、诸辛、杨文明、朱步行的《破浪驰援记》等报告文学；骆峰的《红薯地头》、马融的《总机旁的姑娘》、李希曾的《飞毛腿》等特写；肖泉的《农奴解放斗争的凯歌——谈话剧〈雪山朝阳〉》、张立云的《谈几篇反映部队现实生活的短篇小说》等文章。

《四川文学》8月号发表饶阶巴桑的《高原哨所》、山莓的《听歌》、宁松勋的《晨号》、杜承南的《战士的脸盆》、凌行正的《汗》、陶嘉善的《行军途中》、晓雪的《山歌》（外一首）等诗；沈仁康的散文《延安的时钟》；明朗的《眼看万木竞长，必有大树凌空》、小木的《多摆点龙门阵——读短篇小说札记》、吴野的《努力表现人民新的精神面貌》等评论。陶嘉善（1934－　），江苏阜宁人。中共党员。1952年毕业于华北军区军政干部学校政治理论教育系。曾任北京防空军政治理论教员，北京军区空军政治部创作组创作员，《体育博览》杂志总编辑，《华人世界》杂志副主编，华声报社副社长兼副总编辑，《中国改革与开放》杂志总编辑。中国延安文艺学会副会长兼秘书长。1954年开始发表作品。著有长诗《礼花赞》（合作）、《我们心中的丰碑》，诗集《心灵的火花》，报告文学集《摘取王冠的人》，小说散文集《火热的心》等。

《湖南文学》8月号发表谢林鹤的《柳》，柏生、谷贞的《夜走山田》，陈殿国的《我的连长》，周大海的《生活的课题》等小说；纪鹏的《兵车奔驰》、郑伯权的《年夜》、王燕生的《每当我走完一天的路程》、吴明仁的《民兵夜哨》、李怀孙的《竹山》等诗；高歌今、杨因的评论《伟大的战士，光辉的颂歌——评贺敬之的〈雷锋之歌〉》，评论员文章《回答农民最关心的问题　满足农民多种需要》。

《长江文艺》第8期发表苏群的《穆茂堂家的悲喜剧》、汪承栋的《怒涛》、章明的《第十五号台风》、刘学仁的《滔滔的汉江》（长篇选载）等小说；贺大群的《区委书记》、李声明的《钢铁铿锵声》、宇宙的《将军堤》、王维洲的《演员在工地》、丁皓的《放筏歌》、苏发铸的《分配》等诗；马国昌的《俺们连长》、方振益的《雄鹰展翅》等报告文学。

《延河》8月号发表汤洛的《森林曲》、王汶石的中篇连载《黑凤》等小说；柯原的《两个上尉》，史峭石的《海岸晨号》，舒同的《陕南行》，李来予的《勘探账房》，郭南、石怀川的《放筏少年》等诗；柳青回应对于《创业史》中梁生宝形象的批评，在题为《提出几个问题来讨论》的文章中，对严家炎的批评提出了不同意见，认为《创业史》不存在重大的原则问题。但他同时承认"《创业史》第一部的确是有缺点和弱点的……严家炎同志含蓄指出我在生活上和艺术上的艰苦准备都不够，是正确的……特别是他关于我深入生活不够的批评，我是乐于接受的"。为了方便读者探讨和研究，同期转载了严家炎的文章《关于梁生宝形象》（原载于1963年第3期的《文学评论》）。

《甘肃文艺》8月号发表本刊评论员的《努力创作反映现实斗争的剧本》；赵戈的《嘉峪关下的挽歌》、高平的《阶级斗争的战歌》等诗；史哲明的独幕话剧《赠树》；肖草的《在情感深处渗透时代精神》、晓波的《跟上生活的脚步》、吴中杰的《适应与提高》、周易的《道具的妙用》等文艺随笔。

《雨花》第8期发表海笑的《达到国家标准》、梅汝恺的《关于爷的"烂糊面"脾气问题》、向大的《两个科长》等小说；魏毓庆的散文《时代的颂歌在我脑海中激荡》；曾传炬的《击鼓声声催稻香》、凤仪萍的《北海道的血泪》等报告文学。

《安徽文学》第8期发表张庆田的《父子篇》、吴树声的《火头军大叔》、丁育民的《红杜鹃》、何金宗的《第一篙》等小说；李瑛的《战士书束》、苗得雨的《绿衫歌》、敏歧的《年年窗前梨花开》、韩瑞亭的《碑与剑》、孙立真的《防风林》、王兴国的《平静的大江》等诗。

《新港》8月号发表梁斌的长篇小说《红旗谱》第二部连载《播火记》、韩文洲的《因为五丑是队长》、张峻的《赶集》、刘彦林的《在前进的道路上》等小说；王利生的《"相"儿子》、李鹜鹏的《插柳记》、张树江的《同学之间》等小小说；宫玺的《空军诗页》、柯原的《哨棚歌》、饶阶巴桑的《骑巡淡月夜》等诗；田流的《柳暗花明》、王西彦的《塔》等散文；黄秋耘的《〈红楼梦〉琐谈》、文彦理的《略论〈红楼梦〉的思想和艺术——纪念曹雪芹逝世200周年》等文章。

《长春》8月号发表王宗汉的《步步高》、侯树槐的《赶车人》等小说；刘景林、杨允谦的《练兵场诗草》，宫玺的《飞行员的故事》，周必忠的《新媳妇》，姚绿野的《小调新词》等诗；谷生的报告文学的《闯将》；冯其庸的评论《情与景会，情在景中——读〈岳阳楼记〉》。

《火花》8月号发表马烽的长篇连载《刘胡兰传》、王培民的《老冯回乡那天》、李喜善的《寒夜一路暖》、刘银库的《战士的称号》等小说；赵新正的《战士运肥上山来》、闻耀的《枣子红了》、赵勇的《邻居》、峭岩的《空中哨兵的诗》、王东满的《重回太行山》、李福虎的《等待》等诗；朱宝真的《生活、题材、时代精神》、蔡肇发的《反映时代，面向农村——努力创作现代剧目》等评论。

《草原》8月号发表王阵的《岩石花》、士美的《草原的小鹰》、沙痕的《辛明爷》、柳飞的《五号桥下水畅流》、东升的《雨夜钟声》等小说；夏承焘的《呼和浩特纪游六首》、敏歧的《北京情怀》、王磊的《春灌二题》、阎明林的《野营小记》、李玉台的《雨》、于文向的《老来红》等诗；敖德斯尔的《写在英雄们中间》、巴图宝音的《伦坤保》、赵延章的《连队的"好管家"》等报告文学；孟和博彦的《深入生活有感》、石万英的《戏剧要更好地为农民服务》等评论。巴图宝音（1933— ），达斡尔族。笔名托木·瓦韧·泰波。黑龙江齐齐哈尔人。中共党员。毕业于内蒙古大学中文系。曾任《草原》、《民族文学》等杂志编辑。1952年开始发表作品。著有叙事诗《勇敢的交通员》，儿童作品集《漫话山上人》，民间文学集《鄂伦春族民间故事集》，专著《达斡尔族风俗志》、《中国少数民族当代文学史》（合作），电视剧本

《相思草》（合作）、《巴拉根仓》（合作）等。

2日，以田汉为团长的中国戏剧家代表团赴朝鲜访问。访问期间，代表团成员参加了朝鲜民主主义人民共和国成立15周年庆祝典礼，访问了平壤、元山、信川等城市。

4日，《北京文艺》8月号发表林斤澜的《志气》、马占俊的《老牛和小皮球》、阮波的《秋夜》、路建群的《割谷子——一页日记》、马振方的《改选之夜》等小说；纪鹏的《敌前练武》、徐锁的《红色的山路》、石建林的《山村新事》等诗；子倪、锦云、晓毅的独幕话剧《毕业前夕》；杨永青的《〈骏马飞驰〉读后》、陈传才的《〈盐滩上的列兵〉和〈燕山采访〉》、舒真的《革命的怒潮澎湃不息》等文章。刘锦云（1938— ），笔名锦云，河北雄县人。中共党员。1963年毕业于北京大学中文系，同年开始发表作品。曾在昌平县和北京市委宣传部工作。1982年进入北京人民艺术剧院担任编剧，后担任人艺院长、中国戏剧家协会副主席等职。著有话剧《狗儿爷涅槃》、《背碑人》、《阮玲玉》、《风月无边》、《甲申长陵梦》，戏曲《杀妃剑》，中短篇小说集《笨人王老大》等。陈传才（1936— ），学者。广东普宁人。中共党员。1961年毕业于中国人民大学新闻系。中国人民大学中文系教授。著有《艺术本质特征新论》、《文艺创作70讲》、《文学理论新编》、《文艺学百年》、《中国20世纪后20年文学思潮》、《当代审美实践文学论》等。

《民间文学》第4期选载蒙古族史诗《江格尔传》（多济、奥其译）。

5日，《光明日报》发表芦芒的诗《高昂的回响——致一黑人诗友》。

《文汇报》发表叶元的评论文章《谈〈甲午风云〉和〈甲午海战〉的题材处理》，作者首先谈了"真实性"问题，认为"应该写那种虽然未必大量存在，未必在数量上占优势，然而却代表着生活的主流，代表着历史前进的方向，代表着人民大众的意志和光耀未来的那种真实"，而《甲午风云》、《甲午海战》正是这样正确处理题材的。作者还谈了对于"事件的选取"，

"作者选取了北洋舰队全军覆灭这一无可替代的历史事件作为一切情节的基础","这一构思实在非常高明","整个舰队在李鸿章的绥靖政策而全军覆灭的规定情节下来刻画英雄们的不朽业绩"。本期还发表以群的文章《对儿童文学创作的一点意见——祝〈少年文艺〉创刊十周年》,作者建议"为少年儿童服务的文艺刊物确实也需要扩大反映面,提倡题材的多样化",此外"以少年儿童为服务对象的文艺作品,也应该竭尽一切可能加强它的真实性提高它的艺术性"。

《上海文学》8月号发表钱正裘的《白雪丹心》、黄知义的《蓝天展新翅》、徐俊杰的《路》、杨国华的《喜上眉梢》、祁峰的《图玛蒙》等小说;宫玺的《海南岛诗草》,绥之的《水乡诗情》,陈晏的《在路上》,郭瑞年的《山里人家》,左婴的《风寨夜歌》,刘少忠、房善华的《水兵之歌》等诗;郭以哲的《燕子来时》、胡宝华的《红花绿叶》、徐宝康的《奖章》等报告文学;菡子的散文《自豪的黄霉时节》;电影文学剧本罗荪的《社会主义文艺下农村》,王一纲、张履岳的《周朴园的"深情缱绻"》,管窥、一鸣的《我们对〈出山〉的理解》等文章。

《北方文学》8月号发表王皎的《选队长》,王化信、何培华的《路》,陈桂珍的《参加革命的第一件事》等小说;王书怀的《火热的乡村》、沙振宇的《中朝部队铁旗杆》、关守中的《我们站在天安门前》等诗;董玉振的《参观团来了》、王云笑的《壮怀激烈的歌声》等散文;关于林予的长篇小说《雁飞塞北》(1962年出版)的座谈会纪要《大跃进时代的颂歌》,称林予的《雁飞塞北》是表现黑龙江省当前生活的第一部长篇小说,也是中国人民解放军转业官兵垦荒战斗生活的第一部长篇小说,是该省文学创作的一个很大的收获;牧犁的评论《模仿不是创作》,认为对于初学写作者来说,向优秀的作品学习、借鉴是十分必要,但学习不等于照搬别人的题材、主题、人物、情节,而是学习人家如何深入生活,提炼素材的经验,从而提高自己的思维能力，避免创作模仿、照搬。发挥自己的独特性，是创作的一种进步。

《新疆文学》8月号发表梁寒冰的《争夺》、阿不里米提·乌斯满的《治水仙女》、朱光华的《哈生木和牙生木》等小说；田间的诗《血泪树》；金炳喆的《让我们笑得更好》、本刊编者的《怎样看待对〈秋雨〉的不同评价》等文章。

6日，《解放军报》发表万邦富的诗《南国军讯》。

《工人日报》发表刘建国的报告文学《断手复合记》。

7日，《光明日报》发表梅葆琛的散文《回忆父亲》。

10日，《光明日报》发表陈朝红的文章《在矛盾斗争的焦点上写人物——读〈鱼鹰来归〉》，认为《鱼鹰归来》这篇小说"展现的是生产队的日常生活里阶级斗争掀起的波澜"，"这篇小说尖锐地提出了干部的阶级立场、阶级观点和作风这个具有重大现实意义的问题"。文章在分析了"从迷惑失足到后来猛醒回头"的人物"王自明"之后，认为"《鱼鹰归来》在表现形式和描写手法上，也给人耳目一新之感"。

《广西文艺》8月号发表评论《加强革命文艺战线，反对现代修正主义》；秦兆阳的长篇小说连载《两辈人》；黄青的《南宁的凤凰树》、包玉堂的《抗旱二题》、海雁的《南疆短歌》、石谷的《边疆军歌》等诗。

《鸭绿江》8月号发表刘恩英的长篇小说《女童工》片段《在饥寒交迫的年代》、杨大群的《长天火种》、韶华的《寓言三则》等小说。

《山东文学》8月号发表于良志的《赵家兄弟》、张扬的《战士》、韩景海的《大花鞋》等小说；李健葆的《哨所抒情》、刑书第的《哥俩好》、孙克恒的《唱给一位轮机长》等诗；马志良的报告文学《第一步》；文思的《一篇爱憎分明的作品》、王安友的《努力做一个彻底革命的文艺工作者》、孟浩的《谈〈绿水长流〉的一些得失》、晓霞的《谈〈绿水长流〉关于人民内部矛盾的处理》等文章。

1963 八月

《诗刊》8月号发表巴·布林贝赫的《故乡的风》、郭小川的《站台风》等诗。

13日，文化部发出《关于继续执行剧本上演报酬制度的通知》。

14日，《文学评论》第4期发表臧克家的《蒲风的诗——〈蒲风诗选〉序言》，樊骏、吴子敏的《〈归家〉的思想倾向和艺术倾向》，韦呐的《略述关于典型人物的几个问题》，戈宝权的《关于鲁迅最早的两篇译文——〈哀尘〉、〈造人术〉》等文章。

15日，《作品》新2卷8期发表发表郁茹的《姊妹俩》、朱白兰的《党的树苗》、何为的《留念》等小说；张永枚的《时代的花环》、柯原的《南国诗草》、杨燊的《青年运河之歌》、唐奇的《唱给瀑布的歌》等诗；章明的报告文学《海里蛟龙》。

16日，周恩来在音乐舞蹈座谈会上讲话，阐述了关于文艺工作的方针，以及艺术作品的标准、创作的表现形式等问题。

17日，《光明日报》发表岑桑的散文《零将不等于零》。

18日，《文汇报》发表峻青的中篇《大王岭》中之一节《血仇》。

19日，《内蒙古日报》发表董必武的诗《初到内蒙古》。

《文汇报》发表高云的文章《〈香飘四季〉漫评》。

20日，周恩来在政协礼堂观看张家口京剧团演出的京剧《八一风暴》。演出结束后，他对剧团的同志说："京剧演现代戏不容易，你们在艺术上有创造，方向对。演现代戏，也要演传统戏，两类戏都要演，可以互相借鉴。"

《人民日报》发表韦君宜的报告文学《家训——一个老工人的谈话》。

22日，《光明日报》发表严阵的诗《船长颂》。

23日，北京人民艺术剧院复排演出《关汉卿》，编剧田汉，导演焦菊隐，主演于是之、狄辛、邱扬等。

《文汇报》发表韩北屏《双城记——摩洛哥漫游漫记之一》、杜宣《访日诗简》。

24日，北京市文化局向北京市人民委员会报送《整顿梅、尚、荀、青年京剧团具体计划的请示报告》，提出"把梅、尚、青年京剧团及已经改制的荀剧团的牌子摘下"，"把四个团合并成一个团"，改名"北京京剧二团"。9月27日，北京市人民委员会作了《关于整顿梅、尚、荀、青年京剧团问题的批复》，同意北京市文化局意见并"请即办理"。

《光明日报》发表张长弓的散文《钻"马架子"——公社人物素描》。

26日，《文汇报》发表综述《关于〈创业史〉主人公梁生宝的讨论》。

《光明日报》发表《中外诗人共聚一堂歌颂黑人兄弟的反帝斗争——首都举行支援黑人诗歌朗诵会》。

27日，文化部发出《请各地剧团积极配合当前的阶级斗争和社会主义教育运动大力上演反封建迷信，反对买卖、包办婚姻的剧目的通知》，并附推荐剧目，其中包括3个话剧剧本（金剑的《赵小兰》、曹禺的《家》、魏如晦的《钗头凤》）、7个戏曲剧本和两个歌剧剧本。魏如晦即阿英。

《光明日报》发表马识途的《花溪揽胜——走马行之一》。

28日，《文汇报》发表谢其观的诗《致美国黑人》。

29日-9月26日，文化部、中国剧协和北京市文化局联合召开首都戏曲工作座谈会，讨论进一步执行"百花齐放、推陈出新"的方针问题。周扬、林默涵在会上讲话。林默涵认为，剧目要丰富多样，传统戏、新编历史戏和现代戏要三者并重。会上讨论了对"鬼戏"的看法，对传统剧目中封建性、人民性的理解，对戏曲舞台艺术的革新等问题。（《文艺报》、《戏剧报》分别于第9期发表社论；《戏剧报》还详细报道了关于"推陈出新"问题的讨论。）这次会议之后，戏曲界逐渐增多了以反映现代革命斗争生活为题材的现代戏剧目。

30日，《文汇报》发表秦牧的散文《珠环翠绕新水乡——珠江三角洲一个"百万庄"的成长》。

31日,《光明日报》发表马识途的游记《从大石桥到大竹——走马行之二》。

本月,《山东文学》、《延河》、《广西文艺》、《甘肃文艺》、《新疆文学》、《新港》、《火花》转载《文艺报》的社论《积极参加国内外阶级斗争,做一个彻底革命的文艺战士》。

《文史哲》第4期在"学术动态"专栏发表狄其骢的文章《关于典型问题的讨论综述》,指出近几年文艺界中一些文艺理论问题探讨(如现实主义问题、历史剧问题),都涉及或被归结为对典型问题的不同理解。文章主要从典型与共性、典型与理想人物、典型与典型环境、典型与艺术方法四个方面对典型问题进行深入探讨。

《中国妇女》8、9月号连载邓普的小说《军队的女儿》。

中国人民解放军总政文工团话剧团演出7场话剧《首战平型关》,编剧傅铎、白云亭,导演鲁威。剧本发表在《解放军文艺》11月号上。

作家出版社出版茅盾的随笔集《读书杂记》、阮章竞的诗集《勘探者之歌》、刘真的短篇小说集《长长的流水》。

东风文艺出版社出版杜鹏程的短篇小说集《平常的女人》。

中国青年出版社出版李冰的叙事长诗《巫山神女》。

内蒙古人民出版社编辑出版《远域新天(散文、游记)》。

中国少年儿童出版社出版柯岩的儿童文学《我对雷锋叔叔说》。

九月

1日,《解放军文艺》9月号发表字心的《岩鹰换翅》、张知的《小老刘的算盘》、张勤的《军号声声》、高缨的《鱼鹰来归》等小说；李瑛的《到时候了，已到时候——献给斗争中的美国黑人弟兄》、羊洪兴的《边防战士》、易莎的《"树司令"》等诗；云照光的《春满军营》、曾克的《重访羊山》、张英的《血仇深恨》等散文；崔左夫的《"一号电话员"》、章明的《海里蛟龙》、李天木的《铁腰杆》等报告文学。

《四川文学》9月号发表艾芜的《野樱桃——南行记续篇之一》、黄纬的《麦收时节》、巴迅的《风高喜鹰飞》等小说；傅仇的《访贫记》、胡笳的《巴山采石谣》等诗；重行、葛鹏的《"牛"书记》、方赫的《米恒清和他的生产队》，阿发、家模、为煜的《从射洪到新都》等报告文学；田原的评论《更好地反映阶级斗争，表现时代精神》。

《湖南文学》9月号发表赵清学的《我们村里的故事》、梁春明的《翠竹林中》、刘风的《山区医生》等小说；郭味农的传记文学《李定国传》；李子园的《把战斗的号角吹得更响——谈谈几篇反映阶级斗争的短篇小说》、湘波的《大力讴歌新时代的英雄人物——谈几首歌唱雷锋的诗》等评论。

《长江文艺》第9期发表吉学沛的《捉"鬼"记》、李北桂的《报到》、张庆和的《镰刀》、毕方的《第二代》、尔重的《"梦"》等小说；黄声孝的《西陵峡采石》、洪洋的《女驾驶员》、李声明的《老矿工的情怀》、李南的《削平山峰》、袁丁的《矿山的云》等诗；程云的报告文学《风流人物》；杨平的《新人新作拭目看》、孟起的《创造新的民族形式》等评论。

《延河》9月号发表王汶石的中篇连载小说《黑凤》；李幼容的《北疆行》、黄彪的《毛主席像前一老人》、田奇的《沙路》、刘培森的《巴山诗抄》、姜德华的《车间"流水线"》等诗；杜鹏程的创作谈《动笔之前——在一次报告文艺座谈会上的讲话》。杜文对一些我国现代作家和新闻工作者的报告文学的写法提出了批评，并指出自己心中理想的报告文学应该是："它所表现的必须是确凿事实，如果因为艰苦采访太麻烦，精确调查太枯燥，就主张

'虚构'和'想象',是值得商榷的。"

《甘肃文艺》9月号发表于川的《兰芳的婚事》、万一的《马野班长》、孙志超的《山村里的故事》、长东的《没编完的板报》、黄莺的《配角》等小说;任国一的《落凤》、傅金城的《团长开荒南山下》、张书绅的《听歌》、李云鹏的《桥》、师日新的《马莲绳儿传深情》等诗;余南飞的《短篇小说的故事情节浅谈》、高风的《飞翔吧 畅想》、禹明的《细节描写琐谈》等文艺随笔。

《雨花》第9期发表许保元的《春燕》、张孔昭的《不该发生的故事》、李春光的《责任》等小说;鲍明路的《悼杜波伊斯博士》、赵瑞蕻的《向黑人兄弟们致敬》、曾传炬的《黑人在觉醒》等诗;殷志扬的《竹颂》、高风的《在广阔的天地里》等报告文学;在如何创造社会主义新人形象的讨论栏目中,有杨履方的《塑造正面人物形象浅谈》、程元三的《邪与正》等文章。

《安徽文学》第9期发发表王余九的《二十四棵桃树》、王有任的《林金子力服老洞滨》、谢竟成的中篇连载《奇怪的舅舅》、石青的《一个工人的名字》等小说;刘岚山的《高高的鸡笼山啊》、高凌云的《这里有一株油橄榄》、宁宇的《造船谣》、严成志的《开镰歌》、陶纯厚的《运输线上》等诗;严阵的散文《光明行》。

《新港》9月号发表俞林的《劈山记》、方德煌的《新来的局长》、段荃法的《后代》、梁斌的《红旗谱》第二部连载《播火记》等小说;孙洪福的《扈春燕》、孟庆祝的《瓜铺里的老人》、王家斌的《手上的茧子》等小小说;傅仇的诗歌《帐篷充满阳光》;刘湛秋的《小园丁集》、白于冰的《二愣子》等散文;吉九章的《把工厂史写作运动提高一步》、王力的《〈祝酒歌〉的形式美》等文章。

《火花》9月号发表马烽的长篇小说连载《刘胡兰传》、韩文洲的《长春岭》、春波的《邻里之间》、刘思奇的《我和小方哥》、吉天明的《大年初一)、白峰的《相看》等小说；李贵文的《俺社来了个新队长》、郭新月的《下丁峪》、李小怪《无边相》、丁香的《黄蛋蛋金瓜满树吊》、李希文的《我和她》、张万一的《养猪姑娘》等诗；姚光义等的评论《赵树理笔下的农民形象》。

《长春》9月号发表丁仁堂的《故事出在龙王堂》、刘伯英的《三劝公公》等小说；佟丹的《山果》、谢树的《山中听笛》等散文；石璞的《李镇善颂》、海燕的《友谊之花》、石英的《老一辈人》等诗。

《草原》9月号发表安柯钦夫的报告文学《光荣的里程》；韩燕如的《云头上伐木还有些低》、寒星的《笑浪凝成的苗岭》、孟河的《写在西梁扬水站》、朋斯克的《牧人之家》、韩映山的《麦收时节》、冉淮舟的《菱花》、张星的《早》等诗。

3日，《光明日报》发表综述《刘澍德的小说〈归家〉引起热烈讨论》，"各地报刊先后发表十余篇评论文章，较早的几篇都对作品表示肯定，从六月份到现在大多数文章与前几篇持不同意见，两方面的分歧十分突出"。其中，刘金的《〈归家〉——一部富有特色的新作》(《文艺报》1963年第1期)、吴国柱的《初读〈归家〉上篇》(《边疆文艺》1963年第7期)、张迅的《读〈归家〉上部》(《大公报》1963年4月28日)等几篇文章，一致对这部作品作出了很高的评价。认为作品"将爱情生活与现实社会斗争两者有机地结合起来，因此具有深刻的思想意义、社会意义"，"成功地写出了农村的一代新人"，"着力书写人物细致复杂的内心生活"，"具有引人入胜的艺术魅力"。然而，田彩的《对小说〈归家〉的几点意见》(《文艺报》1963第4期)、孙光萱的《评刘金同志对〈归家〉的评论》(《文汇报》1963年7月8日)、金乡的《菊英值得歌颂吗?》(《中国青年报》1963年7月18日)、玉英、鸿基的《怎样看〈归家〉——记三个读者座谈会》(《北京晚报》1963年7月28日)等批评文章则认为作品"对现实社会斗争生活的描写贫乏无力"，主要人物"表现着浓厚的小资产阶级知识分子的思想感情",人物的内心描写缺乏"阶级分析",因而"使人物形象产生了矛盾、分裂的现象"。同期还刊有马识途的《不靠天!——走马行之三》。

4日,《文汇报》发表卜林扉的评论文章《不能背离生活真实——小说〈归家〉创作的一个问题》。

《北京文艺》9月号发表费枝的小说《种子站》、敏歧的诗《场长》。

5日,《上海文学》9月号发表艾芜的小说《南行记续编》之《攀枝花》;史峭石的《青翠的竹林》、朱鹭的《黑人梅雷迪斯求学记》等诗;巴金、茹志鹃、张熙棠、魏金枝的报告文学《手》;巴金的《越南人民庄严的答复》、杜宣的《叛逆的旋风》、峻青的《火把赞》等散文;陆灏的《报告文学随谈》、冯健男的《再谈梁生宝》、陆行良的《人物创造应当表现我们伟大的时代》等评论。

《新疆文学》9月号发表李幼容的诗《黎明》;赛福鼎的散文《第一列火车的鸣叫声》;赵明的电影文学剧本《星火闪闪天山夜》。

《热风》第5期发表姚鼎生的小说《土地的主人》(《土地诗篇》第三章);黄后楼的评论《小说的民族化与百花齐放》。

7日,《光明日报》发表马识途的《哲学的解放——走马行之四》。

8日,《文汇报》发表岑桑的散文《在暴风雨来临的时刻》。

9日,《光明日报》转载陶君起的《关于戏曲"推陈出新"问题的讨论》一文(原载《戏剧报》1963年第6期),并加编者按。次日,《文汇报》"进一步贯彻执行戏曲的百花齐放推陈出新的方针"专栏,转载该文并添加编者按。此后《文汇报》又发表一系列文章,就戏曲遗产的估价、对传统剧目中封建性和人民性的理解、对戏改工作的意见等问题进行了探讨。陶文的第一部分讨论了"应该如何估价和对待戏曲遗产",提供了关于"传统戏曲剧目是不是绝大多数具有人民性的"这一问题的几种不同观点,讨论了以下几个问题——"要不要采取批判态度对待戏曲遗产"和"反对唯成分论是否就不要阶级分析","改编传统剧目能不能改变主题思想","戏曲改革是否只是打扫灰尘或洗脸";第二部分讨论了"忠孝节义等道德观念是不是有人民性的一面"、"有封建性的一面也有人民性的一面"、"本身不包含人民性"、"对立阶级道德观念虽然不同,但是又有某些共同之处"这几个问题;第三部分讨论了"传统戏曲是不是社会主义新文化"、"传统戏曲是不是封建社会的上层建筑"、"传统戏曲中有没有社会主义思想"、"经过整理的传统剧目算不算社会主义新文化"这几个问题;第四部分讨论"对几个传统剧目的争论",如《斩经堂》、《四郎探母》及"描写黄天霸"的戏曲。

10日,文化部党组向中共中央宣传部呈送《关于目前戏曲工作几项具体安排的报告》。

《光明日报》刊发评论文章《关于上演"鬼戏"有害还是无害的争论》、李希凡的《非常有害的"有鬼无害"论》(《戏剧报》第9期刊载)以及李淑君的《要演"红霞姐",不做"鬼阿姨"》、若何的《演"鬼戏"有害吗》等"鬼戏"批判文章。其中,李希凡在文中指出"舞台上出现鬼对人民有害无利","无论是从传统宗教迷信思想中的习惯势力来看,我们都和'有鬼无害'论者难于取得一致!不,不是'有鬼无害',而是有鬼有害","现在该是彻底清理一下'有鬼无害'论的时候了"!

《山东文学》9月号发表雁翼的《新的队伍》、苗得雨的《家乡的绿色"长城"》等诗;刘金的《作家劳动的起点》、文兵的《不能放弃阶级观点》等评论。

《广西文艺》9月号发表评论《积极参加阶级斗争,发挥革命文艺战斗作用》;秦兆阳的长篇小说连载《两辈人》。

《诗刊》9月号发表田间的诗《沙枣花一束》。

11日,《文汇报》发表韩北屏的散文《非斯印象——摩洛哥漫游漫记之二》。

《文艺报》9月号刊发社论《一定要做戏曲改革的促进派》，并开辟"坚持戏曲艺术的推陈出新"专栏；发表黎之《"垮掉的一代，何止美国有！"》、陈辽的《报告文学中的时代风貌》，关于戏曲艺术的文章有谢宣《改戏能不能改变作品的主题思想？》、季文《不要把糟粕当精华》、冯先植《京剧表现现代生活有广阔的前途》、刘厚生《改编是丰富戏曲新剧目的一个好办法》等文章。

12日，《光明日报》发表柯原的诗《岸边遐想》。

《人民文学》9月号发表李准的《进村》、高缨的《黄鹰展翅》、艾芜的《边寨人家的历史》、朋斯克的《风雪灰腾山》、福庚的《北极星》等小说；光未然的《美国黑人要自由》、邹荻帆的《写在美国黑人斗争的照片上》（两首）、严阵的《淮河闸颂》、纳赛音朝克图的《我为生活在毛泽东时代而自豪》、饶阶巴桑的《山之子》（外二首）等诗；巴金的散文《贤良江畔的五星红旗》。

14日，《光明日报》发表冯其庸的《不应把糟粕当作精华》、顾长珂的《京剧〈一捧雪〉宣扬什么思想》和赵燕侠的《积累经验，逐步演好现代戏》等文章。

15日，《文汇报》发表宫玺的诗《抽水机隆隆地响》。

《作品》新2卷9期发表张永枚的《十月的示威》、岑桑的《堤上抒情》、芦荻的《闸坡新渔村》等诗；章明的小型歌剧《带枪的理发师》。

20日，《戏剧报》发表社论《让戏曲更好地适应时代和人民的需要》。认为在戏曲界"曾经发生并且至今还存在着一些错误的思想倾向"，"在舞台上出现了一些坏戏，没有受到批判，反而受到赞扬。对于封建落后的东西，不是采取坚决摒弃的态度，而是举出各种理由，来为封建思想、迷信思想、低级趣味和落后习惯进行辩护"。

《剧本》9月号发表汪渐成的《大兴安岭人》、范乃仲的《红芋秧》、谭棣的《三钟修轴》等独幕剧本；梁上泉、陆棨合写的大型歌剧《红云崖》。

21日，《人民日报》发表姜德明的报告文学《清泉流向千万家》。

22日，《人民日报》报道了中央文化工作队帮助农村进行文化建设的情况以及周扬关于农村文化工作的谈话。周扬阐述了农村文化工作队"促使社会主义新文化在农村中生根，保证文艺工作者永不脱离劳动群众"的作用。

24日，《光明日报》发表姚文元的《略论时代精神问题——与周谷城先生商榷》。

25日，《星火》第5期发表吴文鼎的《雪后》、彦膺的《两个队长》、唐毓龙的《赴省途中》、余圕的《生活的第一课》等小说；郭登昊的《咿咿的车水声》、徐森的《一条小牛》等小小说；柯才的报告文学《变山》；武继国的专论《深入生活，反映时代》。

《文汇报》发表卫明的《到底是宣扬还是揭露——谈有关忠孝节义剧目的评价问题》、赵循伯的《怎样评价传统剧目》、徐沫的《关于"鬼魂复仇"问题——向景孤血同志求教》三篇批判文章。

27日，毛泽东在中央工作会议的讲话中指出："戏曲要推陈出新，要推社会主义之新，不应推陈出陈，光唱帝王将相、才子佳人和他们的丫头、保镖之类。"

28日，《人民日报》发表黄钢的报告文学《朝鲜——晨曦清亮的国家！》。

《光明日报》发表蓝曼的诗《祖国地图》，叶君健的散文《在十三陵水库后面》。

30日，《文汇报》发表梁斌的《〈红旗谱〉续篇〈播火记〉后记》。

北京人民艺术剧院演出话剧《李国瑞》，编剧杜烽，导演欧阳山尊、梅阡，主演刁光覃、朱旭、林连昆、苏民、郭维彬等。

本月，《山花》9月号发表艾芜的小说《雾》。

1963

中央实验话剧院演出4幕话剧《三人行》,编剧阳翰笙,导演舒强,主演石羽、耿震、李丁等。剧本发表在《剧本》1958年7月号上。

康生指责西安电影制片厂摄制的故事片《红河激浪》为反党影片。编剧和有关人员后来都遭受迫害。

老舍在北戴河作七绝4首,分别赠送李焕之、李可染、曹禺、阳翰笙,后发表在《诗刊》11月号上。

作家出版社出版方纪的散文特写集《挥手之间》(收作者50年代末60年代初所写的散文、特写、随笔等18篇)、李瑛的诗集《红柳集》、魏巍的诗集《黎明风景》、赵树理的短篇小说集《下乡集》。

碧野的散文集《情满青山》,由中国青年出版社出版。

中国作家协会四川分会编的《1959—1962四川散文特写选》,由四川人民出版社出版,收录作品有陆棨《桐子花开的时候》、高缨《西昌月》、之光《高山劲松》等文章。

十月

1日,《光明日报》发表郭沫若的诗《满江红——国庆献词》、赵朴初的《一九六三国庆献词——调寄〈凯声奏〉》;季羡林《知识分子的一面镜子——看话剧〈三人行〉有感》、臧克家《月亮圆圆照九州》、宗璞《朝朝暮暮》等文章。

《文汇报》发表赵朴初的诗《国庆颂》;胡万春的散文《佳节话新街》。

《解放军文艺》10月号发表李英儒的长篇选载《夜渡》、王愿坚的《理财》、綦水源的《种籽》、朋斯克的《在腾格里边缘地带》等小说;宫玺的《空军诗页》、苗得雨的《"老庄户"》、李幼容的《将军登烽火台》等诗;任斌武、丁星、杨文明的《幸福岛战歌》，叶代良的《学炊记》，戈基的《红色驾驶员》等报告文学。

《四川文学》10月号发表高缨的《端午》、孔繁禹的《牧鹅记》、李显清的《表弟的婚事》等小说；廖代谦的《美国黑人要自由》、唐大同的《丰收调》、雁翼的《家谱》等诗；李累、之光的《没有名字的烧盐工人——一个工人家庭解放前的遭遇》，重行的《老好书记》等报告文学；朱洪国的评论《谈谈克非同志的短篇小说》。

《湖南文学》10月号发表周立波的《扫盲志异》、谢璞的《这边风雨》（中篇连载）等小说；黄起衰的《向华盛顿"自由进军"》、任光椿的《致越南》、黎牧星的《欢呼毛主席发表的两个声明》、未央的《公社三首》等诗；康濯的《为工人创作而歌——〈工人短篇小说选〉序》。

《长江文艺》第10期发表张行的《同乡战友》、单超的《雪莲花》等小说；王以平的《看电影以后》、苏鹰的《沙河上》等散文；李冰的《黑人兄弟在进军》、徐迟的《致黑人兄弟》、李瑛的《山的主人》等诗；范伯群的《论虚构》、李力的《评耕耘的〈战友〉及其他》、聂成的《读〈山高云深处〉》等评论。

《延河》10月号发表牧笛《三锤》、王汶石的中篇连载《黑凤》、校文彬的《贾庄之夜》、李毓武的《豇豆小风波》、清漪的《我和永清》等小说；周雨明的《我们和你们永远并肩战斗》、田奇的《我是一个美国黑人》等诗；王垣的独幕话剧《一尺布》；蔡葵、卜林扉的评论《这样的批评符合实际吗？》，认为严家炎关于《创业史》的批评所用例子的叙述和说明，绝大部分是和原著实际情况不符合的，因此也是不可靠的；孙光萱、吴欢章的评论《谈战斗激情和魏钢焰的诗》，以魏钢焰的诗歌为具体例子，对革命时代诗人提出了迫切的要求：只有具备无产阶级的战斗精神，想更好地表达出千百万革命人民的心声，做时代的号角，才能写出好诗。

1963

《甘肃文艺》10月号发表何岳的《闷杵杵新传》、郑重的《锅》、李禾的《革命到底》等小说；晓波的《民族化群众化浅论》、刘广志的《激烈壮怀化长虹——漫评话剧〈岳飞〉》等文章。

《雨花》第10期发表史光新的《第一个工作日》、王火的《爱国者》、天骥的《樊家故事》等小说；沙白的《十月短歌》、孙友田的《十月礼赞》、魏毓庆的《南京灯火》等诗。

《安徽文学》第10期发表孙肖平的《合拢》、庄新儒的《爱》、谢竟成的中篇连载《奇怪的舅舅》等小说；那沙的《美国，会永远沉睡么》、玛金的《希望之歌》、纪鹏的《铁马小骑士》第四章的三节《往昔的鲜血》、张万舒的《行车颂》等诗。

《长春》10月号发表社论《积极参加阶级斗争，更好地发挥文艺的战斗作用》；蔡天心的长篇选载小说《大地的青春》第一部第24章《阳光下的贫农院》；戚积广的《江霞似火》、芦萍的《"非洲之角"的黎明》等诗；冯其庸的评论《意在言外——读〈醉翁亭记〉》。

《新港》10月号发表李德复的小说《"接受教训"》；任彦芳的《你和社一同诞生》、李幼容的《果子沟短歌》等诗；碧野的散文《山行五日记》；梁斌的《〈播火记〉后记》、李何林的《略论〈野草〉的思想和艺术》等文章。

《火花》10月号发表孙谦的《"后山王"》、马烽的长篇连载《刘胡兰传》、刘桂权的《梁与柱》、罗四维的《我的丈夫》、鲁克义的《绝技》等小说；丁耀良等的评论《新人新事新农村——试谈李逸民的小说创作》。

《草原》10月号发表扎拉嘎胡的《在起点上》、邓青的《饲养院里外》、李仰南的《山里梅》、李殿文的《井》等小说；郝玉峰的《"101"号飞行员》、张向午的《春燕》、丛培德的《铁队长》等散文；安米的组诗《翡翠世界的主人》、周雨明的《记住啊，这是阶级仇恨》、王文达的《牧区纪行》、杨啸的长诗选载《草原的儿子》、马不萧的《出诊》、苗春亨的《公社里的歌》、李荔的《开犁前夜》等诗。

2日，《文汇报》发表徐迟的诗《欢乐的小村》；冰心的《南行日记摘抄》。

《羊城晚报》发表华棣的报告文学《车从深圳来》。

3日，《光明日报》发表晓雪的诗《北京短歌》（外一首）。

4日，《北京文艺》10月号发表古立高的《生活的道路》（中篇连载一至三）、黑黎的《小马》、安宏林的《查午睡》、王江的《号兵小传》等小说；刘厚明的3幕话剧《箭杆河边》；赵鼎新的《革命的文艺传统应该发扬》、王松声的《文艺要更好地为农村服务》、张季纯的《揭开小说〈归家〉的迷雾》等评论。

5日，《文汇报》发表叶圣陶的文章《认真学习语文》。

《上海文学》10月号发表艾明之的《高山上》、叶君健的《母校》等小说；杜宣的《岁月》、唐铁海的《难忘的南京路之夜》等散文；闻捷、袁鹰的《呼吸及其他——访问巴基斯坦诗草》，福庚的《水乡人物素描》等诗；以群的《鲁迅对敌斗争的武器和战术》，孙光萱、吴欢章的《读支持美国黑人斗争的诗歌》，吴中杰、高云的《关于新人形象的典型化》，姚文元的《文艺作品反映社会主义革命时期阶级斗争的一些问题》等文章。吴中杰、高云的《关于新人形象的典型化》一文认为，"由于作品反映对象的不同，由于作家风格特点的不同，艺术创作在遵循着一定的共同的基本规律的同时，在具体的表现方法是多种多样的。批评家不应该离开特定的时代特点，题材内容和风格特点而虚悬在一个固定的框架去硬套，这在实际上是行不通。"姚文元的《文艺作品反映社会主义革命时期阶级斗争的一些问题》一文认为，许多人对许多阶级斗争内容和阶级斗争的形式，特别是政治、思想斗争，还缺乏深入的了解和熟悉，"讨论反映阶级斗争，塑造社会主义革命时期英雄人物，要归结到文艺工作者继续深入生活和深刻地、全面地进行自我改造的问题，归结到加强无产阶级感情和树立无产阶级世界观问题上。"

《北方文学》10月号发表严辰的《给美国黑人姊妹兄弟》、徐枫的《图们江啊，静静的流水》、刘畅园的《一个支部书记的劳动手册》、陈国屏的《雄鹰之歌》等诗。

《新疆文学》10月号发表郝斯力汗·胡孜拜《阿吾勒的春天》、胡仲仟《课堂内外》等小说；（维吾尔族）铁衣甫江·艾里耶夫的诗《钢铁千里驹》；王谌的报告文学《路是怎样走出来的》。郝斯力汗·胡孜拜（1924－1979），哈萨克族。新疆塔城人。曾任新疆歌舞团导演、《新疆文艺》编辑、中国作协新疆分会专业作家。著有小说集《阿吾尔的春天》、《起点》、《郝斯力汗小说散文选》，喜剧剧本《砸破的床》，独幕剧剧本《柯里克巴依》等。

8日，《光明日报》发表林遐的散文《艺术生命》。

《文汇报》发表闻捷、袁鹰《山地及其他——访问巴基斯坦诗草》，杜宣《五月鹃——访日漫记》等等。

10日，《光明日报》发表闻捷、袁鹰的诗歌《呼吸及其他——访问巴基斯坦诗草》；碧野的《红莲记》。

《山东文学》10、11月号合刊发表雁翼的《故乡夜景》、宫玺的《同乡情思》、王绶青的《春雨夜话》等诗；袁世硕的《批判继承，古为今用》、殷梦舟的《〈绿水长流〉的问题在哪里》、缪依杭的《从喜剧角度谈〈绿水长流〉》等评论。

《广西文艺》10月号发表李英敏的《祖国，您好》、秦兆阳的长篇连载《两辈人》等小说；韦其麟的《我歌唱》、包玉堂的《赞歌》、张永枚的《列宁岩》等诗；秦振武的《电轮——流动的城市》、黎贵芳的《溪边的歌》、李楷嘉的《清甜的笛声》、秋雁的《边防夜哨》等散文；上官桂枝的论文《加强文艺评论的几个问题》。

《鸭绿江》10月号发表杨大群的《冬菊》、胡清和的《小白枚》等小说；

刘湛秋的《写在烈日下的报告》、徐光夫的《关俊杰与马士明》、丁履枢的《金色的海洋》等报告文学；霍满生的叙事诗《铁牛传》（第二部第8-11章）。

11日，《文汇报》发表杨履方的《创作杂感》，文章分析了如何塑造"鲜明、生动、准确的人物形象"问题。作者认为，创作方法上应该走"实践—认识—实践"的路，正确运用唯物辩证法的方法论和毛主席的实践论，而不是"感性—理性—感性"的路。

《文艺报》10月号发表姚文元的《社会主义时代的青春之歌——评〈年青的一代〉》、朱光潜的《表现主义与反映论两种艺术观的基本分歧——评周谷城先生的"使情成体"说》、本刊记者方矛的《老战士谈〈年轻的一代〉》、黄沫《把革命的火把传下去——谈〈路考〉和〈家庭问题〉》、田汉的《歌颂两只亚洲艺术友军》等文章。

12日，《人民文学》10月号发表茅盾《短篇创作三题》、胡万春《年代》、杨润身的《同行记》、张天民的《养鹿人》等小说；何为的小说《张高谦》；严辰的《海南诗抄》、闻捷和袁鹰的《赠刀及其他》、克里木·霍加的《柔巴依》（10首）、巴·布林贝赫的《心与箭》、伊丹才让的《云中牧人》等诗；曹靖华的《望断南来雁》、李准的《槽头兴旺》等散文。

13日，《解放军报》发表《将革命精神传给下一代——话剧〈年青的一代〉座谈纪要》，称1963年9月28日上午，总政文化部召开关于话剧《年青的一代》的座谈会，出席座谈会的有陈亚丁、陈其通、陈斐琴、傅铎、李吟谱、魏敏、林韦、李力、石联星等人。在座谈会上，陈亚丁认为"空政文工团抓得很快，抓得很准，抓得正是时候。好戏大家都要演，不要有门户之见"；李吟谱认为"这个戏颂扬了新时代的青年，可以使人看出：我们的青年，能够继承革命的传统、革命的事业；毛泽东时代的青年，是很好的革命接班人，是很有思想、很有抱负和理想的"；李力认为"这个戏着重写两种人物：一种是热情、开朗、有理想，象萧继业那样的人；一种是自私自利，只顾个人，象林育生那样的人。两种不同的思想：一种为集体；一种过于爱自己，而不爱集体"；陈裴琴认为"我们年青一代是要继承革命的事业呢？还是当败家子呢？帝国主义、反动派梦想从青年一代找到反革命复辟的希望"，"作家首先要有时代感，要有政治积极性和艺术积极性才能写出好戏来"。

14日，《诗刊》社在北京召开"朗诵艺术座谈会"。

《文学评论》发表周宇《关于正面人物的塑造和评价问题》、卜林扉《鲁迅小说的人物创造——学习鲁迅短篇小说札记》等文章。

15日，《人民日报》报道《日本广大读者欢迎我国小说〈红岩〉》。

《作品》新2卷10期发表司马文森《茉地家出了事》、王杏元《怒打山神庙》、秦牧《竹米》、林遐《安家》等小说；严辰《远方亲人》、岑桑《血红的问号》、柯原《窗口·车站·名字》、萧野《战斗的友谊》等诗。

16日，《文汇报》发表鲁彦周的《故乡书简（五）》。

《新湖南报》发表老舍的文章《谈谈文学创作》。

19日，《光明日报》发表刘厚明的文章《下乡小记》、黄秋耘的文章《鲁迅怎样对待阶级斗争——鲁迅先生逝世27周年有感》。

《文汇报》发表金为民、李云初的文章《从〈归家〉评价想到的几个问题》。

20日，《戏剧报》第10期发表综述《关于历史剧问题的讨论》，开辟"进一步贯彻执行戏曲的百花齐放推陈出新的方针"专栏。

22日，《光明日报》发表臧克家的《〈烙印〉新记》、司马文森的《阿尔及尔的故事——北非旅行记》。

26日，中国科学院哲学社会科学部委员会召开第四次扩大会议，周扬作题为《哲学社会科学工作者的战斗任务》的讲话（全文刊登在12月27日的《人民日报》上）。

《人民日报》发表沈仁康的报告文学《台风之夜》。

《光明日报》发表董必武的《朔方行诗组》。

29日，北京人民艺术剧院演出根据胡正同名小说改编的话剧《汾水长流》。编剧梅阡、禾土、任宝贤，导演梅阡，主演包括郑榕、童超、林兆华等。剧本发表在《北京文艺》12月号上。

《光明日报》发表陈朝红的诗《前进！阿尔及利亚！》。

30日，《解放军报》发表张永枚的诗《椰林深处好四连》。

31日，《文汇报》发表吴中杰的《新人形象塑造和题材处理》一文，该文主要论述了"如何塑造工农兵形象，应该选取什么样的题材、通过什么样的矛盾冲突来表现他们"的问题，认为"如何选择与处理材料，关键还在于对时代精神的了解和对人物思想特点和生活特点的把握"，"作家应该按照毛主席的指示，深入到工农兵群众中去，深入到火热的斗争中去，运用阶级斗争的观点，发挥自己的风格特长，去描绘新的世界，新的人物"。同日发表陈冀德的文章《提出几个关于塑造新英雄形象的问题》。

本月，《儿童文学》月刊在北京正式创刊，刊物由共青团中央和中国作家协会联合创办，以小学中、高年级和初中学生为读者对象，刊登小说、诗歌、童话、散文、报告文学等文学作品，包括部分外国儿童文学作品的翻译。

郭小川诗集《甘蔗林——青纱帐》，由作家出版社出版。该诗集收录了郭小川自1959年至1963年间创作的22首诗作。诗集分2辑，上辑14首，下辑8首。收录了诗人的代表性作品《刻在北大荒的土地上》、《甘蔗林——青纱帐》、《青纱帐——甘蔗林》等。

艾明之的长篇小说《火种》，由作家出版社出版。为"火焰三部曲"的第一部。第二部《燃烧吧，上海》，1989年由上海文艺出版社出版。

吉林省工会宣传部、中国作家协会吉林分会编的报告文学《赤胆忠心》，由吉林人民出版社出版，收录作品有蔡行远的《赤胆忠心》、傅凡之的《登山》等。

周立波编选并作序的《1959－1961散文特写选》由人民文学出版社出版。

《1959－1961儿童文学选》，由人民文学出版社出版。

十一月

1日，《湖南文学》11月号发表彭伦乎《烘房飘香》、谢璞《这边风雨》（中篇连载）等小说；老舍的诗《诗三首》；老舍《文学创作和语言》、康濯《写"五史"大有可为》等文章。康濯在文章中指出："五史"写作，"来自我国人民中目前正日益广泛和深入开展的社会主义教育运动，来自这一运动中比之前几年要更加广阔和深刻的阶级教育的内容"。其意义是"用无产阶级斗争的历史教育广大群众和年轻的一代，让大家懂得阶级斗争，了解在过去、现在和今后相当长的一个历史时期内，都同样有着阶级斗争"。"我们文艺工作者在当前运动中同人民一道写作'五史'，这也恰恰体现了我们素有的本色，体现了我们自愿甘当无产阶级和劳动人民的纸笔，甘当工农群众铭刻历史、教育后代的代言人"。作家在写"五史"时"必须投身于社会主义教育运动，必须在和工农群众的'四同'中，踏踏实实参加基层的工作和斗争"。同时，他还指出"五史"写作当前存在的主要问题是，"内容上写新中国成立前的和民主革命时期阶级斗争的少；家史多，社史、村史、厂史、街史少；家史又是一般诉苦多，富有代表性和典型意义的少。"今后的写作"必须从广泛接触中逐步深入发掘，并善于在这过程中选择和抓取富有代表性与典型意义的题材"。他的结论是："写'五史'意义深长天地广，写'五史'大有可为!"1963年10月1日,《湖南文学》10月号上刊登了一个发表社史、村史、家史、厂史、街史的"五史专辑",从而引发了文艺界写作"五史"的热潮。

《解放军文艺》11月号发表林斤澜的小说《限三天》;柳静的《青藏路上》、石英的《砧上火花》、柯原的《起点》等诗;浩然的《幸福源》、袁鹰的《十一月一日的枪声和火炬——阿尔及利亚见闻录之一》等散文;傅铎、白云亭的7场话剧《首战平型关》。

《四川文学》11月号发表马识途的《新来的工地主任》、周克勤的《井台上》、榴红的《雷打冲》等小说;陆棨的《在"地主庄园"里》、梁上泉的《江河之歌》等诗;方赫的《唐会武同志》、元工的《赶忙的人》等报告文学;该刊编辑部的《抒情诗能反映阶级斗争吗?》,晓梵的《收获札记——工农兵短篇创作杂谈》,谭兴国、陈朝红的《青年们!要在斗争中成长——看话剧〈年青的一代〉有感》等文章。

《长江文艺》第11期发表孙健忠的《五台山传奇》、王仲平的《刘悦秋》等小说;刘不朽的《老猎手》、管用和的《农民的话》等诗;徐迟的《读了几束家史之后》、高风的《时代精神的高度》、陈朝红的《"及时雨"的联想》等文章。

《延河》11月号发表杨友德的《华布的控诉》、何岳的《老马》、禾南的《成长》等小说;周竞的《在宽广的大道上》、黄藿的《闪光的道路》等报告文学;柯原的《士兵,在岗位上》、易莎的《听歌》、王恩宇的《照相》、王平凡的《夜行》等诗;李士文的评论《关于梁生宝的性格特征》。

《甘肃文艺》11月号发表史荣福的《下棋》、王维新的《戏大爷和铁老婆》、张承智的《王老六》、陆舟的《女奴金珠》等小说;伊丹才让的《金色的宝殿》、周雨明的《桂香柳》、史峭石的《酒歌》、李幼容的《地头讨论会》等诗;高平的《谈谈新诗的语言》、贾承谊的《关于民族化大众化问题》、常书鸿的《在火热的斗争中前进》等文章。

1963 十一月

《雨花》第 11 期发表王立信的《船桨上的哲学》、任千的《知过必改》、章士谦的《奔驰》等小说；孙友田的《银色的贝壳》、宫玺的《泊》等诗；陆九如的《又是一个早晨》、袁飞的《苦难的童年》等报告文学。

《新港》11 月号发表张长弓的《司旗》、张庆田的《凤凰之歌》等小说；雁翼的《喜相逢》、纪鹏的《唱给会计佟启》、石英的《老一辈人》、陈国屏的《朝汉垦荒队》等诗；林如稷、尹在勤的文章《深刻地反映阶级斗争——读沙汀同志的〈一场风波〉》，认为"《一场风波》写争夺领导权这样严重的阶级斗争，却毫不给人以沉闷的感觉……可以把它看作是作家两年前在《你追我赶》、《假日》所显示出的那种特色的更新。这种更新，是与沙汀同志饱满的政治激情和敏锐的观察力不可分的"。

《火花》11 月号发表马烽的长篇小说连载《刘胡兰传》、陆桑的《刘老根的故事》、焦祖尧的《泉》、纪孟璋的《999 个螺丝钉》、九孩的《这个老实人》、余继唐的《红妮》等小说；公刘的诗《尹灵芝》；黎军的散文《一个年轻人的脚步》。

《长春》11 月号发表张天民的小说《蓝痣》。

《草原》11、12 月号发表安柯钦夫的报告文学《辛勤的园丁》；巴·布林贝赫的《乌兰哈达》、李幼容的《花的草原》等诗；李凤阁的独幕话剧《全家谱》；奎曾的评论《革命文艺要表现阶级矛盾和阶级斗争》。

3 日，《解放军报》发表吕绍堂的诗《边防战士爱红柳》。

4 日，《北京文艺》11 月号发表王澍的《鼓》、古立高的《生活的道路》（四、五）等小说；黄钢的报告文学《李信子姑娘》；石英的《门前石板路》、敏歧的《送果儿》等诗；文代会座谈会纪要《进一步演好当代工农兵英雄人物》。

5 日，《上海文学》11、12 月号发表胡万春的《内部问题》、赵自的《妈妈还没回家》、汪浙成的《苏林大夫》等小说；肖岗的《收获的日子里》、白得易的《公社小景》、陈国屏的《林海新景》、郑成义的《发光的年代》、谢振国的《巡道工》等诗;陈辽的《时代变了,人物变了,作家的笔墨也不能不变》、秦德林的《这样的谈艺术价值是恰当的吗?》等评论。

《北方文学》11月号发表王玉琦的《庄稼人》(长篇小说片段)、蔡天心的《春到桥头》(长篇小说《大地的青春》第1-6章)、孙学仁的《爷俩》等小说;刘真的散文《一别十年赵国城》。

《新疆文学》11月号发表阿不都拉别克的小说《落户》;赵明的电影文学剧本《古渡新桥》;铁衣甫江·艾里耶夫的诗《东游组诗》。

《热风》第6期发表何泽沛的小说《冬种时节》;杨涛的《潘添财》、肖玲的《茶山赋》、王芸亭的《山路上》等散文。

《边疆文艺》11月号发表李乔的小说《杜鹃花开的时候》。

6日,《解放军报》发表易莎的诗《莫道飞得高》。

8日,国务院批复同意文化部《关于将中国戏曲学院改为中国戏曲研究院的报告》,从1964年1月1日起实行。研究院主要任务是:一、组织创作、改编戏曲剧本,编选和推荐优秀剧目;二、通过实验剧团进行舞台艺术的革新实验;三、研究和总结吸取推陈出新的经验,有计划地组织评论工作和编写戏曲艺术发展史,培养训练在职的戏曲业务干部。19日,文化部决定:中国戏曲学院改为中国戏曲研究院后归艺术局管理;中国戏曲学校实验京剧团划归中国戏曲研究院领导。

9日,《光明日报》发表舸勤的《愿更多的好作品下乡——读赵树理的〈下乡集〉》。

10日,《文汇报》发表逯斐的散文《海,蓝得好靓啊!》。

《电影剧作》发表夏衍的《对改编问题答客问》;丁洪等的《雷锋》、阳翰笙的《北国江南》等剧本。

《广西文艺》11月号发表秦兆阳的长篇小说连载《两辈人》;沈仁康的诗

歌《椰林象招手的亲人》。

《鸭绿江》11月号发表王永志《我和牛姑娘》、张坤仲《新老之间》等小说；谢树的散文《繁星》；霍满生的叙事诗《铁牛传》（第二部第12－14章）、张书绅的《走，跟党走!》等诗；马加的《叙家谱》、韶华的《秋色纪事》、张立砚的《未完成的日记》等报告文学；申卓言的文章《让文学轻骑兵发挥更大威力》。

11日，《文艺报》11月号发表张光年的《评现代修正主义的艺术标本——格·丘赫莱依的影片及其言论》、华夫的《一面镜子，三种人物，两条道路——漫谈话剧〈三人行〉》、韦君宜的《介绍新人新作〈玉泉喷绿〉》、何文轩的《评〈归家〉的爱情描写》等文章；关于戏曲艺术的文章有萧长华的《沿之，革之，创之，进之》、常香玉的《演新内容，创新形式》；"新收获"栏目有谢云的《风帆》、甘棠慧的《重返杨柳村》、宋垒的《铁牛传》（第一部）。

12日，《文汇报》发表臧克家的诗歌《人民伸出巨手——欢呼U-2被打掉》。

《人民文学》11月号发表陈登科的《淮北风云》、郭澄清的《公社书记》、刘国华的《六封信》等小说；李瑛的《山的主人》、雁翼的《难忘的身影》、唐大同的《唱起来呀喊起来》、张志民的《美国橡皮艇》等诗；许淇的报告文学《采风记》；闻捷的《伊特拉山上》、陈白尘的《忘却了的纪念》等散文；冰心的《〈红楼梦〉写作技巧一斑》、周立波的《读"红"琐记》等文章。

13日，《人民日报》发表郭小川的散文《伊犁秋色》。

《文汇报》发表赵朴初的诗《雁儿落带过得胜令——击落U-2飞机全歼美蒋特务庆》。

15日，《作品》新2卷11、12期合刊发表评论文章《文艺要更好地反映我们的时代》、《高举文学的兴无灭资的旗帜》；沈仁康的诗《珠江秋色》；于逢的《永远带着枪》、秦牧的《焚烧的十字架》、黄谷柳的《彩云楼》等独幕剧剧本。

《文汇报》发表《〈萌芽〉明年一月复刊〈上海文学〉更名〈收获〉》。

17日，《解放军报》发表史峭石的诗《战士的歌》。

20日，《剧本》10、11月号合刊发表蓝光的8场话剧剧本《汾水长流》和陈奔、关越、王亘的6场儿童剧《师生之间》，丛深的话剧《千万不要忘记》（又名《祝你健康》）。同期，发表李希凡的《"推陈出新"首先是"出"思想之"新"——谈几个传统剧目的改编》，以改编后的几个传统剧目昆曲《十五贯》、豫剧《杨门女将》、福建莆仙戏《团圆之后》、川剧《拉郎配》为例，认为传统戏剧应百花齐放，推陈出新。丛深（1928— ），原名丛凤轩，黑龙江延寿人。曾任哈尔滨电影制片厂编剧，哈尔滨话剧院编剧，哈尔滨市文联副主席、主席兼党组书记，中国戏剧家协会常务理事。著有话剧《百年大计》、《千万不要忘记》、《先锋战士》、《悲喜之秋》、《间隙和奸细》（合作）、《悟》、《一叶知春》等；创作和合作的电影文学剧本有《徐秋影案件》、《笑逐颜开》、《马戏团的新节目》、《千万不要忘记》、《奸细》和《幸运的人》等。

《世界文学》11月号发表《歌德和爱克曼的谈话录》（张玉生译）。

21日，北京人民艺术剧院演出话剧《岗旗》和《箭杆河边》。《岗旗》编剧李宏林，导演田冲，主演赵宝才、狄辛等，剧本发表在《剧本》1964年1月号上。《箭杆河边》编剧刘厚明，导演夏淳、柏森，主演童超、朱旭、孙安堂等，剧本发表在《北京文艺》10月号上。

25日，《星火》第6期发表吴庆福的《老伴》、李名英的《东风解人意》、徐正寿的《两套工作服》等小说；俞林的散文《访井冈山》；杨佩瑾的《做生活的主人》、彦膺的《必须建立与群众相一致的思想感情》等文章。

1963

26日,《光明日报》发表林遐的散文《热情》。

29日,毛泽东等观看南京部队前线话剧团演出的《霓虹灯下的哨兵》,并与剧作者、演员见面。

30日,《光明日报》发表常香玉《一个演员 两重身世》。

本月,毛泽东对《戏剧报》和文化部进行了批评,指出:"一个时期《戏剧报》尽宣传牛鬼蛇神。文化部不管文化,封建的、帝王将相的、才子佳人的东西很多,文化部不管。要好好检查一下,认真改正,如不改变,就改名'帝王将相部'、'才子佳人部',或者'外国死人部'。"

中国戏剧家协会创作委员会与《剧本》杂志共同召开独幕剧创作座谈会,陈白尘、李健吾、陈其通等参加座谈会。

四川人民出版社出版安旗的诗论集《新诗民族化群众化问题初探》。

重庆人民出版社出版郭沫若的诗集《蜀道奇》。

作家出版社出版闻捷和袁鹰合著的诗集《花环——访问巴基斯坦诗草》、郭沫若的诗集《东风集》、中国作家农村读物工作委员会编选的《短篇小说》(1-3集)、西戎的短篇小说集《丰产集》、白危的长篇小说《垦荒曲》。

上海文艺出版社出版刘澍德的短篇小说集《卖梨》。

北京出版社出版浩然的散文特写集《北京街头》。

十二月

1日,《文汇报》发表周嘉俊的散文《水乡银骑兵》。

《湖南文学》12月号的戏剧特辑中发表老舍《戏剧漫谈》、张人宇《新时代的革命进行曲——评话剧〈年青的一代〉》等文章;陈国瑞的独幕小歌剧

《鳄梨花开》；谢璞的中篇连载《这边风雨》。

《解放军文艺》12月号发表孙景瑞的《边卡驼铃》，肖云星、高效先的《银花闪闪》等小说；魏传统的《无形长城无限长》、廖代谦的《昆仑山上听捷报》、周纲的《淡蓝色的炉火》、杨星火的《高原的柳》、纪鹏的《潜艇组歌》、蓝波的《唐古拉山下》、张歧的《渔岛民兵》等诗；程景山等的独幕3场话剧《手旗的故事》。

《四川文学》12月号转载张光年的《现代修正主义的艺术标本——评格·丘赫莱依的影片及其言论》；韦翰的《相亲》、单超的《顿珠与仲嘎》、火笛的《不寻常的会见》等小说；陈朝红的《警惕，百倍的警惕》，唐大同的《快！快撒下你的渔网》、《丰收调》等诗。

《长江文艺》第12期发表楚奇的《牛》、李苏的《当柿子晒成的时候》等小说；柯原的诗《南国诗抄》；姚雪垠的散文《重阳登高漫记》；洪洋的报告文学《姜区长》；胡忆肖的儿童文学作品《钓鸭》。

《延河》12月号发表赵燕翼的《红花》、力耘的《渭河岸上》、吴昊的《路》等小说；刘真的《战士的家乡》、哲中的《一条金色的项链》等散文；李彬的《地主的斗》、李强华的《剥削者的铁证》、苏金伞的《碾米》、姜德华的《水塔颂》等诗。

《甘肃文艺》12月号发表王家大《果园里》、王不天的《铁牛催春》、赵燕翼的《苦水医话》、陈振祥的《伙伴》等小说；蓝曼的《雪山道班》、夏羊的《农村记事》、李云鹏的《母女》等诗。

《雨花》第12期发表白得易的《江海吟》、鲍明路的《又是个十月》、张棣华的《一个黑人士兵的故事》、沈彦的《又是榴花照眼的五月了》、任红举的《老战士的怀念》等诗。

《安徽文学》第12期发表陈登科的长篇选载《风雷》、张庆田的《父女篇》、吴树声《新娘和新郎》等小说；潘顺的《锒头》、刘明香的《车刀赞》、李南的《铁山诗简》、贺羡泉的《正阳关》、玛金的《红沼》、牛广进的《野营散曲》、张万舒的《战士的耳朵》、刘祖慈的《门槛》等诗。

《新港》11月号发表王林的长篇连载《"一二·九"进行曲》、张知行《爷爷》、张铁珊的《三个朋友》等小说；陈白尘的散文《紫荆山中》；蓝曼的《拱桥》、汪承栋的《平叛》（长诗《波鸟赞丹》之一章）等诗；蒋和森的《〈红楼梦〉人物赞》、钱模祥的《小谈〈因为五丑是队长〉》、刘民的《读〈劈山记〉》等文章。

《火花》12月号刊发社论《进一步发挥社会主义文艺的战斗作用》，发表任秉友的《我这半年》、蔚汾的《第一天》、黄树芳的《王林林》及马烽的长篇连载《刘胡兰传》等小说；方彦的独幕话剧《金梁玉柱》。

《长春》12月号发表任彦芳《一个公社电工的剪影》、纪鹏《草原野营》等诗；谷风的报告文学《六个年轻人》；惠存的短论《多创作一些剧本》。

2—3日，《文汇报》连载郑仪、俊隆的文章《论电影艺术的创新及其他》。

3日，文化部向各地推荐一批优秀剧目，戏剧剧目有扬剧《夺印》、豫剧《李双双》等。

4日，《文汇报》发表赵朴初的诗《南乡子——赠日本蕨座歌舞团》。

《北京文艺》第12月号发表古立高的小说《生活的道路》（六、七）；梅阡、禾土、任宝贤的话剧《汾水长流》；文代会专辑有《农村题材短篇小说座谈会纪要》，结合对管桦、林斤澜和浩然等作家的作品分析研究，探讨如何加强作品的战斗性、民族化与大众化等问题。

5日，《北方文艺》12月号发表王云笑《敬礼！拿枪的同志》、石英《敢！》、陈国屏《老山屯》等诗；评论有陶尔夫的《谈〈王贵与李香香〉》。

《新疆文学》12月号刊发《加强文艺工作的战斗性，自治区文联召开文艺创作座谈会》、本刊编辑部的短评《文艺创作要更好地为阶级斗争服务》

等文章；发表的散文有王玉胡的《旅途三章》，江焚的《戈壁抒情》。

7日，北京市文联举行现代题材剧目观摩演出周。演出剧目包括：《年青的一代》、《箭杆河边》、《向阳商店》、《汾水长流》、《祝你健康》等。老舍撰写祝贺的文章《好消息》。《北京日报》对此发表了社论《让现代之花盛开》。《戏剧报》12月号转载了关于本次演出的观摩札记《更深刻地揭示生活中的矛盾》。

8日，《人民文学》12月号发表柳青的《蛤蟆滩的喜剧》、孙谦的《队长的家事》、苗延秀的《归侨小凤》、唐德佩的《雨夜来客》等小说；梁上泉的《铜像》、陈良运的《怒涛》等诗；白夜的报告文学《大队女支书》；杜宣的《诗之岛》、于丁和朱良仪的《将军和水兵》等散文；赵羽翔的《岭上人家》、胡丹沸的《又一个回合》等独幕话剧。

10日，《光明日报》发表岑桑的《夜话新村——海陵岛闸坡渔港纪事》。

《山东文学》12月号发表江水、孟浩的《进一步发挥独幕剧的战斗作用》，李广野《怎样回答时代的要求——评话剧〈年青的一代〉》，许淑轩的《群众不喜欢现代戏吗？》等文章。

《广西文艺》8月号转载张光年的《现代修正主义的艺术标本——评格·丘赫莱依的影片及其言论》；韦革新的《奴隶的女儿》、莎红的《瑶寨散歌》等诗；左丘的独幕话剧《九九重阳》。

《鸭绿江》12月号发表张立砚的《秀青嫂子》、李普文的《房东兄弟》、徐明《石书记与符助理》等小说；晓凡的《山区送粮队》、姜士彬的《斗》、刘章的《砚潭》、孙滨的《越南》、张崇谦的《老护林》等诗；崔璇的散文《这里秋光独好》。

《诗刊》12月号发表李瑛的《献给十月革命的炮声》、陆榮的《重返杨柳树》等诗。

11日，《文艺报》11月号"新收获"专栏发表作品有徐逸的文学评论

《手》、胡德培的文学评论《理财》；文艺笔谈有钟伟今的《"我总想到我的听众是工人和农民"》，唐再兴、郑乃臧的《值得提倡的尝试》。

12日，毛泽东将中共中央宣传部1963年12月9日编印的《文艺情况汇报》第116号登载的《柯庆施同志抓曲艺工作》一文批转中共北京市委彭真、刘仁，并对文艺界作出批示："各种艺术形式——戏剧、曲艺、音乐、美术、舞蹈、电影、诗和文学等等，问题不少，许多部门至今还是'死人'统治着。不能低估电影、新诗、民歌、美术、小说的成绩，但其中的问题也不少。至于戏剧等部门，问题就更大了。""许多共产党人热心提倡封建主义和资本主义，却不热心提倡社会主义的艺术，岂非咄咄怪事。"

13日，《文汇报》发表阮国华、田本相的文章《塑造新英雄人物是社会主义文学的光荣任务》，文章就如何塑造新英雄人物形象这一问题谈到自己的观点，"塑造新英雄人物"是"社会主义文学的光荣任务"，"作品中的新英雄形象应当比生活中的新英雄人物更理想、更完美"，"新英雄人物性格的丰富性"应该是"无产阶级道德品质的充分的多方面的展现。"田本相（1932—　），天津市人。1949年参军。1961年毕业于南开大学中文系。曾任中央戏剧学院教授、中国艺术研究院话剧研究所所长。中国话剧文学研究会会长。著有《曹禺剧作论》、《郭沫若史剧论》（合作）、《曹禺传》、《田汉评传》、《中国话剧研究概述》（合作）、《电视文化学》，主编有《中国话剧百年图史》等。

14日，《文学评论》发表"纪念曹雪芹逝世200周年"专题，有何其芳的《曹雪芹的贡献》，蒋和森的《〈红楼梦〉爱情描写的时代意义及其局限》，刘世德、邓绍基的《〈红楼梦〉的主题》等文章；同期发表朱寨的《时代革命精神的光辉——读〈红岩〉》，认为"《红岩》不仅具有时代斗争的内容，而且具有时代的革命精神"，"最突出贡献，是成功地创造了一系列革命的英雄形象"。邓绍基（1933—　），江苏常熟人，学者。中国社会科学院文学研究所研究员、学术顾问。代表性的论著有《杜诗别解》、《五四文学革命与文学传统》等。

《光明日报》发表石英的诗歌《北国初雪》。

15日,《电影文学》12月号发表毛烽、武兆堤根据巴金同名小说改编的电影文学剧本《团圆》。

16日,《文汇报》发表张炯的文章《英雄理想化的艺术表现》。

17日,《光明日报》发表碧野的散文《荆州漫步》。

18日,《人民日报》发表陈毅的诗《昆明杂咏》。

19日,《人民日报》发表叶剑英的诗《悼念罗荣桓同志》。

《光明日报》发表高士其的诗《我望着越南南方》。

19日-27日,中国戏剧家协会在北京召开第四届常务理事(扩大)会议,会议选举出田汉为第一书记,田汉、李之华、李超、吴雪、马彦祥、张庚、张颖、袁世海、贺敬之、虞棘、赵寻为书记处成员。

20日,《人民日报》发表朱德的诗《悼罗荣桓同志》。

《剧本》12月号发表金剑的6场话剧《春光曲》。

21日,《光明日报》发表郭沫若的诗《广西纪行诗词抄(上)》;宗璞的散文《路》。

22日,《文汇报》发表晓鹰的散文《写在渴望中》。

23日,王蒙迁往新疆乌鲁木齐,在新疆维吾尔自治区文联工作,任《新疆文学》编辑。

《人民日报》发表董必武的诗歌《悼罗荣桓同志》。

《文汇报》发表潘旭澜、曾华鹏的文章《评闻捷长篇叙事诗〈复仇的火焰〉》。

24日,《光明日报》发表郭沫若的诗《广西纪行诗词抄(下)》。

25日,《解放日报》发表社论《大力提倡现代剧——祝华东区话剧观摩演出开幕》,指出:"作为社会主义上层建筑重要部分的社会主义文艺,必须充分地发挥自己的对基础的反作用,积极地为巩固和发展社会主义的经济基础服务。"社论明确将戏剧界对戏剧题材的选择看成思想领域阶级斗争的表现。

《文汇报》发表司马文森的散文《到阿尔及利亚旅途中——北非旅行记》。

25日–1964年1月22日,华东区话剧观摩演出在上海举行。柯庆施在会上作了题为《大力发展和繁荣社会主义戏剧,更好地为社会主义经济基础服务》的报告。来自华东各省市和部队的16个团体共演出了《一家人》《激流勇进》《锻炼》等13个多幕剧、7个独幕剧。

26日,《光明日报》发表田间的诗《竹子的故事》、袁鹰的文章《小城午歇——阿尔及利亚见闻录》。

28日,以张东川为团长的中国京剧院访日京剧团赴日本访问演出。主要演员有杨秋玲、刘长瑜、李长春、侯正仁、俞大陆、王晶华等。京剧团先后在东京、大阪、名古屋、福冈、京都、广岛、神户、横滨等地演出剧目《杨门女将》、《野猪林》、《闹天宫》、《虹桥赠珠》等。

《文汇报》开辟"华东区话剧观摩演出剧目评介"专栏,陆续发表观摩演出剧目的剧评文章;同期开辟"文艺必须为无产阶级政治服务、必须为社会主义经济基础服务"专栏,陆续发表戏剧理论文章及观摩演出团体演员的随笔、感想。

本月,哈尔滨话剧院演出《千万不要忘记》(剧本发表时名为《祝你健康》),编剧丛深,导演王志超。剧本发表在《剧本》10、11月号合刊上。后中国青年艺术剧院和北京人民艺术剧院相继上演此剧。中国剧协于1964年1月14日为此举行了专题座谈会。

作家出版社出版的中国作家协会农村读物工作委员会编的农村文学读物

丛书《报告文学》（第一集）中，辑入作品16篇，编进了《从水牢里活出来的人们》、《李丕忠家史》、《家训》等属于历史情况调查报告与家史一类的作品。

作家出版社出版萧三的诗集《伏枥集》和魏巍的诗集《不断集》。

江苏人民出版社出版方之的短篇小说集《出山》。

工人出版社出版中华全国总工会编选的《工人短篇小说选》。

少年儿童出版社出版刘厚民的儿童文学集《童年血泪》。

本年

中共上海市委第一书记、上海市市长柯庆施多次提出"写十三年"的口号，在文艺界引起巨大反响。他在上海市文艺会堂召开的元旦联欢会上首次发表相关讲话，指出："解放十三年来的巨大变化是自古以来从未有过的。在这样伟大的时代、丰富的生活里，文艺工作者应该创作更多更好的反映伟大时代的文学、戏剧、电影、音乐、绘画和其他各种形式的文艺作品。""今后在创作上，作为领导思想，一定要提倡和坚持'厚今薄古'，要着重提倡写解放十三年，要写活人，不要写古人、死人。我们要大力提倡写十三年——大写十三年！"此后，又在上海的民间故事创作和讲说活动、华东区话剧观摩演出会等场合反复强调这一观点，否定新中国成立后社会主义文艺取得的巨大成就。这一主张得到了张春桥、姚文元的支持，并合作《大写十三年的十大好处》鼓吹这一观点。但同时，"大写十三年"也遭到周扬、林默涵、邵荃麟等人的反对和批评。

沈从文创作旧体诗《郁林诗草》多首，记游漓江。

在贵阳市黔灵湖公园的附近有一批热爱艺术的青年，他们大多是平民知识分子和"黑五类"的子弟,聚集在一起为的是讨论艺术,包括文学、音乐、美术。这种聚会在"文革"中发展成为贵阳地区的地下文艺活动。黄翔、李家华、方家华等人组成了"野鸭沙龙",从事地下诗歌的写作。

早年知青歌曲《邢燕子之歌》在社会上广为传唱。

《世界知识》第16期发表司马文森的《劫后的阿贡火山区》。

《文史哲》第3期发表田仲济的《特写报告发展的一个轮廓——特写报告集编辑的一点感受》。《新闻业务》第5、6期合刊发表袁鹰、朱宝蓁、吴培华合写的《报告文学座谈会纪要》;第8期发表如海的《报告文学的特色及其他》;第12期发表魏钢焰的《报告文学感想》。

四川民族出版社出版《四川彝族民间故事集》、《羌族民间歌曲选》。

中国民间文艺研究会吉林分会主办的工作交流性的内部刊物《吉林民间文学丛刊》创刊,后来陆续出了8期,到"文革"爆发时停刊。

截至本年底,电视台、试验台、转播台已达36座。中央广播事业局为北京电视台制订了"立足北京,面向世界"的宣传方针。北京电视台播出电视剧11部,包括《相亲记》、《江姐》、《待客》、《活捉罗根元》、《火种》、《岭上人家》、《在节日的晚会上》、《搬家》和儿童剧《庄稼人》、《时间走啊走》、《要多长个心眼》。

程季华主编的《中国电影发展史》、袁文殊的《电影求索录》、卢永等翻译的苏联科学艺术史研究所《电影艺术问题论文集》由中国电影出版社出版。

本年度最受观众欢迎的影片有《冰山上的来客》、《小兵张嘎》、《早春二月》、《野火春风斗古城》等。

本年上映的影片主要有:

《北国江南》(阳翰笙编剧,沈浮导演,海燕电影制片厂);

《冰山上的来客》(白辛编剧,赵心水导演,长春电影制片厂);

《红日》(瞿白音编剧,汤晓丹导演,天马电影制片厂);

《金沙江畔》(陈清、黎白、傅超武、穆宏编剧,傅超武导演,天马电影制片厂);

《满意不满意》(费克、张幼尔、严恭编剧,严恭导演,长春电影制片厂);

《农奴》(黄宗江编剧,李俊导演,八一电影制片厂,该片于1981年在菲律宾马尼拉国际电影节上获金鹰奖);

《怒潮》(吴自立、未央、郑洪编剧,史文炽导演,八一电影制片厂);

《小兵张嘎》(徐光耀编剧,崔嵬、欧阳红缨导演,北京电影制片厂);

《野火春风斗古城》(李英儒、李天、严寄洲编剧,严寄洲导演,八一电影制片厂);

《抓壮丁》(陈戈、吴雪编剧,陈戈、沈剡导演,八一电影制片厂);

《我们村里的年轻人(下集)》(马烽编剧,苏里、尹一青导演,长春电影制片厂);

《自有后来人》(沈默君、罗静编剧,于彦夫导演,长春电影制片厂);

《早春二月》(谢铁骊编导,北京电影制片厂)。

1960.1 – 1965.12

1964 年

1964

一月

1日，刘少奇、邓小平、彭真以中央名义召开文艺界座谈会。周扬在会上作汇报发言。

毛泽东、刘少奇、朱德、邓小平、彭真、康生、薄一波、聂荣臻等人在京观看河南省豫剧院三团演出的豫剧《朝阳沟》。2日的《人民日报》对此进行了报道。

《解放军文艺》1月号开辟悼念罗荣桓同志的专栏，刊载《在公祭罗荣桓同志的仪式上邓小平同志的悼词》、朱德的《悼罗荣桓同志》、林彪的《挽荣桓同志》、董必武的《悼荣桓同志》、郭沫若的《挽罗荣桓元帅》、徐向前的《悼罗荣桓同志》、叶剑英的《悼罗荣桓同志》、萧华的《学习罗帅的优秀品质和革命精神》。

《延河》、《河北文学》1月号刊登张光年的文章《现代修正主义的艺术标本——评格·丘赫莱依的影片及其言论》。

4日，《人民日报》刊载毛泽东的七律《人民解放军占领南京》等诗词。

5日，《广西文艺》1月号发表秦兆阳的长篇连载《两辈人》，小说至第6期连载完毕。

《新疆文学》1月号发表艾青的诗《年轻的城》。

10日,《诗刊》1月号刊载毛泽东的《诗词十首》和臧克家的文章《时代风雷起新篇——读毛主席诗词十首》。

《电影创作》第1期发表林谷等的电影文学剧本《舞台姐妹》。

11日,《文艺报》第1期发表社论《努力反映伟大的社会主义时代》,高度赞扬当前戏剧创作和上演的现代题材新剧目。本期还发表艾克恩的评论《内部问题》;阎纲的评论《播火记》,认为"《播火记》是中国农民阶级向反动统治阶级勇猛冲锋、浴血战斗的激越悲壮的颂歌";冯健男的评论《赵树理创作的民族风格——从下乡集说起》,认为"赵树理的文风和文体,是真正民族化和群众化的新创造","赵树理的文学语言是经过锤炼加工的汉族人民大众的口语,他的作品的民族性和群众性,首先是通过他的语言表现出来","在写法方面,或者说在形式方面,赵树理也是从照顾群众的'习惯'出发,继承了民间文艺的传统并予以创造性的溶化、革新和发展"。

12日,《人民日报》刊载侯金镜的评论《让短篇小说在农村扎根落户——农村读物丛书短篇小说集介绍和杂感》,指出"编这几本集子,希望在农村传播开,这只是目的之一;还有另一个志愿,就是想借这几本书的出版,在农村推动助成一种读短篇的风气,让短篇很快在农村扎下根子,能征服更多的读者";缪俊杰的评论《读长篇小说〈香飘四季〉》,认为"作品有比较浓郁的生活气息和地方色彩。人物的音容笑貌、举止癖好,都带华南农村的生活气息。至于景物描写,如蕉杉、果木、繁华、盛草、渔舟、水道等等,也是珠江水乡所独见。《香飘四季》恰似一副景物图,一卷风俗画,摆在读者面前供人欣赏"。本期还发表菡子的散文《水乡秋寨——江南白描之一》。

《光明日报》发表杨嘉、何芷、曾敏之、卢荻的评论《跃进欣看四季花——读长篇小说〈香飘四季〉》,认为"陈残云同志的《香飘四季》是一部反映大跃进年代风貌的长篇小说。作品歌颂了人民公社这面红旗,描写了人民群众自力更生、发愤图强的革命精神和干劲，反映了阶级斗争的复杂性。这是大跃进农村的一幅图画"。

《人民文学》1月号发表赵树理的中篇小说《卖烟叶》（续篇发表在3月号上），雪克、阿凤、艾文、万国儒的报告文学《战洪篇》，碧野的报告文学《千丈坡》。万国儒（1931－1990），笔名方刚、东流。天津宁河人。1949年后历任天津染织厂职工、《新港》编辑、中国作家协会天津分会专业作家。1956年开始发表作品。著有短篇小说集《风雪之夜》、《龙飞凤舞》、《欢乐的离别》等。

14日－31日，文化部召开农村读物出版工作座谈会。提出今后加强农村读物出版工作方面的11项措施。

15日，《解放日报》发表社论《出社会主义之新——再论大力提倡革命的现代剧》（《文汇报》转载）。

《萌芽》第1期发表茅盾的评论《举一个例子》、杜宣的《富士雪——访日漫忆》。茅盾的文章认为《迎接朝霞》的作者崔璇在选材、人物形象塑造和环境描写这三个方面都做得十分好。茅盾认为"这篇小说（《迎接朝霞》）的故事是有普遍性的"，"这篇小说实质上是第一人称的写法，但形式上是第三人称"，"看了《迎接朝霞》，有助于年青的朋友们在描写环境方提高技巧"。

《新华月报》1月号刊发周扬在中国科学院哲学社会科学部委员会第四次扩大会议上的讲话《哲学社会科学工作者的战斗任务》。

16日，首都剧场举行了由《诗刊》社主办的支持巴拿马人民反美爱国斗争的诗歌朗诵会。

20日，《剧本》1月号发表唐苓的两幕三场话剧《候鸟》（"激流中的浪花"之一）；陈荒煤在文化部、中国剧协联合举办的第二期剧作者学习、创作研究会上的发言《更深刻地反映社会主义时代》。

20日-2月11日，文化部在南京召开故事片厂厂长、党委书记扩大会议，传达毛泽东、刘少奇等的指示。会议提出今后故事片题材应按现代题材（新中国成立后）60%，革命历史题材30%，其他题材10%的比例分配。

22日，《人民日报》发表贺敬之的长诗《西去列车的窗口》。

23日，刘少奇、李先念、薄一波、张鼎丞等在北京观看上海沪剧团演出的沪剧《芦荡火种》。

25日，《收获》第1期发表柳青的长篇小说《创业史》第二部上卷中的两章《梁生宝与徐改霞》、茹志鹃的小说《回头卒》、浩然的长篇小说《艳阳天》（第一卷）等；何其芳的论文《关于〈论阿Q〉——〈文学艺术的春天〉序文的一部分》。长篇小说《艳阳天》第一卷9月由作家出版社出版单行本。1965年11月号的《北京文艺》选载了《艳阳天》第二、三卷的部分章节。1966年3月作家出版社出版《艳阳天》第二卷。《收获》1966年第2期发表了《艳阳天》第三卷，1966年5月作家出版社出版单行本。初澜认为："小说《艳阳天》写的虽是东山坞农业社在1957年麦收前后十几天内所发生的事件，却展现了我国农村惊心动魄的阶级斗争的历史画面。萧长春就是这一'典型环境中的典型人物'。以萧长春为代表的广大贫下中农在社会主义道路上，面临着错综复杂、尖锐激烈的矛盾冲突。这里，有同暗藏的反革命分子、农业社副主任马之悦的矛盾，有同公开的敌人、反动地主马小辫的矛盾，有同富裕中农弯弯绕等的矛盾，有同党内右倾机会主义分子李世丹的矛盾，还有同被敌人拉去当'枪'使的贫农马连福的矛盾，等等。小说中的矛盾冲突是围绕着农业社的分配问题而展开的：萧长春和广大的贫下中农，为了巩固集体经济，坚持按劳分配的社会主义原则；而地主分子、暗藏的反革命分子和党内右倾机会主义分子，以及一些富裕中农，则提出了要搞'按土地分红'。在农村，生产资料所有制的社会主义改造基本完成以后，这一矛盾冲突的实质仍然是两条道路、两条路线的斗争，是在当时的历史条件下坚持进步、反对倒退，坚持革命、反对复辟的斗争。在这场斗争中，有敌我矛盾，也有人民内部矛盾。它们盘根错节，相互联系，深刻地反映了社会主义历史阶段阶级斗争的复杂性和尖锐性。作者在揭示这些矛盾时，始终让萧长春处于这些矛盾的中心，并且处于矛盾的主导地位。不论是马之悦、马小辫要捣乱、要复辟，弯弯绕、马大炮要走发家致富的资本主义道路，还是李世丹要推行右倾机会主义路线，他们的对立面都是萧长春。这样做，是基于生活现实的，因为萧长春是贫下中农的主心骨，是走社会主义道路的带头人。小说在突出萧长春与马之悦、马小辫这一矛盾斗争的主线时，把其他矛盾组织起来，让各种矛盾都围绕着萧长春而展开，让英雄人物在阶级斗争、路线斗争的风口浪尖上经受种种考验。这种安排十分重要。因为，只有当英雄人物处于矛盾斗争的中心位置上，才能为塑造英雄人物提供阶级斗争的典型环境，才能给英雄人物以充分的用武之地。长篇小说《艳阳天》正是这样为我们展现了一场波澜壮阔、跌宕起伏的斗争场景。"（1974年5月5日《人民日报》）郭志刚等人主编的《中国当代文学史初稿》（上）中指出："《艳阳天》存在的主要问题，从思想上说，是对农村阶级斗争形势的认识和反映，受了六十年代初期一些'左'的思潮的影响，致使作品对生活矛盾的把握，对当时农村一些人和事的判断上，都带有某些偏颇；从艺术上说，是臃肿和迟滞。小说共分三卷，在后两卷中，主要人物性格并没有很大的发展。再则，有些情节和场面也显得不够真实，把那么多的头绪、事件压缩在几天、十几天的时间内进行，是可以的，但有些地方处理得不大合理，如萧长春从工地回到东山坞，到第二天回家，实际上中间只隔半日光景，小说却写了十几万字，其中很多是人物对话，这就产生了时间和情节之间的矛盾，是不大可信的。"（第197页，郭志刚等主编：《中国当代文学史初稿》[上]，人民文学出版社1980年版）

26日，《光明日报》发表马奇的文章《关于〈史学与美学〉——评周谷城先生的美学思想》。文中说："周先生的社会历史观点是抽象的、形式主义的、形而上学的、唯心主义的。周先生对于艺术问题的论述，就是建立在如上那种社会历史的观点的基础之上的。""情感在艺术中是重要的，但艺术中主要的东西并不是艺术的源泉，比如典型是艺术创作中的主要的东西，但绝不是艺术的源泉。""真正的、优秀的艺术主要的不是靠抽象议论，而是对于实际生活事实的具体的、生动的、形象的以及典型的描绘。但是这绝不等于单单表达了艺术家的情感，同时也必需和不可免地表达了艺术家的思想、观点、意见。什么事情触动了艺术家的情感，不能不与艺术家世界观、立场、思想以及生活经验、艺术素养相关联。""对艺术的社会作用问题，必须作具体的阶级的分析。"

《解放日报》发表社论《让社会主义思想占领集镇的文化阵地》。

30日，《文汇报》发表社论《大力提倡讲革命故事》，提出"开展讲革命故事活动，对于当前农村工作来说……至少有如下五方面的作用：第一，起了占领思想阵地的作用"；"第二，有力地配合了党在农村的各项政治任务和生产斗争，宣传了政策，发动了群众，促进了集体生产的发展，发挥了文艺轻骑兵的作用"；"第三，丰富了农民的业余文化生活"；"第四，推动了其他方面农村文化工作的开展"；"第五，对讲事员来说，宣传社会主义思想，对农民进行阶级教育，也是对自己的一种锻炼和提高"。其后，该报又相继发表了多篇这方面的文章。如《读〈卖烟叶〉有感——再论大力提倡讲革命故事》（1964年2月11日）、《两种效果论——三论大力提倡讲革命故事》（1964年3月9日）、《故事员风格赞——四论大力提倡讲革命故事》（1964年3月29日）、《故事员队伍要扩大也要巩固提高——五论大力提倡讲革命故事》（1964年4月27日）、《需要更多更好的革命故事——六论大力提倡讲革命故事》（1964年5月6日）、《文艺工作者要积极参加革命的群众文化运动——七论大力提倡讲革命故事》（1964年8月20日）等。与此同时，其他报

1964

纸和刊物也对这一运动进行了报道和评论。如1964年5月21日《解放日报》刊发《创作更多更好的革命故事,上海作家协会邀请有关人员座谈革命故事创作问题》的报道;1965年8月22日,南京举行革命故事创作交流会,《新华日报》为此发表评论员文章《开展群众性的讲革命故事活动》,并发表题为《运用革命故事形式,为政治和生产服务》的报道;1965年12月2日《解放日报》发表高云《创作园地中生命正旺的新花——谈革命故事的创作特色》;1966年4月25日《人民日报》发表丁学雷的评论文章《革命故事是宣传毛泽东思想的有力武器——上海郊区农村革命活动述评》。一场在群众及作家中同时掀起的"讲革命故事"运动逐渐走向高潮。

本月,全国各省(自治区)市文联纷纷召开有关戏曲工作的座谈会,大力提倡现代戏,或是直接举办现代戏的各种演出。

《毛主席诗词》,由人民文学出版社和文物出版社同时出版。

曲波的长篇小说《林海雪原》,由人民文学出版社重印出版。1957年作家出版社初版。

田间的诗集《非洲游记》、刘白羽的散文集《晨光集》,由作家出版社出版。

林庚、冯沅君主编《中国历代诗歌选》(上下册),由人民文学出版社出版。

杨周翰、吴达元、赵萝蕤主编的《欧洲文学史(上下册)》,由人民文学出版社出版。

二月

1日,《人民日报》发表社论《全国都要学习解放军》,说"一个学习解放军的热潮,正在全国兴起。在比先进、学先进、赶先进、帮后进的共产主义竞赛中,'向解放军学习',已经成为新的战斗的号召"。

中国福利会儿童艺术剧院演出五幕七场儿童剧《水晶洞》,编剧罗英、柯岩,导演孟远。

《作品》2月号刊发《关于时代精神及其他》的讨论文章。主要讨论的问题有"关于时代精神问题",不少批评家表达了自己的看法。杜埃认为"以阶级斗争为纲,反映社会主义的新人新事,来描写我们的新人怎样同旧人物、旧思想决裂,战胜它,在斗争中获得自己的成长,从而反映出我们伟大的时代精神,就应该成为作家写作中最主要的课题";肖殷认为"反映时代精神的关键就是要抓住时代的主要矛盾和斗争";于逢说"时代精神就是阶级斗争";林遐认为一些有创作经验、创作才能的作家,应该注意两个问题:"一个是深入生活的问题","另一个是思想性的问题";周敏认为"首先行动起来,到生活当中去,到斗争当中去,和广大的工农兵群众在一起,实践,感受,理解";张漠青认为"所谓时代精神,也就是共产主义、社会主义的革命精神"等等。此外还就"关于面向农村问题"进行了讨论。

《延河》2月号发表李若冰的论文《略谈写史》。

《新港》2月号发表王昌定的小说《传家宝》;魏金枝的论文《再谈小小说》。

《河北文学》2月号发表梁斌的小说《战寇图》(长篇小说《红旗谱》第三部选载);侯金镜的评论《让短篇小说在农村扎根落户》。

《长江戏剧》复刊。2月号发表马吉星的话剧《豹子湾战斗》(《剧本》5月号转载)。5月31日,周恩来在观看中国青年艺术剧院演出的话剧《豹子湾战斗》后发表谈话说:"先进人物主导方面是先进的,所以是可爱的。对任何事物都是两分法,对先进人物也是如此。""丁勇是典型,是先进人物,是可爱的。丁勇的主导方面是积极的,积极因素不断克服消极因素。好多作品在描写先进人物时，把先进人物神化了。""现实中的先进人物是最平凡最普通的，现实中没有神化的人物。把先进人物神化了，先进人物就没有发展，所以舞台上常常出现'四平八稳'的先进人物，这就概念化了，矛盾也没有了。没有矛盾，戏还有什么看头，演员也不好演了。写先进人物要写他的发展，成长。先进人物所以先进，是因为他不断实践，不断总结经验。先进人物是各种各样的，要通过特殊的个别的反映一般。作品中的先进人物全一样了，就千篇一律了。"（周恩来：《周恩来论文艺》，第191-192页，人民文学出版社1979年版）

2日，《文汇报》、《光明日报》、《南方日报》、《天津日报》等报转载《人民日报》社论《全国都要学习解放军》。

《解放日报》发表高思国的独幕话剧《柜台》。

4日，《北京文艺》2月号刊登老舍应河北省梆子剧院跃进剧团之邀改编的戏曲《王宝钏》。

5日，《湖南文学》2月号发表康濯《代理人》、柯蓝《三打铜锣》等小说。

《广西文艺》2月号刊登秦兆阳的长篇小说连载《两辈人》。

6日，《羊城晚报》发表刘保端的评论《关于时代精神问题》，认为"描写英雄人物的精神面貌固然能体现出一定历史时期的精神状态，然而描写一般的、普普通通的人，也不见得不能体现出时代的风貌"，"文艺作品的时代精神也不等于文艺作品的思想性"。

《南方日报》发表金敬迈等的报告文学《共产主义战士欧阳海》。金敬迈，（1930－ ），江苏南京人。1949年参加解放军，1957年加入中国共产党。曾任广州军区战士话剧团演员、创作员，军区政治部创作组创作员。1967年任"中央文革小组"文艺组负责人，1968年遭迫害入狱，1978年平反。后任广州军区政治部文化部创作组专业作家。1958年开始发表作品。著有长篇小说《欧阳海之歌》，话剧剧本《双桥会》（合作）、《神州风雷》（合作），电影文学剧本《铁甲008》等。

8日，文化部发布《人民文学出版社和上海文艺出版社合并的通知》。自1964年3月1日起，上海文艺出版社改为人民文学出版社上海分社，上海文艺出版社的名义撤销，其中对于机构和领导、人事和资财、选题、组织和审稿、出书名义等具体事项均一一作了规定。

9日，《人民日报》报道：中外作家举行春节联欢，老舍、夏衍等与来自印度尼西亚、日本等14个国家的30多位作家、诗人、剧作家互相祝贺新春愉快。

10日，《人民日报》发表莎荫、范银怀的《大寨之路》。

《山东文学》2月号发表曲波的小说连载《桥隆飚》。

《诗刊》2月号发表郭小川《边塞新歌》、田间《遥寄巴拿马》、北京大学五四文学社集体创作的朗诵诗《让青春闪光》等诗。

11日，《文艺报》第2期刊发社论《大力开展社会主义新文艺的普及工作》。发表魏金枝的《别具一格的一个短篇集——读〈山区收购站〉》一文，认为读了骆宾基的短篇集《山区收购站》"使人感到作者确实在那些农村里认真地生活过。不然，是没法写出具有那么浓郁的生活香味的作品来的"。

《文汇报》发表社论《读〈卖烟叶〉有感——再论大力提倡讲革命故事》，认为"它是为当前农村广泛开展讲故事活动雪中送炭，同样是为发展社会主义的文学事业锦上添花"。

《人民日报》发表巴金的文章《我的心一直留在英雄的越南人民中间》。

12日，《人民文学》2月号发表周立波的短篇小说《新客》、杨朔的家史《红花草》、艾芜的家史《苦难的童年》、陈白尘的家史《吹唢呐的人》。

13日，《人民日报》发表李季的长诗《致以石油工人的敬礼》、郭小川的诗《春歌》之一。

1964 二月

14日，北京市文化局向文化部作出《关于整顿北方昆曲剧院的请示报告》，认为"北方昆曲剧院自1957年7月建院以来，人数逐年增加"，"演出状况很不好。再加上剧院领导力量薄弱"，"实难维持下去"。"拟采取以下方法整顿：撤销该院建制，将一些政治、业务水平较好有培养前途的青年演员合并到北京京剧团，在北京京剧团内建立一个80人左右的演出队，既演昆曲，也演京剧。"12月30日，文化部根据北京市文化局的报告向周恩来作《关于整顿北方昆曲剧院的请示》，并于1965年1月21日作出批复，同意撤销北方昆曲剧院建制，另建演出队。

15日，《电影文学》2月号刊发周扬1963年10月26日在中国科学院哲学社会科学部委员会第四次扩大会议上的讲话《哲学社会科学工作者的战斗任务》。

18日，《人民日报》发表周立波的小说《翻古》。

20日，中国人民解放军广州部队政治部战士话剧团演出5场话剧《南海长城》（原名《火红的海洋》），编剧赵寰，导演傅冰。剧本发表在《剧本》4月号和《解放军文艺》5月号上。

24日，《天津日报》发表综述《周扬同志在津邀文艺工作者和业余作者座谈文艺创作问题》。

25日，《光明日报》发表杨扬的评论《社会主义闯将在成长——读胡万春的中篇小说〈内部问题〉》，认为这部小说"它的突出的成绩，是在生动的复杂的矛盾关系中，塑造了一个富有光彩的人物——王刚的形象"。

福建省话剧团进京演出5场话剧《龙江颂》，编剧江文（执笔）、陈曙（执笔）、丁叶、芎人，导演王琨生、向增、叶洪威。该剧剧本发表在《剧本》3月号上。中国戏剧家协会和剧协北京分会筹备委员会召开座谈会探讨此剧思想上和艺术上的成就。田汉、曹禺、徐平羽、郭小川、欧阳山尊、邹荻帆、冯其庸、陈默等参加座谈会并发言。

26日,《红旗》第2、3期合刊发表陶铸的文章《人民公社在前进——广东农村人民公社五年经验的基本经验总结》(28日的《人民日报》,29日的《羊城晚报》、《南方日报》分别转载)。

本月,叶君健的长篇小说《开垦者的命运》,由中国青年出版社出版。

梁斌的长篇小说《播火记》(《红旗谱》第二部),由作家出版社出版。

赵洪波的长篇小说《未结束的战斗》,由江西人民出版社出版。

陆文夫的短篇小说集《两遇周泰》,由上海文艺出版社出版。

阮章竞的诗集《四月的哈瓦那》、老舍的文论集《出口成章——论文学语言及其他》,由作家出版社出版。

陶铸的文论集《思想·感情·文采》,由广东人民出版社出版。

李希凡的文论集《题材·思想·艺术》,由百花文艺出版社出版。

《革命歌曲集》,由百花文艺出版社编辑出版。

曹雪芹、高鹗的小说《红楼梦》(全四册),由人民文学出版社出版。

游国恩等主编的《中国文学史》(全四册),由人民文学出版社出版。

《普列汉诺夫机会主义文选》,由三联书店编辑出版。

三月

1日,《新港》3月号发表《文艺报》社论《努力反映伟大的社会主义时代》;阎纲的评论《刻骨的仇恨,韧性的战斗》,该文对《播火记》进行评论,认为"《播火记》里提出来的,仍然是严重的农民问题"。

《延河》3月号发表牧惠的评论《〈黑凤〉浅探》,认为"黑凤"是"一个具有新的政治品质、新的思想意识、新的道德面貌的社会主义新人"。

《山花》3月号转载《文艺报》社论《努力反映伟大的社会主义时代》,

1964 三月

并发表社论《更好地反映我们伟大的时代,为社会会主义革命和建设服务》。

《雨花》3月号发表秦德林的评论《读〈黑凤〉产生的联想——谈表现时代精神和写新人性格》,认为"王汶石同志善于从生活的情趣和欢乐中表现时代精神"。

《火花》第1期发表孙谦的报告文学《大寨英雄谱——陈永贵抗灾记》,当年由山西人民出版社出版单行本。

4日,中国文联及各协会开始进行整风、检查工作。

5日,《广西文艺》3月号连载秦兆阳的长篇小说《两辈人》。

9日,《文汇报》发表社论《两种效果论——三论大力提倡讲革命故事》。

《羊城晚报》开始不定期连载欧阳山的长篇小说《一代风流》之三《柳暗花明》的第81-85章。至4月18日载完。

10日,《北方文学》3月号发表杨沫的小说《红红的山丹花》、李家兴的报告文学《杨治周和他的学生》。李家兴(1930—),女,笔名李佳、穆芝。祖籍湖北,上海人。清华大学中文系毕业。1950年开始发表作品。在《人民日报》、《光明日报》、《大众电影》等报刊上发表散文、报告文学、文艺评论及文艺随笔数十篇。

《诗刊》3月号发表何其芳的诗歌《诗四首》,谢冕的评论《〈西去列车的窗口〉小评》。

11日,《文艺报》第3期发表毛主席的七律《到韶山》;文洁若的文章《〈红岩〉在日本》;谭霈生的评论《进攻的性格——读中篇小说〈黑凤〉》,文章认为"通过黑凤这个成长中的新人性格,以及几个革命青年的英雄形象,反映出了大跃进初期社会生活中的积极因素,是这部中篇小说最突出的成就";陈言的评论《漫评林斤澜的创作及有关评论》,认为"林斤澜同志是有才能的,而且已有了一批好作品为基础,不久前作者已深入到农村的实际斗争生活中去了,我相信,当作者意识到、并且更大发挥自己的长处,摆脱了在一部分作品里表现出来的过分追求形式、忽视内容、忽视思想的羁绊后，坚定地沿着健康的为工农兵服务的宽阔道路前进时，作者是一定会写出新的更优秀的作品来的"。

12日，《萌芽》第3期发表以群的论文《找到主题之前》，认为"文学作品的主题是贯串在全篇里的中心思想，是作家从生活中发掘出来的体会，而不是从别人的书本上搬过来的道理"。"如何从现实生活之中找到主题或找准主题的问题，我以为，最主要的就是更深更透地认识生活、理解生活的问题；而对于年轻的业余文学工作者，首要的就是提高思想水平、加强认识能力。除此之外，是没有什么窍门可找的。"

《人民文学》3月号发表萧育轩的小说《迎冰曲》、周瘦鹃的散文《茶树丛中》、张永枚的诗歌《阳雀花开》、蓝澄的五幕话剧《丰收之后》。

《新华月报》第3期刊发陶铸的文章《人民公社在前进——广东农村人民公社五年经验的基本总结》，同时转载《文汇报》社论《大力提倡讲革命故事》，转载《学术月刊》第2期《关于〈红楼梦〉思想倾向的讨论》。

《羊城晚报》发表姚雪垠《我所理解的李自成》。

16日，《文汇报》发表邓牛顿、吴立昌、何士雄的评论《梁生宝形象评价中的几个问题》，提出"对作品中英雄人物性格的理解，要求我们紧紧把握住他的时代的和阶级的特征，从发展的而不是静止的角度去认识人物在生活中所发生的变化，细致地去分析那促使英雄人物性格形成的社会历史条件"。"我们的文艺作品，在塑造我们时代的英雄形象的时候，只有通过社会复杂的矛盾冲突，才能很好地揭示出英雄的性格特征。"

20日，《文汇报》发表徐开垒、周嘉俊的报告文学《十一户人家》。

《剧本》3月号发表曹禺的评论《两出好话剧——推荐〈龙江颂〉和〈激流勇进〉》，认为这两个戏"剧本编写的好，把主要的思想、人物写得比较深、比较透，能够感动人，振奋人"，"这两个戏导演得好，表演得好，演出很吸引人"。同期，发表胡万春、佐临、仝洛编剧，仝洛执笔的三幕话剧剧本《激流勇进》。

21日，《羊城晚报》发表陶铸的《伟大的革命品质——在"欧阳海班"命名大会上的讲话》（26日《光明日报》、27日《解放军报》转载）。

25日，《收获》第2期发表艾芜的小说《群山中》（写于1964年2月20日）、邹荻帆的长篇连载《大风歌》；胡万春、陈恭敏、费礼文、洪宝的6场话剧《一家人》；茅盾的论文《读了〈火种〉以后的点滴感想》。茅盾写道："《火种》，艾明之，《火焰三部曲》第一部，1963年10月初版，上下两篇，上篇共12章，下篇共8章；全书共约60万字……以《火种》为第一部的《火焰三部曲》，大概要给中国工人运动的历史（或许这个三部曲的下限，以上海解放为终点），作文艺上的全面反映。这是一个宏伟的计划，好像还没有别人尝试过。"同期，姚文元在《反映最新最美的生活，创造最新最美的图画》一文中，主要阐述了以下几个问题：1."关于革命的现代剧的根本特点和戏剧观的问题"；2."塑造社会主义时代的英雄人物的深刻意义和刻画英雄人物的方式"；3."对于几个英雄人物性格的分析与比较"；4."准确地刻画有缺点的好人，表现人们思想上的进步"；5."精益求精，朝社会主义方向不断提高"。

29日，《文汇报》发表社论《故事员风格赞——四论大力提倡讲革命故事》。

31日，文化部在京举行1963年以来的优秀话剧创作授奖大会。16个多幕剧、6个独幕剧的31名剧作者和24个演出单位分获创作奖和演出奖。周恩来、陈毅在晚间接见了获奖的全体剧作者、编剧和演出团体代表，茅盾、夏衍、林默涵、徐平羽、老舍、曹禺等一同出席接见会议。4月2日、3日，中国戏剧家协会举办由田汉主持的获奖剧作家、演出团体创作经验交流会。

其中获奖剧作及剧作家包括《第二个春天》（刘川编剧）、《霓虹灯下的哨兵》（沈西蒙、漠雁、吕兴臣编剧）、《雷锋》（贾六、王德瑛、靳洪编剧，贾六执笔）、《年青的一代》（陈耘、章力挥、徐景贤编剧）、《三人行》（阳翰笙编剧）、《李双双》（邵力根据李準同名小说改编）、《远方青年》（武玉笑编剧）、《千万不要忘记》（丛深编剧，又名《祝你健康》）、《箭杆河边》（刘厚明编剧）、《激流勇进》（胡万春、黄佐临、仝洛编剧）、《龙江颂》（江文、陈曙、丁叶、芎人编剧，江文、陈曙执笔）、《丰收之后》（兰澄编剧）、《一家人》（胡万春、陈恭敏、费礼文、洪宝编剧）、《小足球队》（任德耀编剧）、《南海长城》（赵寰编剧）、独幕剧《青梅》（陈其通编剧）、独幕剧《好榜样》（乐云桂编剧）、独幕剧《杨柳春风》（木生、齐特编剧）、独幕剧《母子会》（赵家骧编剧）、独幕剧《第一与第二》（周一鸣、吴彬编剧）、独幕剧《柜台》（高思国编剧）。获演出奖的团体有辽宁人民艺术剧院，中国人民解放军前线话剧团、抗敌话剧团，上海人民艺术剧院，上海戏剧学院，中央实验话剧院，中国青年艺术剧院，甘肃省话剧团，哈尔滨话剧院，北京市农村文艺工作队，福建省话剧团，山东省话剧团，中国福利会儿童艺术剧院，北京人民艺术剧院，中国人民解放军总政治部文工团、前锋文工团、战士话剧团，全国总工会工人文工团，青岛市话剧团。

本月，华东区话剧观摩演出剧目到北京汇报演出，中国戏剧家协会和剧协北京分会筹委会为其中的优秀剧目召开座谈会。

上海京剧界开始大量排演现代剧。除新排现代戏外，上海京昆剧团还改编了大量话剧作品，如华东区话剧观摩演出中的部分独幕剧《母子会》、《送肥记》等。

北京京剧团演出现代戏《芦荡火种》，汪曾祺、杨毓珉、萧甲、薛恩厚根据同名沪剧剧本改编，导演萧甲、迟金声，主演赵燕侠、马长礼等。

中华全国总工会工人文工团话剧团演出独幕剧《杨柳春风》和《好榜样》。《杨柳春风》编剧木生、齐特，导演李世敏，剧本发表在《剧本》4月号上;《好榜样》编剧栾云桂,导演张涵隆,剧本发表在《剧本》4月号上。

文化部出版局在北京中国美术馆举办1963年新书展览,之后又在上海举行。

中共中央宣传部决定在全国文联和各个协会全体干部中进行整风。

全国各省市相继召开业余文艺座谈会。业余文艺会演在全国各地陆续举行。上海、天津、湖南、福建、重庆等地先后召开了业余文艺剧目会演大会,各省市有关负责人出席并讲话,各地党报也发表社论,并报道相关演出实况或是纪要。

作家出版社出版冰心的散文集《拾穗小札》和邹荻帆的长篇小说《大风歌》。

百花文艺出版社出版李季的长诗《剑歌》和高缨的短篇小说集《山高水远》。

河南人民出版社出版乔典运的中篇小说《贫农代表》。

北京出版社出版孙方山改编的京剧剧本《西门豹》。

中国戏剧出版社出版丛深的话剧《千万不要忘记》(又名《祝你健康》),该书印数为1-50000册。附有舞美设计与剧照14幅,是哈尔滨话剧院1963年的演出本。1963年被授予优秀话剧创作奖奖状。

四月

1日,《光明日报》发表胡万春的评论《努力反映工人阶级的斗争生活》,提出"工人阶级的英雄人物,应该具有工人阶级最优良的品质,他应该有高度的组织性、纪律性,有集体主义的思想,大公无私"。"如何对待工人阶级内部的缺点却是个立场问题和思想感情问题","应该像对待自己家人那样,在批评了他们之后，关怀和帮助他们改正缺点，而且要看出他们的劳动人民的本质，看到他们主流的一面，写的时候要注意分寸"。

《长春》4月号发表《加强对群众业余文艺活动领导，扩大和巩固社会主义文化阵地》。

《作品》4月发表易准的评论《文学要反映社会主义时代》，认为"只有真正面向社会主义时代，大力反映社会主义时代，才能促使文学适应政治、经济的发展要求，更好地为社会主义事业服务"。

《解放军文艺》发表白岚、孙辑天、廖永铭、王伟、陈培斜、段雨生合作的报告文学《欧阳海》。白岚（1930— ），满族。辽宁锦县人。1960年入解放军政治学院学习。毕业后任广州军区专职创作员。1962年发表长篇小说《虎踞秋峰》。1964年同战友合作发表长篇报告文学《欧阳海》，曾获全军征文一等奖。

3日—21日，中央广播事业局第八次全国广播工作会议在北京召开。

4日，《北京文艺》4月号发表老舍《积极发挥文艺尖兵的战斗作用》、侯金镜《文艺创作要回答千百万群众所关心的问题》、胡万春《努力反映工人阶级的斗争生活》等文章。

5日，《新疆文学》4月号发表社论《大力创造社会主义的新文艺》。

《广西文艺》4月号连载秦兆阳的长篇小说《两辈人》。

6日—5月10日，中国人民解放军第三届文艺大会举行。全军18个专业表演队演出了近年来创作的300多个作品。受奖的节目有165个，受奖的个人达736名。林彪在这次会演上提出创作要达到"三结合"、"三过硬"等主张。其中"三结合"指"领导、专业、群众三结合"，"三过硬"指"学习毛主席著作过硬，深入生活过硬，练基本功过硬"。

9日，《解放军报》发表陈其通的文章《欢呼毛泽东文艺思想的新胜利》。

10日，《山东文学》4月号发表曲波的小说连载《桥隆飙》。

1964 四月

《诗刊》4月号发表赵树理的《竹枝词》和《吟地质工作》。

11日，《文艺报》第4期发表专论《进一步发展报告文学创作》；冯至的《是批判地吸取呢，还是盲目地崇拜？》，认为"用历史唯物主义来解释历史现象，用马克思列宁主义的批判精神来对待中外古典遗产，这首先是文学研究工作者的迫切任务"；李醒尘《周谷城美学的精神循环圈》；周谷城《评朱光潜的艺术论评》，文章针对的是朱光潜的《表现主义与反映论两种艺术观的基本分歧——评周谷城先生的"使情成体"说》一文（刊载在1963年10月的《文艺报》上），周谷城主要从"认真学习马克思主义理论"、"不要歪曲《矛盾论》"、"反对艺术无冲突的表现主义"、"正确理解'生活是艺术源泉'的含义"、"要反映论不要心物二元的艺术论"几个方面来谈，认为"朱先生对于《矛盾论》，有意歪曲"。"朱先生为着要贯彻他的艺术无冲突说、表现主义、心物二元的艺术理论等，首先不惜坚持构造派心理学的谬说，以为自己的理论基础"。本期还刊登了周立波推荐新书《迎冰曲》的文章，周立波在文中称："《迎冰曲》也还有些运笔粗疏的地方，个别情节由于过分夸张，显得有点失实，有关科学技术的地方，也未能写得十分准确。但这不要紧。……这篇短作还要算是近来出现的反映工人生活的一幅难得的好画。"

12日，《人民文学》4月号发表叶君健的小说《信》、孙谦的报告文学《大寨英雄谱》、徐开垒的报告文学《唱不完的新歌》、严辰的诗二首《油香千里》（分别是《部长》和《铁人》）、饶阶巴桑的诗三首《鹰翎集》（分别是《早晨》、《春之路》和《花》）、侯金镜的评论《赞〈大寨英雄谱〉》。

14日，《文学评论》第2期发表蔡葵的评论《周炳形象及其他——关于〈三家巷〉和〈苦斗〉的评价问题》；朝耘的评论《对〈关于梁生宝形象〉一文的意见》，该文从三个方面对严家炎的评论文章《关于梁生宝形象》一文提出不同看法："一、关于'理念活动'和性别刻画问题"，"二、关于矛盾冲突问题"，"三、关于'抒情议论'问题"；何其芳、陈鼎的评论文章《关于曹雪芹的民主主义思想问题》；以及邓绍基、刘世德等人关于"清官"和"侠义"问题的讨论文章。

15日，《萌芽》第4期发表峻青的论文《创作二题》（1963年3月22日在上海市业余青年文学作者座谈会上的发言），文章主要谈了两个问题："主题的选择和表现问题"，"关于人物、情节、结构的问题"。峻青认为："在创作过程中，技巧不是没有作用的，但重要的问题还是主题思想问题。而主题思想又是和作者的阶级觉悟、思想水平分不开的。因此，提炼主题思想的过程，也就是检验我们政治思想水平的过程。""说到写人物，一个很重要的课题摆在我们面前，那就是我们必须努力塑造出富有我们时代特征的英雄人物来。""在人物的描写方面，还有个重要的问题，这就是人物的共性和个性的问题。共性寓于个性之中，无个性即无共性。""至于情节，我认为是和人物形象分不开的。我们写作的时候，当人物形象酝酿成熟了，情节也就自然地来了。"

16日，《天津日报》发表孙犁的文章《业余创作三题》，谈了"现实题材"、"业余写作"、"短小形式"三个问题。

20日，由中国作协江西分会、江西省文联、南昌市文联联合举办的1964年"谷雨诗会"在南昌市江西艺术剧院举行。参加者有省市领导、诗人、歌手、演员及诗歌爱好者千余人。自1961年开始，江西"谷雨诗会"已经成为推动该省诗歌创作和文学为经济基础服务的一种形式。

《戏剧报》4月号集中刊载有关话剧创作经验的文章：胡万春的《初写话剧的感想》、丛深的《〈千万不要忘记〉主题的形成》、任德耀的《创作〈小足球队〉的体会》。本期还发表了冰心的评论《一场争夺下一代人的足球比赛》。

《人民日报》发表袁木、范荣康的文章《大庆精神大庆人》。范荣康（1930－2001），原名梁达。江苏南通人。新中国成立后，曾任重庆《新华日报》记者、工业组组长，《人民日报》记者、编辑、评论部主任、副总编辑。

著有《新闻评论学》等。

25日，《人民日报》发表马铁丁的文章《生的伟大，死的光荣——〈青年英雄的故事〉代序》。

26日，《人民日报》发表吴晗的文章《朱元璋的队伍和政权的性质》。

27日，《文汇报》发表社论《故事员队伍要扩大也要巩固提高——五论大力提倡讲革命故事》。

29日，《人民日报》发表吴晗的文章《明初统治阶级内部的斗争》。

《光明日报》发表冰心的文章《关于汉字整理和识字教育》。

30日，《羊城晚报》发表庄犁、婉伦的文章《时代精神、英雄形象及其它——与刘保端同志商榷》，认为"每个作家都在为一定的阶级利益战斗。而战斗的主要内容之一，就是塑造他所属阶级的英雄形象。阶级斗争越尖锐，就越要创造本阶级的英雄形象，以利于本阶级的斗争"。"历史题材的作品主要在于通过历史事件和历史人物的故事，使我们正确地认识历史，从中汲取某些有益的启示、教训，对今天的生活和斗争提供借鉴作用；它在体现今天的时代精神上，不是作品中的生活和人物，而在于作家根据今天生活和斗争的需要，在选择历史题材时，曲折地体现出来。如果把历史题材当作万应灵药，夸大到能解决当前社会生活的迫切问题，那是非常有害的。"

本月，江青在上海艺术剧场观看京剧《智取威虎山》，演出结束后提出要集中力量对该剧进行加工修改。

宋庆龄写信给话剧《小足球队》的作者任德耀和中国福利儿童艺术剧院的全体人员，祝贺他们分别获得1963年以来优秀话剧的创作奖和演出奖。

中国人民解放军海军政治部文工团话剧团演出7场话剧《海防线上》，编剧林荫梧、朱祖贻（执笔）、单文，导演张凤一。剧本发表在《解放军文艺》7月号上。

哈尔滨市京剧团演出现代京剧《革命自有后来人》。编剧王洪熙、于绍田、史玉良，导演史玉良，主演梁一鸣、云燕铭、赵明华等。

中国戏剧出版社出版沈西蒙、漠雁、吕兴臣编剧的9场话剧《霓虹灯下的哨兵》，印数1-17000册。

人民日报出版社出版人民日报报告文学选集《赤道雪》，收录作品有刘白羽的《阳光灿烂》、黄钢的《朝鲜——晨曦清亮的国家》等。

湖南人民出版社出版周立波的短篇小说集《卜春秀》。

百花文艺出版社出版孙犁的诗集《白洋淀之曲》。

作家出版社出版秦牧的散文集《潮汐和船》、何其芳的论文集《文学艺术的春天》。

五月

1日，北京人民艺术剧院演出5幕话剧《丰收之后》，编剧蓝澄，导演梅阡，主演白山、闫怀礼、林兆华等。剧本发表在《剧本》2月号上。

《解放军文艺》5月号发表赵树理的文章《谈"助业作家"——纪念毕革飞同志》。该文系为人民文学出版社即将出版的《毕革飞快板诗选》所写的序言。

《长江文艺》5月号发表吉学沛的小说《"雷大哥"和"石大姐"的故事》。

《雨花》5月号发表陆文夫的小说《对头星》。

3日，《人民日报》发表郭沫若的文章《日本的汉字政策和文字机械化》。

5日，《湖南文学》5月号转载萧育轩的小说《迎冰曲》（原载《人民文学》3月号）。同期发表对《迎冰曲》的笔谈：康濯的《俏对悬崖百丈冰》，文中说"这是一篇优秀的作品，是一首激动人心的乐曲，一副闪发着共产主义思想光芒的画图";韩罕明的《赞〈迎冰曲〉》,文中说"这是一篇富有艺术感染力而又饱孕着深厚的思想意义的革命诗篇";黎牧星的《共产主义风格的赞歌》,认为"从头到尾,作者都以强烈的感情、浪漫主义的色彩来歌颂人物,使人读来,波澜起伏,感情豪放,十分动人"。

《广西文艺》5月号连载秦兆阳的长篇小说《两辈人》。

6日,中共中央批转文化部党组《关于取消剧本上演报酬的请示报告》,要求各地照此执行。

《文汇报》发表社论《需要更多更好的革命故事——六论大力提倡讲革命故事》。

10日,《光明日报》发表姚文元的文章《评周谷城先生的矛盾观》。该文主要从"不要逃避和掩盖分歧的实质"、"周先生笔下的由'汇合'而成的'统一整体'是怎么一回事"、"所谓'无差别境界'纯粹是主观臆造"、"周先生对'无差别境界'的种种运用"几个方面来论述。

11日,上海市京剧院演出现代京剧《智取威虎山》。剧本由京剧院集体根据小说《林海雪原》并参考话剧剧本《智取威虎山》改编,导演应云卫、陶雄、李桐森,主演李仲林、纪玉良、贺永华、李秋森、郭仲钦等。

《文艺报》第5期发表朱光潜的文章《读周谷城〈评朱光潜的艺术论评〉》、王子野的文章《艺术中的情与理的关系——答周谷城先生》。朱光潜的文章说周谷城"为他的阶级调和论辩解";王子野的文章说"周先生的艺术论是唯心主义的尚情论、人性论"。

12日,《人民日报》发表社论《大力加强农村读物出版工作》(13日《文汇报》转载)、李季的长诗《钻井队长的故事》。

《人民文学》5月号再次开辟"新花集"栏目。编者按说,"曾经在前年12月和去年7、8号合刊上两次辟了'新花集'的栏目,获得了读者热情的支持。现在是第三次了。前两次都是选载各地文学刊物上优秀的新作,这一次所发表的几篇作品则是从本刊的来稿中直接选出来的"。发表的作品有王世阁《两个班长》、可华《渔店里的喜剧》、张贤华《落户》、陈仲宣的《过硬》、萧育轩《风火录》等小说,郭小川的诗《他们下山去了》。

14日,中国人民解放军总政治部举行授奖大会,授予话剧《南海长城》的作者赵寰,《海防线上》的作者林荫梧、朱祖贻、单文,《青梅》的作者陈其通,《母子会》的作者赵家骥,《第一与第二》的作者周一鸣、吴彬等以优秀创作奖。

15日,《新华月报》第5期转载《关于〈关于梁生宝形象〉一文的讨论》(原载《文学评论》1964年第2期)。

16日,《人民日报》发表姚文元的文章《冰山雪岭奏新歌——推荐短篇小说〈迎冰曲〉》,认为"《迎冰曲》的主题是新的、富有现实意义的。是关系到生产斗争中继承革命传统和革命作风的问题,这是革命队伍内部思想、作风、阅历、经验上的矛盾。在解决这种矛盾时,作品从正面鲜明地、丰满地树立了无产阶级先进人物形象。有力地引导人们学习先进,这是值得发扬的"。

林彪授意中国人民解放军总政治部编辑的《毛主席语录》出版。该书是从毛泽东各个时期的文章、讲话、电文中摘录出来400多条言论。最初在军队内部发行,1966年"文革"后,改为公开发行。1966年12月26日毛泽东生日的同一天,林彪为《毛主席语录》写了"再版前言",号召全国人民都要学习毛主席语录,说一些基本观点、警句最好要背熟,让毛泽东思想成为威力无比的精神原子弹。

19日,《人民日报》发表玛拉沁夫的报告文学《最鲜艳的花朵——记草原英雄小姊妹龙梅和玉荣》。

20日,文化部发出《关于加强戏曲剧目建设的通知》,要求订出规划,强调积累起一批优秀保留剧目。首先抓紧现代戏的剧目建设,在三五年内,全国能积累一批优秀的保留剧目；各省市自治区文化局和重点戏曲剧团都要集中一定的力量，重点帮助，重点加工，创作出一些重点的现代剧目；同时，对新编历史剧的创作和优秀传统剧的整理改编工作也不能放松。

《人民日报》发表茅盾的文章《读〈儿童文学〉》。

《戏剧报》第5期发表任桂林《继往开来，开辟新局面》、薛恩厚《必须努力提高质量》、张梦庚《要像现代戏，还要像京剧》、李紫贵《首先要解决生活问题》、郑亦秋《要仔细对待艺术形式问题》、方弘《为京剧现代戏的兴旺而欢呼》、谈微中《可贵的革命责任感》等一系列关于京剧现代戏的文章。并发表综述《关于京剧演现代戏的讨论》，介绍了1963年下半年以来，各地报刊关于戏曲演现代戏问题的讨论情况。材料综合讨论了三个主要问题：一、京剧要不要演现代戏？一种意见是，根据美学上的"距离说"，提出"分工论"，认为京剧只能演历史剧，可以让适合于表现现代题材的剧种演现代戏。另一种意见主张京剧应该积极演出现代戏，要与今天的时代"同呼吸"。二、京剧演现代戏还要不要像京剧？有人认为应当重视群众的欣赏习惯，保留剧种特色。有人则认为可以打破框框不像京剧，认为"话剧加唱好得很"。三、怎样才能演好现代戏？在这个题目下，探讨了怎样从生活出发，在京剧艺术传统的基础上进行艺术创作和利用现成传统程式创造新程式；以及京剧现代戏的唱、念和小嗓怎样处理等问题。

20日-6月8日，文化部召开全国农村图书发行工作会议。会议提出了切实加强和改进农村图书发行工作的多项措施。

21日，《解放日报》刊发报道《创作更多更好的革命故事，上海作家协会邀请有关人员座谈革命故事创作问题》。

23日，《人民日报》刊发《在火热的斗争中锻炼和提高（第二批中央农村文化工作队座谈会纪要）》。

24日，《光明日报》刊发介绍朱光潜在《文艺报》发表的《读周谷城

〈评朱光潜的艺术论评〉书后》和王子野在《文艺报》发表的《艺术中的情与理的关系》的文章。

25日，《收获》第3期发表周立波《霜降前后》、唐克新《一只螺丝的部位》等小说；刘白羽《春》、姜彬《宝岛春秋》等散文。

30日，《人民日报》发表杜埃、易准的评论《年青一代的农民形象——介绍王汶石小说〈黑风〉》，认为《黑风》"通过一群青年集体农民的群像，以大办农田水利、建设社会主义的大农业到转而上山支援钢铁为主线，展开了公社化后沸腾的农村生活场景，和农民内心思想的巨大变化"，"作者在这部小说里生动地写出了年青一代农民的精神面貌，这在我们社会主义文学创作来说，是一件十分值得肯定的好事"。

《光明日报》发表陈其通的文章《壮丽的诗篇》（《南方来信》的读后感）。

本月，自毛泽东诗词10首在年初发表以来，全国报刊陆续发表大量学习和研究的文章。郭沫若、臧克家、田间等都发表了这方面的文章。

由于中国电影家协会进行文艺整风，第三届大众电影"百花奖"中止活动。

山东省京剧团在济南演出京剧现代戏《奇袭白虎团》，编剧李师斌、李贵华、方荣翔、孙秋潮，导演殷宝忠、尚之四，主演宋玉庆、刑玉民、方荣翔等。剧本发表在《剧本》9月号上。

陈登科的长篇小说《风雷》（第一部：上、中、下），由中国青年出版社出版，印数1－90000册。1965年再版。1978年11月第8次印刷时印数达539000册。这部小说原结构100章，已出版的为第1部，60章。第2部曾连载于《江淮文艺》1980年第1至8期，尚未出版。

碧野的散文集《月亮湖》、韩北屏的散文集《非洲夜会》，由百花文艺出版社出版。

〔俄〕列夫·托尔斯泰的《高加索的故事》,草婴译,由人民文学出版社上海分社出版。

六月

1日,《人民日报》报道:第二批中央农村文化工作队胜利完成任务,陆续回京。

《光明日报》发表社论《到农村去,到火热的斗争中去!》。

《草原》6月号发表奎曾《草原上一场激烈复杂的阶级斗争——评〈茫茫的草原〉(上部)》、丁正彬《茫茫草原上的革命风暴》、李亦冰《更上一层楼——从〈在茫茫的草原上〉到〈茫茫的草原〉》等文章。

《新港》、《河北文学》6月号刊载孙犁的文章《业余创作三题》。

《四川文学》6月号发表沙汀的小说《隔阂》。

《鸭绿江》6月号发表白朗的小说《温泉》。

《解放军文艺》6月号发表胡可的话剧《四好初评》。

《长江文艺》6月号发表所云平《针锋相对》和周贡生《路标》等话剧。

2日,《光明日报》发表编辑部文章《出社会主义之新是戏曲工作的努力方向》,认为"编写和上演现代戏是当前的首要任务"。

3日,《人民日报》发表浩然的短篇小说《芝麻》。

4日,夏衍就京剧演现代戏问题答香港《文汇报》记者提问时说:"我们一向主张'两条腿走路',就是既要大力提倡演现代戏,又要整理、加工传统戏和新编历史剧。"

《北京文艺》6月号刊载邓拓在北京市职工业余文艺创作会演开幕式上的讲话《高举无产阶级革命文艺的大旗》,提出"革命化、现代化、民族化、群众化"是"衡量职工业余文艺成熟程度的标志","我们应当朝着这个方向不断努力"。

5日-7月31日,全国京剧现代戏观摩演出大会在京举行,共有19个省市自治区的28个京剧团演出35个剧目。周恩来亲临大会,并发表讲话。他阐述了党的文艺方针,以及关于对立统一(普及与提高、思想性与艺术性、生活实践和艺术实践)、"戏的革命"、"人的革命"和加强党的领导等问题。毛泽东观看了《智取威虎山》、《芦荡火种》等戏,并接见了全体演职人员。大会开幕式在人民大会堂举行,陆定一、康生、郭沫若、张际春、周扬、刘志坚、江青、夏衍、林默涵、徐迈进、陈荒煤、田汉、阳翰笙,戏曲界知名人士张庚、周信芳、萧长华、盖叫天、姜妙香、马连良、尚小云、荀慧生、徐兰沅、俞振飞、红线女等出席了开幕式。陆定一和彭真分别在开幕式和闭幕式上讲话(讲话刊登在《戏剧报》第6期和8月1日的《人民日报》上),周扬在闭幕会上作总结报告。演出剧目包括北京京剧团《杜鹃山》、北京京剧二团《洪湖赤卫队》、中国京剧院四团《红色娘子军》、新疆维吾尔自治区乌鲁木齐市京剧团《红岩》、哈尔滨市京剧团《革命自有后来人》、唐山市话剧团《节振国》、天津市京剧团《六号门》、中国戏曲研究院实验京剧团《朝阳沟》、中国京剧院一团《红灯记》、上海演出团《智取威虎山》、中国京剧院二团《战洪峰》、山东省京剧团《奇袭白虎团》等。演出期间分别召开了地方戏曲工作者、青年演员等参加的多次座谈会,周恩来、彭真、周扬、江青等分别作了重要讲话。《人民日报》、《红旗》第11期、《光明日报》、《文艺报》第6期、《北京日报》6日分别发表社论:《京剧艺术发展的新阶段》、《文化战线上的一个大革命》、《优秀的京剧艺术发出时代的光辉》、《京剧艺术的革命创举》、《京剧革命的里程碑》。8月1日《人民日报》又发表社论《把文艺战线上的社会主义革命进行到底》。

江青插手这次会演,否定了中国戏曲研究院实验京剧团创作演出的《红

六月 1964

旗谱》和改编的《朝阳沟》。在 7 月的京剧会演人员座谈会上，江青发表了《谈京剧革命》的讲话。这个讲话 1967 年才公开发表在《红旗》杂志第 6 期上。江青说："在戏曲舞台上，都是帝王将相，才子佳人，还有牛鬼蛇神。那九十个话剧团，也不一定都是表现工农兵的，也是'一大、二洋、三古'，可以说话剧舞台上也被中外古人占据了。剧场本是教育人民的场所，如今舞台上都是帝王将相、才子佳人，是封建主义的一套，是资产阶级的一套。这种情况，不能保护我们的经济基础，而会对我们的经济基础起破坏作用。""我们提倡革命的现代戏，要反映建国十五年来的现实生活，要在我们的戏曲舞台上塑造出当代的革命英雄形象来。这是首要的任务。我们也不是不要历史剧，在这次观摩演出中，革命历史剧占的比重就不小。描写我们党成立以前人民的生活和斗争的历史剧也还是要的，而且也要树立标兵，要搞出真正用历史唯物主义观点写的、能够古为今用的历史剧来。当然，要在不妨碍主要人物（表现现代生活、塑造工农兵形象）的前提下来搞历史剧。传统戏也不是都不要，除了鬼戏和歌颂投降变节的戏以外，好的传统戏都尽可上演。"在总结会上，康生与江青点名批评影片《早春二月》、《舞台姐妹》、《北国江南》、《逆风千里》，京剧《谢瑶环》，昆曲《李慧娘》，把这些作品打成"大毒草"。康生还特别将《李慧娘》定为"坏戏"典型，号召大家批判，说孟超、廖沫沙等人是借"厉鬼"来推翻无产阶级专政。

5 日，《人民日报》发表陶雄的《〈智取威虎山〉的修改和加工》，该文主要从如何正确处理"思想性和艺术性"、"正面人物和反面人物"、"生活真实和艺术真实"、"利用旧程式和突破旧程式"等方面的关系问题，介绍了这个剧本的创作经过和修改经验。文章最后说："通过这次修改加工，我们坚信，只要树立正确的、严肃的、认真的态度，把京剧演好现代剧看成是关系人民的根本利益和京剧前途的一场革命斗争，看成是京剧工作者进一步革命化，京剧剧种本身进行社会主义改造的一场艰苦的斗争，从远大的方向着眼，从具体的剧目着手，依靠党、依靠群众，兢兢业业地干，长期不懈地干，一条阳关大道是一定会被我们闯出来的。"

《湖南文学》6月号发表周立波的小说《漂沙子》。

《广西文艺》6月号连载秦兆阳的长篇小说《两辈人》；发表陈伯吹的童话《新年老人和圣诞老人》。

《文汇报》发表巴金《珍贵的礼物（《南方来信》）——致越南诗人阮春生同志》、高士其《培养孩子们对科学的兴趣》等文章。

6日，《人民日报》报道：第五届"上海之春"音乐会4日晚在上海音乐厅首次举行毛主席诗词演唱会专场。有100多位歌唱家、演奏家和青年音乐工作者演唱了毛主席的20多首诗词。专场演出的大部分曲谱是作曲家们最近谱成的新作或是新近加工改编的作品，表演形式多种多样，有独唱、合唱、交响大合唱和评弹等。毛主席诗词演唱会专场原定演出两场，但因听众踊跃，"上海之春"音乐会决定在8日再加演一场。

《文汇报》开辟有关京剧现代戏的"出社会主义之新，让京剧更好地为工农兵服务"专栏，发表冯其庸的《京剧表现现代生活的新成就——看北京京剧团演出的〈芦荡火种〉》。

7日，《红旗》第11期发表黄秋耘的文章《阶级斗争的生动教材——读〈红色堡垒〉》。

8日，《人民日报》报道：《红岩》被译成日本盲文。

10日，《山东文学》6月号发表李心田的小说《哥哥放羊我拾柴》。

11日，《文艺报》第6期发表夏衍的《〈南方来信〉读后》、邵荃麟的《青山长在，革命永存》、臧克家的《胜利的保证书》、张光年的《一本惊心动魄的好书》、黄宗英的《我爱〈红色花朵〉》、茅盾的《读陆文夫的作品》和陆文夫的《给〈文艺报〉编辑部的一封信》等文章。其中茅盾的文章写道："作者（即陆文夫）颇善于用小动作刻画人物的性格，也善于用前后呼应等方法构成层次井然,步步入胜的布局","他的文学修养有相当好的基础,他懂得如何剪裁素材、如何概括生活经验而作艺术的加工;他善于布局、渲染气氛;他知道怎样刻画人物;他已经会了这些写作的基本功,所欠缺的是更广泛、更深入的生活经验——阶级斗争和生产斗争的经验。"

《解放军报》发表巴金的文章《欢迎你,亲爱的越南战友们!》(此文为巴金在观看越南人民军总政治局歌舞团的演出后而作)。

12日,《人民文学》6月号发表艾芜的小说《采油树下》、万国儒的小说《钻台上》;黄宗英的《小丫扛大旗》、冰心的《咱们的五个孩子》、陆柱国的《幸福的旅程》、唐克新的《阳光雨露》等报告文学;袁鹰的散文《南方,怒潮烈火一般的南方啊!》;臧克家的诗《南越英雄赞》(包括《望明天》、《老大娘》、《三斧》、《小八》、《阿合》、《母与子》、《受难母子》、《铁的脊背》、《战斗永不休》)。

《人民日报》第6版发表老舍的文章《〈北京话语汇〉小序》。

《解放军报》上发表袁鹰的散文《朗拜斯监狱——阿尔及利亚见闻录》。

13日,上海青年话剧团演出6场话剧《青春谣》,编剧王苏江、田稼,导演田稼。

《诗刊》编辑部和中央人民广播电台文艺部主办的"人民公社好"诗歌朗诵演唱会在北京郊区黄土岗人民公社举行。

14日,《文学评论》第3期发表吴士杰和高云《谈梁生宝形象的创造》、张钟《梁生宝形象的性格内容与艺术表现——与严家炎同志商榷》、杨绛《堂吉诃德和〈堂吉诃德〉》等文章。

《文汇报》发表以群的回答读者的文章《浅谈新故事》,认为:新故事的特点"首先就在于它是新的",新故事与新小说的区别应当"从它的传播方式,从它如何为群众服务、如何被群众接受的方式来着眼"。

15日,《萌芽》第6期发表魏金枝的文章《对于十篇小小说的一些看法》、孙犁的文章《关于业余创作》。孙犁在文章中认为，"我们应当重视现实题材，重视生活、工作在斗争中间的作者"。"我感到业余写作，应该注意几个问题：一、要搞好群众关系。二、不要以为写东西很特殊，不要使别人有这种感觉，自己更不要这样想。三、不要找捷径。""我们还要学习运用民间形式。""写作短篇是要用大力量，要充分酝酿。"

16日，《光明日报》发表巴金的文章《答越南南方诗人江南同志》。

17日，《光明日报》发表吴晗的评论《〈试论封建社会的'清官'、'好官'〉读后》。

《文汇报》发表楼适夷的书评《一本激动人心的书——〈南方来信〉》，提出"读了这一封封的信，比什么都清楚地绘出了世界上最凶恶的美国强盗的嘴脸，从骨髓里识透了他们的本质。""谁都会感到每个人都有一分责任，以自己的实际行动来支援这些在苦难中英勇斗争的人民，让他们早日得到胜利的春天！"

20日，《新建设》5、6月号合刊开辟"关于社会主义话剧的讨论"专栏，就如何推动社会主义话剧运动以及有关理论问题展开讨论，发表老舍、李伯钊等9位作家的文章。

《剧本》6月号发表村路、舒慧的5幕话剧《红石钟声》；李未芒、木生《伟大的战士》，徐行、贾殿彬《大年三十》和郑士谦《清水长流》等独幕剧本。

22日，《文汇报》报道："北京大学中文系讨论梁生宝形象的塑造问题"，称"讨论是结合该校中文系教师严家炎发表在1963年第3期《文学评论》上《关于梁生宝形象》一文中的论点进行的"。

23日，周恩来邀集参加全国京剧现代戏观摩演出大会的各演出团、观摩团的负责人、主要演员和创作人员，在人民大会堂举行现代戏座谈会。周恩来、康生、江青及演员代表分别讲话。周恩来在讲话中谈了五个问题：一、毛主席的文艺方针；二、关于对立统一；三、戏的革命；四、人的革命；五、加强党的领导。康生在讲话中说："社会主义社会的京剧剧目大部分还是帝王将相、才子佳人、封建的忠孝节义那一套，真正反映社会主义社会的好东西很少，或者没有，这是严重的问题。"江青列举一系列数字，认为在戏曲舞台上"主要是帝王将相、才子佳人，早两年还有一些牛鬼蛇神"。在座谈会上发言的有中共上海市委宣传部部长张春桥，京剧工作者宋玉庆、赵燕侠、徐兰沅、李仲林、高玉倩、萧甲、李玉茹等。出席座谈会的还有张际春、周扬、沈雁冰、齐燕铭、邓拓等有关方面负责人。

24日，《人民日报》刊登报道《京剧工作者积极改造思想革新艺术，努力塑造新时代的工农兵英雄形象，从深入生活着手编演现代戏有了可喜的收获》。报道称："全国京剧工作者面对京剧艺术必须革新，必须努力表现现代生活，更好地为社会主义革命和社会主义建设服务的时代要求，近年来采取积极行动，深入生活，深入工农兵群众，在思想改造和艺术革新方面有了可喜的收获。"1963年戏曲界关于推陈出新问题的热烈讨论，是继1958年排演现代戏之后又一次掀起的排演现代戏的热潮。在这以前，还有一些京剧团通过上山、下乡、下工矿、下连队，送戏上门，为工农兵演出，同工农兵群众建立了比较密切的联系。这些在最近举行的1964年京剧现代戏观摩演出大会上得到了充分反映。

25日，文化部召开全国印刷工作会议，着重讨论了1965年和第三个五年计划期间书刊印刷事业发展规划。

26日，《人民日报》刊载茅盾在首都各界人民支持朝鲜人民要求美国侵略军撤出韩国和统一祖国的斗争大会上的讲话。

27日，毛泽东在《中央宣传部关于全国文联和所属各协会整风情况报告》的草稿上，作了批示："这些协会和他们所掌握的刊物的大多数（据说有少数几个好的），15年来，基本上（不是一切人）不执行党的政策，做官当老爷，不去接近工农兵，不去反映社会主义的革命和建设。最近几年，竟然跌到了修正主义的边缘。如不认真改造，势必在将来的某一天，要变成匈牙利裴多菲俱乐部那样的团体。"《中央宣传部关于全国文联和所属各协会整风情况报告》草稿（1964年5月8日）的主要内容是："今年2月3日，中国戏剧家协会在政协礼堂举行迎春晚会，部分节目庸俗低级，引起了群众不满。陆定一对此进行了严厉批评。随后，全国文联、作家协会、戏剧家协会、音乐家协会、美术家协会、电影工作者协会、曲艺工作者协会、舞蹈工作者协会、民间文艺研究会和摄影学会等10个单位的全体干部集中20多天进行了整风。这次整风，主要检查两方面的问题，一是关于贯彻执行党的文艺为工农兵、为社会主义服务的方向问题，一是机关的革命化问题……为了改变这种状况，经过检查和讨论，文联和各协会准备采取以下措施：一、进一步明确文艺方向，贯彻执行党的文艺方针，大力发展社会主义文艺……二、改进文艺刊物，加强刊物的战斗性，使刊物真正成为发展社会主义文艺、宣传党的文艺方针政策、宣传毛泽东文艺思想和培养青年创作队伍的坚强阵地，同时加强评论队伍。三、文联和各协会党组成员、业务骨干和所有的干部，分期分批轮流下放，参加劳动，参加基层工作，参加农村社会主义教育运动或者参加农村文化工作队，以改造思想，加强同群众的联系，对群众的文化生活进行调查研究。四、组织干部学习马克思列宁主义和毛泽东思想。五、加强党组，调整党组成员，健全领导核心。"（《建国以来毛泽东文稿》第11册，第91－93页，中央文献出版社1996年版）这个批示于7月11日作为正式文件下发。这个批示连同1963年12月12日对柯庆施报告的批示，史称毛泽东关于文艺问题的"两个批示"。

28日，《人民日报》发表郭小川的诗《昆仑行》。

30日，《红旗》第12期就京剧现代戏观摩演出大会发表社论《文化战线上的一个大革命》，社论指出："京剧改革是一件大事情。它不仅是一个文化革命，而且是一个社会革命。以这次在北京举行的京剧革命的现代戏观摩演出大会为开端的京剧改革,以及随着而来的戏剧、曲艺、电影、文学、音乐、舞蹈、美术等文学艺术各方面的进一步革命化,是我国文化思想领域里社会主义革命的一个重要组成部分。这次观摩演出大会,演出了许多革命的现代戏。这些戏的思想内容一般都是好的,其中有些是很好的,塑造了许多光辉的英雄人物形象,表演艺术也有一些新的创造,发挥了京剧艺术的特长。为了演好革命的现代戏,有些演员在深入工农兵群众方面,还作出了很大的努力,有不少人正准备深入到工农兵群众中去。这一切表明,在毛泽东文艺思想的光辉照耀下,革命的京剧现代戏在用社会主义、共产主义思想来教育和影响观众方面,已经迈出了第一步。我们应当为京剧界的成就而向他们祝贺。"社论认为,"在社会主义社会里,文艺是什么阶级的思想阵地,宣传什么样的思想,不仅关系到文艺本身是否具有革命性的问题,关系到文艺有没有发展前途的问题,而且更关系到社会主义的政治制度和经济基础能不能巩固、能不能发展、会不会变质的问题","文学艺术要革命化,最重要、最关键的问题,是文学艺术工作者本身的革命化"。社论最后要求:"社会主义的文化革命,是一个艰巨的、长期的、伟大的任务。各地党的组织和文艺领导部门,必须十分重视这一工作,认真加以领导,推动这个革命运动健康地向前发展,以便在思想意识领域里,有计划、有步骤地彻底打败和消灭资本主义势力和封建势力,更好地发挥社会主义文艺在阶级斗争、生产斗争和科学实验三大革命运动中的巨大作用。"

本月,中国京剧院一团演出京剧《红灯记》,翁偶虹、阿甲根据同名沪剧本改编,导演阿甲,主演钱浩梁、高玉倩、刘长瑜等。

《毛泽东著作选读甲种本》(上下),由人民出版社出版。

毕革飞的《毕革飞快板诗选》、刘白羽的短篇小说集《晨光集》、杨朔的散文集《生命泉》,由作家出版社出版。

何其芳的文学批评集《文学艺术的春天》、艾明之的小说集《阳光下》,

越南报告文学集《南方来信》等,由作家出版社出版。

孙谦的《大寨英雄谱》、戈基的《英雄之歌》等报告文学,由山西人民出版社出版。

报告文学《一代新风》,由上海人民出版社编辑出版。

《赤道雪——人民日报报告文学选集》,由人民日报出版社编辑出版。

李岩等改编的话剧剧本《红岩》、汪曾祺等改编的京剧剧本《芦荡火种》、威廉·阿契尔的《剧作法》,由中国戏剧出版社出版。

七月

1日,中共中央书记处书记彭真在人民大会堂向参加全国京剧现代戏观摩演出大会的全体人员讲话,阐述京剧表现现代生活的意义及京剧改革应当走的途径。彭真的讲话后来发表在《红旗》杂志第14期上。

《人民日报》、《羊城晚报》、《四川文学》等刊物转载《红旗》杂志第12期社论《文化战线上的一个大革命》(6月30日)。

《光明日报》、《文汇报》、《解放军报》、《解放日报》等刊发文章,介绍《红旗》社论《文化战线上的一个大革命》的主要内容。

《草原》7月号发表玛拉沁夫的评论《更全面地反映内蒙古》,提出我们"需要在作品中更全面地反映内蒙古人民的生活和斗争,农村、工矿都需要反映,当然草原、牧业也要继续反映,只有这样,我们的文艺创作才能适应我区社会主义革命和社会主义建设事业的发展形势"。

《作品》7月号发表茅盾的文章《读〈冰消春暖〉》,认为"它既根据真人真事,但又不受真人真事的束缚;虽然是文学形式,但仍是'史'"。"关于'五史'的形式,基本上可分为两大类:一是实录式,一是故事式。前者,历史的成分多；后者，文学的成分多。《冰消春暖》是后一类中最富于文艺性的，就教育作用而言，我认为《冰消春暖》的形式是可取的。"

《新港》7月号发表杨沫的小说《我的医生》。

《火花》7月号发表马烽的散文《雁门关外一杆旗》、西戎的报告文学《在荣誉面前》。

2日，中宣部召开中国文联及各协会和文化部负责人会议，贯彻毛泽东6月27日关于文艺工作的第二个批示。接着，中国文联各协会再度开始整风运动。一批文艺工作者自此陆续停止写作活动，接受批判，作思想检查。

毛泽东观看中国人民解放军总政治部文工团演出的话剧《万水千山》并与演员合影留念。

《南方日报》转载《红旗》杂志第12期社论《文化战线上的一个大革命》。

4日，《北京文艺》7月号发表艾芜的小说《灰尘》。

《文汇报》报道："上海市农村文化工作队部分队员畅谈下乡体会，只有到工农兵群众斗争中去锻炼才能用文艺武器为社会主义服务。"

7日，《光明日报》发表金为民、李云初的文章《关于时代精神的几点疑问——与姚文元同志商榷》。文章不同意姚文元对周谷城的批评。

9日，《羊城晚报》发表蔡葵的论文《周炳形象及其他——关于〈三家巷〉和〈苦斗〉的评价问题》，认为作者对周炳的描写"在关于他的爱情生活的描写中，宣泄的更多的却是人物不健康的思想感情"，并进而认为周炳"对革命的认识和在斗争中的一些表现，以及他在爱情生活中所流露出来的思想感情，都突出地说明了周炳性格的小资产阶级的特点"，"革命的历史要求我们的作家以鲜明的阶级立场和满腔的政治热情，描绘风起云涌的革命斗争，表现光辉的灿烂的英雄儿女，反映蓬勃向上的时代精神。作家的创作只有深广地概括了革命的现实，创造出丰姿多彩的风流人物，才能更好地启发和教育人民,才能有力地促进和推动人民的斗争。如果我们从这样的角度来衡量和评价《三家巷》和《苦斗》,我们就可以明显地看出它们的不足,就可以明显地看出作者并没有真正把握他所要反映的历史生活的本质,而对于自己过去所熟悉的小资产阶级知识分子又缺乏有力的批判。结果就使作品不能很好地在读者群众中进行正确的思想教育"。

10日,《毛泽东著作选读》甲种本、乙种本两书在全国发行。甲种本分上、下两册,由人民出版社出版,主要读者对象是中级干部、大学生、教师及农村文化水平较高的干部等。乙种由中国青年出版社出版,主要对象是广大工农群众和农村知识青年、高中学生等。《中国青年》第14期为此发表社论《努力把毛泽东思想学到手》。

12日,《人民文学》7月号发表李準的短篇小说《清明雨》、韦君宜的短篇小说《奖品》、季羡林的散文《科纳克里的红豆》、胡可的独幕剧《取经》。

《人民日报》发表胡万春的短篇小说《前辈》。

15日,《人民日报》发表曹禺的文章《一场文化大革命》,认为"京剧革命"是一件具有世界意义的大事,是社会主义"文化大革命"的开场锣。

《上海戏剧》停刊。

周作人撰写《知堂年谱大要》。

《新华月报》第7期转载《红旗》杂志第12期社论《文化战线上的一个大革命》。

17日,毛泽东、刘少奇、周恩来以及彭真、贺龙、李先念、陆定一、康生等在人民大会堂接见参加全国京剧现代戏观摩演出大会的全体演出、观摩人员,出席高等学校、中等学校政治理论课工作会议的全体代表和中央戏剧学院新疆民族班全体毕业学员,并合影留念。晚上,毛泽东及其他国家领导人观看上海演出团演出的京剧《智取威虎山》,并上台与演员合影。

《光明日报》刊发《文艺作品如何表现时代精神——最近报刊对于这个

问题讨论的情况简介》，其中主要讨论的问题是"什么是时代精神"、"文艺作品怎样体现时代精神"、"历史题材的作品如何表现时代精神"。本期还刊载了张绰的文章《时代精神和正面人物形象塑造问题——与金为民、李云初商榷》。

18日，《人民日报》刊发《关于艺术创作问题讨论的概述》，文中说，"一年多来，在我国文学艺术界中有一场颇为热烈的学术讨论。这场讨论是从1962年第12期《新建设》上发表了周谷城的《艺术创作的历史地位》一文以后展开的。周谷城在这篇文章中对艺术创作的一系列重大问题提出了自己的看法。这篇文章的观点引起了艺术理论、美学以至哲学研究者的广泛注意，许多人反对周谷城在《艺术创作的历史地位》一文中观点，并就周谷城近几年所写的有关文章中的一些看法展开讨论"。这场讨论中所争论的主要问题有："一、'无差别的境界'问题"；"二、艺术的源泉"；"三、艺术创作过程的特征"；"四、艺术中的情与理"；"五、时代精神"；"六、艺术的社会作用"。本期还转载了周谷城的《统一整体与分别反映》一文（原载1963年11月7日《光明日报》）。

20日，《戏剧报》第7期发表社论《做革命人，演革命戏，把京剧革命进行到底》；同期，开辟"关于塑造革命英雄形象问题的讨论"专栏。

《剧本》7月号发表河北省唐山市京剧团集体改编的京剧剧本《节振国》和山东淄博市京剧团集体改编的京剧剧本《红嫂》。

22日，《人民日报》转载姚文元的文章《评周谷城先生的矛盾观》（原载1964年5月10日《光明日报》）。

23日，毛泽东等国家领导人观看北京京剧团演出的京剧现代戏《芦荡火种》，并上台与演员合影留念。

24日，《南方日报》发表陈残云的散文《茶山喜讯》。

25日，《收获》第4期发表李士文的文章《〈创业史〉怎样描写农村阶级斗争》，认为作者对"矛盾的选择和安排，正确地反映了互助合作运动这场社会主义革命所要解决的问题，准确地反映了这个运动中的农村阶级关系"。

26日，《文汇报》发表秦牧的小说《火焰花——长篇小说〈愤怒的海〉的一章》。

27日，《南方日报》发表秦牧的小说《远方的邻国——长篇小说〈愤怒的海〉的一章》。

28日，《解放日报》刊发《关于艺术创作问题讨论的概述》（原载《人民日报》1964年7月18日）。

29日，康生在全国京剧现代戏观摩演出大会总结会上，公开点名批判影片《北国江南》、《逆风千里》、《早春二月》、《舞台姐妹》等。随后，许多报刊相继发表对这些影片的批判文章。

30日，《红旗》第14期发表彭真的《在京剧现代戏观摩演出大会上的讲话》。

《解放日报》转载姚文元的文章《评周谷城先生的矛盾观》（原载《光明日报》1964年5月10日）。

《人民日报》发表汪岁寒、黄式宪的文章《应当严肃认真地来评论影片〈北国江南〉》，"编者按"颇有导向性地指出了影片主创者与"资产阶级"和"修正主义"之间的联系。

本月，北京京剧团演出现代京剧《杜鹃山》。薛恩厚、张艾丁、汪曾祺、肖甲根据同名话剧改编，主演裘盛戎、赵燕侠、马连良等。

《儿童文学》和《中国少年报》联合举办第一期儿童文学讲习会。

作家出版社出版阮章竞的长诗《白云鄂博交响诗》和严辰的诗集《春满天涯》。

八月

1日，《人民日报》发表社论《把文艺战线上的社会主义革命进行到底——祝京剧现代戏观摩演出大会胜利闭幕》。社论指出："京剧现代戏观摩演出大会，是京剧艺术的一场大革命，它在我国戏剧史上写下了光辉的一页。这个大革命，把京剧推向为工农兵服务、为社会主义服务的崭新阶段。这次观摩演出的胜利，也是我国文学艺术战线社会主义革命的一个伟大的战果，它必将进一步促进我国文学艺术的革命化，把文艺战线上的社会主义革命进行到底"。"在这次观摩演出中，很多既有革命思想内容，又有精湛艺术表演的京剧革命现代戏，受到广大观众的热烈欢迎，衷心赞赏，普遍感到'收获之大，出乎意外'。很多不相信京剧能改革的人消除了怀疑，赞成和拥护京剧改革的人更加坚定了信心。京剧革命现代戏取得的成就，驳倒了帝国主义者和现代修正主义者的无耻诽谤，给了它们一记响亮的耳光。"社论认为，这次观摩演出使京剧工作者以及全体文学艺术工作者明确了一些"根本的问题"，包括："第一，京剧究竟为谁服务的问题"；"第二，京剧艺术形式的改革问题"；"第三，京剧工作者的改造问题"。

《解放日报》发表胡锡涛的文章《评〈关于时代精神的几点疑问〉》，金为民、李云初的文章《关于时代精神的几点疑问——与姚文元同志商榷》（原载1964年7月7日《光明日报》）。

《红旗》第15期发表柯庆施的文章《大力发展和繁荣社会主义戏剧，更好地为社会主义的经济基础服务》，该文是柯庆施1963年底1964年初在华东地区话剧观摩演出会上的讲话。柯庆施在讲话中提出，戏剧界的工作"十五年来成绩寥寥，不知干了些什么事。他们热衷于资产阶级、封建阶级的戏剧，热衷于提倡洋的东西，古的东西，大演'死人'、鬼戏，指责和非议社会主义的戏剧，企图使社会主义的现代剧不能迅速发展……所有这些，深刻地反映了我们戏剧界、文艺界存在着两条道路、两种方向的斗争。这种两条道路、两种方向的斗争，本质上就是戏剧、文艺为哪一个阶级服务的斗争。只要还有阶级和阶级斗争，文艺战线上的这个斗争总是要存在着，总是要坚持下去、要斗争到底的"。此外还发表了汝信的文章《评周谷城艺术观的哲学基础》，认为"周谷城先生的艺术论是以他的错误的哲学世界观为基础的，他的哲学世界观的最突出的特点之一就是抹杀矛盾、回避矛盾、调和矛盾，宣扬矛盾调和论和矛盾熄灭论"。

《山花》8月号发表雪秋的小说《孤山行》，刘泉的诗歌《五好红花向阳开》。刊载蒋成瑀的文章《组织故事的艺术——读赵树理小说札记》，该文认为"在长期的艺术实践中，赵树理同志形成了自己独有的一套组织故事的艺术"："第一是顺当"；"在讲故事的时候，串联小故事、插入快板和顺口溜以及用'扣子'的方法，使得赵树理同志所组织的故事变得曲折多样，这是赵树理创作中组织故事的第二个艺术特色"；"第三是情趣"。

《解放军文艺》8月号发表徐怀中的小说《四月花泛》，虞棘的组歌《毛泽东思想把我们武装起来》。

《长江文艺》8月号发表秦牧的小说《六十年的岁月——长篇小说〈愤怒的海〉的一章》，念华的诗《寄越南战友》。

《新港》8月号发表万国儒的小说《考试》、渥然的散文《夏锄和田间散文》，刊载孙犁《论培养》、吉九章《关心和爱护——读孙犁的〈文学短论〉》等文章。

《延河》7、8月号发表吴鸿达的独幕话剧《两个司机》、王嵘的小说《砍土镘的故事》。

《鸭绿江》发表李鸿璧的小说《特殊号外》，李华岚的散文《石榴花》（8

月号)。

2日,《人民日报》发表刘纲纪的文章《时代精神只能是革命阶级的精神》,认为"时代精神是一定历史时代发展的客观的趋势、进程在人们的意识中的反映,或者说是被人们自觉或不自觉地意识到了的一定历史时代发展的客观的趋势、进程。时代精神首先表现在一定历史时代的人们的思想感情状态、精神面貌里,一定历史时代的人们所追求的目标或理想里,其次它还作为社会的意识形态集中表现在一定历史时代的文艺、哲学、政治、道德里","阶级社会的人们对时代精神的理解必然是带有阶级性的"。本期还转载了金为民、李云初的文章《关于时代精神的几点疑问——与姚文元同志商榷》(原载1964年7月7日《光明日报》)。

3日,《文汇报》发表汤大民、邢庆祥的文章《什么是时代精神?——金为民、李云初〈关于时代精神的几点疑问〉解剖》,认为金为民、李云初对时代精神的"这个语句不通的定义,完全从周谷城的'汇合论'脱胎而来。周谷城以折衷主义姿态出现,把时代精神说成是'革命精神之外,还有些非常革命的、不革命的乃至反革命的'精神的'大杂烩';金、李却改成什么'双方(即他们所谓革命的、反动落后的两种'时代精神'——引者)呈相持、均衡局面的时代'云云,说法不同,实质一样"。同时转载了金为民、李云初《关于时代精神的几点疑问——与姚文元同志商榷》(原载1964年7月7日《光明日报》)。

4日,《光明日报》发表陈通的文章《我对"时代精神"的看法——与金为民、李云初商榷》,认为"对于'时代精神'的理解,我认为姚文元同志的说法并没有错"。同期发表刘保端的文章《正面人物和英雄人物》。刘文提出"构成社会主义社会主体的'人民群众'的确包括几个不同的阶级和阶层,如工人,农民中又包括贫农、下中农、上中农,参加社会主义建设的知识分子……然而由这些阶级和阶层组成的'人民'队伍,却有一个基本前提,这便是：赞成、拥护和参加社会主义建设事业","英雄是从人民群众中涌现出来的，是从不同阶级和阶层的人民群众中涌现出来的。英雄不可能脱离人民和阶级而存在","文学艺术作品并不仅仅局限于刻画英雄人物","一切英雄人物都是正面人物，但是，并不是每个正面人物都是英雄人物","把文学艺术描写的对象局限于表现时代英雄人物的提法，实际上缩小了文学艺术活动的范围，同时，也不符合文学创作的实际"。

《北京文艺》8月号转载《前线》半月刊第12期社论《为京剧现代戏的更高质量而奋斗》，称"1964年京剧现代戏观摩演出，是我国戏剧界的一件大事，它标志着京剧艺术发展史上的一个质的飞跃，具有深刻的革命意义"。

5日，《解放日报》发表李子云的文章《时代精神与典型问题——评〈关于时代精神的几点疑问〉》。文中认为"决定历史进程的只能是推动生产力发展的，也就是'对立统一体中代表革命的新生事物的一个方面'。时代精神只能是推动历史发展的阶级的精神"。"只有先进阶级的精神才能是时代精神，因而，也只有体现推动历史前进的阶级的思想、意志、愿望和要求的先进人物，才能直接地、最充分、最强烈、最集中地体现时代精神。反动阶级的典型形象，在他身上体现出来的只能是没落阶级的'腐朽、反动'的精神，只能是与时代精神相敌对的精神。因而，反动典型本身，是绝不能体现时代精神的。"同时文章认为"绝不存在既非这个阶级也非别个阶级的人"。

《广西文艺》7、8月号合刊发表苏诗桂、秋实的独幕话剧《成功以后》。

《文汇报》发表吴立昌、戴厚英、高云的文章《分歧的实质是什么？——评〈关于时代精神的几点疑问〉》。文章主要从"对时代精神的两种不同看法"、"什么是时代精神"、"是谁违反了革命的辩证法"、"怎样认识时代精神的历史具体性"、"我们的时代不容歪曲，革命的文艺不容诋毁"几个方面，对周谷城、金为民、李云初的观点进行批驳。

6日，《北京日报》发表马金戈《对党和革命人民的严重歪曲——〈北国江南〉阶级斗争的红线在哪里？》、顾孟平《是宣扬阶级斗争？还是取消阶级斗争？》等文章。

7日，《解放日报》发表王绍玺的文章《略论塑造当代英雄人物形象的几个问题——与周谷城、金为民、李云初商榷》，认为"周谷城的'汇合论'，不但在理论上是错误的，而且对文艺工作的实践是非常有害的"。"周谷城和金为民、李云初对时代精神的错误论断，必然导致对塑造新英雄人物形象问题的错误看法。""只有努力塑造好高大理想的英雄人物形象，才能真正表现我们的时代，才是真正的历史主义。金为民、李云初反对塑造高大理想化的新英雄人物形象的论断，才是不折不扣的反历史主义。"

8日，《人民日报》发表胡思升的文章《〈北国江南〉的矛盾观和文艺观》。

9日，《天津日报》发表赵侃的文章《艺术是追求'无差别的境界'的手段吗？——与周谷城先生商榷》。文中说周谷城"把艺术当作追求'无差别境界'的手段，这势必将艺术引入个人主义的泥坑"。同期转载7月8日《人民日报》的《关于艺术创作问题讨论的概述》。

10日，毛泽东、邓小平、李富春、柯庆施、康生、乌兰夫、胡乔木、杨尚昆等观看山东省话剧团演出的《奇袭白虎团》并与演员合影。

《山东文学》8月号发表屈秉余的小说《鞋》，孔林的散文《你挥着雄健的手臂》。

《文汇报》报道："上海文艺界和越南人民同仇敌忾，文艺武器齐出动，狠狠打击美国狼，著名文艺工作者举行座谈会强烈谴责美帝侵略罪行。"

11日，《文汇报》发表吴中杰的文章《时代精神与英雄形象的塑造》，认为"金为民、李云初在错误的时代精神的基础上，提出了他们错误的典型论"。同期报道，"中国人民大学语文系举行关于时代精神问题讨论会"。

12日，毛泽东、朱德、康生、薄一波、乌兰夫、杨尚昆等观看山东省淄博市京剧团、青岛市京剧团联合演出的京剧现代戏《红嫂》并与演员合影。

《人民文学》8月号发表束为的报告文学《更上一层楼》、饶阶巴桑的诗《一个战士的话》、黎汝清的诗《夜老虎连之歌》。

《解放日报》发表张耀辉、胡荣根的文章《腐蚀革命文艺的"汇合论"——与周谷城等先生商榷》。文章主要谈时代精神汇合论"对当前文艺创作与文艺批评实践的危害性":"调和阶级矛盾、取消革命文艺的战斗作用"、"否定革命文艺必须塑造高大完美的英雄形象"、"混淆文化遗产中的精华与糟粕"。

13日,《人民日报》发表钱中文的评论文章《评周谷城的时代精神观》,文中针对周谷城的《艺术创作的历史地位》一文中提出的观点进行批驳。文中说"在阶级社会里,不同阶级的敌对思想,随着阶级斗争形势的发展,进行着激烈的搏斗,各方力图消灭对方",认为不同阶级的思想不可能"汇合"。"文学艺术中的时代精神是社会上的时代精神的反映。文学艺术反映生活,同时也体现生活的发展的动向,社会进步力量的愿望。""体现时代精神的基本途径,就是创造正面人物,从而使其成为先进的思想的传播者,使其成为从精神上教育本阶级成员的工具。因此,如果说先进的社会思想可以成为时代精神的体现,那么先进人物就更能生动地体现它。""周谷城的理论却无异要求作家去寻求各个阶级思想的共处,它们的'汇合',并反映它们,从而使作家艺术家混淆思想的阶级界限,不分敌我;从而使他不是做无产阶级的代言人,而是成为各阶级的代言人。"同期,还发表李树谦的文章《英雄人物必须体现社会主义的时代精神》,该文分为三个部分:"一、是谁为反历史主义倾向开辟道路"。"金为民、李云初却以反对'革命臆想'、'理想化'之名,行反对创造符合工人阶级革命理想的英雄形象、反对英雄人物体现社会主义和共产主义精神之实。他们歪曲英雄人物的精神面貌,硬是把英雄人物压低到现实以下,主张把英雄人物写成不是革命的却也并非是不革命、反革命的消极人物。""二、金为民、李云初'理想'中的'英雄人物'"。文章认为金为民、李云初提出的"'人之常情'说,是资产阶级超阶级的人性论观点,宣扬这种观点就是企图调和阶级矛盾,模糊阶级界限"。"三、用什么思想影响和教育人民群众"。"我们要求社会主义文学体现社会主义、共产主义的时代精神并努力塑造最能体现这一时代精神的英雄人物,绝非出自任何人的'革命臆想';而是反映了社会发展的客观要求,反映了工人阶级和广大人民群众精神上的迫切需要。"

《天津日报》发表文彦理的评论文章《决不能这样来塑造新英雄人物!——批判金为民、李云初的错误观点》,主要谈了三个问题:"'充分体现时代精神'会不会'拔高历史和当代英雄形象'的问题";"金为民等要求刻画的那种'广泛存在的'、'普通常见的、平凡的人之常情',也是一种抽象的人性论的提法";"我们还要剖析一下所谓'不是革命、先进的,可也并非就是不革命、反革命的精神因素'到底何所指的问题。"同期转载金为民、李云初《关于时代精神的几点疑问——与姚文元同志商榷》(原载1964年7月7日《光明日报》)。

14日,《文学评论》发表严家炎的评论《梁生宝形象和新英雄人物创造问题》。文章认为新英雄人物的创造应当注意"概括、集中、提炼和提高"的问题,而提高又不能脱离基础,要努力"表现人物的高度觉悟和理想",抓住"艺术冲突和生活冲突",去"'画眼睛'和'写灵魂'"。同期发表的缪俊杰、卢祖品、周修强的《关于周炳形象的评价问题——与蔡葵同志商榷》,认为"《三家巷》和《苦斗》中的周炳,是一个还带有不少弱点,成长中的无产阶级革命者形象"。本期还刊有卞之琳的文章《莎士比亚戏剧创作的发展》和陈翔鹤的新书评介《山高水远》。陈文称"《山高水远》是最近百花文艺出版社出版的四川青年作家高缨同志的一本短篇小说集,内中共包括短篇小说12篇",小说"通过人物、故事所表现出来的在我国农村中现阶段的阶级面貌和阶级斗争，亦即农民应该走哪条道路的阶级斗争"。

15日，《光明日报》发表夏里的文章《人民群众和英雄人物——与刘保端同志商榷》，文章就"时代精神由谁体现"、"什么是英雄人物"、"非无产阶级中能涌现出社会主义时代的英雄吗"三个问题进行了讨论。

《新华月报》第8期转载《关于艺术创作问题讨论的概述》（7月18日《人民日报》）和《关于文艺作品如何表现时代精神问题讨论的情况简介》（7月17日《光明日报》）。

《电影艺术》第4期开辟专栏，批判影片《早春二月》和《北国江南》，主要文章有：《工农兵怎样看〈早春二月〉》、申述等《彷徨者、伪善者、利己者——从萧涧秋的形象看〈早春二月〉的思想实质》、于今《立场何在！——从〈北国江南〉看作者的世界观》、王云缦《〈北国江南〉歪曲了我国农村无产阶级专政》等。

17日，《文汇报》发表王永生的文章《反面典型·时代精神·"时代典型"》，认为"无产阶级革命作家尽管肯定塑造反面典型形象在艺术创作实践中的意义，但却不应该把它与塑造正面人物，特别是英雄形象放在并列地位"。"唯有正面典型才能体现一定时代的时代精神，也唯有正面典型中的英雄形象才能充分体现一定时代的时代精神。"认为金为民、李云初的观点"完全是他们在时代精神问题的看法上支持周谷城的'汇合论'，在文艺创作的典型创造问题上加以具体发挥的必然结果"。

18日，中宣部向中共中央送上《中央宣传部关于公开放映和批判影片〈北国江南〉和〈早春二月〉的请示报告》，报告说，《北国江南》和《二月》是两部思想内容有严重错误的影片。其共同特点是，宣扬资产阶级的人性论和人道主义、温情主义，抹杀和歪曲阶级斗争，着重表现中间状态的人物并以这种人物作为时代的英雄。为清除电影界、文艺界的错误观点，提高文艺工作者和广大观众的思想认识和辨别能力，拟在北京、上海等8个大城市公开放映这两部影片，并在报刊上展开讨论和批判。毛泽东对此作出批示："不但在几个大城市放映，而且应在几十个到一百多个中等城市放映，使这些修正主义材料公之于众。可能不只这两部影片，还有些别的，都需要批判。"《二月》放映时改名《早春二月》。党的十一届三中全会以后，这场批判被否定。(《建国以来毛泽东文稿》第11册，第135页，中央文献出版社1996年版)

20日，《人民日报》发表李泽厚的理论文章《两种宇宙观的分歧——驳周谷城及其支持者的"统一整体"论》，该文主要从"形而上学的'统一整体'"、"所谓'分别反映'的实质"、"殊途同归"、"时代精神是什么？"几个方面来讨论。文中说"'统一整体'表面上包容斗争实质上却是超脱斗争、高踞斗争之上的凝固僵化、永恒不变的抽象实体"。"我们以为，所谓时代精神，就是指反映历史发展的本质规律，符合社会前进的客观趋向，从而能推动社会时代向前发展的先进的、革命的精神。这种精神可以占据或开始占据社会的统治地位，如在今天的无产阶级的革命精神，如历史上先进阶级取得统治地位而尚未衰落的时期；也可以只是星星之火，但由于反映了符合了时代发展的必然规律和前进动向，它必将燎原，它必将最终摧毁反动统治阶级的'一统江山'，也就是形而上学家所希望维护的那个'统一整体'。"

《文汇报》发表社论《文艺工作者要积极参加革命的群众文化运动——七论大力提倡讲革命故事》。

《戏剧报》第8期发表李希凡的文章《创造革命英雄形象是体现时代精神的焦点》。文中认为"社会主义文学艺术的一个重大的历史任务，就是要创造我们伟大时代的主人公——工农兵的英雄形象，表现他们的坚强性格和崇高理想，树立他们的值得效仿的榜样，用来教育和鼓舞人民朝着共产主义的远大目标奋勇前进"，"在社会主义文艺作品中，只有革命的无产阶级英雄形象，才能正面地直接地反映时代精神"。

《剧本》8月号发表刘沙、马开方根据李准原著电影剧本《龙马精神》改编的7场话剧剧本《瘦马记》；胡可的《现场会（〈连队在行进〉之三）》，苏诗桂、秋实的《成功以后》，任莫、井频、王俊周的《红柳歌》等独幕剧。

21日，中共中央批转《文化部党组关于处理戏曲演员高工资问题的请示报告》，要求各地参照执行。文化部的报告指出"部分戏曲演员（主要是京剧演员）工资收入超过国家规定的工资标准"，"必须正确地贯彻执行政治思想教育与物质鼓励相结合，而以真挚思想教育为主的原则，对戏曲演员的高工资进行适当调整"，并拟定了处理办法。

25日，《光明日报》发表庄犁的文章《时代精神与英雄人物——与刘保端商榷》，认为"文艺作品要反映时代精神，就应该表现我们时代的英雄人物，如果抽空了阶级内容，说什么'描写一般的、普普通通的人'，或者是笼统地说反映了各个阶级、阶层的思想、感情、要求和愿望，就是表现了时代精神，都是十分错误的"。本期还发表应怀祖、向潜的文章《典型形象如何反映时代精神》，该文提出"在社会主义时代，作家只有掌握了无产阶级世界观，才能在他们所塑造的典型形象中体现时代精神。无产阶级的文学艺术家，由于思想、观点、感情、理想与时代精神相一致，所以能在自己所塑造的正面典型中，直接体现时代精神，也能在凝结作家评价的反面典型中，间接体现时代精神"。

26日，《天津日报》发表志诚的文章《也谈时代精神和英雄人物——与刘保端同志商榷》。文章从"什么是时代精神"、"什么是英雄人物"、"英雄·阶级·人民"三个方面对刘保端的文章提出异议。同期发表《有关艺术创作问题讨论的文章索引（截止1964年8月20日）》。

27日，《人民日报》发表马奇的文章《主观唯心主义、个人主义的艺术创作论——评周谷城先生的美学思想》，认为周谷城宣传的是"资产阶级主观唯心主义、个人主义的美学思想"。

八月 1964

《文汇报》发表金为民、李云初的文章《关于新人、英雄形象塑造诸问题的质疑——与阮国华、田本相同志商榷》（28、29日《文汇报》继续连载）。文章主要谈的问题有："关于新英雄人物在文学中的'地位'问题"、"关于人物的教育意义问题"、"关于新人、英雄人物个性与阶级性的问题"、"关于描写新人、新英雄人物的'非无产阶级意识'和缺点、毛病的问题"、"关于新人、英雄人物的'人情味'问题"、"关于描写新人、英雄形象的'结尾处理'问题"以及"关于新人、英雄形象塑造诸问题的质疑两点补充"。

29日，中宣部发出《关于公开放映和批判〈北国江南〉和〈早春二月〉的通知》。

30日，《解放日报》发表戴厚英的公开信《喜欢看"苦书"好不好？》。

31日，《文汇报》第发表张炯的论文《要塑造怎样的当代英雄形象？——关于"真实"维护者的真实面目剖析》，从"有否超阶级的'人情'和'个性'"、"到底谁反历史主义"、"一分为二还是合二为一"、"什么样的艺术教育作用"、"'真实'维护者的真实面目"几个方面，对金为民、李云初三篇文章（《从〈归家〉评价想到的几个问题》、《关于时代精神的几点疑问》和《关于新人、英雄形象塑造诸问题的质疑》）的主要观点进行反驳。

《羊城晚报》发表评论文章《为什么有人认为〈三家巷〉〈苦斗〉是'新红楼梦'？——来自学校的评论》，主要从"写革命，还是写爱情"、"什么样的革命？什么样的爱情"、"笔墨·趣味·感情"、"所谓'风俗画'"、"时刻记住教育年青一代的任务"、"某些评论文章的恶劣影响"几个方面来谈。

本月，《山花》、《解放军文艺》、《长江文艺》、《新港》、《延河》、《鸭绿江》、《青海湖》、《山东文学》、《广西文艺》等刊物先后转载《红旗》杂志第12期社论《文化战线上的一个大革命》。

老舍在黄山休养期间作黄山诗8首,并在回京的途中向青年文学爱好者传授了"多读,多看,多想,多商讨,多写作"的"五多"要诀。

作家出版社出版李瑛的诗集《献给火的年代》、孙谦的短篇小说集《南山的灯》和司马文森的长篇小说《风雨桐江》。

百花文艺出版社出版闻捷、袁鹰合著的散文集《非洲的火炬》。

人民出版社编辑出版《文化战线上的一个大革命》。

九月

1日,《中国青年报》发表蔡葵批判欧阳山的长篇小说《三家巷》和《苦斗》的文章《用阶级调和思想毒害青年的小说》。随后,《文学评论》第4、5、6期连续发表相关的批判文章。

《雨花》9月号发表萧风的文章《陆文夫的翻案和自我吹嘘——读陆文夫〈给《文艺报》编辑部的一封信〉》,认为陆文夫给《文艺报》编辑部的一封信是"一封充满谎言和自我吹嘘的信"。(陆文夫的短篇小说《平原的颂歌》在1957年1月号的《雨花》上发表不久,遭到文艺界的严厉批判,而陆文夫在1964年新出的短篇小说集《二遇周泰》,将《平原的颂歌》收入其中。)

《鸭绿江》9月号转载《关于艺术创作问题讨论的概述》,编者按称"这场讨论是从1962年第12期《新建设》上发表的周谷城的《艺术创作的历史地位》一文所引起的……为了帮助读者更好地了解这场讨论的内容,现将1964年7月18日《人民日报》上《学术研究》专刊发表的《关于艺术创作问题的讨论概述》一文转载"。同期发表李尧的文章《评周谷城的情感源泉论》。

《新港》9月号发表秦牧的小说《卡马圭激战——长篇小说〈愤怒的海〉

的一章》。

《草原》9月号发表玛拉沁夫的评论文章《答〈萌芽〉编辑部问》。

《四川文学》9月号发表魏巍的文章《集前缀语》。

《长江文艺》9月号发表吉学霈的中篇小说《四个读书人》。

《河北文学》9月号发表秦牧的小说《茅屋夜话》（长篇小说《愤怒的海》的一章）；刘流的新评书连载《红芽》。

3日，《人民日报》发表李星、维谷、道勋的文章《周谷城的反动历史观和"时代精神汇合论"》（此文同时在《解放日报》发表）。该文说："我们认为，这种披着超阶级外衣的、由不同阶级不同思想'汇合'而成的统一的时代精神，是社会生活中根本不存在的东西"，"挂着'超阶级'的假招牌，在'汇合'论的掩盖下，一面否定革命阶级的革命精神是时代精神，一面宣扬历史上占统治地位的反动思想和反动精神，这就是周谷城不论怎样狡辩也无法掩盖的'时代精神汇合论'的实质。"

《光明日报》发表曹文俊、张昶的文章《应该如何评价英雄人物——与刘保端同志商榷》。文中认为，评价英雄人物的标准应该在于"英雄人物是否具有高度的共产主义思想觉悟、彻底的无产阶级革命精神，是否具有高尚的共产主义风格和崇高的道德品质，是否具有一颗全心全意为人民服务之心"。

《文汇报》发表江海的文章《论英雄形象的教育作用》，对金为民、李云初的几篇文章（《从〈归家〉评价想到的几个问题》、《关于时代精神的几点疑问》和《关于新人、英雄形象塑造诸问题的质疑》）进行批驳，认为他们"把思想性和艺术性尖锐对立起来，在艺术性的幌子下，否定英雄人物的意义"。

《羊城晚报》刊发《试为周炳这个形象作一阶级分析——来自工厂的评论》，认为"周家——不大像个工人阶级的家庭"，"周炳本人——也不大像个工人"，周炳的形象宣扬的是阶级调和。

《南方日报》刊发《〈三家巷〉〈苦斗〉宣扬了什么思想感情?》。此文是中国共产主义青年团广东省委会邀请广州各界青年进行的讨论,主要的讨论的问题有:"'苦斗'还是'甜斗'"、"宣扬了阶级调和"、"周炳不是英雄"、"苍白的党员形象"、"是爱情还是色情"、"作品的社会效果"。

6日,《光明日报》发表文之今的文章《不能用"普通人"去代替英雄人物——同刘保端同志商榷》,提出"刘保端在他前后两篇文章中,先是极力反对去刻画英雄人物,认为英雄人物并不是生活中和文学中的主流;接着,又把英雄人物的定义加以曲解,否定了英雄人物的无产阶级革命思想特征;最后,又大力鼓吹描写'正面人物',而把'正面人物'解释成为反映了'各个阶级、阶层'思想感情的'普通人',这样,也就取消了正面人物"。"刘保端的这种用'普通人'去代替英雄人物的谬论,会多么不利于社会主义文学事业"。本期还刊载了常敬宇的文章《驳金为民、李云初的超阶级的人情味》、纪超的文章《刘保端和金为民、李云初等又谈了些什么?》。

7日,《文汇报》发表戴厚英的文章《揭出所谓"人情味"的底牌》,认为"金、李所提倡的'人情味'不是无产阶级革命的'人情味',而是腐蚀和瓦解无产阶级的封建的、资本主义的'人情味'"。

8日,《光明日报》发表孙光莹、刘钝文的文章《大力塑造我们时代的英雄人物》,认为刘保端在《正面人物和英雄人物》一文中,"为了提倡写'正面人物',不惜曲解我们关于提倡塑造英雄人物形象的理论。"

9日,《羊城晚报》刊登《〈三家巷〉〈苦斗〉能不能鼓舞人们的斗志?——来自部队的评论》。

《安徽日报》转载《江淮学刊》批评小说《还魂草》的文章。

10日,《人民日报》发表田丁的文章《时代和时代精神——驳周谷城的反动观点》,认为"时代是一个革命过程,时代精神是同这一革命过程相应的革命精神"。"当代的时代精神是无产阶级的革命精神,是共产主义精神。"

1964 九月

"这种'汇合'的实质就是，把无产阶级思想的阶级性阉割掉，把它的革命的阶级内容阉割掉，然后让这个已经不是无产阶级思想的'无产阶级思想'，去替资产阶级柴上加薪、炉中添火。"

《光明日报》刊登文章《〈三家巷〉〈苦斗〉是好作品还是坏作品？》，对一些评论文章进行总结，评论文章讨论的问题主要是"周炳不是革命者的形象"、"替周炳辩护的论调"、"广大读者的批评"、"究竟给青年一些什么？"。

《山东文学》9月号转载《人民日报》7月18日《关于艺术创作问题的讨论概述》，刊登姚文元的文章《评周谷城先生的矛盾观》。

11日，《光明日报》、《解放军报》刊载魏巍的文章《时代精神与典型问题——驳周谷城等的错误观点》一文，文章从"谁有资格作时代精神的代表"、"各对立阶级的思想能够'汇合'吗"、"时代精神与'历史具体性'"、"创造新英雄人物是表现时代精神的核心问题"、"掌握先进阶级的世界观是表现时代精神的关键"这几个方面批判了周谷城的错误观点。文中认为"关于文艺创作中的时代精神问题，这绝不是没有特定含义的、超时间的、超阶级的概念。通常说，一部作品是否有时代精神，是看它是否反映了一定历史时期先进阶级的思想、感情和历史要求，只要是反映了这种思想、感情和历史要求的，也就必然是同时代前进的方向一致的，这种作品，就是具有时代精神的作品。"

《羊城晚报》刊登《〈三家巷〉〈苦斗〉反映的农村面貌符合实际吗？——来自农村的评论》。

12日，《解放日报》刊载刘炳福的文章《评周谷城的尊孔思想》，认为"尊孔论是歌颂封建思想的反动理论"，"尊孔论是抵抗革命思潮的反动理论"，"尊孔论是为反动势力效劳的反动理论"。

《南方日报》刊登《农村读者对〈三家巷〉〈苦斗〉的意见》，说《三家巷》和《苦斗》"美化了旧中国的农村"、是"革命意志的腐蚀剂"。

《人民文学》9月号发表高缨的速写《歌》、郭超人的《无限风光》。

14日,《文汇报》发表刘叔成的文章《提倡表现"纯粹个人的特征"为了什么?》,认为"金为民一再提倡表现'纯粹个人的特征',挖空心思地为自己的'非阶级性的个性说'寻找理论根据和创作范例,其目的就是:以资产阶级人性论代替无产阶级论来作为文艺创作和文艺批评的指导思想;以资产阶级个性代替无产阶级个性来作为文艺表现的中心内容;从而使社会主义文艺蜕变成资本主义文艺"。

15日,《河北日报》刊登批评小说《勇往直前》的文章。

《萌芽》第9期发表唐克新的论文《答青年习作者问》,主要谈了两个问题:"关于创作准备和提高的问题","关于观察人、研究人"。同期发表专论《歌赞我们时代的英雄》。

《新华月报》第9期发表柯庆施的文章《大力发展和繁荣社会主义戏剧,更好地为社会主义经济基础服务》。

《天津日报》发表项红的文章《小说〈勇往直前〉宣扬了些什么?》,认为"《勇往直前》是一部具有严重的思想毒素的坏书!是一部毒害青年的坏书!是一部应予以彻底批判的坏书!"同期刊登《读者对小说〈勇往直前〉的来信综述》,称"绝大多数来稿,认为这是一本'极坏的书'","'歪曲了社会主义大学生生活的真实面貌',并且'大量地宣扬了资产阶级人生观'","还宣扬了资产阶级人性论和阶级调和","作品中歪曲了党的领导,歪曲了党员形象","作品中夸大了阶级敌人张人杰的力量","作品中对未经改造的旧专家推崇备至"。"与上述意见相反,也有一些读者认为:这是'社会主义祖国文艺百花坛上新添的一朵鲜艳、美丽的花'"。

《人民日报》和《光明日报》同时加"编者按"发表批判影片《早春二月》的文章《〈早春二月〉要把人们引到哪儿去?》。前者按语中指出《早春二月》提出的问题"关系到作家、艺术家的世界观和立场的根本问题",是文艺领域里的"大是大非"问题。后者按语中则提出了"如何对待二十年代、三十年代的文艺创作和文艺思想"这个"具有原则性的重要问题"。《〈早春二月〉要把人们引到哪儿去?》一文认为,影片《早春二月》"只要撕下编导者为主人公披上的金光闪闪的迷人外衣,整部影片所散布的资产阶级个人主义、人道主义以及阶级调和论等反动思想,就会暴露在光天化日之下":"像萧涧秋和陶岚这样的青年,在二十年代是存在的,也是可以写的。问题是对于这种人物应当采取什么态度。《早春二月》的错误,就在于它通过萧涧秋和陶岚这两个形象,不是批判而是歌颂了逃避斗争的消极遁世思想和资产阶级个人主义、人道主义"。"《早春二月》绝不是香花,而是一株毒草"。文章最后得出的结论是:"通过这部影片,究竟想把我国今天的观众引向何处去呢?问题很清楚,这完全是站在资产阶级立场上,在资产阶级文艺思想指导下的创作实践。它除了把观众特别是青年观众引导到资产阶级方向,为资本主义复辟准备思想条件以外,不能有别的结果。"有关《早春二月》的讨论一直延续至1965年3月。

16日,《吉林日报》刊登《关于小说〈邻居〉的再讨论》,并且加了编者按。

《文汇报》发表吴中杰的评论文章《论"人情味"》,提出"在阶级社会里,没有超阶级的'人情味'"的观点。

17日,《文汇报》发表汤大民的评论文章《驳"难能免俗论"》,认为无产阶级的阶级本质是"无产阶级彻底的革命精神";陈骏涛的文章《断章取义和歪曲的引申》,认为"金为民企图通过对经典著作的断章取义和歪曲引申,以鱼目混珠,为自己的观点进行辩护,这是办不到的;这只能更加暴露出隐存在这些观点背后的真实的用意"。

18日,《南方日报》刊登《工农兵读者对〈三家巷〉〈苦斗〉的议论——〈羊城晚报〉刊载的工厂、农村和部队读者评论摘要》。

20日，北京人民艺术剧院演出四幕话剧《结婚之前》，编剧骆宾基，导演夏淳、蓝天野，主演狄辛、朱旭、刘静荣等。剧本发表在《剧本》11月号上。

《解放日报》发表陈有锵、董家骏、叶书宗、吴成平的文章《驳周谷城的"断而相续"论》，认为"周谷城的'断而相续'论，根本否定了矛盾的普遍性，完全是形而上学的'理论'"，"周谷城的'断而相续'论否定了历史发展的规律性，把历史肢解为孤立的、互不联系的片段，彻头彻尾地违反了历史唯物主义的基本原理，特别是阶级斗争的理论"。

《剧本》9月号发表莎色、傅铎、马融、李其煌的6场话剧《南方来信》（《解放军文艺》10月号也刊登了该剧本），欧琳根据电影剧本《天山的红花》改编的大型话剧《奥依古丽》，李师斌、李贵华、方荣翔、孙秋潮的话剧《奇袭白虎团》。

23日，《羊城晚报》发表毛军的文章《不要忘记阶级分析，不要脱离作品实际——读胡一声关于〈三家巷〉〈苦斗〉的评论》，提出"如果说周炳形象是一个典型，那也只能是一个小资产阶级的典型人物，而不是无产阶级的革命英雄形象"，并认为《三家巷》和《苦斗》"看来是写革命，其实是写爱情；表面上是写阶级矛盾，实际上是写阶级调和"。

《光明日报》转载金应熙的文章《周谷城是怎样袒护秦桧、赞成投降、诋毁主战派的》（原载《红旗》第17、18期合刊）。

25日，《收获》第5期发表浩然的小说《老支书的传闻》、高缨的小说《小米》。同期发表陈鸣树、方胜、孙雪吟的文章《时代精神与文学典型——与周谷城、金为民、李云初论辩》，提出"时代精神只能是成为时代中心、决定着时代主要内容、时代发展方向的先进阶级的精神在社会实践和意识形态中的集中体现"，"任何时代的文学典型，都是阶级的典型，都是一定阶级（或阶层）在一定历史条件下的阶级本质的艺术概括"的观点，认为"时代精神与文学典型的问题，具有强烈的阶级性和倾向性。但是，周谷城和金为民、李云初关于这一问题的论述，却抽去了其中的阶级内容，表现为一种超阶级的时代精神与文学典型论。这正是我们与他们之间分歧的实质"。

26日，中央歌剧舞剧院芭蕾舞团在天桥剧场首演现代芭蕾舞剧《红色娘子军》。

27日，毛泽东给中央音乐学院一个学生写的信上作了批示："古为今用，洋为中用。"并认为"此信表示一派人的意见，可能有许多人不赞成"，"信是写得好的，问题是应该解决的。但应采取征求群众意见的方法，在教师、学生中先行讨论，收集意见"。中央音乐学院一个学生给毛泽东写的信中说，由于长期地、大量地、无批判地学习西欧资产阶级音乐文化，资产阶级思想给了我院师生以极深刻的影响。有些人不愿意为工农兵演出，认为他们听不懂音乐，演出是浪费时间。有些人迷恋西洋音乐，轻视民族音乐，对音乐革命化、民族化、群众化有抵触情绪。我们迫切希望能引起领导的极大重视，采取坚决的措施，从根本上制止资产阶级思想的继续泛滥。产生这些问题的原因是多方面的，直接起作用的因素之一是学校教学工作上只教继承，不教批判，或者"抽象的批判，具体的继承"，以及技术至上，主科的个别教学，无法对教学进行细致的检查和监督。我对学校工作的最大意见是学校没有能够坚决贯彻阶级路线，院内师生的阶级成分十分复杂，工农子弟少得可怜。学校说中央给我们的任务是借鉴西洋工具和技术，为社会主义和工农兵服务，我觉得要做到这一点，必须首先彻底清除师生中十分严重的崇洋思想。来信最后说，学校的办学方针也需要进一步明确，学校究竟培养什么人？教学中的中西比例如何安排？在我们教材中、舞台上，应不应该彻底赶走帝王将相、公爵、小姐、夫人，而换上我们的工农兵。这些，我们都希望中央能有明确指示。（参见《建国以来毛泽东文稿》第11册，第172–173页，中央文献出版社1996年版）

30日，《文艺报》第8、9期合刊发表编辑部文章《"写中间人物"是资产阶级的文学主张》，该文认为"1962年8月间，中国作家协会在大连召开了农村题材短篇小说创作座谈会。会议的主持人之一邵荃麟同志正式提出了'写中间人物'的主张。他从文艺反映现实、文艺的教育作用、文艺创作现状等方面，找出各种理由，反复强调'写中间人物'的重要性，贬低写英雄人物的重要性，要求作家们大量描写所谓'中间人物'"。文章主要从以下几个方面对邵荃麟的观点进行批判："什么是'中间人物'？"、"什么人代表着时代的主流？"、"所谓'矛盾往往集中在中间人物身上'"、"用'中间人物'来教育'中间人物'？"、"什么路子才是最宽广的？"、"反对歪曲恩格斯和毛主席的原意"、"什么是'现实主义深化'？"、"需要照照镜子"、"这是文艺上的大是大非之争"。同期公布了《关于"写中间人物"的材料》（资料汇编），包括："邵荃麟同志在《文艺报》编辑部反复鼓吹'写中间人物'的主张"、"在大连创作会议上，邵荃麟同志正式向作家提出'写中间人物'的主张和'现实主义深化'的理论"、"大连创作会议后，《文艺报》等刊物公开宣扬了'写中间人物'的主张"。

本期《文艺报》还刊载的王春元的文章《究竟谁是我们时代的主人？》，对周谷城、金为民、李云初的关于时代精神和英雄人物塑造的问题提出不同看法，文中说："我们同周、金、李在时代精神及其与英雄典型塑造问题上的根本分歧，归根到底是在文学艺术领域里坚持还是反对文艺为工农兵服务的方向的两条路线的斗争，是在政治思想领域里资本主义和社会主义两条道路的斗争，是无产阶级同资产阶级争夺当代历史主义的地位的斗争。"此外还刊登《〈北国江南〉讨论综合报道》和《浸透了资产阶级腐朽思想的〈早春二月〉》等文章。

本月，各地举行"反对美国侵略越南的诗歌朗诵会"。

为庆祝新中国成立15周年，在周恩来亲自指导下，北京、上海以及部队

1964

共70多个单位的文艺工作者,以及工人、学生、业余合唱团等共3000多人,创作并演出了大型音乐舞蹈史诗《东方红》。1965年又摄制完成了彩色宽银幕舞台艺术片《东方红》。这部影片在"文革"中被"四人帮"打入冷宫。

作家出版社出版浩然的长篇小说《艳阳天》第1卷(印数1—52000册,第2、3卷1966年3月由人民文学出版社出版,共计120多万字);严阵的诗集《竹矛》(印数1—38000册,收作者1962年至1963年间写的诗歌15首);巴金的散文集《贤良桥畔》;《小丫扛大旗》(报告文学第二集,辑入作品7篇,收录章明的《女神箭手》等)和《南柳春光》(报告文学第三集,辑入作品6篇,收入玛拉沁夫《最鲜艳的花朵—记草原英雄小姊妹龙梅和玉荣》、黄宗英《新泮伯》等作品);姚文元的《文艺思想论争集》;艾芜的短篇小说集《南行记续编》。

中国少年儿童出版社出版玛拉沁夫的小说《英雄小姐妹》。

十月

1日,《解放军文艺》10月号刊载魏巍的评论文章《时代精神与典型问题——驳周谷城等的错误论点》(写于1964年7月19日);于波的评论文章《一场原则性的争论——就塑造英雄形象问题驳金为民》,该文驳斥了金为民关于英雄人物的塑造的观点,认为金为民"完全颠倒了英雄和'非英雄'的道德标准,把真正的革命英雄人物当成了'非英雄',把地地道道、不折不扣的'非英雄'当成了革命英雄","他排除了革命英雄人物在文学艺术作品中所应当占有的主人公地位,取消了社会主义文学艺术塑造革命英雄形象的重要使命","他以中间人物、落后人物,以充满资产阶级、小资产阶级陈腐思想的'非英雄'人物,冒充和代替文学艺术作品中的革命英雄人物"。同时,文章还就"'生活真实'问题"、"'公式化概念化'问题"、"教育作用问题"提出与金为民不同的看法。

《新港》10月号发表施百胜的文章《深入到工农群众中去,积极参加阶级斗争》,该文针对周谷城、金为民等关于什么是时代精神及如何塑造英雄人物的问题进行讨论,认为"一切革命的文艺工作者,都必须积极地投身到社会主义革命的洪流中去,投身到农村和城市的伟大社会主义教育运动中去,和工人,和贫农下中农一起,参加战争";徐淑莹的文章《把青年引向哪里去?——评小说〈勇往直前〉的资产阶级思想倾向》,认为汉水的长篇小说《勇往直前》"全书并没有塑造出一个性格比较鲜明的人物形象,也缺乏完整的故事情节"。"而作品具体的情节、场面和人物精神状态的描述和渲染里,我们得到的印象和感受则是:极力抹杀阶级矛盾和阶级斗争,严重歪曲党团组织的作用及党员干部形象,大肆宣言腐朽的资产阶级思想感情、欣赏趣味和生活方式。"

《延河》10月号发表刘志凌的小说《护士之歌》、解军的报告文学《又一支凯歌》。刊登《中国作家协会西安分会召开座谈会批判影片〈北国江南〉、〈早春二月〉及周谷城的资产阶级美学观点》。

《鸭绿江》10月号发表韵体的小说《战友》、马加的散文《长山流水》,刊登社论《革命的时代,革命的文学,革命的人》。同期发表的李尧的评论文章《评周谷城的感情唯一论》,认为周谷城把文艺作品反映的对象归结于情感,抹杀了它的现实性,把艺术中的情与理对立起来,否定了文艺的思想性,进而又宣扬抽象的"真实情感",否定了情感的阶级性,这种资产阶级主观唯心主义的情感唯一论,是彻头彻尾反马克思列宁主义的美学观。

《河北文学》10月号发表刘流的新评书连载《红芽》;冯健男的评论文章《时代精神·阶级斗争·英雄形象》,该文主要谈了"时代精神的概念和阶级斗争的概念密切关联"、"时代精神主要通过英雄形象来体现"、"英雄形象的塑造者必须有充沛的时代感情，必须投身于火热的斗争"等几个方面的问题；厉砚石的评论文章《〈勇往直前〉宣扬了什么?》，认为其"宣扬了资产阶级的恋爱观，幸福观及生活情趣"，"宣扬了阶级调和论和人性论"。

《青海湖》10月号发表王浩的小说《杏花雪飘》转载《关于艺术创作问题讨论的概述》（《人民日报》1964年7月18日）。

《红旗》第19期发表曹禺的散文《革命风雷》、刘白羽的《战斗的社会主义文学》。

《作品》10月号发表于逢等合著的话剧剧本《珠江风雷》。

2日，庆祝建国15周年，文化部、中宣部在北京人民大会堂联合组织演出大型音乐舞蹈史诗《东方红》。这部作品动用了3000多人的强大阵容，共集纳了9部大型舞蹈、18部歌舞表演及6部大合唱。

3日，北京人民艺术剧院演出话剧《山村姐妹》，编剧刘厚明，导演欧阳山尊、柏森，主演童超、郭维彬、王志鸿等。

4日，《北京文艺》10月号发表社论《作文艺战线上的彻底革命派》，周立波的小说《林冀生》，蓝荫海、任宝贤的话剧剧本《永不生锈》。

北京人民艺术剧院演出话剧《生活的彩练》和《永不生锈》。《生活的彩练》导演石联星、刁光覃，主演金昭、谢延宁、秦在平等。《永不生锈》导演苏民，主演刘骏、宋凤仪等。

5日，《新疆文学》10月号转载《红旗》杂志第12期社论《文化战线上的一个大革命》，刊登《关于周谷城美学思想和影片〈北国江南〉的讨论》（《人民日报》、《解放日报》关于这方面讨论的概述和介绍）。

10日，《光明日报》发表贾文昭的文章《论英雄人物的理想性与真实性》，认为"金为民、李云初以真实性为借口，削弱和反对新英雄人物的崇高性、理想性，这不是一个小问题，而是一个原则问题"。

《诗刊》10月号发表李学鳌《初访西柏坡》、李幼容《天山进行曲》、包玉堂《高山瑶寨春常驻》、克里木·霍加的《柔巴依》（两首）等诗，以及谢冕的文章《阶级斗争的冲锋号——略谈政治抒情诗创作》。

《北方文学》十月号发表专论《为文艺队伍的彻底革命化而斗争》。

11日，《天津日报》发表白依祖的文章《这是什么阶级的幸福观？》，认为《勇往直前》"是一部美化资产阶级生活方式、宣扬资产阶级幸福观的作品"；赵福龄、刘树升的文章《这是一颗糖衣炮弹》，认为《勇往直前》中的幸福观是"'和平演变'大合唱中的一章"。

12日，《光明日报》发表陈顺宣、张微云、张乐初的文章《怎样才能体现时代精神》，认为"反面人物不能体现时代精神，塑造正面典型是根本的途径"、"关键在于作家必须掌握先进的世界观"。

《人民文学》10月号玛拉沁夫的小说《腾戈里的日出》、田间的诗《祖国颂》

14日，《文学评论》第5期发表张羽、李辉凡的《"写中间人物"的资产阶级文学主张必须批判》，文章认为"'写中间人物'的理论的提出，不仅是资产阶级对无产阶级文艺的一次新的进攻，而且也是文艺界一部分人抵制思想改造反对同工农兵结合的反映"；陆一帆的《〈三家巷〉和〈苦斗〉的错误思想倾向——兼与缪俊杰、卢祖品、周修强三同志商榷》，文章认为"欧阳山同志的《三家巷》和《苦斗》，是两部从思想感情到立场观点都存在着严重错误的作品"；"首先，作品通过周炳的形象来宣传和歌颂了小资产阶级的思想感情"，"《三家巷》和《苦斗》还有一个严重的问题，就是用亲戚关系和超阶级的爱来散布阶级调和的思想"；潘旭澜的文章《谈李准的小说》认为李准小说"敏锐地觉察现实生活发展的方向，抓取具有重大意义的矛盾冲突，及时地反映和提出现实生活中新的问题，通过艺术形象给予明确的回答"。同期还发表贾芝的《谈解放后采录少数民族口头文学的工作》、冯沅君的《怎样看待〈一捧雪〉》。

《光明日报》发表陆荣椿的文章《艺术的源泉是情感吗？——评周谷城先生的美学观》，该文对周谷城提出的"艺术的源泉是情感"提出批判，认为"与马克思主义反映论针锋相对的艺术源泉是情感的谬论"，是"对生活，生活与艺术的关系的歪曲、混淆与诡辩"。

《文汇报》发表闻兵的文章《驳所谓"人物自身内在矛盾"说》，认为金为民的"人物自身内在矛盾"说"实质上就是反对塑造无产阶级的英雄形象，反对通过塑造理想化的英雄形象去教育、鼓舞千百万人民；而竭力主张塑造那些充满了'非无产阶级意识'、缺点和毛病的，有着'非无产阶级的那种"丰富、复杂"的内心'的资产阶级、小资产阶级的'英雄'形象去腐蚀人民群众"。

《天津日报》发表王汉的文章《怎样理解社会主义时代的英雄人物——与刘保端同志商榷》，提出"如何理解社会主义时代的英雄人物呢？我们认为，衡量社会主义时代的英雄，不仅要看他的行动和贡献，而且还要看他的思想品德，甚至后者是更重要的"；王锦泉的文章《从周谷城的"汇合论"到刘保端的"汇合论"》，认为"刘保端的'汇合论'是在'后退'的烟幕下，倒是不折不扣地前进了一步，是周谷城'汇合论'的一个不容忽视的发展"。

15日，《新华月报》第10期发表转载自9月10日《光明日报》的《〈三家巷〉〈苦斗〉是好作品还是坏作品？》。

《萌芽》第10期发表张惟的报告文学《长征的战士——北大荒开拓者的故事》、徐光夫的报告文学《高炉热浪十五年》。

16日，《解放日报》发表项立岭、王春瑜、裴汝诚的评论文章《周谷城是怎样为秦桧、张邦昌翻案的——评周著〈中国通史〉宣传民族投降主义的反动观点》，认为周谷城的《中国通史》是在"宣扬卖国路线"、"颠倒黑白，宣扬汉奸哲学"、"披着宋朝古装的'攘外必先安内'论"、"替宋朝的'汪精卫'涂脂抹粉"。"民族投降主义"是"贯串全书的一根白线"。

20日，柯仲平在西安病逝，享年62岁。钟敬文说："仲平是一位诗人。从二十年代前期到他逝世前，他是以诗歌作为自己进行战斗的主要武器的。抗战以后，他更是新诗民族化、大众化的坚决实践者。""仲平诗歌艺术对于人民大众固有的文艺（主要是韵文）的学习和运用是比较全面的、深入的。""仲平诗歌创作中的大众化倾向是始终一贯的。"（《我们不能忘记的人——追怀大众诗人柯仲平同志》，《思想战线》1985年第1期）田间说："尽管他有时蒙受非难，而他的追求是始终如一。而为诗又不停留在诗上，真正投身于火热的斗争生活。"（《无愧于大众——怀念柯仲平同志》，《诗刊》1984年第11期）唐俊祥说："柯老在世时，对党无限忠诚，对工作认真负责，生活艰苦朴素。尤其是他情系'三农'，热爱劳动和劳动人民，始终和劳动人民保持着浓厚的感情和水乳交融的密切关系。"（《柯老的"三农"情愫——回忆柯仲平同志》，《延河文学月刊》2004年第10期）

《光明日报》转载项立岭、王春瑜、裴汝诚的文章《周谷城是怎样为秦桧、张邦昌翻案的——评周著〈中国通史〉宣传民族投降主义的反动观点》（原载1964年10月16日《解放日报》）。

24日，《人民日报》以《文学评论工作中的一项革命性的措施》为题，报道了湖南报刊邀请工农兵参加现代剧的评戏活动，并附加了短评《请工农兵打收条》。

26日，《解放日报》报道："应读者热情要求，精益求精充实内容，《十万个为什么》将修订增编出版，编得更有系统，联系生产实际，新增近千个题目，增加到十四册。"

《文汇报》报道："《十万个为什么》是编辑工作革命化的成果"，同时发表评论员文章《编书要革命化》。

27日，文化部发布《关于暂行停付印数稿酬的通知》。

1964 十月

《光明日报》发表顾诚、孙恭恂、杨凤阁的文章《周谷城在〈中国通史〉中是怎样污蔑农民起义的》,认为周谷城在《中国通史》中"污蔑农民起义是农民同地主'作生存竞争'","污蔑农民起义是'邪道'惑众","通过所谓'史料'对农民起义进行歪曲和污蔑"。

28日,《红旗》第20期发表文文宣的文章《文艺理论阵地上的革命精神和反动精神的斗争——驳周谷城的时代精神"汇合论"》。文中说"只有革命精神、革命的社会意识,才能成为推动社会发展的时代精神"。"把反动阶级的意识形态对时代所起的阻碍作用,同革命阶级的意识形态对时代所起的促进作用,有意混为一谈,都冠之以时代精神的称号,这是周谷城反对历史唯物主义一条狡猾而又笨拙的诡计。""在历史进程中,哪个阶级的意识成为时代精神,是由社会发展的必然,历史前进的规律规定的。"

29日,《大公报》刊登张铁弦的文章《五湖四海赞雄词》,介绍毛泽东诗词受到国外人士的重视和喜爱。

《羊城晚报》发表霍汉姬的文章《〈三家巷〉与〈苦斗〉的根本问题是什么?》,认为"《三家巷》与《苦斗》的故事环境,是歪曲历史、宣扬阶级调和的温柔乡",是"歪曲正面人物,丑化共产党员的形象",认为其是"修正主义的美学思想,反现实主义的创作方法"。

30日,《文汇报》转载胡锡涛的文章《从〈霓虹灯下的哨兵〉的创作谈起——关于文艺反映时代精神的几个问题》。

《人民日报》转载文文宣的文章《文艺理论阵地上的革命精神和反动精神的斗争——驳周谷城的时代精神"汇合论"》。

31日,《人民日报》转载《文艺报》第8、9期合刊的编辑部文章《"写中间人物"是资产阶级的文学主张》以及《关于"写中间人物"的材料》。

本月,全国京剧现代戏观摩演出领导小组决定,选出《智取威虎山》、《节振国》、《红管家》等剧目,拍摄彩色影片。

上海市文化局、上海市税务局公布《关于演出革命现代戏节目免征文化娱乐税的办法》。

山东人民出版社出版赛时礼的长篇小说《三进山城》。

上海文化出版社出版上海市人民沪剧团集体创作的沪剧《芦荡火种》。

十一月

1日，《光明日报》、《解放日报》、《文汇报》、《天津日报》、《甘肃文艺》等刊物分别转载《文艺报》编辑部文章《"写中间人物"是资产阶级的文学主张》以及《关于"写中间人物"的材料》（原载《文艺报》1964年第8、9期合刊）。

《延河》11月号发表李培坤的评论文章《周谷城的时代精神论的实质》、李子的报告文学《扁担的歌》。李培坤在文章中认为："研究时代精神必须坚持阶级分析"。"'汇合'论调和了不同阶级思想意识的矛盾"；"'统一整体'违反辩证法，是反动阶级精神融化、吞并革命阶级精神的掩护物"；"'分别反映'是反动思想出笼的门径"。

《河北文学》11月号发表刘流的新评书连载《红芽》。本期还刊载华岱的文章《〈勇往直前〉是怎样歪曲党的领导的?》，认为"小说中关于党的领导的描写，可谓'五个没有'：一、没有真正的党的领导核心；二、没有写出党的政策力量；三、没有一个像样的共产党员形象；四、没有党的政治思想工作；五、没有党和群众的血肉关系"同期发表的何中文的文章《且看"友谊感化论"是什么货色！——从〈勇往直前〉中郑丽芳的"转变"谈起》，认为"郑丽芳的'转变'正表明了'友谊'感化绝不是推动青年前进的力量，

十一月 1964

而是把青年拉上资本主义道路,欺骗青年、毒害青年的一种手段"。

《作品》11月号发表孙艺的文章《〈三家巷〉〈苦斗〉错误地反映了中国革命的来龙去脉》,认为《三家巷》和《苦斗》"没有正确反映革命斗争和党的领导,甚至作了歪曲的描绘","作品既没有正确反映出民主革命时期无产阶级革命力量的壮大和发展道路,也没有表现出革命的英雄主义;相反却使反面力量始终居于精神上的主动地位,散布了大量的失败主义情绪","作品是借革命来表现儿女风情,实际上是用儿女风情来歪曲和代替革命斗争"。同期刊登本刊资料室《关于〈三家巷〉〈苦斗〉的讨论情况简介》。

《解放军文艺》11月号发表勇征、邓锡昌、庞连杰的报告文学《红光照耀山村》。

4日,《北京文艺》11月号发表浩然《父女》、李英儒《百里追击》等小说;康式昭的文章《一株借古讽今的毒草——评历史小说〈杜子美还家〉》,该文认为"《北京文艺》1962年4月号登载的历史小说《杜子美还家》(作者黄秋耘),就是在历史题材的外衣掩盖下向党射来的毒箭,是一篇借古讽今、攻击现实的坏作品,是一株毒草"。

5日,《光明日报》发表王思治、林敦奎、刘美珍的文章《周谷城的"阶级合作论"反动历史观》,认为"周谷城先生却在宣扬'阶级合作论'的同时,又把知识分子吹捧成'身系天下安危',并规定了知识分子的专责在'调和'阶级矛盾,还说知识分子'能代政府宣意旨以训导农工商人,以维护社会秩序'"。这些说法是"反动"的。

6日,毛泽东、刘少奇、邓小平等观看中国京剧院演出的京剧现代戏《红灯记》,并与演员合影。

8日,《天津日报》刊载艾文会、王树人的文章《评〈勇往直前〉中的敌我矛盾》,认为在《勇往直前》中,"阶级敌人反动本性被掩盖了,革命群众和干部被歪曲了,这场斗争的实质被篡改了,这不能不说是对党所领导的肃反运动，对党在运动中的群众路线与阶级路线的污蔑"；吴兵的文章《王苹把青年引向何方？》，认为《勇往直前》中的王苹对青年"是引导他们走向资产阶级只专不红，玩乐享受的死胡同，向资本主义方向勇往直前"。本期还刊载南开大学中文系六〇二文艺评论组的《从"白纸"和"水"谈起——评〈勇往直前〉中的郑丽芳、徐家宝》一文。

9日，《光明日报》发表何其芳的《小说〈二月〉和电影〈早春二月〉的评价问题》。

12日，《羊城晚报》发表易准的文章《〈三家巷〉〈苦斗〉是怎样调和阶级矛盾的？》，认为"作品虽然描写了一些革命历史事件和农村斗争，但有的不典型、不真实，有的则作了歪曲的描写。作品虽然揭露了周、陈、何三家之间的阶级矛盾，描写了一些阶级斗争，但这些矛盾和斗争，有的只是表面现象，并没有通过对立双方的斗争，深入揭示阶级矛盾的本质；有的只是停留在思想、言论上的分歧和争论，很少导致行为上的尖锐冲突和相互关系的决裂；有的矛盾虽然采取了尖锐的对抗形式，赋予了阶级斗争的重要内容，但并没有让它激化。有的矛盾和斗争虽然处于激化的状态，但在重要关头，或则把矛盾掩盖住，不让它刺激阶级关系的进一步分化；或则使矛盾转移，用阶级敌人的'内部'矛盾来调和敌我矛盾；或则利用亲戚、爱情的关系或非本质的偶然因素，使矛盾斗争从对抗走向调和"。

《人民文学》11月号发表鲁光的人物速写《朝气蓬勃》、徐光耀的报告文学《十年树人》。鲁光（1937—），原名徐世成。浙江永康人。1960年毕业于华东师范大学中文系。历任《体育报》记者、编辑，国家体委处长，中国体育报社社长兼总编辑，人民体育出版社社长。1961年开始发表作品。著有报告文学集《东方的爱》、《中国姑娘》、《中国男子汉》等，散文集《写画人生》、《随缘笔记》、《半路出家》、《世纪之战》、《生命写真》，传记文学《东方的凡·高》、《我的笔名叫鲁光》，游记《在世界屋脊旅行》等。

1964
十一月

13日,《南方日报》刊载刘再明的文章《对新中国大学生生活的歪曲——评小说〈勇往直前〉》,认为"《勇往直前》的作者是在描写幸福生活的幌子下,偷贩着资产阶级的货色!这部小说所反映的大学生的所谓'幸福生活',都是作者用资产阶级的世界观和思想立场加以改造过的东西。这绝不是新中国大学生幸福生活的正确反映,而是对他的别有用心的歪曲"。

15日,北京人民艺术剧院演出六幕话剧《矿山兄弟》,编剧赵起扬、于是之、邱扬、禾土,导演梅阡,主演刁光覃、平原、杜澄夫等。剧本发表在《剧本》1965年2月号上。

《光明日报》发表易寿成的文章《周谷城是怎样用"生存竞争"论来反对阶级观点的?》,认为周谷城在《中国通史》中"诋毁农民起义为'剩余人口''作生存竞争'","用'生存竞争'论抹杀一切战争的阶级性"。

《解放日报》发表罗思鼎的文章《周谷城历史观的面面观》,对周谷城的历史观进行了批判。文中认为"'生存竞争'是周谷城解释历史现象的出发点";"周谷城历史观的核心是阶级调和论";"从阶级调和论出发,在国际上鼓吹同帝国主义'合作'";"宣扬知识分子中心论,把知识分子说成是调节阶级关系的'社会中坚'";周谷城追求的"绝对境界""正是资产阶级的民主政治,正是资本主义式的社会"。

《电影文学》11月号发表李准改编的电影文学剧本《龙马精神》。

18日,文化部、中国文字改革委员会联合发布《印刷通用汉字字形表》,规定标准的印刷体。

中央批转文化部党组《关于改革稿酬制度的请示报告》,报告提出,废除印数稿酬,只按字数一次付酬,再版不再付酬。12月21日,文化部发出《关于改革稿酬制度的通知》,废除印数稿酬后,稿酬数目和幅度一般维持原稿酬办法所规定的基本稿酬的标准;著作经修订再版者,可酌量付给修订费。

《羊城晚报》发表楼栖的文章《〈三家巷〉〈苦斗〉的思想艺术实质》,

从三个方面提出问题:"是否反映了历史真实和时代精神"、"是阶级斗争还是阶级调和"、"周炳是工人阶级英雄形象还是小资产阶级知识分子"。作者认为《三家巷》和《苦斗》没有反映历史真实和时代精神,是宣扬"阶级调和",周炳是"小资产阶级知识分子"。

《光明日报》发表彭久松的文章《从周谷城对〈劝学篇〉的吹捧看他的"时代精神汇合论"的反动实质》,认为"《劝学篇》绝不是戊戌变法时期时代精神的代表,恰好相反,而是那个历史时期时代精神的反动"。"他企图通过对《劝学篇》的吹捧,使人们相信,在阶级社会里,真有什么'调和'对立文化的、为社会所有阶级所共同承认的、'广泛流行于整个社会的时代精神'。这就是周谷城大肆吹捧《劝学篇》的用心所在。"

19日,中央戏剧学院表演系新疆民族班学员举行毕业演出,演出了《草原上的青年人》(即《远方青年》)、《丰收之后》等剧目,周恩来、朱德等领导人观看演出。

《光明日报》转载罗思鼎的文章《周谷城历史观的面面观》(原载《解放日报》1964年11月15日)。

《文汇报》发表罗思鼎的文章《〈李秀成之死〉等剧本宣扬了什么思想》,抨击阳翰笙、欧阳予倩等人的历史剧剧本,认为这些剧本塑造的是"一个高踞于群众之上的'救世主'","是资产阶级世界观的一种表现"。

20日,《剧本》11月号发表翁偶虹、阿甲根据电影文学剧本《革命自有后来人》改编的11场京剧《红灯记》。同期发表骆宾基的四幕话剧《结婚之前》。

21日,《文汇报》刊载杨宽的论文《评周谷城先生的"生存竞争"历史观》,认为周谷城"这种学说反映了反动的资产阶级的本性,符合于侵略者和压迫者的需要","这种学说也符合于革命叛徒和修正主义者的需要"。本期还刊载了史丁的文章《周谷城"断而相续论"的由来》。

22日，《光明日报》刊载顾诚、王德一、孙恭恂的文章《周谷城是怎样歪曲中国近代史的?》，认为周谷城的《中国通史》"为帝国主义的侵略罪行辩护"，"抹杀近代史上中国人民的反帝斗争"，"美化帝国主义走狗——封建买办势力"。"《劝学篇》、《新民丛报》和胡适的实用主义哲学就是这股反动逆流的急先锋。它们绝不是中国近代时代精神的代表，而是中国近代时代精神的反动"。

《天津日报》刊载南开大学中文系六〇一文艺评论组的文章《死路一条——谈小说〈勇往直前〉中丁云生的道路》，认为"丁云生所追求的东西，也正是埋葬他的东西"。

23日，《文汇报》发表师文的评论文章《评金为民的"中间人物论"》，认为"金为民的'中间人物论'正是一种要无产者上当的资产阶级的文艺主张。实现了这样的主张，社会主义文艺就会蜕化为小资产阶级、资产阶级的文艺，文艺为工农兵服务的方向就会改变成为资本主义'和平演变'服务的方向"。

《羊城晚报》发表赖诗逸的文章《青年人应当怎样看待〈三家巷〉〈苦斗〉》，认为《三家巷》《苦斗》"歪曲革命斗争"，"宣扬色情"，是"批判对象"。

25日，《收获》第6期发表浩然的小说《接班人的故事》。本期还刊载方胜的文章《论文学作品反映时代精神的问题》，认为"周谷城及其追随者关于文学作品体现时代精神问题上的说法，实际上是妄图阉割无产阶级文学的革命性和战斗性，抹杀不同阶级文学的阶级差别，从而为资本主义文学鸣锣开道"。文章从四个方面批判了周谷城及其追随者的观点："文学作品的主题思想是体现时代精神的基本环节之一"；"时代的英雄典型能够最强烈地体现时代精神"；"文学作品中的反面典型能否体现时代精神"；"社会主义文学的战斗性取决于反映时代精神的强度"。

26日—12月29日，全国少数民族群众业余艺术观摩演出大会在北京举行。来自全国18个省市自治区的53个少数民族、700多位代表演出了共200多个音乐、舞蹈、曲艺、戏剧节目。毛泽东、周恩来等中央领导人会见了全体代表。

27日，《人民日报》发表社论《会劳动又会从事文艺活动的人是最好的文艺工作者》。

28日，《文艺报》第10期发表评论员文章《工农兵的英雄形象大放光芒——十月首都舞台银幕巡礼》，并刊载佐平的《小资产阶级的自我表现——关于〈三家巷〉、〈苦斗〉的讨论综述》；钱光培的《"现实主义深化"是资产阶级现实主义的复活》，该文认为"所谓'现实主义深化'并不是什么新鲜的货色，而是资产阶级的现实主义——批判现实主义的翻版"；夏放的《向周谷城先生进一言》，认为"周先生在反驳别人的时候，采取了很不严肃的态度"，"周谷城每每抓住片言只语，在形式逻辑和概念上大用工夫，大做文章"，"周谷城竟拿恩格斯、毛主席的话作为自己的挡箭牌"；赵德刚的《是讨论，还是胡扯》，该文认为"周谷城的争鸣态度是十分错误的，是与党提倡的百花齐放、百家争鸣的精神毫不相容的"。

本月，作家出版社上海编辑所出版陆棨的诗集《重返杨柳村》，印数34000册，收入诗人1961年至1964年间的抒情诗35首，分4辑。

山东人民出版社出版蓝澄的话剧剧本《丰收之后》（曾发表于《人民文学》3月号，获1963年以来优秀话剧创作奖），印数1—12000册。

中国戏剧出版社出版王洪熙等合编的京剧剧本《革命自有后来人》。

中华书局全部出齐《中国哲学史资料选辑》。

十二月

1日,《解放军文艺》12月号发表张书魁的文章《从奴隶到战士》、何左文的文章《描写英雄人物是最宽广的创作道路——批判邵荃麟同志"写中间人物"的理论》。何文认为"描写英雄人物才能反映时代精神","描写英雄人物才能满足群众需要","描写英雄人物才能教育广大群众"。

《新港》11、12月号合刊发表万国儒的小说《走过来的道路》、李子的散文《高翔的"鸽子"》,刊载文彦理的评论文章《文艺作品必须反映社会主义时代精神》,该文对周谷城、金为民、李云初的文章观点进行批驳,认为"社会主义时代精神,就是无产阶级思想、无产阶级彻底革命精神,我们必须通过对当前火热斗争的反映,通过对阶级斗争的反映,特别是通过塑造新英雄人物去体现社会主义时代精神";王昌定的评论《灵魂深处——评〈勇往直前〉》,认为"百花文艺出版社出版的长篇小说《勇往直前》,是一部应当受到严肃批判的坏书"。

《延河》12月号发表鲍韬的散文《昆仑散记》、廖代谦的诗《养路工和风雪》,刊登《中国作家协会西安分会召开座谈会批判'写中间人物'的资产阶级文学主张》。

《河北文学》12月号发表刘流的新评书连载《红芽》。同期刊载陈鸣树的文章《〈三家巷〉〈苦斗〉的思想和艺术倾向》,该文认为从思想倾向上看《三家巷》《苦斗》:"第一,歪曲了时代精神";"第二,调和了阶级矛盾";"第三,以未经改造的小资产阶级知识分子冒充英雄人物";"第四,宣扬了资产阶级的思想感情"。在艺术倾向上:"第一,歪曲了典型环境中的典型性格";"第二,是'新'才子佳人'式的言情小说'";"第三,充塞着自然主义的色情描写";"第四,是资产阶级和小资产阶级思想感情的风俗画"。

《长春》11、12月合刊号发表马昭的报告文学《心愿》和编辑部文章《关于小说〈邻居〉及其讨论的再认识》。马昭(1940 - 2007),吉林人。历任江城日报社记者,连云港市文联专业创作员,吉林市文联专业作家。1960年开始发表作品。著有长篇历史小说《醉卧长安》、《草堂春秋》、《浪荡子》、《真男子》等,中篇小说《风雨草堂》,以及散文《乡柳》、报告文学《心愿》等。

《四川文学》11、12月号合刊发表杨宇心的小说《副连长》,何方的散文《心里充满阳光》,刊登《文艺报》资料室的《十五年来资产阶级是怎样反对创造工农兵英雄人物的?》和陆定一的《在全国少数民族群众业余艺术观摩演出会上的讲话》。

《南方日报》和《作品》12月号同时刊载谢芝兰的论文《〈三家巷〉〈苦斗〉是宣扬资产阶级思想感情的腐蚀性的作品》,该文认为"《三家巷》、《苦斗》不是什么反映'中国革命的来龙去脉'的作品,不是什么'革命史诗',它们其实是一部儿女风情史"。"周炳这个人物应当是一个资产阶级世界观占统治地位的小资产阶级知识分子形象,而不是无产阶级革命者的形象"。"作者在作品中大肆宣扬资产阶级个人主义,宣扬阶级调和论和人性论,宣扬没落阶级的恋爱观和黄色毒素面对广大读者特别是青年起着严重的腐蚀作用"。

《青海湖》12月号(1964年第6期)发表卯金刀的小说《新来的清扫工》,刊载冯育柱的文章《时代精神"汇合论"是为谁服务的?——驳周谷城关于时代精神的谬论》,认为"周谷城的这种时代精神'汇合'论(即所谓的统一整体)是彻头彻尾的捏造,既不符合社会历史的实际,更是对马克思列宁主义的歪曲,实质上是剥削阶级妄想恢复已经失去的'天堂'在意识形态中的反映"。

十二月 1964

《热风》11、12月号发表王步征、曾毓秋的报告文学《战斗在大南山》,林西的小说《除夕》,刊发编辑部文章《发展繁荣社会主义新文艺,巩固地占领农村文化阵地》。

3日,《光明日报》刊载张芝联的文章《周谷城是彻头彻尾的"欧洲中心论"者——评周著〈世界通史〉第三册(世界范围之扩大)》、魏杞文的文章《周谷城歪曲了古罗马的阶级斗争》。

4日,《北京文艺》12月号发表海稜的诗《斗争的巨浪正在高涨》,刊载少松的文章《关于文艺创作问题的争论》,该文就周谷城、金为民、李云初等人的观点进行批判,认为"周谷城、金为民等所反对的是马克思主义文艺理论、毛泽东文艺思想中的一些带有根本性的问题。他们反对文艺反映伟大的社会主义时代,反对文艺为无产阶级的政治服务,反对文艺工作者深入生活、改造思想、树立无产阶级的世界观,反对以革命的现实主义和革命的浪漫主义相结合的创作方法塑造英雄人物;其实他是宣传阶级调和论,资产阶级'人性论',重谈修正主义的'写真实',提倡反动的自然主义等等,企图从艺术的源泉、时代精神、英雄人物的塑造等几个方面打开缺口,夺取我们无产阶级的文艺阵地,改变革命文艺的颜色,从而在思想领域内腐蚀我们的革命群众,为资产阶级的复辟准备思想基础"。

《羊城晚报》发表钟一鸣的文章《且看〈苦斗〉所写的阶级斗争》,该文认为"在《苦斗》所反映的1928-1931年的历史时期内,中国社会是否有自发的革命斗争?有的。但是,真正能够表现时代本质的则只能是接受党的正确领导后发展为自觉斗争的那种斗争。如果文学作品能准确地反映这一斗争过程,是有其革命的现实意义的。但《苦斗》不仅未能真实地反映这个发展过程,还不恰当地歌颂了自发斗争,把自发斗争的力量当成革命的主要力量来表现";游志扬的文章《谁"犯了时代的错误"——驳初立同志〈为三家巷苦斗一辨〉》,该文认为"初立同志如此颠倒是非地对读者就《三家巷》

《苦斗》提出的批评横加指责，为作品所造成的坏影响进行辩护，他所遵循的文艺批评原则，才真正是与无产阶级的文艺批评原则格格不入、针锋相对的"；韩之友的文章《〈苦斗〉歪曲了党的领导》，该文认为"《苦斗》歪曲了党的领导，抹杀了党领导下农民的革命斗争"。

5日，《湖南文学》11、12月合刊发表向秀清的小说《区委书记》、李欣的诗《贫下中农的知心人》，转载文哲的文章《人民的生活是艺术的唯一源泉——批判周谷城的"感情是艺术的源泉"的谬论》，该文认为"周谷城的'使情成体'的创作论，是完全为资产阶级的颓废艺术和形式主义艺术服务的"。同期刊登简讯《省文艺界开展〈"写中间人物"是资产阶级的文学主张〉问题的讨论》。

8日，《文汇报》刊载林志浩的文章《努力塑造当代英雄人物的光辉形象》，该文认为"提倡塑造比生活更高的、体现无产阶级理想的工农兵英雄形象，不仅遵循文艺创作本身的规律，并不存在所谓脱离生活的真实性、脱离群众接受水平的问题，而且反映了历史发展的要求，反映了工人阶级和人民群众精神上的迫切需要"。

《人民日报》刊载汝信的文章《驳周谷城的"真实情感"论》，该文认为"事实早已证明：对研究阶级社会的一切社会历史现象来说，马克思主义的阶级分析法是普遍适用的、唯一科学的方法，而人性论则是资产阶级企图用普遍性形式来掩盖本阶级利益的一种漂亮的花招，它本质上是反科学的、根本站不住脚的。周谷城今天还在替人性论招魂，妄想用它来驳倒马克思主义的阶级分析法，徒见其蚍蜉撼大树，可笑不自量而已"。

9日，《大众日报》刊载姜开民的《必须清除〈文谈诗话〉的流毒》等文章，批判苗得雨的《文谈诗话》。

《天津日报》刊载蔺羡璧的文章《"写中间人物"为谁效劳》，该文认为"邵荃麟同志'写中间人物'的主张，确确实实地反映了资产阶级的政治要求，是为资产阶级效劳的文学主张"；蔡国的文章《不许侮辱人民群众》，认为"用'中间人物'，而不是用英雄人物教育人民群众，这样，不但不能鼓舞人民群众向前进，反而拉人民群众向后退，最后实现资本主义复辟"。

10日，《天津日报》刊发《〈三家巷〉和〈苦斗〉是两部坏小说》的讨论文章，文章主要观点可概括为：这两部作品是"阶级调和的'大观园'"；"歪曲党的领导，歪曲工农革命力量，歪曲革命的历史事件"；"是'合二而一'和'时代精神汇合论'在文学创作上的一个标本"；"周炳不是革命者的形象"。

《解放军报》发表顾工的短篇小说《探望》。

12日，《人民文学》12月号发表刘厚明的话剧《山村姐妹》、刘流的速写《苗寨之夜》。

14日，《文学评论》第6期发表李醒尘的评论文章《时代向哪里去？——评周谷城反动的时代精神观》，认为周谷城的理论"反映了反动阶级企图复辟资本主义的愿望和要求"；季星的评论文章《评周谷城的时代精神"汇合论"和他的反社会主义的文艺路线》，认为"周先生的时代精神'汇合论'是一种对文艺极其有害的理论"；朱寨的评论文章《从对梁三老汉的评价看"写中间人物"主张的实质》，认为"'写中间人物'主张之提出，是我国农村两条道路斗争在文艺上的反映"。本期还刊登编辑部的《关于〈三家巷〉〈苦斗〉的评价问题》，该文主要讨论的问题是："一、周炳是个彻头彻尾的小资产阶级人物"，"二、周炳'精神世界的复杂性'与'觉悟提高'"，"三、是批判还是歌颂"，"四、歪曲了革命历史，歪曲了阶级斗争"，"五、资产阶级的美学观"。

《解放日报》发表姚文元的文章《使社会主义蜕化变质的理论——提倡"写中间人物"的反动实质》，该文主要观点是："'写中间人物'抹杀和否认了社会主义文艺的歌颂对象"；"'写中间人物'维护和抬高了资产阶级的地位"；"'写中间人物'是唯心主义和形而上学的理论"；"保卫社会主义文艺的革命旗帜"。

《文汇报》发表闻学的文章《"写中间人物"论和陆文夫的创作倾向》，认为"陆文夫作为一个作家的生活经历和创作道路，非但不是一个什么值得学习的榜样，相反地，是一个必须加以严肃批判的问题，是我们文艺工作者值得引为警惕的一个教训"。

《羊城晚报》发表潘翠菁的文章《谈周炳形象的"成长过程"》，认为"在《三家巷》中，周炳经历的是一个由'打铁工人''成长'为一个小资产阶级知识分子的过程——这实质是一个小资产阶级知识分子的发展过程；至于《苦斗》和《柳暗花明》已经发表的一部分，则不过是这个小资产阶级人物反复自我表现的过程而已"。

15日，《人民日报》发表田余庆的文章《周谷城著〈中国通史〉中的反动历史观》，认为周谷城的《中国通史》的问题在于"用生存竞争说对抗马克思主义的阶级斗争学说"，"污蔑农民战争，宣言阶级调和论"，"歌颂地主阶级的和地主阶级知识分子"，"歪曲中国封建社会的社会性质，偷贩'商业资本主义'谬论"。

《萌芽》第12期发表辛未秋的文章《贯彻什么样的文艺路线？》，认为"写中间人物"是"资产阶级的文艺路线"。

16日，《南方日报》发表黄永湛的文章《〈三家巷〉〈苦斗〉同青年革命化大唱反调》，认为《三家巷》和《苦斗》"不但无助于促进青年革命化，恰恰相反，它正好适应了资产阶级腐蚀青年的需要，同党以共产主义精神教育青年背道而驰，同青年革命化大唱反调"。

17日，亚非作家常设局亚洲代表团来访，在长达13天的访问中，同中国作协、亚非作家中国联络会进行了座谈。访问结束前夕双方发表了联合声明，并刊登在《文艺报》1965年第1号上。

十二月 1964

《人民日报》发表郭志刚的文章《这是对农民的荒谬看法——评邵荃麟同志"写中间人物"的理论》，认为"如果接受了邵荃麟同志的主张，大写那种歪曲现实、损害人物形象的'发展过程'，就一定损害英雄人物的阶级品质，那就不但不能克服他臆造的'一个阶级一个典型'的局限，而且势必连这'一个'无产阶级的典型也出不来，出来的不外是各种阶级思想'汇合'在一起的'复杂'的、'矛盾'的'典型'，充满'阴暗心理'的、没有远大理想的、在社会主义和资本主义两条道路的十字路口不知所从的'典型'"。

18日，《光明日报》发表胡经之的文章《要把什么人推上文艺主位？——"写中间人物"主张的反动实质》，该文认为"一、邵荃麟同志故意把政治上和思想上两种不同的'中间状态'混为一谈，用来壮大'中间人物'的声势，以便在文艺创作中争夺地盘"；"二、把广大的人民群众都看作是动摇于社会主义与资本主义两条道路之间的'中间人物'，这不仅是对人民群众的极大污蔑，而且是对社会主义革命和建设的群众基础的否定"；"三、怎样看待工农联盟，关系到无产阶级能不能领导农民建设社会主义的根本问题；'写中间人物'的主张，实际上是反映了资产阶级企图把中国引上资本主义道路的政治要求"。本期还发表韩起祥的文章《用英雄的颂歌反对"写中间人物"的主张》。

20日，《光明日报》发表姚文元的评论《使社会主义文艺蜕化变质的理论——提倡"写中间人物"的反动实质》，认为"'写中间人物'抹杀和否定了社会主义文艺的歌颂对象"，"'写中间人物'维护和抬高了资产阶级的地位"。

《鸭绿江》11、12月号合刊刊载马加、思基、柯夫、韶华的文章《悼念井岩盾同志》。

《戏剧报》第11、12期合刊发表评论员文章《向又会劳动又会从事文艺活动的方向前进》。

《剧本》12月号发表上海京剧院根据曲波长篇小说《林海雪原》改编的12场京剧《智取威虎山》（1970年8月由人民出版社出版）；西安市话剧院集体创作，黄悌、万一执笔的大型话剧《山花烂漫》。

24日，《光明日报》发表邹荻帆的文章《熟悉新人物和新生活》，该文认为熟悉生活是"作家深入阶级斗争中，认真地对客观社会进行了观察、体验、研究、分析，见得宽广，感得深刻，而后才进入创作过程"，"作家必须密切联系群众，进行思想改造"。

25日–1965年1月23日，中央华东局宣传部召开话剧创作会议，检查去年创作演出情况，并提交10个多幕剧、10个独幕剧剧本进行讨论。

26日，《光明日报》发表天鹰的文章《论"写中间人物"主张的实质》，该文主要谈的问题是："'写中间人物'论是怎样和塑造英雄人物相抗衡的"；"'写中间人物'论者要求写英雄人物身上的'旧的东西'、'阴暗心理'，从而否定英雄人物"；"他们提倡写资产阶级、小资产阶级的'英雄'来取代无产阶级的英雄，从而在根本上排除无产阶级英雄人物的塑造"；"'写中间人物'论与哲学上的'合二为一'论、美学上的'汇合论'是一脉相通的，都是一定时期的资产阶级社会思潮"。

27日，《人民日报》发表雷宏声的文章《这是与文艺的工农兵方向唱反调——评邵荃麟同志"写中间人物"的文学主张》，该文认为"从本质上来说，'写中间人物'理论，是与文艺的工农兵方向相对抗的，与毛泽东文艺思想相对抗的，是一种反动的理论主张"。"邵荃麟等'写中间人物'理论的提倡者歪曲马克思主义经典作家的著作，企图以此作为立论的根据，我们认为，这是徒劳的"。"邵荃麟同志的'中间人物'论的'现实根据'，是按照资产阶级观点对现实生活加以歪曲地理解，完全是捏造的"。"邵荃麟同志所谓用'中间人物'来教育'中间人物'的说法也是缺乏根据而且是极其有害的"。

30日，《文艺报》第11、12期合刊刊登该报资料室编写的综合材料《十五年来资产阶级是怎样反对创造工农兵英雄人物的?》。同期刊载陆贵山的文章《"写中间人物"的理论是"合二而一"论和时代精神"汇合"论在文学理论上的表现》；王先霈的文章《关于"矛盾的人物"和"人物的矛盾"》，认为"写'矛盾的人物'就是要模仿资产阶级文学中的'小人物'，写'人物的矛盾'就是要美化资产阶级的阴暗心理"；紫汾的文章《"写中间人物"的一个标本——短篇小说〈赖大嫂〉剖析》；艾克恩的文章《〈父子〉宣扬的是什么思想感情》；范子保的文章《在"最进步最先进的人，用不着你教育"的背后》等。

《光明日报》发表俞沛铭的文章《广学会有"开通中国风气之作用"吗？——对周谷城美化帝国主义文化侵略必须批判》，该文认为"周谷城先生著的《中国通史》，是一本充满着反动观点的历史著作。这本书的近代部分，大肆污蔑中国人民的反帝斗争，宣扬民族投降主义，千方百计地为帝国主义对中国的侵略做辩护"。

本月，江青把《林家铺子》、《不夜城》、《红日》、《革命家庭》、《球迷》、《两家人》、《兵临城下》、《聂耳》等影片打成"毒草"，并指令进行批判。

《解放军文艺》、《新港》、《延河》、《长江文艺》等众多刊物纷纷刊载《文艺报》编辑部的文章《"写中间人物"是资产阶级的文学主张》以及《关于"写中间人物"的材料》（原载《文艺报》1964年第8、9期合刊）。

作家出版社出版傅仇的诗集《伐木声声》和梁上泉的诗集《长河日夜流》。

上海文化出版社出版蓝澄的话剧剧本《丰收之后》单行本，印数1－33000册。

本年

对于周谷城"时代精神汇合论"的批判出现高潮。

周谷城对"时代精神"问题的基本观点是：每个时代的时代精神是由特定时代当中各种不同的思想意识汇合而成的。在阶级社会里，则由压迫与被压迫、剥削与被剥削等各个不同阶级的各种思想意识汇合而成为当时的时代精神；这种时代精神是统一整体，并广泛流行于整个社会。它通过不同阶级乃至个人反映出来，进入文艺创作，由此形成创作的独创性和文艺作品的具体性、特殊性。（参见《艺术创作的历史地位》，《新建设》1962 年第 12 期）周谷城的观点，后来被概括为"时代精神汇合论"。许多人不同意周谷城的观点，文艺理论界、美学界、哲学界很快对此广泛展开了讨论。当时，王子野、朱光潜、汝信、刘纲纪等都写了文章。一般说来，这些人的讨论是多从学术角度立论的。

1963 年 9 月 24 日，姚文元在《光明日报》上发表《略论时代精神——与周谷城先生商榷》，说"时代精神汇合论"是"脱离阶级分析的历史唯心论"，宣扬的是"阶级调和论"，客观上适合于保卫腐朽的旧事物不被灭亡。姚文元认为文艺创作的时代精神是"革命阶级改造世界的一种精神力量。它是历史变革中代表时代前进的新的革命阶级、阶层的思想、感情、理想在文艺作品中的集中表现。"姚文元在其稍后发表的《评周谷城先生的矛盾观》（1964 年 5 月 10 日《光明日报》，1964 年 7 月 22 日《人民日报》、1964 年 7 月 30 日《解放日报》转载）一文中重申了他的观点，认为周谷城"抹杀矛盾双方的不同性质，否认经过斗争产生的革命转化"，这是周谷城"认为'不革命'、'反革命'思想都'汇合'成时代精神的哲学依据"。"用'无差别境界'去分析艺术创造,周先生就把艺术作品说成是缓和矛盾、取消斗争、供人玩乐的消闲品"。姚文元认为:"时代精神只能是推动历史前进的精神,而不是阻碍历史前进,或拉历史倒退的精神。体现时代精神的总是对立统一体中代表革命的新生的事物的一方面,而不是代表腐朽的反动的事物的一方面"。

1964年7月7日《光明日报》发表金为民、李云初的《关于时代精神的几点疑问——与姚文元同志商榷》(1964年8月1日《解放日报》、1964年8月2日《人民日报》转载),不同意姚文元的观点。认为"时代精神,也就是在一个时代主要的阶级矛盾统一体中起主导作用、占支配地位的阶级的生活方式、精神状况所体现的,事实上也就是这个时代大量存在的、统治的生活方式、精神状况,也就是该时代最富特征的生活与思想样式","而姚文元同志所提出的时代精神,实质上是没有这种时间、空间的相对性和矛盾双方的不平衡性的,似乎不论何时何地,不问矛盾双方的力量对比,也不管其数量、质量构成的具体联结形态,永远都是先进、新生的时代精神。"认为姚文元关于时代精神的立论"实质上缺乏历史具体性和革命的辩证法精神,却只是抽象的、凝固不变的公式"。

毛泽东一直关注着这场讨论。在看过姚文元的《评周谷城先生的矛盾观》和尚未见报的金为民、李云初的《关于时代精神的几点疑问——与姚文元商榷》的排样后,让中宣部把两篇文章合在一起编印《关于文艺理论的两篇文章》小册子,并在1964年7月6日写了按语作为小册子的序言:"这两篇文章,可以一读。一篇是姚文元驳周谷城的,另一篇是支持周谷城驳姚文元的。都是涉及文艺理论问题的。文艺工作者应该懂得一点文艺理论,否则会迷失方向。这两篇批判文章不难读。究竟谁的观点较为正确,由读者自己考虑。"(穆欣:《办〈光明日报〉十年自述》,第215页,中共党史出版社1994年版)此后,很快出现了批判周谷城"时代精神汇合论"的高潮,一直持续到

1965年初。1966年初林彪委托江青搞的《部队文艺工作座谈会纪要》中,周谷城的"时代精神汇合论"被定性为"文艺黑线"的"黑八论"之一。

这场讨论当中,比较重要的文章有姚文元的《略论时代精神——与周谷城先生商榷》(1963年9月24日《光明日报》)、《评周谷城先生的矛盾观》(1964年5月10日《光明日报》);朱光潜的《表现主义与反映论两种艺术观的基本分歧——评周谷城先生的"使情成体"说》(《文艺报》1963年10月号)、汝信的《评周谷城艺术观的哲学基础》(《红旗》1964年第15期)、金为民、李云初的《关于时代精神的几点疑问——与姚文元同志商榷》(1964年7月7日《光明日报》)、王邵玺的《略论塑造当代英雄人物形象的几个问题——与周谷城、金为民、李云初商榷》(1964年8月7日《解放日报》);张耀辉、胡荣根的《腐蚀革命文艺的"汇合论"——与周谷城等先生商榷》(1964年8月12日《解放日报》);钱中文的《评周谷城的时代精神观》(1964年8月13日《人民日报》);李泽厚的《两种宇宙观的分歧——驳周谷城及其支持者的"统一整体"论》(1964年8月20日《人民日报》);李兴、维谷、道勋的文章《周谷城的反动历史观和"时代精神汇合论"》(1964年9月3日《人民日报》、《解放日报》);陈鸣树、方胜、孙雪吟的《时代精神与文学典型——与周谷城、金为民、李云初论辩》(《收获》1964年第5期);王春元的文章《究竟谁是我们时代的主人?》(《文艺报》1964年第8、9期合刊);文文宣的《文艺理论阵地上的革命精神和反动精神的斗争——驳周谷城的时代精神"汇合论"》(《红旗》1964年第20期)等。

在全国范围内掀起了针对邵荃麟"写中间人物"论的批判高潮。

"写中间人物"的主张,是邵荃麟在1962年6月《文艺报》的一次讨论重点选题的会议上明确提出来的。他说"当前作家们不敢接触人民内部矛盾。现实主义基础不够,浪漫主义就是浮泛的。创造英雄人物问题,作家也感到有束缚。陈企霞认为不能分正面人物反面人物,这当然是错误的。但在批判这种观点时，却形成不是正面人物就是反面人物，忽略了中间人物；其实矛盾往往集中在中间人物上"。他要求《文艺报》组织文章打破这种束缚，把"写中间人物"列入重点选题计划。（《文艺报》编辑部：《关于"写中间人物"的材料》，《文艺报》1964年第8、9合刊）同年8月的"大连会议"上，邵荃麟再次提出"写中间人物"和"现实主义深化"的主张。他说"广大的各阶层是中间的，描写他们是很重要的。矛盾点往往集中在这些人身上"，"文艺主要教育的对象是中间人物，写英雄是树立典范，但也应该注意写中间状态的人物"。（邵荃麟：《在大连"农村题材短篇小说创作座谈会"上的讲话》，见冯牧主编《中国新文学大系·文艺理论卷一》，第514页－526页，上海文艺出版社1997年版）随后，报刊上开始讨论，但更多是学术层面的探讨。

1964年9月30日，《文艺报》第8、9期合刊发表"文艺报编辑部"文章《"写中间人物"是资产阶级的文学主张》，指出这"不是一般的文艺理论上的争论，而是文艺上的社会主义道路同资本主义道路之争，是社会主义与反社会主义的文艺路线之争，是大是大非之争"，并公布了《关于"写中间人物"的材料》（资料汇编），开始点名批判邵荃麟在"大连会议"上的讲话，并为随后的批判定下了基调。随后，《人民日报》《光明日报》《解放日报》《文汇报》《解放日报》《羊城晚报》等全国几十家主要报刊纷纷转载《文艺报》编辑部的文章《"写中间人物"是资产阶级的文学主张》以及《关于"写中间人物"的材料》（资料汇编），在全国范围内掀起了针对邵荃麟"写中间人物"的批判高潮，批判的高潮一直持续到1965年6月。

1964年比较重要的批判文章有张羽、李辉凡的《"写中间人物"的资产阶级文学主张必须批判》（《文学评论》1964年第5期）、何左文的《描写英雄人物是最宽广的创作道路——批判邵荃麟同志"写中间人物"的理论》（《解放军文艺》1964年12月号）、朱寨的《从对梁三老汉的评价看"写中间人物"主张的实质》(《文学评论》1964年第6期)、姚文元的《使社会主义蜕化变质的理论——提倡"写中间人物"的反动实质》(1964年12月14日《解放日报》)、郭志刚的《这是对农民的荒谬看法——评邵荃麟同志"写中间人物"的理论》(1964年12月17日《人民日报》)、胡经之的《要把什么人推上文艺主位？——"写中间人物"主张的反动实质》(1964年12月18日《光明日报》)、雷宏声的《这是与文艺的工农兵方向唱反调——评邵荃麟同志"写中间人物"的文学主张》(1964年12月27日《人民日报》)等。1964年《文艺报》第11、12期合刊刊登该报资料室编写的综合材料《十五年来资产阶级是怎样反对创造工农兵英雄人物的？》。

1965年比较重要的批判文章有卜林扉的《从对创业史的评论批判邵荃麟同志"写中间人物"的理论》(1965年1月8日《光明日报》)、李英儒的《必须创造革命英雄形象——在批判"中间人物"座谈会上的发言》(《解放军文艺》1965年2月号)、赵锦良的《邵荃麟同志为什么反对写理想的英雄人物》(《文艺报》1965年第2期)、吕德申的《"中间人物"和典型问题——驳邵荃麟同志"写中间人物"的文学主张》(1965年2月21日《人民日报》)、刘纲纪的《驳"写中间人物"的鼓吹者对人民群众的看法》(1965年2月21日《光明日报》)、姚文元的《驳"写普通人"——对于一种"写中间人物"论点的批判》(《萌芽》1965年4月号)、李基凯的《关于怎样写中间状态人物问题——用〈不能走那条路〉〈年青的一代〉〈千万不能忘记〉的成功经验驳"写中间人物"论》(《文艺报》1965年第4期)、贾文昭的《创作光辉灿烂的新英雄形象——驳邵荃麟同志的"写中间人物"理论》(《文学评论》1965年第2期)等。

对《三家巷》和《苦斗》的批判进入高潮。

对《三家巷》的评价，开始是比较正面的。昭彦（黄秋耘）在《革命春秋的序曲——喜读〈三家巷〉》(《文艺报》1959年第2号)中说："《三家巷》对于大革命前后南中国革命形势的来龙去脉，阶级力量的消长和矛盾斗争，政治舞台的风云变幻""做了比较正确的描写"，"成功地塑造出一幅广阔而丰富多彩的时代生活的画卷。""书中对周炳作为一个劳动者的思想感情，表现得还不够充分，这自然是一个缺点。尽管如此，作者塑造了这样一个鲜明的艺术形象，赋予他以一定的阶级特征和鲜明的个性，虽然未达到完整的地步，还是值得我们肯定和欢迎的。"对《三家巷》持比较正面评价的文章还有金钦俊等的《英雄垂青史，名城留佳篇》（1959年11月27日《羊城晚报》）、王起的《我们以在文学上出现区桃、周炳这样的英雄人物形象而自豪》（《作品》1959年11月号）、陈乡的《描绘大革命的一幅画卷——介绍长篇小说〈三家巷〉》（1960年3月29日《解放日报》）、张绰的《谈〈三家巷〉》（1960年7月20日《光明日报》）等。也有人批评《三家巷》的不足，主要有章里等的《美中不足的瑕疵》（《作品》1960年1月号）、张大《也谈〈三家巷〉》（1960年11月2日《光明日报》）等。批评意见主要集中在《三家巷》的人物形象塑造特别是主人公周炳的塑造上。

1964年4月《文学评论》第2期发表蔡葵的《周炳形象及其他——关于〈三家巷〉和〈苦斗〉的评价问题》和缪俊杰、卢祖品、周修强的《关于周炳形象的评价问题——与蔡葵同志商榷》。前者认为《三家巷》和《苦斗》对于周炳外貌的描写类似旧小说对才子佳人的描写，外形的美没有与内在的描写相结合，作者这方面的描写模糊了阶级的界限和阶级之间的矛盾，并指出周炳"只是一个带有不少弱点的小资产阶级人物"；后者认为"周炳尽管存在着这样或那样的弱点，但是，这些弱点并不会从根本上否定他作为无产阶级的革命者的基本品质"，"周炳不能说是一个小资产阶级人物，而是一个还带有弱点的，成长中的无产阶级革命者"。1964年9月1日，《中国青年报》发表蔡葵对《三家巷》和《苦斗》的批判文章《用阶级调和思想毒害青年的小说》。随后《文学评论》第4、5、6期连续发表相关的批判文章，并于第 6 期刊登编辑部文章《关于〈三家巷〉〈苦斗〉的评价问题》。编辑部文章主要讨论了五个问题："周炳是个彻头彻尾的小资产阶级人物"、"周炳'精神世界的复杂性'与'觉悟提高'"、"是批判还是歌颂"、"歪曲了革命历史，歪曲了阶级斗争"、"资产阶级的美学观"。紧接着《光明日报》、《南方日报》、《羊城晚报》、《文艺报》等各大报刊开始了对《三家巷》《苦斗》的批判，批判的高潮一直持续到 1965 年。对《三家巷》《苦斗》的批判观点大多与《文学评论》第 6 期编辑部文章的观点相近。其他比较重要的批判文章有毛军的《不要忘记阶级分析，不要脱离作品实际——读胡一声关于〈三家巷〉〈苦斗〉的评论》（1964 年 9 月 23 日《羊城晚报》）、陆一帆的《〈三家巷〉和〈苦斗〉的错误思想倾向——兼与缪俊杰、卢祖品、周修强三同志商榷》（《文学评论》1964 年第 5 期）、霍汉姬的《〈三家巷〉与〈苦斗〉的根本问题是什么？》（1964 年 9 月 29 日《羊城晚报》）、易准的《〈三家巷〉〈苦斗〉是怎样调和阶级矛盾的？》（1964 年 11 月 12 日《羊城晚报》）、楼栖的《〈三家巷〉〈苦斗〉的思想艺术实质》（1964 年 11 月 18 日《羊城晚报》）、谢芝兰的《〈三家巷〉〈苦斗〉是宣扬资产阶级思想感情的腐蚀性的作品》（1964 年 11 月 23 日《南方日报》、《作品》1964 年 12 月号）、韩之友的《〈苦斗〉歪曲了党的领导》（1964 年 12 月 4 日《羊城晚报》）、黄永湛的《〈三家巷〉〈苦斗〉同青年革命化大唱反调》（1964 年 12 月 16 日《南方日报》）等。

多家报刊展开对于《早春二月》、《北国江南》等影片的批判。

电影《早春二月》、《北国江南》都曾是受到观众欢迎的影片。1964 年 7 月 29 日，康生在全国京剧现代戏观摩演出大会的总结会上，公开点名批判了这两部影片。随后，1964 年 8 月 18 日，中宣部向中共中央报送了《中央宣传部关于公开放映和批判影片〈北国江南〉和〈早春二月〉的请示报告》。请示报告认为这两部思想内容有严重错误的影片，宣扬资产阶级的人性论和人道主义、温情主义，抹杀和歪曲阶级斗争，着重表现中间状态的人物并以这种人物作为时代的英雄；要求在北京、上海等8个大城市公开放映，并在报刊上展开讨论和批判。毛泽东对此批示："不但在几个大城市放映，而且应在几十个到一百个中等城市放映，使这些修正主义材料公之于众。可能不只这两部影片，还有些别的，都需要批判。"（《建国以来毛泽东文稿》第11册，第135页，中央文献出版社1996年版）1964年8月29日，中宣部发出《关于公开放映和批判〈北国江南〉和〈早春二月〉的通知》。

1964年9月15日，《人民日报》和《光明日报》同时刊发景文师的批判文章《〈早春二月〉要把人们引到哪儿去？》。该文认为，"只要撕下编导者为主人公披上的金光闪闪的迷人外衣，整部影片所散布的资产阶级个人主义、人道主义以及阶级调和论等反动思想，就会暴露在光天化日之下"。它"绝不是香花，而是一株毒草"，"它除了把观众特别是青年观众引导到资产阶级方向，为资本主义复辟准备思想条件以外，不能有别的结果"。以群的《论萧涧秋的世界观及其危害性》认为："《早春二月》的主人公萧涧秋的世界观，是以资产阶级唯心主义的历史观、社会观和个人主义为主要内容，在这种历史观、社会观和人生观的指导下，宣扬以'我'为主，从'我'出发的伪善的人道主义，宣扬以个人的'同情'、'救济'来代替人民群众自觉的反抗，瓦解人民群众的革命斗争意志，反对无产阶级所领导的群众性的社会革命和阶级斗争。"影片所大力宣扬的这种世界观，"在社会主义革命和社会主义建设的历史时期，是不利于把社会主义革命进行到底，不利于知识分子的思想改造，特别不利于培养和造就无产阶级革命事业的接班人"（1965年1月29日《光明日报》）。比较重要的批判文章还有《浸透了资产阶级腐朽思想的〈早春二月〉》（《文艺报》1964年第8、9期合刊）、林志浩的《〈早春二月〉的思想倾向》（1964年9月15日《光明日报》）、虞棘和叶家林的《一部散播资产阶级思想毒素的坏影片》（1964年9月15日《光明日报》）、张立云的

《〈早春二月〉是一部什么影片》(1964年9月22日《工人日报》)、《中国作家协会西安分会召开座谈会批判影片〈北国江南〉、〈早春二月〉及周谷城的资产阶级美学观点》(《延河》1964年10月号)、何其芳的《小说〈二月〉和电影〈早春二月〉的评价问题》(1964年11月9日《光明日报》)、以群《论萧涧秋的"进步性"——浅论〈早春二月〉与时代精神》(1965年《收获》第1期)等。

1964年7月30日,《人民日报》发表汪岁寒、黄式宪的文章《应当严肃认真地来评论〈北国江南〉》。该文认为:影片绝大部分篇幅描写的,"只是资本主义自发势力的嚣张活动以及阶级敌人的猖狂进攻,人们并看不见革命人民对他们的斗争"。"在影片所描写的这场矛盾冲突中,革命阶级所以取得胜利,并不决定于敌我力量的对比,也不决定于我们的斗争和强大的思想力量,而是决定于所谓'良心'、'人性'以及抽象的感情等等,这怎么能构成'阶级斗争'的红线呢"?影片中的吴大成,不但"十分缺乏阶级斗争的观念",而且"脱离群众,一味蛮干,处事简单粗暴","完全是作者的主观臆造,完全歪曲了农村干部的真实形象"。"这部影片中绝大部分人物,包括处于正面地位的角色,实际上是一群不好不坏的'中间人物'"。作者"把他们描绘成只知道发火打架,哭哭啼啼,乱糟糟一群'芸芸众生'"。蔡葵在《一部美化资产阶级人性论的影片》一文中指出:影片"是在美化资产阶级人性论,赞扬'人类之爱'的感情力量",是"一部散发着资产阶级人性论观点和腐朽的人情味的电影"(1964年8月11日《北京日报》)。《北国江南》由此被认为是"大毒草"。《〈北国江南〉讨论综合报道》(9月30日《文艺报》)、《关于周谷城美学思想和影片〈北国江南〉的讨论》(《新疆文学》1964年10月号)等文章概要介绍了《人民日报》、《解放日报》等报刊对于影片的讨论和批判情况。中国人民大学图书馆在1964年和1966年编印了两册关于影片《北国江南》讨论和批判文章的篇目索引。

1964

有关影片《早春二月》和《北国江南》的批判一直延续至 1965 年。直至党的十一届三中全会，关于这两部影片的批判才被彻底否定。

沈从文接受周恩来总理交付的研究中国古代服饰的任务，到 1965 年底，《中国古代服饰研究》试点本完成，呈交周总理。但是在"文革"期间，沈从文受到批判，整理好的关于中国古代服饰的研究文稿被定性为黑书毒草，沈从文先后被抄家八次，《中国古代服饰研究》的手稿遗失。1969 年冬，沈从文被下放到湖北咸宁"五七干校"，养猪种菜，但是他凭着惊人的毅力和超人的记忆力，在手边没有任何参考资料和笔记的情况下，靠回忆温习，把图稿中疏忽遗漏或多余处——用签条记忆下来，补写《中国古代服饰研究》。直至 1979 年，该书的重写本方得完稿。

毛泽东填词《贺新郎·读史》。

早期知青歌曲《接班人之歌》在社会上广为传唱。

年仅 8 岁的顾城写下了《松塔》和《杨树》两首诗歌，这是顾城现存创作时间最早的诗歌。

流沙河作《寻访》和《壁钉自叹》两首诗歌。

《诗刊》年底停刊。

《热风》1-9 月是文学双月刊，单月 5 日出版，10 月后改为月刊，每月 1 日出版。

共青团新疆维吾尔自治区委员会主办的《新晨》创刊，月刊。

《新疆文学》11、12 月合刊号（实际出版日期：1965 年 1 月 30 日）刊登陆定一的《会劳动又会从事文艺活动的人是最好的文艺工作者——在全国少数民族群众业余艺术观摩演出会上的讲话》；转载 1964 年 10 月 31 日《人民日报》的《文艺报》编辑部的文章《"写中间人物"是资产阶级的文学主张》和《关于"写中间人物"的材料》；发表邢煦寰的文章《"普通人物论"剖视——兼驳邵荃麟"写中间人物"的主张》，张云的文章《驳"现实主义深化"

论》。张文认为邵荃麟提出的"现实主义深化"论,"这是歪曲现实的现实主义","这是不要革命的现实主义","这是只'写中间人物'的现实主义","这是没有出路的'现实主义'"。

中国民间文艺研究会、中国作家协会新疆分会、中共克孜勒苏柯尔克孜自治州州委宣传部组成《玛纳斯》工作组,并邀请中央民族学院语文系参加,进行补充调查。又搜集了294200行。通过补记和新记基本上把著名的"玛纳斯奇"居素甫·玛玛依演唱的《玛纳斯》六部全部记录下来,并译成汉文。保存在中国民间文艺研究会资料室中的全部手稿,"文革"中在转运外地过程中,不幸遗失。"文革"后曾在中国文联资料室堆积的资料中找回大部分。

中国民间文艺研究会编《民间文学》(1964年第5期)发表作品集成《绚丽多彩的百花园——建国十五年来民间文学作品巡礼》,蓝鸿恩、农易天的《十五年来的广西民间文学工作》。

北京京剧团汪曾祺、杨毓珉、肖甲、薛恩厚根据沪剧《芦荡火种》改编的当代京剧《沙家浜》,中国戏剧出版社出版演出本,印数1—3500册。

山西人民出版社出版束为《南柳春光》、燕凌《大寨高风》、田流《忠心耿耿》、肖驰等整理的《民兵英雄故事》等报告文学作品。

解放军文艺出版社出版了连云山等著的《硬骨头颂歌》、金为华等著的《三"战"三捷》等报告文学作品。

春风文艺出版社出版了忆苦思甜报告文学选,有抚顺矿区工史编委会编的《历尽苦难见阳光——矿工家史》、辽宁日报编辑部编的《从黑夜到天明》等,还出版了由中国作家协会沈阳分会编的辽宁报告文学选《火热的大家庭》。

截至本年底,中国大陆共有出版社84家,其中中央级36家,地方48家。出版图书18005种,其中新版图书9338种,总印数17.07亿册。期刊856种。

1964

郑君里的导演艺术文集《画外音》脱稿，由于"文化大革命"等政治原因，搁置到 1979 年由中国电影出版社出版。

北京电视台播出 6 部电视剧，《小马克捡了个钱包》、《锣又响了》、《家庭问题》、《自豪》、《不当"小金鱼"》、《战斗在顶天岭上》。

本年上映的影片主要有：

《逆风千里》（周万诚、方徨编剧，方徨导演，珠江电影制片厂）；

《牛郎织女》（陆洪非、金芝、完艺舟、岑范编剧，岑范导演，海燕电影制片厂、香港大鹏影业公司、安徽省黄梅戏剧团乐队、上影乐团民族乐队、安徽省黄梅戏剧团）；

《阿诗玛》（葛炎、刘琼编剧，刘琼导演，海燕电影制片厂，本片于 1982 年获西班牙桑坦德第三届国际音乐舞蹈电影节最佳舞蹈片奖，获 1994 年文华大奖，并被确认为"20 世纪经典"）；

《白求恩大夫》（张骏祥编剧，高正、李舒田、张骏祥导演，海燕电影制片、八一电影制片厂）；

《兵临城下》（白刃、林农编剧，林农导演，长春电影制片厂）；

《独立大队》（陆柱国、王炎、赵惠恒编剧，王炎导演，长春电影制片厂）；

《雷锋》（丁洪、陆柱国、崔家骏、冯毅夫编剧，董兆琪导演，八一电影制片厂）；

《霓虹灯下的哨兵》（沈西蒙编剧，王苹、葛鑫导演，天马电影制片厂）；

《青年鲁班》（史大千编导，北京电影制片厂）；

《天山的红花》（欧琳编剧，崔嵬、陈怀皑、刘保德导演，北京电影制片厂、西安电影制片厂）；

《小二黑结婚》（干学伟、石一夫编剧，干学伟、石一夫导演，北京电影制片厂）；

《英雄儿女》(毛烽、武兆堤编剧,武兆堤导演,长春电影制片厂);

《大闹天宫(下)》(李克弱、万籁鸣编剧,万籁鸣、唐澄导演,上海美术电影制片厂,先后荣获第十三届卡罗维发利国际电影节短片特别奖,第二十二届伦敦国际电影节最佳影片奖,厄瓜多尔第五届基多国际儿童电影节三等奖,葡萄牙第十二届菲格腊达福兹国际电影节评委奖,中国第二届电影百花奖)。

1960.1 – 1965.12

1965年

1965

一月

1日，《人民日报》刊载胡乔木的《词十六首》（《光明日报》3日转载）。

《中国青年报》发表李瑛的朗诵诗《壮行曲——献给向新的一年胜利进军的青年朋友们》。

《解放军文艺》第1期发表林雨的短篇小说《刀尖》、胡可的独幕话剧《接班》、少数民族民歌《歌颂毛主席，歌颂共产党》（1月号至3月号连载）。同期还刊载陆定一在全国少数民族群从业余艺术观摩演出会上的讲话《会劳动又会从事文艺活动的人是最好的文艺工作者》。

《延河》1月号发表雁翼的诗6首《田坎散歌》、李瑛的诗歌《队长》。同期还刊载"批判'写中间人物的'文学主张"的系列文章，包括：张兆清《听听劳动人民的意见》、郭义田《我们爱看"红脸"》、杨大发《要革命，就要写革命的英雄》、李茂林《我们热爱新英雄人物》、周声华《"我们不需要这样的'歌者'"》、牛志才《要写社会主义、共产主义的新人》等文章。牛志才的文章认为，"邵荃麟等同志提倡写'中间人物'的目的，也和我们队上那些富裕中农一样，他们认为在文艺书里写出有自私自利的思想、盼望资本主义的人物才'合情合理'，才'有血有肉'。他们这些人根本不懂咱社会主义的新英雄，还暗地里打算取消社会主义新人物在文学上的地位，用'中间人物'来挤掉我们工农兵英雄。邵荃麟提倡这歪理论，实际上是要用资产阶级的文学主张来反对毛主席所提出的无产阶级文艺方向……所以我说：邵荃麟等同志'写中间人物'的资产阶级文学主张是很恶毒的，必须把它批判倒。邵荃麟还说：'中间人物'是大多数。这话是对咱劳动人民的糟蹋。"

《长江文艺》1月号发表李瑛的诗二首《绿油油的古巴》（《这样的国家》、《一个古巴战士的死》）。

《河北文学》1月号发表李瑛的诗《枣林村集》（4首）。

《光明日报》发表赵朴初的词《凯声奏——迎一九六五年》。

1日-4月3日，华东六省现代戏曲优秀剧目汇报演出在上海举行，共演出了15个剧种的23个现代革命戏曲剧目。具体剧目有江西省的《寨上红》、《小保管商人》、《怎么谈不拢》、《秧》、《铁肩红心》；浙江省的《山花烂漫》、《双红莲》、《野考》、《红领巾》、《心事》；江苏省的《红花曲》、《借驴》、《姐妹行》、《农家宝》、《大年夜》；安徽省的《重要一课》、《春暖花开》；福建省的《碧水赞》、《红色少年》；山东省的《竞赛》、《送猪记》、《沂河春雷》等23个剧目，包括赣剧、花鼓戏、采茶戏、越剧、吕剧、安徽梆子、黄梅戏等15个剧种。

4日，《人民日报》发表由济南部队某部王宜树、徐声桐创作的独幕话剧《一张靶纸》、叶加林的影评《革命英雄主义的赞歌——影片〈英雄儿女〉观后》。

《民间文学》第1期刊登本刊评论员的文章《各族新民歌的大繁荣大发展——欢呼全国少数民族群众业余艺术观摩演出会新民歌的成就》。

《中国青年报》发表田间的诗《给红色接班人——写在看到毛主席给〈中国青年报〉的题字后》。

《北京文艺》1月号发表王主玉的评论文章《评长篇小说〈艳阳天〉》，

作者主要点评了《艳阳天》取得的成就与不足。作者对《艳阳天》这部作品给予了高度的肯定："是一部革命旗帜鲜明、具有艺术特色的作品。它的主调高昂欢快，构思新颖别致，所描绘的生活和斗争，可以说是一曲社会主义的颂歌、一幅阶级斗争的图卷。"作者认为《艳阳天》的成就主要在于："比较深刻地反映了社会主义革命和社会主义建设时期，农村中尖锐、复杂的阶级斗争，艺术地再现了农业集体化中两条道路的争夺战。"此外，作者用阶级分析的观点，塑造了各种不同类型的中农形象，对这个阶层的农民，做了生动的刻画。"通过他们的生活、斗争，反映了两条道路激烈的争夺战，写出了我们党的阶级路线和政策的伟大胜利。"作者谈到作品中的不足："作品的主要时间，是在三天三夜的时间里展开的，由于时间短促，相对地说，某些故事情节就显得拖沓冗长。同时这样浩繁的内容、众多的人物，都要在短短的几天里反映出来……这在一定程度上影响了作品的深刻性。"

5日，《青海湖》第1期刊登《高举毛泽东文艺思想红旗，彻底批判资产阶级文艺思想——西宁地区文艺工作者批判"写中间人物"座谈会纪要》，总结了西宁地区文艺工作者批判"写中间人物"座谈会上发言者的意见，归纳起来有以下三点：第一，文艺评论工作者旗帜不鲜明；第二，有些评论文章忽视政治标准第一的原则，片面强调"艺术性"；第三，也有评论文章宣扬了错误的文艺理论，有的人以强调写人物复杂性格为幌子，实际上是提倡写人物内心的阴暗面。本期还刊载刘凯的文章《批判"写中间人物"有感三题》，该三题包括：是阶级斗争在文艺领域里的反映；为什么把"先进人物"写成了"中间人物"；关键在于如何看待中间人物和怎样去写它？

7日，《光明日报》刊载江苏师范学院学生孙逊、王志和等人的文章《从迷惑到清醒——清除〈早春二月〉对我们的毒害》。

8日，《人民日报》"学术研究"专栏发表许乔之的文章《艺术创作不能排除思想——驳周谷城的唯情论》。文章认为："周先生片面强调情感，而要使艺术创作排除思想。他把情与理对立起来，认为文艺只表现情感，不表现思想，只'以情感人'，不'以理服人'。这种观点是违背生活实际和创作实际的。""周谷城排除思想的主张是要消除革命文艺的思想性，是要削弱革命文艺教育群众的作用，这就是我们必须批判周谷城唯情论的原因"。

《光明日报》发表卜林扉的文章《从对〈创业史〉的评论批判邵荃麟同志"写中间人物"的理论》，该文主要提出了三个观点：一、"邵荃麟鼓吹'写中间人物'，排斥写英雄人物，就必须要以抬高梁三老汉形象为由贬低和排斥梁生宝形象"；二、"邵荃麟把梁三老汉当作'中间人物'的'标本'，宣扬所谓'精神负担'和'阴暗心理'，这实际上是为资产阶级复辟开辟道路"；三、"邵荃麟'写中间人物'理论的核心是所谓'现实主义深化'，这是企图把社会主义文学引向资产阶级文学的死路"。

9日，《人民日报》发表胡万春的文章《坚决同旧世界决裂》，该文认为："我们的作家欲求得自己的作品能起到改造客观世界的作用，就首先要改造自己的主观世界，包括改造自己的世界观和美学观。最根本的办法：学习马克思列宁主义，学习毛泽东著作，到工农兵群众火热的斗争生活中去学习；经常注意批判地吸收中外古典文学的经验，不让它们拉后腿；经常改造既得的艺术技巧，以求得兴无灭资。能这样，那么，我们就能真正与旧世界决裂了。"

《中国青年报》发表社论《让革命现代戏占领农村舞台——致农村业余剧团的青年们》。

10日，《北方文学》1月号发表峻青的报告文学《夜宿灵山》。

《光明日报》发表一水的文章《这是研究古典文学作品的危险道路——驳周谷城的"先受感染，然后分析"的谬论》，文章就"应该用什么态度鉴赏古典作品"和"如何对待古典作品的艺术感染问题"对周谷城的观点提出批判。同日还发表苏者聪的文章《略谈古代抒情诗词中的消极因素》。

1965 一月

11日，《文艺报》第1期发表宋汉文、戴自忠、王文杰、陈丽美、田雨海、李衍华的《资产阶级阴暗心理的自我暴露——批判舒群的短篇小说〈在厂史以外〉》。这篇文章还配有编者按："《在厂史以外》是一株反社会主义的毒草。尽管它写得巧妙，曾经使一些视觉不灵的人们受到蒙蔽，可是它却瞒不过工人读者雪亮的眼睛。这里是宋汉文等六位同志对这篇作品的解剖，谈得鲜明扼要，针针见血，很值得大家看看。"宋汉文等给舒群的小说定性："这篇小说表面上是写一位模范共青团员的先进事迹，骨子里却是宣扬这样一种十分阴暗的思想：先进人物在新社会是牺牲品，他把光明带给了别人，自己却没有好下场。作者就是以这样的阴暗心理把工人群众写成一群乌合之众，把革命的群众运动写得一团漆黑。在小说中，根本看不到党的领导和革命思想的光辉。这完完全全是对我们工人阶级的诬蔑，是对今天社会主义现实生活的严重歪曲……《在厂史以外》这个题目就取得很怪……作者却要在红色厂史以外去另写一段，而这一段并不是对红色厂史的有力补充，也不是对革命先进人物和社会主义新生活的热情歌颂，而是挖空心思地去寻找阴暗的死角，大写特写先进人物的'悲剧'。这样，他便给我们工人阶级的光辉历史抹上了一层黑灰。这对广大读者是十分有害的。所以，我们今天要坚决挖出它的毒素，消除它，批判它！"

12日，《人民文学》1月刊载胡乔木的《词十六首》，发表吴伯箫的报告文学《天安门的哨兵》。

《人民日报》"学术研究"专栏刊登王朝闻的文章《怎样看待艺术的社会作用？——驳周谷城的谬论》，该文认为"关于文艺的社会作用问题，是关系阶级利益的重大问题。要让文艺为哪一个阶级服务，通过什么方式起作用。周谷城的观点与马克思主义观点完全相反。这个分歧既是无产阶级和资产阶级美学观点的分歧，也是两种不能相容的世界观的尖锐对立。为了革命艺术能够起认识世界，改造世界界的伟大的革命作用，我们必须向周谷城的反动观点进行坚决的斗争"。

14日，中共中央发布《农村社会主义教育运动中目前提出的一些问题》（即"二十三条"）。之后，"四清"运动在全国城乡继续进行，直至"文革"初期。

16日，《解放军报》发表方放的文化短评《小话剧——新的战斗的艺术之花》，称小话剧是一条既适合部队需要，又具有业余特点的话剧艺术正确的发展道路。

17日，《光明日报》发表项红的文章《小说〈勇往直前〉宣扬了些什么？》，该文认为："《勇往直前》在描写所谓'思想斗争'时，不仅严重地歪曲了社会主义大学里的思想斗争的真实，丑化了党的思想政治工作；而且在实际上，是在抹杀、否定高等教育战线上的斗争和思想改造；是在宣扬一种不要党的政治领导，不要与工农群众相结合的自发式的'思想改造'。揭穿来说，就是主张阶级调和，从而让资产阶级的思想去'溶化'无产阶级思想。正是在这方面，《勇往直前》的思想倾向错误是最严重的。在思想改造问题上，《勇往直前》提倡的是一条典型的用资产阶级世界观去'改造'无产阶级世界观的错误路线，这是与党的教育方针与改造知识分子政策针锋相对的。"

19日，《解放军报》刊登《十五年来资产阶级是怎样反对创造工农兵英雄人物的？》。

20日，《戏剧报》第1期发表齐向群的评论《重评孟超新编〈李慧娘〉》，该文标志着对昆曲《李慧娘》的批判开始由学术批评转向政治批判。通过分析，作者指出"它不仅宣传了封建迷信思想，而且提倡鬼比人强，死后人才有力量的反动哲学；它不仅渲染了阴暗消极的情绪，以瓦解我们的斗志，而且提倡任性放情的极端个人主义的思想，鼓励具有资产阶级思想的人发泄对新社会的不满；它不仅表现了作者个人的反动观点，还要用以去'教育'今天的人们，号召被推翻的剥削阶级去进行复仇斗争。仅从这几点看来，《李慧娘》肯定是一株反党反社会主义的毒草"。

21日，《中国青年报》发表萧殷的文章《一服精制的资产阶级的腐蚀剂——评〈三家巷〉〈苦斗〉》，文章主要观点有三：一、"周炳形象的实质是：有了爱情就有了一切；爱情支配着革命，并作为革命的杠杆；爱情一旦失去，革命意志也就随之烟消云散"；二、"用亲戚关系掩盖阶级关系，用爱情关系调和阶级矛盾，并以资产阶级的人性论作为解决矛盾的动力"；三、"一切问题，都发源于作者的世界观，来自作者的资产阶级人性论和庸俗的美学趣味"。

《光明日报》发表辛冶的剧评《表现我军创造四好连队运动的沸腾生活——话剧〈带兵的人〉观后》。

22日，《光明日报》发表孟伟哉的文章《〈李秀成之死〉是一部反动作品》，认为该剧"美化叛徒"，"宣扬个人创造历史的资产阶级唯心观"，"在'民族利益'的幌子下宣扬阶级投降"。

23日，《光明日报》发表马奇的文章《为资产阶级艺术辩护的创作论——评周谷城〈美的存在与进化〉》，该文就艺术创作及其与欣赏的关系问题对周谷城提出批判。

24日，《人民日报》发表谭霈生的文章《革命性是社会主义文艺的灵魂——就文艺创作中革命性与现实性的关系问题与邵荃麟同志辩论》，该文认为，应该"从当前的文艺创作看革命性与现实性的关系问题"，"以革命性为灵魂，革命性与现实性的统一，是社会主义文艺的根本问题"，而"坚持还是抛弃文艺的革命性，是两条文艺路线斗争的焦点"。同期发表白水的剧评《照照镜子，看看自己像谁？——话剧〈带兵的人〉观后感》。

25日，《收获》第1期发表浩然的《老支书的传闻》（续篇）、沙汀的《洪唯元》、乌兰巴干的长篇小说下卷《燎原烈火》等小说；巴金的散文《大寨行》；以群的《论萧涧秋的"进步性"——浅论〈早春二月〉与时代精神》。

电影《早春二月》上映后，有人对电影中的主人公萧涧秋持肯定态度："萧涧秋既是20年代的知识分子，我们就不能以60年代的观点来要求他，更不能以共产党员的标准来衡量他；而应该承认萧涧秋是一个进步的知识青年的典型；他经过徘徊，走过弯路，而后接受教训，投身革命，这就应该赞扬、歌颂，有什么可批判的呢？"有一位青年甚至说："我们伟大的革命家鲁迅在走上革命道路之前，不也是像萧涧秋一样徘徊过的吗？"以群的《论萧涧秋的"进步性"》主要是针对以上两种观点提出批判："鲁迅在他战斗的一生中，确实也曾有过'彷徨'的时期……而且恰巧《早春二月》所反映的年代就在鲁迅的徘徊期中。然而，彷徨也好，徘徊也好，都不是一律可以赞美的，也不是一律可以批判的……（萧涧秋）他的所谓徘徊，实际上是迷失方向，步步退却……鲁迅的彷徨只是战斗的道路上的曲折，他始终没有脱离战斗，没有放下过战斗的武器；他是一面战斗，一面前进，又一面寻访新的战友，探索新的战斗道路"，表现出一种对敌对势力的坚决彻底的战斗精神。而像萧涧秋那样，以人道主义的同情、施舍来瓦解被压迫者的反抗意志，妄图为自己博得美名的知识分子，不仅绝对不能与伟大的鲁迅相提并论，而且完全属于鲁迅所讨伐的异类的范围。通过和鲁迅的对比，得出结论："影片《早春二月》中的萧涧秋在芙蓉镇上的所作所为，哪一点可以和进步青年或革命者联系起来呢？""如果要说萧涧秋这个人物也可以算作艺术典型，那就只能是像鲁迅所揭露的'聪明人'一类的典型，或者叫做落后、反动的知识分子的典型。"最后作者表明态度："在无产阶级与资产阶级、社会主义道路和资本主义道路的斗争日趋激烈的时代，作为无产阶级的、社会主义的文艺工作者，对于这样的知识分子就只有揭露、批判、抨击的义务，绝没有同情、赞扬、美化的权利，因为无产阶级如果迁就、同情、追随他们，实际上就是追随了大地主大资产阶级，追随了帝国主义及一切反动派，就是背弃无产阶级革命和社会主义，共产主义的道路。"

同期《收获》还发表吴圣昔的评论《这是反社会主义的文学主张——批判"写中间人物"的错误理论及其实质》，该文是针对邵荃麟等人提出的"写中间人物"提出的批判。认为"中间人物"这一概念是"混乱的和反人民的"。他总结"中间人物"的主要意思就是：一、"中间人物"是动摇于社会主义和资本主义之间的"芸芸众生"；二、这种动摇于社会主义和资本主义之间的人存在于劳动人民特别是农民群众中间；三、这种动摇分子在当前现实生活中为数最多；四、这种动摇分子处于"不好不坏、亦好亦坏、中不溜儿"的凝固化状态。这种看法是形而上学的，完全是历史唯心主义观点。作者对以上的观点提出质疑：在我们社会中固然有暂时处于中间状态的人，但绝对不能把所谓"中间人物"这个概念笼统的用来泛指社会主义社会中的普通劳动者，更不能说那种处于社会主义和资本主义之间的动摇分子在劳动人民中"大量存在"和"为数最多"。吴圣昔最后认为写中间人物主张的矛头指向社会主义文艺的根本问题……"写中间人物"的主张是建筑在歪曲现实生活、诬蔑人民群众的反动立场上的一套反社会主义的资产阶级文学主张。他们通过提倡描写动摇者的形象而把矛头指向社会主义文艺的一系列根本问题。首先，提倡描写动摇于社会主义和资本主义之间的"中间人物"，就是抵制和反对社会主义文艺塑造革命英雄形象的根本任务。其次，提倡描写动摇于社会主义和资本主义之间的"中间人物"，就是为了反对社会主义文艺以社会主义思想和共产主义思想教育人民。

《光明日报》发表杨扬的文章《这是什么样的路？——评"写中间人物""路子"的反动实质》。文章主要讨论如下三个问题：一、"怎样正确表现矛盾，反映时代？什么阶级需要的主人公，对谁有利的'宽广'？"二、"革命文艺用什么教育群众？帮助群众革命化，鼓舞群众前进，还是毒害群众，拉着群众后退?"三、"'两条路线斗争和新人物'之外向什么'路子'去'深化'?提倡'写中间人物'有利于什么人物?'中间'的路又是什么'宽广'的路?"

26日,《人民日报》"学术研究"专栏发表田丁的文章《驳周谷城关于艺术"历史地位"的奇谈怪论》,该文认为周谷城的观点是"历史唯心主义的艺术创世论",是"否定阶级斗争的艺术超政治论",是"'超政治'烟幕掩盖下的政治",是"拖着历史倒退"。

28日,北京人民艺术剧院在京演出话剧《凌雪梅》(谢延宁等集体创作,导演方琯德,谢延宁、徐洗繁等主演,剧本发表在《北京文艺》3月号上)、《乘客之间》(任宝贤执笔、集体创作剧本,主演闫怀礼、任宝贤等)、《前辈》(根据胡万春同名小说集体改编,主演周正、牛星丽等)和《前车之鉴》(任宝贤等集体创作,主演任宝贤、雷飞等)。

29日,《光明日报》发表以群的文章《论萧涧秋的世界观及其危害性》,该文认为:"《早春二月》的主人公萧涧秋的世界观,是以资产阶级唯心主义的历史观、社会观和个人主义为主要内容,在这种历史观、社会观和人生观的指导下,宣扬以'我'为主,从'我'出发的伪善的人道主义,宣扬以个人的'同情'、'救济'来代替人民群众自觉的反抗,瓦解人民群众的革命斗争意志,反对无产阶级所领导的群众性的社会革命和阶级斗争。因此,《早春二月》所大力宣扬的萧涧秋的世界观,在社会主义革命和社会主义建设的历史时期,是不利于把社会主义革命进行到底,不利于知识分子的思想改造,特别不利于培养和造就无产阶级革命事业的接班人。"

30日,文化部、中国文字改革委员会发布《关于统一汉字铅字字形的联合通知》,并附送《印刷通用汉字字形表》,共有印刷通用宋体字6196个,请各地逐步推行。

《文艺报》第1号发表关于康濯、欧阳山、舒群的批判文章:项红《我们和康濯同志的根本分歧——评〈试论近年间的短篇小说〉一文》、宋汉文《资产阶级阴暗心理的自我暴露——批判舒群的短篇小说〈在厂史以外〉》等。同期发表专论《欢迎大批新战士登上文学舞台》。

《解放军报》发表辛冶的关于芭蕾舞剧《红色娘子军》的"文化短评"《革命化、民族化、群众化的芭蕾舞剧》。

《光明日报》发表郭沫若的手书《题傅抱石〈延安画卷〉八首》。

本月，文化部召开印制《毛泽东著作选读》工作会议，布置大量印制《选读》本。

《雷锋班纪事》，由解放军文艺出版社出版。这是第一期"四好连队、五好战士、新人新事"征文的报告文学、散文选集。收录作品有田成仁、赵志华的《雷锋班纪事》，朱振声的《森林里的报告》等。

新疆维吾尔自治区各自治州县成立十周年文集《红日照天山》，由新疆人民出版社编辑出版。

全国少数民族群众业余艺术观摩演出会等编辑的《全国少数民族群众业余艺术观摩演出曲艺戏剧选》，由中国戏剧出版社出版。

上海京剧院集体改编的京剧《智取威虎山》，由上海文化出版社出版。

蓝澄的话剧剧本《丰收之后》，由中国戏剧出版社出版，印数1-21900册。

二月

1日，《人民日报》发表赵朴初的散文《某公三哭》，批判苏联勃列日涅夫集团继续推行赫鲁晓夫"修正主义"路线（7日《光明日报》转载）。

《光明日报》刊登毛泽东手书《清平乐·蒋桂战争》、郭沫若的文章

《"红旗跃过汀江"》(《解放军报》同日发表)。

《解放军文艺》2月号发表顾工的诗《渔家女民兵》;张春熙、李琦的《红旗漫卷长空》;王建朋、黄馨之的话剧《一对红的故事》;徐坤、李志霄、沈福庆的《抓活思想的锐利武器——开展业余小话剧活动的体会》。徐坤等人在文章中写道:"近两年来,在我们部队的战士业余演出活动中,逐渐地出现了像《烧煤问题》、《一百个放心》、《一对红的故事》等一些战士自编自演的小话剧。这些小剧,一开始尽管各方面还很不成熟,但是由于在思想内容上紧密地结合部队中心任务,抓住了部队的活思想;形式短小轻便,容易为群众所掌握,而且使话剧艺术摆脱了舞台的限制,可以更大限度地与广大观众见面,在艺术风格上也具有民族化、多样化的一些特点。"他们总结了一个体会:"一定要紧密结合任务,抓活的思想","要大力宣扬新人新事新思想";"要短小轻便,易为群众掌握","敢于创新,使形式为内容服务";"要搞好创作,必须实行'三结合'"。同期还刊载李英儒的《必须创造革命英雄形象——在批判"写中间人物"座谈会上的发言》,该文是针对有人主张多写中间人物提出的。"用现代的革命题材,用活生生的英雄人物,教育人民,鼓舞人们的斗志,把三面红旗举得更高,促使我们社会主义革命和社会主义建设事业早日完成,这是党赋予文艺工作者的光荣而又艰巨的任务。偏偏有人横举异端,说英雄人物写得太多了,千篇一律了,主张什么'写中间人物'。持这种主张的人说:正面英雄人物是少数,中间人物才是大多数;说矛盾往往集中在中间人物的身上","甚至给中间人物下了定义,说他们是'不好不坏,亦好亦坏,中不溜儿的芸芸众生'"。"作家选择什么,扬弃什么,歌颂什么,批判什么,这需要以党和人民当前和长远的利益为依据。如果沿着'几千年来个体农民的精神负担'而'深化'下去,只能把革命的文艺事业引向暗淡无光的死路。不是说文艺作品不允许写中间人物,不是说不承认现实生活里有中间状态的思想和人物。""如果看不到和不愿意去歌颂现实生活中的英雄人物，也看不到和不愿意去描写中间状态的人物的积极转化，而是把广大的工农兵群众都当作是'不好不坏，亦好亦坏'的所谓'中间人物'去描写，拼命在他们身上挖掘什么'几千年来的精神负担'，那就只会丑化人民，歪曲现实，只会葬送无产阶级的革命文艺，只会为资产阶级的文艺开辟道路。""最叫人气愤的，是他们给'中间人物'下的定义。在他们眼里，人民群众中间的大多数竟是'不好不坏，亦好亦坏、中不溜儿的芸芸众生'。他们实在是把群众骂苦了，实在是把有觉悟的人民挖苦透了。"张春熙（1938－），北京人。曾任北京出版社编辑室副主任，中国消费者报社副社长、副总编等职。1959年开始发表作品。1993年加入中国作家协会。著有中篇小说《松毛岭下》，电影文学剧本《骨肉亲》，长篇报告文学《金丝鸟》，纪实文学选集《梦里寻她千百度》，《高山峻岭》等。

《延河》2月号发表闻滨的评论《写英雄人物路子窄了吗?》。该文认为邵荃麟的"写中间人物"的主张，是"否定社会主义的新生事物，否定英雄人物的广泛的现实基础，否定英雄性格的多样性和丰富性"。"邵荃麟等'写中间人物'论者以贵族老爷式的态度，轻视、贬低，进而抹杀萌芽和新生事物。在他们看来，只有那些死亡的、没落的事物才是真实的、值得他们大书特书的"。"反对写英雄人物，提倡写'中间人物'，就是反对文艺走社会主义道路，而要在精神世界中间建立一个'中间人物'的王国，把文艺拉向资本主义道路。"因此，"这是资产阶级对无产阶级在文艺领域内的一次严重挑战，是一场严重的阶级斗争。我们必须对这个挑战给以有力的回击，把这场斗争进行到底！"

《河北文学》2月号发表李英儒的小说《女将》；耿长锁《这是对人民群众的诬蔑》、曹同义《我们爱看红脸的，不要"白脸"和"三花脸"》、《邵荃麟同志还是下来看看吧！——天津市货运三输二社部分工人批判"写中间人物"座谈会纪要》、常俭《"拔高"和"深化"》等评论。其中后三篇评论都是针对邵荃麟等人提出的"写中间人物"论的。耿长锁的评论中写道,邵荃麟说:"两头小,中间大,英雄人物与落后让人物是两头,中间状态的人物是大多数……文艺的主要教育对象是中间人物。最进步、最先进的人,用不着你教育。"这简直是捏造!这是对党的文艺方针的严重歪曲。这是对贫下中农的诬蔑。邵荃麟倡导大写"中间人物"的目的不是别的,就是反对社会主义塑造革命的、无产阶级的英雄形象,好用落后的"小人物"来代替英雄人物。而人们是愿意从革命的文艺作品中得到教育和鼓舞的。只有旗帜鲜明的、战斗性强的好作品才能发挥"团结人民、教育人民、打击敌人、消灭敌人"的战斗作用。邵荃麟"写中间人物"和"现实主义深化"的资产阶级的文学主张,是在占农村人口百分之六七十的贫下中农中通不过的!在坚决走社会主义道路的全体公社社员中也是通不过的。邵荃麟说:"我们作品中的人物'尽管写的职务不同,但性格相似,都是红脸的,人家就不爱看了。'"但是曹同义表示:"我们喜欢的是'红脸的',红脸是我们时代的英雄,是我们学习的榜样。我们最讨厌的是'白脸'、'三花脸'"。常俭的文章主要是针对邵荃麟的"写中间人物"中提到的"拔高"和"深化"的:拔高论的实质是反对我们时代的英雄人物,反对我们的文学塑造完美的无产阶级英雄形象,否认革命现实主义和革命浪漫主义相结合的创作方法,企图抽去我们革命英雄的党性、阶级性,取消我们社会主义文学的革命性和战斗性,贬低我们革命文艺的社会主义和共产主义精神的教育力量,以便拔高资产阶级、小资产阶级,用资产阶级、小资产阶级思想腐蚀人民群众。我们必须反对。

《长春》第1期发表李瑛的诗歌《枣林村集》;刘淑明的《英雄人物是人们学习的榜样》;《省、市文艺界批判"写中间人物"的错误主张》,该文是对1965年1月14日和15日召开的编辑和文艺理论工作者座谈会的总结:在几次座谈会,大家一直认为邵荃麟同志所提倡的"写中间人物"的理论,是根本违背毛主席的文艺思想,违背文艺为工农兵服务、为社会主义服务的大方向。这不是一般的文艺理论上的争论，而是社会主义的阶级斗争和两条道路斗争在文学艺术领域内的具体反映，是关系到文艺方向、性质、道路的问题，是大是大非之争。

2日，《文汇报》发表文章《迎春诗会》。

3日，《解放日报》报道《中共中央华东局宣传部召开话剧创作会议，创造更多更好的工农兵光辉形象，让话剧舞台充分反映英雄业绩》。夏征农在会上作总结发言。

5日，《湖南文学》第1期发表批判"写中间人物"的资产阶级文学主张系列文章：解放军某部欧阳海班全体战士的《战士爱英雄，不要"中间人物"》、长沙汽车电器厂工人刘孝安的《反对"写中间人物"的文学主张》、中共长沙县福临区委副书记熊伟的《驳"矛盾往往集中在中间人物身上"》、小青的《"写中间人物"的主张同青年革命化唱反调》等。

7日，《人民日报》"学术研究"专栏发表景元的文章《"以情感人"和"以理服人"——驳周谷城的唯情论》，文章主要观点为：一、"把艺术的'以情感人'和'以理服人'割裂开来，把思想排除在艺术之外，是资产阶级反对无产阶级文艺的思想性、战斗性的一种理论表现"；二、"艺术中的情与理不可缺一。理即思想，是艺术作品的灵魂。艺术要通过形象'以情感人'，更要'以理服人'"；三、"在艺术欣赏中，感性与理性、思想与感情是辨证地相互联系、相互作用着的；而思想、理性活动是艺术欣赏的基础"；四、"一定要坚持以马克思主义指导艺术创作，一定要坚持作家的思想改造。周谷城的唯情论是要作家走资产阶级文艺方向，必须批判"。

8日，《光明日报》发表贾文昭的文章《用新英雄人物的光辉榜样教育群众》。

9日，《解放军报》刊载赵朴初的散曲《某公三哭》并加注释。

10日，《解放军报》发表顾工的诗《胜利的颂歌》。

《山东文学》2月号发表荆立民的评论《〈三家巷子〉和〈苦斗〉是"阶级调和论"的标本》。

11日,《文艺报》第2期发表浩然的《热情的鼓励、有力的鞭策——在〈艳阳天〉农民读者座谈会上的发言》;赵锦良的《邵荃麟同志为什么反对写理想的英雄人物》,该文章主要就"写理想的英雄人物就是'脱离现实'吗?写理想的英雄人物就是'一个阶级一个典型'吗?所谓写'发展过程'是什么意思"三个问题展开的。"无产阶级的文艺要反映革命的现实生活,并通过对现实的描绘表现出伟大的革命理想。革命的作家要歌颂革命的英雄人物,并通过对英雄人物的歌颂来反映我们的时代精神。既然现实生活中存在着符合或接近我们时代理想的英雄人物,作家为什么不能写呢……歌颂他们就是歌颂我们伟大的时代,就是歌颂社会主义和共产主义,就是歌颂无产阶级和劳动群众。他们虽然是今天的少数,但必然会很快成为明天的多数……否认萌芽就是否认发展,就是抛弃方向。邵荃麟同志借口'只写萌芽,路子就窄了',反对写英雄人物,这不正说明他是否定了生活的辩证法,抛弃革命的方向吗?"针对邵荃麟的"一个阶级一个典型"的论调,作者认为:邵荃麟借口反对"一个阶级一个典型"而反对写理想的英雄人物,其实质是反对无产阶级英雄人物的共性,提倡脱离共性的所谓个性描写,为实现他的"写中间人物"主张开辟道路。作者认为邵荃麟是要反对我们文学的战斗性,取消我们文学的革命灵魂。这样做,完全是和时代的要求相背离,跟无产阶级的文艺方向相对立,同人民的愿望唱反调。最后,作者剖析了邵荃麟的"发展过程"的实质:他所说的"发展过程"并不就是我们所指的英雄人物的成长、锻炼、成熟的革命化的过程,而是指的英雄人物的缺陷、缺点;所谓"写英雄人物"必须"写他的发展过程",就是主张必须写英雄人物的缺点。作者给邵荃麟的定性是:其实质是资产阶级要按照他们的面貌来改造无产阶级的英雄人物,改造党,改造世界。这是资产阶级对社会主义的新制度、新人物、新文艺的恶意歪曲，是他们反对无产阶级文学的一种手段。他们的目的是要向新英雄人物脸上抹黑，要把英雄人物降格为"不好不坏、亦好亦坏"的"中间人物"，把英雄人物"非英雄化"。这是要抽掉文学的革命灵魂，取消文学以社会主义、共产主义精神教育人民的伟大战斗作用，最后使无产阶级的社会主义文学改变颜色，演变为资产阶级的文学。这就是"必须写缺点"论的反动实质。

12日，《人民文学》2月号发表光未然（张光年）的诗《夺取春光用武装》。

13日，《人民日报》发表郭沫若《痛斥美国强盗》、顾工《胜利的颂歌》等诗；西虹的散文《把敌人的嘴巴封起来——访问越南一个战斗的渔村》。

14日，《文学评论》第1期发表余冠英的评论《一篇有害的小说——〈陶渊明写挽歌〉（陈翔鹤作）》，认为该小说"内容充满了阴暗消极的思想情绪，宣扬了灰色的人生观"，"这样的小说，无异没落阶级心声的播音器，只能得到对社会主义不满的分子的共鸣"，"它的影响是有害的"。同期发表张立云《战士戏剧的思想和艺术》、肖泉《银幕上的雷锋形象》等文章。

15日，《电影文学》第1、2期合刊发表一组文章，展开对电影文学剧本《亲人》（根据王愿坚的同名小说改编）的批判：有纪叶《是香花，还是毒草?》、王亚彪《〈亲人〉宣扬的究竟是什么样的思想感情?》和胡昶《一部散发着资产阶级和平思想毒素的作品》等文章。

《人民日报》发表巴金的文章《英雄的越南人民必胜》。

16日，《文艺报》第2号发表颜默的《为谁写挽歌?》，批判陈翔鹤的历史小说《广陵散》、《陶渊明写挽歌》。同期发表专论《工农兵的评论好得很》，评论员文章《欢迎电影〈雷锋〉出世》、《贫下中农喜读〈艳阳天〉》、《对〈文艺报〉的几点批评和建议》（读者来信）。

17日，上海人民艺术剧院话剧一团演出根据周正行、葛乃庆、袁一灵原著集体改编的四幕喜剧《一千零一天》，导演黄佐临。剧本发表在《剧本》第2期上。

《北京晚报》发表繁星的文章《我的〈有鬼无害论〉是错误的》（18日《人民日报》、《光明日报》，《北京文学》3月号转载）。繁星在文中检讨自己由于"对文学遗产的错误观点"，"为一个反动的鬼戏（由孟超编剧的《李慧娘》）敲锣打鼓"，表示自己今后要"与传统观念实行最彻底的决裂"。

《光明日报》发表卜林扉的文章《反社会主义的思想和艺术——批判孟超同志的昆剧〈李慧娘〉代跋》。

18日，《人民日报》刊登报道：《京剧工作者攀登京剧艺术高峰的又一革命行动，〈芦荡火种〉修改重排改名〈沙家浜〉》。

19日，《光明日报》发表马奇的文章《反动的艺术欣赏理论——评周谷城〈美的存在与进化〉》，该文就周谷城提出的在艺术欣赏过程中"主观的变动"和"客观的不变"这一观点提出批判。

20日，《戏剧报》第2期刊登读者来稿《从〈戏剧报〉的几篇社论看它的编辑思想》。

《人民日报》发表张立云、叶加林合写的影评《伟大的共产主义战士的光辉形象——谈电影〈雷锋〉的艺术处理》。

21日，《人民日报》发表吕德申的文章《"中间人物"和典型问题——驳邵荃麟同志"写中间人物"的文学主张》，该文认为"创作工农兵英雄人物的典型形象是历史赋予的使命"，"讴歌革命的、新生的事物是马克思主义典型理论的重要内容"，"排斥英雄人物后的多样化就会把我们的文艺引到修正主义的绝路上去"。

《光明日报》发表刘纲纪的文章《驳"写中间人物"的鼓吹者对人民群众的看法》，认为"在邵荃麟的心目中，我们时代的人民群众是这样的：从政治上说，这是一些在社会主义与资本主义道路之间动摇着的人物；从精神面貌或心理状态上说，这是一些背负着传统的旧思想、旧意识重担的、没有或极少有革命精神的阴暗灰色的人物"，而"把广大人民群众看成'中间人物'是一种资产阶级的反人民的观点"。

23日，周扬召集中国文联各协会和主要报刊负责人会议，布置贯彻"二十三条"。他提出，写批判文章不要"打空炮"、"乱猜"、"乱扣帽子"，要防止"片面性和绝对化"，不能搞"教条主义"；强调对夏衍、田汉等"要有历史观点"，"要一分为二"，"政治与学术要分开"。

《人民日报》发表李瑛的诗《枣林村集三首》。

25日，周恩来等国家领导人观看中国人民解放军海军政治部文工团话剧团演出的话剧《赤道战鼓》（该剧由海政话剧团集体创作，李恍、张凤一、林荫梧、朱祖贻执笔编剧，导演张凤一。剧本发表在《人民文学》4月号上）。郭沫若认为这部戏"之所以成功，在有革命的内容之外，又具有高度的艺术性"，"它的音乐和舞蹈都有快速度的节奏，整个舞台充满着绚烂的色彩"。郭沫若称赞"它是革命的现实主义和革命的浪漫主义的成功结合"，"在戏剧现代化和革命化中提出了一个高度的指标"。（郭沫若：《看了〈赤道战鼓〉》，《人民日报》1965年3月6日）陈斐琴认为："《赤道战鼓》的语言，根据剧本的特点和要求，吸收了非洲人民富有特色的语言。它们有的雄浑壮丽，有的细致精巧，有的尖锐辛辣，有的又含蓄双关。它们是生活的语言，又是艺术的语言。这些成功的语言形象地揭示出人物的不同性格来。而战斗的激情和政论的语言，又是全剧的主调。它使革命的内容更加鲜明，既加强了戏的战斗激情，也加深了戏的感染力。"（陈斐琴：《谈〈赤道战鼓〉的创作》，《文学评论》1965年第1期）

《人民日报》"学术研究"专栏发表汝信的文章《货色从何而来？同谁划清界限？——评周谷城反动观点的几个理论来源》，认为周谷城反动观点的理论来源为：美国杜威的实用主义哲学、柏格森的唯心主义哲学和新黑格尔主义的反动观点。

25日-4月8日，华北地区话剧歌剧观摩演出会开幕。演出话剧包括《下班前后》（陕西省太原市话剧团）、《战洪图》（河北省话剧院）、《包钢人》（内蒙古自治区演出团话剧队）、《飞雪迎春》（天津人民艺术剧院）、《山村花正红》（北京部队战友文工团话剧团演出）、《生活的彩练》、《矿山兄弟》（北京人民艺术剧院）、《刘胡兰》（山西人民话剧团）、《太行高风》（山西人民话剧院、晋南文工团）等。

27日，中国人民解放军空军政治部文工团话剧团在京公演五幕6场话剧《女飞行员》。该剧由冯德英（执笔）、黎静、丁一三编剧，导演董琚、王仁。剧本在3月7日-12日的《人民日报》上连载。

28日，《人民日报》发表白水关于话剧《代代红》的剧评《一辈一辈地把毛泽东思想接过来》。

本月，赵树理全家从北京迁回山西太原，随后担任中共晋城县委副书记，分管文化工作。这期间开始构思长篇小说《户》，但是生前未及创作。

李季的《石油诗》、郭小川的《昆仑行》、《诗刊》社编选的《朗诵诗选》等诗集，杨啸的《火苗》、陆扬烈的《女奴金珠》等短篇小说集，由作家出版社出版。其中，李季的诗集《石油诗》，印数1-21000册，分为2辑。第1辑选收1953年至1964年初写的以石油工业为题材的短诗40首；第2辑收入反映石油工业战线的长诗两篇。

阎肃改编的歌剧《江姐》，由中国戏剧出版社出版。

三月

1日，《人民日报》刊登齐向群的文章《重评孟超新编〈李慧娘〉》（原载《戏剧报》第1期；2日《光明日报》转载），并加有"编者按"。

《解放军文艺》第3期发表罗思维《〈亲人〉是一篇不好的小说》，并加"编者按"。罗思维在文章中认为："作者写这篇小说，在当时来说，也许是对所谓共产党人'六亲不认'、'不近人情'的污蔑的一种回答。但由于作品未能站在集体主义、革命英雄主义和乐观主义的高度来描写个人的得与失、幸与不幸、悲与欢，由于作品对于革命前辈和革命烈属的思想感情的描写是不真实的，也就没有作出正确的回答。"同期发表节亦源《〈亲人〉必须批判》，认为"这是一篇存在着思想倾向性错误的作品，是一篇思想感情很有害的作品"；"首先，我认为这篇小说的根本思想是根本错误的"；"其次，我认为，作者所热情歌颂的小说的主人公曾司令，是一个思想感情庸俗、低下的人物，是一个不真实的人物"。

《长江文艺》3月号发表李德复的小说《万紫千红才是春》。

《河北文学》3月号发表战士们反对"写中间人物"的资产阶级文学主张的系列文章：万卯义《不许歪曲伟大的社会主义时代》、丁大华《为什么那么爱"中间人物"》、肖同生《只有用英雄模范人物来教育人民群众》、马喜臣《是英雄人物给我树立了榜样》、张谋厚《英雄写不完》、张春潮《我们一定要歌革命人民之功，颂革命人民之德》。

4日，文化部发布《关于一九六五年做好〈毛泽东著作选读〉出版工作的通知》，要求全国出版部门在纸张、印刷力量安排上，除保证学生用的课本外，要坚决将《毛泽东著作选读》的印制放在首位，要将今年分配到一般图书用纸的40%、50%或者更多一些，用于印刷毛泽东著作。

《北京文艺》3月号刊登邓拓1965年2月25日在华北区话剧歌剧观摩演出会开幕式上的讲话《高举毛泽东思想红旗，进一步实现戏剧革命化》。

《人民日报》发表马奇的文章《评周谷城在美学论战中的态度和方法》，认为周谷城在论战中是"以伪装掩盖资产阶级货色"，"以诡辩歪曲问题的真相","以无理取闹抵制批评"。

《解放军报》发表宫玺的诗歌《高原汽车兵》,刊载郭沫若观看话剧《赤道战鼓》后为海政文工团的题词。题词内容为:"赤道战鼓,响彻了非洲的心脏,振奋了被压迫人民的心脏,要把帝国主义投入燎原的烈火!"

5日,《光明日报》发表谭霈生的剧评《矿山上的思想斗争——话剧〈矿山兄弟〉观后》。

6日,《人民日报》发表郭沫若的文章《看了〈赤道战鼓〉》。

7日-12日,《人民日报》连载冯德英执笔的话剧《女飞行员》。其间配发了多篇关于评论该剧的文章。

8日,北京人民艺术剧院在二七剧场演出由李大千等集体改编的小话剧《培养》。导演方琯德,周正、孙凤琴等主演。剧本发表在《北京文艺》1965年3月号上。

10日,《山东文学》3月号刊载系列批判邵荃麟的文章《高举毛泽东文艺思想红旗,严肃批判资产阶级文学主张——省文联召开的批判"写中间人物"座谈会纪要》,该纪要主要总结为:"广大的各阶层是中间的"说法是对我们伟大现实的诽谤,是对工农兵群众的严重诬蔑;工农兵英雄形象体现了社会主义时代的时代精神,有强烈的教育、鼓舞作用,以"中间人物"教育"中间人物"只能毒害人民、阻碍生活前进;"现实主义深化"的实质是反对革命现实主义和革命浪漫主义相结合的创作方法,并转过枪头来"批判"我们社会主义的现实;必须继续战斗,坚决粉碎资产阶级在文艺领域中的猖狂进攻等观点。本期还刊载高昂的文章《我们需要光辉的英雄形象》等。

11日,《文艺报》第3期发表范子保、赵锦良、王先霈的文章《怎样评论梁三老汉、亭面糊、严志和》,该文就"为什么这三个人物能够写得比较好? 这三个人物创造上的得失,给我们的文学创作提供了哪些带有普遍意义的经验? 怎样估计它的思想意义? 怎样估计它们在革命文学发展中的地位和影响？"等问题和邵荃麟展开争论。邵荃麟为了诠释他的"写中间人物"论点引用了《创业史》中的梁三老汉、《山乡巨变》中的亭面糊、《红旗谱》中的严志和来佐证。本篇文章就分析这三个人物来否定邵荃麟的观点。文章指出：邵荃麟为了推销他的"写中间人物"理论，不惜歪曲地解释梁三老汉等形象，企图使文学创作回避和抹杀阶级斗争、两条道路的斗争，贬低英雄人物的重要意义，以至排斥革命英雄人物。可是，梁三老汉等三个形象的创作的得失，却提供了和邵荃麟相反的结论：要深刻而有力地反映时代，必须反映时代的主要矛盾，反映矛盾的主导方面；在今天就是必须反映两条道路的斗争，写好革命英雄人物，体现出社会主义正面力量。邵荃麟等人随心所欲的贬低梁生宝形象的革命意义和典型意义，轻蔑地说什么"作为典型人物，在很多作品中都可以找到"，"不是最成功的"云云，这岂不是有意地制造混乱，以便推销他那"写中间人物"的反动主张吗？

《光明日报》发表杨扬的剧评《刘胡兰的英雄形象鼓舞着我们——话剧〈刘胡兰〉观后》。

12日，《人民文学》3月号发表孙健中《"老粮秣"新事》、茅庐《崔金花》、许星荣《育苗人》等小说；同期发表"民兵之歌"，其中包括黎汝清《巾帼英雄赞》、任红举《军民会武》、张书绅《枪》、刘章《公社女民兵》等诗。

13日，京剧《红灯记》在上海公演。《文汇报》开辟"向京剧《红灯记》学习"专栏，持续至4月，陆续发表徐景贤、卫明、刘长瑜、钱浩梁等人的文章20余篇。

《解放军报》发表顾工的报告文学《强中更有强中手》。

《人民日报》刊登编者与陈济民的通信，讨论"应该区别对待古典文学作品"问题。

15日，《电影文学》3月号发表丁洪等著的电影文学剧本《雷锋》。

16日,《解放军报》发表夏果的文章《战斗的歌,英雄的歌——话剧〈战洪图〉观后》。

17日,《解放军报》以两个整版的篇幅发表话剧《赤道战鼓》和《女飞行员》人物志,并加"编者的话",称"想通过这些故事,把这两出好戏介绍给连队的同志们和广大读者"。

18日-20日,北京京剧团根据沪剧《芦荡火种》集体改编的《沙家浜》在《人民日报》上连载,并加"编者按",说《沙家浜》"强调了武装斗争的作用,使剧情更加符合历史真实"。并配发郭汉城的剧评《试评京剧〈沙家浜〉的改编》。

19日,文化部发布《关于降低期刊稿费及取消期刊、丛刊、丛书编辑费的通知》,规定期刊稿费一般不宜高于同类书籍;取消各种期刊、丛刊、丛书主编单位的编辑费。

21日,《人民日报》刊登报道《周总理观看话剧〈刘胡兰〉》。

23日-27日,《光明日报》以"在京剧《红灯记》鼓舞下"为题,连续刊发了一批关于《红灯记》的文章。

24日-4月28日,老舍率领中国作家代表团赴日本访问。

25日,《收获》第2期发表杨明的长篇小说《江海奔腾》(第一部);峻青的散文《不尽巨涛滚滚来》;上海人民艺术剧院集体创作的六幕话剧《南方来信》;丁川的评论《透视"矛盾往往集中在中间人物身上"一说的实质》,该文主要是批判邵荃麟等提出的"写中间人物"主张的。丁川在文章中主要是"辨明如下的几个问题:革命的文艺作品究竟应该反映什么样的矛盾,如何反映?这些矛盾是否'集中'在'中间人物'身上?通过所谓'中间人物'能否真实地反映现实生活中的各种矛盾?"随后作者一一解答。"今天,我们生活在社会主义的社会里……社会的主要矛盾是指无产阶级和资产阶级之间的阶级矛盾,是指社会主义和资本主义两条道路、两种思想的斗争……社会主义的文艺就应当反映这样的社会矛盾……社会主义的文学所反映出来的矛盾实际上就是兴无灭资的斗争过程……在无产阶级和资产阶级的阶级斗争中间,在社会主义和资本主义两条道路的斗争中间,无产阶级及其所领导的革命群众始终站在斗争风暴的中心,居于矛盾的主导方面,积极地解决矛盾,推动历史前进。作家只有把最主要的精力用来塑造无产阶级及革命群众中的英雄人物,才能正确地反映当代的社会矛盾,体现时代精神。"最后作者进一步分析和批判了邵荃麟等提出这一主张的思想根源:邵荃麟认为"矛盾往往集中在中间人物身上",实际上就是要求按照资产阶级文学的标准来描写社会主义社会中的人物的内心矛盾,要求无产阶级文学把新时代的劳动人民和英雄人物的丰富而健康的精神世界,写得像18、19世纪资产阶级批判现实主义作品笔下的"小人物"、"多余人"和资产阶级个人主义者那样,内心充满着苦闷、悲观、绝望的情绪……今天,邵荃麟所说的"矛盾往往集中在中间人物身上"的主张,提倡用批判现实主义的陈套来写新社会、新人物,显然不仅仅是资产阶级文艺观的宣扬,也是资产阶级世界观的暴露。他的根本问题是把最广大的人民群众及其中的英雄人物都诬蔑为"中间人物",同时又强调描写他们对社会主义怀疑、动摇的内心矛盾。这种论调实际上与当代资产阶级和现代修正主义的论调如出一辙。

《中国青年报》刊登《戏剧舞台上的青年英雄人物谱》并加"编者按"发表一组剧评文章。

28日,《人民日报》发表方彦的文章《精心塑造刘胡兰的英雄形象——话剧〈刘胡兰〉写作经过》。

30日,《解放军报》发表顾工的诗《鱼水新歌》(外一首)。

本月,黄天明的长篇小说《边疆晓歌》、凤章的短篇小说集《彩霞万里》、王致远的当代叙事长诗《胡桃坡》、王群生的长诗《新兵之歌》、农民歌手诗抄《公社铺云我下雨》等,由作家出版社出版。其中叙事长诗《胡桃坡》印数 1—32200 册，该诗分为 18 章。

王慧芹的短篇小说集《骏马飞驰》，由北京出版社出版。

周嘉俊的短篇小说集《初航》，袁水拍的《政治讽刺诗》（华君武插图）、田间的《太阳和花》等诗集，由作家出版社上海编辑所出版。

郭沫若的诗集《邕漓行》，由广西人民出版社出版。

集体改编的四幕喜剧《一千零一夜》（周正行、葛乃庆、袁一灵原著），由上海文化出版社出版。

春季，全国开展"会劳动又会文艺"活动，大力鼓励开展业余话剧、戏曲创作活动。

四月

1 日，《解放军文艺》第 4 期发表李瑛的诗《枣林村集》（两首）；魏敏、杨有声、林朗合著的话剧《代代红》；张立云的评论《有毛泽东思想，才能代代红——话剧〈代代红〉观后》。魏敏（1925— ），剧作家、演员、导演。河北定县人。1938 年参加八路军。曾任战友话剧团团长、《剧本》杂志主编。著有话剧剧本《粉碎糖衣炮弹的进攻》、《迎春曲》、《别有洞天》、《红白喜事》（合作）等。

《长春》第 2 期发表以"革命文艺应该大力塑造英雄形象"为总题的系列文章，包括：胡德明的《英雄人物永远鼓舞我们向前进》、董俊启的《在革命英雄形象的光辉照耀下》、孔祥明的《英雄连队爱英雄》、朱清江的《英雄永远活在我们心中》、胡世宗的《到底谁不爱看"红脸"》等。

2 日，刘少奇等国家领导人观看参加华北地区话剧歌剧观摩演出会的河北省话剧团演出的话剧《战洪图》。

1965 四月

3日，徐志摩的遗孀陆小曼在上海华东医院病故，终年62岁。

《解放军报》发表社论《狠抓文艺创作，多出好作品》；同期报道总政文化部召开会议交流戏剧创作经验《创作更多更好的为工农兵服务的作品》，认为"六个新戏的创作经验证明：领导、专业、群众三结合是多快好省的创作方法；做到思想、生活、技巧三过硬，才能更好地提高创作质量"。

4日，《北京文艺》4月号发表草明的评论《坚实的第一步——评王慧芹的短篇小说集〈骏马飞驰〉》。认为在这个短篇集中，"作者善于透过生活的现象，挖掘生活本质的东西"；"作者笔下的新人新事，都充溢着阶级感情"；"作者每篇作品的着眼点，都能紧紧围绕着社会主义铁路建设和斗争这个重要的课题上"。

5日，《萌芽》4月号发表姚文元的文章《驳"写普通人"——对于一种"写中间人物"论点的批判》，该文主要是反驳"写中间人物论"中的写"普通人"的主张。姚文元首先论述了"写普通人"是怎么回事。他认为邵荃麟等人笔下的普通人是"只看见'一粒米'而丧失共产主义理想的人，是缺乏革命觉悟和丧失了革命精神的人，是有'比较严重的缺点'即头脑里剥削阶级思想很浓厚的人。'普通'这两个字，这儿被用作反对无产阶级觉悟和理想的对立面，它的矛头是指向革命和革命化……'写普通人'的提倡者也把绝大多数革命的人民歪曲为'不好不坏'、没有革命朝气、只看见个人鼻子尖的那一种人物。他们用资产阶级庸人的眼光篡改了群众的精神面貌，把消极的、不革命的、个人主义的思想当作群众中平常的、普遍的、基本的精神特征……所谓写'中间人物'，实质上就是'写中间人物'论者笔下加引号的所谓'中间人物'。就是资产阶级、小资产阶级和内心已经资本主义化或正在资本主义化的人物"。随后姚文元指出这种提法在创作上的坏处：第一，这种提法导向美化资产阶级、小私有者、革命意志衰退的人、形形色色的个人主义者这些渗透了资本主义腐朽思想的"小人物"，为资本主义势力擦粉贴金。

第二，这种提法导向降低英雄人物的革命觉悟，磨损英雄人物的革命锋芒，把英雄人物实际上写成庸庸碌碌的小市民。最后作者得出结论："写普通人"的实质是提倡资产阶级的人性，从这条路走下去，社会主义文艺就会丧失革命的灵魂，变成"写小人物"即歌颂资本主义没落人物和堕落人物的修正主义文艺。这条路走不得。同期，刊载冯连芳、包永涛的文章《我们要英雄人物，不要中间人物》，主要就"写中间人物"提出看法："革命的文艺工作者如同无产阶级革命队伍中的号兵，他们写出来的作品如同号兵吹奏出来的号谱。我们战士爱读歌颂英雄人物的作品，就像爱听战斗的冲锋号一样。因为它能激发我们的斗志，鼓舞我们的信心，教育我们怎样当好革命的接班人……邵荃麟同志却主张文艺作品要写'中间人物'……这完全是对我们这个英雄辈出的伟大时代的诬蔑。"

《湖南文学》第2期发表季夷的评论《"写中间人物"论为什么应当彻底批判》，该文从辩证唯物主义和历史唯物主义的观点来批判邵荃麟。认为邵荃麟用形而上学的观点看不到社会的变化，"拿批判现实主义和自然主义一些特点来与邵荃麟同志的'写中间人物'理论相对照，就可以看出，邵荃麟同志的'写中间人物'理论实质上就是企图复活资产阶级的批判现实主义"。

《人民日报》发表公盾的文章《激动人心的战鼓——看话剧〈赤道战鼓〉》。

6日-8日，《光明日报》连载由李师斌等编写的京剧现代剧本《奇袭白虎团》，并于8日刊登山东省京剧团创作小组的创作谈《认真学习，精益求精》。

7日，中共中央作出《关于调整文化部领导问题的批复》，决定免去齐燕铭、夏衍、陈荒煤等在文化部的领导职务。

8日，《人民日报》摘要转载《解放日报》社论《促进革命现代戏曲的更大发展》。

9日,《人民日报》发表社论《戏剧舞台上的大好形势》,指出"革命的现代戏以崭新的面貌占领了京剧舞台","这些戏真正表现了新的社会主义时代的精神"。

11日,《文艺报》第4期发表李季的文章《心心向越南》、巴金的文章《三千万越南人民大踏步前进》、李基凯的文章《关于怎样写中间状态人物问题——用〈不能走那条路〉、〈年青的一代〉、〈千万不要忘记〉的成功经验驳"写中间人物"论》。李基凯解释文章的写作原由:经过半年多的激烈论战,广大读者对这次论战的性质和严重意义已经看得十分清楚,但是,在少数同志那里也还存在着一些疑问和误解。小说《不能走那条路》和话剧《年青的一代》、《千万不要忘记》,都成功地描写了中间状态的人物。它们有些什么经验?这些经验说明了什么?按照'中间人物'论能否写出这样成功的作品和中间状态的人物。我想通过对这三个作品的分析,一方面回答上述有些同志的疑问、误解,另一方面进一步揭露'写中间人物'论的反动本质。作者提出革命作家创作的作品必须是"正确反映阶级斗争,提出并回答重大的、有意义的社会问题"。"在这一点上'写中间人物'论者却另有一套观点。首先,他们总是力图引导作家和评论家离开阶级斗争的观点去描写和评价中间状态的人物……其次,'写中间人物'论者不仅不强调阶级斗争,相反却鼓吹阶级调和……第三,我们说,描写中间状态的人物的作品,不仅要提出问题,而且要按照正确的观点解决问题,鲜明地表现出社会主义思想对资本主义思想的必然胜利;而'写中间人物'论者却认为,作家在描写赖大嫂这类人物的时候可以只提出问题,不解决问题,可以不表示鲜明的态度。""中间状态的人物是可以写的。但是,可以写是一回事,要不要大力描写,这又是另一回事。'写中间人物'论的错误在于他反对创作先进人物、英雄人物,提倡大力描写所谓'中间人物',企图让'中间人物'占据文艺舞台的主导地位。这是方向、路线错误,我们必须坚决反对。我们的主张是,必须首先大力描写先进人物,让他们在文艺作品中占主导地位,在他们身上体现出无产阶级改造现实的伟大力量和革命理想的光辉。在这个前提下,正确描写中间状态的人物和其他各种各样的人物,是可以的,需要的。"

12日,《人民文学》4月号发表中国人民解放军海政文工团话剧团集体创作的7场话剧《赤道战鼓》。

13日,《人民日报》发表张志民的诗《南海女民兵》。

《中国青年报》发表社论《共青团组织要把知识青年下乡上山工作抓起来,抓到底!》

14日,《文学评论》第2期发表卜林扉的评论《谈〈战洪图〉的创作》;刘厚生的《〈代代红〉札记》;贾文昭的评论《创作光辉灿烂的新英雄形象——驳邵荃麟同志的"写中间人物"理论》,该文认为:文艺应该"歌颂新的时代,歌颂劳动人民","用英雄人物的光辉形象教育群众,为社会主义政治和经济基础服务","创造新英雄人物是一条宽广的道路","而邵荃麟同志所指引的这条旧现实主义的、创造'中间人物'的道路,不是一条反映现实的正路,而是一条歪曲现实的歧路;不是一条社会主义文艺的路,而是一条修正主义文艺的路。这是一条死路、绝路"。"邵荃麟同志在提倡'中间人物'的时候,大力强调的是要写'阴暗心理'、'旧的东西'和'几千年来个体农民的精神负担'……他所制造的'中间人物'这个极不科学的概念实际上是指的落后人物……倘若依了他的主张,让这样的落后人物在文艺领域居于主导的优势的地位,那就只能取消我们文艺指导现实的作用,取消我们文艺的社会主义、共产主义的思想内容,取消我们文艺以社会主义、共产主义思想教育人民的任务。这样一来,我们的文艺就丧失了革命性,蜕化为资本主义文艺;不成其为社会主义的上层建筑;它就不但不能兴无灭资,相反地要兴资灭无,不但不能成为革命的战斗的号角,走在时代前面召唤时代前进,相反地要落到时代的后面,拉着时代倒退。"

15日,《人民日报》发表郭沫若的诗《英雄民族不怕鬼》、吴岩的书评《革命英雄主义的书——介绍〈南方风暴〉和〈英雄的天空和海洋〉》。

17日,《解放军报》发表顾工的诗歌《革命凯歌在飞旋——赞南越的不朽英雄阮文追》。

20日,《剧本》第2期发表周正行等原著、上海人民艺术剧院话剧一团改编的四幕现代喜剧《一千零一天》。

21日,《人民日报》刊登郭小川的通讯《小将们在挑战——记中国乒乓球队》,此文被《解放军报》、《中国青年报》等多家报刊转载。

22日,中宣部发出《关于公开放映和批判影片〈林家铺子〉和〈不夜城〉的通知》。

《人民日报》发表曹禺的文章《欢迎日本话剧界的战友》。

24日,艺术局向文化部党组做关于1964年京剧现代戏会演后能否上演传统戏问题的情况汇报,认为马上推荐传统戏上演有些不大合拍。

《光明日报》发表顾工的诗《铁道兵来了》。

25日,《人民日报》发表由音乐舞蹈史诗《东方红》编导组编剧的音乐舞蹈剧《椰林怒火》。

26日,周作人在遗嘱中写道:"余今年已整八十岁,死无遗恨,姑留一言,以为身后治事之指针。吾死后即付火葬;或循例留骨灰,亦随便埋却。人死声销迹灭最是理想。余一生文字无足称道,惟暮年所译《希腊神话》是五十年来的心愿,识者当自知之。"他在两年后逝世。

27日,《新疆文学》第2期发表乌鲁木齐维吾尔族吐尔逊的《公社社员批判"写中间人物"的谬误》;龚景春的《"塑造普通人物"是"写中间人物"的翻版——批判小说〈司机的妻子〉及其讨论》,该文通过批判小说《司机的妻子》来批判"塑造普通人物"、"写中间人物"的观点。其中《司机的妻子》中春兰是作者的批判对象,通过对春兰形象的解剖,得出的结论是：江天的"塑造普通人物"论，和邵荃麟的"写中间人物"论如出一辙。"写中间人物"是资产阶级的文学主张，"塑造普通人物"也同样是资产阶级的货色，只是招牌不同而已。

29日，北京举行支持越南人民反美斗争诗歌朗诵会。

本月，王蒙下放伊犁哈萨克自治州"劳动锻炼"，被分配在伊宁县巴彦岱红旗公社二大队，与维吾尔族老农阿卜都热合曼一家实行"三同"（同吃、同住、同劳动），直至1971年。

胡天培与胡天亮合著的《山村新人》、李乔的《呼啸的山风》（《欢笑的金沙江》第3部）等长篇小说，郭澄清的短篇小说集《公社的人们》，由作家出版社出版。

王恺著、吕恩谊插图的中篇小说《水下阳光》，由中国青年出版社出版。

支援越南抗美斗争文艺节目"朗诵诗"《越南，我们和你在一起》，由作家出版社编辑出版。

报告文学集《全部歼灭》，由群众出版社编辑出版。

刘厚明的五幕话剧《箭杆河边》，翁偶虹和阿甲改编的《红灯记》、山东淄博市京剧团改编的《红嫂》等京剧，中国青年艺术剧院编剧的《海鸥》、赵金旺和吕翔编剧的《关不住的小老虎》等独幕话剧，由中国戏剧出版社出版。

《河南现代剧本选》（1964），由河南人民出版社编辑出版。

古典文艺理论译丛编辑委员会编的《古典文艺理论译丛》（第10册），由人民文学出版社出版。

《河北文学·戏剧增刊》第1号发表河北省话剧团集体创作、张仲朋执笔的5场话剧《青松岭》。

1965

五月

1日，北京人民艺术剧院在京演出话剧《天亮前后》（编剧陈宪武，导演苏民，主演王学然、朱旭等）、《草木皆兵》（集体创作剧本，导演夏淳，主演黄宗洛等）和《老觉》（编剧任宝贤，导演谈重，主演任宝贤等）。

《解放军文艺》5月号发表李瑛的诗《胜利的路》；国防话剧团集体创作的话剧《胜利在望》；冯德英的《〈女飞行员〉创作体会》。

《延河》5月号发表雁翼《柚子林里》（3首）、顾工《春天的气息》等诗。

《解放军报》发表顾工的诗歌《登上新建的油塔》和西虹的散文《铁水象红河一样奔流》。

3日，《人民日报》发表袁水拍的诗《尖桩和约翰逊》。

4日，《北京文艺》5月号发表端木蕻良《全世界人民行动起来》、浩然《把诗写在拳头上》等诗。

6日，《光明日报》发表郭沫若的《诗六首》。

8日，北京人民艺术剧院演出集体创作的话剧《仇恨的火焰》，导演欧阳山尊、蓝天野，主演蓝天野、朱旭、朱琳等。

10日，《文艺报》第4期刊载李季的诗歌《心心向越南》；巴金的文章《三千万越南人民大踏步前进》；李基凯的评论《关于怎样写中间状态人物问题——用〈不能走那条路〉、〈年青的一代〉、〈千万不要忘记〉的成功经验驳"写中间人物论"》。同期发表本刊评论员文章《英雄的时代，英雄的戏剧——祝贺华北区话剧歌剧观摩演出会的成就》，认为"社会主义革命和社会主义建设的现实生活"，"向革命的戏剧工作者提出了过去时代的戏剧家没有面临过的新课题——创造与旧时代一切传统观念相决裂的英雄的戏剧"。

11日，为纪念美国女作家史沫莱特逝世15周年，首都文艺界与在京的国际友人举行集会。

12日，《人民文学》5月号发表臧克家《越南，呵，英雄的越南》、张志民《围猎》、李瑛组诗《枣林村集》（包括《初进枣林村》《雪夜》《村头夜话》《去县城的大路上》）等诗；曹禺的政论《越南人民必胜》。

13日，《光明日报》发表郭沫若的诗《美国佬，滚回去！》及老舍的《诗三首》。

14日，文化部会议讨论恢复上演部分传统戏问题，决定由艺术局起草文件报中央审批。

《光明日报》发表浩然的诗《加勒比海的风暴》。

15日，《戏剧报》第4期发表社论《搞好"三结合"，坚持"三过硬"，创作更多的好作品》。与此同时，《电影艺术》第2期也发表社论《"三结合"是繁荣创作的好方法》。还有一些报刊也发表了不少提倡用"三结合"方法搞文艺创作的文章。

《电影文学》5月号发表专论《认真学习毛泽东文艺思想——纪念〈在延安文艺座谈会上的讲话〉发表23周年》。

16日，《人民日报》发表李瑛的诗《加勒比海的涛声》。

18日，《光明日报》发表李瑛的诗《寄战火中的越南》。

20日，《光明日报》发表林志浩的书评《新人物新思想的颂歌——读〈新人小说选〉》。

22日，《文汇报》"向京剧《沙家浜》学习"专栏发表《革命现代京剧〈沙家浜〉剧本修改评注》并加"编者按"。

22日-30日，毛泽东重上井冈山，其间作《水调歌头·重上井冈山》。

24日，《人民日报》发表李季的一组诗歌《愤怒的火花》。

1965 五月

25日，《收获》第3期发表袁水拍《南方颂》、朱德《柯庆施同志千古》、董必武《哭柯庆施同志》、陶铸《哭柯庆施同志》等诗；峻青的报告文学《春满一渡河》；胡采的评论《驳"写中间人物"》，该文开篇即否定了"写中间人物"主张：以邵荃麟同志为代表，提出了"写中间人物"的主张。实际上，他们所涉及的，不单单是人物问题，而是有关社会主义文艺方向的一系列重大原则问题。事实证明，他们对这一系列重大原则问题的意见，都是错误的……"写中间人物"论者，既然反对写工农兵英雄人物，即大力鼓吹要人们写他们所谓的"中间人物"，这就可见，他们不但直接背离了社会主义文艺方向的要求，而且从根本上否定了马克思列宁主义的美学理想。我们同他们的争论，是关系到社会主义文艺方向，马克思列宁主义美学原则，关系到文艺战线上两条道路的争论。文章最后说："作为一个资产阶级或小资产阶级的知识分子，不管参加革命迟早，都必须认真地进行思想改造，改造自己的阶级立场和世界观。"

26日，《解放军报》发表毛泽东手书《水调歌头·游泳》。

26日-6月25日，1965年华东区京剧现代戏观摩演出在上海举行，15个演出单位共演出24个大小剧目，大型剧目包括上海代表团的《南方战歌》、《南海长城》、《龙江颂》，山东代表团的《前沿人家》、《黎明的河边》，江苏代表团的《江姐》、《伏虎》，福建代表团的《红色少年》，安徽代表团的《丹枫岭》、《翠林春潮》，江西代表团的《大渡河》，浙江代表团的《花明山》等。中共中央华东局书记魏文伯作题为《一定要把戏剧的社会主义革命进行到底》的讲话（《戏剧报》第7期、《文汇报》6月19日均作全文刊发）。

27日，《解放军报》发表西虹的"越南通讯"《一条战壕里的战友》。

28日，《人民日报》发表李学鳌的诗《三月麦田夜》。

29日，《人民日报》发表宫玺的诗歌《兵站炊烟》；同日刊载苏南沅的文章《〈林家铺子〉是一部美化资产阶级的影片》，该文认为该片"掩盖阶级剥削，抹杀阶级矛盾"，"同社会主义革命唱反调"，"是两条道路斗争在文艺战线上的反映"。

《光明日报》、《解放军报》同时发表钟闻的文章《影片〈林家铺子〉必须批判》，该文认为《林家铺子》"同情和美化资产阶级"；"丑化店员形象，宣扬阶级合作"；"歪曲时代面貌"；"违反社会主义革命的需要"。同日的《光明日报》还发表关山和巴雨的文章《美化资本家，丑化工人阶级——批判影片〈林家铺子〉》。

《中国青年报》发表谢逢松的文章《电影〈林家铺子〉是一株美化资产阶级的毒草》，该文认为影片"为唯利是图的奸商涂脂抹粉"；"贩卖阶级调和论，宣扬劳资合作，丑化工人阶级"；"为资产阶级死亡唱挽歌"。

《文艺报》第5期发表老舍《好戏——看日本话剧团演出的〈郡上农民起义〉》、林雨《在实践中学习，在斗争中提高》以及王雪生和王果清《方向对头越写越好——谈林雨的短篇小说创作》等文章。

31日，《光明日报》发表吕启祥的文章《宣扬奴才哲学，鼓吹阶级合作——剖析影片〈林家铺子〉中的寿生》，该文认为寿生这一人物形象是"劳资合作的标本"，"影片关于寿生的全部描写，是一曲奴才哲学的赞歌"，所以，《林家铺子》是"阶级斗争的腐蚀剂"。

本月，文化部党组领导成员改组，肖望东任书记，石西民、颜金生任副书记。

陈登科著、朱曙征等插图的长篇小说《风雷》（第1部），由中国青年出版社出版。

苏群等人的短篇小说集《连根树》（工农通俗文库），由人民文学出版社上海分社出版。

短篇小说集《红色尖兵》，由作家出版社上海编辑所编辑出版。

蓝曼的长诗《坦克奔驰》，由作家出版社出版。

1965

杨植霖的诗集《两地集》，由青海人民出版社出版。

邹荻帆等的体育散文集《青春万岁》，由人民体育出版社编辑出版。

报告文学集《新人新风》，由群众出版社编辑出版。

陈耘的话剧剧本《年青的一代》，由上海文化出版社再版。该书列入"戏剧小丛书"，印数 1 – 13000 册。该剧 1963 年曾发表于《剧本》8 月号，获 1963 年文化部颁发的剧本创作奖。

莎色等的话剧《南方来信》、中国人民解放军海军政治部文工团话剧集体创作的 7 场话剧《赤道战鼓》（李恍等执笔），由中国戏剧出版社出版。

北京人民艺术剧院集体创作的十二场话剧《仇恨的火焰》，由北京出版社出版。

夏征农的论著《关于社会主义戏剧的创作问题》，由上海文化出版社出版。

贺宜的儿童文学集《刘文学》，由少年儿童出版社出版。

《儿童团的故事》，由中国少年儿童出版社编辑出版。

六月

1 日，《解放军文艺》6 月号发表张春熙的短篇小说《高山峻岭》、金敬迈的长篇小说《欧阳海之歌》（选载）；张志民的诗《我们准备好了》。《欧阳海之歌》取材于真实事件，歌颂了一位名叫欧阳海的解放军战士。1963 年 11 月 18 日凌晨，他所在部队出发野营训练的途中遇到 288 次旅客列车沿京广线北上，一头骡子因受惊而拖着炮架冲上铁轨。在即将发生脱轨事故时，欧阳海舍身将骡子连同炮架推下铁轨，自己则被列车撞成重伤后于当天不治身亡。小说《欧阳海之歌》通过艺术加工的形式重塑了这个真实人物，后成为全军和全民学习的榜样。小说中大量地借用了《毛泽东选集》和刘少奇《论共产党员修养》中的观点和语录，同时也创造了一批后来被广为流传的文革话语，诸如"活学活用，一用就灵"、"最伟大，最正确……"、"关键的关键是……"等。

3日，《人民日报》发表张东川的文章《京剧〈红灯记〉改编和创作的初步体会》，并配发"报刊文艺评论摘要"《上海报刊热情评论京剧〈红灯记〉》。

《光明日报》发表顾工的诗《水上练硬功》。

4日，《北京文艺》6月号发表浩然的诗《寄给多米尼加》。

5日，《湖南文学》第3期发表黄起衰等合作的文章《〈代理人〉宣扬了什么？——评康濯同志的短篇小说〈代理人〉》，该文章认为"1962年10月，康濯同志在《河北文学》上发表了《试论近年间的短篇小说》的文章，宣扬了邵荃麟同志提出的'写中间人物'和'现实主义深化'等资产阶级的文学主张。事实证明，康濯同志对于这一种主张并不满足于理论上的响应，还有创作上的实践。他所写的《代理人》就是个例子"。文章从"把社会主义的老区农村写成了'满天迷雾'，把贫下中农的革命力量说成是'星星之火'"，"把革命干部和贫下中农写得懵懵懂懂、离心离德，把人民内部矛盾写成党的领导和农民群众的对立"，"把阶级斗争写成两个'代理人'的对手赛，把'匿名信'当作解决阶级矛盾的关键"等方面得出结论：认为这篇小说是"'现实主义深化'理论的新实践，'揭露性文学'主张的再'试步'"。

6日，《工人日报》集中刊登郑楚华的《一棵歌颂资本家的毒草》等5篇批判柯灵编剧的影片《不夜城》的文章。

9日，《人民日报》发表周山的文章《谈影片〈林家铺子〉的几个问题》，文章着重对该片在表现30年代的中国革命"是'星火燎原'？还是'一桶污水'？"、林老板和劳动人民"是阶级压迫和剥削？还是各阶级共命运?"、影片歌颂的"是抗日统一战线？还是投降主义？"等问题对改编者夏衍进行批判。

《光明日报》发表郑择魁、蒋守谦的文章《改编〈林家铺子〉的真正意图何在?》，认为"夏衍改编《林家铺子》的真正的意图，是要为资产阶级涂脂抹粉，是反对无产阶级通过阶级斗争来消灭资产阶级，是为正在被消灭的资产阶级喊冤叫屈，是为了抗拒正在不断深入的社会主义革命，实际上是为资产阶级争取思想阵地，为资本主义在中国的复辟鸣锣开道。对此，我们必须进行无情地揭露和彻底地批判！"

10日，《山东文学》6月号发表文小耘《一部美化资产阶级的电影》、方永耀《寿生是个什么样的人》等评论对电影《林家铺子》的批判。

11日，《人民日报》发表邹荻帆的诗歌《锦绣淮南》。

《文艺报》第6号和《光明日报》发表胡可《电影〈林家铺子〉宣传了什么》和张天翼《评〈林家铺子〉的改编》等文章，批判夏衍改编的影片《林家铺子》。张天翼认为改编者写出了"资本家的'苦难'和'可怜'"，"是站在林老板这个小资产阶级一边的"。

12日，《人民文学》6月号发表峻青《春雷》、林微润《战斗的弓弦》等小说；丁一三《在英雄的越南》、韩北屏《战斗的风采》、茹志鹃《庄严的富士山》等散文。

《戏剧报》第5期发表社论《深入火热斗争，改造思想感情》和郭小川的《〈红灯记〉与文化革命》

13日，由上海舞蹈学校根据同名歌剧集体改编的大型芭蕾舞剧《白毛女》在第6届《上海之春》音乐会期间首次公演。

《人民日报》刊登胡可的文章《电影〈林家铺子〉宣传了什么》，认为"影片有意隐瞒剥削者和劳动人民之间的对立"，"竭力要观众相信：林老板这类资产阶级人物是很值得同情的，他们也和字幕里提到的劳动人民一样，是'处身在水深火热之中'的,是'苦难最深重的'。'三座大山'的重压,他们是首当其冲的。他们受到的压迫和剥削,比起无产阶级和劳动人民所受的压迫和剥削,是有过之而无不及的。他们和劳动人民实在是没有多少差别,有也只是'大贫'、'小贫'之差罢了。像这样一个受苦受难的值得同情的阶级,今天竟成了社会主义革命的对象,竟要永远地吃不成剥削饭,竟要被迫从历史舞台上消逝,岂不是太有点冤枉么?电影《林家铺子》宣传的就是这个思想内容"。

14日,《文学评论》第3期刊载的文章有:杨耀民的文章《反对美化资产阶级,反对阶级调和论——评影片〈林家铺子〉》,该文认为电影《林家铺子》是"一部坏影片,它美化了资产阶级,宣扬了阶级调和的思想,最近把它重新上映,展开批判,这是十分正确和必要的",而"社会主义的文艺将在同《林家铺子》之类的错误作品的斗争中日益发展、昌盛";卓如的文章《〈上海屋檐下〉是反对时代精神的作品》,认为"夏衍同志在《上海屋檐下》里所反映出的生活和思想,是当时的革命中的某些消极现实,是社会的落后阶层,是资产阶级的人性论和可耻的奴才哲学";李辉凡的文章《"现实主义深化论"的批判》,认为邵荃麟的"写中间人物"和"现实主义深化"是"相辅相成的理论","后者是前者的理论支柱,前者是后者所追求的目标。或者说前者是目的,后者是手段。其目的都是反对文艺为工农兵、为社会主义服务","邵荃麟同志对正在死亡的、衰朽的东西怀着'眷恋之情',把它们当作现实的东西,并且认为可以只写出'旧的东西',不加批判,'可以只提出问题,不解决问题,可以不表示鲜明的态度'……这就暴露了邵荃麟同志完全是站在和革命人民相反的立场上来看待现实性问题的。"最后作者指出,"邵荃麟同志反对我们文艺的革命性和革命浪漫主义,并不是偶然的,这是由他的根深蒂固的资产阶级世界观、文艺观决定的","邵荃麟同志实质上就是一个旧的资产阶级现实主义者"。

1965 六月

《中国青年报》发表杨姣明的文章《〈不夜城〉为资产阶级歌"功"颂"德"》。

15日,《电影文学》6月号发表关于电影《林家铺子》的讨论的一组文章:苏南沅《〈林家铺子〉是一部美化资产阶级的影片》(《青海湖》7月号转载该文)、望流《一部与社会主义革命唱反调的影片》、闻岩《批判电影〈林家铺子〉的改编思想》等文章。

16日,《光明日报》发表杨威《塑造革命烈士的崇高形象——话剧〈刘胡兰〉创作体会》。

《中国青年》第12期发表徐道生、陈文彩合著的革命故事《两个稻穗头》,《文汇报》9月10日刊载他们的《革命故事〈两个稻穗头〉的创作体会》一文。

17日,《光明日报》发表草明的文章《〈不夜城〉是为谁拍摄的?》

18日,《人民日报》摘录发表石英的小说《文明地狱》。

20日,《剧本》第2期发表中国人民解放军国防话剧团夏侯温的《向北方》,中国人民解放军国防话剧团集体创作、王奇执笔的《胜利在望》,北京部队某部干事高钦贤、陈振英的《向高峰前进》,太原市万柏林职工业余创作组集体创作的《俩师徒》,河北省黄骅县南大港农场业余文工团集体创作、梁宝章执笔的《让房》,太原市食品公司俱乐部集体创作的《我们都是同志》等独幕剧本。

26日,《人民日报》刊登各地报刊评论综述《〈不夜城〉歪曲了阶级和阶级斗争》,该文综合全国各报刊评论文章观点,认为影片《不夜城》"给资本家贴金"、"给工人脸上抹黑"、"歪曲和平改造政策和'五反'斗争"。文章对正在进行的讨论作了阶段性的总结。

27日,北京人民艺术剧院演出话剧《刚果风雷》,编剧英若诚、禾土、苏民,导演焦菊隐、夏淳、方绾德,主演英若诚、谢延宁、闫怀礼等。

30日，《人民日报》发表一组关于批判影片《不夜城》的文章：黎晨《〈不夜城〉挖的什么"宝贝"》、艺军《〈不夜城〉宣传资产阶级生活方式》、严子其《如何看待张文铮进步》。

本月，石英的中篇小说《文明地狱》，由作家出版社出版。

段荃法的短篇小说集《雪路》，由百花文艺出版社出版。

散文集《南方来信的收信人》，由百花文艺出版社编辑出版。

报告文学《伟大的国际主义战士白求恩》，由中国青年出版社编辑出版。

报告文学集《万里送牛》，由作家出版社编辑出版。

访越记事《战斗的越南》，由云南人民出版社编辑出版。

支援越南抗美斗争文艺节目"朗诵诗"《反美铜墙》，由作家出版社编辑出版。

解放军文艺丛书编辑部编的支援抗美斗争文艺节目独幕话剧集《胜利在望》，由中国戏剧出版社出版。

山东文学艺术界联合会编的《戏剧评论集》，由山东人民出版社出版。

《京剧〈红灯记〉评论集》，由中国戏剧出版社编辑出版。

七月

1日，《解放军文艺》7月号发表金敬迈的长篇小说《欧阳海之歌》（选载）、刘亚楼《横扫七百里》（《星火燎原》选载）等小说；萧华的诗《红军不怕远征难——为红军长征三十年而作》。同期还发表关于电影《林家铺子》的讨论综述——《一部美化资产阶级的坏影片》。

《中国青年》第13期发表王锡荣、李家禄合写的工厂史《血染三条石》（第四回节选）。

1965 七月

《长江文艺》7月号发表李德复的小说《红心一号》；宋文轩的《影片〈林家铺子〉必须批判》和武珞文的《电影〈林家铺子〉的反社会主义思想倾向》等评论；章明的数来宝《"士气问题"》。

《河北文学》7月号发表史峭石的诗《打！狠狠地打！》；王学昭的散文《山花烂漫》；刘永年、苏庆昌《光辉的英雄形象——评话剧〈战洪图〉丁震洪形象的塑造》，何中文《电影〈林家铺子〉的错误倾向》等评论。

《延河》7月号发表李瑛的诗《刻碑》。

1日-21日，华北区京剧革命现代戏观摩演出在太原举行。河北、山西、北京市和内蒙古自治区的12个演出团体1000多名京剧工作者参加了这次观摩演出会，共演出35台京剧和话剧剧目。这次观摩演出会演出的剧目，不仅题材范围相当广泛，而且多数戏关注重大题材，反映了重大的主题思想。黄志刚在开幕式上讲了话，李雪峰在闭幕式上讲话，黄志刚作了总结报告。北京京剧团演出了《杜鹃山》（裘盛戎、赵燕侠、马连良主演）和《南方来信》（李世济主演）；北京京剧二团演出了《越海插旗》（李元春主演）；北京市实验京剧团演出了《海棠峪》（李玉芙、岳惠玲、李崇善主演）。

1日-8月15日，广州举行中南区戏剧观摩演出大会，44个演出团体共演出了歌剧、话剧、京剧等19个剧种的51个现代戏，共约有3000人参加演出和观摩活动。其中的14个小戏在10月于北京进行了下乡节目汇报演出。陶铸在闭幕式上作题为《革命现代戏要迅速地全部地占领舞台》的总结报告（8月28日的《人民日报》、10月号《长江文艺》等分别刊载了"报告"的摘要）。

2日，《解放日报》发表罗荪的《震撼心魄的革命战鼓——看话剧〈赤道战鼓〉》。

3日，陶铸2月20日对观摩学习京剧《红灯记》的中南区戏剧界代表的讲话《一定要演好革命现代戏》发表于《羊城晚报》（原载第6期的《戏剧报》，7月29日的《人民日报》转载）。

《北京日报》发表李方的《回忆上海一家私营棉纺厂的"五反"斗争——驳电影〈不夜城〉对"五反"运动的歪曲》。

4日，《北京日报》发表何钟辛的《剥开美帝国主义的画皮——看话剧〈刚果风雷〉》。

《北京文艺》7月号发表瞿祖赓《"万一"师傅》、雷加《"钢铁队"在途中》（中篇小说的一章）等小说；刘厚明的特写《耕读小学的老师》，以及本刊记者的《不许美化资产阶级——商业职工座谈电影〈林家铺子〉、〈不夜城〉》。

5日，中国戏剧家协会上海分会邀请市戏剧界、文艺界人士50余人，同中国人民解放军海军政治部文工团话剧团负责人和编剧、主要演员等就话剧《赤道战鼓》举行座谈会。

《解放日报》发表唐克新的《宣扬阶级调和论和阶级投降主义的〈不夜城〉》。

《青海湖》第7期发表苏南沅的《〈林家铺子〉是一部美化资产阶级的影片》。

7日，《人民日报》发表关于批评影片《不夜城》的"各地报刊评论综述"——《揭穿资本家"勤俭起家"的谎言》。

《光明日报》转载黄起衰、周健明等人的《〈代理人〉宣扬了什么？——评康濯同志的短篇小说〈代理人〉》一文（原载《湖南文学》第3期）。

9日，《解放日报》发表本报评论员的文章《戏剧工作者要做世界革命的促进派——向话剧〈赤道战鼓〉学习》，认为"这出戏热情地歌颂了刚果（利）人民武装反抗美帝国主义侵略、争取民族解放的英勇斗争，犀利地揭露了美帝国主义打着联合国旗号侵略刚果（利）的罪恶活动。它对我国广大观众是一堂生动深刻的国际主义教育课，对刚果（利）人民的革命斗争是一个有力的支持。它是话剧革命化的一个样板"。

《解放军报》发表社论《建设一支非常无产阶级化非常战斗化的文艺队伍》。

10日,《人民日报》发表许姬传的文章《针针线线皆辛苦——谈〈红灯记〉的艺术处理》。该文认为"京剧《红灯记》被誉为京剧革命化的样板,这一评价确实是恰如其分的"。并从"通过革命行动树立英雄形象"、"'千斤白口'表达了阶级感情"、"刻画反面人物是为了突出英雄形象"、"警句·好腔·精雕"和"全体同志辛勤劳动的结果"几个方面进行了分析。

《解放军报》发表顾工的小小说《顺风》。

《北京日报》发表刘永年的《歪曲工人形象,宣扬阶级投降——评〈不夜城〉对工人的描写》。

《山东文学》7月号发表一组影评:于占德《除掉这株毒草——批判〈不夜城〉所散布的阶级调和论和"人性论"》、许家松《张文——形象的欺骗性》和张果夫《一个被美化了的资本家——评〈林家铺子〉中的林老板》。

《北方文学》7月号发表专论《京剧革命化的三件大事》,认为"如何把京剧革命推向前进,进行到底呢?在当前来说,最基本的工作是三件大事":一是"广泛开展工农兵群众的业余文艺创作,大写革命的现代戏剧本";二是"艺术的革新的创造";三是"文艺队伍的革命化"。而"最根本"的是"人的革命化,文艺工作者的革命化"问题。同期发表延泽民在黑龙江省文联召开的哈尔滨市工厂业余文学创作小组座谈会上的发言《为培养一支又红又专的年青文艺创作队伍而努力》,以及中国作家协会黑龙江分会的《立足本厂,为生产服务,坚持业余创作——哈尔滨第一工具厂萌芽文学创作小组业余文学活动的经验》等。

《星火》在停刊8个月后复刊,并在7月号上刊登《复刊词》。

12日,艺术局向文化部党组和中宣部书面汇报《1965年京剧现代戏会演筹备情况的几点意见》，提出拔尖的重点剧目还未落实，会演日期很难确定。

《人民日报》发表史峭石的报告文学《战士本色》。

《光明日报》发表题为《影片〈不夜城〉的错误应该彻底批判》的来稿综述。随后，《光明日报》便陆续发表一系列"观众对影片《不夜城》的反映"的批评文章。

《人民文学》7月号发表刘厚明《秋夜》、刘湛秋《热浪滚滚》、瞿祖赓《"万一"师傅》（1965年7月号《北京文艺》原载）、张恒《"儿童团长"》（1964年9月号《火花》原载）等短篇小说；王书怀《如火的农村》、严辰《油香千里》等诗歌；以及袁鹰《战友篇》、李赤《暴风雪之夜》、林青《呼玛河水哟》等散文作品。

13日，《光明日报》发表李瑛的诗《泗渡》。

《解放军报》发表西虹的"越南通讯"《烟尘飞扬》。

14日，《解放日报》发表应汉光《从〈林家铺子〉看夏衍同志的创作思想》、浦一冰《略辨"黑白、好歹、真伪"——谈影片〈林家铺子〉讨论中的几个问题》等文章。

15日，《人民日报》发表高粱的诗《乌干达抒情》；王士美的散文《在夏天的牧场上》。

《光明日报》发表赵自《给资本家隐恶扬"善"的〈不夜城〉》、闻于理《〈不夜城〉歪曲了无产阶级和资产阶级的矛盾》等文章。

《电影文学》7月号发表张仲明的电影文学剧本《青松岭》，同期发表关于电影《不夜城》的讨论文章：高鸿鹄《〈不夜城〉是一部反对社会主义革命的电影》、周舟等《对〈不夜城〉的反动思想必须严肃批判》。

16日，《中国青年》第14期发表王锡荣、李家禄合写的工厂史《血染三条石》（第八回节选）。

16日-8月16日，西北区话剧、歌剧、京剧现代戏观摩演出大会在兰州有力的支持。它是话剧革命化的一个样板"。

《解放军报》发表社论《建设一支非常无产阶级化非常战斗化的文艺队伍》。

10日,《人民日报》发表许姬传的文章《针针线线皆辛苦——谈〈红灯记〉的艺术处理》。该文认为"京剧《红灯记》被誉为京剧革命化的样板,这一评价确实是恰如其分的"。并从"通过革命行动树立英雄形象"、"'千斤白口'表达了阶级感情"、"刻画反面人物是为了突出英雄形象"、"警句·好腔·精雕"和"全体同志辛勤劳动的结果"几个方面进行了分析。

《解放军报》发表顾工的小小说《顺风》。

《北京日报》发表刘永年的《歪曲工人形象,宣扬阶级投降——评〈不夜城〉对工人的描写》。

《山东文学》7月号发表一组影评:于占德《除掉这株毒草——批判〈不夜城〉所散布的阶级调和论和"人性论"》、许家松《张文——形象的欺骗性》和张果夫《一个被美化了的资本家——评〈林家铺子〉中的林老板》。

《北方文学》7月号发表专论《京剧革命化的三件大事》,认为"如何把京剧革命推向前进,进行到底呢? 在当前来说,最基本的工作是三件大事":一是"广泛开展工农兵群众的业余文艺创作,大写革命的现代戏剧本";二是"艺术的革新的创造";三是"文艺队伍的革命化"。而"最根本"的是"人的革命化,文艺工作者的革命化"问题。同期发表延泽民在黑龙江省文联召开的哈尔滨市工厂业余文学创作小组座谈会上的发言《为培养一支又红又专的年青文艺创作队伍而努力》,以及中国作家协会黑龙江分会的《立足本厂,为生产服务,坚持业余创作——哈尔滨第一工具厂萌芽文学创作小组业余文学活动的经验》等。

《星火》在停刊8个月后复刊,并在7月号上刊登《复刊词》。

12日,艺术局向文化部党组和中宣部书面汇报《1965年京剧现代戏会演筹备情况的几点意见》，提出拔尖的重点剧目还未落实，会演日期很难确定。

《人民日报》发表史峭石的报告文学《战士本色》。

《光明日报》发表题为《影片〈不夜城〉的错误应该彻底批判》的来稿综述。随后，《光明日报》便陆续发表一系列"观众对影片《不夜城》的反映"的批评文章。

《人民文学》7月号发表刘厚明《秋夜》、刘湛秋《热浪滚滚》、瞿祖赓《"万一"师傅》（1965年7月号《北京文艺》原载）、张恒《"儿童团长"》（1964年9月号《火花》原载）等短篇小说；王书怀《如火的农村》、严辰《油香千里》等诗歌；以及袁鹰《战友篇》、李赤《暴风雪之夜》、林青《呼玛河水哟》等散文作品。

13日，《光明日报》发表李瑛的诗《泗渡》。

《解放军报》发表西虹的"越南通讯"《烟尘飞扬》。

14日，《解放日报》发表应汉光《从〈林家铺子〉看夏衍同志的创作思想》、浦一冰《略辨"黑白、好歹、真伪"——谈影片〈林家铺子〉讨论中的几个问题》等文章。

15日，《人民日报》发表高粱的诗《乌干达抒情》；王士美的散文《在夏天的牧场上》。

《光明日报》发表赵自《给资本家隐恶扬"善"的〈不夜城〉》、闻于理《〈不夜城〉歪曲了无产阶级和资产阶级的矛盾》等文章。

《电影文学》7月号发表张仲明的电影文学剧本《青松岭》，同期发表关于电影《不夜城》的讨论文章：高鸿鹄《〈不夜城〉是一部反对社会主义革命的电影》、周舟等《对〈不夜城〉的反动思想必须严肃批判》。

16日，《中国青年》第14期发表王锡荣、李家禄合写的工厂史《血染三条石》（第八回节选）。

16日－8月16日，西北区话剧、歌剧、京剧现代戏观摩演出大会在兰州举行。这是西北地区第一次全区性的现代戏观摩演出大会。参加这次观摩演出的有来自新疆、陕西、青海、宁夏、甘肃五省区和兰州部队的22个演出单位，9个民族的1400多个戏剧工作者。共演出37个剧目和一部分歌舞、说唱节目。这些作品大都是反映社会主义革命和社会主义建设斗争生活的，富有浓厚的民族色彩和地方色彩是这次会演的剧目的一个显著特色。9月号的《延河》发表文章《彻底把文艺工作重心转移到面向农村的轨道上来——西北地区现代戏观摩演出大会胜利闭幕》。

17日，《人民日报》发表王寅明的诗《背篓歌》。

《光明日报》发表卜林扉的文章《战斗吧，非洲！——评话剧〈刚果风雷〉》。

18日，毛泽东对美术教学中用模特儿的问题作了批示："男女老少裸体模特儿，是绘画和雕塑必需的基本功，不要不行。封建思想，加以禁止是不妥的。即使有些坏事出现也不要紧。为了艺术科学，不惜小有牺牲……"

《人民日报》发表顾工的短篇小说《翻江倒海的人》。

《解放日报》发表邢尔宾的《另一种战斗的胜利——影片〈霓虹灯下的哨兵〉观后》。

19日，《人民日报》发表张春熙的短篇小说《高山峻岭》。

21日，毛泽东在致陈毅的信中写道："诗要用形象思维，不能如散文那样直说，所以比、兴两法是不能不用的。赋也可以用，如杜甫之《北征》，可谓'敷陈其事而直言之也'，然其中也有比、兴。'比者，以彼物比此物也'，'兴者，先言他物以引起所咏之词也'。韩愈以文为诗；有些人说他完全不知诗，则未免太过，如《山石》、《衡岳》、《八月十五酬张功曹》之类，还是可以的。据此可以知为诗之不易。宋人多数不懂诗是要用形象思维的，一反唐人规律，所以味同嚼蜡。以上随便谈来，都是一些古典。要作今诗，则要用形象思维方法，反映阶级斗争与生产斗争，古典决不能要。但用白话写诗，几十年来，迄无成功。民歌中倒是有一些好的。将来趋势，很可能从民歌中吸取养料和形式，发展成为一套吸引广大读者的新体诗歌……"（毛泽东：《毛泽东书信选集》，第571－572页，中央文献出版社2003年版）

《人民日报》发表冯牧的评论《壮阔的波涛，滚滚的风雷——看话剧〈刚果风雷〉》。

《文艺报》第7期刊载署名为"《解放军文艺》编辑部"的文章《我们是怎样组织业余骨干作者队伍的》，详细阐述了《解放军文艺》编辑部在组织、培养青年业余作者方面的经验，并配发短评《学习解放军培养业余作者的经验》。记者左查的报道《蓬勃开展的上海农村新故事运动》。"新故事运动"是一种新型的、革命的、群众性的业余文学活动。在"编者按"中指出，"它从一开始，就成为社会主义思想战线上兴无灭资，生动地进行阶级教育的锐利武器，对三大革命运动起了有力的推动作用……作为社会主义时代的口头文学，它是最为群众喜闻乐见，又便于为群众所掌握、便于发挥群众创造性的文学新品种之一。"同期发表一组批判电影《不夜城》的文章：管大同的文章《为什么必须批判电影〈不夜城〉》认为，"电影《不夜城》的作者却站在资产阶级立场上，用资产阶级的阶级调和论的观点，美化资产阶级，宣扬阶级调和，严重歪曲了我国阶级斗争的历史真实，歪曲了党和国家对资本主义工商业进行社会主义改造的政策。它是统一战线方面投降主义在文学艺术上的表现。""电影《不夜城》正是有利于资本主义复辟而不利于社会主义的，我们必须对它进行严肃的批判。"以群的《宣传阶级投降主义的影片〈不夜城〉》一文认为，电影《不夜城》中"所有的描写和渲染，都无非想借着艺术形象的力量使人相信：资产阶级的内心深处原来就有一种美好的东西，只要把它发掘出来，就会促使他们自觉地改造自己，顺利地进入社会主义；人民政权根本不需要对他们加以限制和改造，自然更不需要对他们进行阶级斗争；而公私合营一经实现，生产资料所有制的社会主义改造一经完成，资产阶级就不再存在，自然也就不再需要无产阶级和资产阶级之间的阶级斗争。这实际上就是企图让资产阶级长期存在，要求无产阶级与资产阶级'和平共处'，宣传对资产阶级的投降主义。它与马克思列宁主义者对待资产阶级的立场、观点、态度和政策是完全对立的。"邵裕本、吴惠贤的《〈不夜城〉是为谁拍的》一文认为，"《不夜城》这部影片的害处，就在于它为资本家歌'功'颂'德'，麻痹我们工人阶级，让我们忘记阶级矛盾和阶级斗争。我们一定要撕破张伯韩（影片中的资本家形象）的假面具，彻底揭露和批判这部影片，把社会主义革命坚决进行到底！"同期还发表了邹荻帆的评论《战无不胜——纪录片〈在生产高潮中〉札记》。

22日，文化部发布《关于进一步加强〈毛泽东著作选读〉和毛主席著作单篇本出版工作的通知》，提出《选读》今年计划出版5000万部（册）。

23日，《解放日报》发表以群的文章《对谁有利？》，认为影片《不夜城》"千方百计地掩盖了资产阶级的剥削本质，回避了生动的阶级斗争的现实，为资产阶级臆造了不少美好的'品德'"，"它是一株需要严肃批判的毒草，而绝不是什么有'教育意义'的香花"。同期发表熊振斌《历史是一面镜子——〈不夜城〉怎样歪曲了"五反"斗争》和陆石《谈影片〈林家铺子〉的所谓艺术手法》等文章。

24日，《人民日报》发表李德复的文章《万紫千红才是春》（1956年3月号《长江文艺》原载）。

25日，《收获》第4期发表金敬迈的长篇小说《欧阳海之歌》；马力《传枪记》、刘安琪《秦登高》、刘振华《野菊花》、门海群《红柳》、谭谈《采石场上》、张书修《他仨》等短篇小说；杜宣的散文《朝鲜日记》；报告文学有何泽沛《斗天绣地音西人》、徐景贤《南泥湾人的后代》等。同期发表本刊编辑部专论《欢迎工农兵文艺评论》和陈鸣树的《更多更好地表现培养革命接班人的主题》等文章。

26日,《光明日报》发表胡经之的《阶级调和论的艺术标本——〈不夜城〉》,认为影片《不夜城》夸大了资产阶级同"三座大山"的矛盾,掩盖了无产阶级同资产阶级的矛盾;抹杀资产阶级同社会主义矛盾,取消无产阶级同资产阶级的斗争。

《解放日报》发表朱祖贻的《〈赤道战鼓〉是"三结合"的产物》。

26日-8月11日,文化部召开电影题材规划会议。周恩来总理到会作关于文艺方针和电影创作问题的讲话,并再次提出要拍摄艺术性纪录片,以便迅速反映社会主义时代,并促进创作人员深入生活,改造世界观。

27日,《人民日报》的"报刊文艺评论摘要"栏目发表《不断革新的京剧〈沙家浜〉》一文,文章指出:"北京京剧团的编、导、演,不因《芦荡火种》的声誉而停步不前,他们坚持京剧革命化的高标准,以不断革命的精神,反复修改,精益求精。在这次公演前,改名重排为《沙家浜》——'从历史真实出发,依据毛泽东同志的战略思想来提高剧本的思想内容,并且善于根据不同的生活题材,寻找最适当的艺术表现手段,从而做到了革命的政治内容和尽可能完美的艺术形式的统一。'"本期还发表了田间的"援越抗美诗三首"——《热血颂》。

《光明日报》发表顾工的短篇小说《追踪》。

《解放军报》发表陈毅的《赣南游击词》(作于1936年夏)。

28日,《光明日报》发表罗荣桓的革命回忆录《秋收起义与我军初创时期》(7月30日《人民日报》转载)。

30日,《光明日报》发表柳鸣九的文章《〈不夜城〉宣扬资产阶级生活方式》。

《北京日报》的"'背篓精神'赞"栏目发表林斤澜的文章《两封表扬信——学习"背篓精神"的故事之一》。

《新疆文学》7月号发表李幼容的诗《坎儿井》;尚久骖、吴云龙的6场话剧《战油田》（8月号连载）。

31日，《人民日报》发表张春熙的短篇小说《塔台北移》；陈明哲、高中午的报告文学《踏遍青山》。

《光明日报》发表郭沫若的诗《"红军不怕远征难"》，李瑛的诗《伟大的教诲记心中》。

《红旗》第8期发表郭沫若的《诗词十首》（包括《访瑞金》、《访井冈山》、《访南昌》）。

本月，再次召开全国电视台对外宣传会议，增加太原、武汉两家电视台。原来基础较好的"下马"电视台陆续恢复试验或转为正式播出。

朋斯克等人的短篇小说集《一场战斗》，由群众出版社出版。

林雨等人的短篇小说集《五十大关》，由作家出版社上海编辑所出版。

张志民的诗集《红旗颂》，由百花文艺出版社出版。

韩忆萍的诗集《走窑人的歌》，由北京出版社出版。

周梦蝶的诗集《还魂草》，由文星书店出版。

为庆祝中国乒乓球队在第28届世界乒乓球锦标赛中取得巨大胜利，人民体育出版社编辑出版了诗歌选《化雨春风功在党》。

支援越南抗美斗争诗歌集《献给你，战斗的越南》、《我们时刻准备着》，由百花文艺出版社编辑出版。

中越友好人民公社集体创作的散文集《我们和越南人民的战斗友谊》，由作家出版社出版。

《越南南方战斗故事》，由中国青年出版社编辑出版。

冯德英等编剧的五幕六场话剧《女飞行员》，由中国戏剧出版社出版。

八月

1日,《人民日报》发表周纲的诗两首《接过红旗向前走》。

《解放军文艺》8月号发表杨成武《飞夺泸定桥》、黄永胜《向井冈山进军》(《星火燎原》选载)等革命回忆录;章明的诗歌《野营二首》;肖玉(执笔)、姜大中的5场话剧《带兵的人》。

《河北文学》8月号发表曹世钦《歌颂充满热情的新生活——评王石祥的短诗集〈兵之歌〉》、李砚石《一部美化资产阶级的影片——谈影片〈不夜城〉》等文章。

《长江文艺》8月号发表陶铸1965年2月20日对观摩学习京剧《红灯记》的中南区戏剧界代表的讲话《一定要演好革命现代戏》。同期发表蒲霞《离开连队的前一天》、周贡生《铁塔歌》、朱运初《春雨夜》等小说;黄牧、何龄的报告文学《军队里的民兵》;张昆华的诗《高原风雪》;以及朱早弟的《不容许歪曲工人阶级形象》和武珞文的《电影〈不夜城〉歪曲了对民族资产阶级的社会主义改造》等文章。

《长春》第4期发表仲志成的7场京剧剧本《天天向上》,长春市京剧团改编的小型京剧《一路平安》,以及由创作组集体创作的小型京剧《带班》等。

《延河》8月号在"四好连队、五好战士、新人新事"征文选载栏目发表纪小城等的独幕话剧《刺刀见红》,张裕民、胡裕隆的独幕话剧《标兵班的风格》,以及兰州部队某部战士业余演出队9人话剧组集体创作的独幕话剧《谁看得准》等。

《草原》第4期发表内蒙古自治区文化局的文章《乌兰牧骑在毛泽东思

想照耀下前进》，大力号召向乌兰牧骑学习。

2日，《人民日报》发表宫玺的诗二首《授枪》。

《光明日报》发表卓如的文章《〈上海屋檐下〉是反映时代精神的作品》。

3日，《戏剧报》第7期发表魏文伯在1965年华东区京剧现代戏观摩演出开幕式上的讲话《一定要把戏剧的社会主义革命进行到底》；发表北京京剧团的《〈沙家浜〉修改过程中的一些体会》，该文章称，《沙家浜》修改过程中遇到的问题归结起来主要是两点："一是政治和艺术的关系，一是生活和传统的关系"。"从《芦荡火种》到《沙家浜》，最大的改动，是突出了武装斗争的作用"，"京剧《芦荡火种》在舞台艺术上的主要缺点是'陈旧'——旧的表现形式和革命的生活内容存在着矛盾……批判地继承传统的艺术表现形式，努力创新，使形式和内容尽可能达到完美地统一，成为《沙家浜》修改的主要奋斗目标"。同期，还发表李希凡的《毛泽东思想照亮了革命现代戏的创作——评京剧〈沙家浜〉再创造的成就》，该文章认为，广大观众不仅欢迎这出优秀的革命现代戏千锤百炼，日臻完美，更欢迎北京京剧团同志们的不断革命精神。"这种革命精神突出地表现在对剧本和演出的反复修改和不断锤炼上，也表现在他们在成就面前，并没有故步自封，停滞不前，而是以一分为二的态度，来不断提高这出戏的思想性和艺术性"。"《沙家浜》的'几次易稿，几次重排'，都得到了党的领导同志在创作上的具体帮助，以及虚心地听取了各方面群众的意见，因此应当说，《沙家浜》的成功，首先是创作上'三结合'的成功"。

4日，《北京文艺》8月号发表史峭石《脉搏》、宋英《练车》等小说；西虹的报告文学《大庆"王铁人"》。

5日，《湖南文学》第4期发表未央的报告文学《在阳光抚育下成长》，韦绶的《风雷烈火谱战歌——漫评大型舞剧〈风雷颂〉》。

《广西文艺》8月号发表秦兆阳的报告文学《路》；姚正康的评论《一株

具有浓烈毒性的毒草——〈不夜城〉》。

谢文杰的评论《影片〈林家铺子〉是怎样美化资产阶级的?》发表在8月号的《青海湖》上。

6日,《解放军报》发表杨成武的革命回忆录《飞夺泸定桥》。

《北京日报》发表林斤澜的《拿"黑油婆"——学习"背篓精神"的故事之二》。

7日,《光明日报》发表郭沫若的《颂瑞金》、《访赣州》等"诗词十九首"。

8日,《北京日报》发表林斤澜的《串地龙——学习"背篓精神"的故事之三》。

10日,《北方文学》8月号发表田师善《影片〈林家铺子〉宣扬了什么?》、彭定南《一部歪曲阶级斗争,美化资产阶级的影片——评电影〈不夜城〉》等文章。

12日,《人民文学》8月号刊载有张春熙《高山峻岭》(1965年6月号《解放军文艺》原载)、陈继光《目标》(原载1965年5月号《萌芽》)、邹仲平《提前量》(原载1965年6月号《解放军文艺》)等短篇小说;章明《"快三枪"比武》、干戈《兄弟连》、李欣《连队生活短歌》等诗歌和史峭石的散文《一颗红星头上戴》等。

13日,《人民日报》发表周鹤、温民法的诗三首《空军诗情》。

15日,《人民日报》发表阎东宾的文章《宣传阶级调和的影片〈不夜城〉》(《光明日报》、《解放日报》8月16日转载)。文章认为影片"宣传阶级调和,否认阶级斗争";"美化资本家家史,宣扬资产阶级生活方式";"丑化无产阶级,歪曲共产党员形象,抹杀无产阶级的领导作用"。并认为"《不夜城》的出现不是偶然的,它是无产阶级和资产阶级、社会主义和资本主义两条道路斗争的反映,是国际现代修正主义思潮和国内统一战线方面阶级投降主义的反映"。"为什么有些人看中这部影片，总想让它出笼呢？这是因为这部影片投合他们的脾胃，影片的思想内容是同他们的阶级投降主义思想一致的"。

《电影文学》8月号发表赛时礼的电影文学剧本《三进山城》。

16日，《羊城晚报》发表社论《鲜艳夺目，光彩照人——为中南区戏剧观摩演出大会欢庆丰收》。

20日，《北京日报》发表管桦为纪念抗日战争胜利20周年而作的短篇小说《夏俊梅》。

《剧本》第4期发表万川（执笔）、董晓华的6场话剧《红色工兵》，胡书锷、向彬人等的五幕话剧《电闪雷鸣》。

20日-9月14日，新疆维吾尔自治区举行歌舞现代戏观摩演出大会。

22日，南京举行革命故事创作交流会，《新华日报》为此发表评论员文章《开展群众性的讲革命故事活动》，并发表题为《运用革命故事形式，为政治和生产服务》的报道。

23日，《解放军报》发表杨成武的革命回忆录《层层火阵烧野牛》。

24日，《人民日报》发表张朴的短篇小说《我们的向导》；田间的诗《拿起武器来！——纪念抗日战争胜利20周年诗笺一束》。

《光明日报》发表碧野的特写《旗光闪闪》。

25日，上海人民艺术剧院话剧二团演出7场话剧《首战平型关》，编剧傅铎、白云亭，导演黄佐临、吴培远、李守荣。

27日，《北京日报》发表杨沫"为纪念抗日战争胜利20周年而作"的散文《素不相识的大娘》。

《文艺报》第8期发表《一代新人在成长——〈新人新作选〉序言》，署名"昆明部队政治部文化部"的《毛泽东思想哺育的文学新人》，湖北省黄陂县文化馆的《为农民办好刊物——我们是怎样办〈黄陂文艺〉的》，黄起衰等的《〈代理人〉宣传了什么——评康濯同志短篇小说〈代理人〉》一文（原载《湖南文学》1965年第3期）。同期发表"本刊评论员"文章《日新月异的戏剧舞台》，对革命现代戏的创作和演出进行了总结。认为"我国戏剧舞台上出现了一片大好形势。继今春的华北区话剧歌剧观摩演出会之后，近几个月来，又先后举行了东北区京剧现代戏观摩演出会、华东区京剧现代戏观摩演出会、中南区戏剧观摩演出大会及西北区话剧歌剧京剧现代戏观摩演出大会。短短的几个月里，5个大区相继举行了6次规模盛大的观摩演出，大小剧目达200多个，戏剧舞台上这种繁荣景象，在我国戏剧史上是空前的"。"这些观摩演出的成就，标志着我国舞台已经起了巨大的变化，出现了从未有过的新局面和新面貌：革命现代戏不仅占领了话剧、歌剧的舞台，也占领了戏曲特别是京剧的舞台；工农兵英雄人物成了舞台上的主人；舞台已经成为在兴无灭资斗争中向人民进行社会主义教育的阵地"。革命现代戏的创作"绝大部分是实行领导、专业人员、群众三结合的方式创作出来的"，都"努力表现社会主义的时代精神和火热的革命斗争，体现了戏剧艺术为工农兵服务、为社会主义服务的方向。其中反映社会主义革命和社会主义建设的剧目占大多数；置身于今天阶级斗争、生产斗争和科学实验中的先进人物，成批的走上舞台，列入了革命现代戏的英雄画廊"。"现代戏"问题的提出，可以追溯到1960年4月13日至29日文化部在京举行的现代题材戏曲观摩演出大会。会上文化部副部长齐燕铭提出"现代戏、传统剧、新编历史剧三者并举"。1963年8月29日至9月26日，文化部、中国剧协和北京市文化局联合召开首都"戏曲工作座谈会"，讨论进一步执行"百花齐放、推陈出新"的方针问题。周扬、林默涵在会上讲话，林默涵认为，剧目要丰富多样，传统戏、新编历史戏和现代戏要三者并重。这次会议之后，戏曲界逐渐增多了以反映现代革命斗争生活为题材的现代戏剧目。1963年12月25日至1964年1月22日，华东区话剧观摩演出在上海举行。1964年3月华东区话剧观摩演出剧目到北京汇报演出，同时上海京剧界开始大量排演现代剧。1964年6月5日至7月31日，全国京剧现代戏观摩演出大会在京举行，共有19个省市自治区的28个京剧团演出35个剧目。江青在7月的京剧会演人员座谈会上，发表了《谈京剧革命》的讲话。提出要"提倡革命的现代戏，要反映建国十五年来的现实生活，要在我们的戏曲舞台上塑造出当代的革命英雄形象来"。1964年《红旗》第12期就京剧现代戏观摩演出大会发表社论《文化战线上的一个大革命》指出："京剧改革是一件大事情。它不仅是一个文化革命，而且是一个社会革命。以这次在北京举行的京剧革命的现代戏观摩演出大会为开端的京剧改革，以及随之而来的戏剧、曲艺、电影、文学、音乐、舞蹈、美术等文学艺术各方面的进一步革命化，是我国文化思想领域里社会主义革命的一个重要组成部分。"从1964年到1965年，现代戏的创作和演出进入了一个高潮期。随之而来的是"文革"期间的革命样板戏。

28日，《人民日报》刊载陶铸1965年8月15日在中南区戏剧观摩演出大会上所作的报告（摘要）——《革命现代戏要迅速地全部地占领舞台》。认为这次会演解决了两个大问题："首先，通过会演，组成了一支包括编剧、导演、演员、音乐工作者和舞台美术工作者在内的有相当战斗力的演革命现代戏的队伍"；"其次，通过这次会演，我们有了一批自己创作的革命现代剧目"。陶铸在报告中指出："革命现代戏要占领舞台"，必须做到"政治与艺术的统一"，"更多地更高地塑造社会主义英雄人物形象"，并要注意"戏剧传统的继承和革新"。

30日，北京举行援越抗美诗歌朗诵会。

31日，《光明日报》发表田间的诗《风雷颂》，李英儒的《鬼窜》（长篇小说《大地春》其中一段）。

本月，李晓明、韩安庆合著的长篇小说《破晓记》，由作家出版社出版。

王杏元的长篇小说《绿竹村风云》（第1部），由人民文学出版社上海分社出版。

人民文学出版社上海分社出版"萌芽丛书",包括:胡宝华的《龙腾虎跃》、沙丙德的《绿色的田野》、黄知义的《蓝天展新翅》、王志忠的《前哨尖兵》、林雨的《刀尖》、孙肖平的《前站》、肖马的《哨音》等短篇小说集。

李学鳌的《太行炉火》、戚积广的《加热炉之歌》、王方成的《红色的铆钉》等诗集,由人民文学出版社上海分社出版。

诗集《给越南兄弟》,由北方文艺出版社编辑出版。

巴金的散文集《大寨行》,由山西人民出版社出版。

徐景贤的散文、报告文学集《生命似火》,由作家出版社上海编辑所出版。

贺青的杂文集《挑灯集》,由广东人民出版社出版。

承德专区话剧团集体创作的5场话剧《青松岭》(张仲朋执笔)、北京京剧团集体改编的京剧剧本《沙家浜》(汪曾祺、杨毓珉执笔),由中国戏剧出版社出版。

欧琳编剧的四幕七场话剧《奥依古丽》,由新疆人民出版社出版。

8月-10月,中国民间文艺研究会派董森、刘锡诚、才旺东久、洛布等到西藏的山南藏族聚居地区和错那县门巴族聚居地区进行民间文学调研,搜集的民间作品发表在《民间文学》杂志上。

九月

1日,《人民日报》发表何其芳的诗《不,不要这样的"和平"》。

《解放军文艺》9月号发表萧华的《胜利之本是兵民》、顾工的《大海的欢呼》等诗;张永枚的独幕歌剧《红松店》。

1965 九月

《长江文艺》9月号发表章明《他是第一堵挡风的墙——守岛战士赞歌》、张新民《雨夜》等诗；李德复的创作随笔《努力塑造社会主义时代的英雄形象》。

《河北文学》发表梁斌《红旗与枪》、冯志《地道战》等小说；田间的对口词《炸》。

《延河》9月号发表青勃的诗《毛主席派来医疗队》；兰州部队业余九人话剧组《我们是怎样创作小话剧的》、《观众是我们的老师》；胡裕隆、张裕民的文章《我们怎样创作〈标兵班的风格〉》。

1日-10月10日，西南区戏剧观摩演出大会在成都举行。参加这次演出的有四川、云南、贵州三省的30个表演团体、1700多个戏剧工作者，共演出大、小剧目75个，其中中、小型剧目占60%以上。

3日，《北京日报》发表林斤澜的文章《吆喝——学习"背篓精神"的故事之四》。

《戏剧报》第8期刊载陶铸8月15日在中南区戏剧观摩演出大会闭幕式上的总结报告（摘要）《革命现代戏要迅速地全部地占领舞台》，以及石乐、冰夫《战士豪情，时代颂歌——试评话剧〈英雄工兵〉》，赵寰《光辉的工人阶级英雄形象——推荐好戏〈电闪雷鸣〉》等文章。

3日起，中国京剧院、北京京剧团等首都的话剧和戏曲演出单位为庆祝抗战胜利20周年，重新公演了京剧《红灯记》、《沙家浜》、《节振国》，话剧《首战平型关》和《同志，你走错了路！》等反映抗日战争的优秀剧目。

4日，《解放军报》发表叶剑英的诗《战胜日本帝国主义二十周年》。

《北京文艺》9月号发表李英儒的小说《攻心战》（长篇小说《大地春》中的一章）。

5日，《萌芽》第9期发表李瑛的诗《枣林村集》。

《广西文艺》9月号发表魏巍的诗歌《伏击》、柯仲平的诗歌《告同志》；

孙犁的散文《村落战》。

《青海湖》第9期发表顾工的叙事诗《花香、奶香在飘漾》。

6日，首都文艺界整风结束后，文化部党组拟定《关于当前文化工作中若干问题向中央的汇报提纲》。在文化部9日–27日召开的全国文化厅（局）长会议上传达了这份《汇报提纲》。

7日，《人民日报》发表关山月《致拉萨》、崔永昌《走不完的幸福道》等诗。

9日，《人民日报》发表凤子的文章《话剧舞台上的一支新军——看新疆歌舞话剧院的〈战油田〉》。

10日，《北方文学》9月号发表发表邵子南《地雷阵》、孙犁《芦花荡——白洋淀纪事之一》等小说；专论《以毛泽东思想培养青年业余文艺创作队伍》。

11日，《光明日报》发表袁鹰的特写《金缕鞋》。

12日，《人民文学》9月号发表李英儒《敢叫敌血染刀红》、吴强《首战》、菡子《并非遥远的岁月》、阮章竞《清晨的凯歌》等小说；袁水拍的诗《献给越南人民》，并在"抗战诗抄"栏目发表田间《笑呵！》、陈山《八十大寿半餐饭》、邢野《无数的人们》、方冰《封锁沟》、曼晴《母亲》、青松《西征东战》等诗；冯之丹、罗尔庄的报告文学《永灵，向你致敬！》。

15日，《人民日报》发表河北省承德专署文教局的文章《在革命化的道路上前进——承德专区话剧团是怎样把话剧送到农村的》，并配发文艺短评《让话剧在农村中扎根》。

16日，《解放军报》发表评论员文章《革命传统精神万岁——祝贺话剧〈英雄工兵〉的创作和演出》，指出："《英雄工兵》是一个好戏。是一个突出政治的戏，是一个充满着时代精神的戏，是思想性、艺术性很强的戏，是我军近年来话剧艺术中有所发展、有所提高、有所创新的戏。"

1965 九月

《天津日报》发表冯志的长篇小说《地下游击队》的同名节选章节。

17日,《人民日报》发表方鸿琪的文章《柬埔寨找水散记》;李瑞环的书评《像阮文追那样生活、工作、斗争——读〈像他那样生活〉》。

18日,《人民日报》发表邹荻帆的诗《寄给越南的"祖国铜墙"》;孙犁《烈士陵园》、菡子《小竹叶儿》等散文。

19日,《人民日报》发表一组题为《把更多的小型革命现代戏送到农村去——介绍中南区戏剧观摩下乡节目汇报演出队的演出》的文章,并加了编者按。

20日,《解放军报》发表辛冶的剧评《一生革命,四海为家——话剧〈英雄工兵〉观后感》。

《戏剧报》第9期发表评论员文章《把好戏送到农村去》,文章指出:"总的说来,全国各地戏剧工作者把好戏送到农村去,正在取得一个接一个的新成就、新经验。这是因为我们戏剧队伍,在党的领导下,在社会主义教育运动中,进一步明确了文艺为工农兵服务、为社会主义服务的方向。"秦牧的《小型革命现代戏的巨澜》一文指出:"小型革命现代戏,在中南会演中不仅占的比重大,而且,引起的反应是异常强烈的。它们有的以风格新颖,妙趣横生胜;有的以凝练精粹,强烈感人胜;而戏小意深,载歌载舞,既有强烈生活气息,又保持戏曲特点,则几乎是这些受到热烈欢迎的短小戏曲共通的优点。"同期发表李伯钊《戏剧战线上的新成就——赞一九六五年西北地区现代戏观摩演出大会》、万川《主题的形成和体现——〈英雄工兵〉创作中的一点体会》、林元《熊熊烈火,滚滚风雪——谈话剧〈刚果风雷〉》等文章。

《新疆文学》9月号发表林枫、梁鸣达的报告文学《戈壁滩上人造河》。

22日,《人民日报》发表一组题为《连队指导员笔谈话剧〈英雄工兵〉》的文章;以及沈容的文章《农民喜爱小型革命现代戏》。

《解放军报》刊登《欢呼戏剧革命的新成果——中南区戏剧观摩下乡节

目汇报演出剪辑》。

23日,《光明日报》发表赵寻的文章《小戏大有可为》。

保定电影胶片厂正式投产。

25日,《人民日报》报道《百万知识青年下乡上山成为新型农民》,文章称"农村是一个广阔的天地,在那里是可以大有作为的"。当日的《人民日报》还发表由李果仁根据柯蓝的短篇小说《三打铜锣》改编的"花鼓戏"《打铜锣》。

《文艺报》第9期发表姚文元的文章《向革命故事学习》,要求文学工作者从讲革命故事的群众运动中,学习以下四点:一、"学习革命故事鲜明地反映社会主义现实生活,学习它密切配合政治任务、针对活思想,敏锐地、有的放矢地反映社会生活中新事物和火热斗争的特点";二、"学习革命故事全心全意为工农兵服务,特别是为五亿农民服务的精神";三、"学习革命故事的新文风,学习革命故事群众化、民族化的艺术形式和艺术语言";四、"学习新故事创作走群众路线和三结合的创作方式,进一步同工农兵结合,减少创作中的主观主义"。本期《文艺报》还以"发扬革命精神,继承战斗传统"为题,笔谈"纪念伟大抗日战争胜利20周年电影展览",电影界著名人士崔嵬、严寄洲、田华、赵子岳、曹欣、冯其庸、光未然都有文章参加笔谈。以群的文章电影评论《非洲大地起风雷——〈刚果风雷〉观后》、胡绪曾《一部富有教育意义的小说——〈风雷〉读后感》、赵寻《数风流人物,还看今朝——中南区戏剧观摩演出学习笔记》等文章也同期发表。

《收获》第5期发表河田的《丹心谱》、雪克的《在困难的时刻》等小说;闻捷的《伐木烧炭歌》、史峭石《练兵场诗抄》等诗;峻青的报告文学《张永生》;杨成武的革命斗争回忆录《"名将之花"凋谢在太行山上》。

27日,《人民日报》登载汉中专署文教局的《上山下乡,让新歌剧为农民服务——陕西省汉中歌剧团的发展道路》一文,并配发文艺短评《一根藤

1965 九月

上结不出两样瓜》。

29日,《人民日报》发表胡乔木的《诗词二十九首》(9月30日的《光明日报》转载)。

《新疆文学》10月号发表田间《白雪与红花》、李幼容《欢唱火车进天山》等诗;碧野的散文《怀念与祝福》。

30日,《文学评论》第4期发表吴子敏、蔡葵的《评〈风雷〉》,范之麟《试谈〈艳阳天〉的思想艺术特色》,闻起的《美化和歌颂资产阶级的影片〈不夜城〉》,崔加瑞的《不许给资本家涂脂抹粉——批判电影〈不夜城〉》,冯沅君的《怎样看待〈窦娥冤〉及其改编本》,谢冕的《一本有特色的新诗选集——读〈朗诵诗选〉》等文章。

《剧本》第3号增刊——《小型现代戏曲剧本专号》,发表10个小型戏曲剧本。

本月,林晞的长篇小说《古城春色》,陈勇等著、范一辛插图的中篇小说《天亮之前》,由人民文学出版社出版。

贺政明的长篇小说《玉泉喷绿》(下册),由作家出版社出版。

短篇小说集《在公社大道上》,由春风文艺出版社编辑出版。

人民文学出版社上海分社出版"萌芽丛书":包括李德复的《高高的山上》、朱良仪的《海猎》等短篇小说集。

黎汝清等的速写、散文、小说合集《碧海红霞》,由群众出版社出版。

中国人民解放军新疆军区政治部文化部等编的小说、散文集《神枪手和万里云》,中国作家协会新疆维吾尔自治区分会、新疆人民出版社编的散文、报告文学集《戈壁水长流》,中国人民解放军新疆军区政治部编的报告文学《毛主席的战士最听党的话》等,由新疆人民出版社出版。

《资本家的罪恶——工人家史选》,由少年儿童出版社编辑出版。

姚文元的论集《在前进的道路上》,由人民文学出版社上海分社出版。

河北省话剧院集体讨论、鲁速执笔的七场话剧《战洪图》,由中国戏剧出版社出版。

〔朝鲜〕杨载春等的朝鲜报告文学集《千里马时代的史诗》,沈仪琳等译,由作家出版社出版。

十月

1日,由八一电影制片厂、北京电影制片厂和中央新闻纪录电影制片厂联合摄制的彩色舞台艺术片《东方红》在全国正式上映。

《解放军文艺》发表章明的报告文学《毛泽东思想的凯歌——记8月6日海上歼灭战》。

《长江文艺》10月号刊载李德复的《两个年轻人》、易仕先的《山里妇女》等小说;吕西凡的独幕话剧《春雨》;陶铸在中南区戏剧观摩演出大会上所作的总结报告(摘要)《革命现代戏要迅速地全部地占领舞台》。

《长春》第5期发表李占学的《老犁手》、李树森的《乐大嫂》和黄霈的《新村红旗谱》等诗;路丁的8场京剧剧本《烽火桥头》。

4日,《北京文艺》10月号发表李学鳌的诗《电井之歌》;杨沫的《徐文东和南韩继人》、浩然的《北市人迈开了大步》等报告文学;林斤澜的散文《"背篓精神"开新花》。

5日,《广西文艺》10月号发表张永枚的独幕歌剧《红松店》。

《四川文学》10月号发表李铁雁的中篇小说连载《孔雀飞来》;徐光东执笔的7场话剧《奴隶之歌》。

《光明日报》发表黎明起的文章《英雄铁臂绣新图——看艺术性纪录片〈军垦战歌〉随笔》。

《中国青年报》发表许岱的故事《三下桑园赎马记》。

6日，《解放日报》发表顾工的散文《战斗的海岛》。

7日，《人民日报》日报发表《龙腾虎跃的连队生活赞歌——北京军区装甲兵某部战士座谈兰州部队演出队演出的五个小话剧》一文。在"编者按"中指出："最近，中国人民解放军兰州部队演出队带了一组小话剧（计有《刺刀见红》、《先别肯定》、《驾驶执照》、《球衣问题》、《灵活处理》等5个剧目），来首都作汇报演出，获得广大观众的好评。本报邀请北京军区装甲兵某部战士就这组小戏进行了座谈，这里发表的是他们的发言摘要。"文章对这组小话剧从"反映了朝气蓬勃的连队生活"、"生动的形象、有益的启发"、"新鲜活泼的表现形式"几方面给予了肯定。同期还发表了景孤血的剧评《传统表演技巧的继承和革新——从〈游乡〉〈补锅〉〈借牛〉谈起》，认为《游乡》、《补锅》、《借牛》这些中南区来京演出的小戏，"在批判地继承、革新传统方面给我们提供了不少的范例，也给了我们不少的启发"。

《光明日报》发表关振东的诗《在大堤上》。关振东（1928-），广东阳江人。1949年参加革命，一直从事新闻出版工作。曾任《南方日报》文艺部主任，《南方周末》报主编，《共鸣》杂志总编辑，《炎黄世界》杂志社执行社长。50年代开始发表作品，出版有新诗集《五岭笙歌》、《流霞》，诗词集《游心集》，传记文学《情满关山——关山月传》等。

8日，《解放日报》发表上海文化出版社的报道《坚持走革命化的道路——关于〈故事会〉的编辑工作》。

《羊城晚报》发表陈残云的《给几位年轻读者的信》。

9日，《光明日报》发表孙光萱、吴欢章的诗评《不灭的革命激情——读李学鳌的诗集〈太行炉火〉》。

11日，《解放日报》发表闻潮的《这是什么样的"爱"？——批判电影中的"人性论"之一》，文章认为《北国江南》、《早春二月》、《林家铺子》、

《不夜城》等四部影片的共同特点是"美化资产阶级,丑化无产阶级;歌颂资本主义,反对社会主义","批判四部影片,揭露了资产阶级'爱的呓语'的反动本质,证明了人性论的又一次破产"。

12日,《中国青年报》发表刘伯承的革命回忆录《回顾长征》。

《人民日报》发表曹禺的《文艺战线上的尖刀——看兰州部队某部业余9人话剧组演出的小话剧有感》,文章指出,"小话剧和戏曲小戏一样,是使革命文艺能够普及的一个重要形式。我们要多写、多演革命的小话剧与小戏。兰州部队某部业余9人演出组的小话剧,给我们提供了一个很好的榜样"。同期发表吴启文的文章《话剧〈英雄工兵〉的思想艺术特色》。

《人民文学》10月号发表林雨的《政治连长》、管桦的《高飞的鹰》、柯蓝的《钥匙》、刘国华的《指挥》、吴军的《密林中的路》等短篇小说;巴金的《美国飞贼们的下场——答越南南方诗人江南同志(一)》、唐克新《红宝石是怎样放出光芒来的——记上海钟表原件厂试制手表钻眼游丝的战斗》、柴真《女队"翻身"记》等报告文学。

《光明日报》发表李瑛的诗《给一个战士演奏者》。

13日,《解放军报》发表西虹、张炳新的"越南通讯"《胜利之源》。

《人民日报》发表曹欣的影评《平沙莽莽变绿洲——艺术性纪录片〈军垦战歌〉观后》。

14日,《人民日报》发表报道《西南话剧地方戏观摩演出获新成就》,称川剧艺术在反映革命现代生活方面显示新的生命力。

《光明日报》发表田间的诗《红羊角——给山中牧羊人》。

15日,《解放日报》发表顾洪年的报告文学《李军医养狗》。

《电影文学》10月号发表浩然、杨汝雁的电影文学剧本《艳阳天》。

16日,《人民日报》发表关振东的诗《南海铜墙》,郁琛、马中彬、高原的报告文学《一场漂亮的海上歼灭战》。

1965年 十月

18日，《人民日报》发表彭介凡的诗《飞在大风大浪里》，蒋荫安的影评《苦根上开出的革命花——谈影片〈苦菜花〉中的母亲的形象》。

19日，《人民日报》发表署名"中国戏曲研究院评论组"的《富于时代特色的小喜剧——从中南区戏剧观摩演出下乡节目谈起》一文。文章指出："近来，在革命现代戏运动中，掀起了小戏演出的热潮，一批优秀的小型革命现代戏在各大区会演中涌现"，"这次各地大量出现的小戏有一个鲜明的特点，就是反映人民内部矛盾的多，喜剧多"。"中南区的小戏，也和全国各大区的小戏一样，在用喜剧形式反映社会主义时代人物内部矛盾上进行了很多探索，做出了很多成绩。这是有创造性的工作，是很宝贵的。"

《光明日报》发表郭朝绪的评论《为无产阶级革命英雄塑像——读长篇小说〈欧阳海之歌〉》。

《内蒙古日报》发表巴图宝音的短篇小说《抗联爸爸》。

20日，《戏剧报》第10期发表评论员文章《进一步开展农村业余戏剧活动》，指出："要以社会主义戏剧去占领农村戏剧阵地，一方面要依靠专业的戏剧工作者上山下乡，为农民演出新戏；另一方面还要依靠农村业余戏剧活动参加者，在本乡本土，开展业余戏剧活动。""从一些业余演出队的成功经验看来，要把业余戏剧活动开展好，最重要的一条就是要突出政治，以阶级斗争为纲，一切都为三大革命运动服务。"同期发表刘厚生《千朵山花红烂漫——西南小戏观摩学习札记》、凤子《凯歌声赞大庆人——看中国青年艺术剧院演出的话剧〈石油凯歌〉》、阳友鹤《漫谈戏曲表演艺术的继承与革新——中南区戏剧会演观摩散记》等文章。

《解放日报》发表方泽生《〈不夜城〉表现了民族资产阶级的两面性吗？》、闻潮《虚伪的"良心转变论"——批判电影中的"人性论"之二》等文章。

《剧本》第5期发表由"兰州部队某部业余九人话剧组"修改和演出的

小话剧《先别肯定》、小小剧《球衣问题》，以及参加西南区话剧、地方戏观摩演出大会的独幕话剧《好帮手》、《两个理发员》。

21日，《人民日报》发表顾工的诗《森林在呼啸》；萧华为《志愿军英雄颂》一书作的"序"——《最勇敢的人，最聪明的人》。

22日，《人民日报》发表林雨的短篇小说《政治连长》。

《文汇报》发表吴欢章、孙光萱的文章《歌唱工人阶级的革命精神——评工人作者王方武、戚积广的诗歌创作》。

23日，《中国青年报》发表邓颖超的革命回忆录《红军不怕远征难》。

《人民日报》发表报道《在和农民结合的道路上——记安徽省坠子剧团在淮北农村》、《改造了思想，提高了艺术——中南区来京汇报演出的部分演员座谈下乡体会》。

《光明日报》发表浩然的文章《寄农村读者——谈谈〈艳阳天〉的写作》。

25日，《人民日报》发表郭沫若的诗《十五年》。

26日，熊佛西在上海病逝，享年65岁。欧阳予倩曾评价说："如其说田汉是南方剧坛的权威，则熊佛西氏便是北方剧坛的泰斗了。"（欧阳予倩：《〈近代戏剧选〉序》，上海一流书店1942年版）在中国现代话剧发展史上，熊佛西是杰出的戏剧教育家，也是著名的剧作家、戏剧活动家。"从五四时期到60年代，熊佛西忠诚地献身祖国的戏剧事业，在话剧园地上辛勤地耕耘将近半个世纪。他兴办戏剧教育，亲执教鞭，培养了大批新型的话剧人才；他以大量独幕剧和多幕剧创作闻名中外；他的戏剧活动，组成了我国话剧史上不可分割的一部分，尤其在我国现代话剧的形成时期，他的戏剧思想对戏剧界产生过很大影响。"（丁罗男：《熊佛西戏剧思想简论》，见《现代戏剧家熊佛西》第53页，中国戏剧出版社1985年版）

《人民日报》发表吴伯箫的散文《天下第一山》。

《光明日报》刊登专栏《大勇大智，杀敌制胜——读〈志愿军英雄颂〉》。

27日，《人民日报》发表"海军政治部文工团话剧团"的文章《用革命文艺支援世界人民革命斗争——话剧〈赤道战鼓〉是怎样创作和演出的》。

30日，《文艺报》第10期发表评论员文章《欢呼小型革命现代戏的新成就》，指出："中南区戏剧观摩下乡节目汇报演出队来京演出的这批小戏，是具有崭新的思想、崭新的形象和崭新的艺术形式的好戏，也是适宜于面向农村的好戏"，"我们热烈地欢呼将有更多更好的小型革命现代戏送到农村去！"本期还发表记者薛海的《与工农后结合是编辑工作革命化的根本途径——上海文化出版社编辑〈故事会〉丛刊的经验》，李希凡的《艺术的鼓舞力量从哪里来——谈部队短篇小说革命现实主义和革命浪漫主义相结合的创作方法的新成就》，以及艾耶《毛泽东思想哺育下的英雄工兵》、谢清《赞兄弟民族文艺新军成长——话剧〈战油田〉观后》、范子保《谈〈风雷〉对农村阶级斗争的描写》等文章。

《解放军报》发表《一心为革命——济南部队装甲兵某部工兵一连班长、烈士王杰日记摘抄》（《人民日报》10月31日–11月2日转载），并加有编者按。

本月，《光明日报》、《解放日报》、《北京文艺》、《羊城晚报》等报刊纷纷发表关于发展业余创作、培养文学新人的报道和经验文章。

10月号的《边疆文艺》发表张子坚的报告文学《老孙的外号》、昆明部队政治部文化部的《毛泽东思想哺育的文学新人》等文章。

陈登科的长篇小说《雄鹰》、郭澄清的中篇小说《社迷传》，由中国青年出版社出版。

张行著、杨胜荣插图的长篇小说《武陵山下》（上下册），由湖南人民出版社出版。

张枫的中篇小说《珠碧江边》，由广东人民出版社出版。

胡万春的短篇小说集《家庭问题》，由作家出版社上海编辑所出版。

魏钢焰的诗集《灯海曲》，由东风文艺出版社出版。

金玉廷的诗集《我是人民宣传员》，由春风文艺出版社出版。

英若成等编剧的6幕话剧《刚果风雷》，杨威、郭健执笔的8场话剧《刘胡兰》，刘佳编剧的8场话剧《山村花正红》，魏敏等编剧的5幕话剧《代代红》等由中国戏剧出版社出版。

《河南现代剧作选（1965）》（上集），由河南人民出版社编辑出版。

中国戏剧家协会编的《京剧〈沙家浜〉评论集》，由中国戏剧出版社出版。

上海文化出版社编辑的创作方法谈《小戏创作的经验和体会》，由上海文化出版社出版。

中国民间文艺研究会编、郁青插图的《现代革命故事选》，由人民文学出版社出版，内收《第一支军号》、《女八路夺枪》等。

十一月

1日，《光明日报》、《解放日报》转载《一心为革命——济南部队装甲兵某部工兵一连班长、烈士王杰日记摘抄》，并加编者按。

《长江文艺》11月号发表李北桂《红姑娘》、孙樵声《种子》等小说；杨渡的诗《南海凯歌》；李明印的独幕话剧《月英上任》。

《甘肃文艺》11月号发表甘肃省歌剧团集体创作的歌剧《向阳川》。

2日，《光明日报》发表丁继松的短篇小说《冰凌花》。

4日，《人民日报》发表李瑛的诗《山野的战歌》；李琦的报告文学《新婆媳》。

《解放日报》发表菡子的散文《下丁家散记》。

11月号的《北京文艺》开始连载浩然的长篇小说《艳阳天》第二、三卷。

4日、18日和25日,《天津日报》发表梁斌反映抗日战争的长篇小说《邻家》前三章。这部书稿只完成了八章,其余五章在"文革"中散失。

5日,《人民日报》发表冯其庸的评论《大庆精神的赞歌——话剧〈石油凯歌〉观后》、王传伟《歌剧战线上的新收获——看甘肃省歌剧团演出的〈向阳川〉》等文章。

《湖南文学》11月号发表柯蓝的短篇小说《新竹出土节节高》;梁冰《工人阶级英雄形象的颂歌——谈话剧〈电闪雷鸣〉》、徐叔华的《妙趣横生的小喜剧——读花鼓戏〈打铜锣〉的艺术成就》等文章。

6日,《人民日报》发表顾工的诗《献给英雄的诗——读王杰同志日记有感》。

《光明日报》发表罗大冈的散文《观日出——海滨散记》。

9日,《人民日报》发表梁上泉的诗《只有枪口对枪口》。

10日,由姚文元署名的《评新编历史剧〈海瑞罢官〉》发表在《文汇报》上。全国共有《解放日报》(11月12日)、《北京日报》(11月29日)、《人民日报》(11月30日)、《戏剧报》(12月13日)、《解放军报》、《光明日报》、《新华日报》等19家报刊转载并加编者按。姚文元在文中首先提出"《海瑞罢官》是怎样塑造海瑞的"这样的问题,认为吴晗笔下的海瑞"是一个编造出来的假海瑞","是一个用资产阶级观点改造过的人物"。在"《海瑞罢官》宣扬了什么"部分中认为:"在《海瑞罢官》的作者看来,阶级斗争不是推动历史前进的动力,'清官'才是推动历史的动力;人民群众不需要自己起来解放自己,只要等待有某一个'清官'大老爷的恩赐就立刻能得到

'好日子'"。在"《海瑞罢官》要人们学习什么东西"部分认为,"吴晗同志毫不含糊地要人们向他塑造的海瑞'学习'。我们到底可以'学习'一些什么呢?学习'退田'吗……学习'平冤狱'吗……如果不是学退田、学平冤狱,那么,《海瑞罢官》的'现实意义'究竟是什么呢?""'退田'、'平冤狱'就是当时资产阶级反对无产阶级专政和社会主义革命的斗争焦点"。文章最后指出:"我们认为:《海瑞罢官》并不是芬芳的香花,而是一株毒草。它虽然是头几年发表和演出的,但是,歌颂的文章连篇累牍,类似的作品和文章大量流传,影响很大,流毒很广,不加以澄清,对人民的事业是十分有害的,需要加以讨论。在这种讨论中,只要用阶级分析观点认真地思考,一定可以得到现实的和历史的阶级斗争的深刻教训。"《北京日报》29日对该文予以转载,并加有"编者按",提出应展开不同意见的讨论。《人民日报》29日、30日予以转载,并加了由周恩来审定的"编者按",指出:"我们认为,对海瑞和《海瑞罢官》的评价,实际上牵涉到如何对待历史人物和历史剧的问题,用什么样的观点来研究历史和怎样用艺术形式来反映历史人物和历史事件的问题。这个问题,在我国思想界中存在种种不同意见,因为还没有系统地进行辩论,多年来没有得到正确的解决"。"我们希望,通过这次辩论,能够进一步发展各种意见之间的相互争论和相互批评。我们的方针是:既容许批评的自由,也容许反批评的自由;对于错误的意见,我们也采取说理的方法,实事求是,以理服人。"由此在文艺界和思想界掀起了一声颇为激烈的争论,直至最终波及政界,成为了引发"文化大革命"爆发的导火线。该文被当年的多家报刊转载,并被印成小册子在全国出版发行。

《文学评论》第5期发表李健吾的《"风景这边独好"——谈〈英雄工兵〉》、陆荣椿的《时代需要这样"开顶风船的角色"》、韩瑞亭的《向新的"大关"突进——评林雨的短篇小说》、刘有宽的《动人的小戏〈游乡〉》等文章。

十一月 1965

11日，北京人民艺术剧院演出话剧《像他那样生活》，原作为〔越南〕潘氏娟口述、〔越南〕陈庭云整理，英之、灵望翻译。话剧由于是之、英若诚、焦菊隐、童超改编，导演苏民、夏淳、董行佶，主演狄辛、于是之、英若诚等。

12日，《人民文学》11月号发表农民作家刘柏生的两篇小说《第一次当队长》、《锄头的故事》（分别原载于3月号和9月号的《北方文学》），同时发表刘白羽关于这两部作品的评论《写在两篇短篇小说前面》。本期还发表张天翼的文章《"业"和"余"的问题——答一位业余作者同志的信》和朱春雨的短篇小说《树在成材》等。

13日，《人民日报》发表林斤澜的短篇小说《默契》。

15日，《人民日报》发表贺敬之的诗《回答今日的世界——读王杰日记》。

《解放日报》发表朱煜善、郑楚华的文章《一部反对资产阶级剥削压迫的新作品——喜读中篇小说〈怒火〉》。

16日，《人民日报》发表李希凡的文章《历史的要求，历史的权利——从部队优秀短篇小说看社会主义文艺英雄形象的创造》，并配发了"编者按"："……这些新人新作，尽管还带有新生事物某些难免的缺点，但是，他们以一批光彩熠熠的工农兵英雄形象，有力地回答了'写中间人物'之类的错误理论，说明为什么必须是工农兵英雄人物而不是'中间人物'占据社会主义文艺的主导地位；为什么写工农兵英雄人物的创作'路子'是'宽'了而不是'窄'了；能不能以及如何反映大量的人民内部矛盾；要革命的现实主义与革命的浪漫主义相结合的创作方法还是要'现实主义深化'等等。这些新人的创作，已经并将继续对社会主义文艺事业以及文艺领域中的两条道路斗争作出贡献。""希望广大读者、评论工作者都来关怀青年业余作者的成长，以把我国的社会主义文艺创作推向新的繁荣的高潮"。

《光明日报》发表沈从文的《喜看景德镇新瓷》和胡世宗的《春雷涌动——献给共产主义战士王杰同志》等报告文学。

17日,《人民日报》发表周纲的诗《王杰颂》。

17日-20日,《羊城晚报》发表白桦根据越南同名作品编写的5幕话剧的连载《像他那样生活》。

18日,《人民日报》发表田间的对口词《红旗飘——读〈王杰日记〉》;吴一立的剧评《农村新歌赞新人——〈一串项链〉〈老保管〉等小歌剧观后》。

《天津日报》发表梁斌的短篇小说《邻家》。

《光明日报》发表李醒尘的书评《揭露资本家的罪恶灵魂——读〈文明地狱〉和〈血染三条石〉》和冯英龙的通讯《英雄轮机兵》。

19日,《人民日报》发表本报记者王金凤的文章《红灯照亮了前进的道路——记京剧〈红灯记〉的创作过程》,并配发文艺短评《"三结合"是繁荣创作的好方式》。

20日,《光明日报》发表碧野的散文《踏勘者的心愿》。

23日,《光明日报》发表新华社记者、解放军报记者联合撰写的报告文学《革命青春的赞歌——记毛主席的好战士王杰》;陆荣椿的评论《在创作上突出政治——读短篇小说〈政治连长〉》。

25日,《人民日报》发表杨朔的散文《黄海日出处》。

《光明日报》刊发新华社的通讯《发扬不怕苦不怕死的革命精神,做彻底的无产阶级革命战士》,同期登载报告文学《怀着阶级感情为贫下中农创作——记大邑县地主庄园陈列馆〈收租院〉泥塑的创作》。

《收获》第6期发表康式昭、奎曾的长篇小说《大学春秋》,曹建勋的组诗《油海寄情》,由创作组集体创作的6场话剧《医生的职责》。同期转载姚文元的评论《评新编历史剧〈海瑞罢官〉》。

1965 十一月

26日，《光明日报》发表通讯《"非外交的外交"——美帝国主义对亚非地区的文化侵略》。

27日，《光明日报》发表刘开渠的报告文学《雕塑艺术革命化的新成果——雕塑艺术的革命》。

28日，《人民日报》发表刘白羽的散文《喜听长江新声》。

29日，《光明日报》刊载王琢的文章《没有矛盾冲突就没有戏——革命现代戏表现人民内部矛盾的若干问题》。

29日-12月17日，中国作协和团中央在北京联合召开全国青年业余文学创作积极分子大会。与会代表1100多名，绝大多数来自工厂、农村、部队等基层单位。彭真在会上"勉励工农兵业余作者努力创作"。周扬作题为《高举毛泽东思想红旗，做又会劳动又会创作的文艺战士》的报告。报告阐述了当前国内外形势和文学艺术的战斗任务、文艺战线上两条道路斗争的历史过程和主要经验，以及社会主义文化革命所取得的巨大成果。报告中还谈到培养文学战线接班人的重要意义等问题。团中央书记胡克实作题为《拿起文艺武器，作毛泽东思想的宣传员》的报告。周恩来、朱德等党和国家领导人接见了大会全体代表和工作人员。《光明日报》、《中国青年报》、《文汇报》、《工人日报》12月18日分别为本次会议发表社论。《中国青年》第24期也发表了社论《业余创作是思想政治工作的一个组成部分》。《文艺报》第12期专门发表了评论员文章。《全国青年业余文学创作积极分子大会发言选》1966年3月由中国青年出版社编辑出版。

30日，《光明日报》发表冰心的散文《战友》。

《文艺报》第11号发表陶铸的《关于革命现代戏创作的几个问题》（摘登他在8月举行的中南区戏剧观摩演出大会闭幕会上报告中的有关革命现代戏创作问题的部分），提出要"更多地更高地塑造社会主义英雄人物形象"，"革命现代戏必须做到政治与艺术的统一"。同期发表的社论《必须同社会主义时代的工农兵相结合》指出:"文艺工作者要不要和社会主义时代的新的群众相结合,能不能真正结合,这是一个关系到文艺工作者究竟是走社会主义道路,还是走资本主义、修正主义道路的根本问题,是一个关系到我们的文艺究竟能不能为社会主义服务、为工农兵服务,以及能不能把社会主义文化革命进行到底的根本问题。"同期还发表有宋爽《学英雄,写英雄》、王朝闻《改造别人,也改造自己——读〈政治连长〉》、王文生《"现实主义深化"论的货色从何而来》等文章。

《文汇报》发表吴晗的历史剧《海瑞罢官》、序言、说明及以前繁星、曲六乙等人的评论文章;同期开辟"关于《海瑞罢官》问题的讨论"专栏,陆续发表马捷《也谈〈海瑞罢官〉》、蔡成《怎样更好地评价历史人物和历史剧——评〈评新编历史剧《海瑞罢官》〉》(12月1日)、燕人《对历史剧〈海瑞罢官〉的几点看法——与姚文元同志商榷》(12月2日)、林丙义《海瑞与〈海瑞罢官〉》(12月3日)、张家驹《论海瑞的评价不宜过高》(12月4日)等文章。

本月,公安部一女干部陪胡风夫人梅志前来劝说胡风认罪,争取宽大处理。胡风答曰:"我已尽了我的全部精力来交代了。除文艺思想方面,我不能乱说,我无法认罪。"26日,胡风被北京市高级人民法院以"反革命"罪判处有期徒刑14年,剥夺政治权利6年。回狱后,胡风向中央写了题为《心安理不得》的判刑后的感想,并声明绝不上诉。公安部建议梅志提出要求监外执行。12月30日,公安部干部陪同梅志来到狱中,出示谢富治部长的释放令,同意监外执行。遂回到北京朝外小庄家中。十年后第一次见到晓风和晓山。(《胡风全集》第10卷,第592-593页,湖北人民出版社1999年版)

国务院副总理陆定一在全国半工半读教育会议上指出,我们的电视是教育工具,各种节目都要有教育意义,还可以办电视学校。

《大众电影》第11期发表魏巍等创作的朗诵词《东方红》。

《边疆文艺》11月号发表四川省达县专区农村文工团集体创作的独幕话剧《好帮手》。

杨新富的中篇小说《怒火》、白岚等人创作的报告文学《欧阳海》，由人民文学出版社上海分社出版。

任斌武的短篇小说集《红山人》，由解放军文艺社出版。

钟书锷等编剧的5幕话剧《电闪雷鸣》、焦乃积编剧的歌剧《王杰之歌》，由中国戏剧出版社出版。

济南市文化局戏曲研究室整理、傅太臣改编的评书《铁道游击队》（上），由山东人民出版社出版。

姚文元的《评新编历史剧〈海瑞罢官〉》单行本，由上海人民出版社出版。

十二月

1日，《人民日报》发表缪俊杰的文章《更好地反映当前农村的火热斗争——从青年作者几个短篇小说谈谈反映人民内部矛盾问题》。

《河北文学》12月号发表张长森的短篇小说《"胳膊肘往外扭的人"》；田间的《红羊角——青纱帐上的诗传单》、史峭石的《明亮的星》、曼晴的《恶狗坟》等诗；戈红的报告文学《种田女秀才》；艾思、晓春的《剥掉了资产阶级"文明"的外衣——读〈文明地狱〉》，罗士丁的《工人阶级的血泪史——评小说〈血染三条石〉》等文章。

《延河》12月号发表陕西省歌舞剧院创作组改编的小歌剧《上山记》。

《长春》第6期发表刘昌盛的短篇小说《老吴太》。

2日,《光明日报》发表李瑛的诗歌《过烈士墓》。同日转载姚文元的文章《评新编历史剧〈海瑞罢官〉》(原载11月10日《文汇报》),并加编者按。

《解放日报》发表高云的《创作园地中生命正旺的新花——谈革命故事的创作特色》。

4日,《人民日报》发表《学好毛泽东思想,为革命写作——青年业余文学创作积极分子座谈学习毛主席著作的体会》。

《光明日报》发表陈耀的报告文学《忆张思德同志》。

《北京文艺》12月号发表鲁晨的报告文学《跨世纪的飞跃——北京钢丝厂攀登世界技术高峰记》;夏青的评论《三面红旗的伟大胜利——评电影〈北京农业的大跃进〉》,以及本刊记者《比先进,学先进,赶先进,超先进——农村干部座谈〈北京农业的大跃进〉》等。

5日,《光明日报》发表新华社记者王元敬的报告文学《为祖国争光——访国外凯旋归来的中国羽毛球队队员们》。

《四川文学》12月号发表傅仇的诗《读王杰同志日记》;沙汀关于泥塑群像"收租院"的评论《一个重大开端》。

7日,《光明日报》发表戚本禹的通讯《为革命而研究历史》;郭澄清的报告文学《为英雄人物高唱赞歌》。戚本禹(1931—),山东威海人。"文革"前曾任《红旗》杂志历史组编辑组长。"文革"初期任"中央文革小组"成员、中央办公厅秘书局副局长、《红旗》杂志副总编辑、中共中央办公厅代主任。1968年被隔离审查,后被捕入狱。1986年出狱后在上海市图书馆当图书管理员,直至退休。

8日,《光明日报》发表新华社记者的报告文学《日本青年热爱毛主席——中日青年友好大联欢》。

《文汇报》转载一组"关于《海瑞罢官》问题的讨论"当中持肯定意见

的文章：繁星（廖沫沙）的《"史"与"戏"——贺吴晗的〈海瑞罢官〉演出》（原载 1961 年 2 月 16 日《北京晚报》）、吴晗的《关于历史剧的一些问题》（原载 1961 年 2 月 18 日《北京晚报》）、常谈的《从"兄弟"谈到历史剧的一些问题》（原载 1961 年 3 月 9 日《北京晚报》）、史优的《也谈历史剧——并致吴晗、繁星、常谈三同志》（原载 1961 年 3 月 17 日《北京晚报》）和马连良的《从海瑞谈到"清官戏"》（原载 1961 年 6 月 23 日《北京晚报》）。并加"编者按"说，"为了适应读者的需要"，"我们陆续发表吴晗同志的新编历史剧《海瑞罢官》的剧本、序言、说明和赞扬这出戏的文章"。"我们希望，大家把这些材料同姚文元同志的文章（指《评新编历史剧〈海瑞罢官〉》，《文汇报》1965 年 11 月 10 日）对照着读一读、议一议，看究竟是不是原则分歧，究竟谁比较正确"。繁星认为，《海瑞罢官》"总算开始打破'史'和'戏'的这两家的门户，从此姓'史'的一家踏进了姓'戏'的一家去了。这就很难得，是个创造性的工作"。他接着提出了自己对于"史"与"戏"的看法："戏"是分析和表现人物典型，也就是"捕捉"人物的阶级本质的，不懂"戏"就不可能真正认识历史人物；而不懂历史，就不会懂得典型的环境（社会斗争、阶级矛盾），也就不能真正懂得人物的典型性格。"典型环境和典型性格，正是'史'和'戏'必须分工而合作的一件大事"。最后他向吴晗提出了几个问题：历史的"真实"和戏剧的"真实"该不该有个区别？如何区别？写历史书中的人物和写历史戏中的人物如何区别又如何同一？写历史和写戏，都得讲究发展过程，该怎样来写这两种过程？吴晗的文章对这些问题做了回复："历史的真实和戏剧的真实，是有区别的，但是也有联系"，"历史剧是戏，不是历史书"，但历史剧"必然得受历史真实的约束"，不能把"这个历史时期所不可能发生的事情或者这个人物性格里所不应该有的言论和行动勉强搬上舞台"。"写历史人物要求符合历史实际，要从历史人物所处的时代来理解、分析、研究这个历史人物，不可以有虚构、夸张。

但是，作为戏剧中的历史人物则完全可以，而且必须有所虚构、夸张，使之更突出、集中、鲜明、生动，达到艺术上的更完善的境界"。"历史学家对历史人物的评论应该比较全面，讲优点，也该讲缺点。戏剧家呢？我以为有权利选取这个历史人物某一段活动或者是其中某一件史实，突出地加以渲染、表现，不一定非要在指出优点的同时，逐一算出哪几项缺点不可"。历史书的人和事，都必须严格按照史料处理，在必要时有所推论，也必须从史实的根据出发，但是历史戏中的人和事，只要典型环境和典型性格符合历史真实，可以允许虚构。常谈和史优的文章就繁星提出的三个问题及吴晗的答复做了评析，基本观点与吴晗的意见相近。常谈肯定吴晗《海瑞罢官》的演出，说"我佩服吴晗的破门精神，海瑞剧是有收获的"。史优认为吴晗"以历史学家破门写历史剧，这就是极令人兴奋的事，对历史学家、对戏剧工作者，都有很大鼓舞"。马连良的文章从传统剧目中的"清官"戏入题，认为"封建统治阶级的内部矛盾"是很尖锐的，"对'清官'戏问题不能简单对待，不应该由于'清官'也是官就一概否定。评价文艺作品要看它对人民的态度和有没有作用，我觉得也可以用这个尺度来对待传统戏里做官的"，并且强调自己"特别喜欢海瑞"。

9日，《解放军报》发表编辑部文章《从雷锋到王杰》；顾工的诗《在毛泽东思想哺育下——王杰之歌》。

11日，《光明日报》发表顾工的诗《芬芳岛上飘》，冯德英的《关于影片〈苦菜花〉的改编》。同期发表新华社记者王沂文的报告文学《青年的雄心和战斗的精神——中国乒乓球队在斯堪的纳维亚国际锦标赛上》。

12日，《人民文学》12月号开设诗歌专栏"向王杰同志学习"，发表田间的《青春赞歌》、严阵的《我们的班长》、孙友田的《王杰颂》、王书怀的《公社民兵唱王杰》、陈山的《镜颂》、张永枚的《惊心动魄一瞬间》等诗。本期还发表两篇"大庆书简"——魏钢焰的《毛泽东之歌》和李若冰的《在大风浪中》,以及王展意的报告文学《友谊之路》。

《北京日报》和《前线》上同时发表向阳生(邓拓)的《从〈海瑞罢官〉谈到"道德继承论"——与吴晗同志商榷》。

13日,《戏剧报》第11期发表社论《学习王杰,做一心为革命的戏剧战士》,曹禺《一心一意为革命——读王杰同志日记》,中国作家协会福建分会《大力培养业余戏剧创作的新生力量——辅导群众业余独幕话剧创作的一些体会》,向春红《川剧艺术的新面貌》,甘肃省歌剧团《努力在歌剧中塑造新英雄人物——创作〈向阳川〉的一点体会》等文章,并转载姚文元的文章《评新编历史剧〈海瑞罢官〉》。

14日,《人民日报》发表欧阳文彬《歌赞社会主义时代的先进工人——读几篇反映工业题材的新人小说》、刘乃崇《一代新人在斗争中成长——看话剧〈朝阳〉有感》等文章。

15日,《人民日报》发表《关于〈海瑞罢官〉问题各种意见的简介》,并加"编者按"称:关于《海瑞罢官》的问题讨论以来,"各方面的意见集中在以下几个问题上:《海瑞罢官》宣扬了什么?这出戏有没有反映历史真实?这出戏的出现说明了什么问题?讨论也涉及对海瑞的评价问题"。同时发表了一组关于讨论《海瑞罢官》的"来稿摘编"。

《光明日报》发表两篇关于《海瑞罢官》的文章:程参的《关于〈海瑞罢官〉的主题思想及其倾向性》,认为吴晗的《海瑞罢官》"既歪曲了历史又宣扬了'合而为一'的阶级融合论","宣扬了封建统治阶级的改良主义思想";姚全兴的《不能用形而上学代替辩证法——评〈评新编历史剧《海瑞罢官》〉》,认为"读了姚文元的《评新编历史剧〈海瑞罢官〉》一文后,我感到作者在文章中所树立的旗帜是鲜明的,但是所得出的结论基本上是错误的。这种矛盾情况经过分析是完全可以理解的,因为作者在文章中没有坚持一分为二的辩证法,而是用了一种形而上学的观点来认识问题、处理问题"。同期还登载了报告文学作品《为革命而创作——全国青年业余文学创作积极分子大会侧记》。

16日,《光明日报》发表杭文兵的文章《从"清官"谈到〈海瑞罢官〉》,该文认为"《海瑞罢官》不只是一部有缺点的历史剧,而是吴晗同志的反动历史观在文学形式上的标本"。

《中国青年》第24期转载林雨的短篇小说《政治连长》(原载10月号《人民文学》),并加评论《向团干部推荐一篇好小说》。

《中国青年报》发表陶伦的文章《发展业余文学创作的目的何在?——向〈萌芽〉编辑部提几个问题》。

17日,《人民日报》发表胡锡涛的文章《充分发挥戏剧艺术的战斗作用——谈〈新人新作选〉中优秀业余剧作的创作特色》。

《光明日报》发表武英平的《历史人物的局限性必须批判——评吴晗同志在历史人物评价问题中的一个错误观点》,孙如琦、宋显昌等的《从〈论海瑞〉一文看真假海瑞》等文章。同期发表陈海峰的报告文学《"你们是最可信任的人"——第一批中国医疗队员在阿尔及利亚》。

18日,《大众日报》发表叶剑英的诗《纪念王杰同志》。

《人民日报》发表牟崇光的短篇小说《更高目标》。

《中国青年报》发表社论《为革命写作,为工农兵写作》,文章指出:"近几年来,随着广大群众学习毛主席著作运动的深入开展,随着社会主义革命和社会主义建设的不断胜利,在同资本主义、封建主义的旧文化、旧思想的斗争中,兴起了工农兵群众性的业余文学创作活动。一支又会劳动、又会创作的文艺新军成长起来,文学正在成为千百万劳动人民自己的事业","这是社会主义制度的伟大胜利,是社会主义文化革命的伟大胜利,是文艺的工农兵方向的伟大胜利,是毛泽东思想的伟大胜利。"

《光明日报》发表《一心为革命的集体——王杰班》、苏晨的《矮子稻小传——记广东的水稻矮化育种工作》等报告文学。

19日，《光明日报》刊登《身残志壮——记第一机械工业部第一设计院工程师纪梦尹》。

20日，《剧本》第6期发表重庆话剧团集体创作的四幕话剧《比翼高飞》，甘肃省歌剧团集体创作的5场歌剧《向阳川》，以及于是之、英若诚、焦菊隐、童超改编的三幕十二场话剧《像他那样生活》。

21日，毛泽东在杭州会议上讲话指出："《海瑞罢官》的要害问题是'罢官'。嘉靖皇帝罢了海瑞的官，一九五九年我们罢了彭德怀的官。彭德怀也是'海瑞'"。又说："《清宫秘史》，有人说是爱国主义的，我看是卖国主义的，彻底的卖国主义。"

《人民日报》发表巴金的文章《越南青年女民兵——答越南南方诗人江南同志》。

《解放军报》发表柯原的文章《一代新人的光辉形象——读长篇小说〈欧阳海之歌〉》。

《光明日报》布德的报告文学《"挖掉我的眼，我也要革命"——控诉万恶的西藏农奴制度》。

22日，周恩来在中南海紫光阁接见内蒙古自治区乌兰牧骑、新疆和田专区文工团、中国大学生7人演出小组，作了重要讲话，指出："望你们保持不朽的乌兰牧骑称号，把革命的音乐舞蹈，传遍在全国土地上，去鼓舞人民。""文艺必须民族化、大众化。你们这是万里长征的第一步，还要提高。"

《光明日报》发表两篇关于《海瑞罢官》的文章：戒笙的《歪曲了历史真实的〈海瑞罢官〉》，文章认为"史书上有的并非就是真实的"，《海瑞罢官》"丑化了劳动人民的形象"，"粉饰了'王法'的阶级本质"，"美化了封建道德"，而作者吴晗是在"顽强地表现自己"。另一篇朱熙的《怎样评价〈海瑞罢官〉——与姚文元同志商榷》，则认为姚文元的《评新编历史剧〈海瑞罢官〉》一文"许多地方似是而非,把《海瑞罢官》视为毒草的结论更是令人惊奇,不敢苟同"。朱熙从两个方面提出问题与姚文元"商榷":一是"对历史上的优秀人物,今人究竟应该纪念和发扬他的哪些方面?要不要作者有意识地强调和摒弃?历史剧中的正面人物是不是只能是劳动人民?"二是"评价一部文学作品的标准究竟是客观效果,还是主观臆测?"

23日,《光明日报》发表几篇关于讨论《海瑞罢官》的文章:崔富章等人的《阶级斗争是历史发展的动力》、水青的《不能伪造历史》属于批判性质的文章;魏建猷《有关〈海瑞罢官〉的几个问题》一文中,作者对姚文元文章中的基本论点表示"赞同"的同时,也指出"姚文中有些具体问题,精确性还不够","值得商榷"。最后提出"《海瑞罢官》有关的问题,牵涉面较广,问题也比较复杂,而且包含着一些带有根本性的问题,必须贯彻百家争鸣的精神,通过广泛的讨论,逐步求得解决"。本期还发表魏同贤的《革命的故事,故事的革命——谈新故事的性质和艺术》。

24日,四川美术学院雕塑系师生和民间泥塑艺人、业余美术工作者共同创作的大型泥塑群像《收租院》在北京美术馆展出。

25日,《人民日报》以《〈海瑞罢官〉宣扬了阶级调和论》为题发表一组来稿摘编。同日发表魏巍的通讯《飞机也怕民兵——访问越南通讯〈人民战争花最红〉之一》。

《文学评论》第6期发表关于陈登科的长篇小说《风雷》的几篇文章:沙德安的《〈风雷〉人物谈——略论祝永康与熊彬的形象》,丛者甲的《〈风雷〉是一部值得肯定的作品》,叶伯泉的《熊彬是个成功的形象——兼与吴子敏、蔡葵商榷》,桑雁、吴绣剑的《〈风雷〉有那样好吗?——读〈评《风雷》有感〉》。同期还发表冯牧的《在劳动和斗争中成长的文学新人》等文章。

《光明日报》发表王朝闻的报告文学《革命的艺术——收租院》。

十二月 1965

26日，《人民日报》发表袁水拍的诗歌《看了〈收租院〉——记京郊一位老贫农的话》。

《光明日报》发表霍松林的《骂皇帝还是爱皇帝——对海瑞〈治安疏〉的剖析》。

27日，《光明日报》发表三篇关于批判《海瑞罢官》的文章：王子野的《谁是历史的主人？》、马致政的《错误的观点，错误的结论》和学箭的《赞赏"用人唯才"的用心何在？》。

28日，《人民日报》、《光明日报》和《中国青年报》同时发表胡克实《拿起文艺武器，做毛泽东思想的宣传员——在全国青年业余文学创作积极分子大会上的讲话》，文章提出以下几点："工农兵应该拿起文艺武器"；"文学创作要为三大革命运动服务"；"大写社会主义新人新事新思想"；"活学活用毛主席著作，做又会劳动又会创作的革命战士"；"占领文化阵地，办好俱乐部"。

《光明日报》发表邓广铭的文章《评吴晗同志的〈论海瑞〉》。

29日，《人民日报》发表方求的《〈海瑞罢官〉代表一种什么社会思潮？》（《光明日报》12月30日转载），该文认为：一、"《海瑞罢官》宣传一种怎样的政治观、历史观、道德观？"认为"把'清官'海瑞说成农民'救星'是根本违反马克思主义的"，"'清官'海瑞是封建阶级专政的工具，是封建法律的维护者"，而"封建统治者对'清官'的歌颂是麻醉人民的精神鸦片烟"；二、"《海瑞罢官》在现实阶级斗争中起什么作用？"认为它是"宣扬封建毒素的复古主义思潮的一个代表作"，"借古非今的反社会主义思潮的一个代表作"。文章最后指出，"在这场关于《海瑞罢官》问题的辩论中，透过'也是马克思主义'、'也是社会主义'的词句，揭露这个新编历史剧所代表的思潮的反马克思主义、反社会主义的实质，是我们的首要任务"。方求的这篇文章后来被认为是一篇"假批判、真包庇"的文章。

《光明日报》发表苏晨的报告文学《眼光向着田里——记江东农中教师黄成贤》。

30日,《人民日报》"学术研究"专栏发表吴晗写于12月24日的文章《关于〈海瑞罢官〉的自我批评》(1956年12月27日《北京日报》原载),编者按中指出:"吴晗同志在这篇文章中说,他这个自我批评'还只是初步的,不深入的'。我们希望读者认真地看看这篇文章,看看吴晗同志的自我批评在哪些方面是不深入的,是否谈到了问题的本质,是否触及了要害。"吴晗在文章中从"我为什么研究海瑞?"、"苏松地区的阶级斗争和退田"、"修吴淞江、除霸和清官问题"、"效果和立场"四个方面作了自我批评。吴晗检讨道:"这不止是一个学术性问题,而是一个政治性问题;不只是一个历史人物评价问题,而是一个阶级立场问题;不止是一个个别历史事实问题,而是用什么思想指导,用资产阶级的形式主义,主观性、片面性、表面性去分析历史人物、历史事件,还是用马克思主义、毛泽东思想、历史唯物主义,一分为二的科学分析方法去分析历史人物、历史事件的问题;是两种世界观、两种立场,两种思想方法、两种观点,两条道路的何去何从的根本问题;也就是思想、学术战线上两条道路问题"。并表示自己的这个自我批评"还只是初步的,不深入的,以后还要继续检查,以便更好地提高自己的思想觉悟水平,更好地改正错误,转变立场"。该文还在同日的《光明日报》上发表。

31日,《文艺报》第12期发表评论员文章《用毛泽东思想武装起来,做又会劳动又会创作的文艺战士——记全国青年业余创作积极分子大会》,该文章认为这些积极分子们是"一支来自工农兵,战斗在基层的文艺新军",他们"以毛主席著作为指针,以王杰同志为榜样","接无产阶级革命事业的班,一心为革命,一切为革命","坚守阵地,大写社会主义,大写英雄人物,为工农兵,为社会主义、为世界革命服务"。同时,号召积极分子们"走社会主义道路:坚持劳动化,革命化,做一个又会劳动又会写作的文艺战士"。同期

1965 十二月

发表李准《学好毛主席著作是文艺工作者"三过硬"的第一要素》，文章要求"一个革命作者，必须用毛主席的思想把自己的头脑武装起来，坚持长期地和劳动群众结合，从思想上、感情上、作风上做到革命化、劳动化，苦学苦练写作本领，用好党交给我们的这支笔"。此外《文艺报》转载了姚文元的《评新编历史剧〈海瑞罢官〉》。同时转载劲松的评论《欢迎"破门而出"》一文，称12月8日《文汇报》转载的5篇颂扬《海瑞罢官》的文章是"一组'破门而出'的奇文。称兄道弟，相互吹捧，得意忘形，庸俗不堪，颇使我们开了眼界，知道了20世纪60年代的新中国居然还有这样的作品。的确，这是很好的反面教员。我们欢迎有这样的反面教员。它可以帮助我们看清很多问题"。

本月，辽宁、陕西、新疆等省、市、自治区展开学习"乌兰牧骑"革命精神的活动。

金敬迈的长篇小说《欧阳海之歌》，由解放军文艺出版社出版。

艾煊的长篇小说《大江风雪》，由人民文学出版社出版。

李云德的《沸腾的群山》（第一部）、艾煊的《大江风雷》、姜树茂的《渔岛怒潮》等长篇小说，由人民文学出版社出版。李云德（1929－），笔名李礼，辽宁鞍山人。1954年开始发表作品。著有短篇小说集《生活第一课》、《林中火光》，中篇小说《探宝记》、《追踪》，长篇小说《鹰之歌》、《沸腾的群山》、《地质春秋》、《特殊案件》、《银锁链传奇》、《人生的路标》等。

高缨的短篇小说集《山高水远》，由百花文艺出版社出版。

宫玺的诗集《蓝蓝的天空》，由春风文艺出版社出版。

诗刊社编的《朗诵诗选》，由作家出版社出版。

孙键政编的《大学生诗选》，由《大学生》杂志出版。

《学习王杰杂文选》，由上海人民出版社编辑出版。

吴强的散文、报告文学集《心潮集》，由人民文学出版社上海分社出版。

陈耀的报告文学《忆张思德同志》，由中国青年出版社出版。

〔日〕中本高子等的日本报告文学集《日本人民的英雄气概》，李芒等译，由作家出版社出版。

文化部指定农村读物出版社同有关出版社协作，从全国出版的受农村欢迎的图书中，选编"农村版"，第一批有15种，首次印行1200万册。其中有长篇小说《艳阳天》、长篇小说《红岩》、故事书《新故事选》、报告文学《青年英雄的故事》、报告文学《南方来信选》等。

本年

出现批判影片《林家铺子》和《不夜城》的高潮。

1964年12月，江青把《林家铺子》、《不夜城》等影片打成"毒草"，并指令进行批判。1965年4月22日，中宣部发出《关于公开放映和批判影片〈林家铺子〉和〈不夜城〉的通知》。1965年5月下旬，影片重新上映后，各主要报刊纷纷发表文章对影片进行了讨论和批判，一致认为影片美化了资产阶级，掩盖了阶级剥削和阶级矛盾，完全违背了社会主义革命的要求，是坏影片。批判一直持续到1965年底。

许多文章认为影片《林家铺子》的改编者以同情的态度来写商业资本家林老板，对资本家的这种描写是违反历史真实的，起了模糊人们对资产阶级剥削本性的认识的作用。批评改编者选择了一个描写资产阶级的题材，却不去揭示阶级剥削这个最本质的问题，反而通过艺术的渲染，对林老板这个人物，注入了满腔的同情，加以粉饰和美化。批判文章认为影片《林家铺子》对店员工人做了丑化和歪曲的描写，看不到店员和资本家有什么根本利益的矛盾，看到的是一幅劳资合作、阶级融合的图画，这就有意地宣扬了阶级调和论和阶级合作论,违反了阶级矛盾和阶级斗争的根本法则。批判者认为社会主义的文艺,必须有助于在人民群众中树立和巩固无产阶级思想,打击和消灭资产阶级思想,电影《林家铺子》在兴无灭资的斗争中却唱起了反调,替资产阶级诉苦,模糊阶级界限,对资产阶级充满同情甚至予以歌颂和鼓吹,这和社会主义革命的要求,和人民群众的愿望恰恰相反,是社会主义和资本主义两条道路的斗争在文艺领域内的强烈反映。比较重要的批判影片《林家铺子》的文章有苏南沅的《〈林家铺子〉是一部美化资产阶级的影片》(1965年5月29日《人民日报》)、钟闻的《影片〈林家铺子〉必须批判》(1965年5月29日《光明日报》、《解放军报》)、关山和巴雨的《美化资本家,丑化工人阶级——批判影片〈林家铺子〉》(1965年5月29日《光明日报》)、谢逢松的《电影〈林家铺子〉是一株美化资产阶级的毒草》(1965年5月29日《中国青年报》)、吕启祥的《宣扬奴才哲学,鼓吹阶级合作——剖析影片〈林家铺子〉中的寿生》(1965年5月31日《光明日报》)、周山的《谈影片〈林家铺子〉的几个问题》(1965年6月9日《人民日报》)、郑择魁和蒋守谦的《改编〈林家铺子〉的真正意图何在?》(1965年6月9日《光明日报》)、胡可《电影〈林家铺子〉宣传了什么》(《文艺报》1965年第6号、1965年6月11日《光明日报》、1965年6月13日《人民日报》)、张天翼《评〈林家铺子〉的改编》(《文艺报》1965年第6号、1965年6月11日《光明日报》)、杨耀民的《反对美化资产阶级,反对阶级调和论——评影片〈林家铺子〉》(《文学评论》1965年第3期)等文章。

批判影片《不夜城》的主要论点是美化和同情资本家,丑化歪曲工人和工人阶级斗争,歪曲和平改造政策和"五反"斗争。许多人认为影片把张耀堂打扮成一个含辛茹苦、克勤克俭的资本家,抽掉了资本家的剥削本质,抹煞了资本家残酷地掠夺工人剩余劳动的血迹斑斑的罪恶现实,是要观众相信,资本家是靠他们克勤克俭才发了家,因而值得同情,不该反对,更不该消灭,这是彻头彻尾的反社会主义的呓语。杨姣明在《〈不夜城〉为资产阶级歌"功"颂"德"》（1965年6月14日《中国青年报》）中认为影片表现张伯韩的爱国性，恰恰离开了他的阶级本性，同时拔高了他爱国的一面，掩盖了他动摇妥协的一面。草明在《〈不夜城〉是为谁拍摄的?》（1965年6月17日《光明日报》）中认为瞿海生是"十足的……右倾机会主义者，他竟慷工人阶级之慨，在资产阶级面前送礼，把阶级大仇说成是个人私仇，把严重的阶级剥削和阶级迫害降低为个人的恩怨。瞿海生的这一行为，实际上意味着背叛"。"在编导者的笔下，与其说瞿海生是党的干部，不如说他是资本家的代言人和辩护士更恰当一些"。杨姣明说，"五反"运动是资产阶级挑起来的一场激烈的斗争，可是影片根本没有反映资产阶级对社会主义的猖狂进攻。关于影片的结尾，许多文章纷纷指出来它是一幅"合二为一"的图画，通过资本家们热烈欢庆公私合营、拥护社会主义改造的场面，以及张文铮重新投入父母怀抱的大团圆结局，实际上是宣扬资产阶级和无产阶级的矛盾已经完全解决，社会主义道路和资本主义道路的斗争已不存在，阶级斗争从此熄灭，工人阶级毋需再提高警惕、进行斗争、防止资本主义的复辟。批判影片《不夜城》的比较重要的文章有杨姣明的《〈不夜城〉为资产阶级歌"功"颂"德"》（1965年6月14日《中国青年报》）、草明的《〈不夜城〉是为谁拍摄的?》（1965年6月17日《光明日报》）、唐克新的《宣扬阶级调和论和阶级投降主义的〈不夜城〉》（1965年7月5日《解放日报》）、管大同的《为什么必须批判电影〈不夜城〉》（1965年《文艺报》第7期）、以群的《对谁有利?》（1965年7月23日《解放日报》）、胡经之的《阶级调和论的艺术标本——〈不夜城〉》（1965年7月26日《光明日报》）、柳鸣九的《〈不夜城〉宣扬资产阶级生活方式》（1965年7月30日《光明日报》）、阎东宾的《宣传阶级调和的影片〈不夜城〉》（1965年8月15日《人民日报》）等文章。

《新闻业务》第7-8期合刊发表郭小川的文章《有关报告文学的几个问

题》。

毛泽东填词《念奴娇·鸟儿问答》。

食指（郭路生）作《波浪与海洋》（《海洋三部曲》之一）、《书简》（一）等诗。食指（1948－），原名郭路生。原籍山东，生于北京。60年代开始诗歌写作。20岁时写的名作《相信未来》、《海洋三部曲》、《这是四点零八分的北京》等以手抄本的形式在社会上广为流传。著有诗集《相信未来》、《食指、黑大春现代抒情诗合集》、《诗探索金库·食指卷》、《食指的诗》等。

黄端云作寓言《石头和海瑞》。

《人民文学》发起"大写社会主义新英雄"征文活动，征文期限自1965年1月至1965年12月。本年度《人民文学》刊登大量应征作品。

《戏剧报》第12期（实际出版时间为1966年1月10日）登载周扬1965年11月29日在全国青年业余文学创作积极分子大会上的讲话《高举毛泽东思想红旗，做又会劳动又会创作的文艺战士》。本期还刊载了"本刊资料室"的《〈海瑞罢官〉批判、讨论中的主要分歧是什么？——答青年演员问》，张云溪的《武戏漫谈》等文章。

柳青的长篇小说《创业史》（第1部）普及本、张孟良的长篇小说《三辈儿》平装本、吴源植的长篇小说《金色的群山》普及本、刘流的长篇小说《烈火金刚》普及本，《志愿军英雄颂》、《青年英雄的故事》（农村版）、《青年英雄的故事》（续编）、《乒乓群英》、《在广阔的天地里》等报告文学集，由中国青年出版社出版。

《萌芽》编辑部和人民文学出版社上海分社合编的《萌芽诗选（1964年）》、《萌芽短篇小说选（1964年）》、《萌芽散文报告文学选（1964年）》，由人民文学出版社上海分社出版。

解放军文艺社出版"四好连队、五好战士、新人新事"征文结集：第一期的短篇小说选《开顶风船的角色》、《沉船礁》，报告文学、散文选《欧阳海》、《雷锋班纪事》,曲艺选《好连长》;第二期的报告文学、小说选《大路朝天》等。

报告文学集《为革命学习的人们》(学习毛主席著作报告文学集)、《在反美的最前哨》(越南通讯报告集)等,由作家出版社编辑出版。

濮思温等编剧的7场话剧《南方汽笛》,由中国戏剧出版社出版。

《独幕话剧选》(1-2集)由上海文化出版社出版,1966年出版了3-6集。

"1965年华北区话剧歌剧观摩演出会剧目",包括杨威、郭健执笔的8场话剧《刘胡兰》,刘佳编剧的8场话剧《山村花正红》,魏敏等编剧的5幕话剧《代代红》,高彬等编剧的6场话剧《包钢人》,赵起扬等编剧的6幕话剧《矿山兄弟》,刘厚明编剧的4幕话剧《山村姐妹》,秦在平编剧的4场话剧《生活的彩练》,《独幕话剧》(3册),"农村文学选读"(4册)包括短篇小说集《公社书记》、《老柳成荫》《父辈英雄》《扎根》等,由百花文艺出版社出版。

中国作协组织编选的《新人新作选》(1-5集),由人民文学出版社出版。

孔宪甫等编写的《204号渔船》、李希曾等编写的《飞毛腿》、孙谦的《后山王》、刘肇霖等编写的《半副银镯》、王庆庭等编写的《一个包身工的故事》、宜风等编写的《石敢当》等"农村故事书","农民家史"《夺地》、《长工苦》《阎王债》、《抓丁仇》、《万恶的族权》、《逼命的地租》、《三辈创业记》、《含泪闯关东》、《难过的年关》、《打不赢的官司》等,由农村读物出版社编辑出版。

适夷等译的《小林多喜二小说选》,由人民文学出版社出版。

辛未艾译的《车尔尼雪夫斯基论文学》(中卷),由人民文学出版社上海分社出版。该书上卷已由新文艺出版社于1956年出版。

1965

截至本年底，中国大陆共有出版社 87 家，其中中央级 38 家，地方级 49 家。出版图书 20143 种，其中新版图书 12352 种，总印数 21.71 亿册。期刊 790 种。

中国与 27 个国家的电视机构建立了交换关系。北京电视台向 30 个国家寄送电视片 473 条，大多数是新闻片。北京电视台播出 13 部电视剧，其中有 7 部儿童剧：《校队风格》、《瓜瓜看瓜》、《小珍送水》、《小英雄雨来》、《小八路》、《山里的孩子》、《小兵学解放军》，此外还播出电视剧《钱包》、《香荔枝树》、《南方汽笛》、《海螺》、《像他那样生活》、《常河叔叔》。

《地道战》、《烈火中永生》、《舞台姐妹》等"文革"前最后一批经典影片问世。

本年上映的影片主要有：

《打击侵略者》（曹欣、郑洪编剧，华纯导演，八一电影制片厂）；

《地道战》（任旭东、徐国腾、王俊益、潘云山编剧，任旭东导演，八一电影制片厂）；

《苦菜花》（冯德英编剧，李昂导演，八一电影制片厂）；

《烈火中永生》（周皓编剧，水华导演，北京电影制片厂）；

《年轻的一代》（赵明、陈耘编剧，赵明导演，天马电影制片厂）；

《三进山城》（赛时礼编剧，张凤翔导演，长春电影制片厂）；

《舞台姐妹》（林谷、徐进、谢晋编剧，谢晋导演，天马电影制片厂，影片 1980 年获英国第 24 届伦敦国际电影节英国电影学会年度奖，1981 年获菲律宾马尼拉国际电影节金鹰奖，1983 年获葡萄牙 12 届菲格拉达福兹国际电影节评委奖）。

本卷主要作家人名索引

A

阿不都拉别克 434

阿英 91，92，93，96，98，99，101，102，105，117，118，119，120，121，122，125，127，129，131，133，135，177，203，204，206，214，216，220，223，228，244，261，262，269，307，349，351，414

艾明之 50，83，311，320，321，426，430，483

艾青 79，223，228，450

艾芜 41，193，209，214，248，251，262，265，267，270，290，314，329，347，352，365，389，416，419，421，422，458，463，479，485，509

艾煊 144，341，364，633

安波 78，94，169，238，326，388

安柯钦夫 342，355，365，384，418，433

安旗 31，333，404，437

敖德斯尔 147，161，198，297，307，315，365，409

B

巴·布林贝赫 324，369，413，428，433

巴金 7，15，29，44，50，51，

55, 58, 59, 67, 68, 74, 77, 79, 94, 96, 117, 128, 132, 137, 141, 142, 144, 153, 158, 161, 167, 168, 170, 172, 177, 187, 199, 201, 207, 208, 215, 216, 217, 224, 225, 240, 243, 255, 265, 266, 278, 283, 294, 308, 311, 314, 319, 363, 388, 394, 396, 419, 421, 442, 458, 478, 479, 480, 509, 553, 563, 575, 579, 604, 612, 629

巴图宝音 409, 613

白得易 353, 434, 438

白峰溪 296

白桦 27, 620

白岚 466, 623

白朗 223, 311, 475

白刃 290, 324, 394, 543

白危 158, 197, 206, 437

白薇 145

白文 235, 288, 335, 371

白辛 374, 445

白夜 348, 360, 361, 371, 373, 379, 440

白原 342, 371

柏生 57, 407

包玉堂 348, 358, 369, 371, 378, 388, 412, 427

毕革飞 339, 483

碧野 7, 25, 33, 105, 144, 177, 185, 186, 201, 205, 260, 264, 291, 325, 354, 356, 376, 379, 380, 383, 385, 392, 403, 406, 423, 425, 427, 442, 451, 474, 601, 609, 620

卞之琳 261, 269, 279, 495

冰夫 346, 401, 605

冰心 5, 7, 11, 15, 16, 26, 42, 43, 51, 53, 54, 56, 58, 60, 63, 68, 73, 93, 105, 123, 127, 128, 132, 137, 138, 142, 155, 159, 166, 167, 169, 170, 171, 178, 181, 190, 195, 201, 202, 206, 209, 216, 223, 238, 239, 255, 259, 260, 261, 270, 275, 277, 283, 289, 301, 305, 306, 311, 312, 314, 319, 325, 330, 331, 379, 386, 388, 389, 393, 426, 435, 465, 468, 469, 479, 621

本卷主要作家人名索引

C

蔡楚生 67，70，82，336，388

蔡其矫 4，36，45，87，115，175，210，241

蔡天心 425，434

蔡仪 13，85，149，329

曹葆华 121，128，144，151

曹靖华 41，137，141，160，167，170，181，195，196，197，198，218，224，227，240，248，254，260，267，270，300，317，343，347，366，373，379，386，393，405，428

曹禺 67，69，137，143，166，170，180，181，202，204，211，220，223，235，236，239，250，251，270，288，297，307，317，362，395，401，414，459，462，463，486，511，577，580，612，627

草明 4，20，21，130，573，587，636

昌耀 227

陈白尘 129，132，137，199，220，235，238，239，250，268，270，329，369，379，435，437，439，458

陈冰夷 267

陈波儿 25，46

陈伯吹 4，6，13，23，28，166，172，219，221，235，251，268，275，276，277，281，288，303，342，390，478

陈残云 6，16，60，65，74，84，89，96，102，103，122，158，171，174，208，237，240，241，263，280，296，308，322，324，325，336，487，611

陈传才 410

陈大远 342

陈登科 21，34，79，175，229，264，352，364，435，438，474，582，615，630

陈东华 327

陈刚 15，370

陈恭敏 336，371，463，464

陈荒煤 37，150，155，272，317，388，451，476，574

陈敬容 158，194，196

陈辽　353，376，421，434

陈默　142，273，369，393，459

陈其通　176，235，274，289，301，351，378，388，390，391，428，437，464，466，472，474

陈绍伟　328

陈瘦竹　10，39，80，134，135，153，241，288，318，330

陈翔鹤　82，148，214，248，314，347，359，495，563

陈笑雨　292

陈毅　15，67，84，122，127，128，133，136，141，157，171，172，188，189，191，194，198，224，244，250，261，293，294，312，349，388，395，442，463，596

陈寅恪　227

陈耘　317，390，391，464，583，639

成仿吾　156

成荫　120，336

程代熙　342，365

程贤章　370

程小青　35，134，185，191，205，211，223，282，288，310，325，375，376，398

程砚秋　7

程造之　109

丛深　436，443，464，465，468

崔璇　440

D

戴不凡　286

戴厚英　83，85，123，127，159，242，315，405，492，499，502

邓均吾　155，186，193，201

邓绍基　131，441，468

邓拓　23，92，115，121，122，129，139，140，150，151，153，188，203，210，220，333，382，475，481，567，627

邓友梅　393

丁洪　434，543，569

丁景唐　124，200

丁里　36

丁玲　67

丁西林　22，127，137，159，170，171，189，235，241，298，299

丁一三　248，566，585

本卷主要作家人名索引

董均伦 284

杜埃 83，96，325，456，474

杜鹏程 18，28，38，45，68，72，74，86，124，155，262，306，311，376，398，415，416

杜宣 129，132，186，195，220，238，268，305，413，419，426，427，440，451，595

端木蕻良 21，30，83，118，133，154，158，194，209，211，214，216，219，224，258，262，309，312，327，329，579

E

鄂华 300

尔重 416

F

范伯群 367，398，424

范钧宏 110，228，292，309，322，323，324

范荣康 468

范烟桥 35，45，57，102，144，174，179，191，197，211，219，221，235，236，243，251，258，264，267，276，278，291，299，325，359

方纪 97，205，225，255，261，286，302，329，342，380，381，423

方敬 233

方之 260，294，341，364，444

方志敏 74，81，135，186

房树民 26，276，302，325，327，344

费礼文 6，42，50，65，99，116，208，285，310，317，332，400，403，463，464

丰子恺 58，116，160，161，169，193，196，203，206，208，221，227，266，267，294

冯德英 7，208，319，387，566，568，579，597，626，639

冯健男 350，354，419，450，510

冯牧 8，22，30，42，50，57，104，170，177，180，181，200，236，263，274，285，293，296，300，305，339，354，368，374，393，402，535，594，630

冯文炳（废名） 255，264，343

冯雪峰　223，226

冯沅君　25，56，253，267，455，512，609

冯至　10，32，85，243，260，261，268，351，467

冯志　605，607

凤子　91，123，133，141，156，165，178，188，220，317，356，357，368，373，606，613

傅仇　284，286，291，295，301，303，318，348，364，375，416，417，531，624

傅铎　49，415，428，432，506，601

傅雷　279

G

高平　408，432

高士其　58，78，129，152，158，159，194，253，277，393，442，478

高阳　53

高缨　186，193，205，229，256，262，264，278，284，285，302，305，313，319，325，327，343，344，352，354，389，416，421，423，424，465，495，504，506，633

戈宝权　94，135，137，155，255，413

戈壁舟　85，224，286，348，382

戈基　109，424，484

戈振缨　295

葛洛　94，324

葛一虹　238

公刘　282，286，301，303，310，341，342，346，354，365，376，390，433

宫玺　348，352，358，364，368，381，389，398，401，409，411，421，423，427，433，568，581，599，633

古华　321，329

古立高　315，426，433，439

谷斯范　347，380，393

顾宝璋　55，335

顾城　541

顾而已　336

顾仲彝　62，99，104，123，158，223，378

本卷主要作家人名索引

关振东 611，612

管桦 83，201，214，300，301，305，366，382，400，439，601，612

光未然 239，299，303，421，563，608

郭澄清 265，399，435，578，615，624

郭风 4，7，10，24，36，84，86，87，92，98，103，120，122，128，131，135，137，139，142，144，156，157，158，160，175，177，191，194，195，199，201，218，236，275，303，316，319，320，327，344

郭兰英 287

郭路生 637

郭沫若 5，15，25，33，36，38，41，45，46，47，48，50，52，54，56，58，60，67，68，71，76，78，79，83，86，88，90，92，102，116，118，121，122，124，125，127，128，136，141，143，145，148，150，151，152，153，156，161，162，167，172，174，176，177，188，190，195，196，197，198，199，203，206，208，211，212，214，215，223，224，228，235，237，242，246，247，248，252，253，255，260，261，263，264，267，268，270，272，277，278，279，280，284，288，293，294，306，309，332，339，343，348，349，357，361，366，368，380，381，385，386，388，391，393，395，402，423，437，442，449，470，474，476，557，563，565，568，572，577，579，580，597，600，614

郭先红 46，74

郭小川 39，41，60，93，137，141，144，145，148，149，155，158，163，165，170，173，175，224，225，226，234，279，281，284，285，286，311，320，325，350，355，358，361，369，371，377，379，385，395，413，430，435，458，459，472，482，566，577，585，636

郭预衡 166

H

哈华 208，356

海默 110，297，310，320，326

海笑 61，364，408

韩北屏 30，102，299，339，377，393，395，413，420，474，585

韩起祥 529

韩瑞亭 344，351，408，618

韩笑 350，360，365，375，378

韩映山 46，148，186，201，210，234，238，240，246，253，254，264，282，284，294，300，318，342，418

菡子 158，160，168，175，191，196，215，221，238，259，275，331，359，379，411，450，606，607，617

郝斯力汗·胡孜拜 427

浩然 7，24，30，34，38，43，53，56，79，99，104，116，125，126，128，132，137，138，141，156，166，175，186，191，192，194，201，202，215，217，219，223，233，235，241，243，256，257，258，265，273，276，277，281，283，288，294，295，301，310，317，382，391，406，432，437，439，452，475，506，509，517，521，553，562，579，580，584，610，612，614，617

何公超 317

何其芳 25，85，100，104，124，141，155，170，205，235，256，262，263，270，278，359，441，452，461，467，470，483，518，540，604

何晴波 398

何士光 326

何为 44，168，190，196，236，240，278，305，344，347，379，413，428

何泽沛 434，595

贺敬之 154，162，170，178，205，225，250，287，379，388，442，452，619

贺绿汀 167，266

洪深 317

侯金镜 141，183，184，252，262，265，282，292，296，298，

本卷主要作家人名索引

315，352，359，404，450，456，466，467

胡采 18，24，28，53，79，228，292，354，581

胡丹沸 324，440

胡可 21，91，142，169，238，250，268，287，314，317，319，323，324，330，335，371，395，475，486，498，547，585，635

胡乔木 198，493，547，551，609

胡沙 369

胡适 246

胡苏 110

胡万春 14，23，30，34，36，38，40，45，49，63，66，88，96，97，107，121，138，142，145，177，179，189，217，237，240，253，269，270，283，287，294，309，310，312，324，327，330，345，377，384，388，423，428，433，463，464，465，466，468，486，550，556，616

胡昭 310

胡昭衡 342

胡正 27，135，290，301，430

华君武 24，199，572

华山 44，52，224，253

还珠楼主 131

黄钢 332，346，422，433，470

黄谷柳 282，380，436

黄秋耘 153，171，209，238，248，258，282，291，309，322，354，359，402，409，429，478，517，536

黄声孝 14，15，325，416

黄悌 40，48，291，530

黄翔 326，445

黄药眠 223

黄永玉 274

黄宗英 179，223，272，277，283，320，368，377，387，404，478，479，509

黄佐临 46，130，179，250，258，316，332，464，564，601

J

吉学霈 17，44，80，91，103，122，186，225，291，294，325，397，501

纪鹏 342，344，354，360，368，

373，375，383，405，407，410，425，433，438，439

季羡林 32，159，161，196，206，221，255，267，291，297，311，321，348，351，383，404，423，486

贾霁 182

贾芝 38，105，226，238，512

翦伯赞 11，25，47，48，51，60，88，99，214，221，236，244，386

蹇先艾 5，27，43，81，109，135，144，156，165，168，210，220，248，260，264，310，369

江河 264，375

姜金城 397

姜树茂 633

蒋孔阳 14，25，268

焦菊隐 14，47，60，79，171，181，202，205，238，250，269，280，286，295，296，307，314，315，329，371，401，413，587，619，629

金剑 414，442

金近 73，118，121，130，137，161，162，165，166，169，178，180，235，267，275，276，277，320，328

金敬迈 457，583，588，595，633

金山 39，60，250

金玉廷 616

锦云 410

靳以 6，51

景孤血 286，297，387，611

敬信 225

瞿白音 222，255，332，445

峻青 6，173，291，294，310，311，315，319，325，327，329，346，363，365，367，386，396，401，413，419，468，550，570，581，585，608

K

康朗英 27

康濯 5，27，30，65，78，81，103，125，135，145，165，179，186，191，256，257，265，274，276，282，292，298，309，314，424，431，457，470

柯蓝 4，8，10，55，58，63，169，172，216，227，233，241，

本卷主要作家人名索引

251，257，265，276，309，320，
364，383，457，612，617

柯灵　129，133，220，236，241，
320，332，347

柯岩　38，43，162，260，275，
284，297，377，415，456

柯仲平　14，18，65，67，81，83，
94，258，261，263，269，514，
605

克非　364

克里木·霍加　428，512

孔林　287，493

L

蓝光　436

蓝翎　346

老舍　4，7，22，24，30，31，36，
40，43，48，49，51，53，55，57，
58，59，63，64，67，69，79，80，
82，86，88，101，104，106，115，
118，122，123，125，127，129，
130，131，133，135，136，137，
138，139，142，143，148，150，
152，155，157，159，161，167，
168，169，170，171，173，176，

177，178，182，194，195，196，
197，198，201，205，206，211，
212，214，215，216，217，219，
220，224，226，228，234，235，
238，239，241，242，243，250，
251，259，261，262，263，268，
270，272，276，291，294，295，
303，307，309，311，316，319，
324，343，349，350，351，356，
361，366，371，373，377，379，
388，401，423，429，431，437，
440，457，458，460，463，466，
479，480，500，570，580，582

雷加　253，590

黎之　163，304，327，362，421

李冰　365，369，396，415，424

李伯钊　104，250，316，480，607

李德复　13，14，342，354，425，
567，589，595，605，609，610

李尔重　251

李伏伽　284，303

李广田　70，160，234，267，273，
291

李何林　8，302，425

李季　4，14，32，33，38，50，

54，68，97，101，103，105，118，
124，128，129，132，187，194，
201，209，217，241，261，270，
308，311，314，342，349，365，
379，383，387，402，458，465，
471，566，575，579，580

李霁野 3，36，53，318

李家兴 461

李健吾 91，122，123，190，204，
214，235，247，250，287，312，
323，330，331，348，350，380，
392，401，437，618

李子 516，523

李劼人 33，51，60，82，200，
201，203，205，219，264，281，
352

李钧龙 331，406

李六如 130，149，151，217

李纳 362

李乔 33，127，152，169，199，
256，286，434，578

李若冰 4，36，62，95，247，
276，403，456，626

李束为 21，292

李希凡 22，31，40，62，66，86，

88，89，91，97，106，116，121，
129，135，144，176，177，180，
189，195，245，252，259，262，
263，269，277，282，285，297，
302，322，345，360，374，385，
386，392，420，436，460，497，
599，615，619

李心田 247，478

李学鳌 351，366，511，581，
604，610

李英儒 30，53，63，268，281，
301，423，446，517，536，558，
559，603，605，606

李瑛 11，15，18，39，45，49，
50，55，80，83，86，103，105，
107，117，118，120，134，137，
138，144，151，156，158，167，
171，174，176，182，186，194，
195，196，201，206，208，209，
210，212，214，216，220，221，
233，234，240，241，244，248，
251，254，258，263，264，276，
277，278，283，284，291，305，
319，339，341，347，350，351，
358，360，361，375，382，386，

本卷主要作家人名索引

399，400，402，408，416，423，424，435，440，500，547，548，560，565，572，579，580，589，592，597，605，612，616，624

李幼容 341，342，354，364，386，389，416，419，423，425，432，433，511，596，609

李云德 633

李泽厚 289，322，497，534

李准 30，65，68，78，83，93，94，124，135，141，173，219，256，263，272，292，298，305，329，330，336，347，387，388，392，421，428，498，519，633

李凖 158，464，486

李子云 492

梁斌 5，17，20，38，64，99，103，115，117，144，149，165，233，240，248，257，262，264，311，365，376，384，390，399，408，417，422，425，456，460，605，617，620

梁上泉 21，34，63，80，116，144，155，174，178，194，202，214，236，240，243，248，252，

257，262，265，267，277，282，284，297，301，310，315，327，342，352，398，406，422，432，440，531，617

梁信 117，208，229，310，335

梁宗岱 278

廖沫沙 116，130，137，189，192，203，265，274，275，288，289，333，625

林庚 214，241，351，455

林斤澜 21，90，97，103，116，117，132，137，156，158，167，171，176，178，179，194，209，241，257，260，265，315，319，328，331，366，369，374，379，395，410，432，596，600，605，610，619

林默涵 8，12，29，42，148，163，164，167，170，198，204，251，270，307，324，349，359，382，414，444，463，476，602

林如稷 64，65，248，375，433

林杉 229

林予 109

林志浩 197，329，526，539，580

凌行正　407

刘白羽　39，44，48，58，67，83，96，98，116，137，138，159，167，170，175，178，179，211，236，253，255，258，275，297，327，329，369，400，455，470，474，483，511，619，621

刘沧浪　340

刘川　165，316，349，371，378，463

刘大杰　5，9，58，68，75，76，266

刘厚明　145，162，166，177，207，215，234，252，263，277，289，304，324，363，400，426，429，436，464，511，527，578，590，592，638

刘金　81，85，126，403，418，420

刘岚山　49，55，417

刘流　20，501，510，516，523，527，637

刘绍铭　228

刘绍棠　377

刘澍德　16，27，43，126，128，169，175，177，196，199，241，257，265，277，283，292，319，326，437

刘心武　31，117，182，191，219，289，304，329

刘彦林　408

刘湛秋　383，402，417，428，592

刘章　440，569

刘真　20，209，248，254，264，276，277，282，290，291，292，299，310，314，356，358，415，434，438

刘征　44，284

刘知侠　168

流沙河　541

柳青　7，28，56，68，75，86，87，99，103，115，155，176，201，247，354，408，440，452，637

楼适夷　29，41，50，63，68，234，238，243，369，480

卢荻　450

鲁光　518

鲁煤　162

鲁迅　198

本卷主要作家人名索引

鲁彦周 93，127，194，229，278，340，370，379，384，393，429

陆地 43，319，397，402

陆定一 41，52，66，67，104，149，163，198，221，270，279，307，324，476，486，524，541，547，622

陆灏 419

陆侃如 106

陆文夫 53，80，128，134，167，174，187，209，291，305，347，375，398，460，470，478，500，528

陆柱国 28，381，479，543

逯斐 375，403，404，434

路工 85，110

路翎 226

罗广斌 201，212，233，252，276，288，308

罗念生 218

罗荪 55，76，191，266，281，344，370，373，411，589

罗英 456

骆宾基 21，37，82，179，211，234，236，277，285，293，347，361，366，381，391，406，506，520

骆文 376

M

马烽 21，51，72，107，115，341，350，354，364，376，383，399，409，417，425，433，439，446，485

马加 51，74，149，269，292，318，435，510，529

马南邨（邓拓） 139，141，142，143，145，148，150，151，152，153，154，157，158，159，160，162，166，167，168，169，170，172，176，177，178，179，181，182，186，187，188，189，190，191，192，195，196，198，199，202，203，206，207，208，209，211，212，215，216，217，219，220，222，223，224，247，263，333

马少波 58，137，146，197

马识途 89，90，138，174，188，195，196，212，227，243，255，

267，276，296，303，333，386，414，415，419，432

马思聪　67，388

马昭　524

玛金　352，364，399，425，439

玛拉沁夫　58，127，149，174，175，178，187，205，219，243，253，262，342，355，359，379，386，394，406，472，484，501，509，512

毛泽东　67，79，88，123，172，203，209，211，264，267，268，331，345，363，366，367，385，422，437，441，449，450，476，481，483，485，486，487，493，497，507，517，522，533，539，541，557，580，581，593，594，629，637

茅盾　3，22，23，57，67，74，93，100，127，132，137，148，151，153，155，159，169，170，174，187，190，198，199，201，202，205，216，217，219，222，224，236，237，239，244，251，252，255，260，267，269，270，272，278，292，311，318，324，325，344，347，355，359，365，369，380，388，393，415，428，451，463，473，478，481，484

梅兰芳　32，67，81，129，162，169，187，299

梅阡　42，60，130，168，178，180，181，202，236，280，317，324，422，430，439，470，519

孟超　29，117，118，128，132，135，148，160，188，189，199，247，260，274，278，284，296，298，311，319，330，384，564

孟伟哉　553

苗得雨　233，264，275，340，341，376，404，408，420，423

苗延秀　369，440

沐阳　303，304，313，318

穆欣　533

N

宁宇　417

O

欧阳山　6，13，16，23，32，96，

本卷主要作家人名索引

103，125，173，202，205，237，267，272，280，291，308，325，333，461

欧阳山尊　14，40，130，133，171，180，205，238，292，329，332，346，381，422，459，511，579

欧阳予倩　7，22，24，27，32，37，58，60，67，69，76，83，92，127，136，159，168，174，294，297，306，313，333，614

P

潘非　120

潘天寿　185

潘旭澜　4，45，345，364，376，392，442，512

朋斯克　365，418，421，423，597

Q

戚本禹　624

戚积广　343，377，384，386，404，425，604

钱谷融　236，268，290，296，369

钱浩梁　483，569

钱理群　131

钱钟书　236，251

乔典运　27，465

乔羽　77，162，168，287

秦牧　5，6，15，18，32，40，42，49，55，57，60，63，65，81，82，86，89，91，100，105，117，121，123，125，128，131，132，135，138，142，143，145，149，152，157，158，159，162，172，175，182，186，192，194，202，208，209，211，215，221，227，234，235，237，238，240，241，243，244，245，248，250，251，253，255，257，258，264，278，280，285，286，287，302，308，310，311，312，320，322，333，350，369，370，386，392，397，414，429，436，470，488，490，500，501，607

秦似　13，14，181，207，220，221，258，267，280，313

秦兆阳　267，368，369，412，420，427，434，449，457，461，466，471，478，599

青勃 605

曲波 4，7，130，158，162，264，295，316，339，346，358，368，379，393，455，458，466，530

曲六乙 357，366，622

R

饶阶巴桑 16，53，86，128，134，175，188，267，294，297，303，320，325，407，409，421，467，494

饶孟侃 261，279，286，303，304，320

任大霖 162，166，201，211，214，326，368，371，372

任大心 41，48

任大星 175

任德耀 317，378，464，468，469

任光椿 321，424

任虹 329

任钧 268

茹志鹃 7，49，55，84，117，158，167，168，196，204，206，248，265，277，300，303，406，419，452，585

汝龙 270

阮章竟 221

S

赛福鼎 67，344，419

沙可夫 193，303

沙鸥 303，319，344

沙汀 31，43，60，72，89，109，127，142，174，209，227，234，248，396，403，475，553，624

沙叶新 128，385，395

韶华 199，292，300，315，316，379，412，435，529

邵荃麟 22，67，68，69，79，270，280，292，293，298，324，379，382，444，478，508

邵燕祥 253，277，329

邵子南 606

沈从文 154，173，207，224，238，243，251，252，268，273，295，379，444，541，620

沈默君 305，403，446

沈仁康 345，346，352，353，354，356，358，364，370，375，383，385，387，389，391，392，

本卷主要作家人名索引

394，395，407，430，434，436
沈西蒙　273，363，374，378，381，464，470，543
沈尹默　266
师田手　347，355，383，404
师陀　61，92，97，105，133，136，157，158，277
石方禹　327
石凌鹤　270
食指　637
史峭石　109，162，291，296，299，310，317，318，326，329，339，341，346，354，360，363，366，369，370，373，376，377，383，387，391，393，408，419，432，436，589，592，599，600，608，623
舒强　68，287，329，423
舒群　300，304，556
束沛德　5
水晶　72
司马文森　310，322，332，349，351，360，362，367，381，386，390，429，443，445，500
思基　315，316，529

宋之的　171，189
宋祝平　154，286
苏凡　335
苏鸿昌　296，352
苏金伞　305，342，376，438
孙景瑞　346，348，438
孙犁　217，240，248，256，264，282，301，309，376，468，470，475，480，490，606，607
孙谦　364，399，425，440，461，467，484，500，638
孙维世　168
孙友田　118，137，214，248，341，398，425，433，626
孙瑜　157
所云平　55，235，288，335，475

T

谭霈生　216，226，391，461，553，568
谭谈　595
汤洛　341，408
汤晓丹　445
唐克新　17，21，24，28，30，38，49，71，74，90，121，135，209，

241，268，275，300，363，372，381，386，388，474，479，504，590，612，636

唐弢　4，13，25，29，41，45，56，84，88，96，106，116，125，129，132，141，142，148，160，194，196，205，209，220，262，274，278，300，305，333，360

陶嘉善　407

陶君起　224，400，419

陶然　290，365

陶雄　295，471，477

陶铸　65，73，79，80，360，368，386，460，462，463，581，589，598，603，605，610，621

田本相　127，441

田汉　22，39，41，47，48，50，51，57，62，67，69，81，83，86，88，91，93，99，107，127，138，142，148，150，152，154，159，164，168，169，170，171，173，175，178，186，187，188，200，221，235，236，237，239，241，250，251，257，258，260，265，286，287，288，294，295，297，298，299，306，307，308，309，315，323，350，368，388，410，413，428，441，442，459，463，476

田家　315

田间　5，31，36，38，41，59，63，64，78，86，92，94，97，100，105，115，116，118，124，126，135，145，149，150，152，155，156，157，159，165，173，174，175，178，179，188，223，233，234，235，236，238，239，254，255，258，261，263，264，265，267，278，307，320，326，327，330，350，359，372，377，378，384，386，395，404，412，420，443，455，458，474，512，514，548，572，596，601，603，605，606，609，612，620，623，626

田师善　600

铁衣甫江·艾里耶夫　283，311，348，386，427，434

屠岸　5

本卷主要作家人名索引

W

万国儒 451, 479, 490, 523

汪承栋 199, 341, 346, 347, 376, 383, 390, 407, 439

汪静之 311, 317, 325, 379

汪曾祺 278, 311, 320, 351, 464, 484, 488, 542, 604

汪浙成 343, 365, 433

王安友 7, 56, 83, 303, 412

王昌定 310, 352, 456, 523

王朝闻 148, 160, 268, 401, 551, 622, 630

王春元 508, 534

王恩宇 432

王江 426

王昆仑 359, 400

王老九 62, 116, 153, 155, 174

王立信 364, 433

王炼 52, 229, 336

王林 301, 439

王蒙 226, 311, 329, 442, 578

王莘 335, 387, 543

王若水 23, 53

王士美 592

王书怀 401, 411, 592, 626

王树元 323, 330

王汶石 7, 28, 63, 68, 72, 115, 134, 238, 262, 263, 383, 390, 398, 408, 416, 424

王西彦 3, 122, 201, 255, 302, 309, 311, 396, 409

王辛笛 265, 268, 280

王亚平 343

王燕生 407

王瑶 148, 197

王愿坚 262, 281, 315, 423, 563

王子野 8, 161, 162, 286, 471, 474, 532, 631

王宗仁 341, 404

韦君宜 21, 47, 79, 83, 221, 311, 348, 365, 413, 435, 486

韦其麟 267, 342, 347, 369, 427

未央 31, 128, 143, 175, 219, 257, 275, 306, 309, 321, 342, 359, 364, 375, 379, 383, 424, 446, 599

魏风 158

魏钢焰 18, 53, 94, 134, 138, 166, 243, 247, 278, 291, 314,

318，376，379，389，396，398，403，424，445，616，626

魏金枝 4，7，8，21，29，34，41，58，75，119，156，159，166，170，184，192，201，223，234，251，262，265，267，277，279，282，285，344，363，377，390，419，456，458，479

魏敏 428，572，616，638

魏巍 65，177，179，258，261，265，270，272，294，310，315，316，361，364，379，381，423，444，501，503，509，605，622，630

温小钰 343，365

闻捷 41，54，68，69，86，124，138，139，145，151，261，280，311，324，356，361，364，366，369，376，426，427，428，435，437，500，608

乌兰巴干 45，163，165，553

乌兰汗 171

吴伯箫 26，93，123，125，149，253，284，287，293，314，322，382，614

吴晗 39，40，46，49，51，63，83，89，91，99，100，101，102，106，107，116，118，119，122，128，130，131，132，135，136，140，146，152，156，157，169，190，195，203，204，215，218，220，225，234，238，241，243，254，255，258，260，262，269，274，280，281，305，309，362，401，469，480，622

吴坚 110，230

吴强 7，11，73，89，96，99，206，241，266，272，279，291，311，324，332，384，606，633

吴雪 39，133，153，288，333，442，446

吴有恒 300

吴组缃 136，240，262

吴祖光 223

吴作人 159

武克仁 234，242，259

武玉笑 330，464

武兆堤 120，442，544

本卷主要作家人名索引

X

西虹 44, 94, 343, 361, 375, 384, 385, 386, 394, 563, 579, 581, 592, 599, 612

西戎 21, 175, 179, 247, 285, 292, 310, 354, 379, 437, 485

夏衍 7, 18, 29, 31, 37, 67, 70, 83, 84, 93, 99, 110, 116, 122, 127, 142, 145, 149, 159, 167, 168, 169, 198, 200, 202, 267, 271, 274, 278, 298, 305, 307, 324, 328, 379, 380, 388, 434, 458, 463, 475, 476, 478, 574

夏征农 561, 583

向阳 84

萧华 383, 389, 449, 588, 604, 614

萧三 7, 74, 82, 139, 170, 238, 247, 253, 255, 261, 276, 287, 305, 329, 373, 377, 379, 386, 444

萧殷 348

晓雪 37, 46, 49, 157, 158, 169, 175, 214, 216, 295, 312, 319, 327, 328, 407, 426

谢觉哉 115, 174, 300, 349, 366

谢力鸣 324, 378

谢冕 105, 137, 376, 386, 390, 461, 512, 609

谢璞 234, 300, 356, 424, 431, 438

谢其规 343, 356, 367, 375, 376

谢挺宇 359

谢雪畴 221

邢野 260, 606

熊佛西 10, 86, 166, 250, 259, 266, 267, 307, 308, 315, 329, 614

胥树人 315, 316

徐北文 287

徐迟 4, 10, 13, 14, 26, 42, 53, 66, 68, 86, 105, 132, 148, 151, 160, 171, 174, 178, 186, 196, 227, 235, 240, 243, 253, 257, 258, 262, 264, 299, 305, 325, 345, 365, 379, 383, 424, 426, 432

徐光耀 219, 253, 275, 283,

312，328，446，518

徐怀中 43，55，59，75，79，299，348，490

徐景贤 33，63，71，390，464，569，595，604

徐开垒 283，462，467

徐坤 558

许道琦 23，26

许广平 18，58，59，67，122，142，169，170，198，208，209，238，270，276，310，314，323，388

许钦文 88，298，313，320，325

雪克 120，295，321，451，608

Y

严辰 36，47，50，63，69，82，137，138，144，145，149，155，179，214，234，240，248，253，263，314，319，320，396，427，428，429，467，488，592

严独鹤 238

严家炎 104，169，320，480，495

严文井 41，73，107，137，170，238，239，243，255，270，349

严阵 16，31，60，65，66，84，97，173，175，210，211，238，240，254，255，256，257，259，260，305，339，340，346，348，349，350，351，356，364，369，382，383，399，406，413，417，421，509，626

阎纲 98，134，213，248，332，450，460

阎一强 397

雁翼 7，16，27，29，61，65，78，91，94，117，155，158，174，175，178，186，194，201，202，206，210，219，233，240，248，257，260，264，265，275，276，284，286，295，301，302，310，319，320，352，376，386，390，396，420，424，427，433，435，547，579

阳翰笙 22，26，29，50，54，56，67，73，81，127，137，159，234，237，250，251，261，309，351，361，423，434，445，464，476

杨村彬 44，179，266，332

杨渡 616

本卷主要作家人名索引

杨绛 479

杨履方 165，288，318，371，417，428

杨明 570

杨沫 4，9，11，30，34，118，133，284，400，404，461，485，601，610

杨佩瑾 109，436

杨朔 8，15，16，18，22，23，27，37，47，48，49，59，60，72，74，82，84，98，127，128，138，142，153，170，176，179，181，194，206，211，221，225，261，273，278，287，303，305，315，328，378，389，393，402，403，404，458，483，620

杨益言 201，212，233，252，276，288，308

姚文元 14，22，26，29，32，33，38，41，47，49，52，53，54，56，57，61，66，76，86，101，107，117，120，140，141，156，162，190，203，204，205，211，214，215，221，237，244，247，250，251，254，259，267，268，273，275，277，300，301，302，307，316，321，329，387，391，392，394，406，422，426，428，444，463，471，472，487，488，503，509，527，529，532，533，534，536，573，608，609，617，620，623，624，627，633

姚雪垠 227，264，310，406，438，462

姚仲明 25，46，60，61

叶君健 126，128，142，161，166，167，169，170，171，174，176，179，191，192，236，238，248，250，255，264，268，275，282，326，376，422，426，460，467

叶灵凤 244

叶楠 335

叶圣陶 8，21，48，53，54，89，91，155，156，167，169，171，174，176，178，180，181，192，197，201，202，206，207，212，214，219，220，233，251，260，263，272，276，303，426

叶永烈 207

叶至善 155

伊丹才让 342, 364, 384, 396, 398, 428, 432

以群 7, 14, 61, 78, 129, 133, 198, 220, 266, 332, 333, 356, 360, 363, 377, 411, 426, 462, 479, 539, 540, 554, 556, 594, 595, 608, 636

殷之光 348

应云卫 471

英若诚 42, 56, 229, 292, 587, 619, 629

游国恩 148, 460

于逢 149, 436, 456, 511

于黑丁 3, 26, 325

于伶 65, 66, 70, 259, 266, 288, 323, 335

余冠英 138, 194, 563

俞林 38, 186, 205, 285, 310, 324, 350, 365, 417, 436

俞平伯 148, 160, 199, 247, 291

袁静 17, 36, 45, 51, 53, 81, 165, 200, 233, 264, 274, 303, 318, 326

袁水拍 38, 83, 89, 91, 102, 116, 119, 138, 139, 143, 163, 203, 205, 236, 241, 255, 261, 273, 311, 324, 345, 359, 373, 404, 572, 579, 581, 606, 631

袁文殊 8, 69, 70, 107, 238, 445

Z

臧克家 124, 137, 138, 142, 143, 148, 150, 151, 152, 158, 161, 162, 166, 171, 172, 175, 179, 181, 182, 186, 188, 190, 191, 195, 196, 202, 205, 212, 214, 215, 216, 220, 223, 233, 235, 238, 239, 242, 245, 248, 252, 255, 259, 261, 268, 269, 270, 272, 276, 281, 289, 290, 298, 302, 311, 312, 317, 319, 327, 329, 359, 367, 377, 389, 392, 403, 404, 413, 423, 429, 435, 450, 474, 478, 479, 580

曾克 260, 416

曾卓 217

张长弓 233, 248, 257, 339, 347, 355, 367, 371, 376, 399,

本卷主要作家人名索引

414，433

张春熙　558，559，583，593，597，600

张庚　72，120，189，235，247，250，251，272，287，299，307，308，309，319，324，363，368，369，401，442，476

张光年　22，23，142，155，163，180，235，238，239，255，261，285，313，324，329，369，435，438，440，449，478，563

张季纯　286，426

张炯　131，136，442，499

张骏祥　266，336，348，543

张立云　407，539，563，564，572

张庆田　282，288，303，318，321，327，352，403，408，433，438

张天民　16，233，288，311，318，320，365，369，399，428，433

张天翼　73，359，585，619，635

张扬　14，22，28，62，97，101，175，188，192，225，412

张一弓　310

张永枚　20，27，28，29，33，34，48，62，74，80，84，85，90，98，102，103，104，125，126，132，155，167，178，194，201，207，217，218，233，234，236，237，255，260，263，264，269，272，275，277，278，280，282，283，294，297，298，304，306，315，324，325，331，342，348，378，385，389，403，404，406，413，421，427，430，462，604，610，626

张志民　16，21，22，25，59，84，85，87，89，94，103，138，158，166，196，206，214，225，233，234，235，236，246，256，258，263，264，265，275，277，282，284，291，294，318，329，356，375，435，576，580，583，597

章泯　317

章明　343，380，407，413，416，421，509，589，598，600，605，610

赵寰　175，459，464，472，605

赵景深　118，123，367

赵瑞蕻　417

赵树理 43, 58, 63, 70, 74, 78, 97, 103, 143, 149, 186, 239, 240, 241, 260, 269, 290, 292, 298, 309, 314, 315, 317, 318, 333, 340, 360, 379, 388, 390, 391, 393, 423, 451, 467, 470, 566

赵寻 26, 29, 273, 363, 373, 379, 442, 608

赵自 341, 433, 592

郑伯农 315

郑伯奇 4, 18, 29, 36, 41, 53, 72, 263, 291

郑洪 110, 446, 639

郑君里 229, 543

郑文光 377

郑莹 187

郑振铎 211

知侠 187, 277

钟敬文 366, 514

周恩来 67, 84, 122, 164, 172, 198, 203, 204, 221, 245, 250, 358, 360, 361, 363, 366, 374, 378, 381, 388, 390, 413, 456, 457, 459, 463, 476, 480, 486, 508, 520, 522, 565, 596, 618, 621, 629

周而复 21, 33, 89, 103, 107, 117, 141, 152, 187, 189, 192, 209, 216, 247, 251, 265, 294, 305, 333, 343, 349, 380, 399

周谷城 138, 403, 453, 487

周嘉俊 370, 437, 462, 572

周洁夫 27, 145, 153, 167, 206

周立波 13, 16, 34, 71, 97, 142, 179, 206, 223, 233, 264, 267, 270, 273, 292, 309, 320, 340, 369, 379, 390, 393, 406, 424, 431, 435, 458, 459, 467, 470, 474, 478, 511

周梦蝶 597

周汝昌 350

周瘦鹃 4, 35, 80, 134, 153, 165, 167, 168, 178, 185, 187, 191, 194, 196, 197, 203, 216, 219, 223, 234, 235, 242, 252, 257, 265, 276, 318, 364, 462

周扬 5, 24, 56, 57, 66, 67, 68, 71, 82, 99, 149, 162, 163, 164, 167, 198, 261, 270, 292,

本卷主要作家人名索引

324，347，348，358，360，379，380，382，388，414，422，429，444，449，451，459，476，481，565，602，621，637

周作人 104，119，138，227，486，577

朱丹 302

朱德 67，152，160，172，174，178，181，203，204，390，395，442，449，493，520，581，621

朱定 4，276，294，302，326，354，401

朱端钧 120，332

朱光潜 106，121，125，132，139，148，162，186，253，284，288，320，428，471，473，532，534

朱寨 36，40，100，169，186，200，314，319，377，380，441，527，535

宗璞 24，97，135，136，171，185，219，276，285，306，354，394，423，442

邹荻帆 7，15，41，49，55，69，84，86，91，96，135，156，158，160，166，176，179，191，196，202，208，211，214，242，284，288，290，293，299，301，303，305，311，312，318，329，331，342，343，347，350，361，375，393，394，421，459，463，465，530，583，585，607

本卷后记

本卷是北京师范大学文学院现当代文学专业部分教师和研究生通力合作的结果。具体分工如下：

张柠：全卷统稿；

马 林、邱玉芳、阚秋莎：统稿助理；

吕海波：1960 年全年；

刘晓桦：1961 年全年；

马丽平：1962 年上半年；

李 梅：1962 年下半年；

邱玉芳：1963 年上半年；

马 林：1963 年下半年；

唐璐璐：1964 年全年；

张 玉：1965 年上半年；

马青春：1965 年下半年；

阚秋莎：1966 年上半年。

在编年史初稿的基础上，有选择性地吸收了以下成果：

陈　晖教授主持的《中国当代儿童文学专题史料》；

秦艳华教授主持的《中国当代出版专题史料》；

谭五昌副教授主持的《中国当代诗歌专题史料》；

梁振华副教授主持的《中国当代报告文学专题史料》；

梁振华副教授主持的《中国当代影视文学专题史料》；

岳永逸博士主持的《中国当代民间文学专题史料》；

张国龙博士主持的《中国当代散文杂文专题史料》；

徐　健主持的《中国当代戏剧专题史料》。

历时两年的编撰工作终于结束了。此刻我脑海里浮现的是一群青年学子的身影：冒着严寒酷暑，挤在新街口外大街到中关村南大街的公共汽车上，到国家图书馆资料馆去收集资料。更何况到最后定稿的时候，正是一部分人面临毕业找工作的艰难时刻，但他们并没有因此而耽搁，随时被召回学校，然后再到图书馆去核对一条材料、一串数据、一个人名。无论这部书的编撰质量如何，都要对他们的辛苦劳作表示敬意；至于其中的疏漏，责任由我承担。愿这次合作，成为我们在北师大一段共同生活经历的美好回忆。

张　柠

2010 年 1 月 26 日

写于北京师范大学

本卷主编简介

张柠，本名张宁，1958年生，江西都昌人。毕业于华东师范大学中文系世界文学专业，文学硕士。历任广东省作家协会创作研究部研究员（文学创作一级），中国社会科学院文学研究所当代文学研究室客座研究员，北京师范大学"985二期"特聘研究员。现为北京师范大学文学院教授、中国现当代文学博士生导师。

长期从事中国当代文学和大众文化批评，目前主要从事中国当代文学史和20世纪中国文学经验研究与教学。曾在《文学评论》、《外国文学评论》、《文艺研究》、《文艺理论研究》、《南方文坛》、《人民文学》、《上海文学》、《花城》、《当代》（中国台湾）、World Literature Today（美国）等杂志发表学术论文和理论随笔200多万字。

出版学术著作《叙事的智慧》（1997）、《诗比历史更永久》（2000）、《飞翔的蝙蝠》（2002）、《时尚鼴犬》（2003）、《文化的病症——中国当代经验研究》（2004）、《没有乌托邦的言辞》（2005）、《土地的黄昏——乡村经验的微观权利分析》（2005）、《想象的衰变——欠发达国家精神现象解析》（2008）、《中国当代文学与文化研究》（2008）、《枯萎的语言之花》（2009）等。

图书在版编目（CIP）数据

中国当代文学编年史. 第三卷, 1960.1~1965.12/张健主编;张柠本卷主编. —济南:山东文艺出版社, 2012.11

ISBN 978-7-5329-2954-2

Ⅰ.①中… Ⅱ.①张…②张… Ⅲ.①中国文学—当代文学—编年史—1960.1~1965.12 Ⅳ.①I209.7

中国版本图书馆CIP数据核字(2012)第240682号

中国当代文学编年史
第三卷(1960.1~1965.12)

张　健　主编　张　柠　本卷主编

主管部门	山东出版集团
集团网址	www.sdpress.com.cn
出版发行	山东文艺出版社
社　　址	山东省济南市英雄山路189号
邮　　编	250002
网　　址	www.sdwypress.com
读者服务	0531-82098776(总编室)
	0531-82098775(发行部)
电子邮箱	sdwy@sdpress.com.cn
印　　刷	山东新华印务有限责任公司
开　　本	710毫米×1000毫米　1/16
印　　张	43.25　插页/2
字　　数	518千字
版　　次	2012年11月第1版
印　　次	2012年11月第1次印刷
书　　号	ISBN 978-7-5329-2954-2
定　　价	92.00元

版权专有,侵权必究。如有图书质量问题,请与出版社联系调换。